INVESTIGATION AND ADVOCACY

수사와 변호

변호사 · 법학박사

천 주 현

박영사

머 리 말

지금까지 우리 형사법의 연구방향은 주로 범죄의 본질 및 형벌론 등 실체법적 논의에 집중되어 있었고, 절차법적 논의는 비교적 소홀한 측면이 없지 않았다. 연구방법에 있어서도 주로 외국이론을 우리 현실에 맞게 적절하게 수정·변경하여 국내의 논의로 도입하는 것이었고, 실무적인 관심은 그리 비중 있게 다루어지지 못하였다. 이러한 기존의 연구관심과 방향의 편향성은 형사사법의 문제점을 직시하고 소위 헌법적 형사소송의 원리를 구현하는데 기능하지 못하는 한계를 드러내고 있었다.

특히 우리 형사재판은 직권적 소송구조의 성격을 띠고 수사증거를 유죄증거로 재확인하는 절차로 인식되어 왔고, 이로 인해 비밀리에 자행되어 온 수사단계의 인권침해는 쉽게 간과되었다. 그러나 우리사회를 선진사회로 발돋움시킨 국민 개개인의 열망이 그러한 문제점을 형사소송법 개정작업으로 해결장치를 마련하게 하였고, 재판기관 및 수사실무 종사자 누구도 헌법적 형사소송법, 실질적 법치주의를 부정할 수 없게 되었다. 그렇다면 **이제 전 형사영역에서 어느 절차보다도 '법의 적정절차'가 가장 강력하게 요구되는 영역은 수사단계**라고 볼 수 있고, 법의 적정절차는 실질적 법치주의에 따라 '형사절차의 공정성'을 의미하고, 수사절차는 당연히 형사절차의 일부분이다.

이러한 인식변화의 결과를 반영한 2007년 개정된 현행 형사소송법이 지난 7년간 시행됨으로써 상당 부분 선진적 형사소송구조가 뿌리내리게 되었다고 평가된다. 형사절차의 선진화를 통해 무엇보다 피의자 및 피고인의 절차적 권리가 대폭 신장되었음을 부인할 수 없고, 그에 따라 변호인의 변호권도 비약적으로 확대되고 있음을 실감할 수 있다.

그럼에도 불구하고 형사변호의 실무를 세부적으로 들여다보면 아직도 실질적인 형사변호의 방법 및 내용, 각 절차 단계별 형사변호인의 정체성에 부합하는 피의자 및 피해자에 대한 변호는 어떤 모습이어야 하는지에 대한 구체적인 자료를 발견하기 어렵다.

이에 본서에서는 개정 형사소송법 체제 하에서 수사단계의 변호인이 자신의 법적 정체성을 어떻게 확립하여 피의자에게 최상의 수사변호를 하여 줄 것인지를 고민해 보았다. 이러한 접근은 결코 형이상학적 관조에 머물거나, 피상적인 이해로 완성될 수 없으며, 비교법학적 접근만으로 해결될 수 없다는 것은 자명하다. 무엇보다 국내 실정법에 대한 정확한 이해가 전제되어야 하며, 수사단계 전반에 대한 깊은 실천적 고민을 바탕으로 할 때에만 비로소 수사단계별 변호인의 역할론(搜査段階別 辯護人의 役割論)이 정립될 수 있을 것이다.

위와 같은 믿음을 바탕으로 필자는 다음과 같은 **저술목적**(著述目的)을 설정하였다.

첫째, 수사실무상 피의자의 절차적 권리가 자주 침해되는 지점이 어디인지 정확히 드러내는 것, **둘째,** 실무운용상 그와 같은 침해사례의 원인은 무엇이며, 현재 시행되고 있는 법규가 미흡할 경우 대안 또는 개정방향을 제시하는 것, **셋째,** 입법미비가 없다면 위법한 수사활동에 대한 실무상 대책을 찾아보는 것, **넷째,** 피의자의 권리가 침해될 소지가 높은 수사절차에서는 일반적으로 변호인의 변호권도 제대로 행사되지 못하거나 제약받을 가능성이 증대하는 것이므로 단계별 변호권의 강화방안은 무엇인지 알아보는 것, **다섯째,** 이론의 완결성만을 목표로 삼지 않고, 형사소송 중 수사절차와 변호권에 대하여 쉽게 저술함으로써 법조인, 법학전문대학원생 및 신입 변호사, 법무사, 검찰·경찰 공무원, 기자, 일반 국민 등 폭넓은 독자들이 실제적인 도움을 받도록 하는 것, **여섯째,** 실무적 코멘트와 실무사례를 소개하여 독자들의 이해와 흥미를 제고하여 법치주의에 친화적 풍토를 조성하는 것, **일곱째,** 일반 형사소송 교과서에는 부족하기 마련인 수사와 변호 부분의 내용적 깊이를 이 한 권으로 총 정리하여 수사기관 종사자가 보는 교재와 법률가가 보는 교재가 더 이상 구분되지 않고, 누구나가 양쪽의 지식을 고루 섭렵할 수 있도록 균형적 구성을 하는 것, **여덟째,** 수사와 변호에 대한 주제를 폭넓게 정리하여 다양한 쟁점에 대한 학문적 관심을 제고하여 향후 후학들의 연구방향에 도움을 주는 것이다.

위와 같은 목표 하에서 본서에서는 개정 형사소송법과 관련한 실무운용의 묘미와 허점을 상세히 조명해 봄으로써 수사단계의 실질적인 변호권 행사는 어떻게 이루어져야 하는지를 밝혀 진정한 의미의 헌법적 형사소송이 뿌리 내리는 계기를 마련하고자 한다. 나아가 형사변호사로서 형사실무에 참여하게 될 전문가들에게 현실적·구체적인 참고자료로서 기능할 수 있도록 구체적인 변호실무에 대해서도 필요한 범위 내에서 다루어 보았다.

본서가 시도한 **저술의 범위**(範圍)**와 방법**(方法)은 다음과 같다.

실무상 모든 형사소송절차는 형벌적용을 위해 존재하는 것이고, 형벌의 적용에는 죄의 성립이 우선됨은 당연하다. 따라서 본서의 목적을 완벽하게 달성하기 위해서는 모든 유형의 범죄를 대상으로 형사절차의 전반을 다루는 것이 이상적이라고 할 수 있을 것이다.

그러나 각 죄와 관련한 전반적인 실무절차를 개별적으로 파악하는 식의 방법은 죄의 종류와 각 죄의 특수성을 감안할 때 도저히 도달하지 못할 목표라 할 것이어서 합리적이지 못한 것으로 판단된다.

따라서 언급한 목적을 달성하기 위해 본서에서는 개별 각 죄의 형사적 전개에 대해 일일이 설명하지 않고, 형사절차에서 변호권 행사의 적정성 여부가 가장 중요한 의미를 가지고 있는 **수사절차**(搜查節次)**에 국한**(局限)**하여 수사제도 및 변호방향에 대한 내용을 소개**하고 있다. 나아가 형사재판 및 그 변호에 대해서는 원칙적으로는 다루지 않되 **재판의 속성과 증거조사의 의미 및 증거능력 등에 대해서는 본서의 목적에 반드시 필요할 경우 제한된 범위 내에서 소개**하고 있다. 시각과 관련하여서는 수사기관의 시각이나 법원의 시각이 아닌 변호인(辯護人)의 시각(視角)에서 수사단계별 제도이해(搜查段階別 制度理解)와 변호방향(辯護方向)을 주요 대상으로 하였다.

단계별 주제에 대한 세부적 논의에서는, 실무상 크게 문제 되지 않는 부분이거나 철학적 기초이기는 하나 수사기관 및 변호인이 실무쟁점으로 인식하지 않는 부분은 생략하고, 또 상세한 입법 또는 확고한 대법원 판례로 인해 처리방식이 거의 통일되어 있어 더 이상 학설대립이 무용한 부분 역시 간략히 핵심만을 살피는 방법으로 연구범위(研究範圍)를 제한하였다.

본서는 기존의 논의에서 상대적으로 소홀했던 수사단계의 변호권 강화(搜查段階辯護權 強化)라는 실무적 문제에 중점을 두고,* 수사절차 진행단계별(搜查節次 進行段

---

* 수사단계 변호권 행사에 대한 논의가 소홀했다기보다는 체계적 정리를 시도하기가 어려워 불가능했다고 보는 것이 보다 타당할 것이다. 이러한 논의를 정리하기 위해서는 실무가들의 각별한 노력이 필요한데, 그간 우리 학계와 실무가 사이에 소통이 원활치 않았던 것이 주요 원인이 되었다. 간혹 실무가가 학교로 가서 공부를 하더라도 학위논문 작성단계에서는 특정 주제에 대한 깊은 이론적 결과물을 요구받았기 때문에 실무가의 장점을 살린 폭넓은 주제정리는 가능하지 않았다. 그러나 이제 우리나라도 실무에 도움이 되는 간명하고 쉬운 연구가 활성화될 필요가 있다고 생각한다.

階別)로 그 특성이 부각될 수 있도록 다음과 같은 **연구방법**(硏究方法)을 사용하였다.

첫째, 수사와 변호를 하나의 책으로 통일시키고 심화하였다. 제1편 수사는 변호권 행사와 연관하여 문제될 수 있는 부분을 집중적으로 소개하였고, 제2편 변호는 제1편에서 소개한 수사 일반론의 이해를 전제로 수사단계별 변호권 행사의 모습과 방향을 서술하고 있어 상호 유기적이다.

둘째, 제2편 변호에서는 변호권의 강화방안을 유형화·체계화하기 위해 힘을 썼다. 제1장에서 변호인 제도(辯護人制度)를 연구함으로써 총론적 이론을 정리한 후에는 제2장 피의자 변호권 강화방안(被疑者 辯護權 强化方案)을, 제3장에서는 피해자 변호권 강화방안(被害者 辯護權 强化方案)을 살펴보는 방식으로 유형화하였고, 제4장에서는 실제 변호사례(實際 辯護事例)를 소개하여 실무가에게 유용한 도구를 제공하고 있다. 변호사례는 실제사건 그 자체를 요령껏 분석하여 소개하였다. 나아가 실제 변호에 사용된 변호 문서(Sample)의 소개도 준비하고 있다.

피의자(被疑者) 변호권(제2편 제2장)과 관련하여서는 내사단계(內査段階), 수사단계(搜査段階), 신병결정단계(身柄決定段階), 공판준비단계(公判準備段階)의 4단계로 나누어 변호권의 강화방안을 체계화한 후 형사변호인의 변론 중 특히 유념할 사항을 정리하여 변호권 행사의 실천적 연구라는 주제 속에 별도로 정리하였다. 이 부분에 대해서는 후일 별도의 축약 단행본을 출간한다면 독자 여러분들께 도움이 될 것으로 본다.

피해자(被害者) 변호권(제2편 제3장)과 관련하여서는 형사절차상 피해자의 지위를 총론적 성격으로 고찰한 후 특별법상의 피해자의 변호사, 고전적인 고소대리로 나누어 그 차이를 알아보았다.

셋째, 넓은 범위를 균형 있게 다루기 위해 기본개념과 제도소개는 국내 교과서를 참고하였고, 중요 쟁점에 대해서는 단행본 연구논문을 통해 내용의 깊이를 더하였다. 따라서 일반 교과서의 소목차 편제와 닮아 있으면서도, 그 내용에 있어서는 상당히 상세한 논의들이 있을 수 있다.

넷째, 국내 실정법이 상하로, 좌우로 폭넓게 얽혀서 전개되는 부분에 대해서는 상세한 법규 연구를 통해 정확한 내용이 되도록 하였고, 이 과정에서 하위법규의 소개도 아끼지 않았다. 법령은 2015. 2.을 기준으로 소개하였다.

다섯째, 예민한 시사문제에 대해서는 권위 있는 법률소식지 및 국내 일간지의 해당 기사를 소개함으로써 단순히 필자의 주관적 생각을 넘어선 객관적인 논의가 될 수 있도록 노력했다.

여섯째, 실무에서 실제 일어나고 있는 법제도에 역행하는 관행을 상세히 소개하고, 그것이 현행법의 무엇에 어긋나는 관행인지에 대해서도 근거 있는 비판을 제시하고자 하였다. 이 과정에서 필자가 경험한 불공정 수사, 편파적 재판을 분석하는 노력을 아끼지 않았다.

일곱째, 대안의 제시는 가급적 현행 대법원 판례를 따르려 했으나, 필자의 생각이 판례와 다른 것은 근거를 구체적으로 밝히는데 애썼으며, 일부 논거는 건전한 법 상식에 입각하였다.

여덟째, 제2편 제2장에서는 수사변호와 관련한 필자의 경험을 토대로 실천적 연구를 시도하였다. 이는 형사변호인이 실무현장에서 반드시 유념해야 할 자세와 변론방식에 대한 내용으로 부득이 필자의 주관적 경험이 반영되었음을 밝혀둔다.

2015. 10.
저 자

❖ **감사의 말** : 필자를 법조인으로 길러 주신 부모님, 사위의 공부를 격려해 주신 장인·장모님, 성원해 준 아내 장인정과 동생 천주홍 사무국장, 사랑하는 아이들, 필자가 형사법 학자가 될 수 있도록 지도해 주신 은사님들(경희대학의 서보학 교수님, 경북대학의 권오걸, 김성룡, 임상규, 김두식, 박동률 교수님, 민충기 변호사님), 올바른 법조인 상을 지도해 주신 사법연수원 은사님들{김진수 변호사님, 최수환 법원행정처 사법지원실장(광주고법 부장판사)님, 임범석 부장판사님, 김환수 서울고법 부장판사님, 김진숙 변호사님}, 본서의 출간을 허락해 주신 박영사의 안종만 회장님과 관계자 분들께 깊은 감사의 인사를 올립니다. 그리고 본서에 많은 관심을 보여 주신 대한변호사협회 하창우 협회장님, 김찬돈 대구고법 부장판사님께도 함께 감사의 인사를 드립니다.

추 천 사

하창우(대한변호사협회 협회장)

변호사는 사건 수임이 업무의 출발이다. 그 후에는 변론에 착수해야 한다. 형사사건도 마찬가지다. 형사사건의 변론은 민사사건보다 중요하다. 그것은 형사사건이 피의자와 피고인의 인권을 다루기 때문이다. 헌법과 형사소송법 등 기본법의 제정과 개정에는 우리나라 인권의 역사가 담겨 있다. 수사의 주체는 수사편의를 위해 인권을 무시하려 하지만 변호사는 피의자와 피고인의 인권을 위해 또한 헌법에 보장된 변호권의 확보를 위해 부단히 노력해야 한다.

대한변협은 변호사들이 수사실무에서 변론 업무를 통해 알게 된 잘못된 수사관행을 바로잡기 위해 2015년 10월 사법사상 최초로 검사평가제를 시행하여 2016년 1월 그 결과를 발표하였다. 검사평가에서 변호사들은 수사실무에서 느낀 점을 과감히 지적하였다. 그 지적이 예상보다 많아 사례집으로 출판하였다. 국가인권위원회가 피의자신문에 참여하는 변호인은 메모할 수 있으며 피의자의 메모를 금지하는 것은 피의자의 방어권을 제한하는 것이라고 결정하였음에도 검찰은 피의자와 변호인의 메모를 금지하고 있었다. 또 대법원이 피의자가 조력을 요청하지 않은 경우에도 변호인 스스로의 판단에 따라 능동적이되 적절한 방법으로 조언할 수 있다고 판시하고 있음에도 검찰은 아예 피의자와 변호인 간의 대화조차 금지하는 사례가 많았다. 변호인이 피의자신문에 참여하면서도 부당한 제한을 당하거나 심지어 피의자의 보호장비를 해제해 줄 것을 요구하다 검사조사실에서 퇴거당한 경우도 있었다. 수사 일선에서 이러한 잘못된 조치들이 왜 빈번히 일어나는가.

변호사가 법률전문가라고 하지만 수사에서 법정 변론까지 알아야 할 법률지식은 너무나 많다. 막상 일선 수사현장에 나서면 법률이나 규정을 몰라 당황하는 경우도 있다. 천주현 변호사가 발간한 '수사와 변호'는 변호사는 물론 대학교수에게도 꼭 필요한 이론과 실무가 함께 정리된 책이다.

임의동행이라고 할지라도 강제력이나 심리적 압박이 개입되어 사실상 강제연행된 경우를 불법체포라고 볼 것인가. 피의자신문과정에서 조서가 자신의 진술과 어긋나거나 왜곡된 조서에 대해 어떻게 이의할 것인가, 공범증인을 참고인으로 조사할 때 어떻게 대처해야 하는가, 변호인이 경찰에서 체포영장의 열람은 하였으나 등사가 거부당했을 때 어떻게 조치해야 하며 법원의 입장은 어떠한지, 성범죄 피해자의 변호인은 수사기관 출석권, 증거보전절차 청구권, 증거보전 후 증거물에 대한 열람·등사권이 보장되는가 등 실무를 통해 드러난 여러 문제점을 지적하고 그 해법을 제시한 것은 놀랍다. 물론 대한변협이 실시한 검사평가를 통해 드러난 문제점에 대한 방안도 들어 있다.

지금까지 국내에 출판된 수사이론서와 실무서 중 이 책처럼 자세하게 모든 과정에서 이론과 실무 지침을 제공하는 책은 없었다. 이는 천주현 변호사가 오랜 기간 학구적 열정을 가지고 다양한 경험을 하였기에 가능했다. 자신이 직접 경험하여 지식을 얻는 것도 중요하지만 남의 경험에서 다양한 경험을 얻는다면 그보다 효율적인 것은 없다. 변호사가 수사실무에서 이 책을 미리 읽고 수사에 임한다면 별 걱정이 없을 것이다. 변호사가 이 책을 언제나 곁에 두고 의문이 생길 때 찾아본다면 큰 도움을 얻을 수 있다.

2016. 4.

대한변호사협회 협회장

하 창 우

추 천 사

권오걸(경북대 법학전문대학원 교수)

유난히 더웠던 2015년의 여름을 뒤로 하고 이 좋은 가을을 맞이하여 천주현 박사(변호사)의 수사와 변호라는 책을 접할 수 있게 된 것은 형사법학자의 한 사람으로서 정말 기쁜 일이다. 이 책은 우리 형사절차에서 가장 중요한 부분의 하나인 수사단계의 문제점과 변호의 필요성 및 당위성을 이론가이면서 동시에 실무가의 입장에서 적절하게 잘 그려내고 있다. 건국 이래 우리의 수사절차와 과학적 수사의 기법이 날로 발전하여 법적 측면이나 기술적 측면에서 많은 혁신이 이루어진 것이 사실이다. 그러나 여전히 불법수사의 관행이 남아있고 비과학적 심증수사가 실행되고 있는 것이 현실이다.

이러한 수사실무의 현실에서 헌법 정신을 구체화하는 인권수사의 이념을 실현하기 위해서는 무엇보다도 적극적이고 인권 친화적 변호활동이 필요하다. 이러한 관점에서 이 책은 왜 수사 당시부터 변호인이 필요한지 그리고 변호인은 어떠한 관점에서 방어행위를 하여야 하는지를 이론적 관점과 실무적 관점에서 심도 있게 고찰하고 있다. 생각건대 형사절차의 이념은 실체적 진실발견이다. 또한 동시에 중요한 이념은 절차적 정의의 구현이다. 이러한 형사절차의 양대 이념을 고려한 이 책은 수사단계에서의 실체적 진실발견과 절차적 정의실현을 위한 해석론과 입법론을 저자 자신의 법적 견해와 실무경험을 토대로 정확히 전달하고 있다. 특히 이 책의 곳곳에서 수사단계에서 변호인이 자신의 법적 정체성을 어떻게 확립하여 피의자에게 최상의 수사변호를 하여 줄 것인지를 고민한 저자의 고뇌가 묻어난다. 이러한 고뇌는 저자의 단순한 자기주장에 그치는 것이 아니라 한편으로는 형사절차규범에 대한 논리적 해석을 통해서, 그리고 다른 한편으로는 수사현실에 대한 비판과 자성의 목소리를 통해서 나타나고 있다. 헌법정신을 구현하는 형사절차규범과 이에 합치되는 수사실무의 일치는 법률가뿐만 아니라 전체국민의 바람이다. 그 바람을 이론가이자 실무가인 저자가 치밀하고도 설득력 있게 전달하고 있다.

그리고 곳곳에 나타나는 수사현실과 실무에 대한 비판은 피의자가 단순한 수사의 객체가 아니라 한 사람의 인간이자 국가사법체계의 보호를 받는 국민이어야 한다는 인권중심적이고 민주적인 형사소송절차를 갈망하는 국민의 법감정을 대변한 것으로 보인다.

이 책이 우리의 수사현실과 변호사의 역할을 한 단계 높일 수 있는 책으로 사료되어 이에 추천하는 바이다. 많은 독자들의 관심과 건전한 비판을 부탁드린다.

2015. 10.

경북대학교 법학전문대학원 교수

권 오 걸

추 천 사

서보학(경희대 법학전문대학원 교수)

“대한민국의 주권은 국민에게 있고 모든 권력은 국민으로부터 나온다.” 이는 대한민국 헌법 제1조에 있는 말이다. 국가기관이 행사하는 형사사법권도 주권자인 국민으로부터 나온 것임은 분명하다. 형사사법기관은 국민으로부터 위임받은 권한을 행사하는 것에 불과하다. 그렇다면 형사사법기관은 주인인 국민에게 봉사하는 기관이 되어야 하고 국민이 위임한 취지에 걸맞게 그 권한을 행사하여야 한다. 그런데 아직 형사사법 분야에서 국민들은 주인대접을 받지 못하고 있다. 형사사법기관에 의해 단순한 절차의 객체요, 처벌의 대상으로 취급받을 때가 많다. 이러한 부작용이 특히 심한 영역이 수사분야이다.

수사분야는 아직도 수사기관의 권위주의, 직권주의, 밀행주의, 편의주의, 실적주의가 강하게 지배하고 있는 영역이다. 수사기관은 강제수사권한, 방대한 조직, 우월한 정보력을 가지고 주인인 국민들을 아랫사람 대하듯 때로는 악한을 대하듯 거칠고 함부로 대하는 경우가 많다. 절차를 잘 모르는 국민들의 뒤통수를 치기도 한다. 살면서 어쩌다 피의자로, 참고인으로 또는 피해자로 수사기관의 문턱을 넘는 국민들은 그곳의 낯선 절차와 강압적인 분위기에 당황하게 되고 자신들의 기본적인 권리나 정당한 이익이 무시당하는 매우 불쾌한 경험을 하게 된다. 국민으로부터 위임받은 권한을 행사하는 수사기관이 국민에게 주인노릇을 하는 현실은 국민들에게 심한 배신감과 허탈함을 안겨 줄 수밖에 없다.

수사절차의 적법성을 담보하고 국민들의 기본적 권리를 보장하기 위하여 형사소송법은 여러 장치를 마련하고 있지만 수사기관의 인식전환은 매우 느리고 제도적 허점은 언제나 존재하기 마련이다. 이런 상황에서 수사에 얽혀든 국민들의 유일한 우군은 변호인일 수밖에 없다. 매의 눈으로 수사기관의 잘못을 감시하면서 적절한 단계마다 의뢰자의 권리를 일깨우며 의뢰인의 이익을 위해 최선을 다하는 변호인이야말로 이런 저런 이유로 수사에 얽혀든 국민들에게는 실질적인 도움을 기대할 수 있는 버팀목이요 수사절차의 적법성을 담보할 수 있는 최선의 장치가 아닐 수 없다. 그리고 수사기관과 국민 사이에 무기평등을 이루게 하여 공정한 대결이 가능하도록 하는 존재도 변호인이다. 이런 점에서 법치국가적 형사소송절차의 핵심적인 존재가 바로 변호인이라 할 수 있다.

이번에 출간된 "수사와 변호"라는 책은 주권자인 국민의 편에 서서 공익적 기능을 다하는 존재가 변호인이라는 점을 새로이 깨닫게 해준다는 점에서 반갑다고 하지 않을 수 없다. 저자도 밝히고 있는 바와 같이 이 책은 "수사단계에서 변호인이 자신의 법적 정체성을 어떻게 확립하여 피의자에게 최상의 수사변호를 하여 줄 것인지를 고민한 결과물"이라고 할 수 있다. 그리고 저자는 책에서 "국내 실정법에 대한 정확한 이해와 수사단계 전반에 대한 깊은 실천적 고민을 바탕으로 하여 수사단계별 변호인의 역할론을 정립"하여 제시하고 있다. 이러한 주목할 만한 내용을 담은 책의 완성이 가능했던 것은 저자가 짧지 않은 기간 형사전문변호사로서 다양한 사건의 다양한 의뢰인을 변호한 경험을 쌓아 왔을 뿐만 아니라 형사소송법으로 법학박사학위를 받기까지 꾸준하면서도 열성적인 학문적 연구와 저작활동을 지속해왔기 때문이다.

구체적인 책의 내용을 들여다보면 우선 수사제도와 변호인제도 전반을 일목요연하게 이해할 수 있는 상세한 내용을 담고 있어서 전체분량이 500면에 달하는 방대한 양을 자랑하고 있다. 뿐만 아니라 수사실무상 피의자의 절차적 권리가 자주 침해되는 지점이 어디인지, 실무에서 그와 같은 침해사례의 원인은 무엇이며 제도적 허점과 개선책은 무엇인지, 수사단계별 변호인이 적절하게 개입해야 할 지점과 변호권의 강화방안은 무엇인지 등에 대해 상세하게 기술하고 있어서, 검찰·경찰의 수사공무원, 판사, 변호사 등의 법률사무 종사자들뿐만 아니라 배움의 과정에 있는 법학전문대학원생, 법조를 출입하는 기자, 일반 국민 등 누구나 수사절차를 이해하고 필요한 지식을 습득할 수 있도록 하고 있다. 또한 구체적인 수사절차에 익숙하지 않고 실무의 문제점에 밝지 않은 형사법 교수들에게도 이해의 지평을 넓혀줄 뿐만 아니라 학문연구를 위한 다양한 아이디어와 착안점을 제공해 주고 있다. 나아가 제도의 입법론적 개선을 위한 의미 있는 지침을 주고 있음은 물론이다. 한마디로 저자의 실무경험과 학문적 고민이 결합된 훌륭한 저서라고 총평할 수 있다.

이 책이 법률실무가들과 연구자들 그리고 국민들에게 많이 읽혀서 아직 수사기관의 권위주의와 직권주의가 강하게 지배하고 있는 수사분야에서도 긍정적인 변화의 바람이 강하게 불기를 희망하며 피의자·피해자의 버팀목인 변호인의 역할과 공익적 기능이 더욱 확대되기를 기대한다. 그럼으로써 수사분야 나아가 형사사법 전 분야에서 주권자인 국민이 주인대접을 받는 날이 속히 오기를 기대한다. 좋은 책을 우리에게 선물해준 저자의 건승을 기원한다.

2015. 10.

경희대학교 법학전문대학원 교수

서 보 학

차　　례

제 1 편　수　　사

제 2 편 변 호

제 1 편

수 사

제1장 수사 총설

제1절 수사의 의의

1. 개 념

수사란 형사사건에 관하여 공소를 제기하고 이를 유지하기 위한 준비로서[1] 범인을 발견·확보[2]하고 증거를 발견·수집·보전[3]하는 수사기관의 사법활동이다.[4]

따라서 검사의 소추기관으로서의 처분, 예컨대 공소제기·불기소처분이나 검사가 소송당사자로서 공판절차에서 행하는 각종의 소송활동은 수사가 아니다. 이러한 수사절차는 공판절차의 전(前) 단계적·준비적 절차에 해당된다.[5]

수사는 수사기관이 범죄의 혐의가 있다고 인정한 때에 개시된다(**형사소송법** 제195조, 제196조 제2항. **이하 본서에서 '법'이라 한다**). 따라서 수사개시 이전의 활동, 예컨대 내사, 경찰관의 불심검문(경찰관직무집행법 제3조), 변사체의 검시(법 제222조)는 수사가 아니다.

2. 특 징

범죄수사는 성질상 임기응변의 기동성이 요구되는 합목적적·밀행적·탄력적인 활동이므로 법적 조명이 잘되지 않고 사실상의 적나라한 힘(naked power)이 판치

1) 또는, '범죄의 혐의를 명백히 하여 공소의 제기와 유지 여부를 결정하기 위해'(이재상, 형사소송법, 제9판, 박영사, 2013, 185면).

2) 소재수사, 지명수배, 수색, 체포·구속은 피의자의 발견·확보를 목적으로 한 수사처분이다(백형구, 형사소송법, 법원사, 2012, 35면).

3) 피의자신문, 피해자조사, 압수·수색·검증, 실황조사는 증거의 발견·수집·보전을 목적으로 한 수사처분이다(백형구, 형사소송법, 법원사, 2012, 35면).

4) 백형구 변호사는 위와 같은 정의가 통설이나, 그렇게 정의될 경우 불기소처분으로 종결되는 수사는 수사의 개념에서 제외되는 부당한 결론에 도달한다고 우려한다(백형구, 형사소송법, 법원사, 2012, 35-36면). 공소의 제기·유지를 위한 준비행위가 될 수 없다는 이유인데, 지나친 우려가 아닌가 생각된다. 그렇다면, 위 이재상 교수의 정의와 같이 '범죄의 혐의를 명백히 하여 공소의 제기와 유지 여부를 결정하기 위해'로 보면 이설이 없을 것이다.

5) 백형구, 형사소송법, 법원사, 2012, 35면.

는 암흑의 계곡이라고 비유되어 왔다. 실체진실주의와 규문적수사원리가 지배하여 온 까닭이다.[6] 우리나라의 과거 수사실무도 그러하였고, 고문, 협박, 신체구속의 부당한 장기화의 오욕의 역사[7][8]가 있었으나, 오랫동안 문제해결을 위해 법률가 및 법학자들이 고민하며 국민의 눈높이를 찾아온 노력으로 이제 수사절차법정주의, 수사상 인권보호를 통한 헌법정신 구현, 적정절차원리가 수사실무에 충분히 반영되었다. 드디어 암흑의 계곡에서 빛의 광야로 한 걸음씩 나오게 된 것이다.

3. 목 적

수사의 목적은 치안유지 등의 행정목적을 달성함이 아니고, 범죄혐의를 밝히는 것이다. 따라서 주체는 수사기관이며, 내용과 방식으로는 범인의 신병확보, 인적·물적 증거를 수집하는 형태를 띠며,[9] 기본적으로 강제력의 수반을 어느 정도 예정하고 있다고 볼 수 있다. 중요한 근거법규는 헌법, 형법, 형사소송법, 형사소송규칙, 범죄수사규칙 등을 들 수 있다.

4. 종 기

가. 수사는 공소제기 전(公訴提起 前)에 이루어짐을 원칙으로 한다.

그러나 공소제기 후에도 불가능한 것은 아니다. 공소제기 후에도 공소의 유지를 위하거나 공소유지 여부를 결정하기 위한 수사는 허용되기 때문이다. 그러나 일단 공소가 제기되면 피의자는 피고인으로서 검사와 대등한 소송주체의 지위를 가지게 되므로 공소제기 후의 수사는 일정한 범위 내에서 제한되어야 한다.[10]

---

6) 차용석, “수사서류의 증거능력”, 「법학논총」 제1집, 한양대학교 법학연구소, 1984, 29면; 이재석, “수사와 인권”, 「비교형사법연구」 5권 2호, 한국비교형사법학회, 2003, 817면.

7) 후술하는 ‘피의자의 절차상 권리를 침해한 사례’에서 소개되는 과거 판례들을 보면 쉽게 알 수 있다(제1편 제4장 제2절 참조).

8) 중국은 1990년 고문에 의한 자백강요사건 472건을 입건, 처리함으로써 공민의 인신의 권리가 효과적으로 보호됨과 동시에 광범한 법집행요원들도 교훈을 받았다고 한다(이만희, “중국의 사법절차에 있어서 인권보장”, 「형사정책연구소식」 제14호, 한국형사정책연구원, 1992, 9면).

9) 차용석 교수는, 수사절차는 첫째로 범죄의 발견에서 시작하여 객관적인 범죄사실의 실태를 밝히면서 피의자를 특정해 가는 과정과, 둘째 특정된 피의자와의 관계에서 사실인정을 위한 각종의 증거의 수집활동으로 구성된다고 보고 있다(차용석, “수사서류의 증거능력”, 「법학논총」 제1집, 한양대학교 법학연구소, 1984, 29면 참조).

10) 임동규, 형사소송법, 제9판, 법문사, 2013, 277-278면.

나. 공소제기 후 강제수사

(1) 불구속으로 기소된 피고인이 증거를 인멸하거나 도주우려가 있어 구속(拘束)의 필요성이 있는 경우 검사는 수소법원의 직권에 의한 구속(법 제70조)[11]을 촉구할 수 있을 뿐이다.[12] 형사소송법은 수사기관에 의한 구속의 대상을 피의자로 한정하고 있고, 피고인은 공판절차에서 검사와 대등한 소송주체이기 때문이다.

(2) 공소제기 후의 압수·수색·검증(押收·搜索·檢證)과 관련해서는, 대법원은 불허하고 있고,[13] 예외적인 경우에 한하여 긍정하는 견해[14]도 있으나, 생각건대 공소제기 후에는 강제처분에 관한 권한이 수소법원으로 이전되고, 공소제기 후 제1회 공판기일 전에 압수·수색·검증을 해야 할 긴급한 사정이 있는 경우 검사는 증거보전청구를 통하여 대물적 강제수사의 목적을 달성할 수 있으며, 현행법이 수사절차에서의 압수·수색·검증과 공판절차에서의 압수·수색·검증을 구분하고 있고, 수사기관이 영장을 청구할 때에는 피의사실의 요지를 기재하도록 하고 있는 점(**형사소송규칙** 제107조. **이하 본서에서 '규칙'이라 한다**), 공판중심주의·당사자주의·직접주의에 반하여 형사소송법의 정신에 반하는 점을 고려하면 공소제기 후에는 제1회 공판기일 전후를 불문하고 수사기관에 의한 압수·수색·검증은 원칙적으로 불허함이 마땅하다.[15]

---

11) 일본 형사소송법 제280조 제1항은 "공소제기 후 제1회 공판기일까지 구류에 관한 처분은 재판관이 행한다"라고 하여 공소가 제기된 후의 구속권한이 판사에게 있음을 명시하고 있다(배종대/이상돈/정승환/이주원, 신형사소송법, 제5판, 홍문사, 2013, 227면 주2) 참조).

12) 배종대/이상돈/정승환/이주원, 신형사소송법, 제5판, 홍문사, 2013, 226-227면; 백형구, 형사소송법, 법원사, 2012, 37면; 임동규, 형사소송법, 제9판, 법문사, 2013, 278면; 차용석/최용성, 형사소송법, 제4판, 21세기사, 2013, 279면.

13) 「제215조에서 검사가 압수·수색 영장을 청구할 수 있는 시기를 공소제기 전으로 명시적으로 한정하고 있지는 아니하나, 헌법상 보장된 적법절차의 원칙과 재판받을 권리, 공판중심주의·당사자주의·직접주의를 지향하는 현행 형사소송법의 소송구조 등을 종합하여 보면, 일단 공소가 제기된 후에는 피고사건에 관하여 검사로서는 제215조에 의하여 압수·수색을 할 수 없다고 보아야 하며, 그럼에도 검사가 공소제기 후 수소법원 이외의 판사에게 청구하여 발부받은 영장에 의하여 압수·수색을 하였다면, 그와 같이 수집된 증거는 원칙적으로 유죄의 증거로 삼으로 수 없다.」(대법원 2011. 4. 28, 선고 2009도10412 판결).

14) 제1회 공판기일 전에는 일정한 제약 아래 제한적으로 허용된다는 견해이다. 즉 제1회 공판기일 전 법원의 증거조사(법 제273조) 및 증거보전절차(법 제184조)가 허용되어 있으므로 이를 허용할 수 없는 예외적인 경우에 한하여 검사는 법원의 영장을 발부받아 압수·수색·검증을 행할 수 있다는 것이다(차용석/최용성, 형사소송법, 제4판, 21세기사, 2013, 280면).

15) 배종대/이상돈/정승환/이주원, 신형사소송법, 제5판, 홍문사, 2013, 228면; 백형구, 형사소송법, 법원사, 2012, 37-38면; 임동규, 형사소송법, 제9판, 법문사, 2013, 278-279면. 이 같은 부정설도, 예외적으로 공소제기 후의 임의제출물에 대한 압수, 구속영장 집행시 집행현장에서의 영장 없는 압수·수색·검증(법 제216조 제2항)은 허용하고 있다.

다. 공소제기 후 임의수사

(1) 공소제기 후 검사실에서의 피고인신문(被告人訊問)의 가부에 대하여, 대법원은 적극설(許容說)을 취하고 있으나,[16] 학설은 대체로 반대하고 있다. 소극설(不許說)의 논거를 보면, 형사소송법 제200조는 '피의자'신문을 규정할 뿐이어서 피고인은 여기에 포함되지 않으며, 이것을 허용한다면 피고인의 당사자지위를 위협하는 것이며, 공판기일의 피고인신문절차(법 제296조의2)가 유명무실하게 되어 공판절차의 소송적 구조가 파괴되고, 수사기관에 의한 피고인신문에는 공판에서 변호인이 갖는 반대신문권(법 제296조의2 제1항)을 행사할 수 없으므로 변호권에 대한 침해 또는 적법절차위반이 있게 되며, 이미 수사기관은 충분한 수사시간을 갖고 있었기 때문에 현실적으로도 허용할 이유가 없다는 점을 근거로 부정하는 견해가 현재의 다수견해이고, 타당하다.[17][18] 소극설에 따를 경우 취득한 조서는 위법수집증거이므로 배제함이 마땅하다.

(2) 공소제기 후 참고인조사(參考人調査)는 제1회 공판기일 전에 한하여 허용된다는 견해[19]가 있고, 제1회 공판기일 후에도 원칙적으로 허용된다는 견해[20]도 있다.

그러나 이미 증언한 참고인을 다시 소환하여 번복진술을 받는 수사기법은 공판중심주의에 반하고 실체진실에 역행할 우려가 농후하므로 그러한 절차를 거쳐 작성된 진술조서는 유죄의 증거로 삼을 수 없다고 봄이 타당하다.[21] 원칙적으로

---

16) 대법원은 "진술조서가 공소제기 후에 작성된 것이라는 이유만으로 곧 증거능력이 없는 것이라고 할 수 없으므로 원심이 이를 증거로 채택하였다고 하여 공판중심주의 내지 재판공개의 원칙에 위배된 것이라고 말할 수 없다"고 하여 적극설(허용설)을 취하고 있다(대법원 1982. 6. 8, 선고 82도754 판결; 대법원 1984. 9. 25, 선고 84도1646 판결).

17) 배종대/이상돈/정승환/이주원, 신형사소송법, 제5판, 홍문사, 2013, 230면; 신동운, 신형사소송법, 법문사, 2008, 446-447면; 이재상, 형사소송법, 제9판, 박영사, 2013, 352-353면. 다만 이러한 견해들도 피고인 스스로 검사의 면접을 요구한 경우, 공범자 또는 진범이 발견되어 피고인에 대한 신문이 불가피한 경우에는 예외적으로 허용되어야 한다고 보고 있다. 피고인에게 이익이 되거나 참고인의 지위를 가지는 데 지나지 않기 때문이다. 이 경우 조서의 형식은 진술조서가 된다고 보고 있다.

18) 한편, 절충적 입장으로, 공소제기 후에도 제1회 공판기일 전에 한하여 검사에 의한 피고인신문이 허용된다고 보는 견해도 있다. 피고인의 당사자로서의 지위, 당사자평등의 원칙, 피고인신문의 필요성, 실체적 진실의 발견 등을 고려한 입장이다{백형구, 형사소송법, 법원사, 2012, 38-39면. 백형구 변호사는 취득한 피고인진술조서(자백조서)의 증거능력은 제312조에 따를 것이라고 보고 있다}.

19) 배종대/이상돈/정승환/이주원, 신형사소송법, 제5판, 홍문사, 2013, 230면. 이 견해는 1회 공판기일 전에는 참고인조사를 허용한다는 입장을 보이고 있으나, 증인을 불러 번복진술을 받는 것은 불허하고 있다.

20) 임동규, 형사소송법, 제9판, 법문사, 2013, 281면; 백형구, 형사소송법, 법원사, 2012, 39면. 다만 임동규 판사 및 백형구 변호사도 증언한 증인을 참고인조사하는 것은 위법한 수사에 해당하여 증거능력을 부정한다.

21) 同旨 대법원 1983. 8. 23, 선고 83도1632 판결; 대법원 1993. 4. 27, 선고 92도2171 판결; 대법원

증인신문의 방법으로 획득할 증거방법을 강압이 개입될 수 있는 검사실 조사를 통해 획득한 후 추가증거로 삼는 것은 바람직하지 않다.[22] 따라서 제1회 공판기일 이전에 한하여 허용하는 것이 바람직하고, **제1회 공판기일 이후 공소사실 유지를 위한 추가증거로 참고인조사를 해야 할 경우 이를 곧바로 금지하는 것은 아니지만 이미 법정에서 증언한 증인을 참고인으로 소환하는 것은 반드시 금지된다**고 보아야 한다(제1회 공판기일을 기준으로 허부를 정할 것이 아니라 증언번복 의도의 참고인조사만 불허).

최근 대법원(大法院)은 증언번복조서는 위증의 혐의를 조사한 피의자신문조서라도 피고인이 증거로 동의하지 않는 한 진술자의 진정성립 만으로는 증거능력이 없다고 판시하여 종전의 입장을 그대로 유지하고 있고, 위증수사를 빙자한 증언번복 시도를 차단하고 있다.[23]

제2절 수사의 조건

1. 필 요 성

수사는 수사의 목적을 달성하기 위하여 필요한 때에만 할 수 있다. 따라서 수사는 수사기관의 주관적 혐의에 의해 개시되므로 혐의가 애당초 없음이 명백한 사건에 대한 수사는 허용되지 않는다.[1] 고소사건의 경우 주장 그 자체로 보아도 혐의 없음이 분명한 경우라면 검사는 고소를 각하하게 된다.

형사소송법은 '검사는 범죄의 혐의 있다고 사료하는 때 범인, 범죄사실과 증

2000. 6. 15, 99도1108 전원합의체 판결; 대법원 2004. 3. 26, 선고 2003도7482 판결.

22) 同旨 차용석/최용성, 형사소송법, 제4판, 21세기사, 2013, 283면.

23) 대법원 2013. 8. 14, 선고 2012도13665 판결.「공판준비 또는 공판기일에서 이미 증언을 마친 증인을 검사가 소환한 후 피고인에게 유리한 증언 내용을 추궁하여 이를 일방적으로 번복시키는 방식으로 작성한 진술조서를 유죄의 증거로 삼는 것은 당사자주의·공판중심주의·직접주의를 지향하는 현행 형사소송법의 소송구조에 어긋나는 것일 뿐만 아니라, 헌법 제27조가 보장하는 기본권, 즉 법관의 면전에서 모든 증거자료가 조사·진술되고 이에 대하여 피고인이 공격·방어할 수 있는 기회가 실질적으로 부여되는 재판을 받을 권리를 침해하는 것이므로, 이러한 진술조서는 피고인이 증거로 할 수 있음에 동의하지 아니하는 한 증거능력이 없고, 그 후 원진술자인 종전 증인이 다시 법정에 출석하여 증언을 하면서 그 진술조서의 성립의 진정함을 인정하고 피고인 측에 반대신문의 기회가 부여되었다고 하더라도 그 증언 자체를 유죄의 증거로 할 수 있음은 별론으로 하고 위와 같은 진술조서의 증거능력이 없다는 결론은 달리할 것이 아니다. **이는 검사가 공판준비 또는 공판기일에서 이미 증언을 마친 증인에게 수사기관에 출석할 것을 요구하여 그 증인을 상대로 위증의 혐의를 조사한 내용을 담은 피의자신문조서의 경우도 마찬가지**이다.」

1) 이재상, 형사소송법, 제9판, 박영사, 2013, 193면.

거를 수사하여야 한다'고 규정하고(법 제195조), 사법경찰관 역시 범죄의 혐의가 있다고 인식하는 때 범인, 범죄사실과 증거에 관하여 수사를 개시·진행하여야 한다고 규정하고 있다(법 제196조 제2항). 수사기관의 자의를 막기 위해 주관적 혐의는 적어도 구체적 사실에 근거할 것을 요한다고 해석할 것이다.

한편 수사는 공소제기를 염두에 둔 사법활동이므로 공소제기의 가능성이 처음부터 없는 것으로 확인된 사건을 수사할 수는 없다. 따라서 '공소권없음'이 명백한 경우에는 수사할 수 없다. 친고죄의 고소는 소송조건인데, 고소가 없이 미리 수사가 가능한지에 대하여, 대법원(大法院)은 「친고죄나 세무공무원 등의 고발이 있어야 논할 수 있는 죄에 있어서 고소 또는 고발은 이른바 소추조건에 불과하고 당해 범죄의 성립요건이나 수사의 조건은 아니므로, 위와 같은 범죄에 관하여 고소나 고발이 있기 전에 수사를 하였다 하더라도 그 수사가 장차 고소나 고발이 있을 가능성이 없는 상태 하에서 행해졌다는 등의 특단의 사정이 없는 한, 고소나 고발이 있기 전에 수사를 하였다는 이유만으로 그 수사가 위법하다고 볼 수는 없다」[2]고 하여 장차 소송조건이 갖춰질 가능성이 있다면 수사할 수 있다는 태도로, 결국 위 일반론과 부합하되 예외를 일부 열어둔 것이다.

이러한 점을 반영하여 경찰청훈령인 범죄수사규칙도 같은 내용을 두고 있다. 경찰관은 친고죄에 해당하는 범죄가 있음을 인지한 경우에 즉시 수사를 하지 않으면 증거수집 등 그 밖의 사후 수사가 현저히 곤란하게 될 우려가 있다고 인정될 때에는 고소권자의 고소가 제출되기 전에도 수사할 수 있다. 다만, 고소권자의 명시한 의사에 반하여 수사할 수 없다(범죄수사규칙 제49조, 친고죄의 긴급수사착수). 또한 경찰관은 범칙사건에 관하여 즉시 수사를 하지 않으면 증거의 수집 그 밖의 사후에 있어서의 수사가 현저히 곤란하게 될 우려가 있다고 인정될 때에는 세무공무원 등의 고발이 제출되기 전이라도 수사하여 그 결과를 해당 공무원에게 통지하여야 한다(동 규칙 제52조, 범칙사건의 긴급수사착수).

2. 상 당 성

가. 수사는 국가기관의 활동이고, 정보를 독점한 상태에서 인력과 장비 등 공권력을 동원하는 우월적·일방적 행위이므로 특히 신의(信義則)에 부합해야 하고, 비례성(比例性)을 충족해야 한다.

---

2) 대법원 1995. 2. 24, 선고 94도252 판결.

나. 신의칙과 관련하여서는 가장 고질적인 문제 중 하나가 함정수사(陷穽搜査)였고, 이는 우리나라뿐만 아니라 전 세계적으로 행하여져 왔다. 우리나라에서는 마약범죄, 조직범죄의 수사에 폭넓게 사용되어 왔다. 마약범죄는 피해자가 없고 범행이 조직적·은밀하게 행해지기 때문에 통상의 방법으로 혐의를 밝히는 것이 어려운 까닭이었고, 조직범죄 역시 정보원을 활용하거나 조직을 함정에 빠뜨리지 않고서는 일거에 소탕하기 쉽지 않은 점 때문으로 사료된다.

(1) 수사의 효과성 측면에서 보거나 실체진실주의를 강조하는 입장에서 본다면 혐의가 있어 수사하는 것이 문제없어 보일 수도 있지만, 위에서 본 바와 같이 수사의 주체가 국가기관이라는 점과 통상 강제력을 수반하거나 적어도 우월적 지위를 갖고 있다는 점에서 보면, 수사가 신의칙에 부합해야 비난을 면할 수 있는 것이다.

(2) 함정수사를 허용하는 규정은 없다. 따라서 강제수사라고 본다면 강제수사 법정주의상 위법하다. 그러나 무조건 함정수사를 강제수사라 볼 근거 역시 없고 처음에는 임의의 방법으로 접근하는 경우가 많으므로 **원칙적으로 임의수사**(任意搜査)**이지만 인격권을 침해하는 경우에는 임의수사의 한계**(수사방법으로서의 신의칙)**를 벗어나기 때문에 위법하다**고 봄이 타당하다.[3)]

(3) 함정수사는 미국에서 발달한 이론으로, Sorrels v. U.S. 287 U.S. 453(1932) 사건의 판결에서 함정수사의 항변을 최초로 인정한 후, Sherman v. U.S. 356 U.S. 369(1958) 사건에서 피유발자의 주관(主觀) 내지 내심을 기준으로 하여 애초부터 범의를 가지고 있는 자가 함정에 의하여 범죄를 행할 기회를 가진 데 불과한 때에는 적법한 수사로 피의자에게 형사책임을 부과할 수 있으나, **아무런 범의가 없던 자에게 수사기관이 접근하여 범의를 유발한 경우에는 위법한 수사**로 피의자를 석방하여야 한다는 이론이 확립되었다.[4)5)]

---

3) 이재상, 형사소송법, 제9판, 박영사, 2013, 196면.
4) 이재상, 형사소송법, 제9판, 박영사, 2013, 196면; 백형구, 형사소송법, 법원사, 2012, 43면.
5) 최근 미국에서의 함정수사는 아동성범죄자에 대한 인터넷상 함정수사가 중요 쟁점이 되고 있다. 경찰이 아동으로 가장하고 인터넷상으로 성적 탈취자와 접근하여 성적 탈취자가 아동과 접촉하는 것을 기다려 체포하는 함정수사에 대하여, 피고인들은 '함정수사' 항변, '헌법위반' 항변, '법적 불능' 항변, '위법행위(actus reus)' 항변(미수의 책임에 필요한 위법행위의 요건이 충족되지 않았다는 항변), '공상(fantasy)' 항변(증거불충분 주장) 등을 하였으나 받아들여진 경우가 적었다. 다만 뉴저지주 대법원이 이른바 피해자가 자신의 신분을 숨긴 수사관인 경우, 아동에 대한 성폭력의 미수로 기소할 수 없다고 판시한 후 불능이론을 적용하여, 피고인은 '범죄적 행위를 완수하지 않았으며, 그 상황에서는 피고인이 성폭력을 행할 수 없었을 것이다'라고 판시한 사실이 있다{State v. Condon, 919A.2d 178, 183(N. J. Super. Ct. App. dIV. 2007)}. 상세한 것은 김성진, "미국에서의

(4) 대법원(大法院)은, 함정수사란 수사기관이 범의를 가진 자에 대해 범행의 기회를 주거나 범행을 용이하게 한 것에 불과한 경우에는 함정수사라고 말할 수 없다거나,[6] 적어도 위법한 함정수사라고 할 수 없다고 판시하였다.[7] 구체적인 사건에 있어서 위법한 함정수사에 해당하는지 여부는 해당 범죄의 종류와 성질, 유인자의 지위와 역할, 유인의 경위와 방법, 유인에 따른 피유인자의 반응, 피유인자의 처벌 전력 및 유인행위 자체의 위법성 등을 종합하여 판단하여야 한다고 봄으로써[8] 주관설에 입각하였으나, 객관적 요소를 참작하는 것으로 절충설(折衷說) 또는 종합설(綜合說)의 입장을 취하고 있다.

(5) 한편 수사기관과 직접 관련이 있는 유인자가 피유인자와의 개인적인 친밀관계를 이용하여 피유인자의 동정심이나 감정에 호소하거나, 금전적·심리적 압박이나 위협 등을 가하거나, 거절하기 힘든 유혹을 하거나, 또는 범행방법을 구체적으로 제시하고 범행에 사용할 금전까지 제공하는 등으로 과도하게 개입함으로써 피유인자로 하여금 범의를 일으키게 하는 것은 위법한 함정수사에 해당하여 허용되지 아니하지만, 유인자가 수사기관과 직접적인 관련을 맺지 아니한 상태에서 피유인자를 상대로 단순히 수차례 반복적으로 범행을 부탁하였을 뿐 수사기관이 사술이나 계략 등을 사용하였다고 볼 수 없는 경우는, 설령 그로 인하여 피유인자의 범의가 유발되었다 하더라도 위법한 함정수사에 해당하지 아니한다.[9]

(6) 생각건대 수사기관이 아무런 **범의 없는 사람에게 적극적으로 범의를 유발한 후 책임을 묻는 것은 선행행위 모순금지칙에 반**하고, 또 **수사기관의 사술이나 계략의 적법한 한계를 설정하는 것은 원천적으로 불가능**하다고 보아야 하며, 그로 인해 **처벌받게 될 피고인으로서는 사법정의를 믿는 것이 아니라 사법불신을 가질 뿐이므로 결국 범의유발형**(犯意誘發形) **함정수사는 어떠한 경우에도 허용될 수 없다**고 본다.

다만 기회제공형(機會提供形) 함정수사의 경우에는 특별한 경우, 즉 위에서 본 바와 같이 통상의 방법에 의해서는 쉽게 적발하기 어려운 범죄로서 그대로 둘 경

아동성범죄에 대한 형사법적 대응: 아동음란물의 규제입법 및 인터넷상 함정수사를 중심으로", 「중앙법학」 제15집 제1호, 중앙법학회, 2013. 3, 102-106면 참조.

6) 대법원 1982. 6. 8, 선고 82도884 판결; 대법원 1992. 10. 27, 선고 92도1377 판결; 대법원 1998. 11. 24, 선고 98도2753 판결; 대법원 2004. 5. 14, 선고 2004도1066 판결; 대법원 2007. 7. 26, 선고 2007도4532 판결.

7) 대법원 2007. 5. 31, 선고 2007도1903 판결.

8) 대법원 2007. 7. 12, 선고 2006도2339 판결; 대법원 2008. 3. 13, 선고 2007도10804 판결.

9) 대법원 2007. 7. 12, 선고 2006도2339 판결; 대법원 2008. 3. 13, 선고 2007도10804 판결.

우 사회 전반에 악영향을 미칠 범죄(마약, 조직, 매춘범죄)에 한해 예외적으로 허용하는 것이 바람직하다 할 것이다. 허용여부에 대해서는 피의자의 주관과 수사기관이 사용한 유인방법 등 객관적 요소를 모두 참작하여 판단하면 될 것으로 결국 대법원의 종합설(綜合說)의 입장을 따르기로 한다.[10)]

(7) 신의에 반하는 함정수사에 의해 기소된 피고인에게는 공소기각판결을 선고함이 타당하다. 함정수사에 기한 공소제기는 그 절차가 법률의 규정에 위반하여 무효이기 때문이다.[11)][12)] 특히 최근의 판례는 경찰관이 노래방의 도우미 알선 영업 단속 실적을 올리기 위하여 그에 대한 제보나 첩보가 없는데도 손님을 가장하고 들어가 도우미를 불러낸 사안에서, 위법한 함정수사로서 공소제기가 무효라고 판시하여 위법한 단속관행을 사실상 근절시켰다.[13)]

---

10) 同旨 이재상, 형사소송법, 제9판, 박영사, 2013, 197면; 백형구, 형사소송법, 법원사, 2012, 43면.

11) 대법원 2005. 10. 28, 선고 2005도1247 판결; 대법원 2007. 5. 31, 선고 2007도1903 판결; 백형구, 형사소송법, 법원사, 2012, 43면.

백형구 변호사는 공소기각판결설을 지지하는 근거에 대해, 함정수사는 범죄의 성립을 조각하는 사유에 해당되지 아니하는 점, 함정수사에 기한 공소제기는 면소판결의 사유(법 제326조)에도 해당되지 아니하는 점, 함정수사에 의해서 공소가 제기된 경우는 공소제기가 위법·무효인 경우(법 제327조 제2호)에 해당한다는 점 등을 들고 있다.

12) 이에 대해 신의칙에 반하는 수사의 소송법적 고려는 증거배제와의 관계에서 고려하면 족하므로 함정수사에 의해 이미 이루어진 범죄사실이 사라지는 것이 아니고 또 함정수사를 소송조건에 해당한다고 볼 수도 없는 이상 처벌할 수 있다는 견해도 유력하다(이재상, 형사소송법, 제9판, 박영사, 2013, 199면). 이재상 교수는, 가벌설의 입장에 선 것으로 일본 최고재판소{(日最決 1952. 3. 5. (刑集 7-3, 482)}, 독일 연방법원(BGHSt. 32, 345)의 입장을 소개하고 있다.

13) 대법원 2008. 10. 23, 선고 2008도7362 판결.「원심판결 이유에 의하면 원심은, 이 사건의 경우 경찰관들이 단속 실적을 올리기 위하여 손님을 가장하고 들어가 도우미를 불러 줄 것을 요구하였던 점, 피고인 측은 평소 자신들이 손님들에게 도우미를 불러준 적도 없으며, 더군다나 이 사건 당일 도우미를 불러달라는 다른 손님들이 있었으나 응하지 않고 모두 돌려보낸 바 있다고 주장하는데, 위 노래방이 평소 손님들에게 도우미 알선 영업을 해 왔다는 아무런 자료도 없는 점, 위 경찰관들도 그와 같은 제보나 첩보를 가지고 이 사건 노래방에 대한 단속을 한 것이 아닌 점, 위 경찰관들이 피고인 측으로부터 한 차례 거절당하였으면서도 다시 위 노래방에 찾아가 도우미를 불러 줄 것을 요구하여 도우미가 오게 된 점 등 여러 사정들을 종합해 보면, 이 사건 단속은 수사기관이 사술이나 계략 등을 써서 피고인의 범의를 유발케 한 것으로서 위법하고, 이러한 함정수사에 기한 이 사건 공소제기 또한 그 절차가 법률의 규정에 위반하여 무효인 때에 해당한다고 하여 이 사건 공소를 기각한 제1심판결을 유지하였다. 위 법리와 기록에 비추어 살펴보면, 원심의 위와 같은 사실인정과 판단은 수긍이 가고 거기에 주장과 같은 함정수사에 관한 법리오해의 위법이 없다.」

제 3 절 수사의 개시

1. 내 사

가. 구체적 혐의를 확인하고 수사에 나가기 전 내사단계를 거치는 경우가 있다. 내사란 **수사에 앞서** 풍문, 익명의 제보 등이 있을 경우 수사기관이 수사에 나아감이 적합한지 확인하는 **내부적 조사절차**라고 볼 수 있다. 따라서 내사단계에서는 아직 본격적 피의자조사나 참고인조사, 압수·수색 등 정식의 수사방법을 동원하지 않고, 소문의 진위 파악, 정보의 근원지 조사, 사실확인을 위한 탐문 등의 방법이 주로 사용된다.[1)]

나. 내사에 대한 근거규정으로는 **검찰사건사무규칙, 범죄수사규칙,**[2)] **인권보호수사준칙,**[3)] **경찰 내사 처리규칙**[4)]이 있다.

다. 경찰관은 범죄에 관한 신문, 출판물, 방송, 인터넷, 익명의 신고, 풍설 등이 있어 내사가 필요한 때에는 수사부서장의 지휘를 받아 내사하여야 한다(범죄수사규칙 제28조). 내사 또는 수사의 단서를 통해 경찰관은 범죄의 혐의가 있다고 판단될 때에는 수사에 착수하여야 하고, 이 경우 범죄의 경중과 정상, 범인의 성격, 사건의 파급성과 모방성, 수사의 완급 등 제반 사정을 고려하여 수사의 시기 또는 방법을 신중하게 결정하여야 한다(동 규칙 제39조).

라. 내사착수는 신중해야 하므로, 익명 또는 존재하지 않는 사람 명의의 신고·제보, 진정·탄원 및 투서로 그 내용상 수사단서로서의 가치가 없다고 인정될 때에는 내사하지 아니할 수 있다(경찰 내사 처리규칙 제5조).

마. 내사의 대상은 범죄첩보 및 진정·탄원과 범죄에 관한 언론·출판물·인터넷 등의 정보, 신고 또는 풍문 중에서 출처·사회적 영향 등을 고려하여 그 진상을 확인할 가치가 있는 사안을 그 대상으로 한다(경찰 내사 처리규칙 제3조).

바. 내사는 청탁에 의하지 않아야 하며 항상 법령·규칙을 준수하고 업무편의에 앞서 관계인의 인권보호에 유의하여야 하고, 내사를 빙자하여 막연히 관계인의

---

1) 권오걸, "수사절차에서의 변호권의 확대방안", 「법학연구」 제18집, 한국법학회, 2005. 6, 228면.
2) [시행 2014. 12. 24.] [경찰청훈령 제750호, 2014. 12. 24, 타법개정].
3) [시행 2015. 4. 2.] [법무부훈령 제985호, 2015. 4. 2, 일부개정].
4) [시행 2012. 8. 31.] [경찰청훈령 제677호, 2012. 8. 31, 폐지제정].

출석을 요구하거나 물건을 압수하는 일이 없도록 하여야 하며, 내사는 신속·공정·성실하게 진행하여야 하고, 내사혐의 및 내사관계인 등의 정보가 외부로 유출되거나 공표되는 일이 없도록 주의함을 기본으로 한다(경찰 내사 처리규칙 제2조).

사. 수사기관은 내사과정에서 인권이 침해되지 않도록 다음과 같은 점을 감안하여야 한다.

수사기관은 언론보도, 익명이나 가공인물의 신고·제보, 풍문 등으로 범죄정보를 입수하였을 때에는 그 신빙성 유무를 신중하게 검토하여 내사·수사의 착수여부를 결정하여야 하고, 신고·제보에 의하여 내사·수사에 착수하려고 할 때에는 신고자·제보자와 피내사자·피의자의 관계, 신고·제보의 동기 등을 면밀히 살펴 그 신빙성 유무를 판단하여야 하며, 범죄정보 자체의 신빙성이 없거나 명백히 내사·수사의 가치가 없는 정보에 의하여 내사·수사를 진행하여서는 아니 된다(인권보호수사준칙 제11조).

내사·수사한 결과 범죄혐의가 없다고 인정되면 신속히 내사·수사를 종결함으로써 피내사자·피의자가 불안정한 지위에서 벗어날 수 있도록 하여야 하고, 내사·수사를 부당하게 장기화하여서는 아니 된다(동 준칙 제12조). 따라서 관할이 없거나 범죄특성 등을 고려하여 소속 관서에서 내사하는 것이 적당하지 않은 경우 관할 있는 경찰관서에 이첩하거나 해당기관에 통보하여야 할 경우를 제외하고는 경찰관서의 수사팀장은 내사사건을 무책임하게 이첩하거나 장기간 방치해서는 아니되고, 내사기간이 3개월을 초과하는 경우 경찰관은 내사상황보고서를 작성하여 소속 경찰관서의 장에게 보고하여야 한다(경찰 내사 처리규칙 제8조).

아. 내사의 방식은 임의적인 방법으로 함을 원칙으로 한다(경찰 내사 처리규칙 제7조).

자. 내사를 수사절차로 전환하고자 할 때 사법경찰관은, 내사과정에서 범죄혐의가 있다고 판단될 때에는 내사를 종결하고 범죄인지서를 작성하여 수사를 개시하여야 하고, 이 경우 지체 없이 소속 경찰관서장에게 보고하여야 한다. 범죄인지서 작성에 앞서 피의자신문조서를 작성하였거나, 「형사소송법」 제200조의3 제1항에 해당하여 긴급체포하였거나, 체포·구속영장을 신청한 경우에는 지체 없이 범죄인지서를 작성한 후 통상의 사건송치 절차에 따라 처리하여야 한다(경찰 내사 처리규칙 제11조).

차. 수사절차에 의하지 않고 내사를 종결하는 경우, 내사종결(혐의없음, 죄가안됨, 공소권없음 등에 해당하여 수사개시의 필요가 없는 경우), 내사중지(피혐의자 또는 참고인 등의 소재불명으로 사유해소 시까지 내사를 계속할 수 없는 경우), 내사병합(동일 또는 유사한 내용의 내사

사건이거나 경합범으로 다른 사건과 병합처리할 필요가 있는 경우), 내사이첩(관할이 없거나 범죄특성 및 병합처리 등을 고려하여 다른 경찰관서 및 수사기관에서 내사할 필요가 있는 경우)의 기준에 따라 처리하고, 진정내사 사건이 3회 이상 반복 진정하여 2회 이상 그 처리결과를 통지한 것과 같은 내용인 경우, 무기명 또는 가명으로 한 경우, 단순한 풍문이나 인신공격적인 내용인 경우, 완결된 사건 또는 재판에 불복하는 내용인 경우, 민사소송 또는 행정소송에 관한 사항인 경우에 해당할 경우에는 공람종결할 수 있다(경찰 내사 처리규칙 제11조의2).

2. 수사의 단서

수사개시의 원인을 수사의 단서라 한다.

현행범 체포, 변사자 검시, 불심검문, 여죄발견, 기사·풍설·세평과 같은 수사기관 자기체험적(自己體驗的)인 것과 고소·고발, 자수, 진정, 범죄신고와 같이 타인체험적(他人體驗的)인 것이 모두 수사의 단서가 된다.[5)]

수사의 개시와 관련하여 보면, 자기체험적 수사단서 중 현행범 체포, 여죄발견의 경우 곧바로 수사가 개시되고, 타인체험적 수사단서 중에서는 고소·고발, 자수의 경우에는 내사단계를 거치지 않고 즉시 수사가 개시되고 피고소인은 피의자의 지위를 갖게 되지만,[6)] 그 외의 수사단서(진정, 신고)가 있더라도 바로 수사가 개시되지 않고 수사기관의 범죄인지에 의해 비로소 수사가 개시된다. 그 이전 단계를 내사단계라고 한다.[7)]

따라서 **범죄인지란 수사기관이 고소·고발, 자수 이외의 수사단서가 있는 경우 범죄의 혐의가 있다고 판단하여 수사를 개시하는 것을 말하고, 입건이라고도 한다.**[8)9)]

---

5) 이재상, 형사소송법, 제9판, 박영사, 2013, 200면.
6) 이에 대해 일방적인 고소로 인해 상대방이 갑작스레 피의자가 되는 것은 신중치 못하여 인권 침해적 요소가 있다는 점을 감안하여 최근 검찰은 1회 조사 때까지는 참고인 신분으로 수사를 하고, 수사내용을 보고 차회 조사 때부터는 피의자로 조사하겠다고 밝힌 바 있다.
7) 이재상, 형사소송법, 제9판, 박영사, 2013, 200면.
8) 이재상, 형사소송법, 제9판, 박영사, 2013, 200면.
9) 검찰사건사무규칙 제2조 내지 제4조에 의하면 검사가 범죄를 인지하는 경우에는 범죄인지서를 작성하여 사건을 수리하는 절차를 거치도록 되어 있으므로 특단의 사정이 없는 한 수사기관이 그와 같은 절차를 거친 때에 범죄인지가 된 것으로 볼 것이나, **범죄의 인지는 실질적인 개념**으로서 위 검찰사건사무규칙의 규정은 검찰행정의 편의를 위한 사무처리 절차규정이므로 검사가 그와 같은 절차를 거치기도 전에 범죄의 혐의가 있다고 보아 수사를 개시하는 행위를 한 때에는 이때에 범죄를 인지한 것으로 보아야 하고, 그 뒤 범죄인지서를 작성하여 사건수리절차를 밟은 때에 비로소

경찰청 범죄수사규칙을 보면, 경찰관은 범죄의 혐의가 있다고 판단될 때에는 수사에 착수하여야 하고, 이 경우 범죄의 경중과 정상, 범인의 성격, 사건의 파급성과 모방성, 수사의 완급 등 제반 사정을 고려하여 수사의 시기 또는 방법을 신중하게 결정하여야 하고(동 규칙 제39조), **수사를 개시할 때에는 범죄인지서를 작성**하여 소속 경찰관서장에게 보고하여야 하는데, 범죄인지서에는 피의자의 성명, 주민등록번호, 직업, 주거, 범죄경력, 죄명, 범죄사실의 요지, 적용법조 및 수사의 단서와 범죄인지 경위를 기재하여 수사기록에 편철하여야 한다(동 규칙 제40조).

수사의 단서 중 실무상 가장 흔히 일어나고 가장 중요한 것으로는 불심검문과 고소·고발이라 할 수 있다. 따라서 아래에서는 불심검문을 먼저 살피고, 이어 고소제도를 보기로 한다. 다만 불심검문 중 소지품검사에 대해서는 수색의 적법성과 관련하여 살펴볼 필요가 있으므로 압수·수색과 관련한 부분(제1편 제3장 제3절 2.의 다.항)에서 상세히 본다.

3. 불심검문

가. 의 의

불심검문 또는 직무질문이란 경찰관[10]이 거동이 수상한 자를 발견한 때에 이를 정지시켜 질문하는 것을 말하고,[11] 법적 근거는 경찰관직무집행법 제3조이다.[12][13] 이 조항은 경찰의 수사권이 독립되어 일반보안경찰작용과 사법경찰작용이

범죄를 인지하였다고 볼 것이 아니다(대법원 1989. 6. 20, 선고 89도648 판결).

10) 사법경찰과는 다른 개념으로 경찰공무원법상의 경찰공무원과 같은 개념이다(수사절차론, 사법연수원, 성문인쇄사, 2007, 28면).

11) 이재상, 형사소송법, 제9판, 박영사, 2013, 202면.

12) 경찰관직무집행법 제3조(불심검문)

① 경찰관은 다음 각 호의 어느 하나에 해당하는 사람을 **정지**시켜 **질문**할 수 있다.

1. 수상한 행동이나 그 밖의 주위 사정을 합리적으로 판단하여 볼 때 어떠한 죄를 범하였거나 범하려 하고 있다고 의심할 만한 상당한 이유가 있는 사람
2. 이미 행하여진 범죄나 행하여지려고 하는 범죄행위에 관한 사실을 안다고 인정되는 사람

② 경찰관은 제1항에 따라 같은 항 각 호의 사람을 정지시킨 장소에서 질문을 하는 것이 그 사람에게 불리하거나 교통에 방해가 된다고 인정될 때에는 질문을 하기 위하여 가까운 경찰서·지구대·파출소 또는 출장소(지방해양경비안전관서를 포함하며, 이하 "경찰관서"라 한다)로 **동행**할 것을 **요구**할 수 있다. 이 경우 동행을 요구받은 사람은 그 요구를 거절할 수 있다. <개정 2014. 11. 19.>

③ 경찰관은 제1항 각 호의 어느 하나에 해당하는 사람에게 질문을 할 때에 그 사람이 **흉기**를 가지고 있는지를 **조사**할 수 있다.

④ 경찰관은 제1항이나 제2항에 따라 질문을 하거나 동행을 요구할 경우 자신의 신분을 표시하는 증표를 제시하면서 소속과 성명을 밝히고 질문이나 동행의 목적과 이유를 설명하여야 하며, 동행을 요구하는 경우에는 동행 장소를 밝혀야 한다.

⑤ 경찰관은 제2항에 따라 동행한 사람의 가족이나 친지 등에게 동행한 경찰관의 신분, 동행 장

유기적으로 연결되도록 제도화되어 있는 미국과 일본의 입법론적 구상을 본받은 것이라고 평가된다.[14)]

불심검문은 범죄가 발각되지 않은 경우에 범죄수사의 단서가 될 뿐 아니라, 특정범죄에 대한 범인이 발각되지 않은 때에는 범인발견의 계기가 된다는 점에서 수사와 밀접한 관계를 가지나, 이는 **어디까지나 행정경찰작용 특히 보안경찰 분야에 속하는 것이므로 범죄수사와는 엄격히 구별**하여야 한다.[15)] 따라서 불심검문은 과거의 특정한 범죄사실에 관한 수사에서가 아니라, 범죄를 예방하거나 수사의 단서를 얻기 위한 경찰활동이다.[16)]

나. 대 상

불심검문의 대상은 「수상한 행동이나 그 밖의 주위 사정을 합리적으로 판단하여 볼 때 어떠한 죄를 범하였거나 범하려 하고 있다고 의심할 만한 상당한 이유가 있는 사람 또는 이미 행하여진 범죄나 행하여지려고 하는 범죄행위에 관한 사실을 안다고 인정되는 사람」이고, 이를 통상 '거동불심자'라고 한다.

어떤 죄를 범하려 하고 있다고 의심할 만한 상당한 이유란 준현행범인, 긴급체포에 이르지 않는 경우이거나, 범죄가 특정되지 않은 경우를 말하고, 거동불심성의 판단은 합리적일 것을 요한다. 다만 그 판단에 있어서는 형식적으로 이상한 거동이 있었는가 뿐만 아니라, 경찰관이 가지고 있는 정보·지식 및 관찰의 결과도 고려해야 한다.[17)]

소, 동행 목적과 이유를 알리거나 본인으로 하여금 즉시 연락할 수 있는 기회를 주어야 하며, 변호인의 도움을 받을 권리가 있음을 알려야 한다.

⑥ 경찰관은 제2항에 따라 동행한 사람을 6시간을 초과하여 경찰관서에 머물게 할 수 없다.

⑦ 제1항부터 제3항까지의 규정에 따라 질문을 받거나 동행을 요구받은 사람은 형사소송에 관한 법률에 따르지 아니하고는 신체를 구속당하지 아니하며, 그 의사에 반하여 답변을 강요당하지 아니한다. [전문개정 2014. 5. 20.]

13) 수사절차론, 사법연수원, 성문인쇄사, 2007, 28면에서는 주민등록법 제26조 제1항 규정(주민등록증의 제시요구)도 불심검문의 일종으로서, 인근관계관서에 동행을 요구받은 자는 불심검문에서와 같이 이를 거부할 수 있다고 보고 있다.

제26조(주민등록증의 제시요구) ① 사법경찰관리(司法警察官吏)가 범인을 체포하는 등 그 직무를 수행할 때에 17세 이상인 주민의 신원이나 거주 관계를 확인할 필요가 있으면 주민등록증의 제시를 요구할 수 있다. 이 경우 사법경찰관리는 주민등록증을 제시하지 아니하는 자로서 신원을 증명하는 증표나 그 밖의 방법에 따라 신원이나 거주 관계가 확인되지 아니하는 자에게는 범죄의 혐의가 있다고 인정되는 상당한 이유가 있을 때에 한정하여 인근 관계 관서에서 신원이나 거주 관계를 밝힐 것을 요구할 수 있다.

14) 신동운, 신형사소송법, 법문사, 2008, 122-123면.

15) 이재상, 형사소송법, 제9판, 박영사, 2013, 202면; 신동운, 신형사소송법, 법문사, 2008, 124면.

16) 변호사실무(형사), 사법연수원, 성문인쇄사, 2008, 33면.

17) 이재상, 형사소송법, 제9판, 박영사, 2013, 203면.

다. 방 법

불심검문은 1) 정지(자동차검문을 포함)와 질문(흉기 등 소지품검사 포함), 2) 질문을 위한 동행요구가 있다.

(1) 정지와 질문

불심검문의 핵심은 질문이므로 정지와 동행요구는 질문을 하기 위한 수단에 불과하다. **질문은 어디까지나 임의의 수단**이므로 질문에 대하여 상대방은 답변을 강요당하지 아니한다. 질문을 하는 동안 수갑을 채우는 것과 같은 질문에 대한 답변을 사실상 강요하는 결과가 되는 행위도 금지된다. 다만 상대방이 답변을 거부하고 그 곳을 떠나려고 하는 경우에 강제에 해당하지 않는 정도로 설득하여 번의를 구하는 것은 허용된다고 해야 한다.[18] 여기서 "설득"은 문자 그대로 당해인(동행을 요구받은 사람, 동행한 사람)에게 필요성을 납득시켜 스스로 동행하도록 하는 것을 가리킨다. 그 과정에서 당해인이 경찰관으로부터 위압감을 느껴 어쩔 수 없이 동행을 승낙한 경우는 설득의 한계를 넘는다고 보아야 할 것이다.[19]

그렇다면 정지요구에 응하지 않고 지나가거나 질문 도중에 떠나는 경우에 실력행사를 허용할 것인가. 이에 대하여 ① 사태의 긴급성, 혐의의 정도, 질문의 필요성과 수단의 상당성을 고려하여 강제에 이르지 않는 정도의 유형력의 행사는 허용된다고 해석하는 견해(확장설, 제한적 허용설),[20] ② 강제와 실력행사를 구별하는 것은 사실상 불가능하므로 원칙적으로 실력행사는 허용되지 않고, 다만 살인·강도 등의 중범죄에 한하여, 긴급체포도 가능하지만 신중을 기하기 위한 경우에만 예외를 인정하는 견해(예외적 허용설)[21]가 있으나, 생각건대 긴급체포가 가능한 사안이면

---

18) 이재상, 형사소송법, 제9판, 박영사, 2013, 203-203면; 신동운, 신형사소송법, 법문사, 2008, 122-126면.

19) 변호사실무(형사), 사법연수원, 성문인쇄사, 2008, 34면.

20) 신동운, 신형사소송법, 법문사, 2008, 127면; 노명선·이완규, 형사소송법, 성균관대학교 출판부, 2009, 149면.

노명선·이완규 교수는 위 책에서, 현장에 있는 경찰관들에게 좀 더 합리적인 사고에 의하여 선의의 항변을 할 수 있도록 하기 위해서는 예외적 허용설은 너무 엄격한 것으로 타당하지 않다고 하면서, 일본의 인정 판례로 ① 직무질문 중 주재소로부터 돌연 도주하는 자를 200미터 추격하여 뒤에서 팔을 잡아끌어 세운 사례(最決, 1994. 12. 27. 刑集 8-13-2435), ② 경찰관으로부터 거동불심자로서 직무질문을 받아 파출소까지 임의동행을 구하였으나, 도주하므로 추격 중 넘어진 피의자에게 다가가자 돌연 폭행을 가하므로 공무집행방해로 체포한 사안(最判, 1955. 7. 19. 刑集 9-9-1908), ③ 신호위반으로 정차를 시킨 후 하차하는 피의자가 취기를 띄고 있으므로 음주측정의 뜻을 고지하자마자 제시한 운전면허증을 빼앗아 차량을 운전하여 도주하려 하므로 경찰관이 손을 넣어 엔진 키를 뽑은 사안(最決, 1988. 9. 16. 刑集 42-7-1051)을 예로 들고 있다.

21) 이재상, 형사소송법, 제9판, 박영사, 2013, 204면.

긴급체포를 하면 되지 중범죄라 하여 직무질문을 위한 정지에 유형력의 행사를 사용하는 것은 허용되지 않는다고 봄이 타당하고, 강제에 이르지 않는 정도의 유형력 행사마저 불허하는 것은 수사실무상 타당하지 않으므로 전설(前說)에 찬동한다.

생각할 점

체포인지, 아니면 직무질문을 위한 정지인지에 대한 구별기준에 관하여는 미국연방대법원의 기준을 참고할 수 있다.

연방대법원은 United States v. Mendenhall, 446 U.S. 544, 100 S.Ct. 1870, 64 L.Ed.2d 497(1980) 사건에서, 다수의 경찰관이 위협적인 행동을 취하거나, 휴대한 무기를 보여주거나, 피검문자의 신체에 대하여 물리적 접촉이 이루어지는 경우, 경찰관의 정지요구와 관련하여 강요적 언어 또는 억양이 사용된 때와 같이 합리적인 일반인을 기준으로 주위의 모든 사정을 고려할 때 자신이 자유롭게 검문현장을 이탈할 수 없는 것으로 느낄 수 있는 경우라면, 수정 헌법 제4조가 정의한 체포가 이루어진 것으로 볼 수 있다고 판시하면서, 사례의 경우, 검문이 이루어진 장소가 대중인 운집한 광장이며, 수사관들이 제복을 입거나 무기휴대여부를 보여주지 않은 점, 피검문자를 불러 세운 것이 아니라, 보행 중인 피검문자에게 접근하여 연방수사관의 신분을 밝힌 상태에서 질문이 이루어진 점, 신원확인과 탑승권 제시를 요구한(request) 것이 아니라, 요청(demand)한 것으로 파악될 수 있는 상황에 불과함을 고려할 때, 수정 헌법 제4조에서 말한 체포에 해당한다고 보기는 어렵다고 판시하였다(free to leave test).[22)]

(2) 동행의 요구

(가) 경찰관은 사람을 정지시킨 장소에서 질문을 하는 것이 그 사람에게 불리하거나 교통에 방해가 된다고 인정될 때에는 질문을 하기 위하여 가까운 경찰서·지구대·파출소 또는 출장소(지방해양경비안전관서를 포함하며, 이하 "경찰관서"라 한다)로 동행할 것을 요구할 수 있다. 이 경우 **동행을 요구받은 사람은 그 요구를 거절할 수 있다**(경찰관직무집행법 제3조 제2항).

(나) 동행을 요구할 경우 경찰관은 자신의 신분을 표시하는 증표를 제시하면서 소속과 성명을 밝히고 그 목적과 이유를 설명하여야 하며, 동행장소를 밝혀야 한다(동법 제3조 제4항). 가족 또는 친지에게 동행한 경찰관의 신분·동행장소, 동행목적과 이유를 고지하거나 본인으로 하여금 즉시 연락할 수 있는 기회를 부여하여야 하며, 변호인의 조력을 받을 권리가 있음을 고지하여야 한다(동법 제3조 제5항). 이 경우 6시간을 초과하여 동행한 사람을 경찰관서에 머무르게 할 수는 없고(동법 제3

22) 권창국, "불심검문에 불응한 피검문자에 대한 경찰관의 유형력행사와 한계", 「형사정책」 제23권 제2호, 2011. 12, 26-27면을 전적으로 참조하였음.

조 제6항),[23] **질문을 받거나 동행을 요구받은 사람은 형사소송에 관한 법률에 의하지 아니하고는 신체를 구속당하지 아니하며 그 의사에 반하여 답변을 강요당하지 아니한다**(동법 제3조 제7항). 비록 직무질문을 위하여 필요한 경우 당해인의 승낙을 얻어 동행요구를 할 수 있지만, 사실상 체포 등의 절차를 피해가기 위한 수단으로 사용될 수 없도록 동행의 시간을 제한하고 있고, 인권보장을 위한 상세한 절차규정이 존재하는 것이다.

(다) 만약 동행과정에 심리적 압박이나 강제력이 개입된 때[24]에는 임의동행의 한계를 벗어난 강제연행이며 불법체포에 해당하고, 임의동행 후 경찰관직무집행법상 보호조치할 수 있는 경우가 아닌데도 보호실에 유치하는 것은 승낙이 있었다 하더라도 중대한 법익 침해이자 영장주의 위반으로서 불법구금이 된다.

(라) 임의동행은 직무질문을 하기 위한 임의동행(경찰관직무집행법 제3조)과 임의수사 방식으로서의 임의동행(형사소송법 제199조 제1항)의 두 가지가 있는 바,[25] 불심검문의 임의동행은 전자(前者)의 것을 말한다.

(마) 임의동행의 임의성(任意性)에 대한 대법원의 태도는 다음과 같다.

대법원은 「임의동행은 수사기관이 동행에 앞서 피의자에게 동행을 거부할 수 있음을 알려 주었거나 동행한 피의자가 언제든지 자유로이 동행과정에서 이탈 또는 동행장소로부터 퇴거할 수 있었음이 인정되는 등 오로지 피의자의 자발적인 의사에 의하여 수사관서 등에의 동행이 이루어졌음이 객관적인 사정에 의하여 명백하게 입증된 경우에 한하여, 그 적법성이 인정되는 것으로 봄이 상당하다. 형사소송법 제200조 제1항(현행 제200조)에 의하여 검사 또는 사법경찰관이 피의자에 대하여 임의적 출석을 요구할 수는 있겠으나, 그 경우에도 수사관이 단순히 출석을 요

---

23) 임의동행을 당한 당해인은 언제든지 경찰관서에서 퇴거할 자유를 가지고 있으므로 6시간의 한계도 피의자를 6시간 동안 경찰서에 구금할 수 있다는 것을 의미하지는 않는다(대법원 1997. 8. 22, 선고 97도1240).

24) 이 경우 불법체포가 되지 않기 위해서는 현행범 또는 긴급체포에 해당하는 요건을 갖추었을 때, 체포시 준수사항을 지켜 정식으로 체포절차를 밟아야 하는 것이다. 同旨 변호사실무(형사), 사법연수원, 성문인쇄사, 2008, 34면.

25) 형사소송법 제199조 제1항의 임의수사의 한 원칙에 따른 임의동행과 경찰관직무집행법 상의 불심검문 중의 임의동행이 구분되지만, 실질적으로 이를 구별하기가 용이하지 아니할 뿐 아니라, 수사의 방법으로 임의동행이 이용되고 있는 수사현실을 감안하면 양자를 구별하기보다는 임의동행의 요건이나 절차, 특히 임의수단성이 강력하게 요구된다는 점이 중요하다고 전제한 후 임의동행이 실무상의 편의로 널리 이용되고 있는 만큼 경찰관직무집행법상의 범위와 요건을 엄격히 적용하고, 임의동행으로 수사가 개시되거나 직무질문이 수사의 단서가 되어 체포로 이어지는 경우에는 지체 없이 체포를 위한 적법절차에 따라야 할 것이라는 견해로는 노명선·이완규, 형사소송법, 성균관대학교 출판부, 2009, 161-162면.

구함에 그치지 않고 일정 장소로의 동행을 요구하여 실행한다면 위에서 본 법리가 적용되어야 할 것이고, 한편 행정경찰 목적의 경찰활동으로 행하여지는 경찰관직무집행법 제3조 제2항 소정의 질문을 위한 동행요구도 법의 규율을 받는 수사로 이어지는 경우에는 역시 위에서 본 법리가 적용되어야 할 것이다.」라고 판시하였고,[26] 나아가 해당 사례에서 경찰관들이 피고인을 동행한 시각이 새벽 06:00경이고, 4명의 경찰관들이 잠복하다가 새벽에 귀가하는 피고인을 발견하고 4명이 한꺼번에 차에서 내려 피의사실을 부인하는 피고인을 동행하였고, 경찰관들은 애당초 피고인을 긴급체포할 의사로 피고인의 집으로 간 것이었고, 피고인에게 동행요구에 응하지 않아도 된다는 점을 고지한 것으로 보이지는 아니하고, 피고인이 경찰서에서 화장실에 갈 때도 경찰관 1명이 따라와 감시한 점 등에 비추어 피고인이 경찰서에 도착한 이후의 상황도 피고인이 임의로 퇴거할 수 있는 상황은 아니었던 것으로 보이는 점 등 제반 사정에 비추어 보면, 사법경찰관이 피고인을 수사관서까지 동행한 것이 사실상의 강제연행, 즉 불법체포에 해당하고, 불법체포로부터 6시간 상당이 경과한 후에 이루어진 긴급체포 또한 위법하다고 판시하면서 피고인은 도주죄의 주체가 될 수 없다고 판단하였다.

생각할 점

위 판례에 대해서는, 최근 대법원이 (수사기법으로서의) 임의동행이 원칙적으로 강제수사이며 위법한 수사기법이라는 점을 분명히 하였다고 보면서도 다만 **임의동행의 적법성이 인정될 여지를 남겨두었다고 아쉬워하는 견해가 있다.** 나아가 이 견해는 임의동행의 적법성 문제는 만연된 수사관행이라는 사실 면보다는 영장주의(헌법 제12조 제3항) 및 강제수사법정주의(법 제199조 제1항 단서)의 원칙에서 접근해 들어가야 하며, 신병부터 확보하여 수사를 행하는 일제 이래의 폐습적 수사관행은 적법절차의 헌법이념에 의하여 발본색원되어야 하며, 현실적으로 임의동행 당시 상대방의 심리상태나 수사기관에 의한 물리력의 행사 여부를 입증하기 어려워서 임의동행의 과정을 심사하여 폐해를 방지하기 어려우며, 이미 경찰관직무집행법 제3조가 동행요구를 불심검문의 한 형태로, 또 주민등록법 제26조가 신원 및 거주확인을 위한 동행요구의 가능성을 각각 인정하고 있으며, 1995년 형사소송법 개정 시에 입법자는 체포제도를 정비하여 초동수사의 긴급성에 대비하고 있으므로 상대방의 동의만을 근거로 하는 종래의 임의동행을 형사소송법 제199조 제1항 본문이 예정한 임의수사의 하나로 인정할 필요는 없고, 그렇게 보지 않을 경우 경찰관직무집행법이나 주민등록법이 수사의 일종으로 동행요구를 명시하고 있는 상황에서 그보다 더욱 요건을 완화한 임의동행을 임의수사로 인정하는 것이 되어 논리모순이기 때문이라고 한다.[27]

26) 대법원 2006. 7. 6, 선고 2005도6810 판결.
27) 신동운, 신형사소송법, 법문사, 2008, 166-167면 참조.

요컨대 경찰관직무집행법상 불심검문에 수반된 동행요구, 주민등록법상 동행요구가 규정되어 있고 각 그 요건과 절차도 규정되어 있으므로 그 제도를 이용하든가, 아니면 체포하여 데려가든가 하라는 것으로서, 동의만 받으면 위 각 법에 해당되지 않는데도 일단 수사관서에 끌고 가는 것은 위법이거나 위법을 조장한다는 것으로 보이며,[28] 수사관행이라는 미명 하에 그간 인권침해 소지가 없었는지 귀 기울여볼 대목이다.

(3) 소지품검사

소지품검사란 불심검문에 수반하여 흉기 기타 물건의 소지 여부를 밝히기 위하여 거동불심자의 착의 또는 휴대품을 조사하는 것을 말한다. 이에 대해서는 압수·수색·검증 부분(제1편 제3장 제3절 2.의 다.항)에서 후술한다.

(4) 자동차검문

자동차검문이란 범죄의 예방과 검거를 목적으로 통행중인 자동차를 정지케 하여 운전자 또는 동승자에게 질문하는 것을 말한다.[29]

이에는 교통검문·경계검문·긴급수배검문이 있다. 교통검문(交通檢問)은 도로교통법상의 단속을 위한 검문이고, 경계검문(警戒檢問)은 불특정한 일반범죄의 예방과 검거를 목적으로 하는 검문이며, 긴급수배검문(緊急手配檢問)은 특정범죄가 발생한 때에 범인의 검거와 수사정보의 수집을 목적으로 행하는 검문을 말한다.[30]

법적 근거로는, ① 교통검문의 경우 도로교통법 제47조의 일시정지권이 있다. ② 모든 차량의 검문을 내용으로 하는 경계검문과 긴급수배검문에 대한 직접적인 근거 규정은 없다. 그러나 자동차문명의 발달과 자동차를 이용한 범죄의 증가라는 현실에 비추어 자동차검문을 허용하여야 하며, 이 경우 경계검문은 경찰관직무집행법 제3조 제1항에 근거를 가지며(일반적인 보안경찰의 한 작용), 긴급수배검문은 동법과 형사소송법의 임의수사에 관한 규정에 근거를 가진다고 봄이 타당하다(전형적인 사법경찰작용).[31]

---

28) 신동운, 신형사소송법, 법문사, 2008, 168면 참조.
29) 이재상, 형사소송법, 제9판, 박영사, 2013, 207면.
30) 이재상, 형사소송법, 제9판, 박영사, 2013, 207면.
31) 이재상, 신형사소송법, 제2판, 박영사, 2009, 199면; 이재상, 형사소송법, 제9판, 박영사, 2013, 207면; 노명선·이완규, 형사소송법, 성균관대학교 출판부, 2009, 153면; 신동운, 신형사소송법, 법문사, 2008, 130면. 다만 신동운 교수는 긴급수배검문이 경찰관직무집행법 제3조 제1항에 근거를 둘 뿐 신체의 자유를 제한하는 조치이므로 일반적인 임의수사라고 보기는 곤란하므로 임의수사를 규정한 형사소송법 제199조를 근거로 들기는 어렵다고 보고 있다. 한편 이 견해는 자동차에 대한 수색이나 압수는 법관의 영장에 의하여야 하며, 불심검문의 방법에 의할 수는 없다고 보면서, 긴급을 요하는 경우에는 먼저 압수·수색을 하고 사후에 지체 없이 법관의 영장을 받아야 한다고 보고 있

자동차검문은 어느 경우이건 불심검문 또는 임의수사라는 근거로 정당성을 인정하는 것이므로 허용하더라도, ① 임의의 수단에 의할 것, ② 자동차를 이용하는 중대범죄에 제한될 것, ③ 범죄의 예방과 검거를 위하여 필요하고 적절할 것, ④ 자동차이용자에 대한 자유의 제한은 필요·최소한에 거칠 것 등 어디까지나 임의의 방식이라는 점과 비례성 원칙을 충족하여야 할 것이다.[32]

직무질문에 있어 강제수사에 이르지 않는 유형력의 행사는 가능하고 상황에 따라 도주하려는 피의자의 어깨를 잡아 정지시키는 행위도 가능하므로 차량을 정차시키기 위하여 엔진 키를 뽑는 행위가 가능하다고 해석하는 견해[33]가 있으나, 실제 이와 같은 사건이 현실에서 맞닥뜨릴 경우 해석상 논란이 예상된다.

4. 고 소

가. 의 의

고소란 범죄피해자 또는 그와 일정한 관계에 있는 고소권자가 수사기관에 대해 범죄사실을 신고하며 범인의 처벌을 구하는 의사표시이다. 단순한 범죄의 신고와의 차이점은 바로 범인의 처벌을 구하여야 한다는 것이다.[34]

수사의 단서 중 단연 왕(王)의 지위를 차지하고 있다. 특히 중대사건, 재산범죄, 성범죄 사건 대부분에서 고소가 수사단서가 되고 있다.

나. 사실의 특정

범죄사실은 특정되어야 하나, 특정의 정도는 고소인의 의사가 구체적으로 어떤 범죄사실을 지정하여 범인의 처벌을 구하고 있는지 확정할 수 있는 정도면 족하므로 처음부터 범행일시, 장소, 방법, 죄명까지 모두 정확히 지적할 것을 요하지는 않는다.[35] 따라서 성명불상, 박 이름불상, 성불상 길동, 장소불상, 대구 수성구 범어동 소재 이름을 알 수 없는 모텔, 대구 수성구 범어동 1000번지 소재 에이스

다(형사소송법 제216조 제3항).

32) 이재상, 형사소송법, 제9판, 박영사, 2013, 207-208면.

33) 노명선·이완규, 형사소송법, 성균관대학교 출판부, 2009, 153면(最決, 1988. 9. 16. 刑集 42-7-1051 판례를 허용례로 들고 있다). 그러나 이 견해도 도로상을 일제히 차단하고 음주단속하는 경우, 자동차 안에 들어가 좌석등받이를 젖히고, 좌석을 전후로 움직여 손전등으로 의자 밑을 수색하는 경우(東京高判, 1994. 7. 28. 高刑集 47-2-267)에는 자동차검문의 한계를 넘는 위법행위가 된다고 본다.

34) 이재상, 형사소송법, 제9판, 박영사, 2013, 208면.

35) 이재상, 형사소송법, 제9판, 박영사, 2013, 208면.

모텔 호실불상, 2013년 여름 일시불상, 2013년 8월 일시불상, 시가불상 등의 피해 신고를 하면서 범인의 처벌을 구하는 것은 모두 허용된다.

특히 종래 자주 문제가 된 간통, 마약범죄에서 장소와 정확한 시각을 특정하기 곤란한 경우가 많다. 피의자 자신도 모두 기억하지 못하기 때문이고, CCTV는 실무상 1개월 이상 업주들이 보관하지 않는 경우가 많으며, 일정 기간이 지난 영상은 최신의 영상에 의해 덮여 기록되는 관계로 단순 삭제와는 달라서 이 경우는 과학적으로 복원되지 않는다. 결국 피의자도 기억할 수 없고, 객관적 증거도 없을 경우 위와 같은 공소사실 특정의 어려움을 겪을 수밖에 없고, 간통, 마약범죄 자체가 은밀히 이루어지고 시간이 지날 경우 증거가 점점 산일되는 관계로 위와 같은 공소사실의 기재도 허용되는 것이다.

참고로 피해자 특정과 관련하여 실무에서는, 최근 성폭력범죄 중 '카메라촬영죄'에서 피의자의 휴대폰을 임의제출 받아 육안으로 확인하거나 디지털증거분석팀에 의뢰하여 복원하는 경우 공소장에서 '피해자 성명불상'으로 기재하는 경우가 있다. 한편 검사에 따라서는 다수의 카메라촬영 범죄 증거가 확인되어도 피해자 특정이 가능한 것만 공소제기 하는 경우도 있다. 성명불상, 장소불상, 범행시각 불상 등 불상이 지나치게 많을 경우 부적법한 공소제기가 될 우려 때문으로 보인다. 그러나 성명불상의 피해자라는 자체만으로는 공소제기가 부적법해지는 것은 아니다.

다. 고소권자

(1) 범죄피해자는 고소할 수 있으나(법 제223조), 자기 또는 배우자의 직계존속에 대해서는 고소하지 못한다(법 제224조).

그러나 자기 또는 배우자의 직계존속이 가정폭력행위자인 경우 가정폭력범죄의 처벌 등에 관한 특례법 제6조 제2항(고소에 관한 특례)에 따라, 자기 또는 배우자의 직계존속이 성폭력범죄자인 경우 **성폭력범죄의 처벌 등에 관한 특례법(이하 본서에서 '성폭법'이라 한다)** 제18조(고소 제한에 대한 예외)에 따라 피해자는 그 직계존속을 고소할 수 있다.

(2) 주의할 것은, 피해자는 범죄로 인한 직접적 피해자이어야 하지 간접적 피해를 입은 자는 포함되지 않는다. 따라서 교통사고로 신체를 부상당한 사람이 직접 피해자로서 고소권자이다. 간접적으로 정신적 충격을 입은 가족은 범죄피해자가 아니다.

(3) 피해자가 생존중인 경우 법정대리인도 독립하여 고소할 수 있다(법 제225조

제1항). 친권자 · 후견인이 여기에 해당하며, 단순히 재산관리인, 파산관재인, 법인의 대표자는 법정대리인이 아니다.[36)]

법정대리인의 고소권은 무능력자보호의 취지를 철저히 하기 위해 특히 법정대리인에게 인정한 고유권으로 해석되고 있다.[37)] 이에 대하여 피해자의 고소권은 원래 일신전속적인 것이고, 친고죄에 있어서 법률관계의 불안정을 피하기 위해 피해자의 고소권이 소멸하면 법정대리인의 고소권도 소멸된다고 보아야 한다는 점을 들어 독립대리권으로 해석하는 견해[38)]가 있고, 이 견해에 따를 경우 본인은 법정대리인이 한 고소를 취소할 수도 있다.

(4) 피해자가 사망한 때 그 배우자 · 직계친족 또는 형제자매는 고소할 수 있다. 단, 피해자의 명시한 의사에 반하지 못한다(법 제225조 제2항). 피해자의 법정대리인이 피의자이거나 법정대리인의 친족이 피의자인 때에는 피해자의 친족은 독립하여 고소할 수 있다(법 제226조).

사자의 명예를 훼손한 죄에 대해서도 그 친족 또는 자손이 고소할 수 있다(법 제227조).

라. 고소방식

고소는 서면 또는 구술로 검사 또는 사법경찰관에게 할 수 있고, 수사기관이 피해자로부터 구술고소를 받은 때에는 조서를 작성하여야 한다(법 제237조). 고소조서는 반드시 독립된 조서일 필요가 없으므로 수사기관이 고소권자를 참고인으로 신문하면서 처벌을 원하는지 의사표시를 들은 것을 기재한 것도 고소의 요건이 충족된 것이다.[39)]

통상은 변호인을 통한 고소장 작성 · 제출, 법무사를 통한 고소장 작성대행 후 본인제출, 경찰서에 비치된 고소장 양식에 본인이 자필로 완성 후 직접제출 등의 방법을 사용한다. 실무상으로는 참고인조사시 처벌을 구한다는 피해자의 진술이 있었을 경우에는 추후 제출하는 변호인의 서류는 고소장이 아니고, 변호인의견서가 되어야 하거나 고소보충서의 형태가 되어야 한다. 이미 고소가 있은 것으로 엄격 해석할 경우 변호인의 재차의 고소장은 이중고소로 각하 사안이기 때문이다.

---

36) 이재상, 형사소송법, 제9판, 박영사, 2013, 209면.

37) 대법원 1984. 9. 11, 선고 84도1579.「법정대리인의 고소권은 무능력자의 보호를 위하여 법정대리인에게 주어진 고유권이어서 피해자의 고소권 소멸 여부에 관계없이 고소할 수 있는 것이며, 그 고소기간은 법정대리인 자신이 범인을 알게 된 날로부터 진행한다.」

38) 이재상, 형사소송법, 제9판, 박영사, 2013, 210면.

39) 대법원 1966. 1. 31, 선고 65도1089 판결.

마. 고소기간

(1) 고소권을 무한정 보장할 경우 법률관계가 장기간 불안정할 수 있어 형사소송법은 **'친고죄'의 고소는 범인을 알게 된 날로부터 6월의 기간제한을 두고 있다**(법 제230조 제1항).[40)]

형사소송법 제230조 제1항 본문은 친고죄에 대하여는 범인을 알게 된 날로부터 6개월을 경과하면 고소하지 못한다고 규정하고 있는바, 여기서 범인을 알게 된다 함은 범인이 누구인지 특정할 수 있을 정도로 알게 된다는 것을 의미하고, 범인의 동일성을 식별할 수 있을 정도로 인식함으로써 족하며, 범인의 성명, 주소, 연령 등까지 알 필요는 없다.[41)] 수인의 공범이 있는 경우에는 공범 중 1인을 알면 족하고, 나머지 공범의 경우에는 성명불상, 주소불상 등을 기재하는 방식으로 고소할 수 있으므로 결국 공범 중 1인이라도 안 때로부터 고소기간은 진행한다. 그러나 고소할 수 없는 불가항력의 사유가 있는 때에는 고소기간은 사유가 없어진 날로부터 기산한다. 다만 해고될 것이 두려워 고소하지 못했다는 것으로는 불가항력에 해당하지 않는다.[42)]

(2) 종래 성폭력범죄 중 친고죄에 대한 고소기간은 1년이었으나(성폭법 제19조), **개정 형사소송법에서 성폭력범죄는 더 이상 친고죄가 아니므로 고소기간의 제한도 없어졌다.**

정확히는 형법 제296조를 삭제하여 추행·간음목적약취·유인·수수·은닉죄와 그 미수범에 대한 친고죄 규정이 폐지되었고, 형법 제306조를 삭제하여 강간, 강제추행, 준강간 및 준강제추행과 그 미수범, 미성년자등에 대한 간음(위계, 위력), 업무상위력등에 의한 간음, 미성년자 의제강간에 대한 친고죄 규정이 폐지되었으며, 성폭법상 친고죄(업무상 위력등에 의한 추행, 공중밀집장소에서의 추행, 통신매체이용음란) 조항(성폭법 제15조)을 삭제하였다.[43)]

친고죄 폐지이유는, 친고죄로 인하여 성범죄에 대한 처벌이 합당하게 이루어

40) 일본의 경우에도 친고죄의 고소는 원칙적으로 고소권자가 범인이 누구인지를 안 날로부터 6월의 제한이 있다. 다만 2000년 개정으로 강간·강제추행 등의 성범죄에 대해서는 고소여부를 결정하는데 시간을 필요로 하는 피해자의 심정에 비추어 고소기간 제한이 폐지되었다{미츠이 마코도/사카마키 타다시, 신동운(譯), 입문 일본 형사수속법, 법문사, 2003, 15면}.

41) 대법원 1999. 4. 23, 선고 99도576 판결.

42) 대법원 1985. 9. 10, 선고 85도1273 판결.

43) 법률신문, 기사, "성범죄'친고죄' 규정, 역사 속으로 사라져", 2012. 11. 23.자 및 개정 형사소송법 참조.

지지 못하고 피해자에 대한 합의 종용으로 2차 피해가 야기되는 문제가 있으므로 친고죄 조항을 삭제한다는 것이었다.[44][45]

(3) 친고죄 아닌 범죄는 공소시효의 제한은 있더라도, 고소기간의 제한은 없다. 고소가 소송조건이 아니기 때문이다.

바. 고소제한

자기 또는 배우자의 직계존속에 대한 고소제한(법 제224조)이 있고, 간통죄의 특유한 고소제한이 존재하였으나, 간통죄 자체가 헌법재판소 2015. 2. 26, 선고 2009헌바17 위헌결정으로 폐기되어 더 이상 처벌되지 않게 되었으므로[46] 종전의 고소제한 내용[47]도 삭제될 것이다.

사. 고소불가분

한 개의 범죄의 일부에 대한 고소 또는 그 취소는 그 전부에 대하여 효력이 발생하며(객관적 불가분),[48] 수인의 공범 중 1인 또는 수인에 대한 고소 또는 그 취소는 다른 공범자에게도 미친다(주관적 불가분, 법 제233조). 형사소송법은 주관적 불가분에 대해서만 규정하고 있고, 객관적 불가분칙은 이론상 당연하게 인정되고 있다.[49]

---

44) 법제처 제·개정 이유 참조. http://www.law.go.kr/lsRvsRsnListP.do?lsiSeqs=138754%2c138766%2c130816%2c121966%2c118762%2c116777%2c115737%2c112088%2c104431&chrClsCd=010102

45) 독일에서는 19세기 말에 Binding이 친고죄에 대하여 강한 비판을 가하여, 친고죄의 경우 범죄소추를 피해자의 의사에 의존시킴으로써 소송관계가 불안정하게 되므로 친고죄는 폐지되어야 한다고 주장하였으나, 친고죄의 경우 고소의 남용가능성보다 화해사상에 기하여 피해자의 특별한 이익을 보장할 수 있다는 장점이 더 중시되어 결국 일반적으로 받아들여지지 않았고, 다만 강간죄의 경우에는 피해자의 이익보다 공공의 이익이 우월하다는 이유로 1876년에 비친고죄로 하였다(김정환, "저작권법상 범죄의 비친고죄에 대한 형사법적 검토", 「산업재산권」 제23호, 한국산업재산권법학회, 2007, 251면, 255면 참조).

46) 수사 중인 사건은 처벌규정이 없어져 불기소처분을, 재판 중인 사건은 검찰의 공소취소가 없을 경우 무죄, 이미 확정된 사건 중 마지막으로 간통 합헌 결정이 내려진 2008. 10. 30.의 다음 날인 10. 31.부터 저지른 간통 행위로 유죄확정판결을 받아 처벌된 자는 재심을 통한 무죄판결이 가능하다. 2008. 10. 31.부터의 간통 행위로 인해 유죄확정판결을 받은 후 형집행 중인 자는 집행이 면제된다.

47) "간통죄의 경우에는 혼인이 해소되거나 이혼소를 제기한 후가 아니면 고소할 수 없다. 다시 혼인하거나 이혼소를 취하한 때에는 고소는 취소된 것으로 간주한다(법 제229조). 취하에는 취하간주도 포함되고(대법원 1975. 11. 25, 선고 74도2577 판결; 대법원 1982. 6. 8, 선고 82도990 판결), 형사사건의 1심 판결 선고 후 고소취소는 할 수 없지만 이혼소의 취하 또는 취하간주로 인하여 고소는 소급하여 효력을 잃게 된다(대법원 1975. 6. 24, 선고 75도1449 전원합의체 판결). 이혼소장이 각하된 때에도 처음부터 이혼의 소를 제기하지 아니한 것과 같이 고소는 소급하여 효력을 잃는다(대법원 1970. 12. 22, 선고 70도2240 판결; 대법원 1975. 10. 7, 선고 75도1489 판결; 대법원 1997. 5. 23, 선고 95도477 판결). 이 경우 법적 효과는 공소기각판결 사유이다(법 제327조 제2호)."

48) 객관적 불가분의 원칙은 한 개의 범죄사실을 전제로 한 원칙이므로 수죄(경합범)에 대하여는 적용이 없다(대법원 1985. 8. 20, 선고 85도1171 판결).

49) 이재상, 형사소송법, 제9판, 박영사, 2013, 214면.

이러한 고소불가분의 원칙은 친고죄의 고소에 대하여만 적용되는 원칙이다. 고소불가분의 원칙은 조세범처벌법,[50] 관세법상 즉시고발사건,[51] 공정거래위원회의 고발사건[52]에는 적용이 없고, 반의사불벌죄[53]에 있어서도 적용되지 아니한다. 반의사불벌죄에는 준용규정이 없기 때문이고 이를 입법의 불비로 볼 것은 아니다.[54]

아. 고소취소

(1) 고소는 제1심 판결 선고 전까지 취소할 수 있다(법 제232조 제1항). 이 조항은 물론 친고죄의 고소를 전제로 한 규정이다. 따라서 1심 선고 후 고소를 취소한다 하더라도 고소취소로서의 효력은 없고 단순히 양형사유로 작동할 뿐이다.

한편 고소 후 공범자 1인에 대해서라도 1심 판결이 먼저 선고된 경우 아직 1심 선고 전의 공범에 대한 취소는 고소불가분 원칙에 반하므로 고소를 취소할 수 없다고 보는 것이 판례의 태도이다.[55]

반의사불벌죄의 철회도 고소의 취소에 관한 규정을 준용한다(법 제232조 제3항). 따라서 항소심에서 반의사불벌죄로 공소장이 변경된 경우 더 이상 처벌불원의사를 제출할 수 없다.[56]

(2) 고소의 취소는 통상은 고소취소장을 제출하나, 반드시 그와 같은 서식을 사용하여야 하는 것은 아니다. 수사기관 또는 법관 앞에서 구술로도 고소취소 의사를 표시할 수 있다. 단, 친고죄의 고소취소는 소송조건 결여로 공소기각판결 사유이므로 법원은 실무상 반드시 인감증명서를 첨부한 고소취소장을 확인하려 한다.

(3) 단순히 합의서가 작성된 것만으로는 고소취소가 되었다고 볼 수 없다.[57]

---

50) 대법원 1962. 1. 11, 선고 4293형상883 판결.
51) 대법원 1971. 11. 23, 선고 71도1106 판결.
52) 대법원 2010. 9. 30, 선고 2008도4762 판결.
53) 반의사불벌죄의 예로는, 외국원수에 대한 폭행·협박·모욕·명예훼손죄(형법 제107조), 외국사절에 대한 폭행·협박·모욕·명예훼손죄(형법 제108조), 외국국기·국장모독죄(형법 제109조), 단순·존속폭행죄(형법 제260조), 과실치상죄(형법 제266조), 단순·존속협박죄(형법 제283조), 명예훼손죄(형법 제307조), 출판물 명예훼손죄(형법 제309조)가 있고, 행정법이나 특별법에서도 반의사불벌 형식을 채택하는 경향이 점차 증가하고 있다(교통사고처리특례법, 부정수표단속법위반). 이에 대하여는, 김정환, "저작권법상 범죄의 비친고죄에 대한 형사법적 검토", 「산업재산권」 제23호, 한국산업재산권법학회, 2007, 261면 참조.
54) 대법원 1994. 4. 26, 선고 93도1689 판결.
55) 대법원 1975. 6. 10, 선고 75도204 판결; 대법원 1985. 11. 12, 선고 85도1940 판결.
56) 대법원 1988. 3. 8, 선고 85도2518 판결.
57) 대법원 1980. 10. 27, 선고 80도1448; 대법원 1983. 9. 27, 선고 83도516 판결.

합의서는 수사기관이나 법원에 대한 고소취소의 의사표시가 아니기 때문이다.[58] 합의서와 함께 관대한 처분을 바란다는 취지의 탄원서가 법원에 제출된 때에는 고소취소가 된 것으로 본 판례가 있고,[59] 구술에 의해 고소를 취소하는 경우에도 법대로 처벌하되 관대하게 처리하여 달라는 취지의 진술로는 고소취소라 보기 어렵다고 본 판례도 있다.[60]

따라서 가장 확실한 것은 고소취소장을 접수한 경우이고, 그 다음으로 확실한 것은 합의서 내용 속에 더 이상 처벌을 바라지 않는다는 명시문언이 있는 경우이고, 그렇지 않고 막연히 관대한 처분을 바란다는 내용이나 법대로 처벌하되 관대하게 처리하여 달라는 내용은 다소 모호하므로 반드시 검사나 법원이 고소취소의 의사가 맞는지 추가로 확인절차를 밟게 된다. 아쉬운 자는 피의자 또는 피고인이므로 석명을 구하는 즉시 차회 기일까지 고소취소의 문언을 받아오게 마련이다. 변호인으로서는 이런 점을 예상하여 미리 피의자에게 확실한 고소취소장을 제출하도록 준비케 하고, 불명료한 합의서일 경우 검사 또는 법원의 석명에 즉각 신속히 응하여야 할 것이다.[61] 또한 고소취소장에는 고소인의 인감증명서가 첨부되어야 함은 물론이다.

(4) 고소를 취소한 자는 다시 고소하지 못한다(법 제232조 제2항). 반의사불벌죄에서 처벌불원을 표시한 자도 다시 처벌을 구할 수 없다(법 제232조 제3항).

(5) 고소취소가 있을 경우 친고죄 사건이라면 검사는 소송조건 결여로 공소권없음 처분을, 법원은 공소기각판결을 하게 된다.

고소취소에 대하여도 고소불가분 원칙이 적용되므로 공범자의 1인 또는 수인에 대한 고소의 취소는 다른 공범자에게 효력이 미치고, 한 개의 범죄사실에 대한 고소의 취소는 그 전부에 대하여 효력이 미친다.[62]

---

58) 이재상, 형사소송법, 제9판, 박영사, 2013, 217면.

59) 대법원 1981. 11. 10, 선고 81도1171 판결.

60) 대법원 1981. 1. 31, 선고 80도2210 판결.

61) 참고로 부정수표단속법위반 사건에서 수표사본을 제출하였다면 반드시 차회 공판기일에 판사는 수표원본의 제시를 요구한다. 원본을 확인 후 공판조서에 기재하고 검사에게도 보여준 후 그 원본을 다시 돌려준다. 법적 효과는 공소기각판결이다.
수표원본의 회수가 불가능할 경우 최종 소지인의 처벌불원의사를 확인하게 되는데, 이때 피고인들은 수표 최종배서인 또는 지급제시인으로 나타나지 않는 자의 처벌불원서를 제출해 달라고 요구하는 경우가 있다. 어떠한 사정으로 수표 또는 은행기록에 등장하지 않을 뿐 수표가 추가로 유통되다가 최종소지인이 바로 그 자라는 주장이다. 그러나 확인될 수 없는 최종소지인의 처벌불원서로 공소기각판결을 하는 판사는 없다.

62) 이재상, 형사소송법, 제9판, 박영사, 2013, 218면.

자. 고소의 포기

피해자의 고소권은 형사소송법상 부여된 권리로서 친고죄에 있어서 고소의 존재는 공소의 제기를 유효하게 하는 것이며 공법상의 권리라 할 것이므로 그 권리의 성질상 법이 특히 명문으로 인정하는 경우를 제외하고는 자유처분을 할 수 없다고 함이 상당하다. 형사소송법 제232조에 의하면 일단 한 고소는 취소할 수 있도록 규정하였으나, 고소권의 사전 포기에 관하여는 아무런 규정이 없으므로 고소 전에 고소권을 포기할 수는 없다.[63]

차. 고소사건의 처리

사법경찰관이 고소를 받은 때에는 신속히 조사하여 관계서류와 증거물을 검사에게 송부하여야 하고(법 제238조), 원칙적으로 고소·고발사건은 접수한 날로부터 2개월 이내에 수사를 완료하여야 하나, 이 기간 내에 수사를 완료하지 못하였을 때에는 그 이유를 소속 경찰관서장에게 보고하고 검사에게 수사기일 연장지휘를 건의하여야 한다.[64]

5. 고　발

범죄피해자가 아닌 사람이 수사기관에 범죄사실을 신고하여 소추를 구하는 의사표시이다.

고발도 수사의 단서에 불과하나, 특정 범죄에 대하여는 소송조건이 될 수 있다. 관세법위반, 조세범처벌법위반의 경우가 그에 해당한다.[65]

누구든지 범죄가 있다고 사료하는 때 고발할 수 있으나, 공무원은 그 직무를 행함에 있어 죄가 있다고 사료되는 때에는 고발하여야 한다(법 제234조).

고발사건의 처리결과에 대해 불복하는 고발인은 검찰청법 제10조에 따라 항고할 수 있다.

고발인은 형법 제123조 내지 제126조의 죄의 경우의 고발사건에 대해서는 재정신청인이 될 수 있으나, 그 외 범죄의 경우에는 단순한 고발인 자격으로는 재정신청을 할 수 없고(법 제260조 제1항), 검찰청법상의 재항고가 가능하다(검찰청법 제10조

---

63) 대법원 1967. 5. 23, 선고 67도471 판결.
64) 범죄수사규칙 제48조, 검사의 사법경찰관리에 대한 수사지휘 및 사법경찰관리의 수사준칙에 관한 규정 제57조.
65) 이재상, 형사소송법, 제9판, 박영사, 2013, 219면.

제3항).

고발기간에는 제한이 없으며, 고발을 취소한 후에도 다시 재고발 할 수 있다는 것은 고소와의 차이이다.[66]

66) 이재상, 형사소송법, 제9판, 박영사, 2013, 219면.

제2장 수사기관

제1절 서 설

수사기관은 법률상 수사의 권한이 인정되어 있는 국가기관이다. 현행법상 수사권을 가진 자는 검사, 사법경찰관리가 있다.

다만 수사의 주재자는 검사이고, 사법경찰관리는 검사의 지휘를 받아 수사를 행한다(법 제196조 제1항, 동조 제3항). 사법경찰관리는 일반사법경찰관리와 특별사법경찰관리로 나누어진다.[1)]

제2절 검사와 사법경찰관리의 관계

1. 지휘 · 감독관계(형사소송법)

검사는 수사의 주재자이고, 사법경찰관리는 수사에 관하여 검사의 지휘를 받는다(법 제196조 제1항). 따라서 검사와 사법경찰관리는 상호협조의 관계에 있는 것이 아니라 현재로서는 지휘·감독관계에 있다고 할 수 있다.

검사는 사법경찰관리에 대해 일반적 지휘권과 구체적 지휘권을 갖는다. 일반

1) 현대사회와 같이 형사사법기관의 분화의 역기능을 지적하는 견해도 있다. 즉 형사사법기관의 분화는 개별기관의 업무를 전문화시키고 국가기관의 과도한 개입을 통제하는 데는 성공하였으나, 범죄문제에 대한 통합적·총체적 접근을 가로막는 역효과를 발생시켰다는 것이다. 경찰은 범죄사건의 수사, 검찰은 수사지휘와 기소, 법원은 판결, 교도소는 사회와의 격리와 교정을 주된 업무로 전문화되어 범죄자에 대한 총체적 관리가 이루어지지 않고 있다는 주장이며, 현재의 시스템은 한 명의 범죄자가 만들어진 과정과 환경을 파악하고 그에 맞는 처우와 사회복귀 후의 관리를 일관적으로 수행할 수 없기 때문에 범죄자는 각각의 기관에서 단절된 처우를 받게 된다고 한다. 그 원인으로는, 경찰이 직접 접촉하며 파악한 정보는 필요한 부분만 송치되고, 검찰과 법원, 최종적으로 교정기관은 서류를 바탕으로 범죄자를 평가하게 됨을 들고 있다(김진혁, "다산 정약용의 형사사법관과 형사정책적 시사점", 「인문논총」 25집, 경남대학교 인문과학연구소, 2010, 129-130면 참조).

적 지휘권(一般的 指揮權)이라 함은 검사장 또는 지청장이 사법경찰관리에게 필요한 수사준칙 또는 지침을 마련하여 시행하는 방식의 지휘권이다(검사의 사법경찰관리에 대한 수사지휘 및 수사준칙에 관한 규정 제3조 제1항). 구체적 지휘권(具體的 指揮權)은 각 사건에 대하여 각 주임검사가 수사지휘를 하는 방식으로 행사된다.

비록 사법경찰관리가 형사소송법 제196조 제2항에 따라 혐의가 있다고 인식하는 때 수사를 개시할 권한이 있다고는 하나, 이것이 수사 중 검사의 지휘·감독권을 방해하지는 않는다. 검사의 수사지휘권은 모든 수사에 미치므로(법 제196조 제1항), 검사가 사건송치 및 수사종결지시를 할 경우 이에 따라야 하기 때문이다.

2. 지휘·감독의 구체적 모습(대통령령)

사법경찰관의 수사 개시·진행권을 명문화하고, 사법경찰관은 모든 수사에 관하여 검사의 지휘를 받도록 하되 수사지휘에 관한 구체적 사항은 대통령령으로 정하도록 하는 내용으로 형사소송법이 개정(법률 제10864호, 2011. 7. 18. 공포, 2012. 1. 1. 시행)되었다.

형사소송법 개정에 따라, 검사의 수사지휘의 구체적인 사항을 정하고 나아가 수사절차의 투명성과 효율성을 높이고 수사과정에서 국민의 인권을 더욱 두텁게 보호하기 위하여 종전에 법무부령으로 정하였던 사법경찰관의 수사활동 준칙에 관한 내용을 대통령령으로 규정하기에 이르렀고, **검사의 사법경찰관리에 대한 수사지휘 및 사법경찰관리의 수사준칙에 관한 규정이 제정되었다**(제정 2011. 12. 30. 시행 2012. 1. 1. 대통령령 제23436호).[1)]

---

1) 법제처의 제정이유를 소개하면 다음과 같다.

가. 사법경찰관 존중 원칙 명시 및 사법경찰관의 재지휘 건의 제도 신설(안 제2조 및 제8조)

1) 현행 수사실무상 사법경찰관이 수사지휘에 관하여 이견이 있는 경우 수사보고서 형식으로 의견을 작성하여 검사에게 수사지휘 내용을 다시 검토해줄 것을 건의할 수는 있지만, 더 나아가 수사지휘에 관한 이견을 검사에게 개진할 수 있는 별도의 공식적 절차는 마련되어 있지 않음. 2) 검사는 사법경찰관을 존중하고 법률에 따라 적정하게 지휘하도록 하는 원칙 규정을 명시하는 한편, 사법경찰관이 수사지휘의 적법성 또는 정당성에 이견이 있는 경우 등에는 해당 검사에게 의견을 밝히고 재지휘를 건의할 수 있도록 하고, 재지휘 건의에 따른 검사의 조치에도 이견이 있으면 사법경찰관이 소속된 관서의 장이 해당 검사가 소속된 관서의 장에게 의견을 제시할 수 있도록 함. 3) 사법경찰관의 재지휘 건의가 있는 경우 검사가 수사지휘 내용을 더욱 신중하게 재검토하게 되고, 만약 검사가 재지휘 건의 내용을 수용하지 않는 경우에는 사법경찰관 소속 관서의 장이 검사 소속 관서의 장에게 의견을 제시할 수 있는 제도적 장치가 마련됨으로써, 수사에 관한 사법경찰관의 의견이 실질적으로 존중되는 가운데 검사의 지휘가 더욱 합리적으로 이루어질 것으로 기대됨.

나. 서면지휘 원칙 명시(안 제5조)

1) 수사실무상 대부분의 지휘가 서면으로 이루어지고 있으나, 어떠한 경우에 서면으로 지휘하고

어떠한 경우에 구두로 지휘할 것인지에 관한 기준이 명확하지 않아 실무상 논란의 소지가 있고, 검사가 구두로 지휘하는 경우에는 지휘 내용이 사법경찰관에게 정확히 전달되지 못하거나 책임 소재가 불분명하게 될 소지도 있음. 2) 수사지휘는 서면지휘를 원칙으로 하되, 천재지변, 긴급한 상황 등에는 구두나 전화 등 간편한 방식으로 지휘할 수 있도록 하고, 검사가 간편한 방식으로 지휘하였을 때에는 사법경찰관은 서면지휘를 요청할 수 있도록 함. 3) 서면지휘가 아닌 간편한 방식으로 지휘할 수 있는 요건을 명확히 함으로써 실무상 논란의 소지가 해소되고, 서면지휘가 원칙화됨으로써 지휘 내용이 사법경찰관에게 정확히 전달되고 수사기록상 문서로 남게 되어 수사지휘의 투명성과 책임성이 제고될 것으로 기대됨.

다. 사건기록의 관리(안 제18조)

1) 수사실무상 사법경찰관이 체포, 압수·수색, 계좌추적 등 「형사소송법」 및 다른 법령에 따른 수사활동을 하고도 입건하지 아니한 사건기록은 검찰에 송치되지 아니하고 경찰에 자체 보관되고 있음. 검사는 체포·구속장소 감찰 시에 수사사무의 적정성을 점검하는 과정에서 불입건 사건기록을 열람·검토할 수는 있지만, 현행 실무상 그 사건기록에 대한 관리 및 점검 시스템이 체계적으로 갖추어져 있지 않은 문제점이 있어 국민 인권 측면에서 불입건 사건기록 관리·점검이 보다 투명하고 체계적으로 이루어지도록 개선할 필요가 있음.

2) 사법경찰관이 수사를 한 때에는 서류 및 증거물을 검사에게 송부하도록 규정한 「형사소송법」의 개정 취지에 맞추어 사법경찰관이 피의자신문조서 작성, 긴급체포, 현행범인 체포 등의 행위를 하고도 입건하지 아니한 사건은 수사과정에서의 인권침해 가능성 및 수사활동의 강제성 여부 등에 따라 두 가지 유형으로 구분하여 관리하도록 함.

3) 사법경찰관이 자율적으로 수사를 개시·진행하였으나 입건하지 아니한 사건에 대해서는 검사의 사후 통제를 받도록 함으로써 사법경찰관의 자율성에 걸맞은 책임성을 확보하는 한편, 경찰에서 불입건 후 자체 보관되고 있는 사건기록이 투명하고 체계적으로 관리될 수 있도록 함으로써 국민의 인권 보호에 이바지할 것으로 기대됨.

라. 수사단계별 수사지휘 규정 정비(안 제76조부터 제80조까지)

1) 수사실무상 수사진행 단계에 따라 다양한 유형의 수사지휘가 이루어지고 있으므로 이러한 수사실무를 반영하여 각 수사단계별로 수사지휘 규정을 정비할 필요가 있음. 2) 종래 수사현실에서 인정되던 수사지휘 내용을 입건 지휘, 송치 전 지휘, 송치 지휘, 송치 이후 보완지휘, 검사 수사사건 지휘 등으로 구체화하고, 특히 입건에 관해서는 대공·선거·노동·집단행동·출입국·테러 및 이에 준하는 공안 관련 범죄의 입건 여부에 대한 검사의 의견에 따르도록 함. 3) 수사단계별로 그간 이루어져오던 대표적 지휘 유형을 명문화함으로써 수사절차의 투명성과 범죄수사의 효율성을 제고할 것으로 기대됨.

마. 송치 지휘 요건의 명확화(안 제78조)

1) 현행 실무상 사법경찰관이 수사 중인 사건에 대해 검사가 송치 지휘를 할 수 있는 요건이 명확히 규정되어 있지 않아, 검사가 합리적 이유 없이 사법경찰관의 수사를 임의로 중단시키고 사건을 송치하게 할 수도 있는 것으로 오해되거나 실무상 잘못 운영될 가능성도 있음. 2) 검사는 사법경찰관리가 수사를 진행하고 있는 사건에 대하여 수사절차상 이의가 제기되거나 2개 이상의 기관에서 동일한 사건이나 관련된 사건을 수사하는 경우 등 수사과정에서 사건관계인의 인권이 침해될 우려가 현저하여 검사가 직접 수사할 필요가 있다고 인정되는 경우에는 송치 지휘를 할 수 있도록 송치 지휘의 요건을 규정함. 3) 위와 같은 요건을 갖춘 경우에만 송치 지휘를 할 수 있도록 명시함으로써 송치 지휘가 더욱 신중하고 합리적으로 이루어지는 데에 이바지할 것으로 기대됨.

바. 수사협의회 설치(안 제107조)

1) 현재는 검찰과 경찰 간에 상호 의견을 나눌 수 있는 제도적 장치가 마련되어 있지 않은바, 이들 기관 사이의 소통을 활성화하기 위하여 대검찰청, 경찰청 및 해양경찰청 간에 수사에 관한 제도 개선 방안을 논의하고, 서로 의견을 교환하기 위한 수사협의회를 두도록 함. 2) 검찰·경찰 간의 원활한 소통이 이루어지는 가운데 수사업무에 관한 합리적인 제도 개선 방안이 도출됨으로써 수사업무 발전에 이바지할 수 있을 것으로 기대됨.

사. 기존 제도의 폐지·개선으로 사법경찰관의 자율성 제고(안 제30조·제36조·제50조·제74조

지휘·감독의 구체적 모습은 다음과 같다.

가. 검사는 사법경찰관리에게 사건에 대한 구체적 지휘를 할 때에는 **서면** 또는 「형사사법절차 전자화 촉진법」에 따른 형사사법정보시스템을 이용하여 **지휘**하여야 하나, 천재지변, 긴급한 상황, 이미 수사 지휘한 내용을 보완하거나 지휘 내용이 명확한 경우, 수사 현장에서 지휘하는 경우 등 서면 또는 형사사법정보시스템에 의한 지휘가 불가능하거나 필요 없다고 인정되는 경우 등에는 구두나 전화 등 간편한 방식으로 지휘할 수 있다. 이와 같이 사법경찰관은 검사가 간편한 방식으로 지휘하였을 때에는 서면 또는 형사사법정보시스템을 이용하여 지휘해 줄 것을 요청할 수 있다(동 규정 제5조 제1항, 제2항).

나. 사법경찰관리는 검사가 기한을 지정하였을 때에는 그 기한 내에 지휘 사항을 이행하여야 하고, 사법경찰관리가 검사가 지휘한 기한 내에 지휘 사항을 이행하지 못하였을 때에는 그 사유를 소명하여 검사에게 **수사기일 연장지휘**를 건의하여야 한다(동 규정 제7조).

다. 사법경찰관은 구체적 사건과 관련된 검사의 수사지휘의 적법성 또는 정당성에 이견이 있거나 지휘 내용이 명확하지 않아 이행하기 어려울 때에는 해당 검사에게 의견을 밝히고 재지휘를 건의할 수 있고, 검사는 재지휘 건의를 받은 때에는 재지휘 여부를 결정하고 필요한 조치를 하여야 한다. 이 경우 해당 **사법경찰관이 소속된 관서의 장은 검사의 재지휘 조치에 의견이 있으면 해당 검사가 소속된 관서의 장에게 그 의견을 제시**할 수 있다(동 규정 제8조).

라. 사법경찰관리는 수사를 개시한 후 관계서류와 증거물을 지체 없이 검사에게 송부하여야 하고(법 제196조 제4항), 사법경찰관리가 수사를 개시한 후 **입건치 않기로 한 사건에 대해서도 검사의 사후통제**를 받아야 한다. 즉 피의자신문조서를 작성한 경우, 긴급체포한 경우, 체포·구속영장을 신청한 경우, 압수·수색·검증영장을 신청한 경우에는 범죄인지서를 작성하여 인지하지 아니한 사건에 대하여도 관계서류와 증거물을 검사에게 제출하여야 한다(동 규정 제18조 제1항).

마. 사법경찰관은 대공(對共)·선거(정당 관련 범죄를 포함한다)·노동·집단행동·출

및 제108조 등)

종전의 「사법경찰관리 집무규칙」(법무부령)에서 규율하였던 내용 중 긴급체포 후 석방 시 검사의 사전지휘 제도, 사법경찰관의 정보보고 의무, 영장 재신청 취지보고 의무, 사법경찰관리의 신조 규정 등은 폐지하고, 범죄발생보고 대상을 대폭 축소하는 등 기존 제도를 과감히 폐지하거나 개선함으로써 사법경찰관의 자율성을 높이고 그에 따른 책임성을 강화함.

http://www.law.go.kr/lsRvsRsnListP.do?lsiSeqs=140708%2c120187&chrClsCd=010102 참조.

입국·테러 및 이에 준하는 공안 관련 범죄에 대하여 수사를 개시한 때에는 검사에게 지휘를 건의하고 입건 여부에 대한 검사의 의견에 따라야 하고(동 규정 제76조), 송치 전이라도 사법경찰관은 동 규정 제76조의 중요 범죄, 「폭력행위 등 처벌에 관한 법률」 제4조 또는 제5조 및 그 미수범으로 입건한 사건, 사건관계인의 이의 제기 등의 사유로 사건관계인의 인권 보호, 수사의 투명성을 위해 사건 송치 전에 지휘가 필요하다고 인정되는 사건에 대해서는 검사의 구체적 지휘를 받아야 한다. 이 경우 **검사가 송치의견에 대하여 지휘할 때에는 법률 적용 및 증거 판단 등에 대한 의견을 지휘서에 적어야 한다**(동 규정 제77조).

바. 만약 사법경찰관리가 수사를 진행하고 있는 사건에 대하여 **수사절차상 이의**가 제기되거나 동일한 사건이나 관련된 사건을 2개 이상의 기관에서 수사하는 경우 등 수사과정에서 사건관계인의 인권이 침해될 우려가 현저하여 **검사가 직접 수사할 필요가 있다고 인정되는 경우라면, 검사는 사법경찰관에게 사건을 즉시 송치하도록 지휘**할 수 있고, 사법경찰관은 검사의 송치지휘를 받은 때에는 즉시 수사를 중단하고 검찰에 사건을 송치하여야 한다(동 규정 제78조). 사법경찰관은 사건을 송치한 후 검사로부터 보완수사 지휘를 받은 때에는 지휘 내용을 이행하고, 그 결과를 검사에게 보고하여야 하고, 사법경찰관리는 **사건관계인을 소환하거나 조사할 때 검사로부터 보완수사를 지휘 받았다는 사실을 고지**하여야 한다(동 규정 제79조).

사. 고소인이 검찰에 직고소한 사건에 대하여, 사법경찰관리가 검사로부터 검사가 접수한 사건에 대하여 수사할 것을 지휘 받은 때에는 신속히 수사한 후 사건 송치 전에 검사의 구체적 지휘를 받아야 하고, 사법경찰관리가 검찰 직수사건에 대한 수사지휘를 받아 고소인, 피의자 등 사건관계인을 소환하거나 조사할 때에는 그 취지를 고지하여야 한다(동 규정 제80조).

아. 사법경찰관이 사건을 입건하여 수사를 종결하였을 때에는 이를 관할 지방검찰청 검사장 또는 지청장에게 송치하여야 하고(동 규정 제81조), 사법경찰관리는 사건을 송치한 후에 수사를 계속하려면 미리 주임검사의 지휘를 받아야 하고, 사건을 송치한 후에 해당 사건 피의자의 다른 범죄를 발견하였을 때에도 즉시 주임검사에게 보고하고 지휘를 받아야 한다(동 규정 제86조).

자. 수사지휘는 검사에 의한 일방적 지휘만 있는 것은 아니다. 사법경찰관도 사건을 수사할 때 검사의 지휘가 필요하면 검사에게 건의하여 구체적 지휘를 받아 수사할 수 있고(동 규정 제4조), **검사는 사법경찰관으로부터 수사지휘 건의를 받은 때에는 지체 없이 지휘하여야 한다.** 다만, 사안이 복잡하거나 장기간 검토하여야

할 특별한 사정이 있을 때에는 그러하지 아니하다(동 규정 제6조).

3. 지휘 · 감독권의 보장

제도적 보장조치로는, 검사 작성 조서와 사법경찰관 작성 조서의 증거능력에 대한 차등(법 제312조), 사법경찰관리의 관할구역 외의 수사에 관하여 검사장 또는 지청장에게 보고(법 제210조), 검사장의 수사중지명령권 및 교체임용요구권(검찰청법 제54조), 검사의 체포 · 구속장소 감찰(형사소송법 제198조의2), 검사의 영장청구권 독점(법 제201조, 제215조), 긴급체포에 관한 사후승인권(법 제200조의3 제2항)이 있다.[2]

그러나 일반사법경찰관의 수사사무보고와 정보보고의무가 규정되어 있던 사법경찰관리 집무규칙은 「검사의 사법경찰관리에 대한 수사지휘 및 사법경찰관리의 수사준칙에 관한 규정」의 제정(대통령령 제23436호, 2011. 12. 30. 공포, 2012. 1. 1. 시행)으로 종전에 이 규칙에서 정하였던 사항을 대통령령에 상향 규정함에 따라 더 이상 존치할 필요가 없어져 규칙 자체가 2011. 12. 30. 폐지되었고,[3] 대통령령인 위 규정에서 수사보고의무는 보고의 범위를 대폭 축소하여 수사개시보고의무(동 규정 제74조)로 바뀌었고, 정보보고의무는 아예 폐지하였다. 다만 특별사법경찰관리 집무규칙에서 특별사법경찰관리는 수사사무보고의무(동 규칙 제11조), 정보보고의무(동 규칙 제12조)가 그대로 남아 있다.

제3절 검 사

1. 의의 및 지위

검사는 검찰권을 행사하는 국가기관으로서, 범죄수사로부터 재판의 집행에 이르기까지 형사절차의 모든 단계에 관여하여 형사사법의 정의를 실현하는 데 기여하는 능동적이고 적극적인 국가기관이다.[1]

검사는 수사절차에서는 수사의 주재자로서 사법경찰관리를 지휘 · 감독하고, 피의자에 대한 인신결정권을 행사하며, 수사의 결과 공소제기 여부를 독점적으로

2) 이재상, 형사소송법, 제9판, 박영사, 2013, 189면.
3) http://www.law.go.kr/lsInfoP.do?lsiSeq=120234#0000 국가법령정보센터 폐지이유 참조.
1) 이재상, 형사소송법, 제9판, 박영사, 2013, 91면.

결정하고, 공판절차에서는 피고인에 대립되는 당사자로서 법원에 대하여 법령의 정당한 적용을 청구하고, 재판이 확정된 때에는 형의 집행을 지휘·감독하는 실로 우리나라에서 가장 광범위한 권한을 갖고 있는 막강한 국기기관이다.[2)]

생각할 점

우리나라와 같이 검사에게 수사권 및 공소권이 집중된 사례는 여간해선 찾기 힘들다. 예컨대,[3)] (1) 영국(英國)의 경우, 검찰은 기소권만 가지고 수사권은 경찰에게 있다. 기소권은 경찰에 있다가 수사의 인권성과 객관성을 고려하여 1985년 검찰에 넘겨졌으며, 더욱이 사인소추제도가 있어 검사의 권한은 우리에 비해 상당히 약하다. (2) 미국(美國) 역시 수사주체에 대한 명문규정은 없지만, 실무상 수사권은 경찰에게 있고 검찰은 기소권과 이를 위한 보완수사권만 행사하고 있다. 또 미국의 주(州) 검사는 선거 직이어서 시민의 통제를 받고, 연방검사는 연방상원의 승인을 받으며, 검사의 기소권은 대배심에 의해 견제를 받고 있다. 검사의 정식기소(Indictment)는 대배심의 승인을 받아야 하므로, 대배심은 검사의 부당한 공소제기를 통제함으로써 시민의 인권을 보호하고 있다. (3) 프랑스(佛蘭西)는 기소편의주의를 채택하고 있으나, 수사판사(예심판사) 제도로 검사의 수사권을 분산시키고 있고, 사인소추제도와 2004. 3. 9. 신설된 검찰항고제도로 검사의 기소권이 견제를 받고 있다. (4) 독일(獨逸)은 기소법정주의를 채택하고 있고, 주거침입죄·비밀침해죄·모욕죄·협박죄·손괴죄 등 일정범죄의 경우 사인소추가 가능하며(형사소송법 제374조), 검찰은 자체 수사인력을 보유하고 있지 않다.

2. 권　　한

검사는 공익의 대표자로서, (1) 범죄수사, 공소의 제기 및 그 유지에 필요한 사항, (2) 범죄수사에 관한 사법경찰관리 지휘·감독, (3) 법원에 대한 법령의 정당한 적용 청구, (4) 재판집행 지휘·감독, (5) 국가를 당사자 또는 참가인으로 하는 소송과 행정소송 수행 또는 그 수행에 관한 지휘·감독, (6) 다른 법령에 따라 그 권한에 속하는 사항에 관한 직무와 권한이 있고, 검사는 그 직무를 수행할 때 국민 전체에 대한 봉사자로서 정치적 중립을 지켜야 하며 주어진 권한을 남용하여서는 아니 된다(검찰청법 제4조).

---

2) 이재상, 형사소송법, 제9판, 박영사, 2013, 91면 참조.

3) 소개되는 입법례들은 윤동호, "수사협조범죄자 기소면제 및 형벌감면 법제화 비판", 「비교형사법연구」 13권 2호, 한국비교형사법학회, 2011, 328-329면; 김태명, "재판상 준기소절차의 활성화 방안", 「비교형사법연구」 8권 1호, 한국비교형사법학회, 2006, 353-354면; 최선우, "형사사법모델과 한국 형사사법의 특성에 관한 연구", 「한국공안행정학회보」 제24호, 한국공안행정학회, 2006, 234면; 조상제, "프랑스 형사사법제도-형사법원의 구조와 검찰제도를 중심으로-", 「비교형사법연구」 3권 1호, 한국비교형사법학회, 2001, 422-428면을 전적으로 참조하였음.

가. 수 사 권

검사는 수사의 주재자로서, 수사권·수사지휘권 및 수사종결권을 가지고 범죄를 수사하는 수사의 주체이고, 검사의 활동의 중점은 수사에 있다고까지 보고 있다.[4)]

검사는 범죄의 혐의가 있다고 사료하는 때에는 범인·범죄사실과 증거를 **수사**하여야 하며(법 제195조), 그 방식으로는 피의자신문(법 제200조), 참고인조사(법 제221조) 등의 임의수사(任意搜査)와 체포(법 제200조의2)와 구속(법 제201조), 압수·수색·검증(법 제215조 내지 제218조) 등의 강제수사(强制搜査)를 할 수 있다.

검사는 수사의 주체이긴 하나 모든 사건에 대한 수사를 검사가 직접 수행하여야 하는 것은 아니므로 검사의 수사는 원칙적으로 중요사건에 집중되고, 중요하지 않은 사건의 경우 사법경찰관에 의해 행해진다. 실무상 1인 검사에게 한 달 배당되는 사건이 100건이라면, 80건 정도는 경찰의 송치의견을 그대로 원용하여 기소 또는 불기소하며, 이 경우 범죄사실 또는 범죄일람표, 혹은 불기소이유(수사의 결과)까지도 그대로 첨부하여 인용(원용)한다. 남은 20건 중 3~4건 여는 검사가 직접 피의자를 불러 신문을 받기도 하는데 통상 이 정도 개수가 중요사건이며 구속사건이다. 검사가 직접 신문하진 않으나 검찰수사관(법상의 명칭은 사법경찰관리)이 신문하고 검사는 현장에서 주재하고 있는 사건이 16~17건 정도가 된다. 이러한 수사관행 때문에 검사작성 피의자신문조서의 임의성 또는 작성방식이 문제되어 왔고, 최근에는 대법원이 임의성과 작성방식에 대해 문제 있다는 판결을 내려오지 않았음에도 검찰 스스로 자성하여 가급적 검사 직접처리 사건의 비율을 높이고 있다.[5)]

통상 경찰의 현장능력과 법적능력은 일치하지 않는 경우가 대부분이어서 법적으로 무의미한 수사를 할 경우 이를 차단하고, 법적으로 유의미하며 중요부분인데도 깊이 다루지 못할 경우 이에 대한 수사를 지휘하고, 지나치게 장기화하여 송치하지 않고 있는 사건에 대해서는 즉시송치를 명령하고, 적절하지 않은 체포의 경우 석방지휘를 하고 나아가 구속영장신청을 기각할 필요가 있다. 이러한 일련의 행위들을 검사의 **수사지휘**(搜査指揮)라 한다(법 제196조 제1항). 원칙적으로 사법경찰관

---

4) 이재상, 형사소송법, 제9판, 박영사, 2013, 101면.

5) 同旨 이완규, "사법경찰관작성 피의자신문조서 증거능력문제의 올바른 방향－수사권독립론과 연관된 주장과 관련하여－", 「형사정책연구소식」 제75호, 한국형사정책연구원, 2003, 9면에서도, 경찰이 수사하여 송치한 사건에 대해 검사가 당사자를 다시 조사하는 경우는 구속사건, 구공판하는 사건, 그리고 복잡한 사건 등 중요사건이 주이고, 나아가 경미사건에서도 피의자가 범행을 극구 부인하는 경우에 불과하고 그 비율은 전체사건의 10~20%에 불과하다고 소개하고 있다.

은 모든 수사에 관하여 검사의 지휘를 받으며, 검사의 지휘가 있는 때에는 이에 따라야 한다(법 제196조 제3항).

수사의 주된 목적이 공소제기 여부를 결정하는 데 있으므로 기소할 만큼 증거 확보가 명확하여 추가수사의 필요성이 없거나, 기소대상이 아니어서 그간의 수사 기록 만으로도 불기소함이 마땅하다고 판단할 경우 검사는 수사를 임의로 종결할 수 있다. 이러한 **수사종결권**은 검사만이 갖고 있다(법 제246조, 제247조).

나. 공 소 권

검사는 공소권을 독점하여 오직 검사만이 공소를 제기할 수 있다(법 제246조). 형사소송법은 기소독점주의를 채택하고, 나아가 기소편의주의(법 제247조),[6] 기소변경주의(법 제255조)를 채택하여 즉결심판을 제외한 모든 사건에 대한 공소제기의 권한을 검사에게 독점시키고 있다.

공소수행과 관련해서 검사는 피고인에 대립하는 당사자의 지위에서 공소사실을 입증하고 공소를 유지하는 역할을 한다.[7] 공소유지 과정에서 검사는 공소변경권한, 공소취소권한을 갖는다.

3. 객관의무

형사소송절차에서 검사에게 당사자의 지위가 있다고 하여 검사의 객관의무와 모순된다고 볼 수는 없다. 검사는 단순한 당사자가 아니라 공익의 대표자의 지위를 함께 갖고 있기 때문이다. 검찰청법 제4조 제1항은 "검사는 공익의 대표자로서 범죄수사·공소제기와 그 유지에 관한 사항 및 법원에 대한 법령의 **정당한** 적용의 **청구** 등의 직무와 권한을 가진다"고 규정하고, 같은 조 제2항은 "검사는 그 직무를 수행함에 있어 그 부여된 **권한을 남용하여서는 아니 된다**"고 규정하고 있을 뿐 아니라, 형사소송법 제424조 제1호는 "검사는 피고인을 위하여 재심을 청구할 수 있다"고 규정하고 있고, 검사는 피고인의 이익을 위하여 항소할 수 있다고 해석되므로 **검사는 공익의 대표자로서** 실체적 진실에 입각한 국가 형벌권의 실현을 위하여

---

6) 중국 형사소송법 제142조도 '범죄의 정상이 경미하여 형벌에 처할 필요가 없는 경우 인민검찰원은 불기소결정을 할 수 있다'고 규정하여 공소기관의 재량권이 인정되고 있지만, 실무에서 거의 이용되지 않고 있다고 한다. 따라서 중국 학계에서는 한국 법에서 규정한 기소유예와 같은 제도를 도입하자는 주장도 제기되고 있는 실정이다{박종근(朴宗根), "중국형법에서 범죄未遂에 관한 문제점과 해결방안", 「비교형사법연구」 14권 2호, 한국비교형사법학회, 2012, 308면 및 주17) 참조}.

7) 이재상, 형사소송법, 제9판, 박영사, 2013, 105면.

공소제기와 유지를 할 의무뿐만 아니라 그 과정에서 **피고인의 정당한 이익을 옹호하여야 할 의무**를 진다. 이와 같이 피고인의 정당한 이익을 옹호하여야 할 검사의 의무를 객관의무(客觀義務)라고 한다.

이러한 검사의 객관의무는 검사의 공익적 지위에서 파생되며, **자의적 수사권의 한계기능을 한다.**[8] '주먹을 마음대로 휘둘러도 좋다. 그러나 타인의 얼굴 바로 앞에서 멈춰야 한다'는 격언처럼 검사는 수사권 행사에 대해 전권을 행사하여도 좋으나, 객관의무 앞에서 전횡을 멈추어야 한다고 볼 수 있다.

따라서 검사가 수사 및 공판과정에서 피고인에게 유리한 증거를 발견하게 되었다면 피고인의 이익을 위하여 이를 법원에 제출하여야 한다.[9] 만약 검사가 객관의무를 위배하여 증거 일부를 고의로 불제출하면서 구속영장을 청구하거나, 공소를 유지하여 유죄 판결된 경우 이는 재심사유 및 국가배상청구의 근거가 된다.

생각할 점

검사가 객관의무를 위배하여 검찰권을 남용할 경우 생길 수 있는 몇 가지 문제에 대해 살펴본다(상세하게 정리를 하여둔 것으로는, 제2편 제4장 5.항).

(1) 수사권(搜査權)과 관련하여 검사는 영장청구권을 독점하고 있는데, 구속에 대한 전권은 강력한 수사상 무기이다. 전 국민이 언제든 구속의 대상이 될 수도 있고, 모든 범죄자가 불구속의 선처를 받을 수도 있다는 점에서 볼 때 이해가 된다. 특히 영장청구 과정에서 수사검사 1인의 소신이 직접 반영되거나 전적으로 반영된다는 점에서 언제든 남용의 위험 또는 유혹이 있게 된다.

2014. 1. 춘천지검에 근무하던 현직 검사가 서울 강남의 성형외과 원장에게 압수·수색·구속 등의 위협을 가하여 금품을 갈취한 사건만 보더라도 영장청구권의 독점문제는 남용될 경우 당사자

---

8) 수사검사의 객관의무를 검사에게 요구되는 책임감으로 보면서, 책임감 있는 검사가 공정하고 신속한 업무를 처리할 필요가 있는데도, 항소심 공판을 담당하다 보면, 좀 더 신경 써야 할 부분을 반복적으로 간과하고 기소하여 무죄가 선고되도록 수사한 사례, 무죄가 선고되었음에도 아무런 책임감을 느끼지 못하는 수사검사의 사례, 보완수사를 하도록 하여도 별 반응이 없거나, 보완수사가 부실하여 오히려 어처구니없는 공판수행이 될 수밖에 없도록 만든 사례, 자기는 제대로 일을 하였으므로 공판이 잘못된 것은 공판검사의 잘못이라고 책임을 전가하고 그 과정에서 이러한 점을 지적하는 상급자에게 대드는 사례, 자신의 입증의무를 다하지 못하였으면서 무죄를 선고한 판사를 비난하는 사례, 납득할 수 없는 변명을 하면서 항소심에서 알아서 하라는 태도를 보이는 사례, 현재 담당한 업무가 바빠서 신경 쓸 수 없고 나머지는 모두 타인의 과오라는 식의 반응을 보이는 사례, 법률상 문제에 대한 철저한 검토가 사전에 미진한 등 기본기가 부족한 수사사례를 적시한 현직 고검검사의 훌륭한 지적으로는, 대한변협신문, 법조단상(최창호 대전고검 검사), "책임감", 2015. 7. 20, 15면.

9) 대법원 2002. 2. 22, 선고 2001다23447 판결(강도강간의 피해자가 제출한 팬티에 대한 국립과학수사연구소의 유전자검사결과 그 팬티에서 범인으로 지목되어 기소된 원고나 피해자의 남편과 다른 남자의 유전자형이 검출되었다는 감정결과를 검사가 공판과정에서 입수한 경우 그 감정서는 원고의 무죄를 입증할 수 있는 결정적인 증거에 해당하는데도 검사가 그 감정서를 법원에 제출하지 아니하고 은폐하였다면 검사의 그와 같은 행위는 위법하다고 보아 국가배상책임을 인정한 사례).

에게 미치는 해악이 실로 지대하다고 할 것이며,[10] 같은 논리로 전관변호사가 수사변호를 직·간접으로 시작하고 난 후 종전 영장실질심사를 통해 구속까지 되었던 피의자를 별 이유 없이 영장을 청구했던 바로 그 검사가 구속취소를 하는 사례도 결국 크게 보면 **구속에 대한 결정권을 검사가 전적으로 행사하는 문제점**의 단면이다.

(2) 공소권(公訴權) 독점의 폐해와 관련해서 보면, 각 검사가 유사한 사안에서 얼마든지 다른 판단을 할 수 있고, 이 결과 일건은 구속기소, 일건은 불구속기소, 일건은 약식기소, 일건은 불기소하는 처분을 내릴 수 있게 된다. 유사한 사건임에도 불구하고 피의자들은 형평에 맞지 않는 검사의 자의적인 판단에 따른 처분을 받게 되는 것이다.

그릇된 판단의 경우 피고인이 된 피의자는 법원에서 다툴 수 있고, 고소인은 항고, 재정신청을 통해 다툴 수 있긴 하나, 확률 상 소송에서 무죄를 받거나(피고인), 항고인용 결정(고소인)되는 사례는 손에 꼽을 만하여 **검사의 1차 결정은 확정결정이라 하여도 과언이 아닌 것**이다. 2007년 대검찰청 국정감사 업무보고에 따르면, 1심 총 선고인원 1,173,803명 중 무죄선고는 2,888명으로 0.25%에 불과했다.[11]

(3) 형집행정지(刑執行權)와 관련한 문제점을 보면, 의사의 허위진단서를 그대로 믿고 반복적으로 형집행정지 결정을 한 사실이 최근 크게 문제되었다.

청부살인을 교사한 중견기업 회장 부인이 무기징역으로 복역하던 중 수 차 허위의 진단서를 제출하여 검찰로부터 형 집행정지의 혜택을 받고 호텔과 같은 병실에서 자유로이 생활하면서 바깥 외출도 수시로 행하였던 사례에서, 허위진단교사를 한 남편인 기업회장과 진단서를 작성한 담당의는 1심에서 각 징역 2년과 징역 8월의 실형이 선고되었고(서울서부지방법원 2014. 2. 7, 선고 2013고합269 판결),[12] 2심에서는 허위진단서 작성을 교사한 기업회장은 허위진단서 작성·행사 혐의와 배임증재죄는 무죄, 회사 돈을 횡령한 혐의는 징역 2년에 집행유예 3년을 선고받았고, 발급 의사는 3개의 진단서 중 2개 진단서에 대해 허위작성 혐의 무죄를 선고받고 1개 진단서에 대해서는 벌금 500만 원으로 형 감경되었다. 서울고등법원 제2형사부는 "**부당한 형집행정지가 내려진 건 의료기록을 제대로 검토하지 않은 검사의 과실**"이라며 "수감생활의 기준이 구체적으로 마련되지 않은 상황에서 의사에게 모든 책임을 지우는 건 부당하다"는 점을 감경사유로 설시하였다(서울고등법원 2014. 10. 30, 선고 2014노616 판결이유 참조).[13]

2002년 여대생을 청부살해한 혐의로 2004년 무기징역을 선고받은 윤씨는 2007-2013년 3번의 형집행정지 처분을 받았고 이를 15차례 연장했으며, 특히 이 기간 윤씨가 ****병원에서만 38차례에 걸쳐 입원과 퇴원을 반복한 사실이 알려지면서 논란을 빚었다.[14] 사건 보도 이후 검찰은 형집행정지를 결정한 검사에 대한 조사가 어떻게 이루어졌는지에 대해서는 공개한 적이 없고, 다만 향후 1곳의 병원 진단서가 아니라 2곳 이상의 병원 진단서를 통해 민주적으로 구성된 형집행정지심

---

10) 법률신문, 2014. 1. 27.자 15면; 같은 신문 2014. 2. 10.자 6면.

11) 노정환, "수사절차독립성론－수사의 개념 및 원칙을 중심으로－", 「법학실무연구회」 발표논문, 대검찰청, 2009. 5, 57면 주1); 노정환, "수사절차독립성론(上)－수사의 개념 및 원칙을 중심으로－", 「법조」 57권 3호, 법조협회, 2008, 115면 주1) 참조.

12) 동아일보, 기사, 2014. 2. 8.자 12면; 법률신문, 기사, 2014. 2. 13.자 10면.

13) 헤럴드경제, 기사, "여대생 청부살해 주치의 감형, 류** **제분 회장은?", 2014. 10. 30.자

14) 연합뉴스, 기사, 2014. 2. 7.자 참조.

사위원회가 까다롭게 결정하겠다고 언론에 발표한 것이 전부이다.

이러한 문제점에 대한 궁극적 해결을 위해 2015. 7. 24. 형사소송법 개정안이 국회를 통과하였고 공포 후 6개월 뒤부터 시행될 예정이다. 개정안에 따르면 형집행정지에 대한 신뢰도와 투명성을 높이기 위해 각 지방검찰청에 형집행정지 심의위원회를 설치하고, 심의위원회는 위원장 1명을 포함해 10명 이내로 구성된다.[15)]

제 4 절 사법경찰관

1. 의의 및 지위

사법경찰관리는 검사의 지휘를 받아 수사를 행한다(법 제196조 제1항, 제3항). 사법경찰관리는 일반사법경찰관리와 특별사법경찰관리로 나누어진다.

일반사법경찰관리(一般司法警察官吏)는 다시 사법경찰관(수사관·경무관·총경·경정·경감·경위)과 사법경찰리(경사·경장·순경)로 나누어진다.

사법경찰리는 검사 또는 사법경찰관의 지휘를 받아 수사의 보조를 한다(법 제196조 제5항). 결국 사법경찰관은 검사의 지휘를 받아 수사를 행하는 수사기관이지만, 사법경찰리는 검사와 사법경찰관의 지휘를 받아 수사를 보조하는 기관에 불과하다.

특별사법경찰관리(特別司法警察官吏)는 특수분야의 수사를 담당하는 사법경찰관리를 말한다. 삼림·해사·전매·세무·군수사기관 기타 특별한 사항에 관하여 사법경찰관리의 직무를 행할 자와 그 직무의 범위는 법률로써 정한다(법 제197조).[1)]

현행법상 특별사법경찰관리는 권한이 주어지는 태양에 따라 크게 ① 법률상 당연히 사법경찰관리로서의 권한이 인정되는 자(법정특별사법경찰관리), ② 지방검찰청검사장 등의 지명에 의해 비로소 사법경찰관리로서의 권한이 인정되는 자(지명특별사법경찰관리)로 나누어진다. 대부분의 특별사법경찰관리는 지명특별사법경찰관리이며, 특별히 교도소장,[2)] 근로감독관, 선장 등 일부 특별사법경찰관리만이 법정특

15) 법률신문, 기사, “앞으로 살인죄에 공소시효 없다”, 2015. 7. 27, 2면 참조.

1) 이에 따라 시행 중인 법률은, 「사법경찰관리의 직무를 수행할 자와 그 직무범위에 관한 법률」임.

2) 사법경찰관리의 직무를 수행할 자와 그 직무범위에 관한 법률 제3조(교도소장 등)
① 교도소·소년교도소·구치소 또는 그 지소(支所)의 장은 해당 교도소·소년교도소·구치소 또는 그 지소 안에서 발생하는 범죄에 관하여 「형사소송법」 제196조 제1항에 따른 사법경찰관의 직무를 수행한다.
② 소년원 또는 그 분원(分院)의 장이나 소년분류심사원 또는 그 지원(支院)의 장은 각각 해당 소

별사법경찰관리에 해당한다.[3)4)]

특별사법경찰관리의 대표적인 예로는, 산림공무원, 세관공무원, 근로감독관을 들 수 있다.[5)] 특별사법경찰관리는 권한의 범위가 사항적이고 지역적으로 제한되어 있지만, 사법경찰관리로서의 권한과 지위는 일반사법경찰관리와 같다.

특별사법경찰의 관장사항에 대하여 일반사법경찰이 권한을 행사하지 못하는 것은 아니어서 중복의 혼선을 방지하기 위하여 범죄수사규칙(경찰청훈령)에서는 제17조 내지 제21조에서 경찰공무원과 특별사법경찰관리와의 수사상 공조관계를 규정하면서, 경찰공무원과 특별사법경찰관리가 모두 수사권을 가지는 사안에 대하여 직접수사, 인계, 인수, 경합의 4가지로 나누어 경찰공무원이 행하여야 할 처리방법을 제시하고 있다. 또 국방부와 경찰청 간 중복 수사업무를 조정하기 위하여 국방

년원 또는 그 분원이나 소년분류심사원 또는 그 지원 안에서 발생하는 범죄에 관하여 사법경찰관의 직무를 수행한다.

③ 보호감호소·치료감호시설 또는 그 지소의 장은 해당 감호소·치료감호시설 또는 그 지소 안에서 발생하는 범죄에 관하여 사법경찰관의 직무를 수행한다.

④ 「형의 집행 및 수용자의 처우에 관한 법률」 제8조에 따른 교정시설 순회점검 업무에 종사하는 4급부터 7급까지의 국가공무원은 교정시설 안에서 발생하는 범죄에 관하여 사법경찰관의 직무를, 8급·9급의 국가공무원은 그 범죄에 관하여 「형사소송법」 제196조 제2항에 따른 사법경찰리의 직무를 수행한다.

⑤ 출입국관리 업무에 종사하는 4급부터 7급까지의 국가공무원은 출입국관리에 관한 범죄와 다음 각 호에 해당하는 범죄에 관하여 사법경찰관의 직무를, 8급·9급의 국가공무원은 그 범죄에 관하여 사법경찰리의 직무를 수행한다.

1. 출입국관리에 관한 범죄와 경합범 관계에 있는 「형법」 제225조부터 제240조까지의 규정에 해당하는 범죄
2. 출입국관리에 관한 범죄와 경합범 관계에 있는 「여권법」 위반범죄
3. 출입국관리에 관한 범죄와 경합범 관계에 있는 「밀항단속법」 위반범죄

3) 백창현, "특별사법경찰의 현황 및 개선방안－환경부와 국가보훈처를 중심으로", 「형사정책연구」 18권 4호(통권 72호), 한국형사정책연구원, 2007, 283면 참조.

4) 가장 최근에 법정특별사법경찰관리의 자격을 얻은 자는 금융위원회와 금융감독원 공무원, 자동차 등록·운행을 단속하는 지방자치단체 공무원, 목재·화장품·의료기기·유류·대부업·방문판매업을 단속하는 공무원이다. 이들은 2015. 7. 24. 사법경찰관리의 직무를 수행할 자와 그 직무범위에 관한 법률 개정안이 국회를 통과하여 특별사법경찰활동을 할 수 있게 되었다(법률신문, 기사, "앞으로 살인죄에 공소시효 없다", 2015. 7. 27, 2면 참조).

5) 구체적으로 본다면, 2007년 기준으로, 법무부(교정시설 순회점검업무 종사 공무원), 국방부(군사법정경찰관리), 문화관광부(관광지도업무 종사 공무원), 농림부(농산물품질관리법 단속사무 종사 공무원, 가축방역관 또는 검역관 임명 공무원), 산업자원부(광산보안관, 대외무역법 단속사무 종사 공무원, 외화획득용 원료·기재의 수입 등 승인업무 종사 공무원), 정보통신부(무선설비 등 단속사무 종사 공무원), 보건복지부(공중위생단속사무 종사 공무원), 환경부(공원관리업무 종사 공무원, 환경관계단속사무 종사 공무원), 국가보훈처(국가보훈처 공무원), 노동부(근로감독관), 건설교통부(철도공안사무 종사 공무원, 하천감시사무 종사 공무원) 등이 각 직무범위 내의 수사사무에 종사하고 있다{백창현, "특별사법경찰의 현황 및 개선방안－환경부와 국가보훈처를 중심으로", 「형사정책연구」 18권 4호(통권 72호), 한국형사정책연구원, 2007, 282면 참조}.

부와 경찰청과의 수사업무 공조협정(경찰청고시)이 체결되어 있다.

예외적으로 특별사법경찰만이 수사권을 가지고 검사와 함께 해당 범죄에 대해 전속적 수사를 행하는 경우로는, 사법경찰관리의 직무를 행할 자와 그 직무범위에 관한 법률 제5조 제34호의 가축방역관 또는 검역관 임명 공무원, 동법 제6조의2 제1항의 근로감독관이 그에 해당한다.[6]

2. 권 한

사법경찰관의 권한에 대하여는 앞서 검사와 사법경찰관의 관계에서 이미 상세히 살핀 바 있다. **사법경찰관은 범죄혐의가 있다고 사료되는 때 수사를 개시하여야 하는 점에서 검사의 지휘 없이 이제 독립적으로 '수사개시권'을 보장받았다.**

그러나 수사가 완결된 때에는 검사에게 수사서류와 증거물을 송부하여야 하고, 검사의 수사지휘에 따라야 하는 점에서 지휘·종속관계를 여전히 유지하고 있다. 다만 수사지휘의 내용이 불명확하거나 따르기 어려울 경우 이에 대해 의견개진을 할 수 있다는 점이 종전과 달라진 정도이다.

사법경찰관은 검사의 지휘 없이 내사에 착수할 수 있고, 혐의가 있다고 보일 경우 입건하여 수사로 전환할 수 있으며, 송치 전의 자율수사에 대해서는 검사의 지휘를 받지 않으므로 임의수사로서의 피의자신문, 참고인조사 등은 자유롭게 할 수 있다. 그러나 수사가 완결된 경우 즉시 검사에게 사건기록과 증거물을 송치하여야 하고, 이후 검찰 형제번호가 생성된 후부터는 검사의 지휘를 받게 된다. 수사가 미진할 경우 검사는 수사지휘 할 수 있고 사법경찰관은 이에 따라 보완수사를 하여야 하며, 장기간 방치하고 있어 검사의 송치명령이 내려진다면 즉각 재송치하여야 하며, 재송치 후에도 검사가 다시 보완수사지휘를 할 경우 다시 재보완수사를 마치고 사건을 검찰에 재재송치하여야 한다.

수사 중 도주 또는 증거인멸의 위험이 있을 경우 사법경찰관은 검사에게 구속영장을 신청할 수 있고, 검사가 신청을 기각하면서 구속사유를 보강하라는 지휘를 할 경우 보완수사를 한 후 영장사유를 보완하여 다시 영장신청을 하여야 한다. 압수·수색·검증영장의 신청도 같다.

---

6) 백창현, "특별사법경찰의 현황 및 개선방안－환경부와 국가보훈처를 중심으로", 「형사정책연구」 18권 4호(통권 72호), 한국형사정책연구원, 2007, 283면.

▪ 생각할 점

경찰의 수사권이 현실적으로 제약되는 문제 사례는, 법무부 고위공무원 또는 현직 검사에 대한 비위사실에 대해 경찰이 수사에 착수하였고 혐의를 소명하며 영장신청을 하였음에도 검사가 구속사유의 불비 또는 부족을 이유로 영장을 기각하는 경우이다.

이 경우 경찰이 보완수사를 하려 해도 신병확보가 되어 있지 않아 자백획득이 어렵고, 세간의 주목을 받지 못할 경우 여론의 도움을 받지 못하므로 검사의 수사지휘가 자의적이라 하더라도 경찰로서는 이에 따를 수밖에 없다. 그런 까닭으로 한계적인 보완수사를 하고 재영장을 신청해도 검사는 사정변경이 전혀 없는 재신청에 불과하다고 보아 다시 기각하는 경우가 있는데, 이때 바로 경찰의 불만이 나오는 것이다. 바로 '제 식구 감싸기'라는 것이다.

비난에 대한 언론보도가 거듭 나오면서 최근 환골탈태의 필요성을 느낀 검찰은 검사의 비위가 확인될 경우 경찰이 영장을 신청하기 전 즉각 직접 구속시키고 있고, 대검찰청 감찰본부에서 신속히 수사함과 동시에 수사결과를 발표하고 있다. 신속한 제 살 도려내기가 조직 전체를 지키는 유일한 길이라고 믿게 된 것이다.

제3장 수사의 방식과 종류

제1절 수사의 방식

수사는 범인의 신병을 확보하고 혐의를 밝히는 수사기관의 활동으로서 그 방식에 제한은 없다. 다만 국민의 기본권을 직접 침해하는 강제수사에 한하여서는 수사법정주의, 영장주의 원칙이 작동하고 있다.

임의수사는 강제수사와 달리 수사방식이 법정되어 있다든가 영장주의가 작동한다는 제한이 없다. 따라서 당사자의 임의에 터 잡고 기본권을 침해하지 않는 한 임의동행, 승낙수색·검증, 승낙에 의한 거짓말탐지기 검사,[1)2)] 피의자신문, 참고인조사, 수사관의 현장탐문, 잠복, 금융기관 및 타 국가기관에 협조요청, 자료의 분석 등은 우리 법상 당연히 가능하다.

---

1) 대법원은 거짓말탐지기 검사 결과의 증거자격과 관련하여, 전제요건이 충족된다면 '사실적 관련성을 가진 증거로서의 증거능력'을 인정하고 있다(대법원 2005. 5. 26, 선고 2005도130 판결. "거짓말탐지기의 검사 결과에 대하여 사실적 관련성을 가진 증거로서 증거능력을 인정할 수 있으려면, 첫째로 거짓말을 하면 반드시 일정한 심리상태의 변동이 일어나고, 둘째로 그 심리상태의 변동은 반드시 일정한 생리적 반응을 일으키며, 셋째로 그 생리적 반응에 의하여 피검사자의 말이 거짓인지 아닌지가 정확히 판정될 수 있다는 세 가지 전제요건이 충족되어야 할 것이며, 특히 마지막 생리적 반응에 대한 거짓 여부 판정은 거짓말탐지기가 검사에 동의한 피검사자의 생리적 반응을 정확히 측정할 수 있는 장치이어야 하고, 질문사항의 작성과 검사의 기술 및 방법이 합리적이어야 하며, 검사자가 탐지기의 측정내용을 객관성 있고 정확하게 판독할 능력을 갖춘 경우라야만 그 정확성을 확보할 수 있는 것이므로, 이상과 같은 여러 가지 요건이 충족되지 않는 한 거짓말탐지기 검사 결과에 대하여 형사소송법상 증거능력을 부여할 수는 없다.").

2) 거짓말탐지기의 검사 결과 정확성에 대하여 그간 오류의 위험성을 고려하여 곧바로 직접증거로 사용할 수 없고, 정황증거로만 사용할 수 있다는 견해가 유력하였고, 대법원도 그러하였다(대법원 1987. 7. 21, 선고 87도968 판결). 그러나 최근 대검찰청 과학수사부가 2009~2012년 거짓말탐지기 검사를 한 사건 중 확정 판결이 난 6,273건(8,609명) 전부를 1년 동안 심층 분석한 결과를 발표하였는데, 검찰이 기소한 사건과 검사 결과가 89.2% 일치하였고, 법원이 최종 유죄 판결한 사건과는 91%가 일치했으며, 23건은 재판에서 증거로 인용되기까지 하였다. 특히 성범죄나 무고 등 진술 하나로 억울하게 누명을 쓸 수 있는 사건에서는 이 검사 결과가 법정 증거로서 대단히 유력한 돌파구 역할을 한다는 것이 대검찰청의 입장이다(동아일보, 기사, "거짓말 탐지기, 거짓말 안했다", 2015. 6. 3, 16면 참조). **향후에는 거짓말탐지기 검사를 뇌파분석, 안면온도, 동공크기 분석 등의 선진기법과 병행하여 사용한다면 증거로서의 기능을 정확히 할 것으로 본다**(위 기사 참조).

그렇다면 수사 부분에서 문제되는 것은 임의수사가 본질적 한계인 임의성을 넘어 기본권을 침해한 경우에 한하고, 그 외에는 강제수사법정주의에 대한 상세한 이해가 필요할 뿐이다.

제 2 절 임의수사

1. 임의수사 원칙과 한계

가. 임의수사 원칙

수사는 그 목적을 달성하기 위하여 필요한 조사를 할 수 있다. 다만 강제처분은 법률에 특별한 규정이 없으면 하지 못한다(법 제199조). 이와 같이 수사는 원칙적으로 임의수사에 의하고, 강제수사는 법률에 규정된 경우에 한하여 허용된다는 것이 '임의수사 원칙'이다.[1)]

수사는 수사의 필요성과 인권보장이라는 상극하는 이념이 충돌하는 절차이므로 수사는 필요하고 상당한 것이 되어야 한다는 비례성의 원칙이 수사법에 실현된 것이라 할 수 있다. 따라서 임의수사의 원칙은 ① 수사는 임의처분에 의하여야 한다는 수사방법의 일반원리, ② 임의수사도 필요한 한도에서 허용되어야 한다는 수사비례의 원칙, ③ 강제처분은 법률에 규정이 있는 경우 예외적으로 허용된다는 강제처분법정주의 또는 강제수사법정주의를 그 내용으로 하고 있다.[2)3)]

나. 근거규정

형사소송법 제198조(준수사항) ① 피의자에 대한 수사는 불구속 상태에서 함을 원칙으로 한다.

형사소송법 제199조(수사와 필요한 조사) ① 수사에 관하여는 그 목적을 달성하기 위하여 필요한 조사를 할 수 있다. 다만, 강제처분은 이 법률에 특별한 규정이 있는 경우에 한하며, 필요한 최소한도의 범위 안에서만 하여야 한다.

---

1) 일본은 우리 형사소송법 제198조 제1항의 불구속 수사원칙과 같은 명문규정이 없다(이동희, "한국과 일본의 체포·구속제도에 대한 비교연구－체포·구속의 법제 및 실무운용을 중심으로－", 「비교형사법연구」 제11권 제1호, 한국비교형사법학회, 2009, 90면).

2) 이재상, 형사소송법, 제9판, 박영사, 2013, 221면.

3) 현행 형사소송법은 법제상 강제수사에 대하여 독일식의 법정주의와 미국식의 영장주의를 병용하여 채택하고 있다(조성용, "DNA 지문감식과 피해자의 권리보호", 「비교형사법연구」 6권 1호, 한국비교형사법학회, 2004, 257면 주37 참조).

「범죄수사규칙」 제6조(임의수사) ① 경찰관이 수사를 할 때에는 임의수사를 원칙으로 한다. ② 경찰관이 임의수사를 위해서 상대방의 승낙을 구할 때에는 승낙을 강요하거나 강요의 의심을 받을 염려가 있는 태도나 방법을 취하여서는 아니 된다.

「인권보호를 위한 경찰관 직무규칙」 제46조(임의수사 원칙) 수사는 원칙적으로 상대방의 자유로운 의사에 의한 동의나 승낙 하에 임의적인 방법으로 이루어져야 한다.

제47조(불구속 수사원칙) ① 수사는 불구속으로 함을 원칙으로 한다. ② 체포한 피의자라 하더라도 수사결과 명백히 불구속 사안에 해당할 경우에는 신속하게 석방하여야 한다. ③ 구속수사를 하는 경우에도 구속기간을 줄이도록 노력하여야 한다.

「인권보호수사준칙」 제7조(임의수사의 원칙) ① 검사는 수사과정에서 원칙적으로 임의수사를 활용하고, 강제수사는 필요한 경우에 한하여 법이 정한 바에 따라 최소한의 범위 내에서 한다. ② 강제수사가 필요한 경우에도 대상자의 권익 침해의 정도가 더 낮은 수사 절차와 방법을 강구한다.

다. 인권침해의 위험방지

수사는 임의수사인 경우에도 수사라는 성질상 인권을 침해할 위험성을 배제할 수 없다. 따라서 형사소송법은 검사·사법경찰관리 기타 직무상 수사에 관계있는 자는 피의자 또는 다른 사람의 인권을 존중하고 수사과정에서 취득한 비밀을 엄수하며 수사에 방해되는 일이 없도록 하여야 한다는 준수사항을 규정함과 동시에(법 제198조 제2항), 검사의 체포·구속감찰제도를 마련하여 두었고(법 제198조의2), 수사공무원의 불법체포·감금, 폭행·가혹행위, 피의사실공표행위에 대한 처벌규정을 두고 있다.[4][5]

---

4) 피의사실공표죄는 1953년 형법 제정 당시 입법된 조문으로 당시와 같은 시대적 상황에서 내부적 행정처벌 대신 3년 이하의 징역에 해당하는 중범죄로 입법한 것은 선진적이라 하겠으나, 피의사실공표행위의 주체인 검찰이 공소권의 주체이기도 하여 그간(2011년 기준) 100% 불기소처분 행태를 보여와 비난받아 왔다. 형법이 제정된 1953년 이래 단 한 건도 검찰에 의해 기소되어 형사처벌을 받은 검사나 경찰관이 없었고, 한 명의 검사만이 기소유예처분을 받은 예가 있을 뿐이다(박혜진, "형법적 관점에서 바라 본 피의사실공표죄의 제문제", 「비교형사법연구」 13권 2호, 한국비교형사법학회, 2011, 161-163면 참조).

따라서 필자가 후술할 위법한 피의사실공표행위(제1편 제4장 제3절)에 등장하는 사안도 민사배상청구 사건이다. 이러한 민사소송적 처리방식에 대해서도 위 같은 논문 167면이 적절히 지적하고 있는 것처럼 "헌법상 기본권의 문제를 가져오는 것은 피의사실공표죄가 형법상의 범죄라는 사실을 간과하는 것이고, 이를 민사적인 손해배상의 문제로 해결하는 것 역시 비본질적인 것이다"는 주장은 타당하다.

5) 이재상, 형사소송법, 제9판, 박영사, 2013, 222면.

라. 내재적 한계와 규제원리

그러나 위와 같은 제도만으로는 임의수사의 위험성을 전적으로 방지할 수 없어 임의수사의 내재적 한계가 문제되는 것이며, 한계를 넘어 위법한 수사가 되었을 경우 그로 인해 얻은 증거는 위법하여 증거능력이 없고(법 제308조의2), 국가는 불법한 공무원의 행위에 대한 배상책임을 지게 된다(국가배상법 제2조 제1항).

임의수사는 강제수사와는 달리 비유형적이고 다양한 방법으로 행하여지는 것이어서 세부적으로 모든 사항을 미리 규제하는 것이 불가능하여 형사소송법 제199조 제1항에서 "수사에 관하여는 그 목적을 달성하기 위하여 필요한 조사를 할 수 있다"는 규정을 두고 있다. 그러나 그러한 제한요건이 설정된 것만으로는 충분하지 않다. '그 목적을 달성하기 위하여 필요한 조사'를 자칫 확대해석하면, 목적달성을 위한 수사의 한계가 없다고까지 읽힐 수도 있기 때문이다.

그렇다면 임의수사의 규제원리는 어디서 찾아야 할 것인가. 결국 임의수사도 형사절차인 이상 형사소송의 모든 절차를 지배하는 적정절차 원리(適正節次 原理)에 의한 규제를 받는다고 보아야 하는 것이다.[6] 이것이 **임의수사의 수사방법으로서의 내재적 제한**이다.[7]

따라서 임의수사에 있어서도 수사의 필요성과 상당성이 인정되어야 한다. 그로 인하여 범죄의 혐의가 없음이 명백하거나 소송조건이 구비될 수 없는 경우에는 임의수사도 허용되지 않을 것이고, 수사의 필요성이 인정되는 때라도 필요한도를 넘는 수사를 하는 것도 금지된다. 또한 임의수사는 상대의 승낙을 받아서 행할 것을 전제로 하고, 이 경우 승낙은 자유의사이어야 하므로 수사기관이 강제수사의 규제를 회피하기 위하여 승낙을 매개로 사실상 강제수사 하는 것은 불허되어야 한다. 승낙을 전제로 한 임의수사에는 언제나 인권침해를 통한 수사효율이라는 함정이 도사리고 있기 때문에 그간 우리 법원이 임의성을 엄격히 해석해온 것이다.[8]

아래에서는 임의수사로서 가장 널리 사용되고 있는 임의동행, 피의자신문, 참

---

6) 차용석 교수는, 종래의 실체적진실주의, 곧 범죄필벌주의와 직권적인 권력행사형 소송구조 아래에서는 비밀리에 전개되는 각종의 수사활동에 의하여 실질적으로 유죄로의 확인절차가 마무리되고 공판절차는 내부적으로 확인된 유죄의 인정과정을 소송의 형태로써 합법화시키는 형식적인 절차에 불과하다는 인상을 주었으나, 근래에 이르러 진보적인 일부 법학인들에 의해 **수사절차가** 헌법이 보장한 인권존중과의 충돌을 가장 예리하게 반영하는 국면이라는 중대성의 인식과 함께 **어느 절차보다도 '법의 적정절차'의 보장요청이 강력하게 작용하는 영역**이라는 것이 의식화되었다고 본다(차용석, "수사서류의 증거능력", 「법학논총」 제1집, 한양대학교 법학연구소, 1984, 30면 참조).

7) 이재상, 형사소송법, 제9판, 박영사, 2013, 224면.

8) 이재상, 형사소송법, 제9판, 박영사, 2013, 224-225면.

고인조사에 대하여 살펴보고, **해당 부분을 고찰하는 과정에서 임의성의 한계 지점을 분명히 할 필요가 있다.**

2. 임의동행

가. 임의동행은 첫째, 불심검문 중 직무질문을 위해 가까운 수사관서에 동행을 구하는 임의동행, 둘째, 임의수사 방식으로서의 임의동행의 두 가지가 있다.

전자(前者)의 것은 직무질문이 적합하지 않은 경우 피동행자가 자발적으로 동행하겠다고 할 때 적법하며, 일단 임의동행하여 수사관서에 따라왔다 하더라도 퇴거를 희망할 경우 수사기관은 즉각 퇴거시킬 의무를 갖는다. 불심검문에 수반된 임의동행은 수사가 아니며, 수사의 단서는 될 수 있다. 수사의 단서 부분에서 상세한 바 있다(제1편 제1장 제3절 3.항 참조). 후자(後者)의 것은 임의수사로서의 수사방식이며, 그 근거는 형사소송법 제199조 제1항에 따른 임의수사의 규정이다. 피의자신문을 위한 보조수단이다. **이곳에서 다루고 있는 것은 수사로서의 임의동행이다.**

나. 임의동행은 강제수사의 일종으로서 법적 근거가 없는 한 허용되지 않는다고 해석하는 견해[9]도 있으나, 임의동행은 어디까지나 피의자의 승낙을 전제로 한 임의수사이며, 형사소송법이 피의자에 대한 출석요구방법을 제한하고 있지 않으므로 신체의 속박이나 심리적 압박에 의한 자유의 구속이 있었다고 할 수 없는 객관적 상황이 있는 때에는 허용되는 수사방식이라고 할 것이다.[10]

다. 그러나 임의동행이라고 할지라도 그 과정에서 강제력이나 심리적 압박이 개입되어 사실상 강제연행이 된 때에는 임의동행의 한계를 벗어나 불법체포에 해당한다. 구별기준으로는, 동행의 시간과 장소, 동행의 방법, 동행 후의 신문방법, 체포 또는 구속영장의 유무, 식사·휴식·용변의 감시, 퇴거희망이나 동행거부의 유무를 종합하여 판단하여야 할 것이다.[11] 결국 수사기관이 동행에 앞서 피의자에게 동행을 거부할 수 있음을 알려 주었거나 동행한 피의자가 언제든지 자유로이 동행과정에서 이탈 또는 동행장소로부터 퇴거할 수 있었음이 인정되는 등 오로지 피의자의 자발적 의사에 의하여 수사관서 등에의 동행이 이루어졌음이 객관적 사정에 의해 명백하게 입증된 경우에 한하여 적법성이 인정된다고 보아야 하는 것이다.[12]

9) 신동운, 신형사소송법, 법문사, 2008, 166-167면.
10) 이재상, 형사소송법, 제9판, 박영사, 2013, 226면.
11) 이재상, 형사소송법, 제9판, 박영사, 2013, 226면.
12) 이재상, 형사소송법, 제9판, 박영사, 2013, 226면; 대법원 2006. 7. 6, 선고 2005도6810 판결; 대

임의성 여부에 대한 위와 같은 기준은 불심검문으로서의 임의동행, 임의수사로서의 임의동행 모두에 공통된 것이다.

대법원도 「이러한 법리는 형사소송법 제200조 제1항(현행 제200조)에 의하여 검사 또는 사법경찰관이 피의자에 대하여 임의적 출석을 요구할 수는 있겠으나, 그 경우에도 수사관이 단순히 출석을 요구함에 그치지 않고 일정 장소로의 동행을 요구하여 실행한다면 위에서 본 법리가 적용되어야 하고, 한편 행정경찰 목적의 경찰활동으로 행하여지는 경찰관직무집행법 제3조 제2항 소정의 질문을 위한 동행요구도 형사소송법의 규율을 받는 수사로 이어지는 경우에는 역시 위에서 본 법리가 적용되어야 한다. 따라서 사법경찰관이 피고인을 수사관서까지 동행한 것이 사실상의 강제연행, 즉 불법체포에 해당하고, 불법체포로부터 6시간 상당이 경과한 후에 이루어진 긴급체포 또한 위법하므로 피고인이 불법체포된 자로서 형법 제145조 제1항에 정한 '법률에 의하여 체포 또는 구금된 자'가 아니어서 도주죄의 주체가 될 수 없다」고 하여 같은 입장을 취하고 있다.[13]

라. 임의성이 없는 동행[14]은 이미 임의동행이 아니고 불법체포에 불과하다. 불법체포 이후 얻어낸 진술은 자백배제법칙 또는 위법수집증거배제법칙에 따라 증거로 쓸 수 없고, 계속된 물적 증거의 확보까지 이어졌다 하더라도 인과관계가 희석되었거나 단절되었다는 예외적 사정[15]이 없는 한 여전히 불법하여 증거로 쓸 수

법원 2011. 6. 30, 선고 2009도6717 판결.

13) 대법원 2006. 7. 6, 선고 2005도6810 판결.

14) 주로 실력행사를 한 경우이다. 강제력이 수반된, 그리고 의사에 반한 동행을 말한다.

15) **인과관계가 희석 또는 단절되었는지에 대한 기준**에 대해서는, 대법원 2013. 3. 14, 선고 2010도2094 판결을 참고할 수 있다. 「[1] 헌법 제12조 제1항, 제5항, 형사소송법 제200조의5, 제213조의2, 제308조의2를 종합하면, 적법한 절차에 따르지 아니한 위법행위를 기초로 하여 증거가 수집된 경우에는 당해 증거뿐 아니라 그에 터 잡아 획득한 2차적 증거에 대해서도 증거능력은 부정되어야 한다. 다만 위와 같은 위법수집증거배제의 원칙은 수사과정의 위법행위를 억지함으로써 국민의 기본적 인권을 보장하기 위한 것이므로 적법절차에 위배되는 행위의 영향이 차단되거나 소멸되었다고 볼 수 있는 상태에서 수집한 증거는 그 증거능력을 인정하더라도 적법절차의 실질적 내용에 대한 침해가 일어나지는 않는다 할 것이니 그 증거능력을 부정할 이유는 없다. 따라서 증거수집과정에서 이루어진 적법절차 위반행위의 내용과 경위 및 그 관련 사정을 종합하여 볼 때 당초의 적법절차 위반행위와 증거수집 행위의 **중간에 그 행위의 위법 요소가 제거 내지 배제되었다고 볼 만한 다른 사정이 개입됨으로써 인과관계가 단절된 것으로 평가할 수 있는 예외적인 경우에는 이를 유죄 인정의 증거로 사용할 수 있다.** [2] 위법한 강제연행 상태에서 호흡측정 방법에 의한 음주측정을 한 다음 강제연행 상태로부터 시간적·장소적으로 단절되었다고 볼 수도 없고 피의자의 심적 상태 또한 강제연행 상태로부터 완전히 벗어났다고 볼 수 없는 상황에서 피의자가 호흡측정 결과에 대한 탄핵을 하기 위하여 스스로 혈액채취 방법에 의한 측정을 할 것을 요구하여 혈액채취가 이루어졌다고 하더라도 그 사이에 위법한 체포 상태에 의한 영향이 완전하게 배제되고 피의자의 의사결정의 자유가 확실하게 보장되었다고 볼 만한 다른 사정이 개입되지 않은 이상 불법체포와 증거수집 사이의 인과관계가 단절된 것으로 볼 수는 없다. 따라서 그러한 혈액채취에 의한

없다.[16] 또한 불법한 체포에 대항하였다 하여 공무집행방해죄를 구성하지 아니하고, 불법한 체포 후 음주측정요구를 거부하였다 하더라도 이를 분리하여 볼 것은 아니어서 연속된 하나의 행위로 보아 측정에 거부한 것이 음주측정거부죄를 구성하지 아니한다.[17]

3. 피의자신문

가. 의 의

검사 또는 사법경찰관은 수사에 필요한 때에는 피의자의 출석을 요구하여 진술을 들을 수 있다(법 제200조). 피의자신문은 피의자진술이라는 인적 증거를 수집하는 절차이고, 피의자의 진술은 직접 증거에 해당한다.

나. 성 질

임의수사이다. 따라서 피의자가 출석할지 말지는 임의에 맡겨져 있고, 출석한 피의자라 하더라도 진술거부권을 행사하거나 일부 질문사항에 대해서만 답변을 거부하거나 임의로 퇴거하더라도 제재하여서는 아니 된다. 종래 임의출석 후 진술을 하던 중 퇴거의사를 밝히자 긴급체포한 사례가 자주 있었으나, 피의자를 우연히

측정 결과 역시 유죄 인정의 증거로 쓸 수 없다고 보아야 한다. 그리고 이는 수사기관이 위법한 체포 상태를 이용하여 증거를 수집하는 등의 행위를 효과적으로 억지하기 위한 것이므로, 피고인이나 변호인이 이를 증거로 함에 동의하였다고 하여도 달리 볼 것은 아니다.」

16) 同旨 대법원 2013. 3. 14, 선고 2012도13611 판결(동행을 거부하는 의사를 표시한 피의자를 수사기관이 영장에 의하지 아니하고 강제 연행한 행위가 위법한 체포에 해당하고, 위법한 체포상태에서 이루어진 마약 투약 혐의를 확인하기 위한 채뇨 요구가 위법하다는 판시); 대법원 2007. 11. 15, 선고 2007도3061 전원합의체 판결; 대법원 2011. 6. 30, 선고 2009도6717 판결.

17) 최근 대법원은 음주운전자를 피구호자로 삼아 위법하게 끌고 간 행위(일종의 보호실 유치 항변으로 보이며, 수사기관의 새로운 항변으로 생각된다)도 위법하고, 그에 터 잡은 측정요구도 위법하다는 판결을 내놓았다{대법원 2012. 12. 13, 선고 2012도11162 판결. 사안은 경찰관직무집행법 제4조 제1항 제1호의 보호조치(행정상 즉시강제)가 필요한 사람이 아닌데도 범죄수사를 할 목적으로 피의자에 해당하는 사람을 피구호자로 삼아 의사에 반하여 경찰관서에 데려갔고, 그와 같이 위법한 체포 하에서 이루어진 음주측정요구에 대해 피고인이 측정 거부한 사안이었다. 대법원은 "운전자가 경찰관직무집행법 제4조 제1항 제1호의 '술에 취한 상태'에 해당하기 위해서는 피구호자가 술에 만취하여 정상적인 판단능력이나 의사능력을 상실할 정도에 이른 것을 말하고, 이 사건 조항에 따른 보호조치를 필요로 하는 피구호자에 해당하는지는 구체적인 상황을 고려하여 경찰관 평균인을 기준으로 판단하되, 그 판단은 보호조치의 취지와 목적에 비추어 현저하게 불합리하여서는 아니 되며, 피구호자의 가족 등에게 피구호자를 인계할 수 있다면 특별한 사정이 없는 한 경찰관서에서 피구호자를 보호하는 것은 허용되지 않으므로, 이 사건의 경우 그 정도에 이르지 않은 피고인을 현행범체포나 임의동행의 요건을 갖추지 않고 경찰관서에 끌고 간 행위가 위법한 체포이고, 이후 이루어진 음주측정요구도 앞선 체포와 일련의 하나의 행위로서 위법한 측정요구"라고 판시하였다. 결론적으로 측정 거부한 피고인은 측정거부죄 무죄이다}.

발견한 경우가 아니므로 긴급체포의 요건을 결하여 위법한 체포로 대법원이 판시하였다.[18] 임의수사로서의 성질과 긴급체포의 취지를 감안할 때 타당한 판결이다.

임의수사로서의 피의자신문을 악용하여 수사기관이 고압적 분위기 또는 위법한 신문기법을 통해 자백을 얻어내는 등 자백획득의 기회로 남용할 위험이 있어 형사소송법은 아래와 같은 일정한 절차를 규정하고 있다.

다. 진술거부권 고지

검사 또는 사법경찰관은 피의자를 신문하기 전에 피의자에게 진술거부권과 변호인의 참여권을 고지하여야 한다. 진술거부권의 고지방식은 일체의 진술을 하지 아니하거나 개개의 질문에 대하여 진술을 하지 아니할 수 있다는 점, 진술을 하지 아니하더라도 불이익을 받지 아니한다는 점, 진술을 거부할 권리를 포기하고 행한 진술은 법정에서 유죄의 증거로 사용될 수 있다는 점, 신문을 받은 때에는 변호인을 참여하게 하는 등 변호인의 조력을 받을 수 있다는 점을 모두 알려 주어야 한다(법 제244조의3 제1항).

진술거부권이 주어졌다고 하더라도, 피의자는 침묵이 자백으로 비춰져 불이익한 결과를 가져올까 걱정하지 않을 수 없고, 또 실제 과거 판례도 침묵하는 피의자 혹은 피고인에게 불이익을 가한 경우가 있었지만,[19] 이제 형사소송법 제244조의3 제1항 제2호에서 불이익이 없음을 고지하게 명문규정을 두었으므로 진술거부권이 실질적으로 보장되었다.[20]

실무상으로는 피의자신문조서 표지에 위 문항들이 부동문자로 인쇄되어 있고, 수사기관은 피의자에게 읽어보고 “예”, “아니오”를 자필로 기재하게 할 뿐 구두로 이 점을 고지해주지 않는 경우가 있다. 이러한 수사관행에 비추어 볼 때 진술거부

---

18) 대법원 2006. 9. 8, 선고 2006도148 판결(검사가 참고인조사를 받는 줄 알고 검찰청에 자진출석한 변호사사무실 사무장을 합리적 근거 없이 긴급체포하자 그 변호사가 이를 제지하는 과정에서 위 검사에게 상해를 가한 것이 정당방위에 해당한다고 본 사례).

19) 대법원 2001. 3. 9, 선고 2001도192 판결이유 중 “원심이 피고인 1이 시종 범행의 죄책을 회피하는 태도로 일관하는 등 반성하지 않는 점을 양형의 이유의 하나로 참작한 조치를 기록과 위 법리에 비추어 검토하여 보면 이는 정당하고, 거기에 상고이유에서 주장하는 바와 같은 헌법에서 보장된 형사상 자기에게 불리한 진술을 강요당하지 아니할 권리를 침해한 위법이 있다고 할 수 없다”는 부분 참조.

20) 김희균, “형사사법제도의 변천과 인권－당사자주의의 확립－”, 「법과 사회」 34권, 법과사회이론학회, 2008, 246면 참조. 나아가 김희균 교수는 논문의 같은 쪽에서, 진술거부권을 체포된 자의 권리로까지 인정하여 고지케 한다면 체포로 인하여 당황한 피의자가 임의로 불리한 진술을 할 가능성을 차단할 수 있을 것인데, 이와 같이 진술거부권을 좀 더 빠른 단계에서 고지하도록 규정하지 못한 점은 아쉽게 보면서, 미국에서는 체포와 동시에 미란다 워닝을 고지하고 있음을 지적하고 있다.

권을 고지하지 않고 신문한 진술이 증거능력을 상실한다는 판례가 이 경우에도 위법수사 억지에 실효성을 갖는지에 대하여는 의문이 든다.[21] 해결책은 수사시작 시점부터 영상녹화를 광범위하게 실시하여 진술거부권이 제대로 고지되었는지, 고지 당시 분위기는 민주적이었는지, 피의자가 실제로 진술거부권에 대하여 이해하였는지를 증거로 남겨두면 될 것이다.[22]

라. 신 문

(1) 인정신문

검사 또는 사법경찰관은 피의자가 맞는지를 확인하기 위하여 먼저 그 성명, 연령, 등록기준지, 주거와 직업 등을 묻는 인정신문을 한 후(법 제241조), 아래와 같은 범죄사실과 정상에 관한 필요사항에 대해 신문하게 된다.

(2) 신문내용

경찰관은 피의자를 신문하는 경우에는 다음의 사항에 유의하여 신문을 하며, 피의자신문조서를 작성하여야 한다. 신문내용에 포함되어야 할 구체적 사항은 다음과 같다. ① 성명, 연령, 생년월일, 주민등록번호, 등록기준지, 주거, 직업, 출생지, 피의자가 법인 또는 단체인 경우에는 명칭, 상호, 소재지, 대표자의 성명 및 주거, 설립목적, 기구, ② 구(舊) 성명, 개명, 이명, 위명, 통칭 또는 별명, ③ 전과의 유무(만약 있다면 그 죄명, 형명, 형기, 벌금 또는 과료의 금액, 형의 집행유예 선고의 유무, 범죄사실의 개요, 재판한 법원의 명칭과 연월일, 출소한 연월일 및 교도소명),[23] ④ 형의 집행정지, 가석방, 사면에 의한 형의 감면이나 형의 소멸의 유무, ⑤ 기소유예 또는 선고유예 등 처분을 받은 사실의 유무(만약 있다면 범죄사실의 개요, 처분한 검찰청 또는 법원의 명칭과 처분년월일),[24] ⑥ 소년보호 처분을 받은 사실의 유무(만약 있다면 그 처분의 내용, 처분을 한 법원명과 처분년월일), ⑦ 현재 다른 경찰관서 그 밖의 수사기관에서 수사 중인 사건의 유무(만약 있다면 그 죄명, 범죄사실의 개요와 당해 수사기관의 명칭),[25] ⑧ 현재 재판 진행 중

---

21) 진술거부권 고지가 형식화되어 일어난 문제점에 대해서는, 김용세, "형사절차상 기본권 보장을 위한 형소법규정 및 실무현실에 관한 연구: 헌법적 형사소송의 원리에 기초한 분석적 고찰", 「형사정책연구」 19권 3호(통권 제75호), 한국형사정책연구원, 2008, 96면 참조.

22) 同旨 하태훈, "미국 수사과정 영상녹화제도와 영상녹화테이프의 증거능력", 「비교형사법연구」 8권 1호, 한국비교형사법학회, 2006, 457면.

23) 실무상 전과사실은 참으로 중요하다. 누범, 집행유예 결격사유, 집행유예인 전범의 실효문제, 상습, 동종전과 반복에 따른 양형고려 등의 많은 부분에서 피의자가 긴장하게 되는 지점이며, 변호인의 변론 중 적어도 양형변론의 결정적 요소가 바로 전과라 해도 과언이 아니다. 종종 전과를 정확히 읽지 못해 곤란을 겪는 경우가 있을 수 있으므로 특별히 유의해야 한다.

24) 원칙적으로 기소유예든, 선고유예든 초범임을 전제로 한다(현실적으로 예외 있음). 따라서 기소유예 및 선고유예 사실에 대해서도 수사기관은 정확히 파악할 필요가 있다.

인 사건의 유무(만약 있다면 그 죄명, 범죄사실의 개요, 기소 연월일과 당해 법원의 명칭), ⑨ 병역관계, ⑩ 훈장, 기장, 포장, 연금의 유무, ⑪ 자수 또는 자복하였을 때에는 그 동기와 경위,[26] ⑫ 피의자의 환경, 교육, 경력, 가족상황, 재산[27]과 생활정도, 종교관계, ⑬ 범죄의 동기와 원인, 목적, 성질, 일시장소, 방법, 범인의 상황, 결과, 범행 후의 행동,[28] ⑭ 피해자를 범죄대상으로 선정하게 된 동기, ⑮ 피의자와 피해자의 친족관계 등으로 인한 죄의 성부,[29] 형의 경중이 있는 사건에 대하여는 그 사항,[30] ⑯ 범인은닉죄, 증거인멸죄와 장물에 관한 죄의 피의자에 대하여는 본범과 친족 또는 동거 가족관계의 유무,[31] ⑰ 미성년자 금치산자나 한정치산자인 때에는 그 친권자 또는 후견인의 유무(만약 있다면 그 성명과 주거), ⑱ 피의자의 처벌로 인하여 그 가정에 미치는 영향, ⑲ 피의자의 이익이 될 만한 사항,[32] ⑳ 전 각호의 사항을 증명할 만한 자료[33]가 그것이다(범죄수사규칙 제68조).

(3) 유의사항

조사의 방법적 측면에서 유의할 점을 보면 임의성을 확보하기 위한 다음의 조치가 필요하다.[34] 반대로 변호인은 아래사항을 준수하지 않은 위법한 신문에 대해

---

25) 병합수사의 필요성 및 병합기소를 고려한 조사이다. 고의로 진행 중인 다른 사건에 대해 누락한 채 악의적으로 추가기소할 경우 이론상 공소권남용에 해당하여 공소기각판결이 선고될 수도 있다. 공소기각을 피하게 될 경우라면 피고인이 각 죄에 대한 별개 심판을 받고 각 형을 독립적으로 합산하여 복역해야 하는 고통이 있으므로 변호인도 여죄가 무엇이고, 어느 정도의 수사단계에 가 있는지 반드시 확인하여야 한다.

26) 법률상 감경사유이다.

27) 사기죄의 경우 지불능력과 직접 관련된다.

28) 형법 제51조의 양형조건의 필수 참작요소이다.

29) 친족상도례 문제이다.

30) 일반 형법범인지 특별법 가중처벌대상인지, 신분에 의해 가중되는 부진정 신분범인지에 대한 부분이다.

31) 책임조각사유 또는 친고죄 적용 여부 문제이다.

32) 이 점이 자체 조사될 가능성은 희박하므로 수사단계에서의 변호인의 역할이 대단히 강조되는 것이다.

33) 따라서 변호인의견서가 막연한 주장만을 하고 자료제출을 못하는 일이 없어야 할 것이다. 다만 영장실질심사에서 갑자기 선임된 변호인이 수사변호 또는 통상의 공판변론처럼 상세한 정상자료를 제출할 가능성은 희박하다. 이때에는 오전 영장심사를 마친 후 이른 오후에 제출하거나, 오후 2시 영장심사를 마친 후 미리 법관에게 조속히 제출하겠다고 최후변론 후 오후 4시 전후까지는 제출해 주는 것이 좋을 것이다.

34) 독일 형사소송법 제136조의 a에서는 금지된 신문방법을 규정하고 있고, 독일에서는 동조에서 규정하고 있는 금지된 신문방법 뿐만 아니라 피의자의 의사결정과 의사활동의 자유를 침해하는 모든 신문방법을 금지하는 것으로 해석하고 있다.

독일 형사소송법 제136조의 a[금지된 신문방법] ① 피의자의 의사결정 및 의사활동의 자유는, 학대, 피로하게 함, 신체상의 침해, 약물의 투여, 강요, 기망 또는 최면에 의하여 침해되어서는 안된다. 강제는, 형사절차법이 이를 인정하고 있는 경우에 한하여 사용할 수 있다. 형사절차법의 제규정에 의하여 허용되지 않는 처분으로써 행하는 위협 및 법률상 규정되어 있지 아니한 이익의

서는 즉각 이의하여 합법적 신문이 이루어지도록 하여야 하고, 만약 조서가 이미 완료된 후에는 반드시 수사과정을 상세히 정리한 변호인의견서를 법정에서 제출하여야 할 것이다.

(가) 경찰관은 조사를 할 때에는 고문, 폭행, 협박, 신체구속의 부당한 장기화 그 밖에 진술의 임의성에 관하여 의심받을 만한 방법을 취하여서는 아니 되고, 희망하는 진술을 상대자에게 시사하는 등의 방법으로 진술을 유도하거나 진술의 대가로 이익을 제공할 것을 약속하거나 그 밖에 진술의 진실성을 잃게 할 염려가 있는 방법을 취하여서는 아니 되며, 부득이한 사유가 있는 경우 이외에는 심야에 조사하는 것을 피하여야 하고,[35] 조사는 소속 경찰관서 사무실에서 하여야 하며 부득이한 사유로 그 이외의 장소에서 할 경우에는 소속 경찰관서장의 사전 승인을 받아야 한다(범죄수사규칙 제56조).

생각할 점

위 내용 중 특별히 유의할 것으로는, 유도신문이 금지되고 있기는 하나, **실무상 사실의 법적 의미에 대해 알지 못하는 피의자를 상대로 광범위한 유도신문이 행해지고 있는 점**이다.

신문기법 중 위법한 것의 예로는, ① 원하는 답이 나오지 않을 경우 거듭 질문하여 지친 상태의 피의자가 우발적으로 "예"라고 답한 것만을 조서에 자백처럼 기재한 경우, ② 원하는 답이 나오지 않을 경우 관련 진술을 확보하다가 부수적으로 반복하여 범죄사실을 질문하여 역시 위와 같이 피의자가 우발적으로 "예"라고 답한 것만을 기재하고 부인하던 앞전 답변을 생략하여 기재하는 경우, ③ 공범의 자백진술 또는 증거관계 확보가 이미 다 되어 있으니 버텨 보아도 소용없다는 식으로 위계로 답변을 얻어내는 경우, ④ 문답 즉시 각 항목의 문답을 기재하지 않고 이것저것 물어보다가 일정한 답변이 나오면 그제서야 간추려 문답의 순서를 임의로 정하거나 분량을 조절하여 정리하는 경우 등을 들 수 있다. 다수의 피의자신문조서에서 이 같은 내용을 곧바로 발견할 수 있고, 경우에 따라서는 그 취지가 왜곡되게 기재되어 있음을 피의자가 재판과정에서 지적함으로써 알게 되는 경우가 있다. 이러한 점은 모두 법이 정하고 있는 신문방법을 위배한 것으로 위법한 것이고, **조서를 짠다는 표현의 범주**에 들어가므로 장차 금지되어야 한다. 지나치게 장문단답으로 구성된 신문조서도 위와 같은 위법성을 의심받을 수 있다고 보아야 한다.

약속은 금지한다. ② 피의자의 기억력 또는 판단력을 침해하는 조치는 허용되지 않는다. ③ 전항에 규정한 금지는, 피의자의 동의가 있어도 적용한다. 이러한 금지에 위반하여 획득된 진술은 피의자가 그 이용을 동의한 경우에도 이용해서는 안 된다{권영법, "현대 심리신문기법과 허위자백 : 현대 심리신문기법에 의한 허위자백 유발에 대한 원인분석과 형사소송법상 대응책의 검토를 중심으로", 「형사정책연구」 23권 3호(통권 제91호), 한국형사정책연구원, 2012, 102면 및 주31) 참조}.

35) 검사의 경우에는, 검사는 자정 이전에 피의자 등 사건관계인에 대한 조사를 마치도록 하되, 조사받는 사람이나 그 변호인의 동의가 있거나, 공소시효의 완성이 임박하거나, 체포기간 내에 구속여부를 판단하기 위해 신속한 조사의 필요성이 있는 등 합리적인 이유가 있는 경우에는 인권보호관의 허가를 받아 자정 이후에도 조사할 수 있다(인권보호수사준칙 제40조).

(나) 피의자를 조사하기에 앞서 수사기관은 범죄 혐의 유무에 대한 증거를 충분히 수집하고, 자백을 받기 위하여 강압적이거나 무리한 조사를 하지 않아야 하며, 피의자를 소환한 즉시 조사하고, 부득이한 사유로 조사의 시작이 늦어져 기다리게 하거나 조사를 하지 못하는 경우에는 피의자에게 그 사유를 설명하고 이해를 구하여야 하며, 조사 중 폭언, 강압적이거나 모욕적인 발언 또는 공정성을 의심받을 수 있는 언행을 하여서는 아니 되며, 피의자에게 혐의사실에 대하여 해명할 기회를 충분히 주고, 피의자가 제출하는 자료를 예단 없이 조사하여야 한다. 그리고 피의자의 사생활에 대한 조사는 수사상 꼭 필요한 경우에 국한하고, 분쟁을 종국적으로 해결하고 사건관계인 모두의 권익에 도움이 되는 경우에는 합의를 권유할 수 있으나, 부당하게 합의를 강요하는 언행을 해서는 아니 되며, 칼이나 송곳 등 신체를 해치는 데에 사용될 우려가 있는 물건을 피의자 근처에 놓아두지 않아야 한다(인권보호수사준칙 第38조).

(다) 효과적 진실발견을 위해 경찰관은 공범자에 대한 조사를 할 때에는 분리조사를 원칙으로 하여 범행은폐 등 통모를 방지하여야 하며, 검사 또는 사법경찰관이 사실을 발견함에 필요시 대질신문 등을 할 수 있고(법 제245조), 대질신문을 하는 경우에는 그 시기와 방법에 주의하여 한쪽이 다른 한쪽의 위압을 받는 등의 일이 없도록 하여야 한다(범죄수사규칙 제63조).

(라) 경찰관은 조사과정에서 피의자에게 증거물을 제시할 필요가 있는 때에는 적절한 시기와 방법을 고려하여야 하며, 그 당시의 피의자의 진술이나 정황[36] 등을 조서에 기재해 두어야 한다(동 규칙 제64조).

(마) 경찰관은 피의자신문조서와 진술조서를 작성할 때에는 형식에 흐르지 말고 추측이나 과장을 배제하며 범죄 착수의 방법, 실행행위의 태양, 미수·기수의 구별, 공모사실 등 범죄 구성요건에 관한 사항에 대하여는 특히 명확히 기재하여야 하고, 필요할 때에는 진술자의 진술 태도 등을 기입하여 진술의 내용뿐 아니라 진술 당시의 상황을 명백히 알 수 있도록 하여야 하며, 진술을 기재하였을 때에는 이를 진술자에게 열람하게 하거나 읽어 들려주어야 하고, 진술한 대로 기재되지 않았거나 사실과 다른 부분의 유무를 물어 진술자가 증감 변경의 청구 등 이의를 제기하거나 의견을 진술한 때에는 이를 조서에 추가로 기재하여야 한다. 이 경우 피의자가 이의를 제기하였던 부분은 읽을 수 있도록 남겨두어야 하고, 진술자가

36) 예컨대, "이 때 피의자는 하늘을 향해 한숨을 쉬고, 고개를 푹 숙이다."

조서에 대하여 이의나 이견이 없음을 진술한 때에는 진술자로 하여금 그 취지를 자필로 기재하게 하고 조서에 간인한 후 기명날인 또는 서명하게 하여야 한다(동 규칙 제70조).

조서작성시 추측과 과장을 배제하여야 한다고 규정하고 있으나, 실제로는 수사기관이 피의자나 참고인을 상대로 신문 내지 조사결과를 조서로 작성할 때 피의자 등의 생생한 진술을 그대로 기재하는 것이 아니고 이를 정연한 내용으로 정리하여 작성하게 되는데, 이때 원진술의 미묘한 뉘앙스가 사상되고 진실에로의 길이 차단된 위험이 발생하여, 그 결과 피의자 등이 경험한 사실이 진술 그대로 기록되어야 할 조서가 실질에 있어서는 조사자의 규범적·가치적 판단결과가 혼재된 일종의 수사보고서 내지 의견서처럼 변질된 채 마치 피의자 등이 그와 같은 수사기관의 판단 자체까지도 시인한 것처럼 보이게 되고, 종국에는 증거에 따른 법관의 합리적 사실인정에 중대한 문제가 발생하게 된다. 바로 법률서면 작성의 문제점으로 사실인정에 오류가 발생하는 이유이다.[37] 따라서 피의자는 조사과정에서 자신의 진술과 어긋나거나 왜곡된 조서에 대하여 꼼꼼히 읽고 이의하여야 한다.

(바) 특히 검사는 구속된 피의자 등 구금시설에 수용 중인 사건관계인(이하 "구속피의자 등"이라 한다)을 조사하는 경우, 구속피의자 등을 불필요하게 소환하여 변호인이나 가족 등의 접견·교통에 지장을 초래하는 일이 없도록 하여야 하고,[38] 구속피의자 등과 대질조사를 하여야 할 사람이 있거나 자료를 보면서 조사하여야 할 경우에는 조사받을 사람이 정해진 시간에 출석할 수 있는지 여부나 필요한 자료가 갖추어졌는지를 확인한 후 구속피의자 등을 소환하여야 할 것이며, 소환한 구속피의자 등에 대하여는 신속히 조사하여야 하며, 부득이한 사유로 장시간 구치감에 대기시키거나 조사를 하지 않고 구금시설로 되돌려 보낼 경우에는 그 사유를 설명하여 주어야 한다. 관할지역 외의 구속피의자 등에 대한 이감 조사를 하기 위해서는 대질조사나 장기간의 조사가 필요할 때 등 불가피한 경우에만 하여야 하며, 그 외의 경우에는 사건을 관할 검찰청에 이송하거나 출장·공조수사를 활용해야 한다(인권보호수사준칙 제39조).

(사) 검사작성 피의자신문조서를 작성하는 경우에는, 검사는 참여주사를 비롯

---

37) 권오걸, "사실인정과 언어적 한계", 「형사정책연구」 24권 1호(통권 제93호), 한국형사정책연구원, 2013, 223-224면 참조.

38) 그러나 이러한 준칙 내용에 위배하여 잦은 검찰청 수사로 인해 접견교통권이 제한되었다 하더라도 그 자체로 위법한 것은 아니라는 것이 대법원의 태도이다.

한 검사실 수사업무 종사자가 검사가 없는 자리에서 사건관계인을 조사하지 않도록 하여야 하고,[39] 검사는 조사를 마친 경우에는 조사를 받은 사건관계인에게 조서에 기재된 내용이 정확한지 확인하여야 한다(동 준칙 제41조).

그러나 검찰 조사과에서 사법경찰관 신분의 과장(서기관) 또는 계장(수사관)이 수사하는 경우라거나, 검사실의 담당 수사관 작성의 조서를 단순히 사법경찰관 작성 피의자신문조서로 증거 제출할 계획을 가진 경우에는 그러할 필요는 없다.

(아) 검사는 조사에 장시간이 소요되는 경우 조사 도중에 적절한 휴식시간을 주어 피의자가 피로를 회복할 수 있도록 하여야 하고, 피의자가 조사 도중에 휴식시간을 달라고 요청하는 때에는 그 때까지 조사에 소요된 시간, 피의자의 건강상태 등을 고려하여 적정하다고 판단될 경우 이를 허락하여야 한다. 조사 중인 피의자의 건강상태에 이상이 발견되면 의사의 진료를 받게 하거나 휴식을 취하게 하는 등 필요한 조치를 취하여야 할 것이다(동 준칙 제42조). 나아가 대질 조사과정에서 피의자와 고소인이 지나치게 감정이 격앙된다든가, 피의자가 억울해하며 조사 중 의식을 잃고 쓰러질 경우 조사를 즉시 중단하고 조사방식을 바꾸거나(피의자와 참고인 조사를 릴레이식으로 하는 등), 차회 조사 기일을 잡아 다시 소환해야 할 것이다.[40]

(자) 검사는 피의자의 자백이 경험법칙에 위배되는 등 합리성이 의심되는 경우에는 자백하게 된 경위를 따져 그 신빙성 유무를 검토하여야 하며,[41] 공범의 진술이 피의자의 혐의를 인정할 유일한 증거인 경우에는 그 증명력 판단에 더욱 신중해야 한다(동 준칙 제43조). 전자의 이유는, 만약 자백조서를 확보했다고 하여 곧바로 이를 믿고 보강수사 없이 기소할 경우 재판 중 피의자의 진술번복을 대비한 보강증거가 없어 무죄가 선고될 가능성이 얼마든지 있기 때문이며, 후자의 이유는,

---

39) 이 점을 위배한 최근 사례가 신임 검사의 여성 피의자 조사시 검사실에서의 유사 성행위 성강요(상납) 건이다. 검사의 조사에 수사관이 입회할 필요성을 실제 사례에서 확인할 수 있었다.

40) 실무에서는, 강압수사로 오인될 만약의 사태에 대비해 수사기관은 대체로 준칙과 같이 수사를 일시 중단하고 차회 조사 기일을 잡고 있다. 그러나 통상 대부분은 노련한 경제사범의 쇼가 많고, 극히 일부분이 선의로 감정을 못 이겨 쓰러지는 경우가 있을 것으로 생각된다. 필자가 본 사례 역시 조사받고 귀가를 허가받은 즉시 생생한 상태로 변호인에게 찾아와 대책을 강구한 사건이었고, 피의자의 전과는 상상을 초월한다.

41) 자백은 ① 일관성 있고 신빙성 있는 줄거리, ② 동기와 설명, ③ 당해 범죄에 대한 지식, ④ 감정의 표현, ⑤ 임의성의 인정이라는 5가지 요소로 구성되어 있으므로, 진술내용에 일관성과 신빙성이 없다거나, 범행동기가 제대로 설명되지 않고, 당해 범죄에 대한 지식이 없는 피의자가 범죄를 저지른 것으로 보기 어려운 경우 등이 발견될 경우 검사로서는 자백만을 믿고 미진한 수사를 종결해서는 안 된다는 취지이다{권영법, "현대 심리신문기법과 허위자백 : 현대 심리신문기법에 의한 허위자백 유발에 대한 원인분석과 형사소송법상 대응책의 검토를 중심으로", 「형사정책연구」 23권 3호(통권 제91호), 한국형사정책연구원, 2012, 105면 참조}.

통상 공범 상호간에는 서로 책임을 미루는 경향이 많다는 점을 감안하면 이해하기 쉬울 것이다.

(차) 위와 같은 피의자신문과정이 끝난 후 수사과정확인서에 따라 수사과정을 기록하고 이를 조서의 끝부분에 편철하여 조서와 함께 간인함으로써 조서의 일부로 하거나, 별지 서식의 수사과정확인서로 작성하여 기록에 편철하여야 한다. 수사과정을 기록할 때에는 조사장소 도착시각, 조사시작 및 종료시각 등을 기재하고, 만약 조사장소 도착시각과 조사시작 시각에 상당한 시간적 차이가 있는 때에는 구체적인 이유 등을 기재하며, 조사가 중단되었다가 재개된 경우 그 이유와 중단 및 재개시각 등을 구체적으로 기재하는 등 조사과정의 진행경과를 확인하기 위해 필요한 사항을 기재하여야 한다(법 제244조의4, 범죄수사규칙 제72조). 조사과정의 기록은 피의자신문조서의 작성절차의 적법성과 진술의 임의성을 판단하는 중요한 자료의 의미를 갖는다.[42]

마. 변호인 참여

2007년 형사소송법 개정으로 제243조의2에서 변호인의 피의자신문 참여권을 허용하게 되었고, 제244조의3에서 수사기관은 신문에 들어가기 전 피의자에게 진술거부권, 변호인조력권을 고지하도록 규정하고 있다. 상세한 내용은 변호인의 권한 부분에서 후술한다(제2편 제1장 제2절 참조).

바. 신뢰관계자 동석

검사 또는 사법경찰관은 피의자를 신문하는 경우에 ① 피의자가 신체적 또는 정신적 장애로 사물을 변별하거나 의사를 결정·전달할 능력이 미약하거나, ② 피의자의 연령·성별·국적 등의 사정을 고려하여 그 심리적 안정의 도모와 원활한 의사소통을 위하여 필요한 경우에는 직권 또는 피의자·법정대리인의 신청에 따라 피의자와 신뢰관계에 있는 자를 동석하게 할 수 있다(법 제244조의5).

사. 영상녹화

피의자 조사의 모든 과정을 조서에 기록해도 신문 전 대기상태, 음식이나 수면에의 접근, 피의자의 상태가 기록되거나 확인될 수 없고, 기록으로 표현할 수 없는 신문의 영향력과 구금된 피의자의 경우 외부와의 차단된 상태에서 격리되어 수용되고 조사받는 심리상태가 확인될 수 없으며, 나아가 신문기법이나 신문이 갖는

---

42) 이재상, 형사소송법, 제9판, 박영사, 2013, 236면.

영향력의 부족으로 자백의 임의성 판단이 극히 피상적이거나 왜곡된 시각에 의한 판단에 이를 위험이 매우 크다고 할 것이다. 여기서 신문의 전 과정에 대한 녹화의 필요성이 등장하는 것이다.[43)]

일본(日本)에서도,[44)] 형사사법의 개혁과제로서 1990년대부터 지속적으로 제기되어 온 것 중 하나가 바로 피의자신문의 가시화이고, 이를 위한 개혁방안으로 피의자신문과정을 녹음·녹화하는 방안이 주장되기 시작했다. 피의자신문의 객관적 상황을 사후적으로 확인가능하게 하겠다는 것이었다. 특히 최근 2009년 5월부터 시행되고 있는 일반시민이 참여하는 재판원재판에 있어서는 수사단계에서 취득한 자백의 임의성을 검증하고 피의자신문의 상황을 정확히 전달하기 위한 방법으로 녹음·녹화제도가 더욱 필요하다고 인식되기까지 하였고, 2009년에는 수사실무에서 신문이 종료된 후 진술내용을 재확인하는 단계에서 녹음·녹화를 하는 제한적 수준의 제도 도입이 이루어진 후 2011. 7. 일본 최고검찰청이 특수수사부의 독자수사사건에 있어서 피의자신문과 지적장애에 의해 의사소통에 문제가 있는 피의자에 대한 신문 시에는 전 과정을 녹음·녹화한다는 방침을 발표하였으며, 2012. 2.에는 일본경찰도 같은 취지의 확대시행 방침을 발표하여 피의자신문의 가시화 방안으로 영상녹화제도가 크게 주목받고 있다.

피의자 진술과정은 별도의 동의가 없더라도 촬영고지[45)] 후 영상녹화 할 수 있다. 참고인의 경우 동의를 요하는 점과 구별된다.

조사의 개시부터 종료까지의 전 과정 및 객관적 정황을 녹화해야 한다(법 제244조의2).

이러한 영상녹화물은 검사 작성 피의자신문조서의 증거능력과 관련하여, 피고

---

43) 권영법, "현대 심리신문기법과 허위자백 : 현대 심리신문기법에 의한 허위자백 유발에 대한 원인분석과 형사소송법상 대응책의 검토를 중심으로", 「형사정책연구」 23권 3호(통권 제91호), 한국형사정책연구원, 2012, 106면, 117면 각 참조.

44) 소개되는 입법례는, 이동희, "일본 형사소송법의 쟁점과 동향", 「비교형사법연구」 14권 1호, 한국비교형사법학회, 2012, 288-289면을 전적으로 참조하였음.

45) 고지할 사항은 다음과 같다.

범죄수사규칙 제75조(피의자 진술 영상녹화 시 고지) 경찰관은 피의자의 진술을 영상녹화하는 경우에는 다음 각 호의 사항을 고지하여야 한다.

1. 조사실 내의 대화는 영상녹화가 되고 있다는 것
2. 영상녹화를 시작하는 시각, 장소
3. 조사 및 참여 사법경찰관리 성명과 직급
4. 진술거부권 및 변호인의 도움을 받을 권리
5. 조사를 중단·재개하는 경우 중단 이유와 중단 시각, 중단 후 재개하는 시각
6. 조사 종료 및 영상녹화를 마치는 시각, 장소

인이 진정성립을 다툴 경우 조서의 진정성립을 위하여 영상녹화물 기타 객관적인 방법으로 증명하도록 하고, 증거능력을 부여함에 있어서 '특신상태'[46]를 그 요건으로 추가하고 있다(법 제312조 제1항, 제2항). 또한 이 영상녹화물은 기억환기용으로 사용할 수도 있다. 피고인 또는 피고인이 아닌 자의 진술을 내용으로 하는 영상녹화물은 공판준비 또는 공판기일에 피고인 또는 피고인이 아닌 자가 진술함에 있어서 기억이 명백하지 아니한 사항에 관하여 기억을 환기시켜야 할 필요가 있다고 인정되는 때에 한하여 피고인 또는 피고인이 아닌 자에게 재생하여 시청하게 할 수 있다(법 제318조의2 제2항).

영상녹화제도의 도입배경과 구체적 내용, 증거법상 지위에 대한 상세한 논의는 제1편 제5장 제2절을 참조할 것.

아. 조사자 증언제도

개정 형사소송법에서는 피의자신문과정에 참여한 수사관 등의 법정진술이 일정요건 하에서 증거능력을 부여받고 있다. 조사자 증언제도라 불린다. 조서의 작성방법이 적법하였다든지, 피의자가 당시 자백진술을 한 것이 맞다든지 하는 점에 대하여 증언함으로써 내용을 부인하거나 진정성립을 부인하는 조서와 내용적으로는 같으나 형식은 별개인 별도 증거의 탄생이 가능하게 되었다.[47]

피고인이 아닌 자(공소제기 전에 피고인을 피의자로 조사하였거나 그 조사에 참여하였던 자를 포함한다)의 공판준비 또는 공판기일에서의 진술이 피고인의 진술을 그 내용으로 하는 것인 때에는 그 진술이 특히 신빙할 수 있는 상태 하에서 행하여졌음이 증명된 때에 한하여 이를 증거로 할 수 있다(법 제316조).

조사자 증언제도는 직접적으로는 사법경찰관의 진술에 증거능력이 인정되는

---

46) 대법원은 '특신상태'에 관하여 "그 진술내용이나 조서 또는 서류의 작성에 허위개입의 여지가 거의 없고 그 진술내용의 신용성이나 임의성을 담보할 구체적이고 외부적인 정황이 있는 경우"로 판시하여 임의성과 결부시켜 주로 외부적인 정황과 관련된 것으로 이해한다. 이러한 인식은 개정 형사소송법이 피의자진술의 영상녹화와 관련하여 '조서의 전 과정 및 객관적 정황'을 영상녹화 하도록 규정(법 제244조의2 제1항)한 것에서도 발견할 수 있다. 따라서 개정 형사소송법은 위와 같은 판례의 입장을 입법화한 것으로 볼 수 있다. '구체적이고 외부적인 정황'은 구체적 사안에 따라 진술경위, 진술 분위기, 참여인 또는 대질자 존부, 진술 전후 상황을 종합적으로 제시하여 증명하게 될 것이다(안승진, "형사소송에 있어 조서의 증거능력에 관하여－신문조서를 중심으로－", 「법학실무연구회」 발표논문, 대검찰청, 2009. 5, 351면).

47) 조사자 증언이나, 자백조서의 내용, 조서작성의 형식만으로 자백의 임의성이 입증되었다고 보는 것은 매우 순진한 생각이므로, 법원은 검사로 하여금 우월한 증거로 자백의 임의성을 입증하게 하여야 할 것이라고 보는 견해는, 권영법, "현대 심리신문기법과 허위자백 : 현대 심리신문기법에 의한 허위자백 유발에 대한 원인분석과 형사소송법상 대응책의 검토를 중심으로", 「형사정책연구」 23권 3호(통권 제91호), 한국형사정책연구원, 2012, 107－108면.

경우로서 이 자체가 피의자의 진술이나 이에 기초한 증거가 증거능력을 가진다는 것은 아니다. 사법경찰관의 공판정에서의 진술이 증거능력을 가짐으로써 간접적으로 법관의 심증형성에 기여를 하게 된다.[48]

시행 초기인 2008. 상반기 검찰의 자료를 보면, 39개청에서 총 101명의 조사경찰관에 대한 증언을 신청하여 그 중 대부분인 99명에 대해 증인 채택되었고, 다만 검찰청 참여계장의 증언 사례는 없었다.[49] 서울동부지방법원에서는 피고인이 사법경찰관 작성 피신조서의 내용을 부인함에 따라 조사자를 증인으로 신청한 사례가 2건이 있었다.[50]

4. 참고인조사

가. 의 의

검사 또는 사법경찰관은 수사에 필요한 때에는 피의자 아닌 자의 출석을 요구하여 진술을 들을 수 있다(법 제221조). 피의자 아닌 자가 수사기관에 출석하여 진술할 경우 참고인이라 한다. 피의자 아닌 자가 법정에 출석하여 증언하는 경우 증인이 되는 것과 차이가 있다.

참고인은 단순히 허위진술을 했다고 하더라도 (범인도피죄의 죄책을 짐은 별론으로 하고) 그것만으로 쉽게 위계 공무집행방해죄로 처벌받지는 않는다. 참고인의 진술에도 불구하고 사실을 밝혀야 할 책임은 수사기관에 있기 때문이다. 여기에서 사법방해죄를 별도로 신설하자는 논의가 등장하는 것이다(아래 다.의 (2)항 참조). 증인의 경우 위증의 벌을 받기로 선서한 후 허위증언 시 위증죄로 처벌되는 것과 구별된다.

또한 참고인은 증인과는 달리 강제로 소환당하거나 신문당하지 않는다. 참고인조사는 임의수사이기 때문이다. 이러한 점은 효율적인 수사진행에 방해된다고 하여 중요참고인 출석강제제도 도입 문제가 거론된다(아래 다.의 (1)항 참조).

다만 검사가 증인신문 청구를 하여 이것이 받아들여진 경우에는 참고인은 출석하여 진술할 의무가 있다. 경찰관은 피의자 아닌 자를 조사하는 경우에 있어서 그 자가 사망, 정신 또는 신체상 장애 등의 사유로 인하여 공판준비 또는 공판기일에 진술하지 못하게 될 염려가 있고, 그 진술이 범죄의 증명에 없어서는 안 될

---

48) 박성민, “한미주둔군지위협정(SOFA) 제22조 형사재판권의 형사법적 문제와 개선방안”, 「형사정책연구」 22권 4호(통권 제88호), 한국형사정책연구원, 2011, 201-202면, 211면 주34) 참조.
49) 서울동부지방검찰청, 법학교수·검찰 실무연구회 자료, 2008. 6. 3, 171면.
50) 서울동부지방검찰청, 법학교수·검찰 실무연구회 자료, 2008. 6. 3, 176면.

것으로 인정할 경우에는 수사에 지장이 없는 한 피의자, 변호인 그 밖의 적당한 자를 참여하게 하거나 검사에게 증인신문 신청을 하는 등 필요한 조치를 취하여야 하고(범죄수사규칙 제67조), 참고인이 출석 또는 진술을 거부하는 경우 검사는 제1회 공판기일 전에 한하여 증인신문을 청구할 수 있다(법 제221조의2).

나. 절 차

(1) 참고인에 대한 출석요구와 진술조서의 작성방법은 대체로 피의자신문과 같다. 다만 참고인에 대하여는 진술거부권을 고지할 필요가 없는 점에서 차이가 있다. 영상녹화와 관련해서는 피의자와 달리 참고인의 동의를 얻어야만 영상녹화가 가능하다(법 제221조).

개정 형사소송법에서는 참고인진술조서의 증거능력과 관련하여, 원진술자의 진술 또는 영상녹화물 기타 객관적인 방법으로 증명되고, 피고인의 반대신문 기회가 보장되며,[51] 특신상태가 증명된 경우에 증거능력을 부여하고 있다(법 제312조 제4항). 형사소송법 제318조의2와 같이 참고인의 기억이 명백하지 않을 경우 기억 환기용으로 사용할 수 있는 점은 피의자의 경우와 같다.

(2) 참고인의 이름을 가명으로 하여 작성하여도 그 진술조서는 증거능력이 있다. 형사소송법은 조서에 진술자의 실명 등 인적 사항을 확인하여 이를 그대로 밝혀 기재할 것을 요구하는 규정을 따로 두고 있지는 아니하므로, 「특정범죄신고자 등 보호법」에서처럼 명시적으로 진술자의 인적 사항의 전부 또는 일부의 기재를 생략할 수 있도록 한 경우가 아니라 하더라도 진술자와 피고인의 관계, 범죄의 종류, 진술자 보호의 필요성 등 여러 사정으로 볼 때 상당한 이유가 있는 경우에는 수사기관이 진술자의 성명을 가명으로 기재하여 조서를 작성할 수 있고, 그와 같이 참고인의 이름이 가명으로 기재되었다고 해서 그 이유만으로 그 조서가 '적법한 절차와 방식'에 따라 작성되지 않았다고 할 것은 아니다. 그러한 조서라도 공판기일 등에 원진술자가 출석하여 자신의 진술을 기재한 조서임을 확인함과 아울러 그 조서의 실질적 진정성립을 인정하고 나아가 그에 대한 반대신문이 이루어지는 등 형사소송법 제312조 제4항에서 규정한 조서의 증거능력 인정에 관한 다른 요건

---

51) 원진술자가 법정에 증인으로 출석하여 원진술에 대한 반대신문을 행사할 수 있었던 것으로 족하다. 반대신문의 결과 원진술의 모순이나 불합리성 등이 지적되면 이는 바로 신문조서의 증명력이 탄핵된 것이지 그것으로 인하여 증거능력이 없어지는 것은 아니다(안승진, "형사소송에 있어 조서의 증거능력에 관하여－신문조서를 중심으로－", 「법학실무연구회」 발표논문, 대검찰청, 2009. 5, 352면 참조).

이 모두 갖추어진 이상 그 증거능력을 부정할 것은 아니라고 할 것이다.[52]

현재 실무상으로는 검찰이 '가명조서·신원관리카드 작성 및 관리에 관한 지침'을 대검 예규로 제정해 시행한 2014. 4.부터 2015. 3.까지 1,900건의 가명조서가 작성되었고, 지침을 통해 가명조서 활용을 적극 독려하기 전인 2013. 4.부터 2014. 3.까지 848건 만이 가명으로 조서가 작성된 것에 비하여 상당히 큰 폭으로 늘었다는 것이 대검찰청 강력부의 발표이다. 대검의 지침 이후 검찰과 경찰은 범죄신고자나 피해자조사 전 가명조서에 대해 설명해주고, 당사자가 스스로 가명조서로 작성해달라고 신청할 수 있도록 하고 있는데, 검찰이 이처럼 가명조서 활용을 장려하는 이유는 수사나 재판과정에서 알게 된 피해자나 범죄신고자의 신상정보를 이용한 보복범죄가 증가했기 때문이라고 한다. 대검찰청에 따를 때 보복범죄로 입건된 피의자는 2011년 121명에서 2012년 321명, 2013년 396명으로 크게 늘었다.[53]

(3) 수사기관은 참고인을 상대로 다음과 같은 점을 조사하여야 한다. ① 피해자의 피해상황, ② 범죄로 인하여 피해자 및 사회에 미치는 영향, ③ 피해회복의 여부, ④ 처벌희망의 여부,[54] ⑤ 피의자와의 관계,[55] ⑥ 그 밖의 수사상 필요한 사항이다(범죄수사규칙 제69조).

(4) 참고인을 조사하는 경우에도 수사과정을 기록해야 함은 피의자신문과 같다(법 제244조의4 제3항).

다. 참고인조사 관련 신 쟁점

(1) 강제소환, 진술강제

(가) 참고인소환에 응하고 말고는 참고인의 자유이다. 어디까지나 임의수사이기 때문이다. 그러나 중요참고인의 진술의 중요성을 감안하여 참고인소환명령제와 같은 의무적 출석에 대한 논의가 있다. 바로 중요참고인 및 진술강제제도의 도입 문제이다.

(나) 2011년 7월 12일 국무회의를 통과한 정부의 형사소송법 개정안에는 중요참고인 강제구인제도가 포함되어 있었다.

중요참고인[56]이 검사의 출석요구를 받고 정당한 이유 없이 출석을 거부하는

52) 대법원 2012. 5. 24, 선고 2011도7757 판결 참조.

53) 법률신문, 기사, "'가명조서', 활용권고 1년 만에 2배 늘었다", 2015. 5. 28, 6면 참조.

54) 사실 피해회복의 여부와 처벌의사는 함께 움직인다.

55) 인적 신뢰관계를 이용하거나 보호관계에 있던 자에 의한 범죄는 가중 양형요소가 된다.

56) 참고인 강제소환제는 후술하는 사법방해죄 도입과 함께 법무부에 의해 2002년 12월, 2010년 12월 두 차례 추진되었는데, 두 차례 모두 대법원, 대한변호사협회, 형사법학회, 국가인권위원회, 시민

의사를 표시하거나 2회 이상 연속해 출석요구에 불응한 경우 검사는 법관의 영장을 발부받아 강제로 구인할 수 있다는 내용이다. 또 필요한 경우 구인영장에 따라 구인한 참고인을 가까운 경찰서나 그 밖의 적당한 장소에 유치할 수 있고, 진술을 다 듣거나 구인한 때로부터 24시간이 경과한 경우 즉시 석방하는 내용을 담고 있다.

법무부는 출석이 강제된 참고인도 24시간 이내에 조사를 마치게 되므로 참고인에 대한 출석 강제가 과잉수사에 해당되지는 않을 것으로 내다보았다. 피의자 또는 피의자가 아닌 자도 국가의 형벌권 실현에 적극 협조할 의무가 있어 이 정도의 권리침해는 적어도 과잉에 이르지는 않는다는 것이다. 만약 안양 초등생 혜*·예*양 살해 사건의 범인 정OO을 그 사건 이전 강간 피해자 송OO가 출석하여 수사에 협조하였다면, 이미 신병을 확보하고 있던 수사기관이 범인을 풀어주지 않고 구속시켰을 것이고, 그랬다면 추가 살인을 막을 수 있었을 것이어서 대를 위한 소의 희생은 충분히 의미 있다는 주장이다.[57]

안(案)에서는, 모든 범죄에 대한 참고인이 출석 강제의 대상이 되는 것이 아니라 5년 이상의 징역형에 해당하는 중범죄에 대한 참고인만 출석을 강제하도록 하여, 살인, 상해, 방화, 강간, 체포·감금, 횡령·배임, 절도, 사기, 공갈, 공무집행방해, 뇌물수수·요구·약속, 증거인멸·은닉·위조, 통화위조, 공문서위조 등은 이에 해당하나, 폭행, 모욕, 과실치사, 협박, 재물손괴, 업무상 비밀누설, 주거침입·퇴거불응, 공연음란, 도박, 점유이탈물횡령 등 벌금형에만 처해질 수 있거나 최고 형량이 5년 미만인 징역형의 가벼운 범죄는 해당하지 않는다. 법무부는 제도 남용을 막기 위한 장치라고 소개하고 있다.[58]

단체 등의 반대로 무산된 바 있다. **두 차례의 것은 참고인의 범위와 관련하여 변화**가 있었는데, 즉 ① 2002년 안(案)에서는, "범죄의 수사에 없어서는 아니 될 중요한 사실을 안다고 명백히 인정되는 피의자 아닌 자가 제1항의 출석요구를 받고 정당한 이유 없이 2회 이상 출석 요구에 불응한 때에는 검사는 관할지방법원판사에게 청구하여 구인을 위한 구속영장을 발부받아 구인한 후 진술을 들을 수 있고, 사법경찰관은 검사에게 신청하여 검사의 청구로 관할지방법원판사의 구속영장을 발부받아 구인한 후 진술을 들을 수 있다(제221조 제2항)"라고 규정하고 있어 모든 참고인을 구인할 수 있되 "범죄수사에 없어서는 아니 될 중요한 사실을 '명백히' 안다고 인정되는 참고인"이 그 대상인데 반해, ② 2010년 안(案)에서는 '사형·무기·장기 5년 이상의 징역이나 금고에 해당하는 죄와 관련된 참고인'이 그 대상이고, 이 경우 "범죄의 수사에 없어서는 아니 될 사실을 '단순히' 안다고 인정되는 참고인"에 대해서도 구인할 수 있다는 점이 특징이다(박달현, "사법방해죄 도입가능성과 그 필요성 검토", 「형사정책연구」 91권, 한국형사정책연구원, 2012, 13면 주20), 14-15면 각 참조).

57) 법무부, "우리나라 형사사법제도 이렇게 바뀝니다(선진형사사법제도 입법관련 Q&A).", 2010. 10, 29-32면.

58) 법무부, "우리나라 형사사법제도 이렇게 바뀝니다(선진형사사법제도 입법관련 Q&A).", 2010. 10, 28면.

(다) 입 법 례

법무부가 소개한 입법례를 보면,[59] ① 미국(美國)의 경우, 범죄의 진실을 알고 있는 사람은 국가의 수사과정에 적극 협조하여야 한다는 기본적 인식에 기초하여 그에 대한 출석을 강제하는 증인소환영장제도[60]와 중요참고인 체포제도[61]를 운영하고 있고, ② 독일(獨逸)의 경우, 증인·감정인의 출석 및 진술의무를 형사소송법에 규정하고 있다. 검사는 증인·감정인이 이유 없이 불출석하거나 증언을 거부하는 경우 벌금형을 부과할 수 있고, 출석을 거부하는 증인·감정인을 강제로 구인하여 24시간까지 데리고 있을 수 있으며(독일 형사소송법 제51조 제1항, 제161a조 제2항),[62] ③ 프랑스(佛蘭西)의 경우, 수사를 담당하는 기관으로 예심판사 제도를 운영하고 있는데, 예심판사의 출석요구에 불응하는 증인에게 예심판사는 벌금형을 부과할 수 있고, 또 프랑스 경찰은 범죄사실이나 압수된 물건에 관한 정보를 제공할 수 있다고 인정되는 모든 자를 소환하여 수사할 수 있고 소환에 불응하는 경우 검사의 허가를 받아 공권력으로 출두를 강제할 수 있다.

(라) 그러나 이러한 제도 도입에 대해 필자는 다음과 같은 이유로 반대한다.

부패범죄의 수사에 있어서는 부패범죄와 관련되거나 그 진상을 알고 있는 자의 입을 통하지 않고서는 실체적 진실을 파악할 수 없는 경우가 많아 중요참고인의 진술확보제도의 부분 도입이 필요하다고 주장하는 견해가 있으나,[63] 아무런 범죄혐의도 없는 참고인에게 출석을 강제하고 진술을 강제한다는 것은 헌법상 신체의 자유 및 양심의 자유를 침해하는 것으로서 어떤 경우에도 허용되어서는 아니 될 것이고, 참고인의 진술확보가 반드시 필요할 경우 증거보전절차를 밟는 방식으

59) 소개되는 입법례는, 법무부, "우리나라 형사사법제도 이렇게 바뀝니다(선진형사사법제도 입법관련 Q&A).", 2010. 10, 26-27면을 전적으로 참조하였음.

60) 증인소환영장(subpoena)을 통한 출석강제 제도란 사건 관련 증언을 할 가능성이 있는 자에게 특정 일시, 장소에 출석하여 증언하도록 하고, 증인소환영장을 수령한 증인은 법정 또는 대배심에 출석하여 진술할 의무를 부담하게 되는 제도이다. 만약 증인이 출석 또는 증언을 거부하는 경우 법정모독죄로 처벌된다고 한다{법무부, "우리나라 형사사법제도 이렇게 바뀝니다(선진형사사법제도 입법관련 Q&A).", 2010. 10, 26면}.

61) 중요참고인 체포제도는 특정 사건에 있어 그 참고인의 진술이 결정적으로 중요하고 증인소환영장에 의하여 그 참고인의 출석을 보장할 수 없는 경우 법원이 증인의 체포를 명할 수 있는 제도이다{법무부, "우리나라 형사사법제도 이렇게 바뀝니다(선진형사사법제도 입법관련 Q&A).", 2010. 10, 26면}.

62) 독일은 '기소 전 증인신문청구제도'와 '중요참고인 출석의무제'를 모두 운영하고 있다{법무부, "우리나라 형사사법제도 이렇게 바뀝니다(선진형사사법제도 입법관련 Q&A).", 2010. 10, 35면}.

63) 류전철, "부패범죄의 척결과 예방을 위한 형사절차상 대응방안", 「비교형사법연구」 13권 2호, 한국비교형사법학회, 2011, 844면; 법무부, "우리나라 형사사법제도 이렇게 바뀝니다(선진형사사법제도 입법관련 Q&A).", 2010. 10, 20면.

로 해결할 수 있기 때문이다.[64] 하나의 예외를 열어두면, 조만간 '중요'의 개념을 국가보안사건, 대형 금융비리 사건, 의료·교육비리 사건 등 예외가 어디까지 열릴지 모른다. 국민 누구나가 상시 수사기관에 억류될 가능성을 배제할 수 없다.

수사실무상의 문제는 신속한 압수절차, CCTV 영상 등 핵심 증거의 조기 수집과 분석, 과학수사의 활성화와 같은 방식으로 해결하여야 할 것이지 무리하게 국민 전체의 신체의 자유를 위협하는 방식으로 해결하려 해서는 안 될 것이다. 예산의 문제가 있긴 하겠으나, 점진적으로 여론을 형성하고 국회를 설득하는 방법을 고민해야 할 것이고, 압수영장의 기각률 문제는 충분한 범죄사실의 소명을 통해 법관을 설득하기 위한 추가의 노력으로 해결해 나가야 한다. 유죄의 입증책임은 무고한 시민에게 있지 않고 검사에게 있다는 점을 명심해야 한다.

(2) 사법방해죄

(가) 사법방해(OBSTRUCTION OF JUSTICE)란 법과 정의를 정당하게 집행하는 것을 방해하는 일체의 행위(Any interference with the orderly administration of law and justice)를 말한다.[65]

사법방해는 ① 사법권 행사에 대한 장해행위를 말하는 것이므로 일반적으로

---

64) 이에 대하여 **법무부는, 증거보전절차**(법 제221조의2, 구인은 제152조)**와 중요참고인 출석의 무제는** 절차진행의 주체, 절차의 본질 등에서 **많은 차이가 있어 증거보전절차로 중요참고인 출석의무제를 대체하기엔 불충분하다고 반박한다.** 즉 ① '기소 전 증인신문청구제도'는 절차진행의 주체가 '판사'이고, 공판절차에 준하여 절차가 진행되어 피의자, 피고인 또는 변호인이 모두 참여하도록 되어 있어 수사기밀을 전혀 유지할 수 없는 문제가 있으며, 이는 본질상 증인신문에 해당하여 피의자나 변호인의 반대신문이 허용되므로 수사로서의 효율성이 낮고, 참고인이 수사기관의 출석요구에 불응하는 가장 큰 이유가 피의자와 대면하기를 꺼리기 때문인데 피의자가 참여하고 반대신문이 가능한 증인신문에 나와 피의자의 면전에서 진술해야 하는 문제가 있다는 것이다. 또 검사의 증인신문 청구, 법원의 참고인소환, 소환 불응 시 법원의 구인영장 발부·집행 등 여러 단계를 거치면서 상당한 기일이 소요되어 수사 타이밍을 놓치게 되므로 사실상 수사에서 유용하지 않은 제도이고, 이러한 제도의 효율성에 대한 의문으로 수사실무상 거의 활용하고 있지 않다고 한다(서울중앙지검의 경우 2007-2009. 3.말까지 기소 전 증인신문청구를 이용하여 증인신문을 구한 사건은 0건으로 소개). {법무부, "우리나라 형사사법제도 이렇게 바뀝니다(선진형사사법제도 입법관련 Q&A).", 2010. 10, 34면}.

65) '사법방해죄'는, 영어권의 대표적 법학사전인 블랙 로 딕셔너리(Black's Law Dictionary)를 보면, "법과 정의를 정당하게 집행하는 것을 방해하는 일체의 행위(Any interference with the orderly administration of law and justice)"로 정의되고 있다. 실제로 '사법방해죄'라는 명칭을 대표적으로 사용하고 있는 미국의 법제에서도 '사법방해죄'는 구체적 죄명이 아니라 '사법방해를 내용으로 하는 범죄군'으로 통칭되고 있다. 즉 미국에서 사법방해죄는 연방법 제18장 제73절의 약 20조 여 조문에 걸쳐 있으며, 모범형법 제242조에 규정되어 있다. 연방법에서 '사법방해죄'는 구체적 죄명이 아니고 제73절의 제목일 뿐이다. 이렇듯, 사법의 실현을 방해하는 일체의 행위가 사법방해죄에 해당하게 된다(박달현, "사법방해죄 도입가능성과 그 필요성 검토", 「형사정책연구」 91권, 한국형사정책연구원, 2012, 8면 및 주7), 9면 및 주8) 각 참조).

사술을 통한 국가사법권행사의 방해가 있고(협의의 사법방해), ② 피의자나 참고인의 수사과정에서 허위진술을 하는 것이 사법방해라고 보는 허위진술죄가 있으며, ③ 법해석적용자인 법관이나 검사의 그릇된 법해석으로 인하여 사법권의 진정한 행사를 방해하는 법왜곡죄가 있다.[66)]

이곳에서 살피려 하는 것은 수사기관에 대한 참고인의 허위진술 부분(위 ②) 이다.

(나) 최근 피의자·피고인에 대한 인권보장이 강화됨에 따라 수사기법이 피의자 중심에서 참고인 중심으로 변화되어 수사기관으로서는 주로 참고인의 진술을 수단으로 삼아 실체적 진실에 접근할 수밖에 없게 되었다. 그런데 참고인의 허언으로 인해 실체적 진실발견이 방해되는 사례가 날로 증가하자, 참고인 강제소환제와 함께 참고인에 대한 허위진술죄의 도입은 시대적 변화에 부응하기 위해 필요한 과제라는 주장이 제기되었다.[67)] 또 일각에서는 국제협약의 취지를 존중하여 세계적 기준에 부합하는 선진제도를 도입할 필요를 주장하기도 하며,[68)] 외국의 입법례를 소개하며 사법방해죄의 도입 필요성을 정당화하기도 한다. 미국, 독일, 프랑스의 경우가 그것이다.

(다) 입 법 례

1) 미국(美國)의 경우, 가) 우선 연방법에서, 사법방해죄의 기본이 되는 것은 제18장 제1501조에서 제1520조까지의 규정이고, 그 중 사법방해죄의 일반조항으로서의 성격을 가진 제1503조(적법한 법집행에 대한 사법방해, Influencing or injuring officer or juror generally)가 핵심적 조항이며, 그 외 제1505조(정부부처, 기관 그리고 위원회에서의 절차방해), 제1512조(증인·피해자 또는 정보제공자에 대한 회유), 제1513조(증인·피해자 또는 정보제공자에 대한 보복)도 실무상 자주 문제된다.[69)]

---

66) 도중진, "사법방해죄의 입법화방안", 「형사정책」 20권 2호, 한국형사정책학회, 2008, 177면.

67) 조동석, "허위진술죄의 도입 방안", 「법조」 50권 6호, 법조협회, 2001, 155-156면.

68) 국제협약 부패방지협약(United Nations Convention Against Corruption, 2003. 12. 10) 제25조에서 체약국들로 하여금 사법방해죄 규정을 채택하도록 의무화하고 있는 점(상세한 내용은 이보영·송경석, "사법방해죄와 법정모독죄의 도입여부", 「법학연구」 51권 4호, 부산대 법학연구소, 2010, 300면 참조). 또 국제연합 초국가 조직범죄방지협약(UN Convention against Transnational Organized Crime), 국제형사재판소에 관한 로마규정(Rome Statutes of the International Criminal Court)에서도 사법방해 행위를 처벌할 것을 권고하고 있는 점{법무부, "우리나라 형사사법제도 이렇게 바뀝니다(선진형사사법제도 입법관련 Q&A).", 2010. 10, 42면}.

69) 도중진, "사법방해죄의 입법화방안", 「형사정책」 20권 2호, 한국형사정책학회, 2008, 177-183면; 조동석, "허위진술죄의 도입 방안", 「법조」 50권 6호, 법조협회, 2001, 147-149면; 이보영·송경석, "사법방해죄와 법정모독죄의 도입여부", 「법학연구」 51권 4호, 부산대 법학연구소, 2010, 284-285면 참조.

한편, 연방법 제18장 제1001조에서는 연방행정부, 입법부, 사법부의 관할업무에 속하는 사항에 관하여 허위진술, 허위자료제출 행위를 별도로 처벌하고 있다. 연방법 제18장 제1001조의 허위진술죄는 자주 적용되고 적용범위가 매우 넓은 법률조항으로, 본조의 행위는 위계, 계략, 계책에 의해 중요한 사실을 위조, 은닉, 은폐하는 행위, 중요한 사실에 관하여 허위, 가공, 사기의 진술이나 표시를 하는 행위, 중요한 사실에 관한 허위, 가공, 사기의 진술이나 기재를 포함하고 있는 문서라는 사실을 알면서 그러한 서류나 문서를 작성하거나 사용하는 행위를 대상으로 하고 있다.[70] 이 조항은 허위진술을 처벌하는 일반 규정으로, 참고인은 물론 심지어 피의자가 단순히 자신의 범행을 부인하는 진술을 하여도 허위진술로 처벌된다(18 U.S.C. § 1001).[71] 제1001조의 허위진술죄(false statement)로 처벌된 사례를 보면, ① 수사기관 이외의 국가기관에 대한 행위가 처벌된 사례로는, 수당을 지급받기 위해 노동부의 근로자수당기획실에 허위서류를 제출한 경우, 사업경비입증과 관련하여 중소기업청에 허위의 상품송장을 제출한 경우, 연방국세청 서류양식에 허위사실을 기재하여 은행에 제출한 경우, 수표를 발행함에 있어서 수취인을 허위로 기재한 경우, 영주권신청서상에 허위의 사실을 기재한 경우, 세관공무원에 대하여 자신의 신분을 허위로 진술한 경우, 허위로 의료보험료환급신청서를 작성한 경우, 미국 시민권을 얻기 위하여 허위결혼서약서를 작성 제출한 경우, 해군항공기에게 허위의 무선구조신호를 보낸 경우가 있고, ② 수사기관에 대해서는, 연방마약청에 허위신고를 하여 근거 없는 수사를 개시하게 한 경우, 주 의회의 부패사건을 수사하고 있는 FBI 요원에게 허위정보를 제공한 경우가 있다.[72] 나) 연방법 이외의 것으로는, 모범형법 제242.1조의 법집행 기타 국가기능을 방해 또는 무효화하는 죄를 사법방해죄의 근거조항으로 들 수 있다.[73]

2) 독일(獨逸)의 경우,[74] 미국과 달리 피의자나 참고인의 허위 진술 행위 일반

70) 도중진, “사법방해죄의 입법화방안”, 「형사정책」 20권 2호, 한국형사정책학회, 2008, 177-183면; 조동석, “허위진술죄의 도입 방안”, 「법조」 50권 6호, 법조협회, 2001, 147-149면; 이보영 · 송경석, “사법방해죄와 법정모독죄의 도입여부”, 「법학연구」 51권 4호, 부산대 법학연구소, 2010, 284-285면 참조.

71) 이보영 · 송경석, “사법방해죄와 법정모독죄의 도입여부”, 「법학연구」 51권 4호, 부산대 법학연구소, 2010, 300면 주51).

72) 조동석, “허위진술죄의 도입 방안”, 「법조」 50권 6호, 법조협회, 2001, 146-147면.

73) 도중진, “사법방해죄의 입법화방안”, 「형사정책」 20권 2호, 한국형사정책학회, 2008, 177-183면; 조동석, “허위진술죄의 도입 방안”, 「법조」 50권 6호, 법조협회, 2001, 147-149면; 이보영 · 송경석, “사법방해죄와 법정모독죄의 도입여부”, 「법학연구」 51권 4호, 부산대 법학연구소, 2010, 284-285면 참조.

을 처벌하는 규정은 존재하지 아니하나, 우리나라와 같은 무고죄, 범인도피죄 외의 다양한 구성요건 등을 통해 허위 진술 행위를 광범위하게 처벌하고 있다. 특징적으로는 (1) 일부 중요범죄[75]에 대한 정보를 지득하고 있는 자가 그 실행 및 결과발생을 방지할 수 있었던 시기에 수사기관이나 피해자에게 고지하지 않은 경우 5년 이하의 징역 또는 벌금형으로 처벌되고(독일 형법 제138조), (2) 참고인의 경우, 선서 없는 허위진술죄(독일 형법 제153조, Falsche uneidliche Aussage), 선서위반죄(법 제154조, Meineid), 선서에 갈음한 허위보증죄(법 제156조, Falsche Versichering an Eides Staat)의 적용이 없기 때문에 참고인의 허위진술과 관련하여서는 위계공무집행방해죄로 처벌하는 것이 중요한 의미를 가진다(독일 형법 제145조의d). 기만행위로 공무집행방해의 결과가 발생했는지는 묻지 않고, 추상적 위험범이다. 위계공무집행방해죄는 타인의 범죄사실 등에 대하여 수사기관 등을 기망한 자가 무고죄, 범인은닉죄, 직무상 범인은닉죄로 처벌받지 않는 경우 처벌하는 점에서 의의가 있다. (3) 또 독일 형법 제164조는 무고죄라는 제목아래, 제1항에서 우리나라의 무고죄보다는 좀 더 넓은 개념의 무고죄를 규정하고, 제2항에서 타인의 형사처벌절차, 징계처분절차, 청문절차 등에 관하여 그러한 절차의 유지를 위하여 허위진술을 한 자도 제1항과 같은 형에 처한다고 규정하여, 제1항 해당자와 제2항 해당자를 동일하게 5년 이하의 징역 또는 벌금에 처벌하도록 하고 있다. 독일의 무고죄는 타인으로 하여금 부당하게 형사처벌 기타 불이익한 처분을 받도록 하기 위해 수사기관 기타 관청에 허위내용의 고소나 진정을 하여 그러한 절차를 개시하게 한 자나 개시된 절차에서 허위진술을 하여 다른 사람으로 하여금 부당하게 형사처벌 기타 불이익한 처분을 받게 한 자나 구별 없이 동등하게 처벌하고 있다. 독일에서는 허위진술이 피의자에게 불리한 내용이면 무고죄(독일 형법 제164조)로 5년 이하의 징역으로 처벌되고, 피의자에게 유리한 내용이면 위계공무집행방해죄로 3년 이하의 징역으로 처벌하고 있다(독일 형법 제145d조). (4) 나아가 독일은 사법권행사의 주체인 법관이나 검사가 왜곡된 법해석 및 적용을 할 경우 독일 형법 제339조의 법왜곡죄(Rechtsbeugung)로 처벌하고 있는 특징을 갖고 있다. 법왜곡행위는 사실관계의 조작, 부당한 법규적

---

74) 아래 소개되는 독일의 입법례는 도중진, "사법방해죄의 입법화방안", 「형사정책」 20권 2호, 한국형사정책학회, 2008, 177-183면; 조동석, "허위진술죄의 도입 방안", 「법조」 50권 6호, 법조협회, 2001, 147-149면; 이보영·송경석, "사법방해죄와 법정모독죄의 도입여부", 「법학연구」 51권 4호, 부산대 법학연구소, 2010, 6-7면을 전적으로 참조하였음.

75) 침략전쟁의 예비, 일부 내란의 죄, 일부 간첩 및 외환의 죄, 일부 화폐 및 유가증권의 위조죄, 중한 인신매매, 모살, 고살, 인종 학살, 약취 및 유인, 인질강요, 강도 및 강도에 준하는 공갈, 일부 공공위험에 관한 죄 등.

용,[76] 재량권 남용[77]으로 구분될 수 있다.

3) 프랑스(佛蘭西)의 경우,[78] 미국과 달리 사법방해와 관련한 일반조항을 두고 있지 않고, 제4권(국가 및 공공의 안전에 대한 중죄 및 경죄) 제3편(국가의 권위에 대한 침해)에 '사법기능에 대한 침해'라는 장(제4장)을 두고 그와 관련된 범죄를 별도로 모아서 규정하고 있다. 제4장은 '사법작용 개시방해', '사법권의 행사에 대한 방해', '사법권의 권위에 대한 침해'로 나누어져 각각의 범죄를 규정하고 있다. 관련조항이 총 47개이고 사법방해죄로 규정된 내용도 다양하다. 몇 가지 특징으로는, 중죄를 방지할 수 있다는 것을 아는 자(제434-1조) 또는 중죄 또는 경죄로 구금되거나 재판을 받고 있는 자의 결백을 알고 있는 자(제434-11조)가 그 사실을 사법기관 내지 수사기관에 통보하지 아니한 경우(불고지시)를 처벌하고 있어 일반 국민에게 사법절차에 협력할 의무로서 적극적인 고지의무까지 부과하고 있다. 증거은닉 등(제434-4조)의 경우 우리나라(형법 제155조 제1항)와는 달리 타인의 형사사건에 한정되지 않고 자기의 형사사건이든지 타인의 형사사건이든지 관계없이 처벌되고, 위증죄(제434-13조)의 경우는 법원뿐만 아니라 예심판사의 명령에 따라 직무를 수행하는 사법경찰관의 면전에서 선서한 후 위증한 경우도 처벌된다. 우리나라와는 다른 점이다. 그 밖에 판사, 배심원 기타 재판업무에 관여하는 자, 중재인, 통역인, 감정인 또는 변호인에 대하여 직무 수행에 영향을 미칠 목적으로 협박하는 행위도 사법방해죄의 일환으로 처벌된다(제434-8조).

4) 이탈리아(伊太利)의 경우에도, 참고인이 검찰조사에서 허위진술을 하거나 진술을 거부할 경우 처벌하는 명문규정이 있고, 증인·참고인에 대한 회유, 협박죄도 처벌하고 있다(형법 제271조의2, 제377조, 제377조의2).[79]

5) 결국 독일, 프랑스, 오스트리아, 스위스는 무고죄, 범죄가장죄, 형벌방해죄 혹은 범인비호죄 등 여러 구성요건을 통해 우리나라에 비해 수사절차상 허위 진술을 폭넓게 처벌하고 있다.[80] 특히 미국은 클린턴 전 대통령이 폴라존스 성희롱 사

---

76) 절차법의 영역에서도 가능한 바, 정당한 변호권 박탈, 법정진술권이나 최후진술권 박탈, 형사소송법상 인정되지 않는 조치부과 등.

77) 책임원칙에 위배된 지나친 형량평가 남용, 혐의없음이 명백한 사건을 수사, 혐의를 포착하고도 수사 미개시, 특정사건을 의식적으로 수사누락, 자의적 공소제기 등.

78) 아래 소개되는 프랑스의 입법례는 도중진, "사법방해죄의 입법화방안", 「형사정책」 20권 2호, 한국형사정책학회, 2008, 177-183면; 조동석, "허위진술죄의 도입 방안", 「법조」 50권 6호, 법조협회, 2001, 147-149면; 이보영·송경석, "사법방해죄와 법정모독죄의 도입여부", 「법학연구」 51권 4호, 부산대 법학연구소, 2010, 286면을 전적으로 참조하였음.

79) 이보영·송경석, "사법방해죄와 법정모독죄의 도입여부", 「법학연구」 51권 4호, 부산대 법학연구소, 2010, 294면 주37), 300면 주51) 각 참조.

건과 관련하여, 대배심 앞에서 선서 후 허위진술을 한 것으로 사법방해죄로 기소되었고, 탄핵 소추까지 되었으며,[81] 성희롱과 관련한 민사재판에서의 허위진술을 이유로 법정모독죄로 변호사 자격까지 정지된 사례가 있다.[82]

(라) 법무부는 2002년 12월(이후 2010년 12월) 실체적 진실 규명을 위한 사법방해죄의 신설과 함께 참고인 강제구인제도의 신설, 강력·마약 사건 등 특징 범죄자에 대한 구속기간 최대 6개월까지 연장, 변호인 입회 제한 등의 내용을 담은 형법 및 형사소송법 개정초안을 만들면서 참고인의 허위진술을 처벌하는 내용의 사법방해죄 신설을 추진하였으나, 대법원, 대한변호사협회, 학계, 시민단체의 강한 반대에 부딪쳐 국회에 상정조차 하지 못하고 무산되었다.[83]

당시 ① 대법원은, 법무부가 제안한 개정초안은 수사 편의적 발상에 치우쳐 있어 인권침해 소지가 많고 특히 참고인구인제와 사법방해죄를 동시에 시행하게 되면 공판중심주의를 해쳐 법정공방이 극도로 위축될 우려가 있다는 이유로 반대하였고, ② 대한변호사협회는, 수사기관에 대한 참고인의 진술이 허위이냐 여부를 판단하는 기준이 문제될 뿐만 아니라 피의자의 허위진술이 범죄가 성립하지 아니하는데 반해 참고인의 허위진술을 범죄로 규정하는 것은 불합리하고 참고인의 진술강요를 위한 도구로 악용될 우려가 있어, 현행법의 적절한 운영으로, 예컨대 위계공무집행방해죄(형법 제137조), 무고죄(형법 제156조),[84] 범인은닉·도피죄(형법 제151조 제1항),[85] 증거인멸·은닉·위·변조죄(형법 제155조 제1항),[86] 증인은닉·도피죄(형법 제

80) 이보영·송경석, "사법방해죄와 법정모독죄의 도입여부", 「법학연구」 51권 4호, 부산대 법학연구소, 2010, 294면 주37), 300면 주51) 각 참조.

81) 탄핵 사유는 연방대배심 위증(연방법 제18장 제1621조), 사법방해(연방법 제18장 제1503호).

82) 이보영·송경석, "사법방해죄와 법정모독죄의 도입여부", 「법학연구」 51권 4호, 부산대 법학연구소, 2010, 283면.

83) 박달현, "사법방해죄 도입가능성과 그 필요성 검토", 「형사정책연구」 91권, 한국형사정책연구원, 2012, 7-8면.

84) 2004년 접수된 무고사범은 9,253명이며 그 중 3,309명이 기소되었으며(2005년도 검찰연감 664면), 2005년 접수된 무고사범은 8,883명이며 그 중 2,980명이 기소되었으며(2006년도 검찰연감 755면), 2006년 접수된 무고사범은 9,614명이며 그 중 2,909명이 기소되었다(2007년도 검찰연감 1115면) {박홍모, "참고인의 허위 진술과 증거위조", 「법학연구」 49권 1호(통권 제59호), 부산대학교 법학연구소, 2008. 8, 13면 주 37) 참조}.

85) 그러나 **수사기관에서 피의자 또는 참고인의 진술이 범인은닉죄에 해당하는가**와 관련하여 우리 법원은, 범인에 관하여 조사를 받으면서 그가 알고 있는 사실을 묵비하거나, 허위로 진술하였다 하더라도 그것이 적극적으로 수사기관을 기만하여 착오에 빠지게 함으로써 범인의 발견 또는 체포를 곤란 내지 불가능하게 할 정도의 것이 아니라면 범인도피죄를 구성하지 아니한다(대법원 2003. 2. 14, 선고 2002도5374 판결; 대법원 1997. 9. 9, 선고 97도1596 판결)고 보고 있으므로, **사실관계에 대한 단순 묵비나 허위진술만으로는 범인을 도피케 하는 행위라고 할 수 없다.** 예컨대 단순히 범인소재를 탐문하는 수사기관의 질문에 단순히 아는 바 없다고 대답한 경우(대법원 1987. 2. 10,

155조 제2항), 위증죄(법 제152조)[87]로 이미 충분하다며 반대하였다.[88]

(마) 이어 2010년 12월의 개정안[89]도 역시 대법원, 대한변호사협회, 형사법학회, 국가인권위원회, 시민단체의 반대로 입법되지 못하였다.[90]

① 대한변호사협회는, 사법제도와 이와 관련된 국민의식은 각 나라의 역사적·문화적 전통에 따라 다르고 서양 국가에 비해 온정주의적 성향이 강하고 편을 가르는 성향이 남아 있는 우리나라에서 참고인이 한 쪽 편을 들어 허위 진술하는 경우가 많은 것은 부인할 수 없는 현실이지만,[91] 이는 사법영역에서만 제도를 도입한다고 해서 해결될 수 없고 국민 전체의 의식수준 향상과 함께 서서히 해소될 수 밖에 없는 난제임에도 국민 전체의 의식수준 향상은 도외시한 채 수사기관의 일방

선고 85도897 판결), 피고인이 공범의 이름을 진술하지 않고 단순히 묵비한 경우(대법원 1984. 4. 10, 선고 83도3288 판결) 등은 범인도피죄가 성립하지 않는다(박미숙, "Ⅲ. 공무집행방해죄·도주와 범인은닉죄·위증 및 증거인멸죄·무고죄 규정의 개정방안", 「연구총서」 09-25-06, 한국형사정책연구원, 2009. 12, 510-512면 참조).

86) 그러나 **참고인의 허위진술은 증거위조죄를 구성하지 않음**을 거듭 확인한 최근 대법원 판례는 대법원 2011. 7. 28, 선고 2010도2244 판결이다.

87) 위증혐의로 유죄판결을 받은 사람이 2006년 1,066명, 2008년 1,792명으로 계속 늘어나고 있다. 위증죄는 5년 이하의 징역이나 1,000만원 이하의 벌금에 처하게 되는 중한 범죄인데도, 거짓말하는 사람이 많은데, 하물며 수사단계에서 참고인 등 거짓말을 하는 사람이 얼마나 많을까 하는 점에서 우려하는 지적도 있다. 대구지방검찰청이 2006년 적발한 위증사범을 대상으로 동기를 분석한 결과 '친분관계 때문'이 52.9%, '금전적 대가'를 약속해서가 26.5%였다고 한다(이보영·송경석, "사법방해죄와 법정모독죄의 도입여부", 「법학연구」 51권 4호, 부산대 법학연구소, 2010, 294면).

88) 도중진, "사법방해죄의 입법화방안", 「형사정책」 20권 2호, 한국형사정책학회, 2008, 186-187면.

89) 2002년 형법개정초안과 2010년 형법개정초안에 규정된 사법방해죄는 내용상 차이가 있다. 2002년의 것은 "참고인의 수사기관에서의 허위진술과 허위자료 제출 및 법원에 허위자료 제출"을 구성요건으로 하였으나, 2010년의 것은 "참고인이 피의자가 형사처분을 받거나 면하게 할 '목적'으로 수사기관에 '범죄를 구성하는 사실'에 관해 '허위진술'을 하는 것"을 구성요건으로 하여 목적을 추가하고, 행위태양을 한정하여 '범죄사실을 구성하는 사실'이 아닌 '양형사실'에 관하여 허위진술한 경우에는 사법방해죄가 성립하지 않도록 규정하고 있다. 2002년의 것보다 확실히 좁게 규정된 것으로 2002년 초안에 대한 학계 등의 비판을 수용한 것으로 보인다. 그러나 법정형은 2010년의 것은 5년 이하의 징역 또는 1천만원 이하의 벌금으로, 2002년의 3년 이하의 징역 또는 500만원 이하의 벌금보다 상향되었다(박달현, "사법방해죄 도입가능성과 그 필요성 검토", 「형사정책연구」 91권, 한국형사정책연구원, 2012, 15면 주26) 참조).

90) 아래 소개되는 내용들은 박달현, "사법방해죄 도입가능성과 그 필요성 검토", 「형사정책연구」 91권, 한국형사정책연구원, 2012, 14-17면을 참조하였음.

91) 우리나라와 형사사건 처리 건수가 거의 비슷한 일본의 경우 2007년 위증죄 7명, 무고죄 10명이 기소된 반면, 우리나라는 위증죄 1,544명, 무고죄 2,171명이 기소된 점을 보더라도, 우리나라는 그만큼 형사사법 절차에서 '거짓말'을 하는 것에 대한 도덕적 인식이 상당히 저하되어 있다. 법무부는 그 외에도 현행법상 처벌되지는 않았으나 사법방해죄로 처벌될 수 있었던 수사사례로, ① 합의한 후 진술을 번복한 사례, ② 피의자와의 관계 때문에 거짓말을 하고 진술도 번복한 사례, ③ 피의자와 그 가족들이 적극적으로 거짓말 할 것을 사주한 사례, ④ 거짓말로 수사기관을 속여 범인을 숨겨 주고도 처벌받지 않은 사례를 소개하고 있다{법무부, "우리나라 형사사법제도 이렇게 바뀝니다(선진형사사법제도 입법관련 Q&A).", 2010. 10, 41면, 43면 각 참조}.

적인 편의를 위하여 성급하게 사법방해죄를 도입할 경우 사법정의의 효과는 거두지 못한 채 결국 전과자만 양산하는 결과를 초래할 우려가 있다는 점, 여기에다 수사단계에서 참고인이 수사공무원에게 허위 진술하는 것을 처벌하는 것은 과잉금지원칙에도 위배될 수 있다는 점을 들어 반대하였고, ② 국가인권위원회는, 허위진술죄는 수사상 편의를 위해 수사기관의 실체적 진실발견의무를 참고인에게 전가하여 참고인에게 과도한 부담을 지운다는 점, 헌법 제12조 제2항, 자유권 규약 제14조 제3항 제g호에서 보장하고 있는 '형사상 자신에게 불리한 진술을 강요당하지 않을 권리', 즉 '진술거부권'과 헌법 제13조 제1항에 근거한 '죄형법정주의(법률의 명확성원칙)'를 침해할 우려가 있다는 점, 중요참고인 출석의무제와 결부될 경우 문제의 소지가 더욱 커질 수 있다는 점을 들어 반대하였다. ③ 민주사회를 위한 변호사모임은 헌법상 과잉금지원칙, 죄형법정주의 및 자기부죄금지원칙에 반한다는 점,[92] 현재에도 강력한 수사권과 그 남용으로 인해 인권침해 시비가 발생하는 현실에서 자칫 '코에 걸면 코걸이 귀에 걸면 귀걸이' 식의 무제한적 적용으로부터 피의자와 참고인의 인권을 보호하기 어렵다는 점, 참고인의 경우 선서하지 않는 진술에 대해 책임을 부과한다면 수사기관에서 보복 등 여러 가지 원인으로 사건의 진실을 말할 수 없는 상황인 경우 뒤늦게 법정에서 증인보호가 이루어진 상태에서 실체적 진실을 밝힐 수 있는 기회가 박탈된다는 점, 참고인의 허위진술은 기존의 위증죄, 증거인멸죄, 무고죄, 범인은닉죄, 문서손괴죄 등 일반 형법규정의 적극적 활용으로 충분히 해결가능하기 때문에 별도의 사법방해죄를 신설할 필요가 없다는 점을 들어 반대하였고, ④ 참여연대는 공판중심주의원칙이 무너질 수 있고, 수사기관에 유리한 진술을 강요·유지하는 억압 장치가 될 가능성이 있는 점, 참고인 스스로가 자발적이고 계획적으로 수사기관에 허위사실을 진술하여 수사를 방해한 경우 위계공무집행방해죄나 범인은닉죄를 적용할 수 있기 때문에 도입필요성이 없는 점, 증거보전절차를 적극 활용한다면 진술번복 등으로 인한 수사력 약화 문제를 상당 부분 해결할 수 있다는 점을 들어 반대하였다.

---

92) 이에 대하여 법무부는, 참고인은 이 제도가 도입되더라도 여전히 수사기관의 질문에 답변하기 싫으면 증언거부권, 진술거부권을 행사하여 답하지 않을 수 있고, 다만 타인으로 하여금 형사처분을 받게 하거나 면하게 하여 줄 목적으로 수사기관에서 허위 진술을 함으로써 왜곡된 진실이 사실인 것처럼 인정받게 하는 행위에 대해서만 처벌하므로 자기부죄금지원칙에 반하지 않는다고 주장하였다. 즉 사법방해죄는 무고사범, 위증범과 동등한 정도의 불법행위를 한 자(무고범과 결탁해 거짓말을 하였으나, 현재의 법리상 무고죄나 위증죄의 공범으로 처벌할 수 없는 경우)에 대하여 예외적으로 처벌을 하겠다는 취지라는 것이다{법무부, "우리나라 형사사법제도 이렇게 바뀝니다(선진형사사법제도 입법관련 Q&A).", 2010. 10, 44면}.

(바) 생각건대 독일,[93] 프랑스[94]와 같이 중대범죄에 한하여 불고지죄를 두고 있듯이 우리나라도 이미 **중대범죄**라 할 수 있는 국가보안법 제10조에서 반국가단체의 구성, 목적수행, 자진지원·금품수수죄를 범한 자라는 정을 알면서 수사기관 또는 정보기관에 **고지하지 아니한 경우 처벌규정을 두고 있고,** 또 국가보안사범 이외의 경우에는 위계공무집행방해(형법 제137조), 증거인멸(형법 제155조 제1항)[95] 및 증인은닉·도피(형법 제155조 제2항), 무고(형법 제156조) 등의 처벌규정으로 **일반사법방해**(국가보안법 사안이 아니더라도)**에 대한 처벌규정이 존재**하고 있으므로 이것을 잘 활용하는 것으로 족하다고 본다.

물론 현재 우리 법원이 참고인의 허위진술 만에 대해서는 처벌하지 않고,[96] 적극적으로 허위증거를 제출하였고 그로 인해 수사기관이 나름대로의 주의를 기울였어도 진실을 발견하지 못한 정도의 사안에 한하여 위계 공무집행방해로 처벌[97]하고 있어 적용대상이 현저히 좁다는 지적[98]이 있으나, 그렇다고 하여 별도로 사

93) 독일 형법 제138조 '범죄불고지(Nichtanzeige geplanter Straftaten)'(상세한 내용은 도중진, "사법방해죄의 입법화방안", 「형사정책」 20권 2호, 한국형사정책학회, 2008, 188면 주38) 참조).

94) 프랑스 형법은 중죄를 불고지한 자(제434-1조), 공안범죄를 불고지한 자(제434-2조), 중죄 또는 경죄로 구속되어 미결구금 중이거나 재판 중에 있는 자의 결백함을 아는 자가 진술이나 증언을 하지 않는 경우(제434-11조), 중죄나 경죄의 범인을 알고 있다고 밝힌 자가 그 점에 관한 수사판사의 질문에 답변을 거부하는 경우(제434-12조)의 각 처벌규정을 두고 있다(상세한 내용은 도중진, "사법방해죄의 입법화방안", 「형사정책」 20권 2호, 한국형사정책학회, 2008, 188면, 주39); 조동석, "허위진술죄의 도입 방안", 「법조」 50권 6호, 법조협회, 2001, 157-158면 참조).

95) 물론 대법원이 "증거인멸죄에서의 증거를 위조한다 함은 증거자체를 위조함"으로 보고 있어(대법원 1995. 4. 7, 선고 94도3412 판결), 선서 무능력자로서 범죄 현장을 목격하지도 못한 사람으로 하여금 형사법정에서 범죄 현장을 목격한 양 허위의 증언하도록 한 행위(대법원 1998. 2. 10, 선고 97도2961 판결), 범행 현장을 목격하지 않은 자가 참고인으로서 수사기관에서 허위의 진술을 하는 것은 증거위조에 해당하지 않는다고 해석하므로(대법원 1995. 4. 7, 선고 94도3412 판결), **실무상 참고인의 허위진술이 증거위조에 해당할 가능성은 없다**{박흥모, "참고인의 허위 진술과 증거위조", 「법학연구」 49권 1호(통권 제59호), 부산대학교 법학연구소, 2008. 8, 5면; 박미숙, "Ⅲ. 공무집행방해죄·도주와 범인은닉죄·위증 및 증거인멸죄·무고죄 규정의 개정방안", 「연구총서」 09-25-06, 한국형사정책연구원, 2009. 12, 515-516면 참조}.

96) 박미숙, "Ⅲ. 공무집행방해죄·도주와 범인은닉죄·위증 및 증거인멸죄·무고죄 규정의 개정방안", 「연구총서」 09-25-06, 한국형사정책연구원, 2009. 12, 508면; 대법원 2003. 7. 25, 선고 2003도1609 판결.

97) 대법원 2003. 7. 25, 선고 2003도1609 판결(사안은 음주운전을 하다가 교통사고를 야기 후 형사처벌을 면하기 위하여 타인의 혈액을 자신의 혈액인 것처럼 교통사고 조사 경찰관에게 제출하여 감정하도록 한 것).

98) 참고인의 허위진술에 대해 별도의 사법방해죄(허위진술죄)를 신설하지 않을 경우, ① 위 대법원(대법원 1995. 4. 7, 선고 94도3412 판결)의 입장에 따라 증거인멸(위조)죄가 성립되지 않고, ② 또 증인으로 출석하지 않을 경우 위증죄로도 처벌할 수도 없고(설사 출석·선서했다 하더라도 법정에서 진실을 진술할 경우 위증죄는 불성립, 앞서 수사기관에서 한 참고인진술에 대해서는 처벌조항 없음), ③ 위계공무집행방해를 엄격히 해석하는 것이 대법원의 입장(대법원 1971. 3. 9, 선고 71도186 판결; 대법원 2003. 7. 25, 선고 2003도1609 판결)이기도 하므로 이에도 포섭이 쉽지 않아

법방해죄를 신설할 필요가 있다고 보이지는 않는다.[99] **일단 처벌규정이 있는 이상 그 해석론을 넓혀가는 것은 어디까지나 시대변화에 주목[100]하여 법원의 할 일**이기 때문이다.

이미 처벌규정이 존재하므로 그것을 잘 활용하면 족할 것이라는 반론 외에 이론적인 면에서 보더라도, 법정에서조차 선서하지 않고 허위 진술한 것을 처벌할 수 없는데 애초부터 수사기관에 출석 또는 진술을 거부할 자유를 가진 참고인의 허위진술을 처벌한다면 균형상 맞지 않고,[101][102] 형사소송법상 거증책임을 검사에게 부과한 점에도 부합하지 않으며, 참고인이 공판정에서 종전의 수사진술을 번복하는 경우 이것을 처벌시킨다면 공판중심주의에 오히려 역행하는 것이므로 채택할 바가 아니다.[103]

(3) 공범증인 등 면책

(가) 이 문제는 사실 참고인조사와 관련하기보다는 피의자조사, 즉 피의자신문에 배치시킴이 타당하나, 공범증인도 처음에는 얼마든지 참고인으로 조사받을 수

결국은 처벌할 수 없어 구체적 타당성이 결여된 것이라는 지적도 어느 정도 일리는 있다{이런 입장으로는, 박홍모, "참고인의 허위 진술과 증거위조", 「법학연구」 49권 1호(통권 제59호), 부산대학교 법학연구소, 2008. 8, 17면}.

99) 同旨 박미숙, "Ⅲ. 공무집행방해죄·도주와 범인은닉죄·위증 및 증거인멸죄·무고죄 규정의 개정방안", 「연구총서」 09-25-06, 한국형사정책연구원, 2009. 12, 520면.

100) **시대에 따라 대법원의 해석론이 달라질 수 있음은 자명하다.** 위증죄와 관련하여 종전의 우리 판례(대법원 1987. 7. 7, 선고 86도1724 전원합의체 판결)는 선서한 증인이 허위의 진술을 한 이상 증언거부권 고지여부를 고려하지 않고 무조건 위증죄가 성립한다고 보았으나, 변경된 전원합의체 판결(대법원 2010. 1. 21, 선고 2008도942 전원합의체 판결)에서는 증언거부권을 고지 받지 못함으로 인하여 그 증언거부권을 행사하는데 사실상 장애가 초래되었다고 볼 수 있는 경우에는 위증죄의 성립을 부정(否定)하여야 하는 것으로 입장을 바꾼 것을 보아도 알 수 있다.

101) 박미숙, "Ⅲ. 공무집행방해죄·도주와 범인은닉죄·위증 및 증거인멸죄·무고죄 규정의 개정방안", 「연구총서」 09-25-06, 한국형사정책연구원, 2009. 12, 513면.

102) 이에 대하여 법무부는, 법정에서 선서하지 않고 거짓으로 증언한 경우까지 위증죄로 처벌하도록 형법 관련 규정들이 함께 개정(개정안에는 선서 없이 거짓진술시 현행과 같이 5년 이하의 징역 또는 1천만 원 이하 벌금, 선서 후 거짓진술시 7년 이하 징역 또는 1천 5백만 원 이하 벌금으로 가중처벌)되므로 형평성의 논란은 없을 것으로 보았다. 특히 독일, 오스트리아, 스위스에서도 선서 없이 거짓 증언하면 위증죄로 처벌하고, 선서한 경우에는 가중처벌을 하고 있으며, 위증죄의 성립 요건에서 선서의무를 제외시키는 것이 세계적 추세라고 소개(이탈리아의 경우 선서의무가 국민의 종교의 자유를 침해한다고 하여 1995년 위헌결정 된 사실 등)하였다. 따라서 우리나라도 향후 사법방해죄 신설과 동시에 위증죄도 선서의무를 필요적 구성요건으로 두지 않을 경우 지금과 같은 위증과의 차별논란은 일어나지 않는다는 것이다{법무부, "우리나라 형사사법제도 이렇게 바뀝니다(선진형사사법제도 입법관련 Q&A).", 2010. 10, 46면 참조}. **그러나 사견으로는, 이것은 형법의 과잉화를 초래하며 인권이 하향평준화되는 경우로 타당하지 않다**고 할 것이다.

103) 박달현, "사법방해죄 도입가능성과 그 필요성 검토", 「형사정책연구」 91권, 한국형사정책연구원, 2012, 47면.

있고, 관련 사건의 다른 사람의 죄에 대해 진술하여 형을 감면받는 경우에는 다른 사람의 죄에 대해서는 참고인이 맞으므로(내부증언자 형벌감면제의 경우) 이곳에서 함께 살핀다.

(나) 2011년 7월 12일 국무회의를 통과한 정부 형사소송법과 형법 개정안에 '내부증언자 불기소처분제'와 '내부증언자 형벌감면제'가 있었다. 이 법안은 2007년 6월 형사소송법 개정으로 공판중심주의가 강화되고, 2008년 1월 시행된 국민참여재판으로 검찰권이 약화되었다고 판단한 법무부가 검사의 수사 및 기소권한을 강화하기 위한 차원에서 상정된 것으로 보고 있다.[104)]

뇌물 수수 등 부패 범죄[105)]나 마약·조직폭력 같은 다수인이 참가하는 형태의 범죄 피의자가 다른 공범의 범죄를 규명할 수 있는 결정적 진술을 한 경우 검사가 법정에서의 증언을 조건으로 **불기소처분**을 하는 제도가 전자(前者)이고,[106)] 대상의

---

104) 윤동호, "수사협조범죄자 기소면제 및 형벌감면 법제화 비판", 「비교형사법연구」 13권 2호, 한국비교형사법학회, 2011, 304면.

105) 중국에서는 사법실천 중에 뇌물범죄는 대부분 일대일의 범죄이기 때문에 증거수집에 어려움이 많고, 단속의 중점인 뇌물수수범죄를 수사하기 위해 사법기관에서는 주로 소송적인 책략을 펼치는데, 뇌물공여자가 만약 사법기관과 협조하여 뇌물수수자를 지목하고, 사법기관에 뇌물수수자의 뇌물수수증거를 제시하였을 경우, 사법기관에서는 뇌물공여자를 처리하지 않는다. 특히 뇌물수수자가 뇌물을 요구한 사건일 경우, 뇌물공여자도 피해자라는 관점이 있고, 피동적으로 뇌물공여자에게 재물을 요구했을 가능성이 높기 때문에 뇌물을 요구받아 뇌물을 공여한 뇌물공여자에 대해 사법기관에서 처리하지 않는 경우가 많다{로건평(盧建平), "중국 반부패 형사정책 및 이에 대한 조정", 「비교형사법연구」 제13권 제2호, 한국비교형사법학회, 2011, 579면}.

106) 형사소송법 개정안 제247조의2(내부증언자에 대한 불기소처분)

① 여러 사람이 다음 각 호의 죄를 범한 경우 그 정범 또는 공범관계에 있는 자의 진술이 범죄규명에 없어서는 아니 될 것으로 인정할 때에는 검사는 형사재판절차에서 증언할 것을 조건으로 그 증언한 사람의 범죄사실에 대한 공소를 제기하지 아니하는 결정(이하 이 조에서 "불기소처분"이라 한다)을 할 수 있다.

1. 형법 제129조부터 제133조까지(다른 법률에 따라 가중처벌되는 경우를 포함한다), 제357조, 특정범죄가중처벌등에관한법률 제3조, 특정경제범죄가중처벌등에관한법률 제5조부터 제7조까지, 범죄수익은닉의규제 및 처벌등에관한법률 제3조, 국제상거래에 있어서 외국공무원에 대한 뇌물방지법 제3조,
2. 폭력행위처벌등에관한법률 제4조,
3. 마약류관리에관한법률 제58조부터 제61조까지

② 검사는 제1항에 따라 불기소처분을 하려는 경우에는 다음 각 호의 사항을 기재한 서면을 작성하여야 하며, 그 서면에 검사와 해당 피의자가 모두 서명 또는 기명날인한 후 부본을 해당 피의자에게 교부하여야 한다.

1. 불기소처분을 받을 피의자의 성명, 그 밖에 이를 특정할 수 있는 사항
2. 죄명
3. 혐의가 있는 범죄사실
4. 적용법조
5. 증언할 내용
6. 제3호의 범죄사실에 대하여 불기소처분을 한다는 취지

제한 없이 모든 범죄의 피고인이 수사절차나 재판절차에서 관련사건에 관한 다른 사람의 죄에 대해 진술함으로써 범인의 체포나 범죄의 규명 혹은 결과발생의 방지에 기여한 경우 형을 **감경 받거나 면제**받을 수 있는 제도가 후자(後者)이다.[107)]

(다) 현행법상으로도 기소재량을 가진 검사가 수사에 협조한 범인에 대해 기소단계에서 특혜를 줄 수 있고, 공판단계에서도 구형의 특혜를 줄 수 있으며, 법원도 형의 선고에 참작하여 줄 수 있는데도 이 제도의 도입을 고려하는 이유는 공범증인 등에게 동기를 부여하고 자발적인 수사협조를 이끌어 내기 위해 명문으로 규정하여 그 점을 명확히 예고한다는 데 있다.[108)]

(라) 수사협조범죄자 기소면제(起訴免除)는 검찰협상이자 절차협상이고 혐의사실협상이다. 검찰이 주체가 되고, 범죄자는 불기소의 이익을 얻어서 절차에서 벗어나는 것이어서 중대한 범죄혐의사실이 수사 및 공소단계에서 묻히게 된다. 반면, 수사협조범죄자 형벌감면(刑罰減免)은 판결협상이자 판사협상이고 양형협상이다. 그 혜택이 임의적이며, 진실의 희생을 전제로 하지 않는다.[109)]

수사협조범죄자 기소면제제도는 영미법계의 면책(immunity)조건부 진술제도를 모델로 한 것인 반면, 수사협조범죄자 형벌감면제도는 형벌감면부 진술제도 또는 공범증인면책제도로 불리는 독일의 면책증인제도를 모델로 한 것이다.[110)]

(마) 입 법 례[111)]

1) 영국(英國)의 경우, 면책제도를 2005. 4. 7. 신설한 중대범죄조직범죄 및 경찰법(2006. 4. 1. 시행, The Serious Organised Crime and Police Act 2005[SOCPA]) 제71조-제75조에 성문화하였다. 이에는 기소면제(제71조), 증거사용면책(제72조), 형의 감경(제73-

---

③ 검사는 제2항에 따라 서면을 교부받은 피의자가 제2항 제5호의 내용에 대하여 증언한 때에는 해당 범죄사실에 대한 공소를 제기할 수 없다. 다만, 그 피의자가 불기소처분을 받을 목적으로 허위로 진술하거나 증언한 경우에는 그러하지 아니하다.

④ 제1항에 따른 불기소처분의 대상 및 기준 등에 관한 세부사항은 법무부령으로 정한다.

107) 형법 개정안 제52조의2(내부증언자에 대한 형벌감면) 「형사소송법」 제11조 제2호부터 제4호까지의 규정에 따른 관련사건의 피고인이 그 수사절차나 재판절차에서 관련사건에 관한 다른 사람의 죄에 대하여 진술함으로써 범죄의 규명, 결과발생의 방지 또는 범인의 체포에 기여한 경우에는 그 피고인에 대한 형을 감경 또는 면제할 수 있다.

108) 류전철, "부패범죄의 척결과 예방을 위한 형사절차상 대응방안", 「비교형사법연구」 13권 2호, 한국비교형사법학회, 2011, 845면.

109) 윤동호, "수사협조범죄자 기소면제 및 형벌감면 법제화 비판", 「비교형사법연구」 13권 2호, 한국비교형사법학회, 2011, 306면.

110) 윤동호, "수사협조범죄자 기소면제 및 형벌감면 법제화 비판", 「비교형사법연구」 13권 2호, 한국비교형사법학회, 2011, 307면.

111) 아래 입법례는 윤동호, "수사협조범죄자 기소면제 및 형벌감면 법제화 비판", 「비교형사법연구」 13권 2호, 한국비교형사법학회, 2011, 307-321면의 내용을 전적으로 참고하였음.

제75조)이 있다. 이후 2009년 검시관과 정의법(the Coroners and Justice Act 2009) 제113조는 2005년 위 경찰법 제71조와 제72조를 개정하여 이 규정이 중대 조직범죄에 대해서만 사용될 수 있도록 하였다. 2) 미국(美國)은 19C 전반까지 사면제도를 활용하였으나, 19C 후반 이후로 몇 가지 면책제도를 거쳐 현재 플리바게닝(Plea Bargaining)제도[112]에 의존하고 있다. 2009. 10. 1.부터 2010. 9. 30. 미국 연방지방법원에서 유죄판결을 받은 사건의 96.8%가 유죄답변으로 인한 것이고, 공판으로 인한 유죄판결은 3.2%에 불과했다.[113] 3) 독일(獨逸)의 경우에는, 1981. 7. 28. 마약거래에 관한 법률에 처음으로 면책증인제도가 도입되었다. 이후 한시적으로 테러범죄와 조직범죄에도 규정하였으나 기간 연장에 실패한 후 꾸준히 논의되다가 결국 대상범죄를 '중대한 범죄'[114]로 확대하는 형법 제46b조(중대한 범죄의 규명 또는 저지를 위한 협조[Hilfe zur Aufklärung oder Verhinderung von schweren Straftaten])가 2009. 5. 28. 신설되었다.[115] 4) 프랑스(佛蘭西)에서는, 1990년대 초반부터 테러범죄, 도주범죄, 통화위조죄, 범죄단체조직관련 범죄 등에 대해 수사협조범죄자 형벌감면을 개별적으로 규정해오다가 2004. 3. 9. '범죄 진화에 대한 사법의 적응에 관한 법률(제2004-204호)'로 개별 법률에 따라 수사협조범죄자의 형벌을 필요적으로 감면한다는 형법 제132-78조를 신설하였고, 이에 따라 수사협조범죄자의 진술만으로는 유죄판결을 선고할 수 없도록 하였다(같은 조 제4항). 다만 이것은 수사협조범죄자 형벌감면에 관한 개별 법률규정[116]이 있어야만 의미를 갖는 불완전 일반규정이다.[117]

---

112) 범죄혐의자가 검사와 협상을 하여 자신의 범죄혐의에 대해서는 전부 또는 일부 유죄를 인정하여 자신은 불기소나 가벼운 처벌과 같은 면책을 받는 대신 다른 사람의 형사사건에 관해서는 증인이 되는 등 협조를 함으로써 검사의 형사사건처리를 돕는 것을 말한다. 플리바게닝도 면책의 한 형태로 사용되고 있다(윤동호, "수사협조범죄자 기소면제 및 형벌감면 법제화 비판", 「비교형사법연구」 13권 2호, 한국비교형사법학회, 2011, 314면).

113) 미국의 전체 형사사건의 90 내지 95 퍼센트가 유죄답변으로 종결지어지고, 배심 재판에 회부되는 사건은 단지 5퍼센트 정도이다(차용석, "사법제도개혁추진위원회의 형소법 개정시안에 대한 비판적 검토", 「법조」 54권 7호, 법조협회, 2005. 48면 참조); 동아일보, 기사, "美선 기업 수사때 플리바기닝<유죄 인정하거나 증언땐 형량 감경> 주로 활용", 2015. 5. 22, 31면. 동아일보 해당 기사에서 김준현 뉴욕남부연방검찰청 차장검사는, 미국 기업 수사에서는 플리바기닝이 실체적 진실을 밝히는 주요 수단이고, 특히 화이트칼라 범죄는 특정 행위가 불법인지 입증하기가 어려워 서류보다는 증인을 찾는 데 주력한다고 밝혔다. 증인 없이는 기소하지 못하는 사례가 많아 플리바기닝을 많이 활용해야 한다는 것이다.

114) 형사소송법 제100a조 제2항에 따라 감청이 허용되는 범죄로, 내란, 외환, 문서·통화·유가증권 위조, 성적 자기결정권 침해죄, 살인죄, 자유에 관한 죄, 횡령, 사기, 조직절도, 강도, 공갈, 개별법의 조세포탈범죄, 마약범죄, 테러범죄가 예.

115) 윤동호, "수사협조범죄자 기소면제 및 형벌감면 법제화 비판", 「비교형사법연구」 13권 2호, 한국비교형사법학회, 2011, 318-319면.

116) 함께 형법에 신설된 개별 규정은 모살·독극물투여범죄(제221-5-3조), 고문·가혹행위범죄(제

(바) 위 소개된 선진 각국과 한국의 검찰권을 비교하면서, 이 제도의 운영실태를 비교법적 차원에서 표로 만들면 다음과 같다.

	수사권	기소권	수사협조자 배려정책	
			기소면제	형벌감면
영국	×	기소편의주의, 사인소추제 有	○	○
미국	△ (주로 보완수사, 선거 등으로 통제)	기소편의주의 (대배심[118]통제)	형벌감면×, 파생적 사용면책○, 플리바게닝○(기소면제·형벌감면효)	
독일	○	기소법정주의, 사인소추제 有(일부죄)	×	○ (임의적)
프랑스	○ (예심판사[119] 공유)	기소편의주의, 사인소추제 有	×	○ (필요적)
한국	○	기소편의주의	×(현재), ○(개정안)	×(현재), ○(개정안)

(사) 그러나 위 제도는 우리나라의 형사법제 및 수사관행을 감안할 때 다음과 같은 비판이 가능하다.[120]

222-6-2조), 마약거래범죄(제222-43조와 제222-43-1조), 약취·감금범죄(제224-5-1조), 항공기·선박·기타 운송수단의 탈취범죄(제224-8-1조), 인신매매범죄(제225-4-9조), 매춘영업·이와 유사범죄(제225-11-1조), 범죄조직에 의한 절도·강요죄(제311-9-1조, 제312-6-1조), 외국에 영토나 정보를 인도하는 범죄·태업범죄·헌정파괴범죄(제414-2조, 제414조-3조), 외국과 내통범죄·외국인도목적정보수집죄·내란수괴죄(제414-4조)가 있다(윤동호, "수사협조범죄자 기소면제 및 형벌감면 법제화 비판", 「비교형사법연구」 13권 2호, 한국비교형사법학회, 2011, 321면 참조).

117) 윤동호, "수사협조범죄자 기소면제 및 형벌감면 법제화 비판", 「비교형사법연구」 13권 2호, 한국비교형사법학회, 2011, 307-321면.

118) 기소배심제를 채택, 운영 중인 미국의 현재 운용실태를 보면, 주로 동부지역 20개주가 중죄기소에 있어 기소배심 절차를 요구하고 있고, 그 외 4개주에서는 사형 또는 무기징역에 해당하는 범죄의 기소에 있어서 기소배심 절차를 요구하고 있다(박기석, "개정 형사소송법의 재정신청제도", 「비교형사법연구」 9권 2호, 한국비교형사법학회, 2007, 222면, 송길룡 부장검사의 토론문 참조).

119) 프랑스의 형사사건처리에서 특수한 점은, 판결을 선고하는 법원 이외에 그 이전의 단계로써 증거를 수집하고 혐의자가 유죄판결을 받기에 충분한지 여부를 평가하는 임무를 갖는 특별한 법원인 수사법원이 존재한다는 것이고, 이러한 수사법원은 예심판사(juge d'instruction)와 고등법원 형사소추결정부(chambre d'accusation)의 2단계의 구조로 구성되어 있다(조상제, "프랑스 형사사법제도-형사법원의 구조와 검찰제도를 중심으로-", 「비교형사법연구」 3권 1호, 한국비교형사법학회, 2001, 422-428면 참조).

120) 아래 내용은 윤동호, "수사협조범죄자 기소면제 및 형벌감면 법제화 비판", 「비교형사법연구」 13

1) 피고인이 자기부죄금지특권을 포기하고 증인이 될 수 있는 미국과 달리, 우리는 진술거부권을 행사하지 않을 수는 있어도 포기할 수는 없다.[121] 우리는 미국과 달리 피의자신문제도와 피고인신문제도를 두고 있고, 이로 인해 피의자나 피고인이 검사의 신문의 객체로 전락하는 것을 방지하기 위해 진술거부권을 행사하지 않을 수는 있어도 포기할 수 없도록 한 것이다. 또 피고인은 자신의 형사책임과 관련된 증언을 거부할 권리도 있다. 이런 상황에서 수사협조범죄자 기소면제 및 형벌감면제도는 피의자나 피고인의 진술을 심리적으로 강제하는 수단이 될 수 있고 진술거부권과 증언거부권이 무력화된다. 2) 수사협조범죄자의 진술이 자백이라면 일종의 심리적으로 강제된 자백으로 봐야할 경우도 충분히 있다. 자백하고 기소면제를 받거나 형 감경을 받을 수 있는데도 왜 부인하느냐며 몰아세울 수 있기 때문이다. 그렇다면 임의성에 의심이 가는 자백 양산기 역할을 할 수 있고, 공범의 자백에 대해 별도의 보강증거가 필요 없다는 우리 법원의 입장[122]을 고려할 때 자백하지 않은 다른 공범을 손쉽게 처벌하는 경우가 자주 발생할 것이다. 3) 진술자의 형사처벌 감면의 혜택만으로는 조직적 범죄를 쉽게 고발하기 어려운 것이 현실이다. 4) 만약 이 제도가 남용되어 범죄자와 검찰이 거래한다는 오해만 불러일으킬 경우 검찰의 전체 형사사건처리 과정의 공정성에 수시로 의문이 제기될 것이며,[123] 5) 누구라도 죄를 지은 후 기소면제 또는 형벌감면의 혜택이 있다고 생각하고 경솔히 죄를 짓기 쉬워 형벌법규의 위하력이 떨어질 것이며, 6) 현재 우리 검찰의 수사 및 기소단계에서의 막강한 여러 권한(불구속, 기소유예, 약식기소, 구속취소, 구속집행정지, 감경구형,[124] 공소취소, 공소장변경, 형집행정지 등)과 법원의 작량감경 및 집행유예, 선고유예 제도를 활용하면 충분하고, 또 이미 현행법에도 수사협조범죄자 배

권 2호, 한국비교형사법학회, 2011, 331-332면을 주로 참고하였음.

121) 신동운, 신형사소송법, 법문사, 2008, 778-779면.

122) 대법원 1990. 10. 30, 선고 90도1939 판결.

123) 이러한 우려에 대하여 **법무부는**, (1) 사법협조자 소추면제 제도는 ① 내부 가담자의 진술이 전체 범죄의 규명에 반드시 필요하여야 하고, ② 검사가 일정한 양식에 따라 소추면제를 구하여야 하며, ③ 소추면제를 받은 자가 증인으로 법정에서 증언하여야만 소추면제가 가능하도록 그 요건을 엄격히 정하고 있으며, (2) 사법협조자 형벌감면제의 경우 자신의 범행과 관련된 타인의 범행에 대해 진술을 하여, ① 수사나 재판에 현저한 기여를 하여야 하고, ② 종국적으로는 법원이 최종적인 형을 정하게 되어 법원의 철저한 견제를 받도록 규정되어 있어 검찰에 의한 **제도 남용의 가능성은 거의 없도록 제도적 장치를 마련해 두었다고 반박**하였다{법무부, "우리나라 형사사법제도 이렇게 바뀝니다(선진형사사법제도 입법관련 Q&A).", 2010. 10, 16면 참조}.

124) 법무부는 감경구형을 통하여 사법협조자 소추면제 및 형벌감면제와 같은 효과를 달성할 수 없다고 보았다. 즉 검찰에서 감경구형을 하더라도 법원에서 이를 받아들이지 않고 무겁게 형을 선고할 수 있다는 점에서 확실한 유인책으로 작용할 수 없다는 것이다{법무부, "우리나라 형사사법제도 이렇게 바뀝니다(선진형사사법제도 입법관련 Q&A).", 2010. 10, 17면 참조}.

려정책이 존재하고 있다. 그러한 예로는, 특정범죄신고자 등 보호법의 특정범죄(제16조)에서 특정강력범죄, 마약류범죄, 조직범죄, 테러범죄, 보복범죄에 대한 신고자에 대하여 임의적 감면이 가능하며, 부패방지 및 국민권익위원회의 설치 및 운영에 관한 법률의 부패행위(제66조), 공익신고자보호법의 공익침해행위(제14조) 등에 대한 신고에 대해서도 신고자나 정보제공자의 범죄행위가 발견된 경우 형벌의 임의적 감면이 가능하며, 형법상 중지미수규정과 자복·자수규정이 수사협조범죄자 배려정책으로 볼 수 있는 경우이다. 중지미수의 경우 필요적 감면사유이고, 자복·자수의 경우 임의적 감면사유이지만(제52조), 위증죄(제153조), 무고죄(제157조), 공직선거법의 특정범죄(제262조)에서 자수·자복한 경우에는 필요적 감면사유이다.[125] 특히 다수인이 가담한 범죄는 중지미수자가 다른 가담자의 범행을 저지해야 중지미수의 혜택을 받을 수 있다는 점[126]을 고려하면 중지미수규정이 수사협조범죄자 형벌감면제도가 의욕하는 범죄저지의 효과보다 더 크다고도 볼 수 있다.[127] 7) 또 형사정의에 반하고 진실주의를 희생시키거나 왜곡될 가능성이 충분하며,[128] 책임원

---

125) 이에 대하여 **법무부는 현행법상 존재하는 자수, 기소유예, 특정범죄신고자등보호법·국민권익위원회의 설치와 운영에 관한 법률상 신고 등은 내부가담자의 수사협조를 이끌어 내기 위한 실질적 수단으로 사용되기 어렵다고 보고 있다.** 즉 ① '자수'는 범인이 자발적으로 '자신의 범죄사실'을 수사기관에 신고하여 처벌을 구하는 의사표시이므로 '공범의 범죄사실'을 발견하기 위한 목적의 사법협조자 소추면제 및 형벌감면제도와는 다른 기능을 하고, ② 특정범죄신고자등보호법에 의한 범죄신고자 형감면 제도는 자신이 범죄를 신고함으로써 그와 관련된 '자신의 범죄'가 발견된 경우 형을 감면해 주는 제도일 뿐이어서, '공범의 범행'이 발견된 경우 형을 감면해 줄 것을 목적으로 하는 사법협조자 소추면제 및 형벌감면제도와 같은 기능을 하고 있다고 보기 어려울 뿐만 아니라, 특히 특정범죄신고자등보호법에 의한 범죄신고자 형감면 제도는 '보복의 우려'까지 요건으로 하고 있어 적용이 까다로워 실무상 거의 이용되고 있지 아니하며, ③ 기소유예의 경우 일부 수사협조를 이끌어 낼 수 있는 수단이 될 수 있겠으나, 타인의 범행에 대한 진술만으로 기소유예 처분을 해주기 곤란한 경우가 많고, 공소권이 살아 있어 추후 기소될 가능성이 있을 뿐만 아니라 항고·재항고 등 불복수단이 있기 때문에 완전한 면책이 보장되지 않아 수사협조에 대한 유인책으로는 크게 부족하며, 특히 대법원은 기소유예를 약속하고 얻어낸 자백의 경우 임의성이 없다는 취지로 판시(대법원 1983. 9. 13, 선고 83도712 판결)한 바 있어, 공범의 범죄가담을 밝힐 목적으로 증인에게 기소유예를 약속하고 진술을 확보한 경우 증거로 사용하지 못하게 될 우려까지 있으므로, 결국 이러한 기존 제도들의 한계를 극복하고 범죄의 내부가담자의 수사협조를 이끌어낼 사법협조자 소추면제 및 형벌감면제도가 반드시 필요하다고 주장하였다{법무부, "우리나라 형사사법제도 이렇게 바뀝니다(선진형사사법제도 입법관련 Q&A).", 2010. 10, 9-10면 참조}.

126) 대법원 2005. 2. 25, 선고 2004도8259 판결.

127) 윤동호, "수사협조범죄자 기소면제 및 형벌감면 법제화 비판", 「비교형사법연구」 13권 2호, 한국비교형사법학회, 2011, 331-332면 참조.

128) 법무부는, 소추면제를 받은 자의 진술 또는 증언이 거짓인 경우 진실을 왜곡시키고 부당한 결과를 가져올 수 있다는 우려에 대해서, 그 자의 진술 또는 증언이 허위인 경우에는 다시 그 자의 범죄에 대한 공소를 제기할 수 있으며(개정안 제247조의2 제3항 단서), 사법방해죄 또는 위증죄까지 추가로 처벌받게 되므로 그와 같은 부당한 결과는 없을 것이라고 내다보았다{법무부, "우리나라 형사사법제도 이렇게 바뀝니다(선진형사사법제도 입법관련 Q&A).", 2010. 10, 14면 참조}.

칙과 평등원칙에 반한다는 점,[129] 8) 기소면제 제도는 탄핵주의와 적법절차도 무의미하게 하며, 이 제도로 인해 진술에 의존하는 종전의 수사관행이 고착화[130]되어 오히려 공판중심주의가 형해화될 가능성이 있으며, 9) 일단 대상범죄를 제한하며 시작해 보아도 좋다는 견해는 일단 시작되고 나면 대상범죄에 제한을 두지 말자는 쪽으로 확대되었던 독일과 프랑스의 전례를 모르고 하는 속단이어서 함부로 채택할 바가 아니다.[131]

제 3 절 강제수사

1. 신체의 자유와 적법절차 · 영장주의

신체의 자유는 정신적 자유와 더불어 우리 헌법의 최고이념인 인간의 존엄과 가치를 구현하기 위한 근본적 권리이므로, '신체를 훼손당하지 않을 권리'는 그 성질상 생명권과 더불어 인간생존의 기본적 전제가 되는 기본권이다. 이러한 신체의 자유는 자연권적 성질을 갖는 인간의 권리로서 국가로부터 신체의 안전성과 자율성을 침해받지 않고 자유롭게 행동할 수 있는 자유를 의미하고, 형사법 영역에서는 국가의 형벌권 행사에 대한 방어권적 기본권으로서 발현된다.[1]

이에 우리 헌법은 모든 국민의 신체의 자유를 보장하기 위해 각종 실체적 · 절차적 보장방안을 규정하고 있다(헌법 제12조). 실체적 보장방안으로는, 죄형법정주의, 일사부재리원칙, 연좌제 금지가 있고, 절차적 보장방안으로는 적법절차원칙, 영장

---

129) 이에 대하여 법무부는, 사법협조자와 사법비협조자의 차별 취급은 범죄의 척결에 사법협조자가 공헌하여 사법정의 실현에 이바지한 것을 고려한다면 합리적 차별에 해당하고, 사법정의 실현에 공헌한 사법협조자를 사법비협조자와 똑같이 취급하여 같은 형벌을 내린다면 오히려 역차별에 해당되어 평등원칙에 위반된다고 주장하였다{법무부, "우리나라 형사사법제도 이렇게 바뀝니다(선진형사사법제도 입법관련 Q&A).", 2010. 10, 15면 참조}.

130) **법무부는** 이에 대하여, **과학수사가 중요하다 하나,** 과학수사를 통해 확보한 물증도 결국 피의자 또는 증인의 진술이 뒷받침되어야만 증거로서 가치가 있는 경우가 많고, 다수인이 은밀하게 저지른 조직적, 구조적 범죄의 경우 진술은 물론 물증 확보조차 곤란한 경우가 많아 죄지은 자가 처벌을 모면함으로써 **사회 전체적으로 매우 바람직하지 못한 결과를 초래할 수 있다고 보았다**(위 법무부 자료, 11면).

131) 同旨 윤동호, "수사협조범죄자 기소면제 및 형벌감면 법제화 비판", 「비교형사법연구」 13권 2호, 한국비교형사법학회, 2011, 325-331면.

1) 김하중, "수사상 강제채혈의 법적 문제점과 해결방안-음주운전자에 대한 강제채혈과 위법수집증거 배제법칙을 중심으로-", 「법조」 57권 9호, 법조협회, 2008, 19-20면.

주의, 변호인의 조력을 받을 권리, 진술거부권을 규정하고 있다. 특히 신체의 자유를 침해하는 국가의 형벌권 행사가 남용되지 않도록 형사사법절차상 피의자와 피고인의 권리가 다양하게 보장되어 있으며, 무죄추정의 원칙을 기초로 불구속 수사[2] 및 불구속 재판을 원칙으로 하여 인신구속을 억제하고 강제처분도 필요최소한으로 예정하고 있다.[3] 인신구속의 강제처분이 아니더라도 거주·이전의 자유를 제한하는 출국금지조치 또한 필요최소한 제한원칙이 적용된다.[4]

그 중에서도 수사단계에서 신체의 자유는 법관의 영장 없이 체포·구속·압수·수색·검증을 당하지 아니하여야 할 것이 강력하게 요청된다. 여기에서 강제수사법정주의(법 제199조 제1항 단서), 영장주의(법 제202의2, 제201조, 제215조)가 대두된다.

강제처분법정주의는 과학기술의 발달에 의하여 형사소송법이 예상하지 아니한 새로운 강제처분이 출현함에 따라 탄력적인 해석을 필요로 한다는 견해[5]가 있으나, 이러한 해석은 지극히 위험한 것이다. 그러한 주장은 원칙적 강제처분법정주의, 예외적 강제처분임의주의로 해석될 수 있기 때문이다. 강제처분법정주의는 항상 엄격히 해석되고 이행되어야 할 문제이지, 결코 탄력적 해석을 할 것이 아니다. 새로운 강제처분이 필요하면 국민적 합의를 거쳐 입법하면 될 일이다.

우리 현행 헌법, 형사소송법 등 절차법, 미국 연방수정헌법상의 형사절차상 기본권조항을 표로 정리해보면 다음과 같다.[6]

---

2) 형사소송법 제198조 제1항.

3) 김하중, "수사상 강제채혈의 법적 문제점과 해결방안－음주운전자에 대한 강제채혈과 위법수집증거 배제법칙을 중심으로－", 「법조」 57권 9호, 법조협회, 2008, 6－7면.

4) 검사는 수사상 부득이한 사유가 있는 경우에만 출국금지나 출국정지를 요청하고, 그 사유가 없어진 경우에는 즉시 해제를 요청하여야 한다(인권보호수사준칙 제13조).

5) 이재상, 형사소송법, 제9판, 박영사, 2013, 222면.

6) 김용세, "형사절차상 기본권 보장을 위한 형소법규정 및 실무현실에 관한 연구: 헌법적 형사소송의 원리에 기초한 분석적 고찰", 「형사정책연구」 19권 3호(통권 제75호), 한국형사정책연구원, 2008, 72－73면의 표 2개를 합하여 보충·정리하였다.

제헌 헌법	현행 헌법	현행 형사법 등의 규정	미국 연방수정헌법
형사절차법정주의 (제9조①)	형사절차법정주의·적정절차원칙 (제12조①)	(공정한 재판을 보장하기 위한 제규정)	적정절차의 원칙(수정 제5조, 제3문 후단)
	고문금지·불이익진술거부권 (제12조②)	형사소송법 제308조의2, 제309조, 제317조·제244조의3, 제283조의2	자기부죄거부특권 (수정 제5조 제3문 전단)
영장주의(제9조②)	영장주의 (제12조③, 제16조)	형사소송법 제202의2, 제201조, 제215조	영장주의(수정 제4조)
변호인의 조력을 받을 권리 (제9조③ 전단)	변호인의 조력을 받을 권리(제12조④)	형사소송법 제30조, 제33조, 제34조, 제201조의2 제8항, 제214조의2 제10항, 제243조의2, 제266조의8 제4항, 제282조, 제283조	변호인의 조력을 받을 권리(수정 제6조 제4문)
	구속사유 등을 고지받을 권리(제12조⑤)	형사소송법 제72조, 제200조의5	공소의 내용과 이유를 고지받을 권리(수정 제6조 제1문 후단)
구속적부심사청구권 (제9조③ 후단)	구속적부심사청구권 (제12조⑥)	형사소송법 제214조의2	
	자백배제·자백의 보강법칙(제12조⑦)	형사소송법 제309조, 제310조	
행위시법주의 (제23조 전단)	행위시법주의 (제13조① 전단)	형법 제1조	
일사부재리원칙 (제23조 후단)	일사부재리원칙 (제13조① 후단)	소년법 제53조, 형사소송법 제326조 제1호, 기타 특별한 사정이 있는 경우에 한하여 상소권회복(형사소송법 제345조 내지 제348조), 재심(형사소송법 제420조), 비상상고(형사소송법 제441조)를 인정함으로써 간접적으로 선언	이중위험금지(수정 제5조 제2문)

법관에 의한 재판 (제22조)	법관에 의한 재판 (제27조①)	법원조직법	배심재판을 받을 권리(수정 제6조 제1문 전단)
	군사법원에 의한 재판금지(제27조②)	법원조직법	
공개재판을 받을 권리(제24조①)	신속한 공개재판을 받을 권리(제27조③)	형사소송법 제294조의3 반대해석	신속한 공개재판을 받을 권리(수정 제6조 제1문 전단)
	피의자·피고인의 무죄추정(제27조④)	(예단배제, 기타 부당한 대우 금지를 위한 제규정)	
	피해자진술권 (제27조⑤)	형사소송법 제294조의2 내지 제294조의4	
형사보상청구권 (제24조②)	형사보상청구권 (제28조)	형사소송법 제194조의2 내지 제194조의5, 형사보상법	
			잔인하고 비정상적인 처벌 금지(수정 제8조)
			증인과의 대질, 유리한 증인을 확보할 권리(수정 제6조, 제2, 3문)

가. 강제수사법정주의

형사소송법이 예정한 강제수사는 인신구금과 관련하여 영장체포(법 제200조의2), 긴급체포(법 제200조의3), 현행범체포(법 제212조), 구속(법 제73조, 제201조)이 있고, 압수 등과 관련해서는 영장 압수·수색·검증(법 제113조, 제215조), 무영장 압수·수색·검증(후술)이 있다.

나. 영장주의

영장주의는 강제처분을 할 당시 영장이 발부되어 있을 것을 요한다는 의미이며, 사전영장을 말한다. 따라서 강제처분을 한 후에 사후영장을 발부받는 경우 영장주의의 예외가 된다.[7]

영장주의는 법관이 발부한 영장의 내용이 특정될 것을 요구하므로 일반영장은 금지된다.[8] 구속영장에 있어서는 범죄사실과 피의자는 물론 인치·구금할 장소

7) 이재상, 형사소송법, 제9판, 박영사, 2013, 223면.

8) '일반영장'은 미국 초창기인 영국의 식민지시대에 영국왕립법원에서 개별적인 혐의 또는 수색할 사람이나 압수할 물건에 대한 특정 없이 일반적인 사람 또는 물건에 대한 포괄적인 수색과 압수를 허용했던 영장에서 유래한다. 일반영장은 영국이나 미식민지에 있는 정적을 압박하기 위한 수

가 특정되어야 하며(법 제75조, 제209조), 압수·수색영장에 있어서는 압수·수색의 대상이 특정되어야 한다(법 제114조, 제219조). 다만, 통신비밀보호법은 전기통신의 감청에 관하여 일정기간에 걸친 포괄적인 통신제한조치를 허용하고 있다(통신비밀보호법 제6조 내지 제8조).[9)10)11)]

무영장 압수·수색·검증으로는, 형사소송법 제113조(공판정 압수·수색), 제108조(공판정 임의제출물 압수), 형사소송법 제216조 제1항 제1호(체포·긴급체포·현행범체포·구속시 타인의 주거나 타인이 간수하는 가옥, 건조물, 항공기, 선차 내에서의 피의자 수색), 형사소송법 제216조 제1항 2호(체포·긴급체포·현행범체포·구속시 체포현장에서의 압수·수색·검증), 형사소송법 제216조 제3항(범행 중 또는 범행 직후의 범행 장소에서의 압수·수색·검증), 형사소송법 제217조 제1항(긴급체포된 자의 소유·소지 또는 보관하는 물건에 대한 압수·수색·검증), 형사소송법 제222조 제2항, 제3항(변사체 검시 중 긴급 검증), 형사소송법 제218조(동의에 의한 압수)가 있다.

이 중 형사소송법 제216조 제1항 2호의 것과 제217조 제1항과 같이 체포와 부대 또는 관련한 압수는 계속 압수할 필요가 있을 경우 지체 없이 체포한 때로부

단으로 수시로 발부되었고, 선동죄(Sidious Libel)의 증거수집을 위하여 모든 물건에 대한 수색과 압수를 허용하였다. 특히 영국 식민지에 있는 미국민들을 억압하기 위해 발부되었으며, 이로 인하여 1763년 Wikes v. Wood 사건이 발생하였고 그 역사적 경험이 미국 수정헌법 제4조에 영향을 주었다(이흔재, "디지털 증거의 압수수색에 관한 쟁점별 해석과 통제방안－개정 형사소송법을 중심으로－", 「법학논총」 97권 3호, 단국대학교 법학연구소, 2013, 137면 주13) 참조).

9) 이재상, 형사소송법, 제9판, 박영사, 2013, 223면.

10) 2013년 검찰이 청구한 통신제한조치허가서(감청영장)에 대한 법원의 영장 발부율은 94%에 달하였다. 감청여장 청구 대상 인원은 167명이고 이 중 94%인 157명에 대해 영장이 발부됐다(법률신문, 기사, "법원, 작년 '감청 영장' 발부율 94%", 2014. 10. 23, 1면).

미국에서는 휴대전화 감청을 통해 증거를 확보하는 것과 플리바기닝이 기업 수사의 관건이라고 보고 있다. 미국은 법원의 허락이 있으면 휴대전화를 감청할 수 있고, 휴대전화 감청으로 확보한 범죄 진술은 법정에서 강력한 증거가 돼 변호인 측에서 방어가 어렵다. 따라서 사생활과 범죄혐의 확보라는 상호 충돌적인 가치의 균형을 면밀히 맞추기 위해 실무상 휴대전화 감청은 다른 방법으로 증거를 찾을 수 없을 때 쓰는 마지막 수단으로 사용되고 있고, 사생활은 거르고 범죄와 관련된 통화만 골라 듣도록 법으로 제한돼 있다고 한다(동아일보, 기사, "美선 기업 수사때 플리바기닝 <유죄 인정하거나 증언땐 형량 감경> 주로 활용", 2015. 5. 22, 31면 참조).

11) 통신비밀보호법은 영장에 의한 휴대전화 감청도 허용하고 있으나, 실무상 이동통신사들이 관련 장비를 갖추고 있지 않아 감청영장을 갖고도 휴대전화 감청이 불가능한 상황이다. 이러한 문제점을 개선하기 위해 국회 미래창조과학방송통신위원회에는 새누리당 박민식 의원의 통신비밀보호법 개정안이 발의되어 있는데, 핵심 내용으로는 이동통신사에 휴대전화 감청장비 설치를 의무화하고, 장비 설치비용은 국가가 부담하며, 이동통신사가 이를 거부하면 1년에 한 차례씩 매출액 3% 이하의 이행강제금을 부과하도록 하는 내용이 담겨 있다(비슷한 내용을 감고 있는 것으로는 새누리당 서상기 의원의 통신비밀보호법 개정안). 이러한 개정안에 대해 정보·수사기관의 불법 감청이 빈번히 벌어질 것에 대한 우려와 함께 국정원이 이동통신사를 감청 부속기관으로 동원하려 한다는 의혹이 제기되었다(동아일보, 기사, "휴대전화 감청장비 의무화 법안 오늘 再발의", 2015. 6. 1, 12면 참조).

터 48시간 이내에 영장을 청구해야 하고(법 제217조 제2항), 형사소송법 제216조 제3항과 같이 범행 장소에서의 압수는 항상 사후에 지체 없이 영장을 발부받아야 한다.

다. 비례성 원칙

수사기관은 침해되는 법익에 비해 강제수사로 인해 얻을 공익이 클 때 강제수사를 할 수 있고, 기본권을 제한할 경우에도 가급적 덜 기본권을 제한하는 수단과 방법을 선택하여야 한다. 그것은 구속에 대하여 뿐만 아니라 대물적 강제처분에도 당연히 적용되는 원칙이다. 이로 인해 구속은 기대되는 형벌의 범위를 넘을 수 없고, 강제처분은 임의수사에 의해 형사소송의 목적을 달성할 수 없는 경우에 최후의 수단으로만 인정되어야 한다.[12)]

형사소송법 제199조(수사와 필요한 조사), (경찰청) 인권보호를 위한 경찰관 직무규칙[13)] 제11조(직무수단의 한계), 동 규칙 제47조(불구속 수사원칙), (국민안전처) 인권보호를 위한 경찰관 직무규칙[14)] 제11조(직무수단의 한계), 동 규칙 제23조(불구속 수사원칙), 인권보호수사준칙[15)16)] 제7조에서 규정하고 있다.

2. 강제수사의 종류

가. 통상체포 및 예외

(1) 체포제도 개괄

(가) 체포는 수사 초기에 단기간에 걸친 피의자의 간편한 신병확보를 가능하게 하기 위한 제도이다. 따라서 체포의 요건은 구속의 요건보다 완화되어 있다.[17)]

구속사유와는 달리 체포사유는 피의자가 정당한 이유 없이 수사기관의 출석요구에 응하지 아니하거나 응하지 아니할 우려가 있을 것인데(법 제200조의2 제1항), 이에 대해서는 비판이 있다. 종국적으로는 체포사유가 구속사유(도망이나 증거인멸의

---

12) 이재상, 형사소송법, 제9판, 박영사, 2013, 224면 참조.
13) [시행 2012. 7. 23.] [경찰청훈령 제674호, 2012. 7. 23, 폐지제정]
14) [시행 2015. 1. 6.] [국민안전처훈령 제1호, 2015. 1. 6, 타법개정]
15) [시행 2015. 4. 2.] [법무부훈령 제985호, 2015. 4. 2, 일부개정]
16) 조선일보, 기사, "['사법致死' 고리 끊자] 피해자·참고인한테까지 막말·모욕… 처벌받은 판·검사 드물어", 2015. 5. 13.자에서는 한 검찰 관계자의 "인권보호수사준칙 등 기준이 엄격해지고, 내부감찰에 의한 처벌 규정도 까다로워져서 갈수록 범죄 혐의 규명이 어려워지자 피의자를 무리하게 심리적으로 압박하는 경우가 종종 있다"는 고백을 보도하고 있다. 폭행과 욕설 등 직접적인 강압행위는 제도적으로 보완됐지만, 인격을 무시하거나 심리적 충격을 주는 모욕 행위는 여전히, 오히려 교묘하게 이뤄지고 있다는 것으로, 검찰 수사과정의 녹음제도를 원칙적으로 의무화하는 방법으로 수사과정을 통제할 필요가 있다고 할 것이다.
17) 이재상, 형사소송법, 제9판, 박영사, 2013, 240면.

우려)보다 폭넓게 규정(출석요구에 불응하거나 그러할 우려)된 것을 구속사유와 같게 개선할 필요가 있다는 것이다.[18] 반면, 긴급체포는 장기 3년 이상의 징역이나 금고에 해당하는 죄를 범하였다고 의심할 만한 상당한 이유가 있어야 하며, 증거를 인멸할 염려가 있거나 도망 또는 도망할 염려를 요구하므로(법 제200조의3 제1항), 구속사유를 필요로 하여 그 요건을 엄격히 하고 있다.

체포제도는 1995. 12. 29. 형사소송법 개정에 의해 도입되었다. 간편한 신병확보를 통한 수사편의 목적 외에 탈법수사를 적법한 룰 안으로 편입시킬 목적으로 도입된 것이기도 하다. 즉 구속사유가 엄격하여 인치조사를 할 수 없자, 수사기관이 탈법적 관행으로 임의동행을 빙자하여 강제로 연행하고 보호실에 유치하는 방식으로 사실상 불법감금을 통한 인권침해를 하였기 때문에 아예 체포제도를 제도화하여 이러한 탈법적 관행을 개선시킬 목적으로 도입한 것이다.[19]

(나) 피고인에 대해서는 구속만 가능한 반면, 피의자에 대해서는 구속 이외에 체포도 가능하다.

(다) 체포에는 체포영장에 의한 체포와 체포영장 없이 체포할 수 있는 경우로 긴급체포, 현행범체포가 있다.[20]

체포에 관하여 형사소송법은 체포영장에 의한 체포를 원칙으로 하고(법 제200조의2), 예외적으로 긴급체포와 현행범체포를 두었다.

그러나 실무상으로는 영장체포가 오히려 예외인 것처럼 운영되고 있다.

2005년부터 2009년까지의 체포현황을 보면, ① 영장체포의 경우, 2005년 12.21%, 2006년 12.75%, 2007년 11.10%, 2008년 9.17%, 2009년 10.79%이며, ② 현행범체포의 경우, 2005년 80.5%, 2006년 81.93%, 2007년 84.31%, 2008년 88.36%, 2009년 85.98%이고, ③ 긴급체포의 경우, 2005년 7.29%, 2006년 5.31%, 2007년 4.53%, 2008년 2.47%, 2009년 3.23%였다.[21]

---

18) 이러한 견해로는 김문호, "경찰의 체포권 남용방지에 관한 연구", 「법학연구」 제40집, 한국법학회, 2010. 11, 188면.

19) 이재상, 형사소송법, 제9판, 박영사, 2013, 241면.

20) 일본 형사소송법에는 긴급체포와 현행범체포를 인정하고 있으나, **일본헌법에는** 현행범체포에 관하여는 영장 없이 체포할 수 있다는 명문규정(제33조)을 두고 있으나, 우리나라 헌법과는 달리 **긴급체포에 관하여는 사전영장의 예외규정을 두고 있지 않다.** 이 때문에 현행법 제정 이후 한 동안 긴급체포의 위헌성이 논쟁의 대상이 되었으나, 일본최고재판소는 긴급체포제도가 헌법에 위배되지 않는다는 입장을 밝힌 바 있다(최고재판소 1955. 12. 14. 判決, 刑集9巻13號 2760面){이동희, "한국과 일본의 체포·구속제도에 대한 비교연구－체포·구속의 법제 및 실무운용을 중심으로－", 「비교형사법연구」 제11권 제1호, 한국비교형사법학회, 2009, 68면 참조}.

21) 김문호, "경찰의 체포권 남용방지에 관한 연구", 「법학연구」 제40집, 한국법학회, 2010. 11, 182-183

(라) 긴급체포의 경우에는 체포 후 지체 없이 48시간 이내에 구속영장을 청구하기만 하면 족하고, 피의자 석방 시 석방 사유 등을 법원에 사후 통지하면 된다(법 제200조의4). 현행범은 누구든지 체포할 수 있으며(법 제212조), 체포한 피의자를 구속하고자 할 때에는 체포한 때부터 48시간 이내에 제201조의 규정에 의하여 구속영장을 청구하여야 하고, 그 기간 내에 구속영장을 청구하지 아니하는 때에는 피의자를 즉시 석방하여야 한다(법 제213조의2, 제200조의2 제5항). 따라서 긴급체포 및 현행범체포는 체포한 피의자를 구속하고자 할 때에는 구속영장을 청구하면 족하고 사후에 체포영장을 받아야 하는 것은 아니므로 긴급체포와 현행범인의 체포는 법관에 의한 심사를 받을 것을 요하지 않는 영장 없는 체포를 인정한 결과가 되었다. 이러한 결과는 체포영장에 의한 체포를 원칙으로 한 취지를 무색하게 한다는 비판을 받을 수 있다.[22]

(마) 형사소송법상 체포제도가 도입되었다고 하여 피의자의 구속이 반드시 체포를 전제로 하는 것은 아니다. 즉 피의자의 구속은 체포절차를 생략하고 바로 구속영장에 의해 구속할 수 있는 것이다.[23][24] 이러한 영장을 실무상 사전영장이라 한다. 형사소송법은 체포 없이 곧바로 피의자를 구속하는 경우 구속전피의자심문을 위하여 구인을 위한 구속영장을 발부하게 하고 있다(법 제201조의2 제2항). 반면, 체포 후 구속영장을 발부받아 구속하는 경우를 실무상 사후영장이라 한다.

(바) 체포·구속은 헌법상 무죄추정의 원칙에 따라 형사소송의 목적을 달성하기 위하여 필요한 최소한의 범위에 그쳐야 하고, 남용하여서는 아니 되고(인권보호수사준칙 제14조), 체포 여부를 결정할 때에는 다음의 사항을 유의하여야 한다. ① 피의자가 죄를 범하였다고 의심할 만한 상당한 이유가 있더라도 **정당한 이유 없이**

면 참조(위와 같은 이유에 대해 김문호 교수는, 실무에서 체포는 합법적으로 신병을 인치하여 조사를 한 다음 구속을 예정하고 있는 것인데, 소환불응이나 도주·증거인멸의 우려는 곧바로 구속영장 신청이 가능하기 때문에 별도로 체포영장을 활용할 실익이 없고, 또 사법적 통제로부터 자유로운 무영장체포를 수사기관이 선호하기 때문으로 보고 있다).

22) 이재상, 형사소송법, 제9판, 박영사, 2013, 240-241면; 김문호, "경찰의 체포권 남용방지에 관한 연구", 「법학연구」 제40집, 한국법학회, 2010. 11, 188면.

23) 이재상, 형사소송법, 제9판, 박영사, 2013, 241면.

24) 반면, 일본의 경우에는 체포전치주의가 채택되어 있다(제207조). 즉 수사기관이 체포 없이 곧바로 피의자를 구속하는 경우는 없고, 구속영장을 청구하기 위해서는 반드시 체포를 거쳐야 한다. 다만 일본도 법관에 의한 기소 후의 구속에 있어서는 기소 전의 구속과 달리 불구속피고인을 체포 없이 곧바로 구속할 수 있다(제60조){이동희, "한국과 일본의 체포·구속제도에 대한 비교연구-체포·구속의 법제 및 실무운용을 중심으로-", 「비교형사법연구」 제11권 제1호, 한국비교형사법학회, 2009, 75-76면; 김문호, "경찰의 체포권 남용방지에 관한 연구", 「법학연구」 제40집, 한국법학회, 2010. 11, 186면 참조}.

출석 요구에 불응하거나 불응할 우려가 있는 경우에만 체포하여야 하고, ② 긴급체포는 체포영장을 발부받을 시간적 여유가 없는 때에 한하여 예외적으로 하여야 하며, ③ 체포는 자백을 강요하기 위한 수단으로 남용되어서는 아니 된다(동 준칙 제15조).

(2) 체포영장에 의한 체포

체포영장을 발부하기 위해서는, 피의자가 죄를 범하였다고 의심할 만한 상당한 이유가 있어야 하고, 정당한 이유 없이 수사기관의 출석요구에 응하지 아니하거나 응하지 아니할 우려가 있는 경우이어야 한다(법 제200조의2 제1항).[25] 즉 범죄혐의의 상당성이 있어야 하고, 체포사유를 충족하여야 한다.

(가) 범죄혐의는 수사기관의 주관적 혐의로 족하지 않고, 제3자인 법관이 보더라도 혐의가 있다고 볼 수 있는 정도, 즉 **객관적 혐의**가 있을 것을 요한다. 수사의 개시단계에서 주관적 혐의만으로 일단 수사를 시작할 수 있었던 것과는 다르다. 체포영장을 발부하기 위한 범죄혐의의 정도는 죄를 범하였다고 의심할 만한 **상당한 이유**가 있어야 한다.

따라서 혐의는 유죄판결에 대한 고도의 개연성 내지 충분한 범죄혐의라고 볼 것이다.[26]

(나) 체포사유로, 피의자가 **정당한 이유 없이** 수사기관의 출석요구에 응하지 아니하거나 응하지 아니할 우려가 있을 것을 요한다. 단순히 피의자신문을 위한 출석요구에 응하지 아니한다고 하여 체포사유로 삼을 수 있도록 규정한 것에는 비판이 있다.[27]

그러나 실무상 출석에 응하지 못하더라도 차회 소환기일에 대해 협조한다거나 응하지 못하는 사정을 소명한 경우까지도 영장이 청구되는 경우는 없다. 따라서 법문의 실제적 운용은 수사기관의 연락 자체를 받지 않는다거나 아무런 상의 없이 조사 기일에 불출석한 후 재차 연락이 되지 않는 경우(즉 정당한 이유 없이 불응)에 한하여 체포영장이 신청된다고 보면 옳다. **종국적으로는 체포사유가 구속사유**(도망이나 증거인멸의 우려)**보다 폭넓게 규정**(출석요구에 불응하거나 그러한 우려)**된 것을 구**

25) 일본 형사소송법상 통상체포의 요건도 우리와 같이 체포의 이유와 체포의 필요성을 모두 요하고 있다(이동희, "한국과 일본의 체포·구속제도에 대한 비교연구－체포·구속의 법제 및 실무운용을 중심으로－", 「비교형사법연구」 제11권 제1호, 한국비교형사법학회, 2009, 66면).

26) 이재상, 형사소송법, 제9판, 박영사, 2013, 242면.

27) 김문호, "경찰의 체포권 남용방지에 관한 연구", 「법학연구」 제40집, 한국법학회, 2010. 11, 188면.

속사유와 같게 개선할 필요가 있음은 분명하다.

한편, 다액 50만원 이하의 벌금, 구류 또는 과료에 해당하는 사건에 관하여는 피의자가 일정한 주거가 없는 경우 또는 정당한 이유 없이 출석요구에 응하지 아니한 경우에 한하여 체포할 수 있다(법 제200조의2 제1항 단서).[28] 수사비례의 원칙을 규정한 것으로 경미한 범죄의 경우 체포사유를 제한한 것이다.

(다) 명백히 체포의 필요성이 인정되지 아니하는 경우에는 체포하여서는 아니된다(법 제200조의2 제2항). 고려사항으로는, 피의자의 연령과 경력, 가족관계나 교우관계, 범죄의 경중 및 태양 기타 제반 사정에 비추어 피의자가 도망할 염려나 증거를 인멸할 염려가 있느냐이다(규칙 제96조의2). 체포의 필요성은 소극적 요건에 불과하므로, 체포의 필요성이 의심스러운 경우에는 체포할 수 있다고 볼 것이다.[29]

(라) 체포영장의 청구권은 검사에게 있으며, 사법경찰관은 검사에게 영장을 신청하여 검사가 종국적으로 청구하게 된다.[30] 헌법 제12조 제3항에 따른 것이다.

체포영장청구서에는 피의자의 성명 · 주민등록번호 등 · 직업 · 주거, 피의자에게 변호인이 있는 때에는 그 성명, 죄명 및 범죄사실의 요지, 7일을 넘는 유효기간을 필요로 하는 때에는 그 취지 및 사유, 여러 통의 영장을 청구하는 때에는 그 취지 및 사유, 인치 · 구금할 장소 등을 기재하여야 하며(규칙 제95조), 체포의 사유 및 필요를 인정할 수 있는 자료를 제출해야 한다(규칙 제96조 제1항).

---

28) 일본 형사소송법도 같은 내용을 담고 있다. 즉 30만엔 이하의 벌금, 구류 또는 과료에 해당하는 일정한 경미범죄에 있어서는 피의자가 일정한 주거가 없는 경우 또는 정당한 이유 없이 피의자신문을 위한 수사기관의 출석요구에 불응한 경우에 한하여 체포할 수 있다(제199조 제1항 단서). 일본형법상 30만엔 이하의 벌금, 구류 또는 과료에 해당하는 죄로는 과실상해죄, 모욕죄 등에 한정된다(이동희, "한국과 일본의 체포 · 구속제도에 대한 비교연구 – 체포 · 구속의 법제 및 실무운용을 중심으로 –", 「비교형사법연구」 제11권 제1호, 한국비교형사법학회, 2009, 67면).

29) 이재상, 형사소송법, 제9판, 박영사, 2013, 243면.

30) 반면, 일본은 ① 체포영장의 청구권자를 검사로 한정하고 있지 않다. 즉, 통상체포의 경우 검사와 경부(警部 – 우리나라의 '경감') 이상의 사법경찰관에게(형사소송법 제199조 제2항), 긴급체포의 경우 모든 수사기관에게 사후영장을 청구할 권한이 부여되어 있고(동법 제210조 제1항), 실무상으로도 당해 긴급체포를 행한 경찰관이 직접 사후영장을 청구할 수 있도록 되어 있다(일본범죄수사규칙 제120조 제1항). ② 그러나, 압수 · 수색 · 검증영장 및 감정유치장 · 감정처분허가장은 형사소송법 제정 당시부터 현재까지 순사부장 이상의 사법경찰관이 영장을 청구할 수 있다(형사소송법 제218조 제3항, 제224조 제1항, 제225조 제2항). ③ 기본권 제한이 심각하고 남용의 여지가 매우 강한 감청(通信傍受)영장의 경우에는, 체포영장에 비해 보다 엄격한 자격제한을 가하여, 국가공안위원회 또는 도도부현공안위원회가 지정한 경시(警視 – 우리나라의 '경정') 이상의 경찰관, 검찰총장(檢事總長)이 지정한 검사에 한하여 청구할 수 있다(범죄수사를위한통신방수에관한법률 제4조 제1항){이동희, "한국과 일본의 체포 · 구속제도에 대한 비교연구 – 체포 · 구속의 법제 및 실무운용을 중심으로 –", 「비교형사법연구」 제11권 제1호, 한국비교형사법학회, 2009, 71면 참조}.
그러나 구속의 경우에는 체포와 달리 검사만이 영장을 청구할 수 있다(형사소송법 제204조 제1항, 제205조 제1항). 위 같은 논문, 74면.

만약 검사가 체포영장을 청구함에 있어서 동일한 범죄사실에 관하여 그 피의자에 대하여 전에 체포영장을 청구하였거나 발부받은 사실이 있는 때에는 다시 체포영장을 청구하는 취지 및 이유를 기재하여야 한다(법 제200조의2 제4항).

(마) 체포영장은 검사의 지휘에 의하여 사법경찰관리가 집행하며(법 제200조의6, 제81조 제1항 본문), 집행시 체포영장을 피의자에게 제시하여야 한다(법 제200조의6, 법 제85조 제1항). 다만, 체포영장을 소지하지 아니한 경우에 급속을 요하는 때에는 피의자에 대하여 피의사실의 요지와 영장이 발부되었음을 고하고 집행할 수 있다. 이 경우 집행을 완료한 후 신속히 체포영장을 제시해야 한다(법 제200조의6, 법 제85조 제3항, 제4항).

검사 또는 사법경찰관은 피의자를 체포하는 경우 피의사실의 요지, 체포의 이유와 변호인을 선임할 수 있음을 말하고 변명할 기회를 주어야 한다(법 제200조의5).[31]

체포영장의 집행을 받은 피의자를 호송할 경우 필요한 때에는 가장 근접한 교도소 또는 구치소에 피의자를 임시로 유치할 수 있다(법 제86조).

피의자를 체포한 때에는 변호인이 있는 경우 변호인에게, 변호인이 없는 경우 변호인 선임권자 가운데 피의자가 지정한 자에게 피의사건명, 체포일시 · 장소, 피의사실의 요지, 체포의 이유와 변호인을 선임할 수 있음을 알려야 한다(법 제200조의6, 제87조). 체포된 피의자는 법률의 범위 내에서 타인과 접견하고 서류 또는 물건을 수수하며 의사의 진료를 받을 수 있다(법 제200조의6, 제89조).

(바) 체포된 피의자를 구속하고자 할 때에는 검사는 체포한 때로부터 48시간 이내 형사소송법 제201조의 규정에 의하여 구속영장을 청구하여야 하고, 그 기간 내에 구속영장을 청구하지 아니한 때에는 피의자를 즉시 석방하여야 한다(법 제200조의2 제5항).

(사) 체포영장에 의하여 체포된 피의자에게도 체포적부심사청구권이 인정된다(법 제214조의2 제1항).

(아) 체포영장에 의하여 체포된 피의자를 구속영장에 의해 구속하게 되면 구속기간은 체포된 때부터 기산한다(법 제203조의2).

(자) 2014년 사법연감에 따르면, 2013년 체포영장은 49,254명에 대해 청구돼 98.7%인 48,596명에 대해 발부됐다.[32]

---

31) 미란다 경고가 실제 제대로 행해지지 않는 실태와 문제점에 대해서는, 김민지, "한국형 미란다 경고의 문제점과 개선 방안", 「형사정책연구」 23권 3호(통권 제91호), 한국형사정책연구원, 2012, 73-76면 참조.

32) 법률신문, 기사, "법원, 작년 '감청 영장' 발부율 94%", 2014. 10. 23, 1면 참조.

(3) 긴급체포

중대한 죄를 범하였다고 의심할 만한 상당한 이유가 있는 피의자에 대해 수사기관이 체포영장을 발부받지 않고 긴급히 체포하는 경우이다. **실무상으로는 기소중지 중인 자를 불심검문 중 발견하게 되면 지명수배된 경우에 한하여 긴급체포하고 있다.**[33] 반면 단순히 지명통보된 경우에는 사건재개결정을 하고, 중지된 수사를 개시한다.

긴급체포는 현행범체포와 달리 시간적 접속성이 인정될 필요가 없다. 긴급체포제도 자체가 중대한 범죄를 범한 범인을 놓치는 것을 방지하는데 있기 때문이다.[34] 헌법 제12조 제3항 단서, 형사소송법 제200조의3 제1항에서 규정하고 있다.

(가) 피의자가 사형 · 무기 또는 장기 3년 이상의 징역이나 금고에 해당하는 죄를 범하였다고 의심할 만한 **상당한 이유**가 있어야 한다.[35] 통상체포에 필요한 혐

---

33) **기소중지자에 대하여 검사는 지명수배(指名手配)를 할 수도 있고 지명통보(指名通報) 조치를 취할 수도 있다.** 검사가 기소중지 결정을 하면서 지명수배 처분을 할 경우 불기소기소중지 사건기록 표지 비고란에 「지명수배(체포영장)」, 「지명수배(구속영장)」, 「지명수배(긴급체포)」라고 기재한다 {**기소중지자 지명수배 · 통보지침**(대검찰청예규 제389호) 제5조}.

지명통보가 아닌 지명수배를 할 수 있는 경우는, 검사가 직수사건을 기소중지 결정하거나 송치사건이 의견과 달라서 기소중지결정을 하는 경우 중에서 「법정형이 사형무기 또는 장기 3년 이상의 징역이나 금고에 해당하는 죄를 범하였다고 의심할 만한 상당한 이유가 있어 체포영장 또는 구속영장(이하 "영장"이라 한다)이 발부된 자」 및 「지명통보 대상자중 지명수배의 필요가 있어 영장이 발부된 자」에 대하여 "지명수배"한다. **다만, 긴급체포를 하지 아니하면 수사에 현저한 지장을 초래하는 경우에는 영장을 발부받지 아니하고 "지명수배"할 수 있다**(동 지침 제2조).

지명수배 대상 피의자에 대한 체포영장의 유효기간은 원칙적으로 공소시효 만료일까지로 한다. 「7일을 넘는 유효기간을 필요로 하는 취지 및 사유」란에는 <지명수배>라는 붉은색 고무인을 찍는다. 영장업무 담당직원은 영장의 유효기간 만료 5일 전까지 기소중지 사건기록을 대출받아 주임검사에게 보고하여야 하고, 주임검사는 유효기간 만료일에 영장을 재청구하여야 한다. 「재청구의 취지 및 이유」란에는 <유효기간 만료>라는 붉은색 고무인을 찍는다(동 지침 제3조).

지명수배자 소재발견 시 조치사항으로는, ① 지명수배자의 소재를 발견하였을 때에는 피의자에게 영장을 제시하고 범죄사실의 요지, 체포 또는 구속의 이유와 변호인을 선임할 수 있음을 고지하고 변명의 기회를 준 후 지명수배자를 체포 또는 구속하고 확인서를 받아 신병과 함께 수배관서에 인계하여야 하고(검찰사건사무규칙 제34호 서식 참조), ② 영장을 소지하지 아니한 경우라도 급속을 요하는 때에는 피의자에게 범죄사실의 요지와 영장이 발부되었음을 고지하고 체포 또는 구속할 수 있다. 체포 또는 구속한 후에는 신속히 영장을 제시하여야 하며, ③ **영장을 발부받지 아니하고 지명수배한 경우에는 피의자에게 긴급체포한다는 사실을 고지**하고 범죄사실의 요지, 체포의 이유와 변호인을 선임할 수 있음을 고지하고 변명의 기회를 준 후 지명수배자를 긴급체포한 후 확인서를 받고 긴급체포서를 작성하여 신병과 함께 수배관서에 인계하여야 한다. ④ 지명수배자를 체포한 때에는 수배관서의 사법경찰관은 즉시 관할 지방검찰청에 보고하고(모사전송 또는 유선보고 가능) 피의자를 조사한 다음 체포한 때로부터 36시간 이내에 구속영장을 청구하거나 검사의 신병지휘를 받아야 한다. 이 경우 체포한 때라 함은 검거관서에서 지명수배자를 검거한 시점을 말한다(동 지침 제6조).

34) 이재상, 형사소송법, 제9판, 박영사, 2013, 246면.

35) 일본 형사소송법상 통상체포의 경우에는 '상당한 이유'이지만, 긴급체포의 경우에는 죄를 범하였

의와 같다. 다만 중대범죄에 한한다는 점에서 차이가 있다.

(나) 피의자가 증거를 인멸할 염려가 있거나 도망 또는 도망할 염려가 있어야 한다(법 제200조의3 제1항). 즉 **구속사유가 존재할 것을 필요로 한다.** 긴급체포는 체포영장을 발부받지 않는 대신 요건을 엄격히 한 것으로 긴급체포의 남용을 막기 위한 규정을 두고 있는 것이다.[36]

(다) 긴급을 요하여 판사의 체포영장을 받을 수 없는 경우로서, 피의자를 우연히 발견한 경우 등과 같이 영장을 받을 시간적 여유가 없어야 한다.[37] 따라서 **조사를 받기 위해 수사관서에 자진 출석한 피의자를 긴급체포하는 것은 위법하다.**[38][39]

긴급체포는 영장주의원칙에 대한 예외인 만큼 형사소송법 제200조의3 제1항의 요건을 모두 갖춘 경우에 한하여 예외적으로 허용되어야 하고, 요건을 갖추지 못한 긴급체포는 법적 근거에 의하지 아니한 영장 없는 체포로서 위법한 체포에 해당하는 것이고, 여기서 긴급체포의 요건을 갖추었는지 여부는 사후에 밝혀진 사정을 기초로 판단하는 것이 아니라 체포 당시의 상황을 기초로 판단하여야 하며, 이에 관한 검사나 사법경찰관 등 수사주체의 판단에는 상당한 재량의 여지가 있다고 할 것이나, **긴급체포 당시의 상황으로 보아서도 그 요건의 충족 여부에 관한 검사나 사법경찰관의 판단이 경험칙에 비추어 현저히 합리성을 잃은 경우에는 그 체포는 위법한 체포**라 할 것이고, 이러한 위법은 영장주의에 위배되는 중대한 것이니 그 체포에 의한 유치 중에 작성된 피의자신문조서는 위법하게 수집된 증거로서 특별한 사정이 없는 한 이를 유죄의 증거로 할 수 없다.[40]

다고 의심할 만한 '충분한 이유'로서 통상체포보다 높은 의심의 단계를 요하고 있다(이동희, "한국과 일본의 체포·구속제도에 대한 비교연구－체포·구속의 법제 및 실무운용을 중심으로－", 「비교형사법연구」 제11권 제1호, 한국비교형사법학회, 2009, 67면).

그러나 **우리 형사소송법은 통상체포, 긴급체포 모두 '상당한 이유'를 요구하고 있다.**

36) 이재상, 형사소송법, 제9판, 박영사, 2013, 246면.

37) 이것은 체포의 긴급성에 대하여 아무런 명확한 기준을 제시하지 못한다는 점에서 졸작에 가까운 입법이라는 평가까지 있다(차용석/최용성, 형사소송법, 제4판, 21세기사, 2013, 217면).

38) 대법원 2006. 9. 8, 선고 2006도148 판결.

39) 반대하는 견해로는 손동권/신이철, 새로운 형사소송법, 세창출판사, 2013, 244－245면. 이 견해는 조사를 받기 위하여 수사관서에 자진출석한 피의자에 대해서, 어느 정도 혐의가 밝혀지는 가운데 그를 귀가시켜서는 도주 또는 증거인멸의 우려가 있는 등의 요건이 충족되는 경우에는 긴급체포가 허용될 수 있다고 보고 있다. 다만 소환에 응한 피의자를 긴급체포하기 위해서는 구체적인 사정을 기초로 하여 피의자가 출석하게 된 경위, 출석횟수, 출석 불응사실, 조사기간, 수사상황 등을 고려하여 신중하게 판단할 것을 요구하고 있다.

40) 차용석/최용성, 형사소송법, 제4판, 21세기사, 2013, 218면; 대법원 2002. 6. 11, 선고 2000도5701 판결{체포 당시 구속사유가 없는 자에 대한 긴급체포 사안이다. 구체적 사실관계를 보면 다음과 같다. 「…(전략) 기록에 의하면, 수사검사는 1999. 11. 29. 피고인 1에게 뇌물을 주었다는 피고인 3 및 관련 참고인들의 진술을 먼저 확보한 다음, 현직 군수인 피고인 1을 소환·조사하기 위하여

(라) 검사 또는 사법경찰관은 피의자에게 긴급체포를 한다는 사유를 알리고 영장 없이 피의자를 체포할 수 있고, 사법경찰관이 긴급체포를 한 경우에는 즉시 검사의 승인을 받아야 한다(법 제200조의3 제2항). 검사의 승인을 얻지 못한 경우에는 피의자를 즉시 석방하여야 한다. 그 외 체포시 준수사항은 통상체포에서 본 바와 같다. 다만 즉시 긴급체포서를 작성하여야 하는 점이 다르다(법 제200조의3 제3항).

(마) 검사 또는 사법경찰관이 긴급체포한 피의자를 구속하고자 할 때에는 지체 없이 검사는 판사에게 구속영장을 청구하여야 하고, 사법경찰관은 검사에게 신청하여 검사가 청구하게 된다. 구속영장은 피의자를 체포한 때부터 48시간 이내에 청구하여야 하며,[41] 구속영장을 청구할 때에는 긴급체포서를 첨부하도록 함으로써 판사는 체포시각으로부터 48시간이 지나 영장이 청구된 것인지 확인할 수 있다(법 제200조의4 제1항).[42]

만약 48시간 이내에 구속영장을 청구하지 아니하거나 청구결과 영장을 발부받지 못한 때에는 피의자를 즉시 석방하여야 한다(법 제200조의4 제2항). 그러나 별도의 **체포영장을 발부받을 필요는 없다. 따라서 구속영장을 청구하여야 하는 48시간 동안에는 무영장체포를 인정하게 됨에 따라**[43] **결국 영장 없는 체포에 의한 인신침**

검사의 명을 받은 검찰주사보 서진*이 1999. 12. 8. 16:40경 경기 광주읍 소재 광주군청 군수실에 도착하였으나 위 피고인이 군수실에 없어 도시행정계장인 박종*에게 군수의 행방을 확인하였더니, 위 피고인이 검사가 자신을 소환하려 한다는 사실을 미리 알고 자택 옆에 있는 초야농장 농막에서 기다리고 있을 것이니 수사관이 오거든 그 곳으로 오라고 하였다고 하므로, 같은 날 17:30경 서진*이 위 박종*과 같이 위 초야농장으로 가서 그 곳에서 수사관을 기다리고 있던 위 피고인을 긴급체포하고, 그 후 같은 달 11. 구속영장을 발부받을 때까지 위 피고인을 유치하면서 검사가 같은 달 9.과 10.에 이 사건 각 피의자신문조서를 작성한 사실을 알 수 있는바(이 사건 긴급체포서에는 긴급체포의 사유로서 '긴급체포치 않으면 증거인멸 및 도주우려 있음'이라고만 기재되어 있을 뿐, 왜 그러한 결론에 이르게 되었는지에 대하여는 아무런 설명이 없다), 사정이 그와 같다면, 위 피고인은 현직 군수직에 종사하고 있어 검사로서도 위 피고인의 소재를 쉽게 알 수 있었고, 1999. 11. 29. 피고인 3의 위 진술 이후 시간적 여유도 있었으며, 위 피고인도 도망이나 증거인멸의 의도가 없었음은 물론, 언제든지 검사의 소환조사에 응할 태세를 갖추고 있었고, 그 사정을 위 서진*으로서도 충분히 알 수 있었다 할 것이어서, 위 **긴급체포는 그 당시로 보아서도 형사소송법 제200조의3 제1항의 요건을 갖추지 못한 것으로 쉽게 보여져 이를 실행한 검사 등의 판단이 현저히 합리성을 잃었다**고 할 것이므로, 이러한 위법한 긴급체포에 의한 유치 중에 작성된 이 사건 각 피의자신문조서는 이를 유죄의 증거로 하지 못한다고 할 것이다.」}.

41) 사법경찰관이 검사에게 긴급체포된 피의자에 대한 긴급체포 승인 건의와 함께 구속영장을 청구하는 경우 검사는 긴급체포의 승인 및 긴급체포의 적법성 여부를 심사하기 위하여 피의자를 검찰청으로 출석시켜 대면조사할 수 있다. 다만 검사의 대면조사는 체포의 적법성을 의심할 만한 사유가 있다고 판단될 경우에 한하여 허용된다. 이 때 검사의 대면조사는 임의수사에 불과하므로 피의자는 검사의 출석요구에 응할 의무가 없다(임동규, 형사소송법, 제9판, 법문사, 2013, 182면 참조; 대법원 2010. 10. 28, 선고 2008도11999 판결).

42) 임동규, 형사소송법, 제9판, 법문사, 2013, 183면.

43) **일본의 경우에는 피의자를 긴급체포하였을 때에는 즉시 법관에게 사후적으로 체포영장을 청구하**

해가 이루어진다는 비판이 있는 바,[44] 이러한 비판은 타당하고 향후 입법개선이 필요하다. 이 같은 문제점을 개선하려면 긴급체포한 피의자를 곧바로 법관에게 인치하여 구속영장실질심사를 받도록 하여야 할 것이다.[45]

(바) 긴급체포 되었으나 석방된 자는 영장 없이는 동일한 범죄사실에 관하여 다시 체포하지 못한다(법 제200조의4 제3항). 오직 영장체포만 가능할 뿐이다.

긴급체포한 피의자를 석방한 경우 검사는 석방일로부터 30일 이내에 긴급체포서를 첨부하여 서면으로, 긴급체포 후 석방된 자의 인적사항, 체포의 일시·장소와 사유, 체포 및 석방한 검사 또는 사법경찰관의 성명을 법원에 통지하여야 한다(법 제200조의4 제4항). 사법경찰관은 구속영장을 신청하지 아니하고 석방한 경우 즉시 검사에게 보고하여야 한다(법 제200조의4 제6항). 긴급체포 되었다가 석방된 자는 기록 열람·등사를 통해(법 제200조의4 제5항) 사법판단을 구할 수 있다.

(사) 검사 또는 사법경찰관이 피의자를 긴급체포하는 경우 영장 없이 타인의 주거나 타인이 간수하는 가옥 등에서 피의자를 수색하거나, 체포현장에서 압수·수색·검증 할 수 있고(법 제216조), 피의자가 소유·소지 또는 보관하는 물건에 대하여 체포한 때로부터 24시간 이내에 영장 없이 압수·수색 또는 검증을 할 수 있다(법 제217조 제1항).

(4) 현행범 체포

(가) 현행범인이란 범죄의 실행중이거나 실행의 즉후인 자[46]를 말한다(법 제211

여야 한다는 점에서 별도의 사후 체포영장이 필요 없는 우리와 대조적이다(일본 형사소송법 제210조 제1항 제2문). 영장이 발부되지 않을 때에는 즉시 피의자를 석방하여야 한다(동항 3문). 긴급체포한 피의자를 석방한 경우에도 사후적으로 체포영장을 청구하여야 하는 것으로 이해되고 있고, 실무도 이에 따르고 있다(일본범죄수사규칙 제120조 제3항). 우리는 2007년 17차 형사소송법 개정으로 긴급체포 후 구속영장을 청구하지 아니하고 피의자를 석방한 경우에는 관련사항을 법원에 통지하는 규정이 신설되기는 하였지만, 사후영장의 불청구의 문제점이 여전히 남아 있다고 지적되고 있다(이동희, "한국과 일본의 체포·구속제도에 대한 비교연구－체포·구속의 법제 및 실무운용을 중심으로－", 「비교형사법연구」 제11권 제1호, 한국비교형사법학회, 2009, 67－68면).

44) 손동권/신이철, 새로운 형사소송법, 세창출판사, 2013, 246면; 차용석/최용성, 형사소송법, 제4판, 21세기사, 2013, 219면; 특히 배종대/이상돈/정승환/이주원, 신형사소송법, 제5판, 홍문사, 2013, 131－132면에서는, '48시간＋판사의 구속영장발부의 결정기간' 동안 무영장체포의 인신침해가 가능하다고 보고 있다. 비록 개정 형사소송법이 구속영장의 청구를 '지체없이' 하도록 하였지만, 최종적인 청구 시한은 다시 48시간으로 규정함으로써 하나마나한 개정이 되었다는 비판도 타당하다.

45) 배종대/이상돈/정승환/이주원, 신형사소송법, 제5판, 홍문사, 2013, 131－132면.

46) 명확성의 원칙에 비추어 볼 때 타당하지 않다는 견해로는 김문호, "경찰의 체포권 남용방지에 관한 연구", 「법학연구」 제40집, 한국법학회, 2010. 11, 188－189면. 김문호 교수는, "경찰관이 현장에 도착하여 수집한 증거와 자신들의 특별한 경험이나 지식을 바탕으로 도출한 합리적인 결정"을 규정하는 것도 한 방안으로 보고 있다.

조 제1항). 범죄의 실행중이란 실행에 착수하였으나 종료하지 못한 상태를 말한다. 실행즉후란 범죄의 실행행위를 종료한 직후를 말한다. 결과발생의 유무는 관계가 없으며 실행행위를 전부 종료하였을 것도 요하지 않는다. 즉후란 행위를 종료한 순간 또는 이에 접착한 시간적 단계를 말하므로 실행행위와 시간적 접착성이 인정되어야 한다.[47]

만약 범인이 범행 직후 범행장소 또는 바로 인근에 머물고 있다면 접착성이 인정될 것이지만, 도보로 2km 이상 떨어진 곳에서 상당 시간이 지나 발견되었다면 이미 시간적 접착성이 부정될 확률이 높은 점을 감안하면 **시간적 접착성은 장소적 접착성을 동시에 포함**한 개념으로 이해하여야 한다.[48]

체포의 필요성이 필요한가에 대해서 명문규정은 없으나, 대법원은 "현행범인의 체포요건으로 행위의 가벌성, 범죄의 현행성, 시간적 접착성, 범인·죄의 명백성[49] 이외 **체포의 필요성, 즉 도망 또는 증거인멸의 염려가 있을 것을 요한다**"고 판시하여 적극적이다.[50] 체포의 필요성은 체포의 기본원칙에 해당하고, 일본(형사소송법 제217조), 독일(제217조 제1항)의 경우에도 체포의 필요성을 명문으로 규정하고 있으며, 실무상 현행범체포가 남용되고 있는 점을 고려할 때 체포의 필요성을 별도로 요구함이 타당할 것이다.[51]

(나) 현행범이 아니더라도 범인으로 호창되어 추적되고 있는 자, 장물이나 범죄에 사용되었다고 인정함에 충분한 흉기 기타의 물건을 소지하고 있는 자, 신체 또는 의복류에 현저한 증적이 있는 자, 누구임을 물음에 대하여 도망하려 하는 자는 현행범인으로 간주하여 현행범 체포를 할 수 있다. 준현행범이다(법 제211조 제2항).[52][53] 다만 누구임을 물음에 대해 도망하려 하는 자를 준현행범으로 체포할 수

47) 이재상, 형사소송법, 제9판, 박영사, 2013, 249면.

48) 대법원도 "범죄행위를 종료한 직후라 함은 범죄행위를 실행하여 끝마친 순간 또는 이에 아주 접착된 시간적 단계를 의미하는 것으로, **시간적으로나 장소적으로** 체포를 당하는 자가 방금 범죄를 실행한 범인이라는 점에 관한 죄증이 명백히 존재하는 것으로 인정되는 경우에만 현행범으로 본다"고 판시하였다(대법원 2007. 4. 13, 선고 2007도1249 판결; 대법원 2006. 2. 10, 선고 2005도7158 판결).

49) 현행범을 체포하기 위해서도 체포 당시 범죄와 범인의 명백성이 인정되어야 하는 것은 분명하다. 따라서 구성요건해당성, 위법성, 책임이 인정되지 않는 경우에는 현행범으로 체포할 수 없다.

50) 대법원 2000. 11. 10, 선고 2000다26807, 26814 판결; 대법원 1999. 1. 26, 선고 98도3029 판결.

51) 김문호, "경찰의 체포권 남용방지에 관한 연구", 「법학연구」 제40집, 한국법학회, 2010. 11, 189-190면 참조.

52) 준현행범을 인정한 사례로는, 대법원 2000. 7. 4, 선고 99도4341 판결(순찰 중이던 경찰관이 교통사고를 낸 차량이 도주하였다는 무전연락을 받고 주변을 수색하다가 범퍼 등의 파손상태로 보아 사고차량으로 인정되는 차량에서 내리는 사람을 발견한 사례이다. 형사소송법 제211조 제2항 제2호 소정의 '장물이나 범죄에 사용되었다고 인정함에 충분한 흉기 기타의 물건을 소지하고 있는

있도록 하는 것은 준현행범 제도의 '準'에 부합하지 않고 수사편의를 위한 규정으로 타당하지 않다는 비판이 있다.[54)]

(다) 현행범인은 누구든지 체포할 수 있다(법 제212조).

(라) 경미사건, 즉 50만 원 이하의 벌금·구류 또는 과료에 해당하는 죄의 현행범인에 대하여는 범인의 주거가 분명하지 아니한 때에 한하여 현행범인으로 체포할 수 있다(법 제214조).[55)][56)]

(마) 체포과정에서 피의사실의 요지 등을 고지하여 줌으로써 절차준수를 하여야 함은 통상체포와 다를 바 없다(법 제213조의2, 제200조의5). 다만 이와 같은 고지는 체포를 위한 실력행사에 들어가기 전에 미리 하여야 하는 것이 원칙이나, 달아나는 피의자를 쫓아가 붙들거나 폭력으로 대항하는 피의자를 실력으로 제압하는 경우에는 붙들거나 제압하는 과정에서 하거나, 여의치 않을 경우 일단 붙들거나 제압한 후에 지체 없이 하여야 한다(대법원 2000. 7. 4, 선고 99도4341 판결; 대법원 2007. 11. 29, 선고 2007도7961 판결[57)]; 대법원 2010. 6. 24, 선고 2008도11226 판결[58)]).

때'에 해당하므로 준현행범으로서 영장 없이 체포할 수 있다고 본 사례).

53) 일본의 경우에는, ① 범인으로 호창되어 추적되고 있는 때, ② 장물 또는 명백히 범죄의 용도에 제공되었다고 인정되는 흉기 기타 물건을 소지하고 있는 때, ③ 신체 또는 피복에 범죄의 현저한 증적이 있는 때, ④ 누구임을 물음에 대하여 도망하려 하는 때에 해당하는 자로 범죄의 실행을 종료한 직후라고 명백히 인정되는 자를 준현행범으로 체포할 수 있다(형사소송법 제212조 제2항). 우리와 같으나, "죄의 실행을 마친 직후라고 명백히 인정되는 때"를 요건으로 명시한 점은 우리 준현행범과 차이가 있다(이동희, "한국과 일본의 체포·구속제도에 대한 비교연구–체포·구속의 법제 및 실무운용을 중심으로–", 「비교형사법연구」 제11권 제1호, 한국비교형사법학회, 2009, 69면 참조).

54) 이재상, 형사소송법, 제9판, 박영사, 2013, 250면.

55) 일본의 경우에는, 30만엔 이하의 벌금, 구류 또는 과료에 해당하는 죄의 현행범에 대하여는 "범인의 주거 또는 성명이 명확하지 않은 경우 또는 범인이 도망할 염려가 있는 경우에 한하여" 현행범체포가 허용된다(형사소송법 제217조). 이와 같이 일본의 경우, 경미범죄의 현행범체포의 사유로 주거불명, 성명불상, 도주우려의 3가지 예외를 인정하고 있으므로, 이는 우리 형사소송법이 주거불명으로만 한정한 것에 비해 비교적 현행범체포가 더 용이함을 보여주는 것이다(이동희, "한국과 일본의 체포·구속제도에 대한 비교연구–체포·구속의 법제 및 실무운용을 중심으로–", 「비교형사법연구」 제11권 제1호, 한국비교형사법학회, 2009, 69면).

56) 미국은 Common law상 경죄를 저지른 자에 대한 체포는 '공공의 안녕질서를 침해하는 경우'에 한하여 영장 없이 체포할 수 있으며, 연방대법원은 "구금형이 없는 경죄에 대하여도 상당한 근거가 있으면 영장 없이 체포할 수 있다"고 하여 상당한 근거를 요구하고 있으며, 독일 형사소송법 제127조 제1항은 현행범인이 도주우려가 있거나 자신의 신원을 즉시 확증하지 못한 때에는 영장 없는 체포가 가능하도록 규정하고 있다(김문호, "경찰의 체포권 남용방지에 관한 연구", 「법학연구」 제40집, 한국법학회, 2010. 11, 192면 주45) 참조).

57) 경찰관들이 미란다 원칙상 고지사항의 일부만 고지하고 신원확인절차를 밟으려는 순간 범인이 유리조각을 쥐고 휘둘러 이를 제압하려는 경찰관들에게 상해를 입힌 경우 그 제압과정 중이나 후에 지체 없이 미란다 원칙을 고지하면 되는 것이므로 위 경찰관들의 긴급체포업무에 관한 정당한 직무집행을 방해한 경우라고 본 사례이다.

범인이 체포에 저항하는 경우 사회통념상 체포에 필요하고 상당하다고 인정되는 범위에서 실력행사를 할 수 있겠으나, 그 범위를 넘는 적극적 상해행위를 의욕하거나 감수했다면 별도의 형사책임이 따른다.

(바) 검사 또는 사법경찰관이 현행범인을 체포하는 경우 필요한 때에는 영장 없이 타인의 주거에 들어가 피의자를 수색할 수 있고, 체포현장에서 압수·수색·검증을 할 수 있다(법 제216조). 그러나 법문상 일반 사인이 현행범 체포시 타인의 주거에까지 들어가는 것은 허용되지 않는다.

(사) 일반인이 현행범인을 체포한 때에는 즉시 수사기관에 인도하여야 하지 임의로 석방하는 것은 허용되지 않는다(법 제213조 제1항). 자칫하면 체포권 남용의 경우가 발생할 수 있기 때문이다.

(아) 검사 또는 사법경찰관리가 체포한 현행범인을 구속하고자 할 때에는 체포한 때로부터 48시간 이내에 구속영장을 청구하여야 하고,[59] 그 기간 내에 구속영장을 청구하지 아니한 때에는 피의자를 즉시 석방하여야 한다(법 제213조의2, 제200조의2 제5항).

구속하지 않거나 48시간 내에 구속영장을 청구하지 아니한 때에는 즉시 석방하면 족하므로, 긴급체포와 달리 48시간 동안 사법통제가 전혀 이루어지지 않는 인권 무방비 상태에 피의자를 놓이게 하는바, 이러한 불합리를 해소하기 위해 독

58) 현행범체포시 고지의무를 위배하였고, 체포 이후 취해야 할 조치까지 위배한 경우 직무유기죄가 성립할 수 있다는 판결이다.「피고인들을 비롯한 경찰관들이 현행범으로 체포한 도박혐의자 17명에 대해 현행범인체포서 대신에 임의동행동의서를 작성하게 하고, 그나마 제대로 조사도 하지 않은 채 석방하였으며, 현행범인 석방사실을 검사에게 보고도 하지 않았고, 석방일시·사유를 기재한 서면을 작성하여 기록에 편철하지도 않았으며, 압수한 일부 도박자금에 관하여 압수조서 및 목록도 작성하지 않은 채 검사의 지휘도 받지 않고 반환하였고, 일부 도박혐의자의 명의도용 사실과 도박 관련 범죄로 수회 처벌받은 전력을 확인하고서도 아무런 추가조사 없이 석방한 것은 …(중략) 이는 단순히 업무를 소홀히 수행한 것이 아니라 정당한 사유 없이 의도적으로 수사업무를 방임 내지 포기한 것이라고 봄이 상당하다. …(중략) 피고인들을 비롯한 경찰관들이 피의자 4명을 현행범으로 체포하거나 현행범인체포서를 작성할 때 체포사유 및 변호인선임권을 고지하지 아니하였음에도 불구하고, '체포의 사유 및 변호인 선임권 등을 고지 후 현행범인체포한 것임'이라는 내용의 허위의 현행범인체포서 4장과 '현행범인으로 체포하면서 범죄사실의 요지, 구속의 이유와 변호인을 선임할 수 있음을 고지하고 변명의 기회를 주었다'는 내용의 허위의 확인서 4장을 각 작성한 행위는 …(중략) 당시 피고인들에게 허위공문서작성에 대한 범의도 있었다고 보아야 함에도 이와 다른 판단을 한 원심판결에 사실오인의 잘못이 있다.」

59) 일본도 현행범체포의 경우에는 긴급체포와 달리 사후에 법관의 체포영장을 발부받을 것을 요구하고 있지 않다(형사소송법 제213조 이하). 따라서 현행범을 체포한 경우, 이어서 구속영장을 청구하지 않는 이상 현행범체포에 대해 법관에 의한 사법적 통제가 이루어지지 않는 점은 우리와 같다(이동희, "한국과 일본의 체포·구속제도에 대한 비교연구－체포·구속의 법제 및 실무운용을 중심으로－",「비교형사법연구」 제11권 제1호, 한국비교형사법학회, 2009, 72면).

일, 미국의 입법례처럼 피의자를 체포한 때에는 즉시 법관에게 인치하도록 하거나, 강제연행만 허용하고 조사는 법관의 사후영장을 발부받은 경우에만 허용하도록 하거나, 검사의 승인을 받도록 개정하여야 한다는 견해가 유력하다.[60)]

나. 구 속

(1) 의 의

구속이란 피의자 또는 피고인의 신체의 자유를 체포에 비하여 장기간에 걸쳐 제한하는 강제처분이다.[61)]

구속피의자는 반드시 체포된 자임을 요하지 않는다. 사전영장에 따라 미체포 피의자에 대하여 바로 구속영장을 발부하고 집행할 수 있기 때문이다(법 제201조, 제201조의2 제2항).

구속은 체포와 달리 무영장구속이라는 예외가 없다. 오직 발부된 영장에 의해서만 구속이 가능하다.

2014 사법연감에 따를 때, 2013년 구속영장은 33,116건이 청구되고 27,089건이 발부되어 81.8%가 발부되었다.[62)]

(2) 제도의 목적

구속은 **형사소송의 진행과 형벌의 집행을 확보함을 목적**으로 하므로 재판출석보장, 증거인멸에 의한 수사와 심리의 방해제거, 확정된 형벌의 집행을 확보하기 위해서만 사용되어야 하고, **수사를 용이하게 하기 위한 제도가 아니다.**[63)] 수사의 편의를 위한 것으로는 체포제도로 충분하다.

재판 확정 전 형벌을 부과할 수는 없으므로 **구속이 사전형벌의 성질을 가졌다고 볼 수도 없다.**[64)] 따라서 고소인 또는 수사기관 종사자가 합의 또는 신속한 사건처리를 위해 구속을 예고함은 이미 구속제도의 본질에 반하는 것을 경고한 것이라 볼 것이다. 수사실무자 중 구속의 위와 같은 본래 목적을 잘 알고 감안하여 영장을 신청하는 신중한 사람이 많지 않다면 이는 실무상 불행이다. 수사기관은 통상 '재산죄의 경우 피해액 1억 이상이면 구속사유'라는 내부기준에 충실하게 영장을

---

60) 김문호, "경찰의 체포권 남용방지에 관한 연구", 「법학연구」 제40집, 한국법학회, 2010. 11, 190-191면.
61) 이재상, 형사소송법, 제9판, 박영사, 2013, 253면.
62) 법률신문, 기사, "법원, 작년 '감청 영장' 발부율 94%", 2014. 10. 23, 1면 참조.
63) 이재상, 형사소송법, 제9판, 박영사, 2013, 254면.
64) 이재상, 형사소송법, 제9판, 박영사, 2013, 254면.

청구하고, 고소인으로부터 청탁이라도 받으면 구속을 벌로써 고지하는 경우가 종종 있다(최근의 대표적 사례는, 해결사 검사).

따라서 구속의 위와 같은 목적을 고려하여 검사는 법치주의를 확립하고 형사사법에 대한 국민의 신뢰를 제고하기 위하여 구속 여부를 판단할 때에는 다음의 사항을 유의하여야 할 것이다. ① 피의자의 범죄혐의가 객관적인 증거에 의해 소명되었는지 **충분히 검토**하고, ② 범행의 성격, 예상되는 선고형량, 피의자의 성행, 전과, 가족관계, 직업, 사회적 관계, 범행 후의 정황 등을 **종합적으로 고려**하여 도망이나 증거 인멸의 염려 등 구속사유가 있는지 **신중하게 판단**하여야 하며, ③ 피의자가 범행을 부인하거나 진술거부권을 행사한다는 이유 또는 그 사건이 여론의 주목을 받는다는 이유만으로 곧바로 도망이나 증거 인멸의 염려가 있다고 **단정하지 말아야** 한다(인권보호수사준칙 제16조). 나아가 검사는 공익의 수호자로서 사법경찰관으로부터 신청을 받아 구속영장 청구 여부를 판단하는 경우에 인권침해가 의심되거나 그 밖에 구속 사유를 판단하기 위하여 필요하다고 인정할 때에는 피의자를 면담·조사하여야 한다(동 준칙 제17조).

위와 같은 기준을 충분히 검토하고도 구속사유나 구속의 필요성이 없는 경우에는 **원칙적으로 불구속 수사**를 하여야 한다(법 제198조 제1항). 형사소송법 제70조 제3항을 보아도 구속제도에는 비례성 원칙이 작동하고 있으므로, 예컨대 구속기간이 선고될 형보다 더 오래 지속, 피고인 또는 피의자에게 집행유예판결을 선고할 것임에도 불구하고 구속을 계속, 구속사유가 소멸되었거나 구속의 집행정지나 보석에 의하여 구속의 목적을 달성할 수 있는 경우 등의 사안에서는 비례성의 원칙에 따라 구속을 취소하여야 할 것이다.[65][66]

(3) 구속의 요건

피고인이나 피의자가 죄를 범하였다고 의심할 만한 상당한 이유가 있고, 일정한 주거가 없을 때, 증거를 인멸할 염려가 있을 때, 도망 또는 도망할 염려가 있을 때의 하나에 해당할 경우 구속할 수 있다(법 제70조, 제201조).

(가) **범죄혐의**는 무죄의 추정을 깨뜨릴 정도로 유죄판결에 대한 고도의 개연

---

65) 비례성의 원칙(법 제199조 제1항)은 강제처분의 실행과 기간 및 방법을 제한하는 이념이 된다(이재석, "수사와 인권", 「비교형사법연구」 5권 2호, 한국비교형사법학회, 2003, 815-816면; 이재상, 형사소송법, 제9판, 박영사, 2013, 258-259면 참조).

66) 비례성의 원칙(Grundsatz der Verhältnismäßigkeit)이 구속법의 지배원리라고 보는 견해로, 이재상, 형사소송법, 제9판, 박영사, 2013, 255면.

성이 인정되는 경우에 제한되어야 한다. 죄를 범하였다고 의심할 만한 상당한 이유와 고도의 개연성은 같은 의미로 해석되고 있다. 다만 그것은 입증의 정도에 이를 것까지는 요구하지 않고 가변적인 수사실무를 고려하면 완벽한 입증까지 요구할 수는 없기 때문에 소명으로서도 족하다. 따라서 수사기관은 죄를 범하였다고 의심할 고도의 개연성(또는 상당한 이유)을 소명하여야 한다.[67]

다만 그와 같이 해석한다고 하더라도 구성요건해당성, 위법성, 책임 중 불해당 또는 조각사유가 있음이 명백한 때에는 범죄혐의를 인정할 수 없음이 분명하다. 따라서 이와 같은 경우는 치료감호법에 의한 보호구속(치료감호법 제6조)[68]을 제외하고는 구속할 수 없다.

범죄혐의는 구속시를 기준으로 하는 것이어서 수사나 심리의 진행에 따라 더 이상 구속할 필요가 없을 경우 검사는 구속취소절차를 밟아야 한다. 실무상으로는 범죄혐의가 있어 구속시킨 검사가 수사 중 혐의소멸로 구속을 취소하는 사례는 없고, 구속의 필요성이 소멸하여 구속취소를 하는 경우는 흔히 있다. 그 예로는 거액의 회사 돈을 횡령하였거나 거액의 대출사기를 행하여 구속시켰더라도 사비로 피해액 대부분을 변제하거나 별도의 확실한 담보를 피해변제조로 제공하여 도주우려가 없다고 보아 구속을 취소하는 경우를 들 수 있다.

(나) 형사소송법이 인정하는 **구속사유**는, **주거부정, 증거인멸 염려, 도망 또는 도망염려**이다(법 제70조 제1항).

법원은 위 3가지의 구속사유를 심사함에 있어서 범죄의 중대성, 재범의 위험성,[69] 피해자 및 중요참고인 등에 대한 위해우려 등을 고려하여야 한다(법 제70조 제

67) 이재상, 형사소송법, 제9판, 박영사, 2013, 256면.

68) 치료감호법 제6조(치료감호영장) ① 치료감호대상자에 대하여 치료감호를 할 필요가 있다고 인정되고 다음 각 호의 어느 하나에 해당하는 사유가 있을 때에는 검사는 관할 지방법원 판사에게 청구하여 치료감호영장을 발부받아 치료감호대상자를 보호구속[보호구금(保護拘禁)과 보호구인(保護拘引)을 포함한다. 이하 같다]할 수 있다.

1. 일정한 주거가 없을 때
2. 증거를 인멸할 염려가 있을 때
3. 도망하거나 도망할 염려가 있을 때

② 사법경찰관은 제1항의 요건에 해당하는 치료감호대상자에 대하여 검사에게 신청하여 검사의 청구로 관할 지방법원 판사의 치료감호영장을 발부받아 보호구속할 수 있다.

③ 제1항과 제2항에 따른 보호구속에 관하여는 형사소송법 제201조 제2항부터 제4항까지, 제201조의2부터 제205조까지, 제208조, 제209조 및 제214조의2부터 제214조의4까지의 규정을 준용한다.

69) 재범의 위험성은 형사소송법에 명문으로 들어오기 전에도 구속사유로 논의되어 왔다. 당시 재범의 위험성에 대하여 하태훈 교수는, 이는 특히 연쇄방화범, 강도범, 강간 등 성범죄, 마약범죄에서 구속사유로 논의되고 있는데, 이 구속사유는 도망의 염려 또는 증거인멸의 염려와는 달리 형사절

2항). 이러한 고려사유는 독립된 구속사유가 아니다. 구속사유를 심사함에 있어서 고려해야 할 사정에 불과하다. 따라서 **구속사유가 없는 경우 범죄의 중대성이나 재범의 위험성을 이유로 구속할 수는 없다.** 실무상으로도 구속과 관련한 재범의 위험성이 발부영장에 표시되기는 어렵다. 비록 검사가 재범의 위험성도 함께 표기하여 주장하더라도, 법원은 어디까지나 주거부정, 도주우려, 증거인멸위험을 공식적으로 전면에 내세우며 발부한다. 그러나 만약 현주건조물방화죄를 저지른 피의자가 자백하고 주거도 일정하나, 석방된 후 병적으로 다시 방화한다면 영장법관이 비난을 면치 못할 것이므로, 결국 특정 위험한 범죄군은 구속사유와 더불어 재범의 위험성을 명시적으로 판단할 수밖에 없을 것이다.

한편, 범죄의 중대성과 재범의 위험성이 독립적으로는 고려되지 못하더라도 도망염려의 요소로 작동하거나, 피해자 및 중요참고인에 대한 위해우려가 증거인멸의 우려의 내용으로 포함되어 해석되는 것은 당연히 허용된다.[70]

구속사유는 구체적 사실을 기초로 판단되어야 하므로 구속영장의 청구에 구속의 필요를 인정할 수 있는 자료를 제출하도록 하고 있다(법 제201조 제2항).

1) 도망할 염려(逃亡念慮)란 구체적 사정을 평가한 결과 피고인 또는 피의자가 형사소송에서 떠날 고도의 개연성이 있는 것을 말한다.[71]

선고될 형량은 도망염려를 판단할 중요한 자료가 되고, 특별히 중형이 선고될 것이 예상되는 때에는 그 사유만으로 도망할 염려를 인정할 수 있게 된다는 논리가 나온다.[72]

차의 확보를 목적으로 하는 것이 아니라 아주 개연적인 중범죄로부터 공동체를 보호하기 위한 예방적 조치로서 구속을 인정하기 위한 사유이고, 이 구속사유는 개개인의 자유와 효과적인 범죄해결이라는 공적 이익과의 긴장관계를 나타내준다고 보았다. 즉 이미 행한 범죄의 침해와 종류와 정도에서 불법이 표현되고 행위자의 범죄적 성향이 표출되어 공동체의 안전성이 동요되는 상황이기 때문에 범죄로부터의 공동체보호가 포기될 수 없는 상황이므로 구속이라는 예방적 조치가 필요하나, 다만 개인의 자유권보장을 고려하여 동일한 수법의 범죄를 범할 고도의 개연성이라는 일반적 요건 외에 실제 연쇄적으로 행하여지는 범죄 중 법익의 중대성을 고려하여 제한적인 범죄영역에서만 구속사유로서 인정되어야 한다는 것이다. 독일 연방헌법재판소도 독일 형사소송법 제120조a의 구속사유로서의 재범의 위험성을 합헌으로 보았다고 소개하고 있다(BVerf Beschluß v. 30. 5. 1973; BVerfGE 35, 185){하태훈, "인권보장을 위한 수사상의 인신구속제도의 개선방안", 「안암법학」 3권, 안암법학회, 1994, 366-367면 및 주33) 각 참조}.

70) 이재상, 형사소송법, 제9판, 박영사, 2013, 256면; 오기두, "개정된 형사소송법의 운용", 「저스티스」 통권 제103호, 한국법학원, 2008, 75면.

71) 이재상, 형사소송법, 제9판, 박영사, 2013, 257면.

72) 이재상, 형사소송법, 제9판, 박영사, 2013, 257면. 물론 이재상 교수도, 이러한 경우라 하더라도 경제적 지위나 직장 또는 가족관계 등에 비추어 예외적으로 도망할 염려를 부정할 수 있다고 보고 있으나, **일단 중형선고예상을 도망우려로 보고 나면,** 이재상 교수가 주장하는 **기타의 예외사정에 주목하여 법원이 영장을 기각한다는 보장이 없다.** 따라서 필자는 이에 동의할 수 없다는 것이다.

그러나 이에는 동의할 수 없다.[73] 실무상 상당히 많은 영장에 발부사유로 「■ 도주 우려, 그 이유 란에 "중형 선고 예상" 또는 "실형 선고 예상"」이라고 간단하게 기재하고 있는데, 피의자가 어떤 논리로 혐의사실을 부인하고 있으며, 향후 어떤 변론을 통해 구체적 입증이 가능할 것인지 등을 감안하여 과연 본안에서 어떤 선고가 내려질지 영장법관들은 좀 더 신중해야 할 것이다. 자신이 본안의 법관이 아닐진대 함부로 중형 또는 실형 선고가 예상된다고 단정할 수 없고, 상당기간 수사한 결과를 불과 하루 이틀 만에 검토하여 중형·실형 선고를 단정한다면 이는 무리이다. 특히 수사가 객관적이지 못한 경우였다면 아무리 기록을 상세히 검토했다 하더라도 **오판의 위험이 상당하다.** 나아가 오판하여 구속시킬 경우 구속영장 판단법관은 통상 부장판사이고, 구속된 후 이어지는 본안 중 단독법관은 후배법관이 되므로 실무상 구속기소 사건의 경우 암묵적으로 실형선고로 구속이 유지되는 관행이 많아 한 번 **오판으로 입게 될 피해도 상당하다.**

또 실형 선고가 예상된다 하여 미리 도주할 것으로 곧바로 연결한다면 이도 무리이다. 기소 당하더라도 소송절차에서 끝까지 다투는 경우도 흔히 있으므로 구속영장 발부법관은 신중을 기해 도주우려를 판단해야 한다.

향후 충분한 해석론이 공론화되어 도주우려 부분이 세밀한 방식으로 보강 입법된다면 법관의 자의를 막을 수 있을 것이다. 양형에 대한 통제방안은 수십 년 전부터 학계에서 주장되다가 대법원이 이를 수용한 후 권고적 기준을 만들자, 일선 법관 중 상당수가 이를 준수하고 있음은 공지의 사실이다. 따라서 구속영장 심사와 관련해서도 **현재와 같은 판단기준과 발부관행으로는 피의자의 방어권을 미리부터 형해화**하기 쉬우므로 향후 이 부분에 대한 구속법 법리가 충실하게 발전하여 구속발부에 신중함이 필요하다고 본다.

2) 주거부정(住居否定)에 대해서는, 주거가 일정하지 않다고 하여 그것만으로 도망할 위험이 있다고 할 수 없으며, 한편 주거가 일정하다고 하여 도망의 위험이 없는 것도 아니므로 이를 독립된 구속사유로 규정한 것은 타당하지 않다는 견해가 유력하다.[74]

---

73) 同旨 하태훈 교수도, 도망의 염려를 판단함에는 병, 주거, 직장, 가족상황 등과 예상되는 형벌의 양, 전과유무, 연쇄범행여부 등을 모두 고려하여야 하므로, 어느 하나의 사실만으로 도망의 염려를 인정하는 것은 올바른 평가가 아니며, 또한 범죄혐의가 짙다거나 예상되는 형벌이 중하다는 이유만으로, 또는 전과가 있다는 사실만으로 일정한 주거, 가족상황, 고정된 직업과 지장에도 불구하고 경험상 도망의 염려가 있다고 판단하는 것은 불충분한 평가라고 보고 있다(하태훈, "인권보장을 위한 수사상의 인신구속제도의 개선방안", 「안암법학」 3권, 안암법학회, 1994, 365-366면 참조).

74) 이재상, 형사소송법, 제9판, 박영사, 2013, 257면.

그러나 사견으로는, 주거가 부정한 자는 주로 주민등록이 말소되었거나 초본상 주소지가 단기간에 수시로 변하는 자들로서, 실제로는 주소지와는 다른 곳에서 사글세 또는 무상거주 형태의 불안정한 생활을 하는 사람이 대부분이다. 이들은 주거가 공부상 드러나는 것을 원치 않고, 실제 거소지가 채권자 또는 수사기관에 알려질 경우 또다시 거소지를 변경하기 쉽다는 점에서 주거부정을 독립적 구속사유로 삼은 현행 형사소송법 규정은 타당하다.

3) 증거인멸의 위험(證據湮滅危險)은 피고인 또는 피의자를 구속하지 않으면 증거방법을 훼손·변경·위조하거나, 공범자·증인·감정인에게 허위의 진술을 하게 하여 진실발견을 곤란하게 할 구체적 위험이 있는 경우에 인정된다.[75]

부정한 방법으로 증거를 인멸할 현저한 혐의가 있어야 하므로 **단순히 수사가 종결되지 않았다거나, 피의자가 자백하지 않고 다투고 있다거나 하는 사정만으로 증거인멸의 위험을 인정해서는 안 된다.** 또 피고인 또는 피의자가 방어를 위하여 유리한 증거를 수집하거나 진술거부권을 행사하는 것도 부정한 방법이라 할 수 없으므로 증거인멸의 위험을 인정할 자료가 되지 않는다.[76]

실무상으로는 이미 대부분의 중요 증거가 압수되어 더 이상 은닉할 증거가 없는 경우에는 증거인멸의 위험이 없다고 보고, 또 적극적으로 피의자가 자신에게 유리한 자료의 제출을 충분히 하여 더 이상 은닉할 증거가 없을 뿐만 아니라 불구속 상태에서 방어권 보장을 받으며 추가로 다툴 여지가 있는 경우에는 도주의 우려 및 증거인멸의 위험 모두 없다고 보아 영장을 기각하고 있다. 반면 객관적 증거는 별반 없고 참고인의 진술이 중요한 사건에서 참고인과 피의자의 관계를 고려할 때 진술을 번복시키거나 말을 맞추게 할 가능성이 있다면 이는 인적 증거의 인멸 위험으로 볼 수 있고, 실제 검사는 중요사건의 수사 중 피의자와 관련자간의 통화목록을 이미 확보하여 통화횟수를 지켜보고 있다. 피의자 및 변호인으로서는 주의할 점이다. 함부로 참고인들과 접촉하는 것은 의심의 대상이 되고, 구속사유의 증가로 이어지기 때문이다.

(다) 다액 50만원 이하의 벌금, 구류 또는 과료에 해당하는 사건에 관하여는 주거부정을 제한 외에는 구속할 수 없다(법 제70조 제3항). 비례성의 표현이라고 보고

75) 이재상, 형사소송법, 제9판, 박영사, 2013, 258면.

76) 이재상, 형사소송법, 제9판, 박영사, 2013, 258면; 하태훈, "인권보장을 위한 수사상의 인신구속제도의 개선방안", 「안암법학」 3권, 안암법학회, 1994, 366면. 하태훈 교수는 심지어 증인과 접촉했다는 사실이 있더라도 증거인멸의 염려가 있는 경우에 해당하지 않는다고 보고 있다. **법적으로 허용된 방어권행사를 위한 준비행위로 볼 수 있다**는 이유이다.

있다.

(4) 영장실질심사

법은 구속영장의 발부절차에 있어서 영장실질심사제를 도입·운영하고 있다. 구속영장의 청구를 받은 판사가 피의자를 직접 심문하여 구속사유를 판단하는 제도로 모든 구속사건에서 필요적이다. 이에 대해서는 제2편 제2장 제4절(신병결정단계 변호권 행사) 부분에서 상세히 후술한다.

다. 압수 · 수색 · 검증

증거를 수집·보전하여 범죄의 혐의를 밝히고 수사의 목적을 달성하기 위하여 필요한 경우 수사기관은 증거물을 압수·수색·검증할 수 있다.

형사소송법은 원칙적 영장주의, 예외적 무영장주의를 채택하고 있다.

'2014 사법연감'에 따를 때, 2012년 발부된 압수수색검증영장은 122,240건이었고 발부율은 87.9%였고, 2013년에는 182,263건이 청구돼 166,877건이 발부되어 전년보다 6만여 건 이상 증가했고, 발부율은 91.6%였다.[77)]

(1) 영장주의

(가) 근 거

영장주의는 헌법상 주거의 자유(제16조)와 사생활의 비밀과 자유(제17조)를 보장하는 전제가 된다. 압수·수색과 영장주의의 관계에 대해서는 헌법 제12조 제3항과 형사소송법 제215조에서 규정하고 있다.

영장주의와 관련한 현행법을 위배하여 수집한 증거물에 대하여 종전에는 성상불변론(性狀不變論)을 이유로 대법원이 증거능력을 인정하였으나,[78)] 개정 형사소송법에서는 위법수집증거배제법칙이 명문화되어 이제 영장주의의 요건과 절차를 충족하지 못한 채 수집된 증거는 일체 증거로 사용할 수 없게 되었다(법 제308조의2). 따라서 압수·수색절차가 위법할 경우 그 증거물은 증거능력을 상실할 것임은 이제 말할 나위가 없다. 다만 현재 우리 대법원은 일정한 경우 유죄 인정의 증거로 사용할 수 있는 여지를 열어두고 있다.[79)]

---

77) 법률신문, 기사, "법원, 작년 '감청 영장' 발부율 94%", 2014. 10. 23, 1면 참조.

78) 대법원 1987. 6. 23, 선고 87도705 판결; 대법원 1994. 2. 8, 선고 93도3318 판결. 「압수물은 압수절차가 위법하다 하더라도 물건 자체의 성질·형상에 변경을 가져오는 것은 아니므로 그 형상 등에 대한 증거가치에는 변함이 없다 할 것이므로 증거능력이 있다.」

79) 대법원 2007. 11. 15, 선고 2007도3061 전원합의체 판결. 「…(전략) 수사기관의 증거수집 과정에서 이루어진 절차 위반행위와 관련된 모든 사정 즉, 절차 조항의 취지와 그 위반의 내용 및 정도, 구체적인 위반 경위와 회피가능성, 절차 조항이 보호하고자 하는 권리 또는 법익의 성질과 침해 정

(나) 압수 · 수색의 요건

1) 근거규정

형사소송법 제106조(압수) ① **법원은** 필요한 때에는 **피고사건과 관계가 있다고 인정할 수 있는 것에 한정**하여 증거물 또는 몰수할 것으로 사료하는 물건을 압수할 수 있다. 단, 법률에 다른 규정이 있는 때에는 예외로 한다. ② 법원은 압수할 물건을 지정하여 소유자, 소지자 또는 보관자에게 제출을 명할 수 있다. ③ 법원은 압수의 목적물이 **컴퓨터용디스크, 그 밖에 이와 비슷한 정보저장매체**(이하 이 항에서 "정보저장매체등"이라 한다)인 경우에는 기억된 정보의 범위를 정하여 출력하거나 복제하여 제출받아야 한다. 다만, 범위를 정하여 출력 또는 복제하는 방법이 불가능하거나 압수의 목적을 달성하기에 현저히 곤란하다고 인정되는 때에는 정보저장매체등을 압수할 수 있다.

형사소송법 제107조(우체물의 압수) ① **법원은** 필요한 때에는 **피고사건과 관계가 있다고 인정할 수 있는 것에 한정**하여 우체물 또는 「통신비밀보호법」 제2조 제3호에 따른 **전기통신**(이하 "전기통신"이라 한다)**에 관한 것**으로서 체신관서, 그 밖의 관련기관 등이 소지 또는 보관하는 물건의 제출을 명하거나 압수를 할 수 있다.

형사소송법 제109조(수색) ① **법원은** 필요한 때에는 **피고사건과 관계가 있다고 인정할 수 있는 것에 한정**하여 피고인의 신체, 물건 또는 주거, 그 밖의 장소를 수색할 수 있다. ② 피고인 아닌 자의 신체, 물건, 주거 기타 장소에 관하여는 압수할 물건이 있음을 인정할 수 있는 경우에 한하여 수색할 수 있다.

형사소송법 제114조(영장의 방식) ① 압수·수색영장에는 피고인의 성명, 죄명, 압수할 물건, 수색할 장소, 신체, 물건, 발부연월일, 유효기간과 그 기간을 경과하면 집행에 착수하지 못하며 영장을 반환하여야 한다는 취지 기타 대법원규칙으로 정한 사항을 기재하고 재판장 또는 수명법관이 서명날인하여야 한다. 다만, 압수·수색할 물건이 **전기통신에 관한 것인 경우**에는 작성기간을 기재하여야 한다.

형사소송법 제215조 ① **검사는 범죄수사에 필요한 때**에는 피의자가 **죄를 범하였다고 의심할 만한 정황**이 있고 **해당 사건과 관계가 있다고 인정할 수 있는 것에**

도 및 피고인과의 관련성, 절차 위반행위와 증거수집 사이의 인과관계 등 관련성의 정도, 수사기관의 인식과 의도 등을 전체적·종합적으로 살펴 볼 때, **수사기관의 절차 위반행위가 적법절차의 실질적인 내용을 침해하는 경우에 해당하지 아니하고,** 오히려 그 증거의 증거능력을 배제하는 것이 헌법과 형사소송법이 형사소송에 관한 절차 조항을 마련하여 적법절차의 원칙과 실체적 진실 규명의 조화를 도모하고 이를 통하여 **형사 사법 정의를 실현하려 한 취지에 반하는 결과를 초래하는 것으로 평가되는 예외적인 경우**라면, **법원은 그 증거를 유죄 인정의 증거로 사용할 수 있다고 보아야 한다.**」

한정하여 지방법원판사에게 청구하여 발부받은 영장에 의하여 압수, 수색 또는 검증을 할 수 있다. ② 사법경찰관이 범죄수사에 필요한 때에는 피의자가 죄를 범하였다고 의심할 만한 정황이 있고 해당 사건과 관계가 있다고 인정할 수 있는 것에 한정하여 검사에게 신청하여 검사의 청구로 지방법원판사가 발부한 영장에 의하여 압수, 수색 또는 검증을 할 수 있다.

2) 요 건

가) 관 련 성

2011년 개정 형사소송법(법률 제10864호, 2011. 7. 18, 일부개정)은 종래 압수·수색영장의 발부요건으로 오직 "범죄수사에 필요한 때"라는 요건이 너무 추상적이라는 비판을 수용하여 제106조, 제107조, 제109조, 제215조에 각 관련성 요건(關聯性 要件)[80]을 추가로 삽입하였으며, 제106조, 제107조, 제114조에서 디지털증거도 압수가 가능하다는 점을 추가로 명문화하였다.

관련성 요건에 관한 최근 대법원의 태도(대법원 2014. 1. 16, 선고 2013도7101 판결)[81]를 보면 다음과 같다.

「가. 피고인 1·7 사이의 대화를 녹음한 녹음파일(이하 '이 사건 녹음파일'이라 한다) 및 그에 기하여 수집된 증거들의 증거능력에 대하여

(1) 이 사건 녹음파일의 증거능력에 관하여

…(전략) 이 사건 영장에서 당해 혐의사실을 범하였다고 의심된 '피의자'는 피고인 2에 한정되어 있는데, 수사기관이 압수한 이 사건 녹음파일은 피고인 1과 피고인 7 사이의 범행에 관한 것으로서 피고인 2가 그 범행에 가담 내지 관련되어 있다고 볼 만한 아무런 자료가 없다. 결국 이 사건 영장에 기재된 '피의자'인 피고인 2가 이 사건 녹음파일에 의하여 의심되는 혐의사실과 무관한 이상, 수사기관이

---

80) 피고사건(법 제106조 제1항) 내지 피의사건(법 제219조, 제215조)과 관계가 있다고 인정할 수 있는 것에 한정하여 압수·수색이 허용된다는 제한.

81) 신동운 교수는, 관련성 요건과 관련하여서는 입법자가 최근에 새로이 도입한 것으로서 그 내용이 어떠한 것인지에 대해 해석상 논란이 있다가, **대법원 2014. 1. 16, 선고 2013도7101 판결에서 판단기준과 법적 효과를 처음으로 제시하였다고 평가**하고 있다. 나아가 신동운 교수는 해당 판례와 관련하여, 대법원은 먼저 압수·수색의 관련성 요건에 대해 피고인(피의자)이라는 주관적 표지와 범죄사실(피의사실)이라는 객관적 표지를 동시에 고려하도록 요구하고 있고, 나아가 앞으로의 형사공판에서 증거능력을 따질 때는 위법하게 수집된 검사제출 증거로서 녹음파일의 증거능력을 따지고(위법수집증거배제법칙), 공판 중 녹음파일을 법정에서 직접 제시하면서 얻어낸 피고인의 법정진술의 증거능력(2차적 증거)도 별도로 평가하여 원칙적으로 증거능력을 배제시킬 것으로 내다보았다(법률신문, 판례평석, "압수·수색의 관련성 요건과 그 법적 효과－2014. 1. 16, 선고 2013도7101 판결－", 2015. 1. 8, 11면 참조).

별도의 압수·수색영장을 발부받지 아니한 채 압수된 이 사건 녹음파일은 형사소송법 제219조에 의하여 수사기관의 압수에 준용되는 형사소송법(2011. 7. 18. 법률 제10864호로 개정되어 2012. 1. 1.부터 시행된 것) 제106조 제1항이 규정하는 '피고사건' 내지 동법 제215조 제1항이 규정하는 '해당 사건'과 '관계가 있다고 인정할 수 있는 것'에 해당한다고 할 수 없으며, 이와 같은 압수에는 헌법 제12조 제1항 후문, 제3항 본문이 규정하는 헌법상 영장주의에 위반한 절차적 위법이 있다고 할 것이다. 따라서 이 사건 녹음파일은 형사소송법 제308조의2에서 정한 '적법한 절차에 따르지 아니하고 수집한 증거'로서 이를 증거로 쓸 수 없다고 할 것이고, 그와 같은 절차적 위법은 헌법상 규정된 영장주의 내지 적법절차의 실질적 내용을 침해하는 중대한 위법에 해당하는 이상 예외적으로 그 증거능력을 인정할 수 있는 경우로 볼 수도 없다. 그렇다면 수사기관의 이 사건 녹음파일 압수·수색 과정에서 피압수·수색 당사자인 피고인 1에게 참여권이 보장되었는지, 복사대상 전자정보의 목록이 교부되었는지 여부 등은 별론으로 하더라도, 원심이 위와 같은 전제에서 이 사건 녹음파일이 이 사건 영장에 의하여 압수할 수 있는 물건 내지 전자정보로 볼 수 없다고 하여 그 증거능력을 부정한 조치는 결론에 있어 정당한 것으로 수긍할 수 있으며, 거기에 검사의 상고이유 주장과 같이 범죄혐의 관련성의 범위나 위법수집 증거배제법칙의 예외 등에 관한 법리를 오해한 위법이 없다.

(2) 이른바 '2차적 증거'의 증거능력에 관하여

법원이 2차적 증거의 증거능력 인정 여부를 최종적으로 판단할 때에는 먼저 절차에 따르지 아니한 1차적 증거 수집과 관련된 모든 사정들, 즉 절차 조항의 취지와 그 위반의 내용 및 정도, 구체적인 위반 경위와 회피가능성, 절차 조항이 보호하고자 하는 권리 또는 법익의 성질과 침해 정도 및 피고인과의 관련성, 절차 위반행위와 증거수집 사이의 인과관계 등 관련성의 정도, 수사기관의 인식과 의도 등을 살피는 것은 물론, 나아가 1차적 증거를 기초로 하여 다시 2차적 증거를 수집하는 과정에서 추가로 발생한 모든 사정들까지 구체적인 사안에 따라 주로 인과관계 희석 또는 단절 여부를 중심으로 전체적·종합적으로 고려하여야 한다(대법원 2009. 3. 12, 선고 2008도11437 판결, 대법원 2013. 3. 28, 선고 2012도13607 판결 등 참조).

원심은 앞서 본 바와 같이 이 사건 녹음파일의 증거능력이 부정되는 이상, 이에 터 잡아 수집한 2차적 증거인 피고인들의 검찰 진술 또한 그 증거능력이 배제되어야 하는 것으로서 증거로 쓸 수 없다고 판단하는 한편, 피고인들의 법정진술과 참고인 공소외 14 등의 수사기관 및 법정 진술에 대해서는, 공개된 법정에서 진술거부권을 고지받고 변호인의 충분한 조력을 받은 상태에서 자발적으로 이루어진 것이고 수사기관이 의도적으로 그 영장주의의 취지를 회피하려고 시도한 것은 아니라는 사정 등을 종합하여 그 증거능력이 인정된다고 판단하였다.

기록에 의하면, 위 피고인들의 제1심 법정진술의 경우에는 그 증거능력이 부정되어야 할 이 사건 녹음파일을 제시받거나 그 대화 내용을 전제로 한 신문에 답변한 내용이 일부 포함되어 있으므로, 그와 같은 진술과 이 사건 녹음파일 수집과정에서의 절차적 위법과의 사이에는 여전히 직접적 인과관계가 있다고 볼 여지가 있어, 원심이 이 부분 진술까지 그 증거능력이 있다고 단정한 데에는 부적절한 점이 없지 아니하다. 그러나 이를 제외한 나머지 증거들의 증거능력에 대한 원심의 위와 같은 판단은 정당한 것으로 수긍할 수 있고 거기에 피고인 1의 상고이유 주장과 같은 법리오해의 위법이 없으며, 뒤에서 보는 바와 같이 위 피고인들의 제1심 법정진술을 제외하더라도 피고인 1에 대한 이 부분 공소사실에 대한 원심의 결론은 정당하므로, 결국 원심의 위와 같은 잘못은 판결 결과에 영향을 미치지 아니하였다고 할 것이다.」

나) 범죄혐의

구 형사소송법에서는 압수·수색의 영장발부 사유에 대하여 명시적 규정을 두지 않고, "범죄수사에 필요한 때"라는 요건만이 추상적으로 규정되어 있어(구 형사소송법 제215조, 제216조), 범죄혐의의 정도와 관련하여 특히 견해가 대립하고 있었다.

이에는, ① 대물적 강제처분을 위해서는 상당한 이유가 필요하지 않고, **최초의 혐의**(Anfangsverdacht) 또는 단순한 혐의(einfacher Verdacht)로 족하다는 입장(**구별설**), 이 견해의 근거는 압수·수색이 대부분 구속에 앞서 피의자를 특정하거나 구속요건을 충족시키기 위해 행해지고, 형사소송법이 인신 체포·구속의 요건으로 '죄를 범하였다고 의심할만한 상당한 이유'를 명시적으로 요구하면서도(법 제201조, 제200조의2, 제200조의3), 압수·수색·검증영장을 청구함에는 죄를 범하였다고 인정되는 자료를 제출하면 족하도록 규정하고 있다는 점(규칙 제108조)이다.[82] ② 대인적 강제처분의 경우와 마찬가지의 **상당한 이유 요건이 필요하다고 보는 입장**(비구별설), 이

82) 이재상, 형사소송법, 제9판, 박영사, 2013, 309면; 임동규, 형사소송법, 제9판, 법문사, 2013, 220면; 손동권/신이철, 새로운 형사소송법, 세창출판사, 2013, 295면; 배종대/이상돈/정승환/이주원, 신형사소송법, 제5판, 홍문사, 2013, 183-184면. 배종대 외 5인 공저에서는, 구속보다 낮은 정도의 범죄혐의, 수사를 개시할 정도의 범죄혐의, 구체적 범죄혐의로 표현하고 있다.

견해의 근거는 대인적 강제처분이건 대물적 강제처분이건 동일하게 헌법상의 기본권을 침해하는 것으로 헌법상 영장주의의 원칙이 규정되어 있고, 형사소송규칙이 압수·수색·검증을 위한 영장청구서의 기재사항으로 범죄사실의 요지를 명시하고 있다는 점(규칙 제107조 제1항 제1호, 제95조 제3호)이다.[83][84] ③ 상당한 이유에까지는 이르지 않더라도 **적어도 "객관적·합리적 의심"이 필요하다는 입장**(일종의 중간설)[85]이 대립하였다.

2011년 개정 형사소송법에서 피고사건과의 관련성과 피의자가 죄를 범하였다고 의심할만한 정황이 있을 것을 추가하여 구법보다는 수사상 압수·수색의 요건이 다소 상세해졌다고 볼 수 있다.[86] 그러나 **범죄혐의와 관련하여 "의심할만한 정황"이라고만 입법되어 여전히 어느 정도의 혐의를 요하는지와 관련하여 종래의 해석론이 그대로 유용하다**고 할 것이다.

생각건대, 형사소송법이 체포·구속과 관련하여서는 죄를 범하였다고 의심할만한 상당한 이유를 명시적으로 요구하면서도(법 제200조의2 제1항, 제201조 제1항), 압수·수색과 관련해서는 여전히 "상당한 이유"를 요구하지 않고 있으므로 인신구속 정도의 "상당한 이유"에 이를 것까지는 요구하지 않는다고 봄이 타당하고, "객관적·합리적 의심"을 요구한다고 볼 마땅한 근거도 없으므로, 결국 종래 다수견해와 같이 개정 형사소송법 하에서도 여전히 "단순한 혐의"가 있을 경우 압수·수색이

83) 신동운, 신형사소송법, 법문사, 2008, 286면; 차용석/최용성, 형사소송법, 제4판, 21세기사, 2013, 248면.

84) 미국 수정헌법 제4조에는 압수·수색에 상당한 이유(probable cause)를 요구하고 있다(조국, "압수·수색의 합법성 기준 재검토", 「비교형사법연구」 제5권 제2호, 한국비교형사법학회, 2003, 748면).

85) 조국, "압수·수색의 합법성 기준 재검토", 「비교형사법연구」 제5권 제2호, 한국비교형사법학회, 2003, 747-749면. 조국 교수는 논거로, 압수·수색의 경우는 특히 합목적적 요소가 강하고, 신체를 직접 구속하는 대인적 강제처분에 비하여 인권침해의 정도가 상대적으로 낮다는 점을 인정할 수 있는 반면, 형사소송규칙은 분명 영장청구서에 죄명 및 범죄사실의 요지를 기재하도록 규정하고 있으므로 형사소송법 문언의 차이를 존중하여 "상당한 이유"는 요구되지 않다고 하더라도, "단순한 혐의"를 넘어서는, 최소 불심검문 수준 이상의 범죄혐의, 즉 피의자가 범죄를 범하고 있다 또는 범하였다는데 대한 "객관적·합리적 의심"은 요구된다는 점을, 들고 있으며, 이 견해는 합리적 의심(resonable suspicion)을 요구하는 영국의 '경찰및형사증거법'(Police and Criminal Evidence Act, PACE)를 참고로 소개하고 있다.

86) 이 같은 입법태도에 대하여, 차용석/최용성, 형사소송법, 제4판, 21세기사, 2013, 248면(비구별설)에서는, 개정 형사소송법이 대인적 강제수사와 대물적 강제수사를 구별하지 않는 저자들의 비구별설을 받아들여 피의자가 죄를 범하였다고 의심할만한 정황, 해당 사건과 관계가 있다고 인정할 수 있는 것이라는 요건을 추가하여 압수·수색의 요건을 엄격하게 강화하였다고 평가하고 있고, 반면 손동권/신이철, 새로운 형사소송법, 세창출판사, 2013, 295면(구별설)에서는, 2011년 개정 형사소송법이 피의자 구속과 달리 "죄를 범하였다고 의심할만한 정황이 있으면 족하다"고 규정하고 있어, 입법자가 범죄혐의에 차등을 둠으로써 수사상 압수·수색·검증을 함에 있어 필요한 범죄혐의는 최초의 혐의 또는 단순한 혐의로 족하다고 본 것으로 이해하여 해석이 다르다.

가능하다고 봄이 타당하다. 압수·수색의 요건보다는, 압수·수색의 범위 및 절차 면에서 법원이 통제함이 바람직할 것이고, 물적 증거를 중시하는 최근의 풍토와도 맞아 들어가는 해석론이라 할 것이다.

(다) 영장의 특정성

압수·수색영장에는 피고인(피의자)의 성명, 죄명, 압수할 물건, 수색할 장소, 신체, 물건, 발부연월일, 유효기간 등이 기재되어야 하므로(법 제114조 제1항) 일괄영장은 금지되고 있다.

따라서 영장에 기재되어 있지 않은 제3자에 대한 수색은 원칙적으로 인정되지 않는다. 다만 형사소송법 제216조 제1항 제2호(영장체포, 긴급체포, 현행범 체포, 구속현장에서의 압수·수색·검증)에 의해 제3자를 체포하고 이에 수반하는 압수·수색이 가능한 경우 또는 제3자 소지물건에 대해 직접 압수·수색영장을 발부받은 경우[87]는 제3자 소지물건에 대한 압수·수색이 가능하나, 이는 형사소송법이 허용한 예외에 불과하다.

또한 수색장소도 특정되어야 한다.

압수물건과 관련하여서는, 가정 내에 있는 "모든 기록"의 압수·수색영장이라면 피의자의 범죄행위와 충분히 연관되어 있어야 할 것이고, 회사의 "업무서류 전체"에 대한 압수·수색 역시 그 모든 회사기록이 범죄행위의 증거가 될 수 있는 상당한 이유가 있는 경우에 한하여 허용되어야 할 것이다.[88]

(라) 포괄적 압수문제

종래부터 수사기관이 압수·수색을 실시할 때 그 대상이 되는 서류나 컴퓨터 전자기록에는 범죄와 유관한 것과 그렇지 않은 것이 섞여 있는 경우, 수사기관은 그러한 서류와 컴퓨터 전자기록 전체를 검색하고 그 서류 전체 및 컴퓨터 전체를 일괄적으로 압수하여 왔으며, 구(舊) 인권보호수사준칙(법무부 훈령 제474호) 제19조 제3호(현행 제26조 제6호)에서 "수사에 필요한 물건만을 압수한다. 다른 물건이 압수대상물과 섞여 있는 등 부득이한 사유로 압수가 된 경우에는 지체 없이 돌려준다"라고 규정한 것은 포괄적 압수 자체를 인정하고 이후 불필요한 물건을 반환한다는

87) 인권보호수사준칙 제25조 제3항. "피의자가 아닌 자의 신체·물건·주거, 그 밖의 장소를 수색하기 위한 영장을 청구할 때에는 압수할 물건의 존재 및 사건 관련성에 대한 엄격한 소명자료를 첨부하여야 한다."

88) 조국, "압수·수색의 합법성 기준 재검토", 「비교형사법연구」 제5권 제2호, 한국비교형사법학회, 2003, 755면. 조국 교수가 소개하는 같은 취지의 미국 판례로는, United States v. Falon, 959 F.2d 1143, 1148 (1st Cir. 1992); United States v. Lacy, 119 F.3d 742 (9th Cir. 1997); United States v. Kow, 58 F.3d 423, 427 (9th Cir. 1995).

취지로 읽혀 이러한 포괄적 압수 현실에 대한 비판이 있어 왔다.[89)]

생각건대, 범죄혐의와의 관련성 여부를 떠나 압수현장에 존재하는 서류나 컴퓨터 장비 전체에 대한 압수를 전적으로 허용하는 것은 압수의 요건을 갖출 것과 영장의 특정성을 요구하는 점을 고려할 때 금지됨이 마땅하다. 그러나 수사현실상 유·무관한 정보가 혼합되어 기록·저장되어 있는 서류나 컴퓨터 장비의 압수를 무조건 금지하는 것은 영장의 실효성을 지나치게 떨어뜨리는 것이고 집행실무상 역시 바람직하지 않다. 따라서 수색현장에서 당해 서류 또는 컴퓨터 전자기록 속에 범죄와 유관한 것, 무관한 것이 현장에서 쉽게 구별되기 어렵거나 증거인멸의 위험이 있을 경우 수사기관은 당해 자료를 봉하거나 보지(保持)하면서 전체 자료에 대한 압수·수색을 위한 판사의 영장발부를 기다려야 할 것이고, 만약 수사기관이 수색착수 이전 서류 전체의 압수가 필요하다고 판단하고 서류 전체의 압수를 위한 영장을 신청하였다면, 법원은 범죄 무관자료와 유관자료를 수색현장에서 분류하는 것이 불가능하여 전체 압수 이외의 방법이 존재하지 않는 경우에 한하여 영장을 발부해야 할 것이다.[90)]

(마) 별건압수의 위법성

별건압수·수색이 위법함은 별건체포·구속과 같다. 영장의 특정성에 반하여 영장주의에 반하는 행위이기 때문이다.

우리나라에는 아직 별건압수가 정식으로 문제되어 증거물의 증거능력이 상실된 사례는 없다. 다만 서울중앙지방법원 2006. 1. 26, 선고 2005고단1248 판결에서 별건 압수한 것으로 볼 수 없다고 보아 증거능력을 인정[91)]하였기에, 이 점을 놓고

---

89) 조국, "압수·수색의 합법성 기준 재검토", 「비교형사법연구」 제5권 제2호, 한국비교형사법학회, 2003, 756-760면.

90) 조국, "압수·수색의 합법성 기준 재검토", 「비교형사법연구」 제5권 제2호, 한국비교형사법학회, 2003, 758-759면. 조국 교수는 포괄압수를 허용한 미국판례로, United States v. Tamura, 694 F.2d 591 (9th Cir. 1982)을 소개하고 있다. 이 사건은 수사기관이 수천 개의 회계기록에서 범죄혐의를 찾으려 하였으나 기록의 양이 너무 많아 피의자 회사의 직원에게 도움을 요청하였는데, 직원이 이를 거부하자 기록 전체를 압수한 사건이었다.

91) 서울중앙지방법원 2006. 1. 26, 선고 2005고단1248 판결. 「…(전략) 피고인들의 변호인은, 공소외 1 회사가 서류를 조작하거나 피고인들의 메신저 내용을 불법감청하고 허위의 고소를 하였으며, 검찰은 이에 따라 수사를 개시한 뒤 별건구속 및 별건압수수색에 의하여 취득한 자료를 근거로 공소를 제기하였는바, 위법행위에 의하여 개시된 수사절차에서 얻어진 증거는 증거능력이 없다는 취지로 주장한다. 살피건대, 공소외 1 회사가 서류를 조작하였다거나 메신저 내용을 불법 감청하였다는 주장사실을 인정할 자료가 없고, 피고인들이 공소외 1 회사의 영업비밀을 취득·사용하였다는 공소사실의 상당부분이 유죄로 인정되는 이 사건에서 공소외 1 회사의 고소장이나 검찰의 구속영장·압수수색영장에 기재된 영업비밀침해행위가 기소에서 제외되었다는 이유만으로 공소외 1 회사의 고소가 허위의 고소이거나 검찰의 구속·압수수색이 이른바 **별건구속 또는 별건압수**

본다면 고의로 별건압수를 한 것이 드러난다면 위법한 압수로서 증거능력을 상실할 여지가 있다.

참고로 디지털정보의 압수·수색 중 영장에 기재되지 아니한 범죄사실과 관련한 별건정보가 탐색되었다면 별도의 압수·수색영장을 발부받아야 하고, 그렇지 아니할 경우 위법하다는 대법원의 판시로는, 대법원 2015. 7. 16, 선고 2011모1839 전원합의체 결정이 있다.

(바) 불심검문과 위법수색

수사기관은 거동불심자에 대하여 정지, 직무질문, 질문에 수반한 외표검사를 할 수 있고, 동의를 얻어 가까운 수사관서에 동행할 것을 요구할 수 있다. 불심검문 일반론은 앞서 상술하였고, 여기서는 불심검문 중 소지품을 수색(또는 검사)하는 행위가 어떤 범위에서, 어디까지 가능한지에 대하여 살펴보아야 한다.

소지품검사란 불심검문에 수반하여 흉기 기타 물건의 소지 여부를 밝히기 위하여 거동불심자의 착의 또는 휴대품을 조사하는 것을 말한다. 불심검문에 수반하여 1) 소지품을 외부에서 관찰하고, 2) 소지품의 내용을 질문하고, 3) 의복 또는 휴대품을 외부에서 가볍게 손으로 만지면서 질문하고,[92] 4) 소지품의 내용개시를 요구하고, 5) 개시된 소지품을 검사하는 단계적 행위를 총칭한다. 이러한 소지품검사도 경찰관의 불심검문에 수반하는 부수처분으로서, 범죄수사와 구별되는 수사의 단서라고 할 수 있다.[93]

경찰관직무집행법은 불심검문에 관하여 질문시의 흉기(凶器)[94]소지 조사에 대해서는 규정하고 있지만(제3조 제3항[95]), 흉기 이외의 일반소지품(一般所持品)검사는

수색에 해당하여 증거능력이 배제된다고 할 수는 없으며, 나아가 수사기관의 증거수집절차에 중대한 하자가 있다고 볼 수도 없으므로, 위 주장은 이유 없다.」

92) 의복 또는 소지품의 외부를 손으로 만져서 확인하는 것을 stop and frisk라고 하고, 미국의 Terry사건{Terry v. Ohio, 392 U.S. 1(1968)}에서 허용된 후 확립된 원칙이다. 그러나 pocket에 손을 넣어 마약을 찾아낸 경우에는 frisk(외표검사)의 한계를 벗어나 허용되지 않는다는 것이 Sibron 1. N.Y., 392 U.S. 40(1968).

93) 이재상, 형사소송법, 제9판, 박영사, 2013, 205면.

94) 그러나 신동운 교수는, 흉기라 하더라도 상대방의 의복이나 손가방 등의 휴대품에 한정되며, 잠금장치가 되어 있는 물품이나 조사받는 사람의 직접적인 접촉범위 내에 존재하지 않는 물건에 대해서는 소지품검사를 할 수 없다고 보면서, 그 이유로 흉기발견을 위한 소지품검사가 원칙적으로 공무를 수행하는 경찰관의 생명과 신체의 안전을 도모하기 위하여 인정되는 것이란 점을 들고 있다(신동운, 신형사소송법, 법문사, 2008, 128면).

한편, 이재상 교수는, 흉기를 휴대하였다고 인정할 수 있는 고도의 개연성 내지 특수한 혐의(particular suspect)가 필요하다고 보고 있다(이재상, 형사소송법, 제9판, 박영사, 2013, 206면).

95) 경찰관직무집행법 제3조 ③ 경찰관은 제1항 각 호의 어느 하나에 해당하는 사람에게 질문을 할 때에 그 사람이 흉기를 가지고 있는지를 조사할 수 있다.

규정하고 있지 않기 때문에 가능한지 여부가 문제되고 있다.

학설은 ① 소지품검사에서 경찰관의 생명·신체의 안전을 보장하기 위하여 마련된 흉기소지검사의 규정이 지나치게 확장해석 되어서는 아니 되고, 일반소지품검사도 허용할 경우 흉기소지조사만을 규정한 경찰관직무집행법 제3조 제3항의 명문규정에 반하고, 또한 경찰관직무집행법에 규정된 경찰관의 직권은 그 직무수행에 필요한 최소한도 내에서 행사되어야 하며 이를 남용하여서는 아니 된다는 경찰비례의 원칙(경찰관직무집행법 제1조 제2항)에 반하며,[96] 나아가 소지품검사를 빌미로 삼아 범죄수사에 있어서 요구되는 영장주의(헌법 제12조 제3항, 형사소송법 제215조)의 준수를 탈법적으로 회피할 우려가 있어 흉기를 제외한 일반소지품검사에 대해 부정(否定)하는 견해[97]가 있으나, ② 무조건 불허하기보다는 소지품검사도 불심검문의 안전을 확보하거나 **질문의 실효성을 유지하기 위한** 불심검문에 **수반된 행위**이므로 경찰관직무집행법 제3조에 의하여 근거를 가질 수 있으며, 또 그 범위 안에서 허용된다고 해석함이 타당하다(肯定說).[98] 따라서 범죄수사를 위한 소지품검사는 직무질문의 실효성을 위한 수반된 행위가 아니므로 경찰관직무집행법의 범위를 벗어난다고 보아야 한다.[99]

응하지 않는 경우 실력행사가 허용되는가.

이에 대하여는, ① 흉기·폭탄 등의 소지가 의심되는 때에는 경찰관 또는 제3자의 생명·신체에 대한 위험을 고려하여 폭력을 사용하지 않는 범위에서 소지품의 내용을 조사하는 것은 당연히 허용되고, 일반소지품에 대한 실력행사는 허용되지 않되 다만 예외적으로 불심검문과 같은 이론에 의하여 중범죄에 한하여 긴급체포의 요건이 충족되는 경우에는 적법하다고 할 경우도 있을 수 있다는 견해가 유력하다(흉기·일반소지품 구별설).[100] 흉기와 일반소지품에 대한 실력행사를 구분하는

96) 소지품검사는 형사소송법상의 '수색'과 달리 구체적 범죄혐의가 아직 인정되기 전에 행해지는 것이므로 이러한 확대해석은 '경찰비례의 원칙'을 간과한 것이라는 주장.

97) 신동운, 신형사소송법, 법문사, 2008, 128-129면; 조국, "압수·수색의 합법성 기준 재검토", 「비교형사법연구」 제5권 제2호, 한국비교형사법학회, 2003, 777-778면. 조국 교수는 'Terry' 판결에서의 'frisk'는 무기일지도 모르는 딱딱한 물체를 손으로 느끼기 위하여 거동불심자의 신체의 바깥을 손으로 두드리거나 더듬는 행위를 말하는데, 이 취지는 경찰관이 총기에 노출되는 위험을 방지하는 것이어서 결국, 'frisk'는 총기에 대한 수색에 제한되어 허용되고, 마약 등의 금제품의 소지가 의심스럽다고 'frisk'를 허용할 수는 없으며{Sibron v. New York, 392 U.S. 40(1986); Minnesota v. Dickerson, 113 S.Ct. 2130(1993)}, 'frisk'는 대상자가 무장하고 있다는 합리적 믿음이 생겨날 수 있는 경우에만 허용된다{Ybarra v. Illinois, 444 U.S. 85(1979)}고 보고 있다.

98) 이재상, 형사소송법, 제9판, 박영사, 2013, 205면.

99) 이재상, 형사소송법, 제9판, 박영사, 2013, 205면.

100) 이재상, 신형사소송법, 제2판, 박영사, 2009, 198-199면; 이재상, 신형사소송법연습, 제3판, 박영사,

이 견해는, 일반소지품의 경우 실력행사를 허용하는 예외요건으로 「소지품검사의 필요성, 긴급성 및 이에 의하여 침해되는 개인의 법익과 보호해야 할 공공의 이익과의 균형을 고려하여 구체적 상황에서 상당하다고 인정되는 한도 내」 또는 「중범죄에 관하여 긴급체포의 요건이 충족되는 경우」를 들고 있다.[101] ② 흉기의 경우에도 피질문자가 흉기를 소지하고 있다는 상당한 의심이 있을 경우에 외관을 눈으로 확인하거나, 손으로 피질문자의 의복이나 휴대품을 만지는 정도에 그쳐야 하지, 흉기를 조사한다는 명목으로 가방을 열도록 요구하거나, 안주머니에 손을 넣어 뒤지는 등의 행위는 법상의 수색에 해당하므로 피질문자의 동의가 없는 한 허용될 수 없다고 보는 견해(실력행사 불허설)[102]는 불심검문이 수사 그 자체가 되어서는 안 된다는 점을 강조하고 있다. ③ 생각건대, 불심검문시 흉기조사에 대해서는 명문으로 허용하고 있고, 조사의 방법적 한계에 대해 현재로서는 제한하지 않고 있으므로 흉기에 한해서는 어느 정도의 실력행사가 필요하고 가능하다고 볼 수밖에 없으며, 불심검문의 실효성과 단속경찰관의 안전을 고려하더라도 원칙적으로 전설(前說)이 타당하다고 할 것이다.

허용되지 않는 소지품검사로 획득한 각성제 또는 헤로인은 형사소송법 제308조의2에 따라 위법수집증거로 원칙적으로 증거능력을 상실할 것이다.

(2) 영장주의 예외

무영장 압수·수색·검증으로는, 형사소송법 제113조(공판정 압수·수색), 제108조(공판정 임의제출물 압수), 형사소송법 제216조 제1항 제1호(체포·긴급체포·현행범체포·구속시 타인의 주거나 타인이 간수하는 가옥, 건조물, 항공기, 선차 내에서의 피의자 수사), 형사소송

2008, 54-55면; 이재상, 형사소송법, 제9판, 박영사, 2013, 206면; 노명선·이완규, 형사소송법, 성균관대학교 출판부, 2009, 151-152면; 수사절차론, 사법연수원, 성문인쇄사, 2007, 29면. 특히 수사절차론은 불심검문 중 강제력 행사를 폭넓게 허용하여야 한다고 서술하면서, 일정한 경우 강제력 행사를 허용하고 있는 독일, 영국, 프랑스의 허용례를 소개하고 있어 수사의 주체를 양성하는 실무서의 특징을 보이고 있다.

101) 이재상, 신형사소송법연습, 제3판, 박영사, 2008, 54-55면. 이재상 교수는 이러한 기준 하에서, 일본 최고재판소도 ① 경찰관이 은행강도의 혐의 있는 자를 정지시켜 승낙을 받지 않고 가방의 시정되지 않은 지퍼를 열어 내용을 조사한 경우에는 「경찰관직무집행법의 직무질문에 부수하는 행위로서 허용된다」고 판시(最判 1978. 6. 20. 刑集 32-4, 670)한 반면, ② 단순히 각성제 소지의 혐의가 있는 자의 안주머니에 손을 넣어 소지품을 꺼낸 사건(最判 1978. 9. 7. 刑集 32-6, 1672)에서는 「이러한 행위는 프라이버시의 침해 정도가 높은 행위이며 그 태양에 있어서 수색에 유사한 것이므로 직무질문에 부수하는 소지품검사의 허용한계를 넘는 행위이다」고 판시하여 **흉기와 일반소지품에 대해 허용기준을 다르게 보고 있다고 소개**한다. ②의 경우는 미국의 Sibron 1. N.Y., 392 U.S. 40(1968) 사건(경찰관이 주머니에 손을 넣어 헤로인을 찾아낸 경우 상당한 방법이 아니므로 허용되지 않는다고 판시)도 궤를 같이 하고 있다고 볼 것이다.

102) 변호사실무(형사), 사법연수원, 성문인쇄사, 2008, 34면.

법 제216조 제1항 제2호(체포 · 긴급체포 · 현행범체포 · 구속시 체포현장에서의 압수 · 수색 · 검증), 형사소송법 제216조 제3항(범행 중 또는 범행 직후의 범행 장소에서의 압수 · 수색 · 검증), 형사소송법 제217조 제1항(긴급체포된 자의 소유 · 소지 또는 보관하는 물건에 대한 압수 · 수색 · 검증), 형사소송법 제222조 제2항, 제3항(변사체 검시 중 긴급 검증), 형사소송법 제218조(동의에 의한 압수)가 있다.

이 중 형사소송법 제216조 제1항 제2호의 것과 형사소송법 제217조 제1항과 같이 체포와 부대 또는 관련한 압수는 계속 압수할 필요가 있을 경우 지체 없이 체포한 때로부터 48시간 이내에 영장을 청구하여야 하고(법 제217조 제2항), 형사소송법 제216조 제3항과 같이 범행 장소에서의 압수는 항상 사후에 지체 없이 영장을 발부받아야 한다.

(가) 제216조 제1항 제1호 – 체포 · 구속현장에서의 피의자수색

검사 또는 사법경찰관은 형사소송법 제200조의2(통상체포) · 제200조의3(긴급체포) · 제201조(구속) 또는 제212조(현행범체포)의 규정에 의하여 피의자를 체포 또는 구속하는 경우에 필요한 때에는, 영장 없이 타인의 주거나 타인이 간수하는 가옥, 건조물, 항공기, 선차 내에서의 피의자 수사를 할 수 있다(법 제216조 제1항 제1호).

피의자를 발견하기 위해 인정하는 처분에 불과하므로 체포나 구속이 이루어지기 전 단계에서만 허용된다.[103]

이 규정은 피의자를 발견하기 위한 경우에만 적용되는 것이므로, 피의자를 추적하던 중 피의자를 따라 주거 · 건조물 등에 들어가는 것은 체포 · 구속 자체에 해당하고, 이 규정에 해당하지 않는다.[104]

사인이 현행범인을 체포하는 과정에서 타인의 주거에 들어갈 수 있는지와 관련하여서는 법문이 분명히 수색의 주체를 검사 또는 사법경찰관으로 한정하였기에 수색의 필요성이나 긴급성의 요청상 가능하다는 주장은 설 자리가 없다.[105]

피의자체포가 성공해야 하는 것은 아니다.[106] 피의자가 들어가 있을 개연성, 즉 발견혐의만 있으면 된다.[107] 다만 피의자 · 피고인 아닌 자에 대한 수색의 기본

---

103) 임동규, 형사소송법, 제9판, 법문사, 2013, 242면.

104) 임동규, 형사소송법, 제9판, 법문사, 2013, 242면.

105) 조국, “압수 · 수색의 합법성 기준 재검토”, 「비교형사법연구」 제5권 제2호, 한국비교형사법학회, 2003, 765면.

106) 백형구, 형사소송법, 법원사, 2012, 92면; 임동규, 형사소송법, 제9판, 법문사, 2013, 242면; 배종대/이상돈/정승환/이주원, 신형사소송법, 제5판, 홍문사, 2013, 199면.

107) 임동규, 형사소송법, 제9판, 법문사, 2013, 242면; 배종대/이상돈/정승환/이주원, 신형사소송법, 제5판, 홍문사, 2013, 199면.

권침해는 피의자 · 피고인에 비해 상대적으로 중대한 것이므로 발견혐의도 충분한 구체적인 사실(예컨대 피의자 소재에 대한 목격자의 정보제공 등)에 근거해야 한다.[108)]

사후에도 수색영장을 발부받을 필요가 없다.[109)]

(나) 제216조 제1항 제2호 – 체포현장에서의 압수 · 수색

1) 검사 또는 사법경찰관은 제200조의2(통상체포) · 제200조의3(긴급체포) · 제201조(구속) 또는 제212조(현행범체포)의 규정에 의하여 피의자를 체포 또는 구속하는 경우에 필요한 때에는, 영장 없이 체포현장에서의 압수, 수색, 검증을 할 수 있다(제216조 제1항 제2호).

2) 이 조문의 성질과 관련하여서는, 긴급행위설(緊急行爲說)[110)]과 부수처분설(附隨處分說)[111)]의 대립이 있다.

긴급행위설은 본호의 예외는 피의자가 체포에 저항하기 위해 사용할지 모르는 무기를 제거하거나 피의자가 증거를 은폐 · 파괴하는 것을 막기 위한 것이라고 보고 있으며, 부수처분설은 수사상 기본권 침해의 가장 강력한 형태인 신체구속이 적법하게 허용되는 경우이므로 이에 수반하는 보다 경미한 비밀 또는 소유권의 침해도 당연히 허용된다고 보고 있다.[112)]

그러나 부수처분설은 대인적 강제처분과 대물적 강제처분이 각기 다르다는 점을 고려하지 못하였을 뿐만 아니라 대는 소를 포함한다는 논리를 강조할 경우 중요 압수물에 대해 영장이 발부되지 않을 경우 경한 여죄로 체포하면서 부수적으로 압수의 강제처분을 조장할 위험이 있어 적어도 현재의 우리 수사현실을 감안하면 그와 같이 해석하는 것은 지극히 위험한 것이어서 필자는 찬동하지 않는다. 어디까지나 긴급한 경우 피의자의 저항 흉기 등을 압수하는 것으로 볼 것이다. 긴급

---

108) 배종대/이상돈/정승환/이주원, 신형사소송법, 제5판, 홍문사, 2013, 199면.

109) 백형구, 형사소송법, 법원사, 2012, 92면.

110) 이재상, 형사소송법, 제9판, 박영사, 2013, 318면; 차용석/최용성, 형사소송법, 제4판, 21세기사, 2013, 254-255면; 조국, "압수 · 수색의 합법성 기준 재검토", 「비교형사법연구」 제5권 제2호, 한국비교형사법학회, 2003, 767-768면. 조국 교수는 영국 PACE. art. 32 (1)-(2)가 긴급행위설과 같은 입법으로 보고 있다. 「체포에 기초한 수색(search upon arrest)은 체포된 자가 자기 자신 또는 타인에게 위험을 초래할 경우 가능하며, 또한 체포된 자가 합법적으로 인신구속되어 있는 타인의 도주를 돕기 위해 사용할 수 있는 물건이나 관련 범죄의 증거일 수 있는 물건에 대한 수색이 가능하다.」

111) 신동운, 신형사소송법, 법문사, 2008, 293면.

112) 부수처분설로 해석될 수 있는 미국 판례로는, United States v. Robinson, 414 U.S. 218 (1973). 「상당한 이유에 기초한 합법적인 인신구속적 체포가 있었다면 그 체포에 수반한 수색을 위하여 별도의 정당화가 필요하지 않다.」(조국, "압수 · 수색의 합법성 기준 재검토", 「비교형사법연구」 제5권 제2호, 한국비교형사법학회, 2003, 767면 참조).

행위설의 입장에서 볼 때 이미 체포가 종료된 후 상당 시간이 흐른 후 수색하거나, 다른 장소에서 수색하는 행위 등은 금지될 것이다.

3) 체포가 착수되었다면 설령 그 후 체포가 실패하더라도 압수·수색이 가능하다고 볼 것이다. 체포가 현실로 성공한 경우에 한하여 압수·수색을 허용할 경우 체포의 성공이라는 불확실 조건에 의존하여 긴급행위를 자제하여야 하는 것이어서 예외규정의 취지에 부합하지 않기 때문이다. 따라서 형사소송법 제216조 제1항이 적용되기 위해 필요한 것은 피의자가 현장에 있고, 체포의 착수가 있기만 하면 가능하다고 해야 한다(逮捕着手說).

반면, 체포가 현실로 성공한 경우에 한정하는 견해(現實逮捕 限定說)[113]의 논거는, 긴급행위설에 서더라도 일단 체포가 실패한 경우 경찰관의 안전이 우려되거나 피의자가 증거를 파괴, 은닉하는 것을 방지할 필요성이 거의 없으므로 일단 피의자가 도주한 경우라면 별도의 영장을 발부받아야 함이 타당하고, 형사소송법 제216조 제3항(범행 중 또는 범행직후의 범죄 장소에서 긴급을 요할 경우) 및 제217조 제1항(긴급체포된 자가 소유·소지 또는 보관하는 물건에 대하여 긴급히 압수할 필요가 있는 경우)이 사후영장 발부를 조건으로 하고 있는 점을 고려할 때 사후영장을 발부받지 않아도 되었던 제216조 제1항의 체포현장의 의미는 엄격하게 해석할 필요가 있다는 것이다.

그러나 적어도 두 번째 논거는 이제 설득력이 없어졌다. 개정 형사소송법[114] 제217조 제2항에서, 「검사 또는 사법경찰관은 제1항 또는 제216조 제1항 제2호에 따라 압수한 물건을 계속 압수할 필요가 있는 경우에는 지체 없이 압수수색영장을 청구하여야 한다. 이 경우 압수수색영장의 청구는 체포한 때부터 48시간 이내에 하여야 한다」고 규정함으로써 제216조 제1항 제2호의 압수·수색도 이제 사후영장을 청구하여야만 하기 때문이다.

(다) 제216조 제3항 – 범행 장소에서의 압수·수색

범행 중 또는 범행직후의 범죄 장소에서 긴급을 요하여 법원판사의 영장을 받을 수 없는 때에는 영장 없이 압수, 수색 또는 검증을 할 수 있다. 이 경우에는 사후에 지체 없이 영장을 받아야 한다(법 제216조 제3항).

이 예외는 현행범 체포에 실패한 경우 발생할 범죄 상황에 긴급하게 대처하기 위한 것으로, 형사소송법 제216조 제1항 제2호의 보충적 성격만을 갖는다.[115]

---

113) 조국, “압수·수색의 합법성 기준 재검토”, 「비교형사법연구」 제5권 제2호, 한국비교형사법학회, 2003, 769면.

114) 법률 제8496호, 2007. 6. 1, 일부개정.

(라) 제217조 제1항 – 긴급체포시의 압수 · 수색

검사 또는 사법경찰관은 형사소송법 제200조의3(긴급체포)에 따라 체포된 자가 소유·소지 또는 보관하는 물건에 대하여 긴급히 압수할 필요가 있는 경우에는 체포한 때부터 24시간 이내에 한하여 영장 없이 압수·수색 또는 검증을 할 수 있다. 이 경우 검사 또는 사법경찰관은 압수한 물건을 계속 압수할 필요가 있는 경우에는 지체 없이 압수수색영장을 청구하여야 한다. 압수수색영장의 청구는 체포한 때부터 48시간 이내에 하여야 한다. 검사 또는 사법경찰관은 청구한 압수수색영장을 발부받지 못한 때에는 압수한 물건을 즉시 반환하여야 한다(법 제217조 제1항 내지 제3항).

종래 형사소송법 제217조 제1항은 "긴급체포할 수 있는 자의 소유, 소지 또는 보관하는 물건에 대해 구속영장 발부기간 내에 영장 없이 압수, 수색할 수 있다" 고 규정하고 있었으나, 영장 없이 압수, 수색할 수 있는 기간을 한정해 놓았다는 점에 주목하여 실제로 "긴급체포된 자"로 축소해석해야 한다는 비판에 따라 개정되었다. 이제 이 조항의 의미는 긴급체포된 경우 체포현장이 아니더라도 24시간 이내에 영장 없는 압수·수색을 할 수 있다는 것이다.

이 제도에 대한 헌법적 평가로는, 긴급체포 자체가 사후 체포영장에 의해 통제되지 않음에도 긴급체포의 경우 영장 없는 대물적 강제처분도 인정하는 것은 영장주의를 사실상 형해화시켜 위헌의 소지가 있고, 체포영장의 제약에서 해방된 긴급체포제도에 대해 압수·수색영장의 제약도 풀어주는 것은 수사편의적 사고이며, 긴급체포의 경우에는 헌법상의 근거(제12조 제3항 단서)라도 있으나, 형사소송법 제217조 제1항의 긴급압수·수색은 헌법적 근거가 모호하므로 장차 폐지가 바람직하다는 견해가 유력하다.[116)]

(마) 제218조 – 임의제출물 압수

검사, 사법경찰관은 피의자 기타인의 유류한 물건이나 소유자, 소지자 또는 보관자가 임의로 제출한 물건을 영장 없이 압수할 수 있다(법 제218조).

동의는 자발적으로 이루어져야 하며, 자발적 동의 여부는 제출자의 나이, 교육정도, 지능, 정신적 및 육체상태, 체포 여부 등을 고려하여 판단해야 한다. 따라서 제출자가 동의를 할 수 있는 정신능력이 부족하였거나, 수사기관의 기망이나

---

115) 조국, "압수·수색의 합법성 기준 재검토", 「비교형사법연구」 제5권 제2호, 한국비교형사법학회, 2003, 771면.

116) 조국, "압수·수색의 합법성 기준 재검토", 「비교형사법연구」 제5권 제2호, 한국비교형사법학회, 2003, 771–772면.

협박이 있었던 경우, 영장이 없으면서도 영장이 있다고 속여 동의를 받은 경우, 혈액채취의 목적을 속이고 다른 목적에 사용할 용도라고 고지한 경우, 동의하지 않으면 차량을 압수하겠다고 말하여 동의를 받은 경우는 모두 본조의 자발성 요건을 결한 하자 있는 동의에 터 잡은 제출증거이므로 증거능력이 없다.117)

자발적 동의를 위한 전제로 수사기관의 피의자에 대한 제출거부권 고지도 필요할 것이다.

영국의 '실무규정'(Codes of Practice)에서도 경찰관은 피의자에게 압수·수색에 대한 동의의 의무가 없고 압수된 물건들이 증거로 사용될 수 있음을 고지한 후 피의자가 서면으로 동의한 경우에 동의에 기초한 수색을 행할 수 있다고 규정하고 있다.118) 수사기관과 피의자의 관계, 임의제출물 압수규정에 대한 일반인의 인식을 고려할 때 인신에 대한 강제처분의 경우와 같이 반드시 거부권이 있음을 고지하여야만 진정한 자발성을 이끌어 낼 수 있으며, 이와 같이 수집된 증거라야 임의의 증거로 곧바로 사용할 수 있다 할 것이어서 수사기관의 고지의무를 인정할 것이다.119)

현재 수사실무상 증거물을 임의제출하는 피의자들의 심리상태는 양형에서 수사비협조로 인식되어 중벌을 받거나 혹은 신병단계에서 구속영장이 청구될까 두려워 사실상 비자발적으로 임의제출하는 경우가 많다고 보이는 바, 위와 같이 고지의무를 명문화하고 불제출로 인한 양형 불이익을 주는 실무가 개선될 수 있어야만 본조가 의욕하는 진정한 자발성을 기대할 수 있을 것이다.

(3) 특수논점 – 수사상 강제채혈

특수한 문제로 수사상 강제채혈이 있다. 예컨대 교통사고로 타인을 사망하게 하고 본인도 중상을 입고 의식불명상태에 빠져 병원 응급실로 실려 온 운전자에 대해 신고를 받고 따라온 경찰관이 음주운전 여부를 수사하기 위하여 의사를 통하여 혈액을 긴급채혈 하였으나, 당시 영장이 없었고 사후 압수·수색영장을 신청한 경우 적법한 수사인가(영장주의의 예외에 해당하는가), 또는 사후 압수·수색영장을 발부

117) 조국, "압수·수색의 합법성 기준 재검토", 「비교형사법연구」 제5권 제2호, 한국비교형사법학회, 2003, 773면.

118) Code of Practice for the Searching of Premises by Police Officers and Seizure of Property Found by Police Officers on Persons or Premises, para. 4.2.(조국, "압수·수색의 합법성 기준 재검토", 「비교형사법연구」 제5권 제2호, 한국비교형사법학회, 2003, 776면 참조).

119) 조국, "압수·수색의 합법성 기준 재검토", 「비교형사법연구」 제5권 제2호, 한국비교형사법학회, 2003, 775면. 같은 논문에서 소개되고 있는 同旨의 미국 판례로는, United States v. Griffin, 530 F.2d 739 (7th Cir. 1976).

받지 못한 경우 채혈감정서는 증거능력이 있는가(위법수집증거배제법칙 및 독수독과이론, 희석이론)에 대해 논란이 될 수 있다.

(가) 영장 없는 채혈의 가부

1) 종래의 논의

위와 유사한 사례에서 경찰이 사후 압수·수색영장을 신청하였으나, 운전자는 당시 긴급체포된 상태가 아니었고 또 의식불명 상태에 있는 자가 도망의 위험이 있는 것도 아니어서 긴급체포의 요건도 아니며, 응급실은 범행 장소가 아니고, 환자는 아직 살아 있으므로 변사자에 준해 볼 수도 없으므로 종래 법원은 요건불비로 기각하였다. 즉 형사소송법이 규정하고 있는 영장주의의 예외에 해당할 수 없다는 것이다.[120] 이 같은 법리적 문제로 인해 실무상 필요성 또는 관행은 위법수집증거와 관련하여 논의가 되어왔다.

2) 종래 논의를 뒤집는 최근의 판례

「음주운전 중 교통사고를 야기한 후 피의자가 의식불명 상태에 빠져 있는 등으로 도로교통법이 음주운전의 제1차적 수사방법으로 규정한 호흡조사에 의한 음주측정이 불가능하고 혈액 채취에 대한 동의를 받을 수도 없을 뿐만 아니라 법원으로부터 혈액 채취에 대한 감정처분허가장이나 사전압수영장을 발부받을 시간적 여유도 없는 긴급한 상황이 생길 수 있다. **이러한 경우 피의자의 신체 내지 의복류에 주취로 인한 냄새가 강하게 나는 등 형사소송법 제211조 제2항 제3호가 정하는 범죄의 증적이 현저한 준현행범인의 요건이 갖추어져 있고 교통사고 발생 시각으로부터 사회통념상 범행 직후라고 볼 수 있는 시간 내라면, 피의자의 생명·신체를 구조하기 위하여 사고 현장으로부터 곧바로 후송된 병원 응급실 등의 장소는 형사소송법 제216조 제3항의 범죄 장소에 준한다** 할 것이므로, 검사 또는 사법경찰관은 피의자의 혈중알코올농도 등 증거의 수집을 위하여 의료법상 의료인의 자격이 있는 자로 하여금 의료용 기구로 의학적인 방법에 따라 필요최소한의 한도 내에서 피의자의 혈액을 채취하게 한 후 **그 혈액을 영장 없이 압수할 수 있다. 다만 이 경우에도 형사소송법 제216조 제3항 단서, 형사소송규칙 제58조, 제107조 제1항 제3호에 따라 사후에 지체 없이 강제채혈에 의한 압수의 사유 등을 기재한 영장청구서에 의하여 법원으로부터 압수영장을 받아야 한다.**」[121]

120) 김하중, "수사상 강제채혈의 법적 문제점과 해결방안－음주운전자에 대한 강제채혈과 위법수집증거 배제법칙을 중심으로－", 「법조」 57권 9호, 법조협회, 2008, 6-7면.

121) 대법원 2012. 11. 15, 선고 2011도15258 판결.

이 판결은 예외적으로 영장 없는 압수가 가능한 경우를 소개하였으나, 결과에 있어서는 이 사건 채혈이 법관으로부터 영장을 발부받지 않은 상태에서 이루어졌고 사후에 영장을 발부받지도 아니하였으므로 피고인의 혈중알코올농도에 대한 국립과학수사연구소의 감정의뢰회보 및 이에 기초한 주취운전자 적발보고서, 주취운전자 정황보고서 등의 증거는 위법수집증거로서 증거능력이 없다고 보았고, 피고인의 자백 외에 달리 이를 보강할 만한 증거가 없다는 이유로 공소사실을 무죄로 판단한 원심이 옳다고 보아 검사의 상고를 기각하였다.[122]

(나) 적합한 영장의 문제

채혈과 관련하여, 1) 신체검사로 볼 경우 검증(檢證)영장, 2) 혈액을 분석하는 일은 전문적 식견을 요한다고 볼 경우 감정(鑑定)영장, 3) 신체검사와 감정이 혼합된 것으로 볼 경우 검증영장과 감정처분허가장의 병용(檢證·鑑定), 4) 신체로부터의 혈액분리는 수색이고 분리된 혈액의 점유취득은 압수로 볼 경우 압수·수색영장(押收·搜索), 5) 압수·수색영장과 감정처분허가장(押收·搜索·鑑定) 모두가 필요하다고 보는 견해도 있다.

---

122) 이러한 대법원의 결론에 대하여, 법률신문, 판례평석, "의식없는 음주운전자로부터 채혈한 혈액감정서의 증거능력－대법원 2012. 11. 15, 선고 2011도15258 판결－", 2014. 3. 17.자 13면에서 형사정책연구원의 김영규 부장검사는, 본 판례는 사전영장 없이 이루어지는 긴급채혈을 허용하고, 법적 근거가 형사소송법 제216조 제3항에 의한 범죄장소에서의 긴급압수수색임을 밝히면서 그 요건을 구체적으로 설시한 점에 의미가 있으나, 긴급채혈의 요건을 모두 갖추어 적법한 채혈임에도 법원으로부터 사후적 허가장의 성질을 갖는 사후영장이 기각되어 발부받지 못했다고 해서 그 혈액채취가 소급하여 위법한 것으로 평가되어서는 안 된다며 반박하고 있다.

즉 수사기관이 대상 판결에 따라 긴급채혈의 요건을 모두 갖추었다고 합리적으로 판단하여 채혈한 다음 사후압수영장을 청구하였으나, 긴급성·현행범성 등 요건충족에 대한 견해차이, 특히 시간적·장소적 근접성에 대한 해석상 차이로 법원으로부터 영장이 기각되어 사후영장을 발부받지 못하였다고 하여 언제나 채혈 자체가 소급적으로 위법하게 되는 것이 아니라는 것이다. 긴급채혈의 요건을 갖추지 못해 영장이 기각된 때에는 채혈 자체가 위법이나, 요건을 갖춘 적법한 긴급채혈에 대한 사후영장기각이 부당한 경우에는 채혈 자체가 소급적으로 무효가 되지 않는다는 논리이다.

나아가 김영규 검사는 사후영장의 부당 기각에 대한 해결책으로, (1) 법원의 사후영장기각이 부당하다고 판단될 때에는, 검사는 법원으로부터 사전압수영장을 발부받아 피의자에게 혈액을 반환하면서 사전영장에 의하여 그 혈액을 다시 압수하거나, 임의제출 형식으로 재압수하는 조치를 취하여야 한다고 보고 있으며, (2) 사후영장이 기각되어 채취한 혈액을 즉시 반환(법 제217조 제3항)해야 할 때 이미 혈액 감정이 완료된 경우 감정을 하고 남은 혈액을 계속 보관할 필요성이 없기 때문에 즉시 반환하되, 혈액을 기초로 하여 취득한 감정의뢰회보의 증거능력에 대해서는 공판단계에서 충분히 다툴 여지가 있다고 보고 있다. 공판에서 긴급채혈 자체의 적법성 여부를 '채혈시'를 기준으로 실질적으로 심사하여 그 요건을 모두 갖추어 적법한 긴급채혈이어서 사후영장기각이 부당하였다고 판단될 경우에는 채혈 자체가 적법하므로 혈액 감정서도 적법한 채혈에 기초하여 획득한 2차적 증거로서 독수독과에 해당하지 아니하여 증거능력이 있다는 주장이다.

일본최고재판소는 소변을 신체로부터 강제 분리하는 행위를 압수·수색으로 보았다.[123)]

이에 대하여 앞서 본 판결에서, 대법원은 감정처분허가장도 가능하며, 압수영장도 가능하다고 보고 있다.

「수사기관이 범죄 증거를 수집할 목적으로 피의자의 동의 없이 피의자의 혈액을 취득·보관하는 행위는 법원으로부터 감정처분허가장을 받아 형사소송법 제221조의4 제1항, 제173조 제1항에 의한 '**감정에 필요한 처분**'으로도 할 수 있지만, 형사소송법 제219조, 제106조 제1항에 정한 압수의 방법으로도 할 수 있고, 압수의 방법에 의하는 경우 혈액의 취득을 위하여 피의자의 신체로부터 혈액을 채취하는 행위는 혈액의 압수를 위한 것으로서 형사소송법 제219조, 제120조 제1항에 정한 '**압수영장의 집행에 있어 필요한 처분**'에 해당한다.」[124)]

이로써 감정영장 및 압수영장을 모두 발부받을 경우 실무상 어려움이 따를 것이라거나, 그 성질이 무엇인지에 따라 하나의 영장만이 가능하므로 그 성질을 잘 파악해야 한다는 다툼은 의미가 없어졌다. 둘 중 하나만 발부받으면 되는 것으로 정리되었다.

(다) 영장기재요소

영장기재의 요소로, 범죄혐의에 관한 소명이 필요하다. 그 정도는 수사개시의 요건인 구체적 범죄혐의보다는 강하고 구속영장에 필요한 현저한 범죄혐의보다는 약한 정도로 봄이 타당하며, 대상자의 혈액 그 자체의 특성이나 혈액 속에 함유된 다른 물질이 증거로 사용될 수 있는 관련성이 있어야 하며, 대상자의 혈액 속에 찾고자 하는 증거물이 포함되어 있을 가능성이 있어야 할 것이며, 이때의 가능성은 높은 개연성을 의미한다고 볼 것이다. 또한 혈액이 갖는 정보의 다양성과 인권침해 가능성에 비추어 강제채혈로 입증하려는 범죄가 중대해야 할 것이다.[125)]

(라) 예외요건 미충족의 불법채혈과 증거능력

1) 대법원은 영장 없는 채혈을 다음과 같은 예외적인 경우에만 허용하고 있다.

즉「피의자의 신체 내지 의복류에 주취로 인한 냄새가 강하게 나는 등 형사소

---

123) 日本最高裁判所 1980. 10. 23, 刑集 34-5, 300.

124) 대법원 2012. 11. 15, 선고 2011도15258 판결.

125) 김하중, "수사상 강제채혈의 법적 문제점과 해결방안-음주운전자에 대한 강제채혈과 위법수집증거 배제법칙을 중심으로-",「법조」57권 9호, 법조협회, 2008, 29면.

송법 제211조 제2항 제3호가 정하는 범죄의 증적이 현저한 준현행범인의 요건이 갖추어져 있고 교통사고 발생 시각으로부터 사회통념상 범행 직후라고 볼 수 있는 시간 내라면, 피의자의 생명·신체를 구조하기 위하여 사고현장으로부터 곧바로 후송된 병원 응급실 등의 장소는 형사소송법 제216조 제3항의 범죄 장소에 준하여 허용하고, 이후 영장을 발부받아야 한다」는 것이다.

2) 그렇다면 피의자가 술 냄새가 강하게 나지 않는 경우여서 바로 위 요건에 충족하지 못하고, 또 당사자의 명시적 의사에 반하여 영장 없이 채혈이 이루어진 것이라면 적법한 수사인가.

종래의 논의 및 대법원의 태도를 모두 보더라도 이 경우는 적법하지 않은 강제수사가 된다. 따라서 강제채혈 자체가 위법하므로 그로 인한 혈액 및 감정결과의 증거능력도 부정되어야 할 것으로 보인다. 이에 대하여 종래 우리 판례는 비진술증거인 증거물에 관하여는 압수절차가 위법이라 하더라도 물건 자체에 성질·형상에 변경을 가져오는 것은 아니므로 그 형상 등에 관한 증거가치에는 변함이 없다고 하여 증거능력을 인정하였으나,[126] 개정 형사소송법에 따라 위법수집증거배제의 명문규정에 따라 증거가치를 상실할 것이다.

3) 다만, 이 같은 경우라도 '적법절차'의 의미를 헌법상의 기본권인 진술거부권(헌법 제12조 제2항), 변호인의 조력권(헌법 제12조 제4항, 제5항), 영장주의(헌법 제12조 제3항), 공개재판을 받을 권리(헌법 제27조 제3항)를 침해하는 정도에 이르렀을 때(즉 중대절차침해에 국한) 비로소 위법수집증거로 보아야 하므로, 증거수집절차의 하자가 경미하여 본질적 절차규정을 위반한 것이 아닌 경우에는 위법수집증거로 볼 수 없고, 채혈의 위법성이 있더라도 증거능력을 인정하여야 한다는 견해가 있다.[127] 이 견해는 의식 잃은 만취운전자에 대한 강제채혈에 대해서, 호흡측정이 불가능하므로 달리 혈액검사 이외에 달리 운전자의 혈중알콜농도를 측정할 마땅한 방법이 없고, 교통사고 피해자는 물론 본인의 피해회복을 위하여 음주운전 여부에 대한 실체적 진실을 발견할 필요성이 매우 크며, 혈액검사를 위한 채혈이 병원응급실에서

126) 대법원 1968. 9. 17, 선고 68도932 판결; 대법원 1996. 5. 14, 선고 96초88 결정.

127) 김하중, "수사상 강제채혈의 법적 문제점과 해결방안－음주운전자에 대한 강제채혈과 위법수집 증거 배제법칙을 중심으로－", 「법조」 57권 9호, 법조협회, 2008, 31－32면. 이 견해는 형식적인 절차규정의 위반이 있을 경우 증거수집 과정에서 이루어진 절차위반행위와 관련된 모든 사정(절차조항의 취지와 그 위반의 내용 및 정도, 구체적인 위반행위와 회피가능성, 절차조항이 보호하고자 하는 권리 또는 법익의 성질과 침해정도 및 피고인과의 관련성, 절차위반행위와 증거수집 사이의 인과관계 등 관련성의 정도, 수사기관의 인식과 의도 등)을 전체적·종합적으로 고려하여 판단해야 한다고 보고 있다.

의료진에 의해 이루어졌고 채혈량도 소량에 그친 것으로 운전자의 신체를 해칠 위험성도 거의 없으며, 수사기관의 긴급채혈은 이를 허용하는 법 규정의 불비에서 비롯된 것일 뿐 필요성과 당위성이 현저하다는 점을 논거로 들고 있다.

4) 이에 대해서는 향후 학계에서 더 깊이 논의되어야 할 것으로 보이나, **필자는 위와 같은 급진적 증거허용에 대해서는 반대한다.**

필요성과 당위성이 있다는 이유로 증거수집의 방식과 관련하여 법에도 없는 예외방식을 허용할 경우 더 이상 강제수사법정주의는 의미가 없기 때문이다. 또이 같은 영장주의 위배가 중대절차위반이 아니라 할 수도 없다. 인신보호의 핵심적 제도는 바로 영장주의이다. 만약 영장주의 위배 사안마저도 중대절차위반이 아니라 보아 파생증거에 대해 증거로 삼을 경우 그것은 강제수사법정주의 → 위법수집증거배제법칙 → 증거재판주의로 이어지면서 실현하고자 하는 기본권 보장, 자의적 수사 억제의 이념을 일시에 도미노 식으로 무너뜨리는 것이 된다. **따라서 대법원이 허용하는 특별한 경우에 해당하지 않는 한 이를 허용하는 입법**[128] **전까지는 일체 그 같은 불법적 압수·수색·검증은 금지되어야 하며 증거로 채택되어서는 아니 될 것이다.**[129]

나아가 이렇게 수집된 혈액을 감정하여 얻은 감정서 등의 별도 증거도 독수독과이론[130]에 따라 인과관계가 희석 또는 단절된 것[131]으로 볼 수 없는 한 역시 증

---

128) 김하중, "수사상 강제채혈의 법적 문제점과 해결방안 – 음주운전자에 대한 강제채혈과 위법수집증거 배제법칙을 중심으로 –", 「법조」 57권 9호, 법조협회, 2008, 41면에서는 독일 형사소송법 제81조a를 예시하고 있다.

독일 형사소송법 제89조a[신체검사 – 혈액표본] ① 소송절차상 중요한 사실확인을 위하여 피의자에 대한 신체검사(Köperliche Untersuchung)를 명할 수 있다. 이를 위하여 검사목적으로 의사에 의하여 의술에 따라 수행되는 혈액표본 채취 및 기타 체내검사(Köperliche Eingriffe)는 피의자의 건강을 손상할 우려가 없다면 **피의자의 승낙이 없어도 허용된다.** ② 전항의 명령은 법관이 할 수 있으며, 신체검사를 지체하는 경우 그 성과의 저해가 우려되는 때에는 검사와 그 보조인인 공무원도 할 수 있다. ③ 피의자에게서 채취한 혈액표본 기타 신체조직은 그 채취의 근거가 되는 형사절차 또는 다른 계속 중인 형사절차의 수행을 위해서만 사용될 수 있으며, 이를 위하여 이러한 표본이 더 이상 필요하지 않은 경우에는 즉시 폐기되어야 한다.

129) 同旨 김봉수, "'재량적'위법수집증거배제(론)에 대한 비판적 고찰 – 왜 유독 '비진술증거'에 대해서만 '재량적 배제'를 인정하려 하는가? –", 「비교형사법연구」 11권 2호, 한국비교형사법학회, 2009, 205 – 208면.

130) 대법원 2013. 3. 14, 선고 2010도2094 판결. 「[1] 헌법 제12조 제1항, 제5항, 형사소송법 제200조의5, 제213조의2, 제308조의2를 종합하면, 적법한 절차에 따르지 아니한 위법행위를 기초로 하여 증거가 수집된 경우에는 당해 증거뿐 아니라 그에 터 잡아 획득한 **2차적 증거**에 대해서도 증거능력은 부정되어야 한다. [2] 위법한 강제연행 상태에서 호흡측정 방법에 의한 음주측정을 한 다음 강제연행 상태로부터 시간적·장소적으로 단절되었다고 볼 수도 없고 피의자의 심적 상태 또한 강제연행 상태로부터 완전히 벗어났다고 볼 수 없는 상황에서 피의자가 호흡측정 결과에 대한 탄핵을 하기 위하여 스스로 혈액채취 방법에 의한 측정을 할 것을 요구하여 혈액채취가 이루

거능력을 상실시켜야 할 것이다. 대법원의 입장도 같다. 「수사기관이 법원으로부터 영장 또는 감정처분허가장을 발부받지 아니한 채 피의자의 동의 없이 피의자의 신체로부터 혈액을 채취하고 사후에도 지체 없이 영장을 발부받지 아니한 채 혈액 중 알코올농도에 관한 감정을 의뢰하였다면, 이러한 과정을 거쳐 얻은 감정의뢰회보 등은 형사소송법상 영장주의 원칙을 위반하여 수집하거나 그에 기초하여 획득한 증거로서, 원칙적으로 절차위반행위가 적법절차의 실질적인 내용을 침해하여 피고인이나 변호인의 동의가 있더라도 유죄의 증거로 사용할 수 없다」(대법원 2012. 11. 15, 선고 2011도15258 판결),[132] 「헌법과 법이 정한 절차에 따르지 아니하고 수집된

어졌다고 하더라도 그 사이에 위법한 체포 상태에 의한 영향이 완전하게 배제되고 피의자의 의사결정의 자유가 확실하게 보장되었다고 볼 만한 다른 사정이 개입되지 않은 이상 불법체포와 증거수집 사이의 인과관계가 단절된 것으로 볼 수는 없다. 따라서 그러한 혈액채취에 의한 측정 결과 역시 유죄 인정의 증거로 쓸 수 없다고 보아야 한다. 그리고 이는 수사기관이 위법한 체포 상태를 이용하여 증거를 수집하는 등의 행위를 효과적으로 억지하기 위한 것이므로, 피고인이나 변호인이 이를 증거로 함에 동의하였다고 하여도 달리 볼 것은 아니다.」; 대법원 2007. 11. 15, 선고 2007도3061 판결.

131) 예외적으로 증거능력을 인정받은 사례로는, 대법원 2009. 4. 23, 선고 2009도526 판결. 「사전에 구속영장을 제시하지 아니한 채 구속영장을 집행하고, 그 구속 중 수집한 피고인의 진술증거 중 피고인의 제1심 법정진술은, 피고인이 구속집행절차의 위법성을 주장하면서 청구한 구속적부심사의 심문 당시 구속영장을 제시받은 바 있어 그 이후에는 구속영장에 기재된 범죄사실에 대하여 숙지하고 있었던 것으로 보이고, 구속 이후 원심에 이르기까지 구속적부심사와 보석의 청구를 통하여 구속집행절차의 위법성만을 다투었을 뿐, 그 구속 중 이루어진 진술증거의 임의성이나 신빙성에 대하여는 전혀 다투지 않았을 뿐만 아니라, 변호인과의 충분한 상의를 거친 후 공소사실 전부에 대하여 자백한 것이라면, 유죄 인정의 증거로 삼을 수 있는 예외적인 경우에 해당한다.」

132) 본 주제에서 제시된 대상판결에 대해 직접 비판적인 견해는 앞선 각주에서 김영규 부장검사의 것을 소개한 바 있고, 최근의 비판적 견해로는 대한변협신문, 판례평석, "영장주의 예외로서 강제채혈의 요건－대법원 2012. 11. 15, 선고 2011도15258－", 2015. 3. 16, 12면 참조.

노명선 교수는 판례평석을 통해 본 판결이 1) 피의자의 신체 내지 의복류에 주취로 인한 냄새가 강하게 나는 등 준현행범인의 요건이 갖추어져 있고(준 현행범성), 2) 교통사고 발생 시각으로부터 사회통념상 범행 직후라고 볼 수 있는 시간 내에서 사고 현장으로부터 곧바로 후송된 병원 응급실 등의 장소는 범죄 장소에 준한다 할 것이어서(준 범죄현장성), 3) 의료인의 자격이 있는 자로 하여금 의학적인 방법에 따라 필요최소한의 한도 내에서(방법의 상당성, 최소성), 피의자의 혈액을 채취하게 한 후 그 혈액을 영장 없이 압수할 수 있다고 한 것은 정당하고 수사현실의 어려움과 혈액에 대한 긴급보전의 필요성을 고려하여 영장주의의 예외를 인정하였다는 점에서 높이 평가할 만하지만, 4) **반드시 사후영장을 요구하였다는 점에서는 비판을 면하기 어렵다고 주장**하고 있다. 판례가 준현행범임을 전제로 시간적, 장소적 근접성을 요건으로 하면서도 '범죄현장'의 압수에 준해서(법 제216조 제3항) 일률적으로 사후영장을 요구하는 것은 선뜻 이해하기 어렵고, 감정 후 바로 폐기처분하여 더 이상 '계속' 압수할 필요성이 없는 혈액에 대해서까지 반드시 사후영장을 요하는 것은 형사소송법 제217조 제2항(체포현장에서의 압수, 수색, 검증은 계속 압수의 필요성이 있는 경우 체포한 때부터 48시간 이내 지체 없이 영장을 청구)과의 형평성에도 맞지 않다는 점을 논거로 하고 있다. 따라서 이 경우에는 피의자의 의식이 돌아오면 바로 도주할 수 있으므로 체포할 수도 있었다는 점에서 '체포현장'에서의 압수에 준해서(법 제216조 제1항 제2호) **'계속' 압수의 필요성에 따라 사후영장의 필요여부를 판단(법 제217조 제2항)하는 것이 더 논리적**이고, 향후 강제채혈을 형사소송법상 명문으로 긴급대물처분의 하나로 규정하는 것이

증거는 기본적 인권 보장을 위해 마련된 적법한 절차에 따르지 않은 것으로서 원칙적으로 유죄 인정의 증거로 삼을 수 없고, 위와 같은 법리는 이를 기초로 하여 획득한 2차적 증거에도 마찬가지로 적용된다고 할 것이다. 그렇다면 수사기관이 법원으로부터 영장 또는 감정처분허가장을 발부받지 아니한 채 피의자의 동의 없이 피의자의 신체로부터 혈액을 채취하고 사후에도 지체 없이 영장을 발부받지 아니한 채 그 혈액 중 알코올농도에 관한 감정을 의뢰하였다면, 이러한 과정을 거쳐 얻은 감정의뢰회보 등은 형사소송법상 영장주의 원칙을 위반하여 수집하거나 그에 기초하여 획득한 증거로서, 원칙적으로 그 절차위반행위가 적법절차의 실질적인 내용을 침해하여 피고인이나 변호인의 동의가 있더라도 유죄의 증거로 사용할 수 없다고 할 것이다」(대법원 2011. 4. 28, 선고 2009도2109 판결[133]).

바람직하다고 **제안하고 있다.**

133) 대법원 2011. 4. 28, 선고 2009도2109 판결도 그 사안은 거의 같으며, 피고인이 아닌 동서로부터 채혈동의를 받았으며, 사후영장을 발부받지 않은 사건이었다. 피고인이 운전 중 교통사고를 내고 의식을 잃은 채 병원 응급실로 호송되자, 출동한 경찰관이 법원으로부터 압수·수색 또는 검증 영장을 발부받지 아니한 채 피고인의 동서로부터 채혈동의를 받고 의사로 하여금 채혈을 하도록 한 사안에서, 대법원은 「원심이 적법한 절차에 따르지 아니하고 수집된 피고인의 혈액을 이용한 혈중알콜농도에 관한 국립과학수사연구소 감정서 및 이에 기초한 주취운전자적발보고서의 증거능력을 부정한 것은 정당하고, 음주운전자에 대한 채혈에 관하여 영장주의를 요구할 경우 증거가치가 없게 될 위험성이 있다거나 음주운전 중 교통사고를 야기하고 의식불명 상태에 빠져 병원에 후송된 자에 대해 수사기관이 수사의 목적으로 의료진에게 요청하여 혈액을 채취한 사정이 있다고 하더라도 이러한 증거의 증거능력을 배제하는 것이 형사사법 정의를 실현하려고 한 취지에 반하는 결과를 초래하는 예외적인 경우에 해당한다고 볼 수 없다」는 이유로, 피고인에 대한 구 도로교통법(2009. 4. 1. 법률 제9580호로 개정되기 전의 것) 위반(음주운전)의 공소사실을 무죄로 판단한 원심판결을 수긍하여 검사의 상고를 기각하였다.

제4장 위법수사 규제의 필요성

제1절 서 론

실체진실주의 및 응보형을 기본으로 하는 필벌주의에서는 수사의 목적이 중요시되고 수사의 방식은 특별히 고려되지 않는다. 수사의 목적을 중요시할 경우 수사는 범인의 체포와 증거의 수집·확보를 위한 다양한 위법이 허용될 수 있고, 수사기관도 그 같은 유혹을 이기기가 쉽지 않다. 특히 후진국일수록, 실질적 법치주의가 확립되지 않은 시기일수록 위법수사의 관행이 많다고 보아야 하며, 인권침해적 수사를 견제하고 무효화시킬 수 있는 법원의 사건 통제도 어려운 경우가 많다.

현재 우리나라의 경우 수사절차에 위법이 있는 경우라도 원칙적으로 공소제기 자체가 무효로 되지는 않는다.[1] 판례에 따를 때 위법한 수사에 의해 공소제기가 무효로 되는 경우는 범의유발형 함정수사에 의한 공소제기의 경우 형사소송법 제327조 제2호에 의해 공소기각판결 선고,[2][3] 공소권남용의 경우 공소기각판결 선고가 전부라 볼 수 있다.

그 외의 위법수사의 결과에 대해서는, 위법한 공무집행방해에 대항한 것이 구성요건에 해당하지 않거나, 그에 대항한 상해가 정당방위에 해당하거나, 위법한 동행요구에 터 잡은 음주측정을 거부한 것이 측정거부죄의 구성요건에 해당하지 아니하는 몇 가지 특별한 사례를 제외하고는 대부분 취득한 증거가 위법수집증거배

---

1) 「공소기각의 판결을 할 경우 중 법 제327조 제2호에 규정된 공소제기의 절차가 법률의 규정에 의하여 무효인 때라 함은 무권한자에 의하여 공소가 제기되거나 공소제기의 소송조건이 결여되거나 또는 공소장의 현저한 방식위반이 있는 경우를 가리키는 것인바, 불법구금, 구금 장소의 임의적 변경 등의 위법사유가 있다고 하더라도 그 위법한 절차에 의하여 수집된 증거를 배제할 이유는 될지언정 공소제기의 절차 자체가 위법하여 무효인 경우에 해당한다고 볼 수 없다.」(대법원 1996. 5. 14, 선고 96도561 판결)

2) 대법원 2005. 10. 28, 선고 2005도1247 판결; 대법원 2007. 10. 12, 선고 2007도5571 판결.

3) 백형구, 형사소송법, 법원사, 2012, 45면.

제법칙에 따라 고작해야 증거능력을 상실하는 결과에 이를 뿐이다.

해당 증거의 증거능력을 배제시키는 것과 같은 간접적 통제에 불과하더라도 현재로서 우리의 최선은 위법한 수사의 형태에 대해 정확히 숙지하고 있어야 하겠으며, 실무상 그러한 사안이 발견될 경우 변호인은 효과적인 방법으로 이의하고 불복함으로써 불법을 적극 시정하여야 할 것이다.

따라서 아래에서는 피의자의 절차상 권리를 침해한 사례(제2절)를 가급적 상세하게 소개한 후 몇 가지 최근의 중요 주제(제3절 내지 제6절)에 대해서는 별도로 정리하였다.

제 2 절 피의자의 절차상 권리를 침해한 사례 일반

우리나라 수사실무상 문제된 사례를 보면, 1) 불법**체포**에 항의하는 과정에서 일어난 공무집행방해 및 상해는 공무집행방해에 대해서는 이미 적법한 직무집행이 아니어서 이에 대항한 행위는 무죄라는 사례,[1] 2) 위법한 **체포**를 면하기 위해 몸부림치다가 일어난 경찰관 또는 검사에 대한 상해는 정당방위[2]로 무죄라는 사례,[3] 3) 위법한 **체포** 상태에서 음주측정요구가 이루어진 경우, 음주측정요구를 위한 위법한 체포와 그에 이은 음주측정요구는 주취운전이라는 범죄행위에 대한 증거 수집을 위하여 연속하여 이루어진 것으로서 개별적으로 그 적법 여부를 평가하는 것은 적절하지 않으므로 그 일련의 과정을 전체적으로 보아 위법한 음주측정요구가 있었던 것으로 볼 수밖에 없어 음주측정거부죄가 성립하지 않는다고 본 사례,[4] 4) 사법경찰관이 피고인을 수사관서까지 동행한 것이 사실상의 강제연행, 즉 불법**체**

1) 대법원 2012. 12. 13, 선고 2012도11162 판결(공무집행방해는 무죄, 상해는 유죄).

2) 중국 현행 형법 제20조 제3관은 "현재 진행 중인 행흉, 살인, 강도, 강간, 납치 기타 인신의 안전을 엄중하게 위태롭게 하는 폭력범죄에 대하여 방위행위를 하여 불법침해인의 상해 또는 사망을 초래한 경우에는 과잉방위에 속하지 아니하고 형사책임을 지지 아니 한다"라고 규정하여 무한방위권을 규정하고 있다{박종근(朴宗根), "중국형법에서 범죄未遂에 관한 문제점과 해결방안", 「비교형사법연구」 14권 2호, 한국비교형사법학회, 2012, 308면}. **반면, 우리나라의 경우 정당방위 인정에 대단히 인색하고, 필자는 비판적 견해를 취하고 있다.**

3) 대법원 2011. 5. 26, 선고 2011도3682 판결; 대법원 2006. 9. 8, 선고 2006도148 판결; 대법원 2006. 11. 23, 선고 2006도2732 판결; 대법원 2000. 7. 4, 선고 99도4341 판결; 대구지방법원 2009. 9. 29, 선고 2009고단1743 판결; 대전지방법원 1995. 4. 25, 선고 95고단200 판결.

4) 대법원 2006. 11. 9, 선고 2004도8404 판결.

포에 해당하고, 불법체포로부터 6시간 상당이 경과한 후에 이루어진 긴급체포 또한 위법하므로 피고인이 불법체포된 자로서 형법 제145조 제1항에 정한 '법률에 의하여 체포 또는 구금된 자'가 아니어서 도주죄의 주체가 될 수 없다고 한 사례,[5] 5) 긴급체포 당시의 상황으로 보아서도 그 요건의 충족 여부에 관한 검사나 사법경찰관의 판단이 경험칙에 비추어 현저히 합리성을 잃은 경우에는 그 체포는 위법한 **체포**라 할 것이고,[6] 이러한 위법은 영장주의에 위배되는 중대한 것이니 그 체포에 의한 유치 중에 작성된 피의자신문조서는 위법하게 수집된 증거로서 특별한 사정이 없는 한 이를 유죄의 증거로 할 수 없다고 본 사례,[7] 6) 자진출석한 피의자를 긴급**체포**한 후 긴급체포 승인건의서와 구속영장 신청서를 검찰청에 접수한 사법경찰관이 위 피의자를 검사실로 데려오라는 검사의 명령을 전해 듣고도 이를 이행하지 않은 사안에서, 위 사법경찰관에게 인권옹호직무명령 불준수죄에 대한 고의가 인정된다고 본 사례,[8] 7) 급속하게 연행하여야 할 필요가 없음에도 불구하고 피의사실 요지의 고지 및 **구속**영장 정본의 제시 없이 영장표지의 사본 제시만으로 강제 연행한 것은 불법연행이고, 압수·수색영장 없이 공항의 보안구역 내 피의자의 수하물을 임의로 개봉·**수색**한 행위는 비록 그것이 관세청 직원의 입회하에 이루어졌다 하더라도 영장주의에 반하는 위법한 행위이며, 또한 영장 없이 피의자나 그 친구의 예금계좌 입·출금 상황에 대한 정보를 요구한 것은 금융실명거래에관한법률에 위반한 불법행위라는 이유로, 그러한 수사기관의 행위 등에 대하여 국가의 불법행위 책임을 인정한 사례,[9] 같은 취지로, 검사의 지시를 받은 경찰관이 **구속**영장을 제시하지 아니한 채 피의자를 강제로 연행하여 불법구금하면서 자백을 강요하여 구타 등 **가혹행위** 한 데 대하여 국가의 손해배상책임을 인정한 사례,[10] 8) 동행을 거부하는 의사를 표시한 피의자를 수사기관이 영장에 의하지 아니하고 강제 연행한 행위가 위법한 **체포**에 해당하고, 위법한 체포상태에서 이루어진 마약투약 혐의를 확인하기 위한 **채뇨**요구가 위법하다는 사례,[11] 9) 별건으로 **구속**된 자를 일정 기간 동안 거의 매일 검사실로 소환하여 밤늦게까지 조사를 하였다면 그

5) 대법원 2006. 7. 6, 선고 2005도6810 판결.
6) 대법원 2003. 3. 27, 선고 2002모81 결정.
7) 대법원 2005. 11. 10, 선고 2004도42 판결; 대법원 2002. 6. 11, 선고 2000도5701 판결.
8) 대전지방법원 2007. 9. 13, 선고 2006고합4 판결.
9) 서울지방법원 1996. 8. 8, 선고 95나54753 판결.
10) 서울민사지방법원 1993. 9. 24, 선고 91가합89214 판결.
11) 대법원 2013. 3. 14, 선고 2012도13611 판결, 그러나 영장에 의한 2차 채뇨는 1차 위법압수와 인과관계가 희석되어 유효.

에 대한 진술조서는 **임의성**을 의심할 만한 사정이 있어 증거능력이 없다고 보았고, 또 알선수재 사건의 공여자의 증언이 검찰 측의 헌법위반적인 증인 접근차단과 증인에 대한 편의제공 중에 이루어진 것으로서 신빙성이 없다고 본 사례,[12] 10) 단순 수뢰죄의 가벼운 형으로 처벌되도록 하겠다고 **약속**하고 자백을 유도한 것으로 위와 같은 상황 하에서 한 자백은 그 **임의성**에 의심이 가고 따라서 진실성이 없다는 취지에서 이를 배척한 원심을 수긍한 사례,[13] 11) 검사작성의 피의자신문조서가 그 진술의 **임의성**이 없는 것이라면 그 전부를 유죄의 증거로 할 수 없을 것이고, 만일 그 일부를 믿을 수 없는 것이라면 특단의 사정이 없는 이상 다른 일부에 대하여도 다 같이 믿을 수 없는 것이라고 함이 논리나 경험칙에 합치된다고 본 사례,[14] 12) 피고인이 검사 이전의 수사기관에서 **고문** 등 가혹행위로 인하여 임의성 없는 자백을 하고 그 후 검사의 조사단계에서도 **임의성** 없는 심리상태가 계속되어 동일한 내용의 자백을 하였다면 검사의 조사단계에서 고문 등 자백의 강요행위가 없었다고 하여도 검사 앞에서의 자백도 임의성 없는 자백이라고 볼 수밖에 없다고 본 사례,[15] 13) 경찰관들이 형사피의자[16]를 **구속**영장 없이 또는 구속영장 발부 후 그 제시 없이 연행 구금하여, 소위 물고문 및 전기고문의 방법으로 **가혹행위**를 하고, 교도관들이 고문증거(상처딱지)를 강제로 수거하여 임의로 폐기한 행위에 대하여 국가의 (위자료)배상책임을 인정한 사례,[17][18] 14) 경찰관들이 중학교 3

12) 대법원 2002. 10. 8, 선고 2001도3931 판결.
반면, 이미 기결수 상태였고, 별도 증거가 발견되지 않았는데도 단순히 검사가 자백하지 않으면 다시 경찰서로 돌려보내 조사시키겠다고 말한 것 정도라면, 검사의 이와 같은 협박이 임의성을 해친 것으로 보기 어렵다고 본 사례도 있었다. 「검사가 피고인에게 만약 자백하지 않으면 경찰에 다시 보내어 엄문토록 하겠다는 협박을 하여 겁이 나서 허위자백을 하였다고 해도 자백당시에 피고인이 이미 기결수였고 신병이 교도소에 있어 경찰서로 다시 되돌려 보내 재수감케 하는 것은 불가능한 상태에 있고, 또 불리한 새로운 증거가 발견된 바 없는 상태에서 만약 허위자백을 하였다가 그 자백을 기초로 한 처벌을 받게 될지도 모를 위험성에 견주어 볼 때 검사의 위와 같은 협박만으로는 피고인의 진술의 임의성을 해할 정도의 협박 이였다고는 도저히 인정되지 않는다.」(서울고등법원 1973. 4. 23, 선고 73노239 판결)

13) 대법원 1984. 5. 9, 선고 83도2782 판결.

14) 대법원 1971. 2. 8, 선고 70도2449 판결.

15) 대법원 1981. 10. 13, 선고 81도2160 판결; 서울고등법원 1982. 6. 10, 선고 82노605 판결; 대법원 1983. 9. 27, 선고 83도1953 판결; 대법원 1984. 5. 15, 선고 84도472 판결; 대법원 1992. 11. 24, 선고 92도2409 판결; 수원지방법원 성남지원 1997. 3. 25, 선고 96고합165 판결; 대법원 2011. 10. 27, 선고 2009도1603 판결; 대법원 2012. 11. 29, 선고 2010도11788 판결.

16) 민주화 운동으로 수사받아 인권침해를 당한 김근태 전 의원 사건.

17) 서울민사지방법원 1992. 1. 30, 선고 86가합5126 판결. 그러나 검사가 형사피의자에 대하여 증거인멸 및 수사지연의 우려가 있다고 판단하여 가족과의 접견을 금지하고, 그의 진술을 받기 위하여 계속하여 검찰청에 소환함으로써 변호인들과의 접견교통 역시 결과적으로 불가능하게 되었다 하더라도 검사 또는 교도관의 불법행위가 되지 아니한다고 보아 아쉬움이 남는다. 판결이유에서 피

학년에 불과한 피의자들에게 자백을 강요하면서 여러 차례에 걸쳐 폭행, 협박 등의 **가혹행위**를 하였고, 이러한 가혹행위로 위 피의자들이 강도살인 범행을 자백한 경우, 국가가 그 소속 경찰관들의 직무상의 불법행위로 말미암아 위 피의자들과 그 부모가 입은 손해를 배상할 책임이 있다고 본 사례,[19] 15) 경찰관의 고문행위에 의하여 조사받던 사람이 사망하게 되었음에도 그 사실을 은폐하고 사인을 **허위로 발표**하는 등의 행위는 위와 같은 가족권의 침해로서 정신적 고통을 가한 경우에 해당하여 불법행위를 구성한다고 본 사례,[20] 16) 형사소송법 제216조 제1항 제2호, 제217조 제2항, 제3항은 사법경찰관은 형사소송법 제200조의3(긴급체포)의 규정에 의하여 피의자를 체포하는 경우에 필요한 때에는 영장 없이 체포현장에서 압수·수색을 할 수 있고, 압수한 물건을 계속 압수할 필요가 있는 경우에는 지체 없이 압수수색영장을 청구하여야 하며, 청구한 압수수색영장을 발부받지 못한 때에는 압수한 물건을 즉시 반환하여야 한다고 규정하고 있는바, 형사소송법 제217조 제2항, 제3항에 위반하여 압수수색영장을 청구하여 이를 발부받지 아니하고도 즉시 반환하지 아니한 **압수**물은 이를 유죄 인정의 증거로 사용할 수 없다고 본 사례,[21] 17) 경찰이 피고인의 집에서 20m 떨어진 곳에서 피고인을 체포하여 수갑을 채운 후 피고인의 집으로 가서 집안을 수색하여 칼과 합의서를 **압수**하였을 뿐만 아니라 적법한 시간 내에 압수수색영장을 청구하여 발부받지도 않은 경우, 위 칼과 합의서는 임의제출물이 아니라 영장 없이 위법하게 압수된 것으로서 증거능력이 없고, 따라서 이를 기초로 한 2차 증거인 임의제출동의서, 압수조서 및 목록, 압수품 사진 역시 증거능력이 없다고 본 사례,[22] 18) 경찰관들이 노래연습장에서의 주류 판매여부를 확인하기 위하여 법관이 발부한 영장 없이 노래연습장을 **검색**한 행위가 적법한 직무집행이라고 볼 수 없어 그 검색행위를 방해하였다고 하더라도 공무집

의자가 고립무원 상태에 있었다고 인정하고 있는 점을 보면 더욱 그러하다.

18) 비슷한 사례로, 권인숙 양 성고문사건이 있다. 국가의 가혹행위 배상책임, 허위사실에 터 잡은 수사결과 발표로 인한 인격권 침해 배상책임이 인정되었다. 다만 피의자(고문경찰관)들을 위하여 동료경찰관들이 허위의 알리바이를 진술하고 증거를 조작한 점에 대해서는 추후 번복진술 하였다는 점과 그로 인하여 피의자가 형사처벌 받았기에 동료경찰관들의 행위가 부적절하긴 하나 그로 인하여 원고가 무슨 개인적 법익이 침해되었다고 보기 어렵다는 이유로 배상책임을 부정하였고, 나아가 검사의 불기소처분이라는 결정 자체가 원고에게 분노를 주더라도 배상책임이 인정될 수 없다고 판시하였다(서울민사지법 1989. 6. 13, 선고 86가합5264 판결).

19) 서울고등법원 2006. 7. 19, 선고 2005나46181 판결.

20) 피해자의 권리를 침해한 사례이나, 편의상 이 곳에서 소개하였다(서울고등법원 1993. 7. 2, 선고 89나50586 판결, 박종철 군 고문치사사건의 이른바 身元權).

21) 대법원 2009. 12. 24, 선고 2009도11401 판결.

22) 대법원 2010. 7. 22, 선고 2009도14376 판결.

행방해죄를 구성하지 않으나(공무집행방해죄 무죄), 적법한 **압수**절차를 거치지 아니하고 플라스틱 통에 들어 있던 음료를 취거했다고 하더라도 물건자체의 성질, 형태에 변경을 가져오는 것은 아니어서 그 형태, 성질 등에 관한 증거가치에는 변함이 없어 증거능력이 있다고 본 사례,[23] 19) 압수수색 대상물의 기재가 누락된 압수수색영장에 기하여 물건을 **압수**하고, 일부 압수물에 대하여는 압수조서·압수목록을 작성하지 아니하고 **보관**한 일련의 조치가 불법행위를 구성한다고 본 사례,[24] 20) 압수물에 대한 압수목록이 압수 후 무려 5개월이나 지난 뒤에 작성·교부된 점, 압수목록의 작성자가 압수물을 제대로 확인하고 압수목록을 작성한 것이 아니라 제3자가 작성한 것을 옮겨 적은 데 불과한 점, 압수경위가 임의제출로 잘못 기재되어 있을 뿐만 아니라 작성월일도 누락되어 있는 점 등에 비추어 볼 때, **압수**가 위법하다고 본 사례,[25] 21) 수사기관 사무실 등으로 옮긴 저장매체에서 범죄혐의와 관련성에 대한 구분 없이 저장된 전자정보 중 임의로 문서출력 또는 파일복사를 하는 행위가 영장주의 등 원칙에 반하는 위법한 **집행**으로 본 사례,[26] 22) 검사가 압수물을 제출인에게 환부하지 아니하고 소외 4에게 **환부**한 것이 위법한 처분이라는 사례,[27] 23) 피고인이 진술을 거부한 것을 죄책에 대한 인정이라거나 방어권의 포기로 해석할 수 없을 뿐만 아니라, 진술을 거부하는 피고인에게 계속 진술을 요구하면서 그 거부 장면을 동영상으로 촬영하고 증거로 제출한 것은 위법**수사**에 해당하여 증거로 사용할 수 없다고 한 사례,[28] 24) **범인식별절차를 준수하지 못한 사례**로, ① 경찰관들이 피해자들의 신빙성이 낮은 진술만을 기초로 피의자를 **범인이라고 속단**한 나머지 자신의 혐의 없음을 주장하는 피의자의 변명에 대하여는 확인이나 조사를 하지 아니한 것은 **수사**를 담당한 경찰관으로서 직무를 수행함에 있어 범죄의 혐의 유무를 밝혀 피의사건의 실체적 진실을 규명함은 물론 그 과정에서 피의자에게 불리한 증거만이 아니라 유리한 증거도 공정하게 수집·보존하여야 할 직무상 주의의무를 위반한 것이라고 한 사례,[29] ② 피해자에게 미리 피의자의 사

23) 대법원 2005. 10. 28, 선고 2004도4731 판결, 이제는 더 이상 유지될 수 없다.
24) 대법원 2001. 10. 12, 선고 2001다47290 판결.
25) 광주고등법원 2008. 1. 15, 선고 2007노370 판결.
26) 대법원 2012. 3. 29, 선고 2011도10508 판결.
27) 서울고등법원 1968. 3. 27, 선고 65나2466 판결.
28) 창원지방법원 2008. 2. 12, 선고 2007노1311 판결.
29) 인천지방법원 2008. 5. 14, 선고 2007가단51610 판결. 상세하게는, 피해자들의 진술이 범인의 인상착의에 관하여 상당한 부분 일치하기는 하나, 이후 대면절차에서 피해자들이 범인에 관하여 의견을 주고받고 함께 대면하여 원고를 범인으로 지목함으로써 그 신빙성이 떨어짐은 물론 잘못 지목한 범인식별로 인해 국가배상책임이 인정된 사례이다.

진만을 제시하여 보여준 후 피의자와 단독 대면한 사례가 위법하다고 본 사례,[30] ③ 참고인에게 미리 피의자가 범인일 수 있다는 암시를 하면서, 피의자의 사진만을 제시한 것이 위법하다고 본 사례,[31] ④ 강간 피해자가 수사기관이 제시한 47명의 사진 속에서 피고인을 범인으로 지목하자, 이어진 범인식별 절차에서 수사기관이 피해자에게 피고인 한 사람만을 촬영한 동영상을 보여주거나 피고인 한 사람만을 직접 보여주어 피해자로부터 범인이 맞다는 진술을 받고, 다시 피고인을 포함한 3명을 동시에 피해자에게 대면시켜 피고인이 범인이라는 확인을 받은 것은 위법하다는 사례,[32] ⑤ 이미 피의자가 범인으로 체포된 사실을 들어 암시받았고, 피고인과만 대면하여 지목하였고, 다른 피해자들과 함께 확인[33]하여 진술에 영향을 받은 경우로 위법하다는 사례,[34] ⑥ 야간에 짧은 시간 동안 범행을 당한 피해자에게 수사기관이 잘못된 단서에 의하여 범인으로 지목하고 신병을 확보한 용의자를 일대일로 대면[35]한 것이 위법하다는 사례,[36] ⑦ 야간에 잠깐 동안 강간피해를 당한 피해자들을 상대로 여러 장의 사진을 제시하였으나, 피해자가 진술한 인상착의와 같은 사진은 피의자 사진뿐이었고, 피해자들을 한 자리에 모아두고, 피의자만 대면시킨 것은 위법하다는 사례,[37] ⑧ 범인식별실이 아닌 공개 장소에서 어린 피해자들로 하여금 직접 다수의 윤간범 용의자를 세워놓고 **범인식별진술을 강요**한

30) 대법원 2007. 5. 10, 선고 2007도1950 판결.

31) 대법원 2004. 2. 27, 선고 2003도7033 판결(다른 증거가치 높은 증거를 토대로 유죄가 선고된 사례임). 이 판결에 대해 조광훈, “수사기관의 범인식별진술 및 절차의 문제점과 개선방안”, 「법학연구」 18권 1호, 연세대 법학연구원, 2008, 210면에서는, 수사기관의 단독면접 및 사진식별에 의한 범인식별진술의 절차적 문제점을 지적하고, 범인식별진술 방법을 선택함에는 신중을 기하고 나아가 절차에서도 공정성을 지켜야 한다는 가이드라인을 최초로 제시한 판례로 보고 있다.

32) 대법원 2008. 1. 17, 선고 2007도5201 판결.

33) 범인식별시 준수사항을 보면, 1) 범인의 인상착의 등에 관한 목격자의 진술 내지 묘사를 사전에 상세히 기록화하여야 하고, 2) 용의자를 포함하여 그와 인상착의가 비슷한 여러 사람을 동시에 목격자와 대면시켜 범인을 지목하도록 하여야 하며(일대다면 원칙), 3) 용의자와 목격자 및 비교대상자들이 상호 사전에 접촉하지 못하도록 하여야 하고, 4) 사후에 증거가치를 평가할 수 있도록 대질 과정과 결과를 문자와 사진 등으로 서면화하는 등의 조치를 취하여야 한다. 2)와 관련하여, 대법원 2004. 2. 27, 선고 2003도7033 판결도 일대다면 원칙의 경우 신빙성을 높게 보고 있으며, 단독대면 또는 단독사진으로 확인하는 방식의 신빙성을 낮게 보고 있다. 이러한 원칙은 목격자가 용의자를 범인으로 지목한 이후에 이루어지는 동영상 제시 및 대면 등에 의한 범인식별 절차에서도 적용된다(대법원 2008. 1. 17, 선고 2007도5201 판결).

34) 대법원 2005. 6. 10, 선고 2005도1461 판결.

35) 그러나 피해자가 경찰관과 함께 범행 현장에서 범인을 추적하다 골목길에서 범인을 놓친 직후 골목길에 면한 집을 탐문하여 용의자를 확정한 경우, 그 현장에서 용의자와 피해자의 일대일 대면은 적법하다(대법원 2009. 6. 11, 선고 2008도12111 판결 참조).

36) 대법원 2001. 2. 9, 선고 2000도4946 판결.

37) 대법원 2005. 5. 27, 선고 2004도7363 판결.

것이 피해자의 명예와 사생활의 평온을 보호할 법규상·조리상 의무를 위반하여 위법한 사례,[38] 25) 필로폰 수입에 대한 수사가 그에 대한 범의를 갖도록 하는 방식의 위법한 함정**수사**에 기한 공소제기의 효력이 무효라고 본 사례,[39] 26) 피고인이 판결 확정 전에 범하여진 일련의 범죄행위에 대하여 동시에 재판을 받지 못함으로써 두 번의 형을 선고받게 된 것이 검사가 피의자가 범한 일련의 범죄행위 중 일부에 대하여 이미 구속 기소된 사실을 알면서도 정당한 이유 없이 나머지 범죄행위에 대하여 신속한 수사 및 소추권 행사를 하지 아니한 검사의 태만 내지 위법한 부작위에 의한 공소권 행사에 기인한 것이고, 또한 동시에 재판을 받지 못한 점에 대하여 피고인에게 귀책사유가 없는 경우, 이시추가**소추**권 행사는 특별한 사정이 없는 한 피고인의 신속한 재판을 받을 권리를 침해하는 것으로서 공소권 남용에 해당하여 공소제기의 절차가 무효라 할 것이므로, 형사소송법 제327조 제2호에 의하여 공소를 기각한 사례,[40] 27) 변호인의 접견시 가청거리에서 교도관이 변호인과의 대화를 청취하는 방식으로 **변호권**을 침해한 것은 위헌이라는 사례,[41] 28) 피의자의 신병이 있는 경찰서의 순경 등이 담당자가 없다는 이유로 변호인의 접견신청을 거부하였다면 고의 또는 과실로 형사소송법상 인정된 변호인의 **접견권**을 침해한 위법한 행위로 인정한 사례,[42] 29) 구속적부심을 준비하기 위해 수사기록에 대한 열람·**등사** 신청을 한 것에 대해 수사기록 일체를 정당한 이유 없이 거부한 것은 위헌이라는 사례,[43] 30) 수사기관이 피의자를 신문함에 있어서 피의자에게 미리 **진술거부권**을 고지하지 않은 때에는 그 피의자의 진술은 위법하게 수집된 증거로서 진술의 임의성이 인정되는 경우라도 증거능력이 부인되어야 한다고 본 사례,[44] 31) 피의자의 진술을 녹취 내지 기재한 서류 또는 문서가 수사기관에서

38) 대법원 2008. 6. 12, 선고 2007다64365 판결.

39) 대법원 2006. 9. 28, 선고 2006도3464 판결.

40) 대구지방법원 의성지원 1998. 11. 7, 선고 98고단200 판결.
다만 공소권남용에 해당하기 위해서는 검사가 자의적으로 공소권을 행사하여 피고인에게 실질적인 불이익을 줌으로써 소추재량권을 현저히 일탈하였다고 보여지는 경우에 한한다. 자의적인 공소권의 행사라 함은 단순히 직무상의 과실에 의한 것만으로는 부족하고 적어도 미필적으로나마 어떤 의도가 있어야 한다(대법원 1999. 12. 10, 선고 99도577 판결 참조, 이 대법원 판결은 여러 가지 사정에 비추어 후행사건에 대한 별도의 기소가 자의적인 것으로 보기 어렵다는 사안임).

41) 헌법재판소 1992. 1. 28, 선고 91헌마111 결정.

42) 서울민사지방법원 1991. 9. 19, 선고 91가단24555 판결; 서울중앙지방법원 2006보1, 서울중앙지방법원 2006보3, 서울중앙지방법원 2008. 7. 9, 선고 2007가합42537 판결. 피의자의 절차권을 침해한 것은 아니나, 그의 변호인의 권한을 침해한 것으로 편의상 이 곳에서 소개하였다.

43) 헌법재판소 2003. 3. 27, 선고 2000헌마474 결정; 서울남부지방법원 2009. 7. 7, 선고 2009가단15903 판결.

44) 대법원 1992. 6. 23, 선고 92도682 판결; 대법원 2009. 8. 20, 선고 2008도8213 판결; 대법원 2010.

의 조사과정에서 작성된 것이라면 그것이 진술조서, 진술서, 자술서라는 형식을 취하였다 하더라도 당해 수사기관이 작성한 피의자신문조서와 같이 보아야 한다는 사례,[45] 따라서 검사가 피의자신문조서가 아닌 일반적인 진술조서의 형식으로 조서를 작성한 사안에서, 미리 피의자에게 **진술거부권**을 고지하지 않았다면 유죄인정의 증거로 사용할 수 없다고 한 사례,[46] 또 경찰 수사과정 중 피의자였던 피고인이 작성한 진술서에 대해 피고인이 내용 부인할 경우 구 형사소송법 **제312조 제2항**(**현행 제312조 제3항**)에 따라 증거능력을 상실시킨 사례,[47] 나아가 검찰주사 작성의 피고인 3에 대한 제1, 2회 각 피의자신문조서, 검찰주사 작성의 피고인 3에 대한 제1, 2회 각 진술조서, 피고인 3 작성의 진술서는 피고인 3과 공범관계에 있는 피고인 1, 피고인 2가 법정에서 그 내용을 부인하고 있는 이상 구 형사소송법 **제312조 제2항**(**현행 제312조 제3항**)에 의하여 모두 증거능력이 없다고 본 사례,[48] 32) 검찰주사 등이 검사의 지시에 따라 검사가 참석하지 않은 상태에서 피의자였던 피고인을 신문하여 작성하고 검사는 검찰주사 등의 조사 직후 피고인에게 개괄적으로 질문한 사실이 있을 뿐인데도 검사가 작성한 것으로 되어 있는 피의자신문조서는 형사소송법 제312조 제1항 소정의 '검사가 피의자나 피의자 아닌 자의 진술을 기재한 조서'에 해당하지 않는다고 한 원심의 판단을 정당하다고 한 사례,[49] 33) 이미

---

5. 27, 선고 2010도1755 판결.

45) 대법원 1982. 9. 14, 선고 82도1479 전원합의체 판결; 대법원 1987. 2. 24, 선고 86도1152 판결; 대법원 1992. 4. 14, 선고 92도442 판결; 대법원 2004. 9. 3, 선고 2004도3588 판결; 대법원 2006. 1. 13, 선고 2003도6548 판결; 대법원 2007. 10. 25, 선고 2007도6129 판결; 대법원 2010. 5. 27, 선고 2010도1755 판결; 대법원 2011. 11. 10, 선고 2010도8294 판결.

위 82도1479 대법원 판결은 김시훈 피고인의 살인사건이다. 따라서 경찰의 요구로 피의자신문을 하지 않고 진술서를 작성한 것이라면, 마땅히 사법경찰관작성 피의자신문조서에 준하여 제312조 제2항이 적용되어야 하는 것이다(**현행 제312조 제3항으로 내용인정이 필요**). 입법취지나 서면의 성질에 비추어 제312조의 적용을 받게 하는 것이 보다 합리적이고 피의자에게 유리한 해석이 된다(차용석, "수사서류의 증거능력", 「법학논총」 제1집, 한양대학교 법학연구소, 1984, 45-46면 참조).

46) 대법원 2009. 8. 20, 선고 2008도8213 판결; 대법원 2011. 11. 10, 선고 2010도8294 판결.

47) 대법원 1982. 9. 14, 선고 82도1479 전원합의체 판결; 대법원 1987. 2. 24, 선고 86도1152 판결.

48) 대법원 2007. 10. 25, 선고 2007도6129 판결(현행 제312조 제3항의 사실상 잠탈을 금지함).

49) 대법원 2003. 10. 9, 선고 2002도4372 판결(현행 **제312조 제3항**으로 돌아가 내용 부인하여 증거능력을 상실함). 이 사건은 검사가 직접 피의자를 신문하지 않고 검찰주사가 신문한 방식이다. 검사가 수사 전 과정을 지켜보고 미리 지휘한 대로 검찰수사관이 조사한 것이며, 조사 전후 검사가 직접 수사한 것과 동일한 정도로 주재하였다면 문제되지 않겠지만, **이 사건과 같이 검사가 아예 참석하지도 않은 상태에서 임의로 검찰주사에 의해 이루어진 신문은 현행 제312조 제3항을 충족하지 않는 한 증거능력을 상실**할 수밖에 없다. 이러한 점을 인식하여 최근 검찰 스스로 자성하여 가급적 검사 직접처리 사건의 비율을 높이고 있다. 검사가 직접 수사하는 사건의 개수가 적다는 점에 대해서는 이완규, "사법경찰관작성 피의자신문조서 증거능력문제의 올바른 방향-수사권독립

증인으로 증언한 참고인을 위증사건으로 소환하여 다시 참고인진술조서를 작성[50] 한 후 종전의 피고사건에 제출한 것(번복 진술조서)은 당사자주의, 공판중심주의, 직접주의에 반하므로 피고인이 증거로 할 수 있음에 동의[51]하지 아니하는 한 증거능력이 없다고 본 사례,[52] 34) 검사가 **객관의무에 위배**하여 국가배상책임이 인정된 사례로, ① 강도강간의 피해자가 제출한 팬티에 대한 국립과학수사연구소의 유전자검사[53]결과 그 팬티에서 범인으로 지목되어 기소된 원고나 피해자의 남편과 다른 남자의 유전자형이 검출되었다는 감정결과를 검사가 공판과정에서 입수한 경우 그 감정서는 원고의 무죄를 입증할 수 있는 결정적인 증거[54]에 해당하는데도 검사가 그 감정서를 법원에 제출하지 아니하고 은폐한 사례,[55] ② 법원이 검사의 열람·등사 거부처분에 정당한 사유가 없다고 판단하여 수사서류의 열람·등사를 허용하도록 명한 이상, 검사로서는 당연히 법원의 그러한 결정에 지체 없이 따라야 하는

론과 연관된 주장과 관련하여-", 「형사정책연구소식」 제75호, 한국형사정책연구원, 2003, 9면 참조.

50) 그 실질에 있어 증인이 행한 종전 증언을 탄핵할 목적으로 그 증인을 상대로 재신문을 행하되 법정이 아닌 검사실에서 증인신문절차가 아닌 임의의 방법을 취한 것에 불과하다. 이러한 검사의 행위는 수사기관이 행하는 수사라기보다는 공소유지기관인 당사자가 행하는 재신문의 성격을 띠고 있는 문제점이 있다{대법원 2000. 6. 15, 선고 99도1108 전원합의체판결의 다수의견의 보충의견(대법관 김형선); 변종필, "증언번복 진술조서의 증거능력-대법원 2000. 6. 15, 선고 99도1108 전원합의체판결-", 「비교형사법연구」 2권 2호, 한국비교형사법학회, 2000, 402-403면 참조}.

51) 이와 같은 수사방식이 위법하고, 위법의 정도가 중하여 증거능력을 배제할 만한 사유로 볼 경우라면 동의에 불구하고 위법수집증거로 보아 증거능력을 배제하는 것도 가능할 것이다. 위 대법원 판례의 반대의견은, 증거능력을 배제할 만큼 위법한 수사였다면 증거능력을 배제해야 하겠으나, 그에 이르지 않을 정도(해당 증거가 증거능력 배제규정에 해당되거나 형사절차의 지도이념에 명백히 위배되는 경우가 아닐 경우)일 경우라면, 증거능력을 인정하되 증거가치에 관한 판단을 법관의 자유심증에 맡기는 방향으로 운용해야 한다고 보았다(변종필, "증언번복 진술조서의 증거능력-대법원 2000. 6. 15, 선고 99도1108 전원합의체판결-", 「비교형사법연구」 2권 2호, 한국비교형사법학회, 2000, 404-406면 참조).

52) 대법원 2000. 6. 15, 선고 99도1108 전원합의체판결; 대법원 2004. 3. 26, 선고 2003도7482 판결.

53) 조성용, "DNA 지문감식과 피해자의 권리보호", 「비교형사법연구」 6권 1호, 한국비교형사법학회, 2004, 257면에서는, 우리 형사소송법이 DNA지문감식에 관한 명문의 규정을 두지 않고 법관에 의한 사법적 통제(영장주의)에 의하여 허용여부를 해결하고 있는데, DNA지문감식은 기존의 과학수사기법과 달리 그 자체로 많은 위험요소를 내포하고 있어서 그 허용요건과 절차를 엄격히 법으로 규정할 필요가 있다고 보고 있다.

참고로, 미국 법원에서는 DNA 증거는 유죄의 증거로 많이 활용되는 것뿐만 아니라 유죄선고를 받은 자들이 재심을 받기 위하여 이용하며, 48개 주 및 연방은 수형자로 하여금 DNA 증거에 대해 접근할 수 있도록 규정하고 있다. McDaniel v. Brown, No. 08-559, Decided January 11, 2010. 판결에서도 DNA 증거의 중요성을 강조한 바 있다(박용철, "미국의 형사법 연구의 쟁점과 동향-2007년~2010년 미국 연방 대법원 판례를 중심으로-", 「비교형사법연구」 14권 1호, 한국비교형사법학회, 2012, 255-258면 참조).

54) 대법원은 유전자 검사의 증명력이 상당하여 일정한 경우 자유심증주의를 구속한다고 보고 있다(대법원 2004. 6. 25, 선고 2004도2221 판결; 대법원 2007. 5. 10, 선고 2007도1950 판결).

55) 대법원 2002. 2. 22, 선고 2001다23447 판결.

데도 법원의 결정에 반하여 수사서류의 열람·등사를 거부한 사례,[56] 35) 수사기관이 인권보호를 위한 수사공보준칙에 따른 초상권 보호 규정을 어기고, 피의자에 대한 보도자료 배포 직후 기자들의 취재 요청에 응하여 피의자가 경찰서 조사실에서 양손에 수갑을 찬 채 조사받는 모습을 **촬영**한 것이 인격권을 침해한 것으로 위헌임이 확인된 사례,[57] 36) **피의사실공표**와 관련하여, ① 국가정보원장이 자신의 발언에 대해 가질 신뢰성에 비추어 볼 때 피의자에 대해 사실상 회복하기 어려운 정신적 피해를 가할 우려를 잘 예상하면서도 피의자의 간첩혐의 피의사실의 진실성을 담보할 객관적이고도 충분한 증거를 확보한 상태가 아닌데도 공식적 절차도 아닌 경로를 통하여 피의사실을 공표하여 위법한 사례(단 1심에 한함),[58] ② 담당 검사가 피의자가 피의사실을 강력히 부인하고 있음에도 불구하고 추가 보강수사를 하지 않은 채 참고인 측의 불확실한 진술만을 근거로 마치 피의자의 범행이 확정된 듯한 표현을 사용하여 기자들에게 피의사실을 공표하여 위법한 사례,[59] 37) 경찰관은 고소사건을 신속하게 수사하여 검사에게 인계해야 할 주의의무 및 수사 도중에 위 고소사건에 관한 공소시효가 완성되지 않도록 주의하여 공소시효 기간 경과 전에 검사의 종국처분이 내려지도록 협조할 주의의무가 있다 할 것인데도, 위 고소사건의 공소시효 만료일인 2004. 5. 14. 이전인 2004. 4. 26. 이미 1년 이상의 기간에 걸친 수사를 모두 완료하고서도 그로부터 한 달이 경과한 2004. 5. 25.에서야 검찰청에 송치지휘 건의를 하고 2004. 6. 8. 위 고소사건을 송치함으로써 위 고소사건에 대한 **공소시효가 완성되게 한 과실**이 있다고 본 사례[60]를 들 수 있다.

56) 대법원 2012. 11. 15, 선고 2011다48452 판결.
57) 헌법재판소 2014. 3. 27, 선고 2012헌마652 결정.
58) 서울중앙지방법원 2008. 7. 9, 선고 2007가합42537 판결.
59) 대법원 1999. 1. 26, 선고 97다10215, 10222 판결.
60) 부산지방법원 2009. 7. 3, 선고 2009가합5394 판결(나아가 만약 공소시효와 무관하게 이 사건이 결국은 혐의 없음 처분이 내려질 사건이었다고 하더라도 고소인의 형사피해자로서의 절차적 권리는 여전히 침해되었다 할 것이므로, 경찰관의 행위와 고소인의 손해 사이에 인과관계가 있다는 점까지 설시하였다).

제 3 절 위법한 피의사실공표행위

1. 알권리와 공표의 위법성

일반 국민들은 사회에서 발생하는 제반 범죄에 관한 알권리를 가지고 있고 수사기관이 피의사실에 관하여 발표를 하는 것은 국민들의 이러한 권리를 충족하기 위한 방법의 일환이라 할 것이나, 한편 헌법 제27조 제4항은 형사피고인에 대한 무죄추정의 원칙을 천명하고 있고, 형법 제126조는 검찰, 경찰 기타 범죄수사에 관한 직무를 행하는 자 또는 이를 감독하거나 보조하는 자[1]가 그 직무를 행함에 당하여 지득한 피의 사실을 공판청구 전에[2] 공표하는 행위를 범죄로 규정하고 있으며,[3)4)] 형사소송법 제198조는 검사, 사법경찰관리 기타 직무상 수사에 관계있는

1) 주체의 특수성으로 인해 본 죄는 진정신분범이자 진정신분범죄 및 특수직무범죄에 해당한다. 따라서 공무원이라는 신분 자체가 아니라 일정한 직무와의 관계에서 그 신분의 남용이 범죄의 위법성의 근거가 되는 것이므로, '사실관계적 인적 요소'로서 처벌받게 되는 것이라고 할 수 있다{박혜진, "형법적 관점에서 바라 본 피의사실공표죄의 제문제", 「비교형사법연구」 13권 2호, 한국비교형사법학회, 2011, 172면 및 주32)}.

2) 공판청구와 약식명령청구를 달리 평가할 이유는 없다고 할 것이어서 '공소제기 전'으로 이해된다(박혜진, "형법적 관점에서 바라 본 피의사실공표죄의 제문제", 「비교형사법연구」 13권 2호, 한국비교형사법학회, 2011, 174면 참조).

3) 수사관여자가 피의자의 가족이나 변호인에게 피의사실을 알려주거나 상관에게 보고하거나, 자기 동료들과 수사상황에 관하여 의논하는 경우까지 공표라고 할 수는 없다. 일반적으로 학설은 공표방식이 공연히 알릴 것을 요구하지는 않고 특정 1인에게 알린 경우에도 이로 인하여 불특정 다수인이 알 수 있을 때에는 공표에 해당한다고 보고 있는 반면, '공표'가 단순히 제3자에게 알리는 것을 의미하는 '누설'이나 명예훼손죄에서 말하는 '사실의 적시'와는 다르므로, 원칙적으로 공표는 '여러 사람에게 널리 드러내어 알리는 것'을 의미하는 것으로 좁게 봐야 한다는 견해도 있다(박혜진, "형법적 관점에서 바라 본 피의사실공표죄의 제문제", 「비교형사법연구」 13권 2호, 한국비교형사법학회, 2011, 174면 참조).

4) 참고로 외부로 수사내용이 유출되는 과정은 수사팀 내부보다는 보고라인이나 수사지휘를 맡은 지휘 선상에서 많이 이뤄지고 있다고 한다. 예컨대, 서울 중앙지검 공안1부에서 담당하고 있는 교육감 선거법 위반 사실을 보면, 서울중앙지검 공안1부장에서 2차장검사로, 다시 서울중앙지검장에서 대검찰청 공안부장과 대검 차장을 거쳐 검찰총장에게 이르는 지휘라인을 형성하고, 이것이 법무부 형사기획과를 거쳐 장관에게 보고되고, 공안수사의 경우 공안기획과를 통해 장관에게 보고된다. 이때 보고 내용은 '보고사무규칙'에 의거 원칙적으로 압수수색을 하거나 소환을 하거나 구속영장을 청구하는 등 대외적인 활동을 하는 경우로 한정된다. 최종 청와대로 보고하는 과정에서 법무부나 검찰에서는 공식적으로 '보고사무규칙'에 따르면 된다. 그러나 비공식적이거나 개별적 요구에 대해서도 사실상 거절하기는 어려울 것이고, 그래서 수사내용이 외부로 유출되면 수사팀이나 지휘부 보고라인이 의심을 살 수밖에 없는 것이다{박혜진, "형법적 관점에서 바라 본 피의사실공표죄의 제문제", 「비교형사법연구」 13권 2호, 한국비교형사법학회, 2011, 167면 및 주22) 참조}.

자는 비밀을 엄수하며 피의자 또는 다른 사람의 인권을 존중하여야 한다고 규정하고 있다.[5)]

수사기관의 피의사실 공표행위는 공권력에 의한 수사결과를 바탕으로 한 것으로 국민들에게 그 내용이 진실이라는 강한 신뢰를 부여함은 물론 그로 인하여 피의자나 피해자 나아가 그 주변 인물들에 대하여 치명적인 피해를 가할 수도 있다는 점을 고려할 때, 수사기관의 발표는 ① 원칙적으로 일반 국민들의 정당한 관심의 대상이 되는 사항에 관하여 ② 객관적이고도 충분한 증거나 자료를 바탕으로 한 사실 발표에 한정되어야 하고, ③ 이를 발표함에 있어서도 정당한 목적 하에 수사결과를 발표할 수 있는 권한을 가진 자에 의하여 공식의 절차에 따라 행하여져야 하며, ④ 무죄추정의 원칙에 반하여 유죄를 속단하게 할 우려가 있는 표현이나 추측 또는 예단을 불러일으킬 우려가 있는 표현을 피하는 등 그 내용이나 표현방법에 대하여도 유념하지 아니하면 아니된다 할 것이다.[6)]

따라서 수사기관의 피의사실 공표행위가 위법성을 조각하는지의 여부를 판단함에 있어서는 공표목적의 공익성과 공표내용의 공공성, 공표의 필요성, 공표된 피의사실의 객관성 및 정확성, 공표의 절차와 형식, 그 표현방법, 피의사실의 공표로 인하여 생기는 피침해이익의 성질, 내용 등을 종합적으로 참작하여야 할 것이다.[7)8)]

2. 수사공보준칙

최근 위 대법원의 판시취지를 반영하여 수사기관의 공보준칙이 2010. 1. 19. 제정된 후 2차례 개정되어 공표방법에 대한 기준을 명확히 세웠다.

그러나 위 준칙 시행 후에도 여전히 위법한 공표실례가 발견되어 대한변호사협회가 개선을 촉구한 사실이 있다. 대한변호사협회의 2011년도 인권보고서에서

---

5) 서울중앙지방법원 2008. 7. 9, 선고 2007가합42537 판결.

6) 서울중앙지방법원 2008. 7. 9, 선고 2007가합42537 판결.

7) 서울중앙지방법원 2008. 7. 9, 선고 2007가합42537 판결; 대법원 1999. 1. 26, 선고 97다10215, 10222 판결.

8) 이러한 판례의 태도에 대하여는, 일반적인 명예훼손의 위법성조각 여부의 판단기준에서 그다지 벗어나지 못하고 있어 피의사실공표죄의 기준으로 삼기에는 부족함이 있다는 지적이 있다. 이 견해는 피의사실공표죄의 특수성과 입법취지를 고려한다면 형법 제126조의 (특별)위법성조각사유는 가급적 그 범위와 경우의 수가 적을수록 바람직하며, 예외사유들을 제한적으로 열거하여 "~의 경우에는 전항을 적용하지 아니한다"는 식의 입법화를 고민해 볼 만하다고 제안하고 있다(박혜진, "형법적 관점에서 바라 본 피의사실공표죄의 제문제", 「비교형사법연구」 13권 2호, 한국비교형사법학회, 2011, 180-181면).

는, "2010년 '인권보호를 위한 수사공보준칙'이 마련되었음에도 2011년 곽OO 서울시 교육감에 대한 선거법 위반 수사 당시 피의사실 공표 논란이 다시 일었다"는 내용이 있고, "피의사실공표죄를 포함한 수사기관의 직무상 범죄에 대해 수사권을 조정해 검찰과 경찰이 번갈아 수사를 전담케 하고 적어도 수사기관의 직무상 범죄에 대해서는 법원이 공소유지변호사를 지정하도록 형사소송법을 개정할 필요성이 있다"고 대책을 촉구하였다.[9]

가. 비공개 원칙, 예외적 공개

공소제기 전의 수사사건에 대하여는 혐의사실 및 수사상황을 비롯하여 그 내용 일체를 공개하여서는 아니 되고, 수사 또는 내사가 종결되어 불기소하거나 입건 이외의 내사종결의 종국처분을 한 사건(이하 '불기소사건')은 공소제기 전의 수사사건으로 보아 역시 공개하여서는 아니 된다(인권보호를 위한 수사공보준칙 제9조).

다만 예외적으로, ① 사건관계인의 명예 또는 사생활 등 인권을 침해하거나 수사에 지장을 초래하는 중대한 오보 또는 추측성 보도를 방지할 필요가 있는 경우, ② 범죄로 인한 피해의 급속한 확산 또는 동종 범죄의 발생이 심각하게 우려되는 경우, ③ 공공의 안전에 대한 급박한 위협이나 그 대응조치에 관하여 국민들이 즉시 알 필요가 있는 경우, ④ 범인의 검거 또는 중요한 증거 발견을 위하여 정보 제공 등 국민들의 협조가 필수적인 경우에는 공소제기 전이라도 수사사건의 내용을 공개할 수 있으며, 불기소사건이라도 종국처분 전에 사건 내용이 언론에 공개되어 대중에게 널리 알려진 경우이거나 관련사건을 기소하면서 수사결과를 발표하는 경우에는, 사건관계인의 명예 또는 사생활 등 인권을 침해하거나 수사에 지장을 초래하는 중대한 오보 또는 추측성 보도를 방지할 필요가 있는 것으로 보아 역시 공개할 수 있다(동 준칙 제10조).

나. 공보의 방법

(1) 공보담당관에 의한 공개원칙

검찰총장 및 각급 검찰청의 장은 소속 공무원 중에서 다음 각 호에 해당하는 자 중 1인 이상을 공보담당관으로 지정하여야 하고{1. 대검찰청: 대변인, 2. 고등검찰청: 차장검사 또는 검사, 3. 지방검찰청(차장검사가 있는 지청을 포함한다): 차장검사, 4. 지방검찰청 지청: 지청장 또는 부장검사}, 수사사건의 공보는 지정된 공보담당관이 전담한다(동 준칙 제7조).

---

9) 법률신문, 기사, 2012. 4. 2, 7면 참조.

검찰총장 및 각급 검찰청의 장은 필요하다고 인정할 때에는 예외적으로 직접 수사사건을 공보하거나 소속 공무원 중 다음 각 호에 해당하는 자{1. 대검찰청: 부장, 수사기획관, 공안기획관, 과학수사기획관, 과장, 2. 지방검찰청 또는 지청: 부장검사(부장검사가 없는 지청은 수석검사), 수사과장}로 하여금 수사사건을 공보하게 할 수 있다(동 준칙 제8조).

따라서 공보담당관이 아닌 검사 또는 수사관은 담당하고 있는 수사사건과 관련하여 기자 등 언론기관 종사자와 개별적으로 접촉할 수 없으며, 언론기관 종사자로 하여금 검사실이나 조사실을 출입하게 하여서는 아니 되며, 만약 검사 또는 수사관이 전화나 그 밖의 방법으로 언론기관 종사자로부터 수사사건의 내용에 대한 질문을 받은 경우 다음과 같은 취지로 답변하여야 하며, 수사사건의 내용에 대하여 언급하여서는 아니 된다. "저는 그 사건에 대하여 답변할 수 있는 위치가 아니며, 공보담당관에게 문의하시기 바랍니다(동 준칙 제29조)." 다만, 검사 또는 수사관은 수사사건에 대한 공보를 실시하는 사건에서 설명의 편의 등을 위하여 필요한 경우에는 검사 또는 수사관은 공보담당관의 승인을 받아 언론기관 종사자와 대면할 수 있되, 대면을 마친 검사 또는 수사관은 즉시 그 내용을 공보담당관에게 보고하여야 한다(동 준칙 제30조).

(2) 공보자료배포 원칙

공개는 미리 소속 검찰청의 장의 승인을 받은 별지 서식의 공보자료를 배포하는 방식으로 하고, 공소제기 전의 수사사건을 공개하는 경우에는 공보자료 서두에 위와 같은 예외적 공개요건 중 어느 요건에 해당하는지를 명시하여야 한다(동 준칙 제11조).

위와 같이 공보자료 배포형식을 원칙으로 하나, 기소 전 수사사건의 경우, ① 관련 쟁점이 다수이거나 사안이 복잡한 관계로 공보자료 배포 외에 문답식 설명이 불가피한 경우이거나, ② 시청각자료를 통하여 국민을 안심시키거나 주의를 환기·촉구하는 등 효율적인 공보를 위하여 필요한 경우, ③ 언론에서 확인을 요청하는 사항으로서 즉시 공개하지 않으면 사건관계인의 명예 또는 사생활 등 인권을 침해하거나 수사에 지장을 초래하는 중대한 오보 또는 추측성 보도를 방지하기 어려운 경우, ④ 그 밖에 즉시 공개하지 않으면 공보의 목적을 달성할 수 없을 정도로 긴급하여 공보자료를 작성할 시간적 여유가 없는 경우에는 구두브리핑의 방법으로 공개할 수도 있다.

공소제기 후에는 수사사건(관련사건을 불기소하는 경우를 포함한다)에 대하여 수사결과를 발표할 때 등 필요한 경우 구두로 수사사건을 공보 할 수 있다(동 준칙 제12조).

(3) 일반원칙

수사사건을 공보 함에 있어서는 목적 달성에 필요한 최소한의 사항만을 정확하게 공개하여야 하고 사건관계인의 명예 등 인권을 침해하거나 수사에 지장을 주지 아니하도록 유의하여야 하고, 수사사건의 공보는 객관적으로 확인된 사실에 한정하며, 주관적 가치 평가가 언급되지 않도록 한다(동 준칙 제13조).

표현방법과 관련하여서는, 유죄를 속단하게 할 우려가 있거나 추측 또는 예단을 일으킬 우려가 있는 표현은 사용하지 아니하여야 한다. 혐의사실을 공개할 때에는 무죄추정의 원칙을 반영하여 재판에 의하여 확정된 사실이 아니라는 취지를 공보의 서두에 명시하여야 한다(동 준칙 제14조).

(4) 익명공개 원칙, 예외적 실명공개

또한 익명공개를 원칙으로 하고, 예외적으로 실명을 공개할 수 있다. 즉 ① 사건관계인을 공개하는 때에는 영문 알파벳 대문자를 이용하여 "A○○", "B○○"와 같이 성명을 표기하되, 실명을 추단할 수 있는 표현을 함께 사용하여서는 아니되고, ② 사건관계인을 특정하기 위하여 필요한 때에는 나이 및 직업을 공개할 수 있고, 그 방법으로는 A○○(35세, 회사원), B○○(40세, C제약회사 경리부장)[10]의 방법으로 한다. ③ 수사사건과 관련이 있는 기관 또는 기업에 대하여도 익명을 사용한다. 이 경우 한글 자음을 이용하고 기업 또는 기관의 주목적을 병기하는 방법으로 "D건설 주식회사"와 같이 표기하되, 기업 또는 기관의 실명을 추단할 수 있는 표현을 사용하여서는 아니 된다(동 준칙 제16조).

그러나 오해의 방지 또는 수사 및 보도의 공정성을 위하여 필요하다고 인정되는 때에는 실명과 구체적인 지위를 공개할 수 있는데, ⓐ 수사사건과 관련하여 언론에 실명이 이미 공개되어 대중에게 널리 알려진 경우이거나, ⓑ 사건관계인이 공적(公的) 인물[11]인 경우이다. 공적 인물로 열거된 기관 또는 기업에 대하여는 오

10) 직무관련 범죄에 한한다.

11) 1. 고위 공직자
가. 차관급 이상의 입법부 · 사법부 · 행정부 · 헌법재판소 · 선거관리위원회 · 감사원 소속 공무원
나. 국회의원
다. 지방자치단체의 장, 지방의회 의장
라. 교육감
마. 치안감급 이상의 경찰공무원
바. 지방국세청장 이상 및 이에 준하는 국세청 소속 공무원
사. 대통령실 비서관 이상 및 이에 준하는 대통령실 소속 공무원

해의 방지 또는 수사 및 보도의 공정성을 위하여 필요하다고 인정되는 때에는 실명을 공개할 수 있다(동 준칙 제10조).

(5) 공개허용정보

수사사건 내용 중 수사단계별로 공개할 수 있는 정보는 다음과 같다. ① 수사의뢰사건의 경우 피내사자 및 대상 기관 또는 기업, 죄명(죄명이 특정되지 않은 경우 죄명에 준하는 범위 내의 혐의 요지), 수사의뢰(이첩·통보)기관, 수사의뢰(이첩·통보)를 받았다는 사실, ② 고소·고발사건의 경우[12] 피고소·고발인, 죄명, 고소·고발인, 고소·고발장이 접수되었다는 사실 및 그 일시, ③ 압수수색사건의 경우[13] 압수·수색 대상 기관·기업, 압수수색 일시, 압수수색 장소, 죄명, ④ 출국금지사건의 경우 출국금지 대상자가 다수이거나 공적 인물이고 국민적 관심이 집중된 사건으로서 출국금지 사실이 알려져 언론에서 확인을 요청한 경우에 한하여 출국금지한 사건관계인의 숫자 또는 공적 인물에 대한 출국금지 여부, ⑤ 소환조사의 경우[14] 소환 대상자, 소환 일시 및 귀가 시간, 죄명, ⑥ 체포·구속사건의 경우[15] 피의자, 죄명, 영장에 기재된 범위 내의 혐의사실, 구속영장 청구 일시, 구속영장 발부 여부, 체포·구속영장 집행 일시(영장집행 후 한함), 체포·구속적부심 청구 일시 및 인용 여부, 석방일시, ⑦ 현장검증사건의 경우 현장검증계획이 알려져 검증 장소에서 언론의 취재가 이루어지는 경우에 한하여 검증 장면, ⑧ 수사종결사건의 경우, ㉠ 기소사건이라면, 피고인, 죄명, 기소일시, 신병관계, 공소사실, 동종 범죄의 재발 억제를 위하여 공개가 필요한 범위 내에서의 수사경위, 수사방법, 범행의 경과 및 수사의 의의를, ㉡ 불기소사건의 경우라면, 피의자 또는 피내사자, 죄명, 처분 주문, 종국처분

아. 공직자윤리법 제3조의2의 규정에 의한 공직유관단체의 장으로서 대통령이 임명하는 자
2. 정당의 대표, 최고위원 및 이에 준하는 정치인
3. 공공기관의 운영에 관한 법률 제4조 제1항의 공공기관 중 기획재정부장관이 지정한 대규모 공공기관의 장
4. 특정경제범죄가중처벌 등에 관한 법률 제2조 제1호의 금융기관의 장
5. 자산총액 1조원 이상의 기업 또는 기업집단의 대표이사
6. 제1호에서 제5호까지의 직 중 어느 하나에 있었던 자

12) 정부, 지자체 및 공공기관이 고소·고발을 제기하거나 정당 및 시민·사회단체가 위 공적 인물에 대하여 고소·고발을 제기한 사건으로서 고소·고발사실이 알려져 언론에서 확인을 요청한 경우에 한함.

13) 압수수색영장의 집행 사실이 알려져 언론에서 확인을 요청한 경우에 한하고, 단 금융계좌추적, 전기통신에 대한 압수수색, 통신사실확인자료제공 및 통신제한조치는 제외함.

14) 공적 인물로서 소환 사실이 알려져 언론에서 확인을 요청하거나 촬영 경쟁으로 인한 물리적 충돌이 예상되는 경우에 한함.

15) 구속영장에 한하여 청구·발부 사실 또는 집행 사실, 적부심 청구 사실이 공개되어 언론에서 확인을 요청한 경우나 피의자가 공적 인물인 경우에 한함.

전에 혐의사실이 언론에 공개되어 대중에게 널리 알려진 경우 그 범위 내에서의 혐의사실, 종국처분 전후로 오보가 실재하는 경우 이를 시정하기 위해 필요한 범위 내에서의 처분이유를 공개할 수 있다(동 준칙 제18조 제1항).

(6) 공개금지정보

수사사건에 관한 정보 중, ① 사건관계인의 인격 및 사생활, ② 사건관계인의 범죄전력, ③ 사건관계인의 주장 및 진술·증언 내용, 진술·증언 거부 사실 및 신빙성에 관련된 사항, ④ 검증·감정, 거짓말탐지기 검사 등의 시행 및 거부 사실, ⑤ 증거의 내용 및 증거가치 등 증거관계, ⑥ 동 준칙 제18조에서 규정하는 공개허용정보 외의 수사상황, 수사경위 및 수사방법, 수사계획, ⑦ 범행 충동 및 모방 우려가 있는 특수한 범행수단·방법에 대해서는 공개할 수 없다. 다만, 공판에서 현출된 경우에는 그러하지 아니하다(동 준칙 제19조).

또한 수사사건에 관한 압수수색영장, 통신제한조치허가서, 통신사실확인자료제공요청허가서, 체포·구속영장 및 그 청구서는 법령에 의하여 허용되는 경우를 제외하고는 이를 열람하게 하거나 그 사본을 교부하는 등으로 공개하여서는 아니되고, 수사사건에 관한 공소장 및 불기소결정문도 같다(동 준칙 제20조).

그러나 수사사건의 내용에 대한 일반적인 법리의 설명은 허용되며 이 경우 위 공보의 요건 및 공보의 방식과 절차의 규정은 적용되지 아니한다. 다만, 법리의 설명으로 수사사건의 내용이 공개되는 등 실질적인 수사사건의 공보로 볼 수 있는 경우에는 그러하지 아니하다(동 준칙 제21조).

(7) 초상권 보호

사건관계인의 초상권 보호를 위하여 소환, 조사, 압수수색, 체포, 구속 등 일체의 수사과정에 대하여 언론이나 그 밖의 제3자의 촬영·녹화·중계방송을 허용하여서는 아니 되며,[16] 사건관계인이 원하지 않는 경우에는 언론이나 그 밖의 제3

---

16) 최근 서울강동경찰서 사법경찰관이 피의자에 대한 보도자료 배포 직후 기자들의 취재 요청에 응하여 피의자가 경찰서 조사실에서 양손에 수갑을 찬 채 조사받는 모습을 촬영할 수 있도록 허용한 행위는 피의자의 인격권을 침해한 것으로 위헌임을 확인한 헌법재판소의 결정이 있었다(헌법재판소 2014. 3. 27, 선고 2012헌마652 결정). 주된 요지는, **신원공개가 허용되는 예외사유가 없는 피의자에 대한 이러한 수사장면의 공개 및 촬영은 어떠한 공익 목적도 인정하기 어렵고,** 가사 목적이 정당하다 하더라도 침해를 최소화하기 위한 조치를 하지 않았으며, 법익균형성 면에서 보더라도 언론 보도를 보다 실감나게 하기 위한 목적 외에 어떠한 공익도 인정할 수 없는 반면, 피의자는 국가기관에 의해 범죄혐의를 받아 사회윤리적 비난가능성이 높은 피의자로서 얼굴이 공개되어 초상권을 비롯한 인격권에 대한 중대한 제한을 받았고, 초상 공개가 언론 보도로까지 이어질 경우 범인으로서의 낙인 효과와 그 파급효과는 매우 가혹하므로 법익의 균형성도 극단적으로 상

자와 면담 등 접촉을 하게 하여서는 아니 되며, 언론 등과의 접촉을 권유 또는 유도하여서는 아니 된다(동 준칙 제22조).

다만, 공적 인물인 피의자에 대한 소환 또는 조사 사실이 알려져 촬영 경쟁으로 인한 물리적 충돌이 예상되고 피의자가 동의하는 경우에는 검찰청 부지 내의 청사건물 이외 구역에서 **소환 또는 귀가 장면에 한하여 촬영·녹화·중계방송을 허용**할 수 있으며, 공적 인물이 아니더라도 「특정강력범죄의 처벌에 관한 특례법」 제8조의2 제1항[17] 또는 「성폭법」 제25조 제1항[18]에 해당하는 경우에는 검찰청 부지 내의 청사건물 이외 구역에서 소환, 체포, 구속(구속전피의자심문을 위한 호송을 포함한다) 또는 귀가과정에 한하여 촬영·녹화·중계방송을 허용할 수 있으며, 피의자의 얼굴, 실명 및 나이 등 신상에 관한 정보를 공개할 수 있다(동 준칙 제23조).

3. 위법한 공표행위 실례

가. 간첩단 사건

(1) 사실관계

국가정보원장이 퇴임을 앞두고 일요일 교회예배를 마치고 나오다가 기자의 인터뷰 요청에 따라 인터뷰 하는 과정에서, 수사 중인 사건에 대해 "간첩단 사건으로 보고 있다. 고정간첩이 연루된 사건 아닌가. 이미 구속된 5명은 지난 1달간 집중적인 증거확보 등 수사를 통해 확실하다고 판단하고 있다"라는 발언을 하였다.

이 발언은 일간신문에 보도되었고, 원고들 중 3인은 간첩죄 유죄, 이적단체 구성·가입죄는 무죄, 2인은 간첩죄와 이적단체 구성·가입죄 모두 무죄가 대법원에서 최종 확정되었다.

실하였다는 것이다.

17) 제8조의2(피의자의 얼굴 등 공개) ① 검사와 사법경찰관은 다음 각 호의 요건을 모두 갖춘 특정강력범죄사건의 피의자의 얼굴, 성명 및 나이 등 신상에 관한 정보를 공개할 수 있다. <개정 2011. 9. 15.>
1. 범행수단이 잔인하고 중대한 피해가 발생한 특정강력범죄사건일 것
2. 피의자가 그 죄를 범하였다고 믿을 만한 충분한 증거가 있을 것
3. 국민의 알권리 보장, 피의자의 재범방지 및 범죄예방 등 오로지 공공의 이익을 위하여 필요할 것
4. 피의자가 「청소년 보호법」 제2조 제1호의 청소년에 해당하지 아니할 것

18) 제25조(피의자의 얼굴 등 공개) ① 검사와 사법경찰관은 성폭력범죄의 피의자가 죄를 범하였다고 믿을 만한 충분한 증거가 있고, 국민의 알권리 보장, 피의자의 재범 방지 및 범죄예방 등 오로지 공공의 이익을 위하여 필요할 때에는 얼굴, 성명 및 나이 등 피의자의 신상에 관한 정보를 공개할 수 있다. 다만, 피의자가 「청소년 보호법」 제2조 제1호의 청소년에 해당하는 경우에는 공개하지 아니한다.

이에 피해자들은 국가정보원장 및 대한민국을 상대로 불법행위 배상청구를 하였다.

(2) 사건 경과

(가) 제1심

원고들 5인은 국가정보원장과 대한민국을 상대로 1억 원의 불법행위 배상청구를 하였고, 청구원인으로는 피고들의 위법한 피의사실공표, 출판물에 의한 명예훼손, 위법한 퇴거처분과 관련한 감독자책임, 원고들과 변호인간 접견을 방해한 퇴거처분 및 접견불허처분의 위법성이었다. 1심은 피의사실 공표 등의 위법성을 인정하면서 1,500만 원 승소판결을 하였다(서울중앙지방법원 2008. 7. 9, 선고 2007가합42537 판결).

「…(전략) 이러한 상황 하에서 이 사건 발언의 내용과 그 발언 배경에 대하여 살펴보건대, 위 기자는 "이번 사건이 간첩단 사건인지 논란이 있다. 간첩단 사건인가"라고 질문하였고, 이는 위에서 살펴본 것과 같은 당시의 관심사, 즉 이 사건을 다수의 정치권 386 인사들이 연루된 반국가단체 내지 이적단체를 중심으로 한 간첩혐의를 인정할 수 있는 사건으로 인정할 수 있느냐는 질문으로 보이고, 피고 1은 당시 국가정보원장으로서 국가정보원의 이 사건 수사를 총괄하던 자로서 이러한 질문의 배경 및 그 의도를 잘 알고 있었다고 봄이 상당하다.

그렇다면 피고 1의 "간첩단 사건으로 보고 있다, 고정간첩이 연루된 사건이다, 이미 구속된 5명은 간첩혐의가 확실하다고 판단하고 있다"는 내용의 이 사건 발언은 당시 원고들에 대하여 회합·통신 등의 혐의만 명백히 적용된 반면 나머지 점(이적단체의 구성, 목적수행)에 관하여는 추가 수사가 진행되고 있는 상황에서 피고 1이 원고들에 대한 국가보안법위반(간첩) 또는 이적단체 구성에 관한 국가보안법위반(찬양·고무 등)의 점에 관한 피의사실을 공표한 것으로 인정할 수 있고, 이를 피고들이 주장하는 것과 같이 사회적 의미에서의 '간첩' 또는 '간첩단'으로만 해석하기는 어렵다.

또한 당시 원고들에게 '간첩' 혐의가 적용되려면 국가기밀을 탐지, 수집하여 북한에 제공하였다는 점이 입증되어야 한다는 점이 수회 언론을 통하여 보도되고 있었던 이상 원고들이 구체적으로 어떠한 범행을 하였는지에 관한 내용은 없다 하더라도 '간첩혐의가 확실하다'는 발언 자체로 이는 원고들의 간첩죄와 관련된 피의사실의 공표가 있었다고 봄이 상당하다.

…(중략) 앞서 살펴본 각 증거 및 변론 전체의 취지를 종합해 보면, 이 사건 발언은 아직 국가정보원이 수사를 종료하거나 검찰에 송치하지도 않은 시점에서 예정에 없던 인터뷰 과정에서 이루어진 사실, 원고들은 구속 수사를 받을 당시 간첩혐의를

부인하거나 묵비권을 행사하고 있었던 사실, 당시 국가정보원과 검찰은 원고들에 대한 이적단체 구성, 가입 및 간첩혐의에 대해서는 보강 수사가 필요하다는 관점에서 명확한 증거를 확보하기 위하여 수사를 진행하고 있었던 사실을 인정할 수 있다.

사실관계가 이와 같다면, 이 사건 발언은 피고 1이 그 동안 국가정보원의 수사를 지휘하여 온 점 및 일반 국민들이 국가정보원장의 발언에 대하여 가질 신뢰성에 비추어 볼 때 원고들에 대하여 사실상 회복하기 어려운 정신적 피해를 가할 우려가 있음을 예상할 수 있었던 것으로 보이는 점, 당시 공안당국이 원고들의 간첩혐의 피의사실의 진실성을 담보할 객관적이고도 충분한 증거를 확보한 상태에 이르렀다고 보이지는 아니하는 점 등을 고려할 때, 원고들의 간첩 혐의에 대한 국가정보원 및 검찰의 수사가 진행 중인 상황에서 국가정보원의 최고책임자인 국가정보원장이 공식적 절차가 아닌 경로를 통하여 언론에 보도될 것을 전제로 하여 피의사실을 공표한 것으로서 객관적이고도 충분한 증거나 자료를 바탕으로 하였다거나 공식의 절차에 따라서 발표되었다고 보기는 어렵고, 이미 언론에 **회의 조직 및 원고들의 각 역할 등이 보도되고 있었다든지 원고들이 작성한 문건이나 이메일, usb 등을 확보하여 분석하는 등 피의사실을 뒷받침할 만한 어느 정도의 증거가 확보되어 있었던 사정이 있었다 하여 그 위법성이 조각된다고 볼 수는 없다.

결국 피고 1의 이 사건 발언은 위법한 피의사실의 공표행위로서 원고들에 대하여 불법행위를 구성한다고 할 것이므로, 피고들은 각자 원고들이 입은 손해를 배상할 의무가 있다.

…(중략) 이 사건 발언은 피고 1이 일요일에 교회에서 예배를 마치고 나오는 길에 기자의 갑작스런 요구로 이루어졌으며 위 피고도 처음에는 인터뷰를 거절한 것으로 보이는 점, 공표 내용이 구체적이지 않고 사건 내용을 직접적으로 언급하고 있지는 않고 그 표현 방법이 단정적이지 아니하여 그 불법의 정도가 약하다고 보이는 점, 원고들은 일부 간첩혐의를 비롯한 국가보안법위반죄로 중형을 선고받은 점 등을 고려하여 볼 때 그 위자료로서 피고들은 각자 원고에게 금 2,000,000원을 지급함이 상당하다.」

(나) 항소심 및 상고심

불복하여 피고들이 항소하자 원고들도 이에 편승하여 부대항소 하였으나, 항소심은 피고들의 행위와 관련하여, **피의사실 공표는 위법하지 않고,** 출판물에 의한 명예훼손에 해당하지 않으며, 원고 2, 3, 4, 5에 대한 변호인 접견교통권의 방해는 증거 상 인정되지 않고, 다만 원고 1.과 변호인간의 접견교통권과 관련하여 변호인을 퇴거시키고 접견 불허한 처분은 위법하다고 보아 피고 대한민국에 대한 국가배상청구금 500만 원만 인용하였다(서울고등법원 2009. 5. 29, 선고 2008나79281 판결). **피고**

1(국가정보원장)에 대해서는 배상책임이 인정되지 않았다.

항소심 결과에 원고 1, 2, 3, 4, 5가 상고하고, 피고 대한민국만이 상고하였으나, 대법원은 원·피고 쌍방의 상고를 기각하여 확정된 손해배상금은 500만 원이었다(대법원 2003. 11. 28, 선고 2009다51271 판결).

「1. 원고들의 상고이유에 관하여

가. 피의사실 공표에 관한 법리오해에 관하여

피의사실 공표죄란 검찰, 경찰 기타 범죄수사에 관한 직무를 행하는 자 또는 이를 감독하거나 보조하는 자가 그 직무를 행함에 있어서 알게 된 피의사실을 공판청구 전에 공표함으로써 성립하는 범죄인데, 여기서 '피의사실'이란 수사기관이 혐의를 두고 있는 범죄사실로서 그 내용이 공소사실에 이를 정도로 구체적으로 특정될 필요는 없지만, 그것이 단순한 의견의 표명에 이르는 정도로는 피의사실을 공표한 것이라고 할 수 없다. 이때 그 발언이 피의사실인가 또는 의견인가를 구별함에 있어서는 언어의 통상적 의미와 용법, 문제 된 발언이 사용된 장소와 문맥, 그 발언이 행하여진 사회적 상황과 배경 등 전체적 정황을 종합적으로 고려하여 판단하여야 한다.

원심은, 이미 원고들에 대하여 국가보안법상 간첩 혐의 등으로 수사가 진행 중이라는 사실이 여러 언론에 보도된 상태에서 **일보 기자가 피고 1을 찾아가게 된 동기와 계기, 당시 국가정보원장직에서 사퇴의사를 밝힌 피고 1이 위 기자와의 인터뷰를 수차 거절하다가 이에 응하기로 하면서 밝힌 입장과 태도, 인터뷰의 전체적 내용과 그 진행 과정에서 이 사건에서 문제 된 발언을 하게 된 경위와 과정 및 그 맥락, 이후 **일보에 게재된 관련 기사의 전체적인 취지와 내용 및 이 사건 발언 내용의 비중 등 그 판시와 같은 사정들을 종합하여 피고 1의 이 사건 발언이 피의사실의 공표에 해당한다고 볼 수 없다고 판단하였다.

원심판결 이유를 앞서 본 법리와 기록에 비추어 살펴보면, 원심이 피고 1의 이 사건 발언이 피의사실 공표에 해당하지 않는다고 보아 원고들의 피고들에 대한 이 부분 손해배상청구를 배척한 것은 결과적으로 정당하여 수긍이 가고, 거기에 상고이유 주장과 같이 피의사실 공표에 관한 법리를 오해하여 판결 결과에 영향을 미친 잘못 등이 없다.

나. 출판물에 의한 명예훼손에 관한 법리오해에 관하여

원심은, 원고들이 국가보안법상의 간첩 혐의 등으로 기소되어 1심 법원에서 원고들의 간첩 혐의가 유죄로 인정되었다가 항소심법원에서 일부 원고들의 간첩 혐의가 무죄를 선고받아 확정된 점, 원고들의 이적단체 구성·가입 혐의에 대해서는 국가보안법상 이적성은 인정되나 이적단체로서의 단체성을 갖추지 못했다는 이유로 무죄를 선고받은 점 등에 비추어 보면, 이 사건 발언 당시 피고 1에게 허위사실에 대한 인식이 있었다거나 원고들에 대한 비방의 목적이 있었다고 보기 어렵다는 등 그 판시와 같은 이유로 원고들의 피고들에 대한 출판물에 의한 명예훼손을 이유로 한 손해배상청구를 배척하였다.

원심판결 이유를 관련 법리와 기록에 비추어 살펴보면, 원심의 위와 같은 판단은 정당한 것으로 수긍이 가고, 거기에 상고이유 주장과 같이 명예훼손에 관한 법리를 오해하는 등의 위법이 없다.

다. 공무원 감독자의 감독의무와 그 범위에 관한 법리오해에 관하여

원심은, 피고 1(국가정보원장)이 국가정보원 수사관에 의하여 이 사건 퇴거처분이 이루어질 수 있음에도 고의 또는 중과실로 이를 방지하지 못하였음을 인정할 증거가 부족하다고 보아 원고 1의 피고 1(국가정보원장)에 대한 손해배상청구를 배척하였다. 원심판결 이유를 관련 법리와 기록에 비추어 살펴보면, 원심의 위와 같은 판단은 정당한 것으로 수긍이 가고, 거기에 상고이유 주장과 같이 공무원 감독자의 감독의무와 그 범위에 관한 법리를 오해하는 등의 위법이 없다.

라. 변호인 조력권의 의미와 범위에 관한 법리오해에 관하여

원심은, 원고 2, 3, 4, 5가 국가정보원 또는 검찰에서 수사를 받을 당시 변호인 접견교통권의 행사를 방해받음으로써 정신적 손해를 입게 되었음을 인정할 증거가 없다는 등의 이유로 위 원고들의 피고들에 대한 이 부분 손해배상청구를 배척하였다. 원심판결 이유를 관련 법리와 기록에 비추어 살펴보면, 원심의 위와 같은 판단은 정당한 것으로 수긍이 가고, 거기에 상고이유 주장과 같이 변호인 조력권의 의미와 범위에 관한 법리를 오해하는 등의 위법이 없다.

2. 피고 대한민국의 상고이유에 관하여

원심은, 국가정보원 수사관 및 수사 검사는 원고 1이 조사를 받을 때 변호인 소외 1이 원고 1에게 진술거부권 행사를 권유하였다는 등의 이유로 위 변호인을 퇴거시키거나 원고 1이 변호인 소외 2를 범행의 공범으로 포섭할 대상으로 삼은 바 있다고 의심할 상당한 이유가 있다는 등의 사유로 위 변호인들의 접견신청을 불허한 사실을 인정한 다음, 이러한 변호인들의 행위가 변호인으로서의 지위를 악용하고 접견교통권을 남용하여 수사를 방해하거나 구속수사 제도를 형해화시킬 의도에서 이루어졌다고 인정하기에 부족하므로 이 사건 퇴거처분 및 접견불허처분은 원고 1의 변호인들에 대한 접견교통권의 행사를 방해한 불법행위에 해당한다고 판단하였다.

원심판결 이유를 관련 법리와 기록에 비추어 살펴보면, 원심의 위와 같은 판단은 정당한 것으로 수긍이 가고, 거기에 상고이유 주장과 같이 국가배상법 제2조 소정의 공무원의 과실에 관한 법리를 오해하는 등의 위법이 없다.」(대법원 2003. 11. 28, 선고 2009다51271 판결)

나. 수사검사의 위법공표

(1) 담당 검사가 피의자가 피의사실을 강력히 부인하고 있음에도 불구하고 추가 보강수사를 하지 않은 채 참고인 측의 불확실한 진술만을 근거로 마치 피의자의 범행이 확정된 듯한 표현을 사용하여 기자들에게 피의사실을 공표한 사례에서, 대법원은 다음과 같은 이유로 위법성이 조각되지 않는다고 판시하였다.[19]

「…(전략) 피의자는 피의사실을 강력히 부인하고 있었으므로 검사로서는 피의사실을 공표하기에 앞서 적어도 원고로부터 서류나 기밀을 넘겨받은 상대방인 위 채○○과 유○○ 등을 참고인으로 소환하여 조사하는 등 보강수사를 통하여 이러한 사항을 명백히 밝혀 보았어야 할 것이고, 따라서 검사가 이러한 수사를 하지 아니한 채 피의사실을 공표한 이상 그 당시 피의사실의 진실성을 담보할 만한 객관적이고도 충분한 증거를 확보한 상태였다고 할 수 없는 점, 그럼에도 불구하고 검사는 이 사건 피의사실을 공표함에 있어 수사의 진행상황에 따라 당시까지 객관적으로 밝혀진 사실만을 발표한 것이 아니라 참고인들의 불확실한 진술을 근거로 성급히 원고의 범행 동기나 그가 유출한 회사기밀의 내용, 경쟁업체 관계자들에 대한 향후 수사 확대방안 등에 관하여 상세히 언급함으로써 마치 원고의 범행이 확정된 듯한 표현을 사용한 점, 검사는 각 언론사의 기자들을 상대로 언론에 의한 보도를 전제로 이 사건 피의사실을 공표한 것이고 언론매체를 통하여 피의자에 대한 피의사실이 공표될 경우 피해자인 피의자는 물론 그의 가족 등 그 주변 인물들에 대하여 사실상 회복하기 어려운 정신적, 물질적 피해를 가할 우려가 있음을 충분히 예상할 수 있었던 점 등을 고려할 때 이 사건 피의사실이 당시로서는 일반 국민들에게 다소 생소한 이른바 산업스파이에 관한 것이어서 일반 국민들의 관심의 대상이 될 만한 사항이었고 이를 국민들에게 알릴 현실적 필요성도 없었다고는 할 수 없으며, 발표 당시 피의사실을 뒷받침할 어느 정도의 증거는 확보되어 있었던 면이 인정된다고 하더라도, 그러한 사정만으로는 이 사건 피의사실 공표행위의 위법성이 조각된다고 볼 수는 없다 할 것이다.」

(2) 참고로, 신문사의 게재행위는 비록 진실이 아니긴 하나, 다음과 같은 이유로 위법성이 없다고 판시하였다.[20]

「원심이 적법하게 확정한 사실관계에 의하면, 소외 5는 1991. 1. 22. 서울형사지방법

---

19) 대법원 1999. 1. 26, 선고 97다10215, 10222 손해배상(기) 판결.
20) 대법원 1999. 1. 26, 선고 97다10215, 10222 손해배상(기) 판결.

원에서 구속영장 사본을 열람하여 원고에 대한 피의사실을 알게 되자, 검사 소외 4에게 취재를 요청하여 다른 기자들이 동석한 가운데 원고와 위 소외 3에 대한 피의사실이 요약·정리된 자료를 배포 받고 검사가 발표하는 수사 경위를 들은 다음, 이러한 취재자료에 기하여 앞에서 본 바와 같은 기사를 작성하여 보도하였다는 것인바, 이 사건 기사와 내용이 그다지 신속성을 요하는 것이라고는 볼 수 없다 할지라도, 위 기사의 취재원이 이 사건 수사를 직접 담당한 검사인데다 사적인 정보가 아니라 소정의 절차에 의한 발표 형식을 취하고 있어 그 신뢰도가 높고, 더욱이 사건 당사자인 원고는 구속되어 있어 원고에 대한 직접 취재를 통하여 사실을 확인하기는 쉽지 아니하였던 점, 위 기사는 그 제목 등에 있어 원고의 범행을 단정하는 듯한 표현이 사용되어 있으나 본문과 종합하여 전체적으로 보면 위 검사로부터 취재한 사건 경위와 수사의 방향 및 그로부터 배포 받은 수사자료를 기초로 취재 내용이 객관적으로 작성되어 있는 점, 검사로부터 취재한 피의사실을 기사화하는 경우 별도의 취재를 하지 아니하고 보도를 하더라도 그것이 종래의 취재 관행에 반하지 아니한 점 등의 여러 사정을 참작하여 보면, 피고 2 신문사가 검사의 발표에 기하여 원고에 대한 피의사실에 관한 기사를 그대로 작성·게재한 이상, 특별한 사정이 없는 한, 그 진위 여부에 관하여 별도로 조사·확인을 하지 아니한 채 이 사건 기사를 게재하였다고 하여 그것이 위법한 것이라고 할 수는 없다 할 것이다.」

(3) 그러나 보도기사를 읽은 다른 신문사의 기자가 같은 피의자에 대한 구속영장 사본을 열람한 다음 별도의 취재를 하지는 아니하고 곧바로 같은 날 피고 3 신문사의 일간신문에 같은 취지의 기사를 작성하여 보도한 행위는, 위법하다고 판단하였다.[21)]

「사실이 그러하다면, 이 사건 각 기사의 근거가 된 원고에 대한 구속영장의 기재나 피고 2 신문사의 일간신문의 기사를 열람한 것만으로는 위 소외 6이 기사 내용의 진실성을 담보하기 위하여 필요한 취재를 다한 것이라고 할 수 없고, 더욱이 기사 내용도 원고가 소외 1 회사의 기밀을 누설한 혐의를 받고 있을 뿐임에도 불구하고 마치 자신의 직접 취재에 의하여 범행이 확인된 것처럼 단정적으로 기사를 게재하였으므로, 일간신문에 있어서의 보도의 신속성이란 공익적인 요소를 고려한다고 하더라도, 이러한 기사를 게재한 것이 원고에 대한 명예훼손행위의 위법성을 조각하게 할 정도에 이른 것이라고 볼 수는 없다 할 것이다(당원 1996. 5. 28, 선고 94다33828 판결 참조).」

21) 대법원 1999. 1. 26, 선고 97다10215, 10222 손해배상(기) 판결.

제 4 절 피의자신문참여 배제 및 접견불허

앞의 간첩단 사건[1]에서, 변호인 1은 국가정보원 조사실에서 실시된 피의자신문의 변호인으로 참여하면서 신문내용을 기록하고 피의자에게 **진술거부권 행사를 권유**하였는데, 수사관은 변호인 1의 행위가 수사방해에 해당하는지 아니면 정당한 변호권의 행사인지에 관하여 언쟁을 벌이다가, 결국 변호인 1에 대하여 즉시 퇴거를 명하고 이에 변호인이 불응하자 조사실에서 강제퇴거시키고(**강제퇴거**), 변호인 2는 같은 피의자를 접견하기 위하여 서울중앙지방검찰청에 접견신청서를 제출하였으나 수사검사는 변호권의 한계를 일탈하여 피의자접견권을 행사하고 공범수사에 지장을 초래하였으며, 피의자가 국가보안법위반 범행의 공범으로 변호인 2를 포섭할 대상으로 삼았음에 의심할 상당한 이유가 있다는 사유를 들어 피의자에 대한 수사가 종료할 때까지 검찰청에서 접견하는 것을 불허하였다(**접견불허**).[2]

이 사건에서 변호인 1의 준항고에 대하여 서울중앙지방법원은 변호인 1에 대한 퇴거처분을 취소하는 결정을 하였고(서울중앙지방법원 2006보1), 변호인 2의 준항고에 대하여 같은 법원은 변호인 2에 대한 접견불허처분을 취소하는 결정을 하였다(서울중앙지방법원 2006보3).[3]

나아가 이미 종료된 권력적 사실행위에 대해 준항고만으로는 불법한 처분이었다는 선언적 의미밖에 없었기에 원고들은 준항고 결정을 토대로, 퇴거를 명한 국가정보원 수사관의 지휘·감독자인 국가정보원장과 접견불허처분을 한 수사검사의 지휘·감독자인 대한민국을 상대로 불법행위 배상청구를 하였고, 1심 재판부는 변호인들이 접견교통권을 내세워 수시로 릴레이식으로 접견을 신청하여 장시간 면담을 하여 사실상 피의자와 공범 간 간접적인 의사소통 역할을 하여 수사에 막대한 지장을 초래하였으며 실질적으로 피의자에 대한 조사를 회피하게 하였기에 접견교통권의 남용에 해당하여 접견중지요구 및 퇴거처분, 접견불허처분을 한 것이라는 피고들(국가정보원장, 대한민국)의 주장을 배척하고 다음과 같은 이유로 배상책임

---

1) 서울중앙지방법원 2008. 7. 9, 선고 2007가합42537 판결.
2) 이상 사실관계는 서울중앙지방법원 2008. 7. 9, 선고 2007가합42537 판결의 인정사실.
3) 서울중앙지방법원 2008. 7. 9, 선고 2007가합42537 판결의 인정사실.

을 인정하였다.

「가) 헌법 제12조 제4항 본문은 "누구든지 체포 또는 구속을 당한 때에는 즉시 변호인의 조력을 받을 권리를 가진다."라고 규정하여 체포 또는 구속을 당한 사람이 변호인의 조력을 받을 권리를 기본적 인권의 하나로 보장하고 있는바, 이는 변호인과의 자유로운 접견교통을 통하여 실현될 수 있는 것이므로 형사소송법은 이를 실질적으로 보장하기 위하여 제34조에서 "변호인 또는 변호인이 되려는 자는 신체구속을 당한 피고인 또는 피의자와 접견하고 서류 또는 물건을 수수할 수 있다"고 규정하고 있으며, 신체구속을 당한 피고인 또는 피의자에 대한 변호인의 접견교통권을 직접적으로 제한하는 규정을 따로 두고 있지는 않다.

그러나 형사소송법상 체포 또는 구속은 죄를 범하였다고 의심할 만한 상당한 이유가 있는 피의자 또는 피고인의 도망이나 증거인멸을 방지하고 출석을 보장하기 위해 이루어지는 것이므로(제70조, 제200조의2, 제201조), 신체구속을 당한 피고인 또는 피의자에 대한 변호인의 접견교통권은 위와 같은 신체구속 제도의 본래의 목적을 침해하지 아니하는 범위 내에서 행사되어야 하고, 이러한 한계를 일탈하는 접견교통권의 행사는 정당한 접견교통권의 행사에 해당하지 아니하여 허용될 수 없는 것으로 보아야 할 것이다. 다만, 신체구속을 당한 사람에 대한 변호인의 접견교통권은 헌법상 기본권의 하나로 보장되고 있는 신체구속을 당한 사람이 변호인의 조력을 받을 권리와 표리관계에 있는 것이므로 그 접견교통권의 행사가 위와 같은 한계를 일탈한 것이라고 인정함에 있어서는 신체구속을 당한 사람의 헌법상의 기본적 권리로서의 변호인의 조력을 받을 권리의 본질적인 내용이 침해되는 일이 없도록 신중을 기하여야 한다(대법원 2007. 1. 31.자 2006모657 결정 등 참조).

나) 이러한 점에 기초하여 이 사건 퇴거처분 및 접견불허처분이 원고들의 변호인 접견교통권을 침해하는 것으로서 불법행위를 구성하는지에 관하여 살피건대, 국가정보원의 수사관 및 검찰은 원고 1이 조사를 받을 때 변호인이 신문 내용을 기록하고 위 원고에게 진술거부권 행사를 권유하였다는 이유로 변호인을 퇴거시키거나 위 원고가 변호인을 범행의 공범으로 포섭할 대상으로 삼은 바 있다고 의심할 상당한 이유가 있다는 등의 사유로 접견신청을 불허한 사실은 앞서 본 바와 같은바, 이러한 변호인들의 행위가 변호인으로서의 지위를 악용하고 접견교통권을 남용하여 수사를 방해하거나 구속수사 제도를 형해화시킬 의도에서 이루어졌음을 인정할 명백한 증거가 없는 이상 이 사건 퇴거처분 또는 접견불허처분은 원고 1의 변호인에 대한 접견교통권 행사를 방해한 불법행위에 해당한다고 할 것이다.

따라서 피고 1은 국가정보원장으로서 국가정보원 수사관들의 위법행위에 대한 지휘·감독책임자이고, 위 수사관 및 검사들은 피고 대한민국 소속의 공무원으로서 직무를 집행함에 있어서 고의 또는 과실로 법령을 위반하여 원고들에게 손해를 가하였으므로, 피고들은 각자 원고들에게 위 불법행위로 인하여 원고 1이 입은 손해를 배상할 의무가 있고, 그 정신적 손해에 대한 위자료는 이 사건의 경위 및 그 후의 결과 등에 비추어 금 5,000,000원으로 정함이 상당하다.

한편 원고 2, 3, 4, 5도 국가정보원 또는 검찰에서 수사를 받을 당시 변호인 접견교통권의 행사를 방해받음으로써 정신적 손해를 받았다고 주장하나, 위 주장사실을 인정할 증거가 없으므로 위 원고들의 이 부분 청구는 이유 없다.」

다만 상급심에서는 피고 대한민국에 대한 국가배상책임은 그대로 인정되었지만, 피고 국가정보원장에 대한 배상청구는 모두 부정되었다(서울고등법원 2009. 5. 29, 선고 2008나79281 판결; 대법원 2003. 11. 28, 선고 2009다51271 판결).

제5절　등사 거부

법무법인 소속 변호사가, 촛불집회 시위자로서 특수공무집행방해 등의 혐의로 체포영장에 의해 체포된 피의자를 경찰서에서 접견하면서 접견신청서를 제출하였고 피의자도 변호인으로 선임할 의사를 밝히자, 변호인이 담당경찰관에게 체포영장의 열람을 요청하여 이를 열람은 하였으나 정당하지 않은 사유로 등사는 거부되었고, 다음 날 일부 미완성의 변호인선임서를 그의 직원을 통하여 제출하고 체포영장을 등사하고자 하였으나 재차 불허된 사례에서,

법원은 경찰관의 등사 거부행위에 대해, 일부 미완성의 변호인선임서라는 사정이 있다 하더라도 당시 담당팀에서 조사하던 중이었고, 피의자에게 변호인으로 선임하였는지 확인하는 것이 가능하였기에 이를 불허한 행위는 위법하고, 변호사 본인이 직접 등사 신청을 하지 않는 이상 등사를 해줄 수 없다는 논리는 피의자의 변호인의 조력을 받을 권리의 측면에서 받아들이기 어렵고 위법하여 대한민국은 배상하여야 한다고 판시하였다.[1)]

---

1) 서울남부지방법원 2009. 7. 7, 선고 2009가단15903 판결.

「[이 유]

1. 기초사실

다음 사실은 당사자 사이에 다툼이 없거나 갑1·3호증의 각 1·2, 갑2·4호증의 각 기재에 변론 전체의 취지를 종합하여 인정할 수 있다.

가. 2008. 6. 27. 00:26경 서울 시청역 앞 촛불집회 시위자를 연행하는 업무를 수행하던 경찰관 5명이 촛불시위대에 의해 폭행을 당하는 사건이 일어났고, 장○○는 당시 경찰이 탄 차량을 오토바이로 막아섰다는 이유로 특수공무집행방해 등의 혐의로 2009. 2. 24. 11:35경 ○○경찰서 ○○팀에게 체포영장에 의해 체포되었다.

나. 법무법인 ○○의 소속 변호사인 원고는 장○○가 체포되었다는 소식을 듣고 2009. 2. 24. 17:30경 ○○경찰서로 가서 원고의 변호사신분 및 성명이 함께 새겨진 인장에 의해 작성된 접견신청서를 제출하여 ○○경찰서의 허가를 받아 장○○를 접견하였고, 장○○는 원고를 변호인으로 선임할 의사를 밝혔다.

다. 접견을 마친 원고는 ○○팀으로 가서 장○○ 사건의 담당경찰관에게 체포영장에 기재된 장○○의 혐의사실을 보여줄 것을 요청하자, 담당경찰관은 이를 원고에게 보여주었다. 원고는 이어서 그 혐의사실 부분을 등사해줄 것을 담당경찰관에게 요청하였는데, ○○팀의 다른 경찰관들이 변호인선임서가 제출되지 아니하였고, 형사소송법의 규정상 열람이 안 된다고 하면서 등사를 해주지 말라고 담당경찰관에게 말하였다. 이에 담당경찰관은 등사를 거부하였다.

라. 원고는 2009. 2. 25. 법무법인 ○○의 사무실 직원인 김○○에게 장○○ 사건의 변호인선임서를 주면서 ○○경찰서에 가서 체포영장에 기재된 혐의사실 부분의 등사를 신청하라고 지시하였다. 그 변호인선임서에는 선임인이 '임○○'(장○○의 처로 추정된다)으로 되어 있었고, 변호인 란에는 법무법인 ○○의 도장만이 날인되어 있었을 뿐, 담당변호사로 지정되어 있는 원고를 비롯한 5명의 변호사의 개별적인 인장들은 날인되어 있지 않았다.

마. 장○○는 2009. 2. 25. 11:00경 ○○팀에서 조사를 받고 있었는데, 그때 김○○는 ○○팀으로 와서 변호인선임서를 제출하면서 등사 신청을 하였다. 김○○는 서울지방변호사회부터 발급받은 법무법인 ○○ 소속 사무직 직원임을 증명하는 내용의 신분증을 지참하고 있었다. ○○팀의 팀장인 피고 윤○○는 "변호사가 직접 와서 신청하라고 해요"라고 김○○에게 말하였다. 이에 김○○는 원고에게 전화하였고, 원고는 피고 윤○○에게 전화하여 등사가 안 되는 이유를 물었다.

바. 피고 윤○○는 원고에게 "어제 보여주었잖아요, 전화상으로 변호사인지 아닌지 어떻게 압니까? 직접 오세요"라고 말하였고, 원고는 더 이상 반박을 하지 아니하였다.

이에 김○○는 법무법인 ○○의 사무실로 되돌아갔고, 원고는 그 날 ○○경찰서를 방문하지 아니하고 있던 중 장○○는 2009. 5. 25. 20:00경 석방되었다.

2. 손해배상책임의 성립여부

원고는 이 사건 청구원인으로써, 2009. 2. 25.자 피고 윤○○의 위법한 등사 거부행위로 인하여 원고의 변호권이 침해되었다고 주장하면서, 국가배상법 제2조에 의하여 피고 대한민국에게 그 손해배상을 구함과 아울러, 위 거부행위가 피고 윤○○의 고의 또는 중과실로 이루어졌음을 이유로 경찰공무원인 피고 윤○○에게도 그 손해배상을 구하고 있다.

이에 대해 피고들은, 김○○가 원고의 변호사신분증도 지참하지 아니하였고, 김○○가 제시한 변호인선임서에는 임○○의 인장과 법무법인의 인장만이 찍혀 있었을 뿐 원고의 인장은 찍혀 있지 않은 점에 비추어 피고 윤○○로서는 원고가 장○○의 적법한 변호인임을 확인할 수 없었으므로 변호인인 원고가 직접 와서 등사 신청을 하라고 고지한 것이라고 주장하면서 피고 윤○○의 등사 거부행위는 적법하다고 다툰다.

이 사건에서의 쟁점은 피고 윤○○가 2009. 2. 25. 등사 신청을 거부할 때 원고가 장○○의 적법한 변호인임을 확인할 수 없었는지 여부라 할 수 있다. 그런데 원고는 그 전날인 2009. 2. 24. 장○○를 접견하고 ○○팀에서 체포영장을 열람한 적이 있었으므로, 피고 윤○○가 원고와 통화할 때, 통화상대방인 원고가 그 전날 ○○팀을 방문한 변호사임을 이미 알고 있었고, 그래서 통화 도중에 "어제 보여주었잖아요"라는 표현을 사용한 것으로 보인다. 그렇다면 "전화상으로 변호사인지 아닌지 어떻게 압니까?"하는 피고 윤○○의 말은 직접 경찰서에 와서 등사 신청을 하라는 의미 이상을 뜻하지 않는 표현이라 할 수 있다.

또한 김○○가 제출한 변호인선임서 만으로는 원고가 장○○의 적법한 변호인임을 인정하기 어렵다고 해도(선임인이 임○○으로 되어 있었다), 그 당시 ○○팀에서 장○○를 조사하는 중이었고, 장○○ 본인에게 원고를 선임하였는지를 확인하는 것이 가능했던 상황이었으므로, 원고가 장○○의 적법한 변호인임을 확인할 수 없었으므로 등사 신청을 거부했다고 하는 피고들의 주장은 받아들이기 어렵다.

한편 김○○는 서울지방변호사회로부터 발급받은 법무법인 ○○ 소속의 직원임을 증명하는 신분증을 소지하고 있었고, 변호인선임서를 제시하였는바, 법무법인 ○○이나 원고에 의해 작성된 별도의 위임장을 제시해야 한다거나 원고의 변호사신분증을 소지해야 한다고 보기는 어렵다. 또한 설령 변호인선임서에 법무법인의 인장 외에 담당변호사의 인장이나 사인이 별도로 필요하다고 판단되거나, 원고의 변호사신분증을 별도로 제시받기를 원한다면, 팩스를 통하여 이러한 추가적인 구비서류를 요구함이 타당하고, 이와는 달리 변호사 본인이 직접 등사 신청을 하지 않는 이상 등사를 해줄 수 없다는 논리는 피의자의 변호인의 조력을 받을 권리의 측면에서 선뜻 받아들이기 어렵다.

따라서 피고 윤○○의 등사 거부행위는 위법하다고 할 것이지만, 고의 또는 중과실에 의한 거부행위라고 보기는 어려우므로 피고 대한민국에 대해서만 손해배상책임을 인정한다(대법원 2003. 12. 26, 선고 2003다13307 판결 등 참조).

나아가 피고 대한민국의 손해배상책임의 범위에 관하여 보건대, 피고 윤○○와 원고 사이에 일어난 견해의 대립이 등사 신청권자의 범위에 관한 부분 외에도 다소 감정적인 요소에도 기인했던 것으로 보이는 점, 원고로서도 팩스를 총한 추가서류의 제공 등을 제의하는 노력 등을 전혀 하지 아니하고, 만연히 피고 윤○○와의 통화를 중단한 점, 그 외에 변론에 나타난 제반 사정을 참작할 때 그 금액은 500,000원으로 정함이 상당하다.」

제 6 절 수사 중 공소시효 도과

수사기관은 범죄피해자의 절차적 권리와 고소 · 고발사건을 처리하는 과정에서 고소인의 다음과 같은 절차적 권리를 보호하는데 미흡함이 없도록 해야 하는 주의의무가 있다. 만약 아래와 같은 고소인(범죄피해자)의 각종 권리실현에 국가가 오히려 장애를 초래한다면 사적 보복행위를 금지하고 처벌권을 국가에 전속시킨 의미는 크게 반감될 수밖에 없는 것이다.

형사소송법 제223조는 '범죄로 인한 피해자는 고소할 수 있다.', 동법 제258조 제1항은 '검사는 고소 또는 고발 있는 사건에 관하여 공소를 제기하거나 제기하지 아니하는 처분, 공소의 취소 또는 제256조의 송치를 한 때에는 그 처분한 날로부터 7일 이내에 서면으로 고소인 또는 고발인에게 그 취지를 통지하여야 한다.', 동법 제259조는 '검사는 고소 또는 고발 있는 사건에 관하여 공소를 제기하지 아니하는 처분을 한 경우에 고소인 또는 고발인의 청구가 있는 때에는 7일 이내에 고소인 또는 고발인에게 그 이유를 서면으로 설명하여야 한다'고 규정하고 있고, 검찰청법 제10조 제1항 본문은 '검사의 불기소처분에 불복이 있는 고소인 또는 고발인은 그 검사가 속하는 지방검찰청 또는 지청을 거쳐 서면으로 관할 고등검찰청검사장에게 항고할 수 있다.', 동법 제10조 제3항 본문은 '제1항의 항고를 기각하는 처분에 불복이 있는 항고인은 그 검사가 속하는 고등검찰청을 거쳐 서면으로 검찰총장에게 재항고할 수 있다'고 규정하고 있으며, 헌법 제27조 제5항은 '범죄피해자는 법률이 정하는 바에 의하여 당해 사건의 재판절차에서 진술할 수 있다'고 규정하고 있고, 형사소송법 제294조의2 제1항 본문은 '법원은 범죄로 인한 피해자의 신청이 있는 경우에는 그 피해자를 증인으로 신문하여야 한다.', 제2항은 '법원은 제1항의 규정에 의하여 범죄로 인한 피해자를 신문하는 경우에는 당해 사건에 관한 의견을 진술할 기회를 주어야 한다'고 규정하고 있다. 위 각 규정에 의하면 범죄피해자는 범죄사실을 고소할 수 있고 수사절차과정에서는 자신이 고소한 사건에 관한 검사의 기소 또는 불기소처분결과를 통지받을 권리가 있으며 검사의 불기소처분결정에 이의가 있을 경우에는 위 각 절차에 따라 검찰청에 항고·재항고할 수 있는 절차적 권리가 있고, 나아가 고소사건이 기소되어 재판이 진행되는 경우에는 법정에서 당해 사건에 관한 자신의 의견을 진술할 절차적 권리까지 있다 할 것이다.[1)]

한편 형사소송법 제238조는 '사법경찰관이 고소 또는 고발을 받은 때에는 신속히 조사하여 관련서류와 증거물을 검사에게 송부하여야 한다.', 동법 제257조는 '검사가 고소 또는 고발에 의하여 범죄를 수사할 때에는 고소 또는 고발을 수리한 날로부터 3월 이내에 수사를 완료하여 공소제기여부를 결정하여야 한다'고 각 규정하고 있고, 구 사법경찰관리 집무규칙 제39조 제1항은 '사법경찰관이 고소 또는 고발에 의하여 범죄를 수사할 때에는 고소 또는 고발을 수리한 날로부터 2월 이내에 수사를 완료하여야 한다'고 규정(현행 범죄수사규칙 제48조)하고 있어, 검사나 검사의 지휘를 받아 수사를 하는 사법경찰관리는 고소사건의 경우에는 다른 사건보다 더 신속하게 수사하여야 할 주의의무가 있다 할 것이고, 특히 공소시효를 도과하여 공소가 제기된 사건의 경우에는 판결로써 면소의 선고를 하도록 되어 있는 점에 비추어, 공소시효가 완성될 가능성이 있는 사건의 경우에는 더 신속하게 수사해야 할 주의의무가 있다 할 것이다.[2)]

그러함에도 사법경찰관이 당해 경찰서(김해경찰서)에 고소된 사건을 수사하는 과정에서 몇 차례의 피의자신문조서와 참고인진술조서를 각 작성하고 압수수색검증영장을 발부받아 수표배서인확인요청을 하여 은행이 수표를 보관하고 있지 않다는 회신을 받고 다시 피의자신문조서를 작성한 사실까지는 아무런 문제가 없다 하

1) 부산지방법원 2009. 7. 3, 선고 2009가합5394 판결.
2) 부산지방법원 2009. 7. 3, 선고 2009가합5394 판결; 뉴시스, 기사, "늑장수사로 공소시효 넘긴 경우 국가가 위자료 배상", 2007. 12. 27.자; 법률신문, 기사, "경찰 늑장수사로 공소시효 도과… 국가 배상책임", 2007. 12. 28.자(해당 판례는 서울중앙지방법원 2007. 12. 12, 선고 2007가합45970 판결).

더라도, 이후 공소시효가 얼마 남지 않았는데도 대질조사를 하여야 하는데 고소인이 연락이 되지 않는다는 이유로 사건을 다른 경찰서(해운대경찰서)에 이송하여 진술조서 작성 후 다시 당해 경찰서로 이송되는 등 실체진실을 탐지하기 위하여 상세한 조사를 하다가 뒤늦게 검사에게 송치하였으나 공소시효가 도과한 사건에서, 법원은 다음과 같이 수사경찰관의 위법성을 인정하고 있다.

> 「위 인정사실에 의하면, 경찰관은 고소사건을 신속하게 수사하여 검사에게 인계해야 할 주의의무 및 수사 도중에 위 고소사건에 관한 공소시효가 완성되지 않도록 주의하여 공소시효 기간 경과 전에 검사의 종국처분이 내려지도록 협조할 주의의무가 있다 할 것인데도, 위 고소사건의 공소시효 만료일인 2004. 5. 14. 이전인 2004. 4. 26. 이미 1년 이상의 기간에 걸친 수사를 모두 완료하고서도 그로부터 한 달이 경과한 2004. 5. 25.에서야 검찰청에 송치지휘 건의를 하고 2004. 6. 8. 위 고소사건을 송치함으로써 위 고소사건에 대한 공소시효가 완성되게 한 과실이 있다고 할 것이고, 경찰관의 이러한 과실로 원고의 앞서 본 형사피해자로서의 절차적 권리가 침해되었다.」[3] 나아가 위 고소사건은 가사 공소시효가 완성되지 않았다 하더라도 혐의없음 처분되었을 것이므로, 피고 경찰관의 과실과 원고의 손해발생 사이에 인과관계가 없다는 피고의 주장에 대하여는, 「…(중략) 반드시 검찰에서 위 고소사건에 관하여 혐의없음 처분이 내려졌을 것이라고 단정할 수는 없다고 보인다. 설령 피고의 주장처럼 위 고소사건이 증거가 불충분하여 공소시효가 도과되지 않았어도 혐의없음 결정을 받을 수밖에 없는 사건이라 하더라도, 원고의 수사단계에서 형사피해자로서의 절차적 권리는 여전히 침해되었다 할 것이므로, 경찰관의 행위와 원고가 입은 손해 사이에 인과관계가 없다고 할 수 없으므로 피고의 위 주장은 이유 없다.」고 판시하였다.[4]

3) 부산지방법원 2009. 7. 3, 선고 2009가합5394 판결.
4) 부산지방법원 2009. 7. 3, 선고 2009가합5394 판결.

제5장 수사방식의 변화

제1절 과학수사와 디지털증거

1. 디지털증거의 출현

종래 진술(자백)에 의존한 수사기법으로 인해 고문·회유·협박·기망을 이용한 자백수사, 피의자신문조서를 회피하여 진술서 작성강요, 진술강요를 위한 과도한 구속수사, 사람을 지치게 하는 반복수사·밤샘수사 등의 수사폐단은 이미 언론과 학계에서 무수히 지적되었다.

이에 법원은 사법민주화가 완성됨에 따라 수사의 적법성을 문제 삼는 판결을 통해 수사관행의 개선을 촉구해왔고, 법률의 개정 또는 엄격한 해석으로 인해 최근 형사절차에서 눈부신 변화가 있었다. 자백보강법칙의 확립, 전문법칙의 엄격한 적용, 자백의 임의성에 대한 입증책임을 검사에게 부과하고 임의성에 대해 엄격판단, 위법수집증거배제법칙의 적용 및 명문화, 독수독과이론의 원칙적 적용 및 희석이론의 예외적 적용, 영상녹화제도 도입으로 사실상 불법수사 관행 억제, 피의자신문시 수사과정 확인서 작성 의무화 및 변호인의 신문참여권 신설, 구속전피의자심문 의무화, 국선변호제도의 확대 및 근거규정 마련, 구속영장 발부요건 엄격화 및 불구속 재판원칙 명문화, 피의자에게 전면적 보석제도 확대가 그것이다. 실로 적법수사 확립을 위한 진통의 역사였다고 해도 과언이 아니었다.

그에 따라 수사기관은 수사민주화의 변화된 현실을 직시하고 종래 자백위주의 수사관행을 개선하기 위해 최근 발달된 과학기술을 적극 활용하여 객관적 증거에 터 잡아 범죄의 혐의를 입증하기 시작했다.[1] 그 대표적인 예가 바로 디지털증

---

1) 과학수사에 입각한 철저한 수사가 이루어지지 않을 경우 수사미진으로 인한 무죄판결의 부담은 검찰이 안을 수밖에 없다. 대한변호사협회 발간 2013 인권보고서에 따르면, 1심 형사공판사건의 무죄율이 2008년 1.7%에 불과하였으나 2012년 23.49%로 매년 증가하고 있으며, 무죄확정사건 중 54.2%가 검사의 수사미진으로 인한 것으로 소개하고 있다. 이 같은 현실에 대해 같은 보고서에서는, "검찰의 무리한 기소를 줄이고 국민에 대한 검찰의 신뢰를 제고하기 위해서는 과학적이고 철저한 수사, 신중한 기소, 무죄판결이 많은 검사에 대한 인사상 불이익 조치 등의 노력이 뒤따라야 할 것"이라고 강조했다(법률신문, 기사, "대법원 공개변론 온라인 중계… 사법 민주화 촉진",

거[2]라 할 수 있다.

물론 디지털증거 이외에도 그간 과학수사의 방법으로, 법의학을 동원한 철저한 현장조사, 혈액·정액·지문·체모·DNA를 통한 과학수사,[3)4)] 금융거래내역의 압수·수색 및 분석능력 제고, CCTV 등 영상물의 효과적 분석·복원·제출,[5] 음성(성문감정, 聲紋鑑定) 및 필적감정 기술의 발전 등 과학수사를 위한 노력이 없었던 것은 아니다. 그러나 **과학수사의 가장 최근의 문제이자 결정판은 바로 디지털증거에 대한 수사**라 할 것이고, **법률의 세계에서는 증거의 수집방식과 증거능력 및 증명력의 문제**로 나타난다.[6]

2014. 4. 3, 7면 참조).

2) 과거 컴퓨터로 한정되었던 디지털 방식은 정보통신매체의 발달로 인하여 각종 전자기기에 응용되고 있으므로 디지털 정보를 컴퓨터로 한정하는 용어는 더 이상 무의미하다(권오걸, "디지털증거의 개념·특성 및 증거능력의 요건", 「IT와 법 연구」 제5집, 경북대학교 IT와 법 연구소, 2011. 2, 294면; 곽병선, "디지털 증거의 압수·수색절차상 문제점과 개선방안", 「법학연구」 제51집, 한국법학회, 2013, 251면; 탁희성/이상진, "디지털 증거분석도구에 의한 증거수집절차 및 증거능력확보방안", 「연구총서」 06-21, 한국형사정책연구원, 2006. 12, 32면).

3) 10년 전만 해도 우리나라의 DNA 감식은 국립과학연구소, 대검찰청 유전자분석실, 서울대학교 및 고려대학교 의과대학 법의학교실에서 실시되고 있었으나(조성용, "DNA 지문감식과 피해자의 권리보호", 「비교형사법연구」 6권 1호, 한국비교형사법학회, 2004, 241면 주2) 참조), 현재는 국립과학수사연구원(NFS), 국가디지털포렌식센터(NDFC) 등과 같은 공공기관 뿐만 아니라 많은 사기관에서도 DNA 감식이 가능할 정도로 과학수사에 대한 연구가 활발해지고 크게 발전하였다.

4) 미국 법원에서는 DNA 증거는 유죄의 증거로 많이 활용되는 반면 또한 이미 유죄선고를 받은 자들이 재심을 받기 위하여 이용하며, 48개 주 및 연방은 수형자로 하여금 DNA 증거에 대해 접근할 수 있도록 규정하고 있다. McDaniel v. Brown, No. 08-559, Decided January 11, 2010. 판결에서도, DNA 증거의 중요성을 강조한 바 있다(이 사건의 본래 쟁점은 DNA 일치 확률에 대한 증언의 신뢰성 도는 증언능력 문제였다). 즉 DNA 증거는 피고인의 유죄 인정에 대한 강력한 증거가 된다는 것이다(박용철, "미국의 형사법 연구의 쟁점과 동향-2007년~2010년 미국 연방 대법원 판례를 중심으로-", 「비교형사법연구」 14권 1호, 한국비교형사법학회, 2012, 255-258면 참조).

5) 예컨대, 국과수의 CCTV 영상 선명화 기법, 얼굴 비교 기법, 동영상 복원 기법 등.

6) 필자가 본서 제1편 수사에서 강조하고 있는 점이 과학수사와 인신침해 최소화인데, 탈고 직전 드디어 **대검찰청은 종래 과학수사기획관실을 과학수사부로 승격시키고 검사장이 초대 부장이 되는 조직개편을 실시하였다.** 따라서 앞으로는 과학수사의 새로운 장을 열 것으로 기대된다. 법률신문 기사에 따르면, 2014년 약 100만 건의 검찰 사건 중 과학수사기법을 동원한 증거분석이나 감정을 한 사건이 10만 4,000여건에 달하고, 특히 2011년 디도스(D.DOS, 분산서비스거부) 공격, 농협 전산망 마비사건, 한국수력원자력 자료 유출사건, 세월호 침몰사고 조사과정에서 음성·영상 분석과 휴대전화 등 디지털 포렌식 기법이 동원됐다. 이 같이 정보통신기술의 발달과 함께 범죄수법이 갈수록 첨단으로 발전하고 있기 때문에 금번 대검찰청의 과학수사부 승격은 시대흐름에 부응한 결과이며, 이제 과학수사부에는 과학수사1과(문서감정, 범죄수사 감식)·2과(유전자와 법생화학 감식), 디지털수사과(전자적 증거의 수집과 분석), 사이버수사과(사이버범죄 수사지원)의 4개 부가 활동하게 되었고, 소속직원은 검사 6명을 포함한 전문인력 130명으로 구성된다. 위와 같은 **조직확대 개편 이외에** 김오수 부장(검사장)이 **가장 역점을 두고 있는 것이 바로 '디지털 증거능력에 관한 사례집'**을 발간하여 공판과정에서 카카오톡 대화내용이나 이메일 등 디지털 증거가 증거능력을 인정받을 수 있도록 검찰 내부에 통일된 체계를 갖추는 것이다. 이는 그동안 법원에서 증거능력이 부인돼 기각당한 실패를 교훈삼아 증거능력을 인정받기 위해 필요한 요건 등 법리를 사례

2. 디지털증거의 의의

디지털증거란 디지털 형태로 저장되거나 전송되는 증거가치 있는 정보[7]를 말하고, 이러한 정보로부터 출력된 문건도 디지털증거의 범주에 포함될 수 있다.[8]

일상의 예로는, 이메일(전자우편), IP 내역, 워드프로세서 문서, 페이스북 또는 블로그 게재글, 파일 업·다운로드 내역, 인터넷 임시보관함, 검색 히스토리, 스마트폰 사진·문자·통화내역, Wi-Fi 접속내역, 카카오톡 저장내역,[9] CCTV, 블랙박스, 금융거래내역 등 현대사회에서 무궁무진한 형태로 진화하고 있다.[10]

실로 정보화 사회에서 한 개인은 종전과 달리 사이버 상에서 별도의 인격을 가지고 살아가고 있다고 해도 과언이 아니며, 그로 인해 자발적으로 디지털증거를 양산해가고 있는 실정이다. 이에 수사기관은 디지털증거로부터 범죄와 관련된 증거를 찾고, 증거에 부합하는 공소사실을 구성하여 소추하는 노력을 기울이고 있는 것이다.

디지털증거는 다른 증거들과 비교하여 ① 비가시성, 비가독성, ② 원본성의

집으로 정리하겠다는 것으로 필자가 보기에는 늦은 감조차 있다(법률신문, 기사, "디지털 증거, 증거능력 인정받게 통일된 체계 구축", 2015. 2. 23, 6면 참조).

7) 곽병선, "디지털 증거의 압수·수색절차상 문제점과 개선방안", 「법학연구」 제51집, 한국법학회, 2013, 252면; 권오걸, "디지털증거의 개념·특성 및 증거능력의 요건", 「IT와 법 연구」 제5집, 경북대학교 IT와 법 연구소, 2011. 2, 296면. 특히 권오걸 교수는, 디지털증거는 디지털 '매체'라는 형식적 요소와 '정보'라는 내용적 요소로 구성되어 있다고 한다.

8) 서울고등법원 2013. 2. 8, 선고 2012노805 판결.

9) 참고로 최근 민사소송의 증거(특히 이혼소송 귀책사유)로 가장 활용도가 높았던 것은 카카오톡 메시지 내역이었는데, 당사자가 스마트폰을 컴퓨터에 연결하여 출력한 증거 외에도 (주)카카오에 대해 사실조회신청을 하여 메신저 내역을 확보하는 방법이 이혼소송에서의 주된 입증방법을 이루었다. 그러나 최근 (주)다음카카오가 장기간 메신저 내용을 보관하지 않고 7일간만 보관한다는 입장을 취한 후 다시 2~3일치만 보관한다는 입장을 밝혀 이제 앞으로는 사실상 사실조회를 통한 증거자료 확보는 거의 불가능하다. 필자가 본 회시결과는 7일 보관원칙에 따라 보관된 메시지 내용이었고, 최근 변호사들 사이에서는 3일 보관방식으로 단축되어 사실상 입증하려 하는 바로 그 기간의 카카오 메시지는 사실조회 회시로는 더 이상 확보할 수 없다는 것이 정설이 되었다.

10) 현재 실무에서는 누구나 접근할 수 있고 열람과 출력이 자유로운 SNS 게시글은 수사기관이 화면을 **캡쳐**해 **파일**의 형태로 제시하거나 출력해 사진 파일의 형태로 출력하는 것도 증거로 허용하고 있다(서울중앙지방법원 2013. 2. 8, 선고 2012고합1050 판결). 따라서 페이스북, 트위터, 블로그에 공개적으로 게시한 글의 경우 수사기관이 압수·수색으로 컴퓨터나 전자기기를 뒤져서 수집한 증거가 아니더라도, 해당 화면을 저장한 사진이나 출력한 인쇄물로도 증거를 제출할 수 있으며, 컴퓨터로 문제의 화면을 띄워놓고 이를 휴대전화 등 다른 전자기기로 촬영해 제출하는 방법도 고려될 수 있다. 다만 현재 각 형사법관은 매체의 특수성이 전부 다른데도 증거능력을 판단하기 위한 기준이나 제출방법 등에 대한 참고사항이 없어 재판부마다 결론이 다른 경우가 많아 향후 명확한 기준마련이 필요하다. 형사소송법은 서류 증거를 중심으로 상세히 입법되어 있기 때문이다(법률신문, 기사, "디지털 기록, 증거대책 기준 마련 시급", 2015. 3. 30, 1-2면 참조).

중요성과 인위적 조작의 가능성, ③ 증거와 디지털 매체의 상호독립성,[11] ④ 증거와 디지털 매체의 이중증거성, ⑤ 강력한 복제가능성, ⑥ 대량성, ⑦ 익명성과 무국경성의 특징을 갖는다.[12]

디지털증거를 분류하는 가장 핵심적 기준으로는, 저장된 증거인지, 전송 중인 증거인지에 따라 분류하는 것이고, 전자(前者)의 경우라면 영장에 따른 압수·수색이, 후자(後者)에 따른 경우 통신비밀보호법상의 통신제한조치허가서에 따른 수집이 가능하다. 그 외 이메일과 같은 전자우편의 경우에는 통신비밀보호법 제9조의 제3항에 따라야 한다는 견해가 있다.[13][14]

한편, 소리를 담은 대표적 디지털증거를 아날로그와 디지털로 분류하면, 아날로그 저장방식을 취하고 있는 것으로 VHS비디오테이프, 녹음테이프가 있고, 디지털 저장방식으로는 DV(Digital Video), MP3를 들 수 있다.[15]

지금부터 본서에서 논할 부분은 서버 등에 저장된 증거로서, 형사소송법 제106조 제3항에 대한 것이다.

3. 디지털증거의 압수 · 수색 및 증거능력

가. 압수조항의 신설

사회의 범죄현상이 디지털화 되어감에도 불구하고, 1954년 제정된 형사소송

---

11) 디지털증거의 본질적 특성을 매체독립성으로 압축할 수 있다는 견해로는 김정한, "형사소송에서 디지털증거의 조사방법에 관한 입법론적 고찰–특히 민사소송의 경우와 비교하여–", 「비교형사법연구」 14권 2호, 한국비교형사법학회, 2012, 52-53면. 김정한 교수는, 디지털방식의 증거는 0과 1의 신호만으로 구성되기 때문에 제대로만 옮겼다면 원형 손상이나 변형이 전혀 일어나지 않는다는 특성에서 매체독립성이 기인한다고 보고 있다.

12) 권오걸, "디지털증거의 개념·특성 및 증거능력의 요건", 「IT와 법 연구」 제5집, 경북대학교 IT와 법 연구소, 2011. 2, 297-302면.

13) 권오걸, "디지털증거의 개념·특성 및 증거능력의 요건", 「IT와 법 연구」 제5집, 경북대학교 IT와 법 연구소, 2011. 2, 302-303면.

14) 독일 연방헌법재판소 BVerfG, 2 BvR 902/06 vom 16.6.2009. 결정에서는, 수사기관이 서버제공자의 메일서버에 저장되어 있는 이메일의 압류와 압수는 통신비밀의 기본권을 침해하는 것이지만, 형사소송법 제94조 이하의 규정은 기본적으로 서버제공자의 메일서버에 저장된 이메일의 압수를 가능한 것으로 하고 있으므로 압수의 대상이 될 수 있고, 제94조 이하의 규정에 근거한 구체적인 침해는 비례성을 지켜야 하며, 기본법 제10조 제1항의 효과적인 보호는 특히 당해 사안의 요구에 상응한 절차의 형성을 필요로 한다고 판시하였다. 절차적 보호조치로서는 특히 고지·알려줄 의무, 정보제공 의무, 삭제의무 및 표시의무, 참여권의 보장, 사용금지 등이 인정된다고 보았다(김성룡, "이메일 압수·수색에 관한 독일 연방헌법재판소 결정의 주요 내용과 그 시사점", 「법학논고」 제32집, 경북대학교 법학연구원, 2010. 2, 192면, 202-205면 참조).

15) 곽병선, "디지털 증거의 압수·수색절차상 문제점과 개선방안", 「법학연구」 제51집, 한국법학회, 2013, 251면 주12) 참조.

법은 그 동안 크고 작은 수정을 거듭하였지만 증거수집, 증거능력과 관련된 규정은 최초 제정 당시와 별반 다르지 않아 이는 형법이 1995년 개정되면서 디지털 기반의 범죄에 대응하기 위한 여러 규정을 마련한 것과는 사뭇 다르다는 비판[16)]을 받아 오다가, 2011. 7. 형사소송법 제106조(압수), 제107조(우체물의 압수)를 개정[17)]하여 현재는 컴퓨터용 디스크 등 정보저장매체 압수·수색에 대한 법적 근거가 명확해졌다.

특히 형사소송법 제106조의 개정은 종래 형사소송법 제219조에 의해 준용되던 제106조 제1항이 "법원은 필요한 때에는 증거물 또는 몰수할 것으로 사료되는 물건을 압수할 수 있다. 단, 법률에 다른 규정이 있는 때에는 예외로 한다"고만 규정하여 이 규정의 해석론만으로는 디지털증거가 압수물에 해당하는지 논란이 있자, 이러한 입법미비를 해결하기 위하여 검찰이 디지털 증거 수집 및 분석 규정(대검예규 410호, 2006. 11. 21.)[18)]을 마련하여 수사의 근거를 삼고 있던 중 형사소송법이 이를 전면 반영한 것이란 점에서 큰 의미가 있다.

위와 같은 형사소송법 제106조 제3항 신설 이전, 구법은 압수·수색의 대상을 '증거물' 또는 '몰수물'로만 규정하고 있었기 때문에 디지털증거 자체가 압수·수색의 대상이 될 수 있는지와 관련하여 해석론상 대립이 있었으나, 디지털 증거의 확

---

16) 장상귀, "디지털증거의 증거능력에 관한 연구", 「법학실무연구회」 발표논문, 대검찰청, 2009. 5, 226면.

17) **형사소송법 제106조(압수)** ① 법원은 필요한 때에는 피고사건과 관계가 있다고 인정할 수 있는 것에 한정하여 증거물 또는 몰수할 것으로 사료하는 물건을 압수할 수 있다. 단, 법률에 다른 규정이 있는 때에는 예외로 한다. <개정 2011. 7. 18> ② 법원은 압수할 물건을 지정하여 소유자, 소지자 또는 보관자에게 제출을 명할 수 있다. **③ 법원은 압수의 목적물이 컴퓨터용디스크, 그 밖에 이와 비슷한 정보저장매체**(이하 이 항에서 "정보저장매체등"이라 한다)**인 경우에는 기억된 정보의 범위를 정하여 출력하거나 복제하여 제출받아야 한다. 다만, 범위를 정하여 출력 또는 복제하는 방법이 불가능하거나 압수의 목적을 달성하기에 현저히 곤란하다고 인정되는 때에는 정보저장매체등을 압수할 수 있다.** <신설 2011. 7. 18> ④ 법원은 제3항에 따라 정보를 제공받은 경우 「개인정보 보호법」 제2조 제3호에 따른 정보주체에게 해당 사실을 지체 없이 알려야 한다. <신설 2011. 7. 18>

제107조(우체물의 압수) ① 법원은 필요한 때에는 피고사건과 관계가 있다고 인정할 수 있는 것에 한정하여 우체물 또는 「통신비밀보호법」 제2조 제3호에 따른 전기통신(이하 "전기통신"이라 한다)에 관한 것으로서 체신관서, 그 밖의 관련 기관 등이 소지 또는 보관하는 물건의 제출을 명하거나 압수를 할 수 있다. <개정 2011. 7. 18> ② 삭제 <2011. 7. 18> ③ 제1항에 따른 처분을 할 때에는 발신인이나 수신인에게 그 취지를 통지하여야 한다. 단, 심리에 방해될 염려가 있는 경우에는 예외로 한다. <개정 2011. 7. 18>

18) 현재는 대검찰청예규 제616호로 개정되어, 2012. 11. 6.부터 시행되고 있다. 디지털 증거의 압수·수색과 관련한 직접 규정은 과잉금지원칙 준수를 규정한 예규 제12조. "디지털 증거를 압수·수색·검증할 때에는 수사에 필요한 최소한의 범위에서 실시하여야 하고, 모든 과정에서 적법절차를 엄격히 준수하여야 한다."

보가 사람을 대상으로 한 수사보다 한층 더 과학적이면서도 인권침해의 소지가 적고, 또 확보한 디지털증거는 훼손·오염되지만 않는다면 역사적 사실에 가장 부합하는 객관적 증거가 된다는 점에서 실체진실을 추구하는 형사소송의 이념에 비추어 하등 압수·수색을 불허할 이유가 없으며, 형사소송법의 압수 대상물을 유체물로 한정하여 이해하여야 할 까닭은 없었기 때문에 당연히 압수·수색의 대상이 된다고 보고 수사실무는 이미 위 대검규칙에 따라 압수·수색수사를 하여왔던 것이다.

만약 디지털증거에 대해 압수·수색이 불가능하다고 본다면, 수사기관은 회사서버시스템에 저장되어 있는 디지털증거만 압수할 수 없으므로 시스템 전체를 압수하는 방법을 취할 것이고, 그와 같은 방식의 압수는 기업운영에 커다란 피해를 야기하므로 디지털증거에 대한 압수·수색은 수사현실 및 법익균형성에도 부합하여 실무상으로는 수사기관은 회사의 서버시스템에 접속하여 범죄 입증에 필요한 디지털증거만을 다른 저장매체로 복사하는 방법을 취하여 왔다.[19)]

이러한 현실적 요청에 따라 2011. 7. 형사소송법의 개정으로 이제 컴퓨터용디스크, 그 밖에 이와 비슷한 정보저장매체에 대한 압수가 가능해졌고, 또한 전화·전자우편·회원제정보서비스·모사전송·무선호출 등과 같이 유선·무선·광선 및 기타의 전자적 방식에 의하여 모든 종류의 음향·문언·부호 또는 영상을 송신하거나 수신하는 전기통신에 관한 것으로서 체신관서, 그 밖의 관련 기관 등이 소지 또는 보관하는 물건의 제출을 명하거나 압수를 할 수 있게 되었다(법 제106조, 법 제107조).[20)]

외국의 경우를 보면,[21)] (1) 독일(獨逸)은 형사소송법 제110조[22)]에서 일반적인

19) 장상귀, "디지털증거의 증거능력에 관한 연구", 「법학실무연구회」 발표논문, 대검찰청, 2009. 5, 232면.

20) 미국의 경우 연방규칙(The Federal Rules of Criminal Procedure) 제41조에서 압수(Seizure)의 대상으로 재산(property)에 정보(information)을 포함하고 있다{(Rule 41. Search and Seizure)(A) "Property" includes documents, books, papers, any other tangible objects, and information}(곽병선, "디지털 증거의 압수·수색절차상 문제점과 개선방안", 「법학연구」 제51집, 한국법학회, 2013, 255면 주21)에서 재인용).

21) 이하 외국의 입법례에 대한 내용은 안경옥, "[제12부] 형사재판절차에서 테크놀로지의 활용과 형사소송법적 문제점", 「연구총서」 04-05, 한국형사정책연구원, 2004. 12, 164면을 전적으로 참조하였음.

22) 독일 형사소송법 제110조(서류 및 전자저장매체의 검열) ① 피수색자의 서류는 검사 또는 검사의 명령을 받은 수사요원이 검열한다. ③ 수사대상인 자의 전자저장매체에 대한 검열은 검열대상인 데이터가 상실될 우려가 있다면 저장매체로부터 도달될 수 있는 한 당해 저장매체와 공간적으로 분리되어 있는 저장매체들에까지 확대될 수 있다. 조사에 중요한 의미가 있을 수 있는 데이터는 이를 압수할 수 있다.

압수수색 규정(제102조)과 별도로 서류와 전자저장매체에 대한 검열 또는 열람(Durchsicht)을 규정하고 있다. 그 내용은 수색의 연속으로 열람이 필요하며 그 후 압수가 이루어지는 규정을 두고 있고, '서류'는 종이형태로 존재하는 것뿐만 아니라 전자시스템에 저장된 하드디스크, 플로피디스크, CD, 메모리카드 기타 다른 데이터 이동식 저장장치도 포함하는 것으로 해석된다. 특이한 점은 검사가 전자저장장치의 수색·검열·압수를 결정하고, 나아가 수색현장에서 열람을 할지, 아니면 제3의 장소로 이전하여 열람할지에 대한 결정도 검사의 권한과 재량에 두고 있는 점이다. (2) 일본(日本)의 경우, 2011. 6. 24. '정보처리의 고도화 등에 대처하기 위한 형법 등의 일부를 개정하는 법률안'(情報處理の高度化等)に對處するためのき刑法等の一部を改正する法律案)을 공포하였고, 그 중 특히 형사소송법의 개정내용은 주로 디지털 증거의 압수·수색에 관련한 부분으로, ① 정보를 압수하는 강제처분인 '전자적 기록압수제', ② 원격압수제 도입, ③ 서비스제공자에 대한 통신기록의 보전처분 등의 내용을 담고 있다. 특히 형사소송법 제110조의2를 신설하여, 전자적 기록매체를 압수할 때에는 수사기관이 압수해야 할 기록매체에 기록된 전자적 기록을 다른 기록매체에 복사하거나, 인쇄하거나, 또는 이전하도록 한 후 다른 기록매체를 압수하도록 하였고, 압수를 받는 자에게 압수해야 할 기록매체에 기록된 전자적 기록을 다른 기록매체에 목사, 인쇄, 또는 이전하도록 한 후 해당 다른 기록매체를 압수할 수 있도록 함으로써 원본 압수를 금지하였다. 수사단계에서의 압수수색은 '범죄수사에 필요한 때'를 요건으로 하고 있다. (3) 미국(美國)의 경우, 연방형사소송규칙(Federal Rules of Criminal Procedure) 41(e)(2)(b)에서 치안판사(Magistrate)가 발부한 수색영장에 의한 압수수색 현장(on site)에서의 전자저장매체 원본 또는 복사본의 압수, 그리고 원본에 대한 수사기관에서의 복사(off site)에 대하여 규정하고 있다. 특히 영장에 따라 저장매체나 정보를 수색현장 이외의 곳으로 이전한 후 분석할 수 있도록 규정하고 있다는 점, 원본 압수와 사본 압수를 모두 허용하고 있는 점이 특징이다. 미 연방 및 각 주 법원의 대부분의 판례는 컴퓨터 정보저장매체의 원본 압수를 인정하고 있다(연방대법원 판결은 아직 없음).[23] 미국의 실무기준으로는 미 법무성 하의 CCIPS(Computer Crime and Intellectual Property Section)이 마련한 컴퓨터 압수·수색에 관한 연방지침서가 있다.

---

23) 이훈재, "디지털 증거의 압수수색에 관한 쟁점별 해석과 통제방안－개정 형사소송법을 중심으로－", 「법학논총」 97권 3호, 단국대학교 법학연구소, 2013, 146－152면 참조.

나. 디지털증거의 압수 · 수색절차

(1) 법원은 압수의 목적물이 컴퓨터용 디스크, 그 밖에 이와 비슷한 정보저장매체인 경우에는 기억된 정보의 범위를 정하여 출력하거나 복제하여 제출받아야 하고, 다만 범위를 정하여 출력 또는 복제하는 방법이 불가능[24]하거나 압수의 목적을 달성하기에 현저히 곤란하다고 인정되는 때에는 정보저장매체 등을 압수할 수 있다(법 제106조 제3항).[25]

개정 형사소송법은 이와 같이 원칙적으로는 기억된 정보의 범위를 정하여 출력하거나 복제하여 제출받고, 예외적으로 정보의 범위를 정하여 출력 또는 복제하는 방법이 불가능하거나 압수의 목적을 달성하기에 현저히 곤란한 때에는 정보저장매체 등을 곧바로 압수할 수 있다고 규정하였으나, 실무상 판단에 있어 어려운 점이 남아 있다.

즉 **정보저장매체 등을 곧바로 압수할 수 있는 경우는 어떤 경우인가?**[26] 또 누

---

24) 개정 형사소송법의 이러한 태도에 대해서는, 컴퓨터 데이터에 대한 수색의 경우 유체물과 같은 공간의 분리와 범위의 제한에서 사실상 어려운 난관에 봉착하며, **특정성에 대한 요구가 현실적으로 불가능한 것이라는 견해**가 있다. 즉 2013년 현재 판매되는 개인용 컴퓨터의 하드디스크는 일반적으로 500기가바이트에서 1테라바이트의 데이터 저장용량을 가졌는데, 이것을 유체물인 문서로 치환하면 약 2,500만 페이지에서 5,000만 페이지에 해당하고, 물리적 공간으로 변환시키면 대형 학술도서관 12층 빌딩의 서고에 꽂혀있는 책의 분량과 맞먹는 정보의 양이므로 이제 오늘날 특정 컴퓨터의 수색공간을 제한한다는 것은 한 도시의 일부 지역에 대한 수색을 하는 것과 비슷하므로 이러한 디지털 증거의 특성에 비추어 볼 때, 물리적 공간에 대한 압수·수색영장과 같은 방법으로 보이지 않는 디지털 공간에 대하여 수색범위를 특정하라고 요구하는 것은 불가능에 가까우며 그 안에서 혐의사실과 관련된 압수할 디지털 증거를 기재하는 것은 더더욱 불가능하여 결국 '모래사장에서 조개 찾기'에 가깝다는 주장이다. 따라서 현행 형사소송법상의 영장주의는 디지털 공간의 개념을 전제로 한다면 디지털 증거에 대한 압수수색의 경우 가능하지 않은 것을 수사기관에 요구하고 있는 것이며, 이러한 결론은 현행 압수·수색 규정이 물리적 공간에 대한 압수·수색을 전제로 입법된 것이어서 유체물에 대한 압수·수색 규정을 무체물인 디지털 증거에 적용하려고 할 때 발생하는 문제점이므로, **실무상으로는 영장이 일정 부분 개괄적, 추상적인 면이 있더라도 현실적 필요성에 따라 특정되었다고 보는 쪽으로 선해해야 한다는 것**이다(이흔재, "디지털 증거의 압수수색에 관한 쟁점별 해석과 통제방안－개정 형사소송법을 중심으로－", 「법학논총」 97권 3호, 단국대학교 법학연구소, 2013, 139－141면 참조; 안경옥, "[제12부] 형사재판절차에서 테크놀로지의 활용과 형사소송법적 문제점", 「연구총서」 04－05, 한국형사정책연구원, 2004. 12, 169－170면).

25) 참고로 디지털 증거 또는 전자적 증거에 대한 형사소송법 제106조 제3항의 신설내용에 대해, 전자증거를 증거로 활용하기 위해 원본성이나 무결성이 필요한데도 이를 명시적으로 규정하지 않아 아쉽다는 지적이 있으나, 현행 형사소송법상 검증규정은 원본성이나 무결성을 확인하는 근거규정으로 이미 충분하며, 이러한 검증활동을 위한 새로운 규정이 명문화 될 필요는 없다고 보는 견해가 설득력이 있다(김성룡, "형사절차에서 전자적 증거의 원본성과 의미와 기능", 「IT와 법 연구」 제7집, 경북대학교 IT와 법 연구소, 2013. 2, 208면).

26) 2012년도 국가인권위원회 인권상황 실태조사 연구용역 보고서에 따르면, 압수방식으로 44.4%가 저장매체 자체가 압수되었고, 압수수색 현장에서 범죄와 관련성 있는 데이터만을 출력하거나 복제한 경우는 11.1%에 그치는 것으로 나타났다. 따라서 원본 자체를 압수(44.4%)하거나 이미징 복

구를 기준으로 그것을 판단해야 하는가? 에 대한 것이다.

(2) 우선, 전자(前者)의 문제 즉, 전자정보에 대한 압수·수색영장을 집행할 때 저장매체 자체를 수사기관 사무실 등 외부로 반출할 수 있는 예외적인 경우 및 위 영장 집행이 적법성을 갖추기 위한 요건과 관련하여서는 대법원의 최근 결정이 있고, 현재로서는 일응의 판단기준이 될 것이다.

〈결정 1〉 대법원 2011. 5. 26, 선고 2009모1190 결정

「[1] 전자정보에 대한 압수·수색영장을 집행할 때에는 **원칙**적으로 영장 발부의 사유인 혐의사실과 관련된 부분만을 문서 출력물로 수집하거나 수사기관이 휴대한 저장매체에 해당 파일을 복사하는 방식으로 이루어져야 하고, 집행현장 사정상 위와 같은 방식에 의한 집행이 불가능하거나 현저히 곤란한 부득이한 사정이 존재하더라도 저장매체 자체를 직접 혹은 하드카피나 이미징 등 형태로 수사기관 사무실 등 외부로 반출하여 해당 파일을 압수·수색할 수 있도록 영장에 기재되어 있고 실제 그와 같은 사정이 발생한 때에 한하여 위 방법이 **예외**적으로 허용될 수 있을 뿐이다. 나아가 이처럼 저장매체 자체를 수사기관 사무실 등으로 옮긴 후 영장에 기재된 범죄 혐의 관련 전자정보를 탐색하여 해당 전자정보를 문서로 출력하거나 파일을 복사하는 과정 역시 전체적으로 압수·수색영장 집행의 일환에 포함된다고 보아야 한다.[27] 따라서 그러한 경우 문서출력 또는 파일복사 대상 역시 혐의사실과 관련된 부

사한 후 압수(44.5%로 추정)한 것이 88.9%에 이르러, **사실상 실무에서는 원칙이 예외가 되고, 예외가 원칙이 된 것**인데, 이는 범죄와 관련성 있는 데이터만을 출력하거나 복제하는 경우 증거의 진정성과 무결성을 확보할 수 없다는 디지털 증거의 속성에 기인하는 근본적 한계가 있고, 압수수색현장에서 범죄와의 관련성 여부를 판단하여 선별적으로 압수하는 것이 기술적·환경적으로 어렵다는 점에서 기인하는 것으로 보고 있다(이흔재, "디지털 증거의 압수수색에 관한 쟁점별 해석과 통제방안-개정 형사소송법을 중심으로-", 「법학논총」 97권 3호, 단국대학교 법학연구소, 2013, 152면 참조).

27) 이와 같이 수사기관이 전자정보에 대한 압수수색 영장을 집행함에 있어서 저장매체 자체를 직접 또는 하드카피나 이미징 형태로 수사기관 사무실 등 외부로 반출하여 해당 저장매체나 복제물에서 영장에 기재된 범죄혐의 관련 정보를 탐색하는 행위에 대해, ① 아직 압수가 행해진 것이 아니며 수색에 불과하다는 견해(수색설), ② 그 검색은 디지털 증거의 압수에 예상되고 별도의 강제처분으로 볼 수 없으며 강제력을 행사하거나 프라이버시를 침해하는 것이 아니어서 임의수사에 불과하다는 견해(임의수사설)가 있으나, ③ 판례는 '집행과정'에 있다고 보고 있는 것이고(집행과정설), 따라서 그 전체과정을 통하여 참여권이 보장되어야 한다고 본다. 이에 대하여 이완규 차장검사는, 디지털 증거의 검색과정을 수색이나 집행과정으로 볼 때 현실적으로 검색은 여러 단계를 거치고 장기간이 소요되므로 '검색의 어느 단계까지 그 과정이라 볼 것이며, 따라서 어느 시점까지 참여하게 할 것인가'가 불명확하여 실무상 문제이며, 최종적 개체로서 파일을 찾을 때까지 피의자를 참여하게 한다는 것은 불필요하다고 보고 있다. 이 견해에서는 참여권은 현장에서의 압수수색 절차에만 미치고, 이후의 검색과정에는 미치지 않는 것으로 본다. 따라서 수사기관은 피의자의 참여 없이 압수된 저장매체나 복제파일을 검색할 수 있다(이완규, "디지털 증거 압수수색과 관련성 개념의 해석", 「법조」 62권 11호, 법조협회, 2013, 142-150면 참조).

분으로 한정되어야 하는 것은 헌법 제12조 제1항, 제3항, 형사소송법 제114조, 동법 제215조의 적법절차 및 영장주의 원칙상 당연하다.[28] 그러므로 수사기관 사무실 등으로 옮긴 저장매체에서 범죄 혐의 관련성에 대한 구분 없이 저장된 전자정보 중 임의로 문서출력 혹은 파일복사를 하는 행위는 특별한 사정이 없는 한 영장주의 등 원칙에 반하는 위법한 집행이다.

한편 검사나 사법경찰관이 압수·수색영장을 집행할 때에는 자물쇠를 열거나 개봉 기타 필요한 처분을 할 수 있지만 그와 아울러 압수물의 상실 또는 파손 등의 방지를 위하여 상당한 조치를 하여야 하므로(법 제219조, 제120조, 제131조 등), 혐의사실과 관련된 정보는 물론 그와 무관한 다양하고 방대한 내용의 사생활 정보가 들어 있는 저장매체에 대한 압수·수색영장을 집행할 때 영장이 명시적으로 규정한 위 예외적인 사정이 인정되어 전자정보가 담긴 저장매체 자체를 수사기관 사무실 등으로 옮겨 이를 열람 혹은 복사하게 되는 경우에도, 전체 과정을 통하여 피압수·수색 당사자나 변호인의 계속적인 참여권 보장, 피압수·수색 당사자가 배제된 상태의 저장매체에 대한 열람·복사 금지, 복사대상 전자정보 목록의 작성·교부 등 압수·수색 대상인 저장매체 내 전자정보의 왜곡이나 훼손과 오·남용 및 임의적인 복제나 복사 등을 막기 위한 적절한 조치가 이루어져야만 집행절차가 적법하게 된다.

[2] 수사기관이 전국교직원노동조합 본부 사무실에 대한 압수·수색영장을 집행하면서 방대한 전자정보가 담긴 저장매체 자체를 영장기재 집행 장소에서 수사기관 사무실로 가져가 그곳에서 저장매체 내 전자정보파일을 다른 저장매체로 복사하자, 이에 대하여 위 조합 등이 준항고를 제기한 사안에서, **수사기관이 저장매체 자체를 수사기관 사무실로 옮긴 것은 영장이 예외적으로 허용한 부득이한 사유의 발생에 따른 것으로 볼 수 있고,**[29][30] **나아가 당사자 측의 참여권 보장 등 압수·수색**

28) 同旨 대법원 2012. 3. 29, 선고 2011도10508 판결.

29) 원심인 서울중앙지방법원 2009. 9. 11, 선고 2009보5 결정[압수·수색집행에 대한 준항고]을 보면, **저장매체를 수사기관으로 옮겨야 했던 예외적 사정이 잘 드러나고 있다.** 법문이 구체적으로 규정하지 않은 기준에 대해 법원이 일응의 기준을 제시한 것이어서 상세히 소개한다.

「…(전략) 위 고발사건을 담당하던 피준항고인 검사는 2009. 7. 2. 서울중앙지방법원에 압수·수색영장을 청구하였고, 같은 날 서울중앙지방법원 판사로부터 아래와 같은 내용의 이 사건 영장을 발부받았다.

(압수·수색할 장소)
서울 영등포구 영등포동5가 (이하 생략) 전국교직원노동조합 본부 사무실
(압수·수색할 물건)
■ 압수·수색할 장소에 보관중인
○ 각 전교조의 2009. 6. 18.자 시국선언 발표와 관련된, 전교조 대의원대회 및 중앙집행위원회등 전교조 의사결정기관의 회의자료(공문, 의사록, 회의록 등 명칭 불문), 시국선언 집행 지침서, 전교조 본부·지부·지회·분회의 업무연락 등 공문·기안문서·결재문서, 보도자료(초안포함), 시국선언문 초안, 시국선언 참가교사 명단, 서명지, 시국선언 서명장부, 정당 또는 정당 연계 단체 및 다른 노동조합과 연락한 공문·기안문서·결재문서, 위 각 문서와 관련된 노트, 수첩, 메모, 전산

파일(참가자 명단 엑셀파일 포함) 및 데이터베이스(DB) 일체
○ 위 자료를 보관중인 컴퓨터, 노트북, 외장 하드디스크, 플래쉬메모리, CD, DVD, 플로피 디스켓, 기타 외부 저장매체 및 그 출력물
(압수의 방법)
1. 압수할 물건이 문서인 경우, 해당 문서가 몰수 대상물인 경우에는 그 원본을 압수하고, 해당문서가 증거물인 경우에는 이를 사본하여 피압수자 또는 법 제123조에 정한 참여인의 확인을 받는 방법으로 압수함(다만, 사본 작성 및 확인에 협조하지 아니하는 경우에는 원본을 압수할 수 있고, 업무일지·수첩·다이어리·메모지·도장·통장·현금·CD·수표·주권·상품권 기타 유가증권·금품은 원본을 압수할 수 있음)
2. 컴퓨터 저장장치에 저장된 정보는 피압수자 또는 형사소송법 제123조에 정한 참여인의 확인을 받아 수사기관이 휴대한 저장장치에 하드카피·이미징하거나, 문서로 출력할 수 있는 경우 그 출력물을 수집하는 방법으로 압수함(다만, 하드카피·이미징 또는 문서의 출력을 할 수 없는 경우에는 컴퓨터 저장장치 자체를 압수할 수 있음)
※ 이 영장을 일출 전, 일몰 후에도 집행할 수 있다.

피준항고인 검사의 집행지휘에 따라 피준항고인 사법경찰관은 2009. 7. 3. 05:00-07:00까지 사이에 준항고인 전교조 본부 사무실에서 이 사건 영장을 집행하였다. 영장 집행 당시 피준항고인 사법경찰관은 저장매체에 저장된 파일들을 카피하기 위하여 하드 복사기 2대를 준비하여 갔으나 위 사무실에 설치된 컴퓨터 50여 대 중 대부분의 컴퓨터에서 하드디스크가 제거된 상태였고, 컴퓨터와 서버의 전원공급은 차단된 상태여서 저장매체에 저장된 내용을 확인할 수도 없는 상태였다. 이에 따라 피준항고인 사법경찰관은 저장매체가 포함된 데스크톱 컴퓨터 3대 및 서버 컴퓨터 10대를 압수하고 서울영등포경찰서로 가지고 갔다.

그런데 위와 같은 저장매체에는 2009. 5. 1. 이후 열람된 문서(단 엑셀문서는 2009. 6. 1. 이후)파일 만 8,000여 개(DVD 3장 분량 및 CD 1장 분량)가 존재하였다. 이 사건 영장집행 직후에 서울영등포경찰서에서, 피준항고인 사법경찰관은 준항고인 전교조의 직원들 및 그 변호인이 참관하고 있는 가운데 압수된 저장매체에 저장된 파일들 중 2009. 5. 1. 이후 열람한 모든 문서(단 엑셀문서는 2009. 6. 1. 이후) 파일들을 해쉬값 교환 등을 통하여 무결성을 확보하는 방식으로 DVD 및 CD에 카피하였다. 이때 준항고인 전교조의 직원들 및 그 변호인은 카피 범위가 너무 넓다는 이유로 이를 축소할 것(시국선언과 가까운 일자에 '작성된 문서' 등) 등을 요구하기도 하였다. 위와 같이 파일 카피가 마쳐진 후 준항고인 사법경찰관은 저장매체가 포함된 압수물을 준항고인 전교조 측에 가환부하였다.

…(중략) 앞에서 인정한 사실 및 기록상 인정되는 다음과 같은 사정들 즉, ① 압수수색 장소의 사무실에 증거인멸의 정황이 있었던 점, ② 피압수자인 전교조의 조합원 수가 70,000여 명에 달하고, 피의사실과 관련된 조합원 수도 17,000여 명에 달하였던 점, ③ 피압수자인 전교조의 직원들 중 여러 명이 이 사건 영장집행 당시에 사무실에 있었고 이들은 피준항고인인 사법경찰관이 이 사건 영장을 집행하는 것에 대하여 적대시하였고, 더 나아가 다른 직원 또는 조합원들이 이들로부터 연락을 받고 몰려올 가능성도 있었던 점, ④ 이 사건 영장집행 당시 초기에 서버에 전원공급 등이 제대로 되지 아니하여 하드카피가 물리적으로 불가능하였고, 이에 따라 서버 및 컴퓨터를 압수하기 위하여 본체를 떼어내 들고 나오려고 할 때서야 비로소 전교조 직원들이 전원공급이 가능하다고 말하였던 점(저장매체에 저장된 파일크기를 고려할 때, 이를 현장에서 이미징하거나 문서로 출력하는 것은 원천적으로 불가능하다), ⑤ 피준항고인인 사법경찰관이 하드카피에 필요한 장비 등을 소지하고 있었던 점 등을 종합하여 보면, **피준항고인 사법경찰관이 이 사건 영장집행 당시 저장매체에 저장된 시국선언과 관련된 파일들을 휴대한 하드디스크에 하드카피하는 방법으로 집행할 수는 없다고 판단되고, 따라서 시국선언과 관련된 파일들이 담긴 컴퓨터 및 서버의 저장장치 자체를 압수한 것은 이 사건 영장의 내용에 부합하는 집행이라고 할 것이다.**

…(중략) 살피건대, **이 사건 영장은** 문언상, 압수수색할 물건으로 '시국선언과 관련된 파일이 저장된 저장매체'를, 압수방법의 제한으로 '원칙적으로는 위와 같은 파일을 하드카피하는 등의 방법으로 압수하여야 하나 **예외적으로 하드카피 등을 할 수 없는 경우에 저장매체 자체를 압수하는**

대상 물건의 훼손이나 임의적 열람 등을 막기 위해 법령상 요구되는 상당한 조치가 이루어진 것으로 볼 수 있으므로 이 점에서 절차상 위법이 있다고는 할 수 없으나, 다만 영장의 명시적 근거 없이 수사기관이 임의로 정한 시점 이후의 접근 파일 일체를 복사하는 방식으로 8,000여 개나 되는 파일을 복사한 영장집행은 원칙적으로 압수·수색영장이 허용한 범위를 벗어난 것으로서 위법하다고 볼 여지가 있는데, 위 압수·수색 전 과정에 비추어 볼 때, 수사기관이 영장에 기재된 혐의사실 일시로부터 소급하여 일정 시점 이후의 파일들만 복사한 것은 나름대로 대상을 제한하려고 노력한 것으로 보이고, 당사자 측도 그 적합성에 대하여 묵시적으로 동의한 것으로 보는 것이 타당하므로, 위 영장집행이 위법하다고 볼 수는 없다.」(대법원 2011. 5. 26, 선고 2009모1190 결정[준항고기각결정에대한재항고])[31)]

것'으로 기재되어 있음이 명백하다. 따라서 이 사건 영장은 원칙적으로 시국선언과 관련된 저장매체에 저장된 시국선언 관련 파일만을 압수하되 예외적으로 압수방법 제한의 해제요건 즉, 하드카피 등을 할 수 없는 경우에 한하여 그와 같은 파일이 저장된 저장매체 자체를 압수할 수 있도록 규정하고 있다고 할 것이다. 따라서 이 사건 영장의 압수방법 제한의 해제요건이 충족되었음은 위에서 본 바와 같고, 압수된 저장매체에 시국선언 관련 파일이 존재하고 있음은 기록상 분명하므로 이 사건 영장집행은 적법하다고 할 것이고, 이와 다른 전제에선 준항고인들의 이 부분 주장도 이유 없다. [다만, 이와 같은 내용으로 해석할 때, 원칙은 현장에서 범죄사실과 관련된 파일을 카피하는 방식으로만 압수할 수 있도록 제한하면서 현장에서 그와 같은 방식으로 압수할 수 없는 예외적인 경우에는 관련된 파일이 포함된 저장매체 자체를 압수하는 것을 허용하여 수사기관이 범죄사실과 관련이 없는 파일들까지도 압수할 수 있게 되어 피압수자의 여러 기본권이 과도하게 침해된다는 비판이 제기될 수 있다. 그러나 이는 ① 법원이 수사기관이 예외적으로 저장매체 자체를 압수하는 경우에도 일정기간 안에 범죄사실과 관련된 파일들만을 추출하여 이를 카피하여 보관하게 하고 나머지 파일들은 삭제하고 저장매체를 반환하라는 취지의 문구를 압수수색영장에 기재하여 발부하는 방식으로 해결할 수 있거나, ② 피압수자가 수사기관에 범죄사실과 관련 없는 파일들에 대하여 압수의 필요성이 없거나 소멸하였다는 이유로 삭제를 요구하고 이를 거부하였을 때 형사소송법 제417조에 따라 법원에 준항고를 제기하여 구제받는 방법으로 해결할 수 있으므로 피압수자의 여러 기본권이 구제방법 없이 침해된다고 보기는 어렵다고 할 것이다]」.

30) 독고지은, "디지털증거 압수, 수색에 대한 개정 법의 규제와 집행에 관한 연구-영장 집행시 제기되는 쟁점을 중심으로-", 「법조」 62권 5호, 법조협회, 2013, 262면에서는, 저장매체를 바로 압수할 수 있는 예외적 사정과 관련한 다른 하급심 판결의 내용도 소개하고 있다.

서울중앙지방법원 2012. 2. 13, 선고 2011고합1131 판결. 「…(전략) 압수·수색·검증 영장은 압수·수색·검증할 물건을 "각 압수·수색·검증할 장소 및 신체에 장소·관리·보관·사용하고 있는 컴퓨터(PC), 카메라, 캠코더, 녹음기, 차량 네비게이션, 디지털 정보저장매체(USB, CD, HDD, MP3, PDA, 전자수첩, 디지털테이프, 프린트기, 기타 각종 메모리 등) 및 동기기·매체에 수록된 내용"으로 하고 있는 점, 각 영장 발부의 사유로 된 혐의 사실이 많고, 각 압수·수색 장소에서 디지털 저장매체가 많게는 60여 개에 이를 정도로 다수 압수되었으므로 현장에서 범죄 사실의 관련성이 있는 전자정보만을 구분해 내는 것은 현실적으로 불가능하였던 것으로 보이고, 실제로 이 법원에 압수된 각 디지털 저장매체에 저장되어 있던 600여 개에 이르는 문건이 증거로 제출되었던 점, 일부 보안USB에는 암호가 설정되어 있어 현장에서 그 내용을 지득할 수 없었으며, 삭제 파일의 복구 등 추가적 분석이 필요하였던 것으로 보이는 점 등을 인정할 수 있고, 이를 종합하여 보면 저장매체 자체를 직접 혹은 하드카피나 이미징 등 형태로 반출한 것에는 부득이한 사유가 있었음이 인정된다.」

31) 이흔재, "디지털 증거의 압수수색에 관한 쟁점별 해석과 통제방안-개정 형사소송법을 중심으로-", 「법학논총」 97권 3호, 단국대학교 법학연구소, 2013, 159면에서는, 위 판례가 영장발부 후의 집행

〈결정 2〉 대법원 2015. 7. 16, 선고 2011모1839 전원합의체 결정[32)]

대법원은 이 결정에서 앞서 본 대법원 2011. 5. 26, 선고 2009모1190 결정과 같이, 압수수색 대상인 컴퓨터 등 **저장매체 자체를 직접 반출**하거나 그 저장매체에 들어 있는 전자파일 전체를 하드카피나 이미징 등의 형태(복제본)로 압수수색하는 것은 압수수색 영장 혐의 사실과 관련한 정보만 추출하기에는 시간적·기술적 제약이 큰 경우 등 **제한적인 경우[33)]에만 예외적으로 허용**되고, 이후 수사기관이 압수수색한 저장매체에서 영장 혐의와 관련이 없는 별도의 범죄혐의와 관련된 전자정보를 발견하더라도 피의자 측에 적정한 참여권 등을 보장하지 않으면 적법하게 그 내용을 압수

과정에 몇 가지 제한사유를 명시하였다며 그 요소를 체계화시키고 있는데, 즉 ① 범죄혐의와의 관련성을 구분하여 저장된 전자정보 중 관련성이 있는 문서나 파일을 출력하거나 복사할 것, ② 피압수·수색 당사자나 변호인의 계속적 참여권 보장, ③ 피압수·수색 당사자가 배제된 상태의 저장매체에 대한 열람·복사 금지, ④ 복사대상 전자정보 목록의 작성·교부의 4가지 사유이다. 특히 미국, 독일, 일본의 경우 수사기관의 디지털 증거분석과정, 그 중에서도 수사기관에 압수물을 이전한 이후 피의자, 변호인의 참여권을 인정한 입법례가 없는데도 위 대법원 결정은 참여권을 열거하고 있어 압수수색영장 발부 후의 통제방법으로 대단히 효과적인 장치를 마련하였다고 보고 있다. 이러한 판례의 태도에 대해 이흔재 교수는, 대법원은 위와 같은 이론구성을 하여 **디지털 저장매체를 압수하거나 이미징 복사하여 수사기관에서 디지털 증거를 찾기 위해 탐색하는 일련의 과정을 '압수·수색영장 집행에 포함'되는 것으로 판단**하여 법상 압수수색영장 집행절차규정인 제121조(영장집행과 당사자의 참여), 제122조(영장집행과 참여권자에의 통지), 제129조(압수목록의 교부), 제133조(압수물의 환부, 가환부)가 적용되도록 한 것으로 해석하고 있다.

32) 준항고 인용결정에 대한 재항고.

제1 영장 부분(다수의견): 검사가 준항고인 이○○의 배임혐의와 관련하여 압수·수색 영장(제1 영장)을 발부받아 준항고인 회사 안에 있는 준항고인 이○○의 사무실을 압수·수색하였는데, 당시 저장매체에 유관정보와 무관정보가 혼재된 것으로 판단하여 준항고인 회사의 동의를 받아 저장매체를 수사기관 사무실로 반출하여 저장매체를 대검 디지털포렌식센터에서 피압수자 측의 참여 하에 저장매체에 저장된 전자정보파일 전부를 '이미징'의 방법으로 복제(제1 처분)하고, 저장매체를 준항고인 회사에 반환한 다음 피압수 측의 참여 없이 이미징한 복제본을 자신이 소지한 외장 하드디스크에 재복제(제2 처분)한 후 재복제한 하드디스크에서 유관정보를 탐색하면서 준항고인 회사의 별건 혐의와 관련된 정보 등 무관정보도 함께 출력(제3 처분)한 사안에서, 제1 처분은 위법하다고 볼 수 없지만 제2·3 처분이 가지는 위법의 중대성에 비추어 제1 영장에 기한 압수수색은 전체적으로 취소되어야 한다는 이유로 제1·2·3 처분 전체를 취소한 원심을 수긍한 사례임.

제2 영장 부분(전원일치): 검사가 위와 같이 재복제한 외장 하드디스크에서 유관정보를 탐색하던 중 우연히 준항고인 이○○의 별건 혐의와 관련된 전자정보를 발견하여 이를 같은 검찰청 소속 특수부 검사에게 이를 통보하여 특수부 검사가 별건 정보를 소명자료로 제출하여 별건 정보를 압수·수색할 수 있는 영장(제2 영장)을 발부받아 외장 하드디스크에서 별건 정보를 탐색·출력하는 방식으로 압수·수색하였는데 그 과정에서 준항고인 측에 참여권을 보장하지 않은 사안에서, 제2 영장 청구 당시 압수할 물건으로 삼은 정보는 검사가 임의로 재복제한 외장하드디스크에 저장된 정보로서 그 자체가 위법한 압수물이고 나아가 제2 영장에 기한 압수·수색 당시 준항고인 측에 참여할 기회도 보장하지 않은 만큼 제2 영장에 기한 압수·수색은 위법하다는 이유로 원심을 수긍한 사례임.

http://www.scourt.go.kr/supreme/news/NewsViewAction2.work?currentPage=1&searchWord=&searchOption=&seqnum=4904&gubun=4 대법원 홈페이지 주요판결 참조.

33) "현장의 사정이나 전자정보의 대량성으로 관련 정보 획득에 긴 시간이 소요되거나 전문 인력에 의한 기술적 조치가 필요한 경우 등 범위를 정해 출력 또는 복제하는 방법이 불가능하거나 압수의 목적을 달성하기에 현저히 곤란하다고 인정되는 때"

할 수 없다는 **원론적인 입장은 그대로 유지**하면서도,

다만 앞서 본 대법원 2011. 5. 26, 선고 2009모1190 결정은 해당 사건을 참여권 보장 등 압수·수색 대상 물건의 훼손이나 임의적 열람 등을 막기 위해 법령상 요구되는 상당한 조치가 이루어진 것으로 본 후, 다만 영장의 명시적 근거 없이 수사기관이 임의로 정한 시점 이후의 접근 파일 일체를 복사하는 방식으로 8,000여 개나 되는 파일을 복사한 영장집행은 원칙적으로 압수·수색영장이 허용한 범위를 벗어난 것으로서 위법하다고 볼 여지가 있다고 보면서도, 압수·수색 전 과정에 비추어 볼 때, 수사기관이 영장에 기재된 혐의사실 일시로부터 소급하여 일정 시점 이후의 파일들만 복사한 것은 나름대로 대상을 제한하려고 노력한 것으로 보이고, 당사자 측도 그 적합성에 대하여 묵시적으로 동의한 것으로 보는 것이 타당하므로, **위 영장 집행이 적법하다고 본 것과는 달리,**

해당 사건(대법원 2015. 7. 16, 선고 2011모1839 전원합의체 결정)에서는 저장매체 자체를 직접 반출하거나 복제본 형태로 이용하는 것이 허용되는 예외적인 경우에도 이를 수사기관 사무실 등에서 복제·탐색·출력하기 위해서는 피압수자나 그 변호인에게 참여의 기회를 보장하고 혐의사실과 무관한 전자정보의 임의적인 복제 등을 막기 위한 적절한 조치를 취하는 등 영장주의 원칙과 적법절차를 준수해야 하며, **이와 같은 예외적인 경우** 혐의사실과 관련된 전자정보 이외에 이와 **무관한 전자정보를 탐색·복제·출력하는 것은 원칙적으로 위법**한 압수수색이고, 다만 전자정보에 대한 압수수색이 종료되기 전 혐의사실과 관련된 전자정보를 **적법하게 탐색하는 과정에서 별도의 범죄혐의와 관련된 전자정보를 우연히 발견한 경우라면 더 이상 추가 탐색을 중단**하고 **법원으로부터 별도의 범죄혐의에 대한 압수수색 영장을 발부**받으면 그러한 정보에 대해서도 적법하게 압수수색을 할 수 있으나, 이 같은 경우에도 **별도의 압수수색 절차**는 최초의 압수수색 절차와 구별되는 별개의 새로운 절차로 봐야하기 때문에 **피압수자에게 참여권을 보장**하고 압수한 전자정보목록을 교부하는 등 피압수자의 이익을 보호하기 위한 적절한 조치가 이뤄져야 하는데도 불구하고, (이 사건에서 최초 압수수색 당시 검찰이 저장매체 자체를 압수한 것은 부득이한 사정이 있어 적법하지만) **이미징 과정과 별도 범죄 혐의와 관련된 전자정보를 출력한 일련의 행위들은 피압수자에게 계속적인 참여권을 보장하는 등의 조치가 이루어지지 않은 채 진행돼 압수수색 영장이 허용한 범위를 벗어나고 적법절차를 위반**한 것이어서 위법하다고 판단하여, 대법원 2011. 5. 26, 선고 2009모1190 결정과 달리 보았다.

이처럼 대법원의 변경된 견해에 따를 때, 이제 예외적으로 저장매체 자체를 반출하더라도 그 압수과정 뿐만 아니라 전자정보 복제·탐색·출력 과정에도 당연히 피압수자의 참여권이 보장되어야 하며, 탐색과정에서 별도의 범죄혐의 정보를 발견한 경우 탐색을 중단하고 별도의 압수수색 영장을 받아야 하지, 임의로

탐색을 계속하여 정보를 발견·복제하여서는 아니되고, 별도의 압수수색과정에도 계속하여 피압수자에게 참여권을 보장하여야만 적법한 압수가 된다고 할 것이다.

(3) 후자(後者)의 문제, 즉 저장매체 자체를 압수할 예외사정은 누구를 기준으로 판단해야 하는가?

법문만으로는 사건을 수사 중인 검사·수사관이 결정할 문제인지, 전자정보 압수·수색을 집행하는 검사·수사관이 결정할 문제인지 판단의 주체가 명확하지 않다.

이 점에 대해 디지털 증거 수집 및 분석 규정(대검예규 616호, 2012. 11. 6.) 제13조는 디지털증거의 압수·수색·검증을 원칙적으로 디지털 포렌식[34] 수사관 또는 대검찰청에서 실시한 디지털증거 압수·수색 실무교육을 받은 수사관이 하여야 한다고 명시하고 있지만, 디지털증거 압수·수색의 집행은 당해 사건의 성격과 내용 등을 잘 이해하고 있는 사건 담당 수사관에 의해 수행되는 것이 바람직할 것이다.

현재 실무상 위 규칙과 같이 사건의 내용을 모르는 디지털 포렌식 지식과 기술을 갖춘 전문 수사관에 의해 이루어지고 있지만,[35] 사건 담당 수사관이 우선권을 갖고 압수실무와 관련해 포렌식 수사관이 보조하는 방식이 타당할 것이다. 압수의 목적 면에서, 압수의 실효성 면에서 옳기 때문이다.

(4) 향후에는 디지털증거 압수·수색 집행실무에 적용함에 있어 제기되는 위와 같은 문제점들에 대해서도 세부적으로 명문화함으로써, 전자정보의 관련성 여부를 판단하기 위함 구체적 기준과 실효적 집행방법, 정보저장매체 압수를 허용할 예외 상황에 관한 판단 기준과 절차 등에 대해 의문이 없도록 해야 할 것이다.[36][37]

---

34) 참고로 디지털 포렌식의 일반적 절차는, ① 증거에 해당하는 정보 또는 기록 등을 수집하고 세분화하는 과정의 수행, ② 전자적으로 저장된 자료를 확인 후 변경되지 않도록 보존, ③ 디지털 자료를 추출·처리·판단하는 단계로, 분석용 도구를 이용하여 전자 자료를 분석하는 절차를 거치게 된다. 이와 같은 분석을 마친 후에 증거로 채택될 수 있고, 증거능력 확보를 위해 다음의 점을 유의해야 한다. ⓐ 디지털 증거원본은 절대적으로 보존하여 원본 사용을 통제하는 한편, 무결성을 증명하는 조치를 병행하여야 하고, ⓑ 신뢰성이 검증된 분석장비와 소프트웨어를 사용하고 공개된 알고리즘을 사용하여 증거가치를 확보해야 하고, ⓒ 증거분석의 모든 과정을 상세히 기록하여 사후검증을 대비해야 하며, ⓓ 증거수집 시에도 가급적 입회자를 확보하여 신뢰성을 확보해야 한다(탁희성/이상진, "디지털 증거분석도구에 의한 증거수집절차 및 증거능력확보방안", 「연구총서」 06-21, 한국형사정책연구원, 2006. 12, 44-52면 참조).

35) 독고지은, "디지털증거 압수, 수색에 대한 개정 법의 규제와 집행에 관한 연구-영장 집행시 제기되는 쟁점을 중심으로-", 「법조」 62권 5호, 법조협회, 2013, 223-224면. 같은 논문 260면에서는 포렌식 수사관이 예외적 집행사정의 판단을 하는 것이 적합하다는 견해를 제시하고 있다.

다. 디지털증거의 증거능력 부여요건[38)]

(1) 적법한 압수절차

우선, 법원의 적법한 영장을 발부받아야 하고, 영장의 집행과정도 당사자에게 참여권을 주고 인권침해를 최소화하는 등 일련의 적법한 절차를 준수하여야 한다. 또한 압수수색검증영장에 기재된 압수물의 범위를 초과하여 압수하는 것은 금지된다. 위배시 영장절차 위배에 따라 위법수집증거로 배척될 것이다.

(2) 무 결 성

(가) 디지털증거는 다른 증거와 달리 훼손, 변경이 용이한 특성으로 인하여 최초 증거가 저장된 매체에서 법정에 제출되기까지 변경이나 훼손이 없어야 한다(무결성, Authenticity). 보관의 연속성이라고도 한다. 디지털증거의 압수에서 법정에 제출되기까지의 일련의 과정에 주목하는 개념으로서, 구체적으로는 디지털증거에 대한 압수·수색 이후 증거로 현출되기까지 일련의 절차에서 그 증거가 변개, 훼손 등 인위적 개작이 없는 것을 의미한다.[39)]

(나) 무결성에 대한 입증여부는 압수·수색 영장의 집행이나 디지털증거의 복제, 분석절차 등에 참여한 수사관이나 디지털포렌식 전문가 등 관련자 진술, 봉인 내지 재봉인 상태에 대한 검증결과 등 제반사정을 종합하여 객관적이고 합리적으로 판단하면 충분하고, 반드시 압수·수색 전 과정을 촬영한 영상녹화물의 재생 등 검증절차가 필요한 것은 아니라고 할 것이다(즉, 수사기관은 형사소송법 제219조, 제120조

36) 독고지은, "디지털증거 압수, 수색에 대한 개정 법의 규제와 집행에 관한 연구－영장 집행시 제기되는 쟁점을 중심으로－", 「법조」 62권 5호, 법조협회, 2013, 211면.

37) 장상귀, "디지털증거의 증거능력에 관한 연구", 「법학실무연구회」 발표논문, 대검찰청, 2009. 5, 232-233면에서는 형사소송법 제106조 제3항 신설 전 수사실무관행에 대해 다음과 같이 소개하고 있다. "수사실무는 컴퓨터 하드디스크를 비롯한 저장매체 자체를 압수한 후 저장매체에 저장되어 있는 디지털증거를 인쇄하여 출력한 문건을 법원에 제출하거나 별도로 분석보고서를 작성한 후 이를 법원에 제출하고 있다."
위 내용을 보면, **제106조 개정 전에는 일단 저장매체 자체를 바로 압수하였다는 말이고, 이로 인해 과잉수사의 논란이 있자, 제106조 제3항에서 원칙적으로는 기억된 정보의 범위를 정하여 출력하거나 복제하여 제출받아야 하고 예외적으로만 저장매체 자체를 압수할 수 있도록 개정한 것이다. 이처럼 근원적 해결책은 항상 명시적 입법이다.**

38) 안경옥 교수는, 디지털 증거가 조작이 용이하기 때문에 증거로 사용하기 위해서는 근거법률에 엄격한 증거능력의 요건과 증거조사의 방법을 규정하는 것이 바람직하다며, **법률로 규정하는 경우에는 특별법보다는 형사소송법에 디지털 증거의 '정의'와 증거능력 등의 요건에 관련된 규정을 마련하는 것이 타당**하다고 보고 있다(안경옥, "[제12부] 형사재판절차에서 테크놀로지의 활용과 형사소송법적 문제점", 「연구총서」 04-05, 한국형사정책연구원, 2004. 12, 95면). 그렇다면, 이하 증거능력을 부여받기 위한 무결성, 동일성, 원본성, 신뢰성 등의 문제 및 전문법칙 적용 문제도 모두 형사소송법에 명문화하는 것이 타당할 것이다.

39) 서울고등법원 2013. 2. 8, 선고 2012노805 판결.

1항에 의하여 압수·수색 집행에 있어서 압수·수색 영장의 목적을 달성하기 위하여 필요한 최소한도에서 사회통념상 상당하다고 인정되는 방법으로 필요한 처분을 할 수 있는바, 수사기관이 압수·수색을 하면서 그 상황을 촬영하는 것은 위 필요한 처분에 해당하는 것일 뿐, 그 자체가 공소사실에 대한 증거가 되는 것이 아니고 증거로 제출된 것이 아닌 이상 반드시 압수·수색 과정을 촬영한 영상녹화물의 재생이 필요한 것은 아니라고 할 것이고, 따라서 특별한 사정이 없는 한 법정에서 영상녹화물의 재생이 없다는 사정만으로 곧바로 무결성의 입증이 부족하다고 단정할 수는 없다).[40)]

이러한 무결성은 디지털증거의 증거능력의 요건에 해당하므로 검사가 그 존재에 대하여 구체적으로 주장·입증하여야 하는 것이지만, 이는 소송상의 사실에 관한 것이므로 엄격한 증명을 요하지 아니하고 자유로운 증명으로 족하다.[41)]

(다) 현재 우리 수사기관은 디지털증거의 무결성을 증명하기 위하여, ① 하드디스크 등의 저장매체를 압수한 다음 피의자의 서명을 받아 봉인하고, ② 서명, 봉인과정을 비디오카메라로 녹화하며, ③ 피의자가 입회한 가운데 봉인을 풀고, 통합 포렌식 프로그램인 'Encase'를 이용하여 압수한 저장매체에 대한 이미지 파일을 생성한 후 별도의 저장장치에 이미지 파일을 저장한 다음, 이미지 파일을 이용하여 복구 등의 분석 작업을 실시하며, ④ 쓰기방지장치(Fastblock)를 압수한 저장매체에 연결한 상태에서 이미지 파일 생성작업을 실시하고, 이미지 파일에 대한 해쉬(Hash)값을 계산하여 피의자로 하여금 해쉬값이 기재된 서면에 서명, 날인케 하고, ⑤ **피의자가 재판과정에서 무결성을 부정하는 경우 압수한 저장장치의 해쉬값과 이미지 파일의 해쉬값을 비교**할 수 있도록 법원에 검증을 요구하고 있다.[42)]

디지털증거의 무결성을 확보하지 못하여 무죄판결이 선고된 창원지방법원 진주지원의 2005재고단3 사건에서, 법원은 「검찰에서는 피의자의 주거지에서 압수한 컴퓨터 하드디스크에서 명예훼손 내용을 기재한 한글 파일을 발견하고 이를 근거로 법원에 피의자를 명예훼손죄로 기소하여 제1심부터 제3심까지 모두 유죄판결이 있었으나, 파일의 최초 생성일자가 범죄일자 이후인 2002. 5. 7. 11:03:06 이라는 데이터복구전문업체의 감정결과로 재심이 청구되어 무죄가 선고되었고, 하드디스크만을 압수하는 경우에는 시스템 시간과 표준시간을 비교 확인하여 그 결과에 대한 확인서를 작성할 필요가 있고, 하드디스크 원본은 최초 압수 시점 상태로 보

40) 서울고등법원 2013. 2. 8, 선고 2012노805 판결.

41) 대법원 2001. 9. 4, 선고 2000도1743 판결.

42) 장상귀, "디지털증거의 증거능력에 관한 연구", 「법학실무연구회」 발표논문, 대검찰청, 2009. 5, 234-235면.

관, 유지하고 이미지 파일만으로 분석 작업을 실시하여야 함에도 원본 하드디스크로 분석 작업을 실시하여 증거 파일의 속성에 변화가 발생되었다」고 판시하여 해쉬값의 동일성이 얼마나 중요한지 보여주었다.[43)]

(3) 동 일 성

(가) 저장매체 원본이 압수되더라도 원본의 훼손 방지를 위하여 복제본 내지는 복제본에서 출력한 문건이 증거로 제출된 경우 원본과 복제본의 동일성, 복제본에 저장된 내용과 출력문건의 동일성 여부가 입증되어야 한다. 이와 같이 동일성은 원본과 복제본 혹은 출력물간, 또는 같은 저장매체의 압수·수색 당시와 증거로 제출될 때의 비교에 주목하는 개념이다.[44)]

(나) 동일성에 대한 입증은 기본적으로 원본과 복제본의 해쉬값[45)] 비교를 통하여 원본과 복제본의 동일성을 확인한 후 복제본과 출력문건의 동일성을 검증하는 방법 등으로 판단하면 될 것이나, 한편 위 동일성과 표리(表裏)의 관계에 있는 무결성(보관의 연속성)이 담보되는 한, 반드시 동일성 입증을 위하여 해쉬값을 비교 확인하는 절차가 요구된다고 할 수 없고, 법정에 제출된 원본과 출력문건을 직접 비교한 검증결과 등 제반사정을 종합하여 그 동일성 여부에 관하여 자유심증주의에 따라 객관적이고 합리적으로 판단하면 된다.[46)]

(다) 이러한 동일성은 디지털증거의 증거능력의 요건에 해당하므로 검사가 그 존재에 대하여 구체적으로 주장·입증하여야 하는 것이지만, 이는 소송상의 사실에 관한 것이므로 엄격한 증명을 요하지 아니하고 자유로운 증명으로 족하다.[47)] 따라서 반드시 법률상 증거능력 있고 적법한 증거조사를 거친 증거에 의하여야 하는 것은 아니다.

(4) 신 뢰 성

위와 같은 무결성, 동일성을 갖춘 경우라도 다음과 같이 신뢰성을 갖추어야 한다. 즉 디지털 저장매체 원본에 저장된 내용과 출력한 문건의 동일성이 인정되

---

43) 장상귀, "디지털증거의 증거능력에 관한 연구", 「법학실무연구회」 발표논문, 대검찰청, 2009. 5, 235면, 주24) 참조.

44) 서울고등법원 2013. 2. 8, 선고 2012노805 판결.

45) 해쉬값(Hash Value): 파일에 형성되는 일종의 디지털 지문(숫자와 영문 알파벳 32자 조합으로 이루어짐)으로 원본 데이터의 1bit만 바꾸어도 전혀 다른 값이 생기므로 이 값이 같으면 두 파일이 동일하다고 할 수 있다(서울고등법원 2013. 2. 8, 선고 2012노805 판결).

46) 서울고등법원 2013. 2. 8, 선고 2012노805 판결.

47) 대법원 2001. 9. 4, 선고 2000도1743 판결.

어야 하고, 이를 위해 디지털 저장매체 원본이 압수 시부터 문건 출력 시까지 변경되지 않았음이 담보되어야 할 뿐만 아니라, 특히 디지털 저장매체 원본을 대신하여 저장매체에 저장된 자료를 '하드카피' 또는 '이미징'한 매체 사이에 자료의 동일성이 인정되어야 하며, 이를 확인하는 과정에서 이용한 컴퓨터의 기계적 정확성, 프로그램의 신뢰성, 입력·처리·출력의 각 단계에서 조작자의 전문적인 기술능력과 정확성이 담보되어야 한다.[48)]

따라서 디지털증거를 수집, 분석하는데 사용되는 컴퓨터는 정확하고, 프로그램은 신뢰할 수 있어야 한다(신뢰성, Reliability). 우리나라 수사기관은 통합 포렌식 프로그램으로 미국에서 신뢰성이 입증된 'Encase'를 사용하고 있는데, 아직까지 재판과정에서 프로그램의 신뢰성이 문제된 사례는 없다고 한다. 현재 대검찰청에서는 국내의 (주)파이널데이터에 의뢰하여 'DEAS'라는 통합 포렌식 프로그램을 개발하여 일선청에 배포하였고, 통상 'Encase'를 이용하여 이미지 파일을 생성한 후 'DEAS'를 이용하여 그 이미지 파일을 분석(파일 복구 작업 등)하고 있다.[49)]

(5) 원본성 문제

디지털증거는 그 자체로는 가시성, 가독성이 없으므로 가시성 있는 인쇄물로 출력하여 법원에 제출하여야 하는데(원본성 문제, The problem of Best Evidence), 현행 형사소송법은 미국과 같이 최량증거원칙[50)]을 채택하지 않고 있으므로 디지털증거의 원본성에 대해 다툴 실익이 없어, 결국 압수한 하드디스크 등 저장매체의 원본에 저장된 내용과 출력한 문건이 동일한지 여부가 문제될 뿐이다. 대법원도 "압수물인 디지털 저장매체로부터 출력한 물건을 증거로 사용하기 위해서는 디지털 저장매체 원본에 저장된 내용과 출력한 문건의 동일성이 인정되어야 한다"고 판시[51)]하

---

48) 대법원 2007. 12. 13, 선고 2007도7257 판결.

49) 장상귀, "디지털증거의 증거능력에 관한 연구", 「법학실무연구회」 발표논문, 대검찰청, 2009. 5, 236면, 주27) 참조.

50) 장상귀, "디지털증거의 증거능력에 관한 연구", 「법학실무연구회」 발표논문, 대검찰청, 2009. 5, 236-237면에서는 미국의 최량증거원칙에 대해 다음과 같이 소개하고 있다. 「미국에서는 '서면, 녹음, 사진의 내용을 증명하기 위해 다른 법률에 의하지 아니하고는 원본에 의하여 입증되어야 한다'는 최량증거원칙(The Best Evidence Rule)이 확립되어 있다. 다만, 미국 연방증거규칙 제1001조 제3호에서는 "데이터가 컴퓨터 또는 동종의 기억장치에 축적되어 있는 경우에는 가시성을 가지도록 작출한 출력인쇄물 또는 산출물로서 데이터의 내용을 정확히 반영하고 있다고 인정되는 것은 원본으로 한다(If data are stored in a computer or similar device, any printout or other output readable by sight, shown to reflect the data accurately, is a original)"고 규정하고 있어 디지털증거를 출력한 인쇄물의 원본성을 인정하고 있다.」

51) 대법원 2007. 12. 13, 선고 2007도7257 판결.

여 같은 입장을 취하고 있다.

(6) 전문법칙 적용여부

(가) 디지털 저장매체에 저장된 문건 또는 그로부터 출력된 문건이 진술증거로 사용되는 경우 '그 기재내용의 진실성'에 관하여는 전문법칙이 적용되므로, 원칙적으로 형사소송법 제313조 제1항에 의하여 그 작성자 또는 진술자의 진술에 의하여 그 성립의 진정함이 증명된 때에 한하여 이를 증거로 사용할 수 있다.[52)53)]

(나) 다만 전자문서로 작성된 디지털증거가 진술증거라 하더라도 전문증거에 해당하는지 여부는 요증사실과의 관계에 의하여 결정되는 상대적 개념이므로, 그러한 디지털증거의 존재 또는 기재내용 자체가 요증사실이 되는 경우가 아니라 **디지털증거에 포함된 그 기재내용의 진실성이 문제되는 경우에 전문법칙이 적용**된다고 할 것이다.[54)] 따라서 이적표현물 소지와 같이 디지털 저장매체에 담긴 문건 내지는 그로부터 출력된 문건 내용의 진실성이 아닌 그러한 내용의 문건의 존재 그 자체가 직접 증거로 되는 경우이거나,[55)] 위와 같은 문건의 기재내용 자체가 요증사실의 구성요소를 이루는 경우,[56)] 또는 그 기재내용의 진실성과 관계없는 간접사실에 대한 정황증거로 사용되는 경우[57)]에는 전문증거라고 볼 수 없으므로 전문법칙이 적용되지 않는다.[58)]

(다) 전문법칙이 적용되는 증거의 경우 디지털증거의 형식적 진정성립을 위해 작성자의 서명·날인을 요구할 수 있는가 하는 의문이 있다.

디지털증거의 출력물은 작성자의 자필을 기대할 수 없고, 또 그 서명 또는 날인을 생각하기 쉽지 않은 증거물이다. 따라서 대법원은 비슷한 성격을 가진 녹음테이프의 경우 작성자나 진술자의 서명 또는 날인이 없어도 녹음테이프의 증거능력을 인정할 수 있다고 보았고,[59)] 나아가 디지털증거에 대하여도 "압수된 디지털

---

52) 同旨 안경옥, "[제12부] 형사재판절차에서 테크놀로지의 활용과 형사소송법적 문제점", 「연구총서」 04-05, 한국형사정책연구원, 2004. 12, 94면. 안경옥 교수는 컴퓨터에 저장된 정보나 이를 출력한 서면은 기계적으로 기록·처리된 것이라고 하더라도 사람에 의해 제공된 정보를 입력, 저장, 출력한 것이므로 전문법칙의 적용을 받는 진술증거로 보고 있다.

53) 대법원 1999. 9. 3, 선고 99도2317 판결; 대법원 2013. 1. 10, 선고 2010도3440 판결.

54) 서울고등법원 2013. 2. 8, 선고 2012노805 판결.

55) 대법원 1999. 9. 3, 선고 99도2317 판결.

56) 대법원 2008. 9. 25, 선고, 2008도5347 판결.

57) 대법원 2000. 2. 25, 선고, 99도1252 판결.

58) 서울고등법원 2013. 2. 8, 선고 2012노805 판결.

59) 대법원 2008. 3. 13, 선고 2007도10804 판결. 「피고인과 피해자 사이의 대화내용에 관한 녹취서가 공소사실의 증거로 제출되어 그 녹취서의 기재내용과 녹음테이프의 녹음내용이 동일한지 여부에 관하여 법원이 검증을 실시한 경우에 증거자료가 되는 것은 녹음테이프에 녹음된 대화내용 그 자

저장매체로부터 출력한 문건을 진술증거로 사용하는 경우, 그 기재 내용의 진실성에 관하여는 전문법칙이 적용되므로 형사소송법 제313조 제1항에 따라 그 작성자 또는 진술자의 **진술**에 의하여 그 **성립의 진정**함이 증명된 때에 한하여 이를 증거로 사용할 수 있다(대법원 2007. 12. 13, 선고 2007도7257 판결)"고 판시하여 작성자의 서명·날인을 요하지 않고 있다.[60]

체이고, 그 중 피고인의 진술내용은 실질적으로 형사소송법 제311조, 제312조의 규정 이외에 피고인의 진술을 기재한 서류와 다름없어 피고인이 그 녹음테이프를 증거로 할 수 있음에 동의하지 않은 이상 그 녹음테이프 검증조서의 기재 중 피고인의 진술내용을 증거로 사용하기 위해서는 형사소송법 제313조 제1항 단서에 따라 공판준비 또는 공판기일에서 그 작성자인 피해자의 진술에 의하여 녹음테이프에 녹음된 피고인의 진술내용이 피고인이 진술한 대로 녹음된 것임이 증명되고 나아가 그 진술이 특히 신빙할 수 있는 상태 하에서 행하여진 것임이 인정되어야 하고, 녹음테이프는 그 성질상 작성자나 진술자의 서명 혹은 날인이 없을 뿐만 아니라, 녹음자의 의도나 특정한 기술에 의하여 그 내용이 편집, 조작될 위험성이 있음을 고려하여, 그 대화내용을 녹음한 원본이거나 혹은 원본으로부터 복사한 사본일 경우에는 복사과정에서 편집되는 등의 인위적 개작 없이 원본의 내용 그대로 복사된 사본임이 입증되어야만 하고, 그러한 입증이 없는 경우에는 쉽게 그 증거능력을 인정할 수 없다.」

60) 이에 대하여 장상귀, "디지털증거의 증거능력에 관한 연구", 「법학실무연구회」 발표논문, 대검찰청, 2009. 5, 240-242면에서는 **녹음테이프를 증거로 제출하는 것과 디지털증거는 다르므로 녹음테이프의 이론을 그대로 적용해서는 안 된다고 주장**한다. 즉 디지털증거의 법정 제출 증거물은 저장매체가 아니라 출력한 문건, 즉 서류로 제출하는 것이어서 녹음테이프를 제출하는 것과 제출 증거물에서 차이가 있다는 것이다. 따라서 대법원이 형식적 진정성립과 실질적 진정성립을 별개로 보고, 형식적 진정성립을 위하여 서명·날인이 필요하다고 보고 있는 점(대법원 2004. 12. 16, 선고 2002도537 판결), 형사소송법 제313조 제1항 본문에서 작성자 또는 진술자의 자필 또는 서명·날인을 요구하고 있는 점, 전문증거는 가급적 엄격히 해석해야 하는 점을 토대로 위 녹음테이프의 이론을 디지털증거에도 유추하는 것은 유추해석금지원칙의 범위를 넘는 것이어서 타당하지 않다는 것이다. 이 견해는 디지털증거의 진정성립 문제를 위해 전자서명, 아이디와 패스워드의 일치 및 IP주소의 확인 등 기술적 방법으로 디지털증거의 작성자를 특정할 수 있는 경우에는 예외적으로 진정성립을 인정하면 될 것이며, 종국적으로는 입법으로 해결하는 것이 바람직하다고 보고 있다; 안경옥, "[제12부] 형사재판절차에서 테크놀로지의 활용과 형사소송법적 문제점", 「연구총서」 04-05, 한국형사정책연구원, 2004. 12, 188면. **종국적으로 제313조의 '서명 또는 날인'을 디지털시대에 걸맞게 보충하여야 한다고 보는 같은 견해**로는 김성룡, "형사절차에서 전자적 증거의 원본성과 의미와 기능", 「IT와 법 연구」 제7집, 경북대학교 IT와 법 연구소, 2013. 2, 223면, 225면.

참고로 녹음테이프와 디지털증거의 차이에 대한 장상귀 변호사의 표는 생소한 디지털증거에 대한 이해를 돕는데 도움이 될 수 있어 소개한다(위 논문 240-242면).

구 분	녹음테이프	디지털 증거
저장방식	아날로그 방식	디지털 방식
제출 증거물	1. 녹음테이프 2. 녹취서	출력 문건(서류)
증거조사 방식	녹음테이프 검증실시	저장매체 검증실시
증거조사 결과	녹음테이프 녹음내용과 녹취서 내용이 일치한다는 취지의 검증조서 작성 후, 녹취서를 검증조서에 편철	저장매체에 저장된 파일과 그 출력 문건의 내용이 일치한다는 취지의 검증조서 작성 후, 출력문건을 검증조서에 편철

(라) 한편, 컴퓨터가 작동되면서 자동적으로 기록·저장되는 디지털증거로 시스템 로그파일, 인터넷 웹 히스토리 파일 등은 사람의 사상이나 감정이 가감되지 않고, 자동적으로 생성·기록되는 자료이므로 이러한 디지털증거 자체가 증거로 제출되는 경우에는 전문법칙이 적용되지 않고,[61] 무결성과 신뢰성이 인정된다면 증거능력이 인정된다고 할 것이다. 이 경우 형사소송법 제315조 제2호 내지 제3호[62]에 의해 당연히 증거능력이 있다.[63] 따라서 통신서비스업체에서 회신하는 통신사실확인자료(서버에 저장되어 있는 접속 로그인 일시, 아이피 등의 자료의 출력물) 역시 제315조 제2호에 의하여 당연히 증거능력이 있다.[64]

4. 소 결

현대인의 절대 다수가 컴퓨터 또는 스마트폰을 이용하여 통신기록, 금융내역을 비롯한 다수의 증거를 양산하며 생활하고 있으며, 특히 컴퓨터는 저장매체의 기능, 문서작업 기능을 넘어서서 인터넷을 통해 전 세계와 접속·검색·업로드·다운로드·스크랩·게시 기능을 하고 있어 실로 한 개인의 행보를 고스란히 담고 있다고 해도 과언이 아니다. 따라서 우발적 범행을 제외한 사전 계획범죄는 대부분 흔적을 남기기 마련이며, 컴퓨터나 스마트폰에 혐의를 입증할 증거가 남기 마련이다.

그렇다면, 이제 수사기관은 무리하게 진술증거를 확보하기 위해 임의성을 억압하고, 조서작성방식을 위배하거나, 반복·밤샘 조사를 통해 인권을 침해할 필요

전문증거여부	전문증거	요증사실과 관련 검토필요
증거설시방법	1. 녹음테이프의 진술기재 2. 검증조서의 진술기재	문건의 진술기재

61) 안경옥, "[제12부] 형사재판절차에서 테크놀로지의 활용과 형사소송법적 문제점", 「연구총서」 04-05, 한국형사정책연구원, 2004. 12, 94면.

62) 제315조(당연히 증거능력이 있는 서류) 다음에 게기한 서류는 증거로 할 수 있다.
1. 가족관계기록사항에 관한 증명서, 공정증서등본 기타 공무원 또는 외국공무원의 직무상 증명할 수 있는 사항에 관하여 작성한 문서
2. 상업장부, 항해일지 기타 업무상 필요로 작성한 통상문서
3. 기타 특히 신용할 만한 정황에 의하여 작성된 문서

63) 안경옥 교수는, 컴퓨터 등에 저장된 기록이 그것을 출력한 서면과 일체로 볼 수 있다면 형사소송법 제315조를 적용할 수 있다고 보고 있으나, 다만 이러한 전자증거도 조작, 변경될 위험성이 있으므로 컴퓨터에 저장된 내용이 입력이나 저장, 출력의 과정 중에서 변경되거나 조작되지 않았으며 컴퓨터에 저장된 내용과 출력된 내용이 동일하다는 것을 요구하고 있다(안경옥, "[제12부] 형사재판절차에서 테크놀로지의 활용과 형사소송법적 문제점", 「연구총서」 04-05, 한국형사정책연구원, 2004. 12, 188-189면 참조).

64) 장상귀, "디지털증거의 증거능력에 관한 연구", 「법학실무연구회」 발표논문, 대검찰청, 2009. 5, 244면.

가 없어졌다. 과학수사로서의 디지털증거에 대한 수집·제출의 노력을 기울임으로써 효과적인 증거수집이 가능해졌기 때문이다.

미국에서는 'PERSON OF INTEREST'라는 드라마가 SEASON 1, SEASON 2로 제작·방영되어 2012~2013년 연속 시청률 1위를 기록했는데,[65] 이 드라마의 소재는 모든 개인의 정보(전산화된 또는 디지털화된)를 보는 정부의 프로그램이 있어 범죄 발생 전 사전에 차단한다는 꿈같은 이야기이다. 비록 현대 과학이 그 정도로까지 발전되지는 않았다 하더라도 지나간 행적을 추적하여 법정에 증거로 제출하는 것은 충분히 가능하고, 분명히 과거에 비하면 발전된 과학수사의 면모라 할 것이다. 장래 대법원 2007. 12. 13, 선고 2007도7257 판결[66]이 제시한 디지털증거의 증거

65) 현재 시즌 5가 인기리에 방영 중이다.

66) 대법원 2007. 12. 13, 선고 2007도7257 판결.「…(전략) 다. **압수물인 디지털 저장매체로부터 출력된 문건의 증거능력에 대하여**(이 점에 대한 검사의 상고이유를 함께 판단한다) (1) 압수물인 디지털 저장매체로부터 출력된 문건이 증거로 사용되기 위해서는 디지털 저장매체 원본에 저장된 내용과 출력된 문건의 동일성이 인정되어야 할 것인데, 그 동일성을 인정하기 위해서는 디지털 저장매체 원본이 압수된 이후 문건 출력에 이르기까지 변경되지 않았음이 담보되어야 하고 특히 디지털 저장매체 원본에 변화가 일어나는 것을 방지하기 위해 디지털 저장매체 원본을 대신하여 디지털 저장매체에 저장된 자료를 '하드카피'·'이미징'한 매체로부터 문건이 출력된 경우에는 디지털 저장매체 원본과 '하드카피'·'이미징'한 매체 사이에 자료의 동일성도 인정되어야 한다. 나아가 법원 감정을 통해 디지털 저장매체 원본 혹은 '하드카피'·'이미징'한 매체에 저장된 내용과 출력된 문건의 동일성을 확인하는 과정에서 이용된 컴퓨터의 기계적 정확성, 프로그램의 신뢰성, 입력·처리·출력의 각 단계에서 조작자의 전문적인 기술능력과 정확성이 담보되어야 한다. 그리고 압수된 디지털 저장매체로부터 출력된 문건이 진술증거로 사용되는 경우에는 그 기재 내용의 진실성에 관하여 전문법칙이 적용되므로, 형사소송법 제313조 제1항에 의하여 그 작성자 또는 진술자의 진술에 의하여 그 성립의 진정함이 증명된 때에 한하여 이를 증거로 사용할 수 있다(대법원 1999. 9. 3, 선고 99도2317 판결 참조). (2) 기록에 의하여 살펴보면, 국가정보원에서 피고인들 혹은 가족, 직원이 입회한 상태에서 원심 판시 각 디지털 저장매체를 압수한 다음 입회자의 서명을 받아 봉인하였고, 국가정보원에서 각 디지털 저장매체에 저장된 자료를 조사할 때 피고인들 입회하에 피고인들의 서명무인을 받아 봉인 상태 확인, 봉인 해제, 재봉인하였으며, 이러한 전 과정을 모두 녹화한 사실, 각 디지털 저장매체가 봉인된 상태에서 서울중앙지방검찰청에 송치된 후 피고인들이 입회한 상태에서 봉인을 풀고 세계적으로 인정받는 프로그램을 이용하여 이미징 작업을 하였는데, 디지털 저장매체 원본의 해쉬(Hash) 값과 이미징 작업을 통해 생성된 파일의 해쉬 값이 동일한 사실, 제1심법원은 피고인들 및 검사, 변호인이 모두 참여한 가운데 검증을 실시하여 이미징 작업을 통해 생성된 파일의 내용과 출력된 문건에 기재된 내용이 동일함을 확인한 사실을 알 수 있는바, **그렇다면 출력된 문건은 압수된 디지털 저장매체 원본에 저장되었던 내용과 동일한 것으로 인정할 수 있어 증거로 사용할 수 있고, 같은 취지의 원심의 판단은 정당하다.** (3) 원심은 나아가, 검사가 디지털 저장매체에서 출력하여 증거로 제출한 문건 중에서 판시 53개의 문건은 그 작성자가 제1심에서 그 성립의 진정함을 인정하였으므로 이를 증거로 할 수 있으나, 그 밖의 문건은 그 작성자에 의하여 성립의 진정함이 증명되지 않았거나 작성자가 불분명하다는 이유로 그 문건의 내용을 증거로 사용할 수 없다고 판단하였는바, 위 법리와 기록에 비추어 보면 원심의 이러한 판단은 정당하고, 그 판단에 피고인들과 검사가 상고이유로 주장하는 증거법칙 위배나 판단유탈 등의 위법이 없다. 그리고 이 사건 디지털 저장매체로부터 출력된 문건의 경우 논지와 같은 정황자료만으로 진정 성립을 인정할 수 있다거나 형사소송법 제314조, 제315조에 의하여 증거능력이 부여되어야 한다는 검사의 상고이유 주장은, 위에서 본 법리에 배치되거나 형사소송법 제314조,

능력 부여요건을 충족한 과학수사의 결과물이 법정에 자주 제출되어 검사도 피고인도 승복할 수 있는 재판이 되길 기대한다.

향후 입법론으로는, 증거능력을 부여받기 위한 무결성, 동일성, 원본성, 신뢰성 등의 문제 및 전문법칙 적용 문제도 장차 모두 형사소송법에 명문화하는 것이 타당하고,[67] 형사소송법 제313조,[68] 제315조[69]를 명확하게 개정하여 증거능력 획득과정의 합리성을 확보하는 것이 바람직할 것이다. 또 증거분석과정에 대한 시간적 제약을 별도로 부과하고 있지 않으므로 증거분석기간의 제한규정을 두는 것,[70] 압수물 반환에 대한 기간제한을 부과하는 것,[71] 증거분석방법에 대한 일응의 기준을 두는 것[72]을 함께 입법론으로 제시해 본다.[73]

제315조의 요건을 오해한 주장으로 받아들일 수 없다.」

67) 同旨 탁희성/이상진, "디지털 증거분석도구에 의한 증거수집절차 및 증거능력확보방안", 「연구총서」 06-21, 한국형사정책연구원, 2006. 12, 233-235면; 안경옥, "[제12부] 형사재판절차에서 테크놀로지의 활용과 형사소송법적 문제점", 「연구총서」 04-05, 한국형사정책연구원, 2004. 12, 95면, 194-195면.

68) 예컨대, 형사소송법 제313조 제3항을 「압수된 디지털 저장매체에 저장된 파일 중 피고인 또는 피고인 아닌 자의 진술을 내용으로 하는 것을 출력한 문건은 그 파일이 기술적인 방법(또는 기타 객관적 방법)에 의하여 피고인 또는 피고인 아닌 자가 작성한 것임이 증명된 때에는 증거로 할 수 있다」로 개정할 수 있을 것이다(장상귀, "디지털증거의 증거능력에 관한 연구", 「법학실무연구회」 발표논문, 대검찰청, 2009. 5, 242면 참조).

69) 예컨대, 제315조(당연히 증거능력 있는 서류)를 「다음에 게기한 서류는 증거로 할 수 있다. 1. 가족관계기록사항에 관한 증명서, 공정증서등본 기타 공무원 또는 외국공무원의 직무상 증명할 수 있는 사항에 관하여 작성한 문서 또는 전자적 기록, 2. 상업장부, 항해일지 기타 업무상 필요로 작성한 통상문서 또는 전자적 기록, 3. 기타 특히 신용할 만한 정황에 의하여 작성된 문서 또는 전자적 기록」로 개정할 수 있을 것이다(장상귀, "디지털증거의 증거능력에 관한 연구", 「법학실무연구회」 발표논문, 대검찰청, 2009. 5, 243면 참조. 이 견해는 현재 디지털증거는 거의 대부분 가시성 확보를 위해 출력된 인쇄물 형태로 법원에 제출되므로 디지털증거 자체가 현행 형사소송법 제315호에 포섭될 수 있는지 다툴 실익은 크지 않으나, **앞으로 도래할 전자재판 시대에 전자적 기록 자체가 증거로 사용될 것에 대비하여 위와 같이 각 호를 보충할 필요**가 있다고 보고 있다); 탁희성/이상진, "디지털 증거분석도구에 의한 증거수집절차 및 증거능력확보방안", 「연구총서」 06-21, 한국형사정책연구원, 2006. 12, 229-230면에서도, 미국 연방의 새 증거법 제1001조 (1)의 기록의 정의에서 "수기, 타자, 인쇄, 마그네틱 임펄스, 기계적·전자적 기록 기타 데이터 편집"을 포함하는 것으로 규정한 것처럼, 우리 형사소송법도 제315조에서 디지털 데이터를 포함할 수 있는 문구로 수정할 필요가 있다고 입법론적 제언을 하고 있다.

70) 현행 형사소송법에는 압수·수색영장의 발부연월일, 유효기간 만을 기재하도록 요구할 뿐, 별도의 증거분석과정에 대한 시간적 제약을 부과하고 있지 않다(법 제114조, 제219조).

71) 현행 형사소송법은 압수물환부·가환부의 요건과 방식에 대하여만 규정하고 있을 뿐, 압수물반환에 대한 어떠한 기간제한도 부과하고 있지 않다(법 제133조, 제218조의2).

72) 현행 형사소송규칙 제107조는 압수·수색영장청구서에 증거분석방법을 기재하도록 요구하고 있지 않다.

73) 조성훈, "디지털증거와 영장주의: 증거분석과정에 대한 규제를 중심으로", 「형사정책연구」 제24권 제3호(통권 제95호), 한국형사연구원, 2013, 136-144면 참조.

제2절 영상녹화의 활성화

1. 영상녹화물의 의의

2007년 개정 형사소송법은 과학기술의 발전을 반영하고 수사과정의 신뢰성을 제고하기 위하여 영상녹화물에 관한 일련의 규정을 마련하였다. 개정 형사소송법이 새로이 규정한 영상녹화물은 수사기관이 피의자를 신문하는 과정에서 또는 참고인의 진술을 청취하는 과정에서 그 진술을 영상녹화하여 기록해 놓은 것을 말한다.[1)]

피의자신문의 경우에 영상녹화는 수사기관의 재량에 의하지만(법 제244조의2 제1항) 참고인진술청취의 경우에는 참고인의 동의를 얻지 않으면 영상녹화를 할 수 없다(법 제221조 제1항). 형사소송법은 수사기관이 피의자나 참고인의 진술을 영상녹화하여 기록해 놓은 것을 '영상녹화물'이라고 표현하고 있다. 따라서 수사기관 이외의 사람이 본인이나 다른 사람의 진술을 영상녹화해 놓은 기록물은 영상녹화물에 해당하지 않는다. 형사소송법은 이러한 경우를 가리켜서 별도로 '비디오테이프'라는 표현을 사용하고 있다(법 제292조의3).[2)]

2. 영상녹화물의 장 · 단점

장점으로는, 실체적 진실발견에 유용,[3)] 사건관계인의 인권보호에 기여, 수사의 효율성 확보, 피의자진술의 임의성 유무 등에 관한 사후확인가능성, 수사기관의 선진화 및 형사절차 전반의 구조적 변화를 초래[4)]할 수 있다.[5)]

---

1) 신동운, 신형사소송법, 법문사, 2008, 974면; 신동운, 간추린 신형사소송법, 제5판, 법문사, 2013, 402-403면.

2) 신동운, 신형사소송법, 법문사, 2008, 974면; 신동운, 간추린 신형사소송법, 제5판, 법문사, 2013, 403면.

3) 종래 조서에 의한 수사는 근본적으로 조서작성시의 오류개입과 협박 내지 강압에 의한 허위기재의 가능성을 내포하고 있는데, 피의자신문시 영상녹화를 한다면 수사기관의 의도로 진술자의 진술내용을 왜곡할 수 있는 가능성을 방지할 수 있을 뿐만 아니라, 초동수사시 확보할 수 있는 실체적 진실에 근접한 최초진술의 증거가치를 확보할 수 있다(정웅석, "피의자신문의 영상녹화에 관한 연구", 「법조」 57권 10호, 법조협회, 2008. 10, 4면).

4) 피의자의 자백을 얻어내기 위한 윽박지르기나 회유 등은 녹화라는 물리적 환경에서 제약받을 수 밖에 없다. 그리고 수사과정의 공정성과 신뢰성을 제고하고 전자조사실 · 전자법정 등 현대 정보화

단점으로는, 소송지연 및 공판중심주의의 형해화, 조작의 위험,[6)7)] 법관에 대한 올바른 심증형성을 방해할 위험성, 사실상 진술거부권 형해화, 수사기관의 본증화 시도, 조서의 사실상 대체화로 조서작성방식 위배사례 속출, 소위 'chilling effect'의 가능성[8)] 등을 들 수 있다.

3. 도입 배경

영상녹화물에 관한 규정의 신설은 대법원 전원합의체 판례와 관련이 깊다. 대법원은 2004년의 판례변경을 통하여 검사작성 피의자신문조서에 대해 형식적 진정성립으로부터 실질적 진정성립을 추정하지 아니하고 피고인이 법관 면전에서 실질적 진정성립을 인정하는 진술을 하여야만 그 조서의 진정성립이 인정되는 것으

사회에 적합한 형사사법제도의 운영을 위해 획기적인 전기도 마련될 수 있다(정웅석, "피의자신문의 영상녹화에 관한 연구", 「법조」 57권 10호, 법조협회, 2008. 10, 5면).

5) 미국 수사기관 종사자들은 다음과 같은 장점을 지적하였다고 한다. 1. 피의자의 행동징후를 분석하는 데 도움, 2. 피의자의 부인과 진술의 비일관성을 기록, 3. 수사관들의 조사나 신문기법을 향상, 4. 미란다 권리의 고지사실과 피의자의 미란다 권리 포기사실을 기록, 5. 신문 중 피의자의 표정을 기록, 6. 수사관들의 기억을 환기시켜 재판에서의 증언에 대비, 7. 자백의 자발성을 기록한다는 내용이다{법무부, "우리나라 형사사법제도 이렇게 바뀝니다(선진형사사법제도 입법관련 Q&A).", 2010. 10, 69면 참조}.

6) 영상녹화물 자체가 가지는 편견 제공의 우려, 촬영자나 편집자의 일방적인 영향력 및 촬영이나 편집기법에 따른 조장의 가능성이 상존하고 더욱이 피의자가 경찰이나 검찰청에 입장한 후 조사가 개시되기 직전까지 사이 또는 조사 종료 직후 다음 조사 일까지 사이에 전화나 기타 다른 방법으로 피의자에게 가해진 회유·협박·강박 등 그 진술의 임의성을 침해할 수 있는 상황이 전혀 테이프에 기록될 수 없는 본질적인 한계가 있다(서보학, "피의자진술의 비디오녹화 도입에 따른 법정책적 검토 및 재판상 증거능력", 「수사연구」, 수사연구사, 2004. 4. 26면).

7) 이에 대한 법무부의 입장을 보면, 현행 형사소송법상 영상녹화제도는 조사의 개시부터 종료까지의 전 과정 및 객관적 정황을 모두 녹화하도록 하고 있으며(법 제244조의2), 검사 또는 수사관이 영상녹화를 종료한 때에는 그 내용이 저장된 영상녹화물(CD, DVD 등) 2개를 제작하여 사건번호, 죄명, 피의자 등의 성명이 기재된 라벨지를 그 표면에 부착한 후, 피의자 등의 기명날인 또는 서명을 받고, 영상녹화물 1개는 피의자 등 또는 변호인 앞에서 봉인한 후, 봉인한 봉투 겉면에 피의자 등의 기명날인 또는 서명을 받아 기록과 별도로 보관하고, 나머지 1개는 봉인 없이 기록에 첨부하여 수사 등에 활용하게 되며(영상녹화 업무처리 지침 제9조 제1항 및 제2항), 생성된 영상녹화물에 대한 편집이나 내용변경은 엄격히 금지되며(동지침 제9조 제4항), 검사는 수사 중 기록에 첨부된 영상녹화물의 위·변조 주장 등 특별한 사정이 있는 경우에 한하여 해당 피의자 등 또는 변호인의 참석 하에 봉인된 영상녹화물을 개봉할 수 있을 뿐이어서(동 지침 제15조 제1항), 봉인된 영상녹화물이 조작될 가능성은 거의 없다고 반박하고 있다. 또 현재 과학기술의 발달로 설사 영상녹화물이 조작되는 경우가 발생하더라도 그 조작 여부까지도 쉽게 판별할 수 있으므로 영상녹화물의 조작 가능성에 대한 우려는 기우에 불과하다고 본다{법무부, "우리나라 형사사법제도 이렇게 바뀝니다(선진형사사법제도 입법관련 Q&A).", 2010. 10, 74면 참조}.

8) 진술의 녹음·녹화 시실을 알고 있는 피의자로 하여금 얼어붙게 만들어서 침묵을 선택하도록 하는 효과를 말한다(하태훈, "미국 수사과정 영상녹화제도와 영상녹화테이프의 증거능력", 「비교형사법연구」 8권 1호, 한국비교형사법학회, 2006, 457-458면).

로 판단하였고,[9] 이를 통하여 검사작성 피의자신문조서의 진정성립 요건을 크게 강화하였다.[10]

이러한 판례의 태도변화와 관련하여 검찰실무에서는 실질적 진정성립의 증명과 관련하여 검사 면전의 피의자신문과정을 영상녹화하여 이를 증거로 제출하는 방법이 모색되었고, 심지어 조서의 작성이라는 번거로움을 배제하고 처음부터 검사 면전의 피의자신문 내용을 영상으로 녹화하여 그 영상녹화물만을 증거로 제출하자는 제안도 나오게 되었다.[11]

엄격한 절차를 거쳐 작성된 조서임에도 불구하고 우월한 신뢰도를 부여하기는커녕 불신의 대상으로 삼아 증거적 기능도 인정하지 않는 상황이라면 더 이상 조서를 작성할 필요가 없는 것이고, 오히려 다른 입증수단을 찾는 것이 합리적인 선택일 것이어서 검사가 피의자를 신문하면서 조서를 작성치 않고 그 진술을 기록하는 방법으로 영상녹화물을 선택하는 것은 그러한 진술이 있었음을 입증하는데 있어서 조서보다 더 확실하고 우수한 입증수단을 선택하는 것이므로 법원이 이를 탓할 이유가 없고, 형사소송법은 수사절차에서 어떠한 진술이 행해졌음을 입증하는 수단으로서 조서, 진술서 등 서면뿐만 아니라 녹음테이프 등 다양한 수단을 등장시키고 있으므로 증거제출의 권한과 책임을 부담하는 검사는 그 다양한 방법 중에서 구체적 사건에 따라 영상녹화물 등 가장 적절하다고 생각하는 방법을 선택하면 되는 것이고 그 선택에 의하여 입증이 효과적으로 되지 않았다면 책임도 검사가 지면된다는 주장이었다.[12]

이러한 움직임에 대해 찬반양론이 대립하던 중 2007년 개정 형사소송법은 절충적 관점에서 해결책을 제시한 것으로 평가되고 있다.[13] 따라서 우리나라의 영상녹화물 규정 입법은 투명한 수사와 이로 인한 인권보장을 목적으로 입법된 외국의 경우와는 다른 입법배경을 가졌다고 볼 수 있다.

입법경과를 보면, 사법개혁추진위원회의 2005. 4. 23. 최초 안에는 수사기관에서 작성된 피의자신문조서, 참고인진술조서 및 진술서 등에 대하여 모두 원칙적으로 피고인 또는 변호인이 그 내용을 인정하거나 증거사용에 동의한 경우에만 증거

---

9) 대법원 2004. 12. 16, 선고 2002도537 전원합의체 판결.

10) 신동운, 신형사소송법, 법문사, 2008, 974-975면; 신동운, 신형사소송법, 법문사, 2008, 918면, 926면 각 참조.

11) 신동운, 신형사소송법, 법문사, 2008, 975면.

12) 이완규, "개정 형사소송법상 조서와 영상녹화물", 「비교형사법연구」 9권 2호, 2007, 164-166면.

13) 신동운, 신형사소송법, 법문사, 2008, 975면.

능력을 가지도록 하는 한편, 영상녹화물을 처음으로 형사소송법에 도입하여 별개의 규정을 두면서 피의자신문을 녹화한 영상녹화물에 대하여 피의자신문조서에 준하도록 함으로써 피고인이 내용을 부인하면 증거능력을 상실하도록 하였다. 그러나 이는 검찰의 반발에 부딪쳐 최종 법무부 개정안에서, 검사 작성의 피의자신문조서는 현행 형사소송법과 같이 '성립의 진정'을 증거능력부여 요건으로 하는 것으로 복구 되었고, 영상녹화물은 검사 작성의 피의자신문조서의 '성립의 진정'을 인정하는 수단이 될 수 있도록 하였으며(법 제312조 제2항), 아울러 기억을 환기시키기 위한 수단이 되었다(법 제318조의2 제2항).[14)]

4. 수사기관 영상녹화물의 근거규정

가. 피의자진술의 영상녹화

수사기관은 피의자의 진술을 영상녹화 할 수 있다(법 제244조의2 제1항 1문). 이 경우 수사기관은 피의자에게 미리 영상녹화사실을 알려주어야 하며, 조사의 개시부터 종료까지의 전 과정 및 객관적 정황을 영상녹화 하여야 한다(법 제244조의2 제1항 2문). 영상녹화가 완료된 때에는 피의자 또는 변호인 앞에서 지체 없이 그 원본을 봉인하고 피의자로 하여금 기명날인 또는 서명하게 하여야 한다(법 제244조의2 제2항). 이 경우 피의자 또는 변호인의 요구가 있는 때에는 영상녹화물을 재생하여 시청하게 하여야 한다. 피의자 또는 변호인이 그 내용에 대하여 이의를 진술하는 때에는 그 취지를 기재한 서면을 첨부하여야 한다(법 제244조의2 제3항).

나. 참고인진술의 영상녹화

검사 또는 사법경찰관은 수사에 필요한 때에는 피의자가 아닌 자의 출석을 요구하여 진술을 들을 수 있고 이 경우 동의를 받아 영상녹화 할 수 있다(법 제221조 제1항 2문).

5. 획득절차

가. 피의자진술의 영상녹화

(1) 검사는 피의자 또는 참고인을 조사함에 있어 피의자 등의 진술이 공소사

---

14) 이완규, "개정 형사소송법상 조서와 영상녹화물", 「비교형사법연구」 9권 2호, 2007, 190-191면; 신동운, 신형사소송법, 법문사, 2008, 919-920면.

실 입증에 반드시 필요하고, 사안의 중대성, 죄질 등을 고려하여 볼 때 진술번복 가능성이 있거나 조서의 진정성립, 진술의 임의성, 특신상태 등을 다툴 것으로 예상되면 **조서작성과 병행**하여 영상녹화를 실시하고(영상녹화 업무처리 지침 제3조 제1항), 피의자 등을 조사함에 있어 다른 증거에 의하여 공소사실 입증이 가능한 경우 또는 불기소 사건의 경우에는 사건의 특성, 조사의 효율성 등을 고려하여 조서작성 없이 피의자 등의 조사과정을 영상녹화 할 수 있다(동 지침 제3조 제2항).

(2) 검사 또는 사법경찰관이 피의자의 진술을 녹화한 영상녹화물은 피의자의 진술내용을 사실대로 녹화하여 재생시킬 수 있는 과학적 증거방법이지만 조작의 위험 때문에 법은 피의자진술의 영상녹화의 절차를 법정하고 있다(법 제244조의2).[15]

피의자의 진술을 영상녹화 할 때에는 피의자에게 미리 영상녹화사실을 알려주어야 하며, 조사의 개시부터 종료까지의 전 과정 및 객관적 정황을 영상녹화 하여야 한다(법 제244조의2 제1항 2문).

피의자에게 미리 영상녹화 한다는 사실을 알려주면 족하며 피의자 또는 변호인의 동의를 받을 필요는 없다. 법무부는 피의자의 경우에도 사전 동의를 요건으로 한다면 피의자의 의사에 따라 실체진실규명이 좌우될 개연성이 커 부당하고, 조서의 경우 피의자의 사전 동의가 필요 없는 것과도 배치되므로, 결국 동의를 실시요건으로 할 경우 피의자의 의사에 따라 증거확보수단이 결정되는 모순이 발생하여 수용할 수 없다고 한다. 나아가 영상녹화물에 녹화된 피의자의 영상은 오로지 증거로만 사용되는 것이므로 피의자의 초상권 침해와도 관련이 없고, 피의자의 동의를 요건으로 하는 외국 입법례도 없다는 점을 지적하고 있다.[16]

조사의 개시부터 종료까지의 전 과정이란 조사가 개시된 시점부터 조사가 종료되어 피의자가 조서에 기명날인 또는 서명을 마치는 시점까지의 전 과정을 의미한다(규칙 제134조의2 제3항). 따라서 당해 조사에서 그 일부분만을 선별하여 영상녹화 하는 것은 허용되지 않는다. 그러나 여러 차례의 조사가 이루어진 경우에 최초의 조사부터 모든 조사과정을 영상녹화 해야 하는 것은 아니다.[17]

영상녹화가 완료된 때에는 피의자 또는 변호인 앞에서 지체 없이 그 원본을 봉인하고 피의자로 하여금 기명날인 또는 서명하게 하여야 한다(법 제244조의2 제2

---

15) 이재상, 형사소송법, 제9판, 박영사, 2013, 236면 참조.

16) 법무부, "우리나라 형사사법제도 이렇게 바뀝니다(선진형사사법제도 입법관련 Q&A).", 2010. 10, 76면 참조.

17) 법무부, 개정 형사소송법, 2007, 124면.

항). 다만, 디지털 파일 생성 방식으로 영상녹화가 이루어진 경우에는 디지털 파일 형태가 아니라 생성된 영상녹화물이 최초로 저장된 매체를 원본이라고 보아야 하므로 이에 봉인하면 족하다고 해야 한다.[18] 이 경우 피의자 또는 변호인의 요구가 있는 때에는 영상녹화물을 재생하여 시청하게 하여야 한다. 피의자 또는 변호인이 그 내용에 대하여 이의를 진술하는 때에는 그 취지를 기재한 서면을 첨부해야 한다(법 제244조의2 제3항).[19]

(3) 변호인의 참여 여부에 대한 명문의 규정은 없지만, 피의자신문과 그 범위가 중복되는 경우 수사기관의 선택에 따라서 그 권리의 존부가 좌우될 수 없는 점, 변호인에게 내용에 대한 이의진술권이 인정되는 점에 비추어 영상녹화조사만을 할 때에도 피의자신문과 마찬가지로 변호인참여권이 보장된다고 해석된다.

일단 변호인이 참여할 경우 공판에서 이 영상녹화물의 획득과정 또는 진술의 임의성에 결정적 기여를 할 것이므로, 조사과정에서 드러나는 문제점에 대해서는 변호인이 적극적으로 이의하고 조사완료 후 이의한 사정을 조서 말미 등에 기재하여 두어야 한다.

(4) 영상녹화조사의 주체를 피의자신문과 마찬가지로 검사에 한정할 것인가와 관련해서는, 현재 영상녹화조사의 주체에 대한 명시적 규정이 없고 기존의 조서와 달리 영상녹화물은 허위녹화의 우려가 매우 낮은 것은 맞다. 그러나 피의자에 대한 영상녹화조사는 피의자신문에 준하는 수사방법으로 인정되고 있고 그 결과물인 영상녹화물의 증거가치가 매우 높은 점, 형사소송법이 법관과 동일한 자격을 갖춘 검사를 피의자신문의 주체로 규정하고 있는 점, 검찰에 대한 국민들의 기대수준 등을 고려할 때 원칙적으로 수사의 주체인 검사가 영상녹화를 할 것이 요구된다고 할 것이고, 다만 피의자신문과 마찬가지로 검사가 영상녹화 전 과정에 참여할 필요는 없고 조사과정을 주재하되 핵심사항을 질문하는 등 주도성을 가지면 족할 것이라는 주장이 설득력 있다.[20]

나. 참고인진술의 영상녹화

(1) 참고인에 대해서는 동의를 받아 참고인의 진술을 영상녹화 할 수 있으며(법 제221조 제1항 2문), 참고인을 조사하는 경우에도 수사과정을 기록해야 하는 것은 피의자신문의 경우와 같다(법 제244조의4 제3항). 다만 참고인진술의 영상녹화에 있어

18) 법원행정처, 새로운 형사재판의 이해, 2008, 110면.
19) 이재상, 형사소송법, 제9판, 박영사, 2013, 237면 참조.
20) 법률신문, 연구논단, "독립적 수사방법으로서의 영상녹화조사", 2010. 6. 3.

서는 참고인의 동의를 요건으로 하는 점에서 피의자 진술의 영상녹화의 경우와 구별된다.

(2) 성폭력범죄의 피해자가 19세 미만이거나 신체적인 또는 정신적인 장애로 사물을 변별하거나 의사를 결정할 능력이 미약한 경우에는 피해자의 진술 내용과 조사과정을 비디오녹화기 등 영상물 녹화장치로 촬영·보존하여야 한다(성폭법 제30조 제1항). 제1항에 따른 영상물 녹화는 피해자 또는 법정대리인이 이를 원하지 아니하는 의사를 표시한 경우에는 촬영을 하여서는 아니 된다. 다만, 가해자가 친권자 중 일방인 경우는 그러하지 아니하다(동법 제30조 제2항).

다. 영상녹화의 독립성 문제[21)]

통상 피의자에 대한 영상녹화조사는 피의자신문과 동시에 영상녹화조사를 하는 방식으로 진행되는데, 이 경우 **영상녹화조사가 피의자신문과는 구별되는 독립적인 수사방법으로 인정할 수 있는가** 문제된다.

형사소송법은 수사기관에게 '피의자신문'이라는 하나의 수사방법을 행사할 권한을 부여하되 그 결과인 피의자신문조서 또는 영상녹화물의 2가지를 생성할 수 있도록 한 것인지(부수절차설), 또는 수사기관에게 '피의자신문'과 '영상녹화조사' 2가지의 수사방법을 선택할 수 있는 권한을 부여한 것인지(독립적 수사방법설)에 대해 논의가 있고, 특히 **검찰(檢察)에서는 독립적 수사방법설을 취하면서 독립된 증거능력이 있다는 입장을 취하여 왔다.**

(1) 부수절차설(附隨節次說)은 영상녹화조사를 피의자신문에 부수된 절차로 이해하여, 영상녹화조사에도 불구하고 피의자신문조서를 반드시 작성해야 하며 참여제도 등 피의자신문이 요구하는 법적 절차를 모두 준수해야 한다고 해석하며, 더 나아가 영상녹화조사의 결과물인 영상녹화물에 관하여도 본증으로서의 독립적인 증거능력을 부인하게 된다.

이 견해는 ① 형사소송법 개정에도 불구하고 제244조가 유지되고 있는데, 동조 제1항은 "피의자의 진술은 조서에 기재하여야 한다"고 규정하여 피의자신문조서의 작성의무가 인정되는 점, ② 입법과정에서 영상녹화물의 독자적 증거능력을 인정한 조문 안이 삭제된 점, ③ 형사소송법 제318조의2 제2항의 "제1항에도 불구하고"라는 문구는 영상녹화물은 탄핵증거로도 사용할 수 없다는 의미인 점에 비추

21) 아래 논의는 법률신문, 연구논단, "독립적 수사방법으로서의 영상녹화조사", 2010. 6. 3.을 주로 참고하였음.

어 독립적 증거로 사용할 수 없다고 해석함이 상당한 점, ④ 영상녹화물이 심증형성에 미치는 영향이 과다하여 이른바 '극장재판'이 될 우려[22]가 있는 등 공판중심주의에 역행하는 점 등을 논거로 하고 있다.

(2) 독립적 수사방법설(獨立搜査方法說)은 영상녹화조사를 피의자신문과 독립된 의미를 가진 수사방법으로 이해하여 피의자신문조서와는 별도로 영상녹화물을 생성할 수 있다고 하며, 피의자신문이 요구하는 참여제도 등의 법적 절차에서도 자유롭다고 해석한다.

이 견해는 ① 형사소송법 제244조 제1항의 조서작성 의무규정은 증거능력을 부여받기 위한 조건을 규정하고 있는 것에 불과한 것으로 수사절차상 직권성의 원칙에 따라 수사기관은 필요한 수사방법을 자유롭게 선택할 수 있는 점에 비추어 훈시규정으로 해석되는 점, ② 입법과정에서 영상녹화물의 독자적 증거능력을 인정한 조문만이 삭제된 것은 사실이나 독자적 증거능력을 부정하는 조문도 없는 점에 비추어 결국 영상녹화물의 성질에 대한 일반이론에 의하여 해결함이 상당한 점, ③ 제318조의2 제2항은 탄핵증거에 대한 특칙이 아니라 탄핵증거와 무관하게 기억환기용 자료를 제시하는 것에 대한 규정으로 신문보조수단으로 해석함이 상당한 점, ④ 영상녹화물은 조서작성시 오류개입과 협박 내지 강압에 의한 허위기재를 차단할 수 있을 뿐 아니라 진술자의 진술태도나 어조 신문방식과 대화내용을 모두 공판에서 확인할 수 있어 오히려 공판중심주의에 부합하는 점 등을 논거로 한다.

(3) **대법원은 부수절차설**(附隨節次說)**과 영상녹화물의 독립적 증거능력을 부정**(獨立的 證據能力 否定)**하는 전설**(前說)**을 취하였다.**

---

22) 2007년 형사소송법 개정 당시, 법원 측이 영상녹화물을 증거로 허용하면 법정이 영상녹화물을 재생하는 극장으로 전락하기 때문에 공판중심주의에 반하고, 법원 업무량의 폭주를 초래한다는 이유로 영상녹화물의 증거사용을 반대하여 검찰의 독립된 증거능력 부여 노력이 실패로 돌아가자, 2010년 12월 법무부는 형사소송법 개정안을 국무회의에 상정한 후 다음과 같은 내용으로 그러한 우려가 없음을 설명하였다. 즉 영상녹화물이 증거로 제출되더라도 원진술자의 법정진술이 가능할 경우 공판정 진술이 우선적으로 증거로 사용되게 되고, 조서 또한 작성하여 제출하게 되어 있으므로 모든 사건에서 조서가 우선적으로 증거로 사용되나, 다만 영상녹화물의 재생이 필요한 경우는 수사기관에서의 진술과 법정진술이 다른 일부 사건만 해당될 것이고(수사기관에서 자백, 공판정에서 부인시), 그 경우에도 기술적으로 북마크 기능을 이용할 수 있어 필요한 범위 내에서 제한적으로 재생하여 보는 경우가 대부분일 것이어서, 모든 재판이 영상녹화물을 재생하기만 하는 극장재판이 될 가능성이 없다는 내용이다{법무부, "우리나라 형사사법제도 이렇게 바뀝니다(선진형사사법제도 입법관련 Q&A).", 2010. 10, 73면 참조}.

「(1) 2007. 6. 1. 법률 제8496호로 개정된 형사소송법은 제221조 제1항에서 수사기관은 피의자 아닌 자(이하 '참고인'이라 한다)의 동의를 얻어 그의 진술을 영상녹화할 수 있는 절차를 신설하면서도, 제312조 제4항에서 위 영상녹화물과 별도로 검사 또는 사법경찰관이 참고인의 진술을 기재한 **조서가 작성됨을 전제로 하여** 영상녹화물로 그 진술조서의 실질적 진정성립을 증명할 수 있도록 규정하는 한편, 증거로 할 수 없는 서류나 진술이라도 공판준비 또는 공판기일에서 피고인 또는 참고인진술의 증명력을 다투기 위한 증거로 사용될 수 있도록 정한 제318조의2 제1항과 별도로 제318조의2 제2항을 두어 참고인의 진술을 내용으로 하는 영상녹화물은 공판준비 또는 공판기일에 참고인이 진술함에 있어서 기억이 명백하지 아니한 사항에 관하여 기억을 환기시켜야 할 필요가 있다고 인정되는 때에 한하여 참고인에게 재생하여 시청하게 할 수 있다고 규정함으로써, 참고인의 진술에 대한 영상녹화물이 증거로 사용될 수 있는 경우를 제한하고 있다.

그리고 이러한 형사소송법의 규정은, **성폭법** 제30조 제1항 및 **아동·청소년의 성보호에 관한 법률(이하 본서에서 '아청법'이라 한다)** 제26조 제1항이 성폭력범죄의 피해자가 19세 미만이거나 신체적인 또는 정신적인 장애로 사물을 변별하거나 의사를 결정할 능력이 미약한 경우 및 아동·청소년대상 성범죄 피해자의 경우에 피해자의 진술 내용과 조사과정을 비디오녹화기 등 영상물 녹화장치로 촬영·보존하여야 한다고 규정하고, 나아가 성폭법 제30조 제6항 및 아청법 제26조 제6항에서 위 절차에 따라 촬영한 영상물에 수록된 피해자의 진술은 공판준비기일 또는 공판기일에 피해자나 조사과정에 동석하였던 신뢰관계에 있는 사람 또는 진술조력인의 진술에 의하여 그 성립의 진정함이 인정된 경우에 증거로 할 수 있도록 규정함으로써, 일정한 성범죄의 피해자를 조사할 경우에 피해자 또는 법정대리인이 영상물 녹화를 원하지 아니하는 의사를 표시하는 등의 사정이 없는 한 피해자의 진술을 영상물로 녹화할 의무를 수사기관에 부여하고 일정한 요건 아래에서 그 영상물에 수록된 피해자 진술에 대하여 **독립적인 증거능력을 명시적으로 인정한 것과 다르다.**

이와 같이 2007. 6. 1. 법률 제8496호로 개정되기 전의 형사소송법에는 없던 수사기관에 의한 참고인진술의 영상녹화를 새로 정하면서 그 용도를 참고인에 대한 진술조서의 실질적 진정성립을 증명하거나 참고인의 기억을 환기시키기 위한 것으로 **한정**하고 있는 **현행 형사소송법**의 규정 내용을 영상물에 수록된 성범죄 피해자의 진술에 대하여 독립적인 증거능력을 인정하고 있는 성폭법 제30조 제6항 또는 아청법 제26조 제6항의 규정과 대비하여 보면, 수사기관이 참고인을 조사하는 과정에서 형사소송법 제221조 제1항에 따라 작성한 영상녹화물은 **다른 법률에서 달리 규정하고 있는 등의 특별한 사정이 없는 한, 공소사실을 직접 증명할 수 있는 독립적인 증거로 사용될 수는 없다**고 해석함이 타당하다.」(대법원 2014. 7. 10, 선고 2012도

5041[23)] 판결)

생각건대, 형사소송법 제244조의2 제1항이 "피의자의 진술은 영상녹화할 수 있다"고 규정하여, 수사기관에게 영상녹화조사 여부에 대한 재량권을 부여하고 있는 점에 비추어 영상녹화제도가 피의자신문과는 별개의 절차로 진행될 수 있는 것처럼 보일 수도 있으나, 어차피 영상녹화물에 대해 독립적 증거능력을 부여하지는 않겠다는 것이 우리 입법자의 결단이라면 굳이 피의자신문조서 작성의무를 피해 영상녹화물 만을 제출하겠다는 것은 조서작성방식의 엄격성을 회피하여 증거능력 없는 녹화물 만을 내어 증거조사방식을 번거롭게 하고 재판의 지연을 초래할 것이 분명하므로, 결국 피의자신문조서 작성에 병행하여 할 수 있는 부수절차설이 타당하고 녹화물의 독립적 증거능력을 부정하는 것이 옳다고 본다.[24)]

6. 증거조사

가. 신 청

검사는 피고인이 된 피의자의 진술을 영상녹화한 사건에서 **피고인이 그 조서에 기재된 내용이 피고인이 진술한 내용과 동일하게 기재되어 있음을 인정하지 아니하는 경우,** 그 부분의 성립의 진정을 증명하기 위하여 영상녹화물의 조사를 신청할 수 있다(규칙 제134조의2 제1항). 이 경우 영상녹화물의 조사신청은 서면에 의하여야 한다.[25)]

---

23) 수사기관이 참고인의 진술을 영상녹화하면서 진술조서는 작성하지 아니하였고, 피고인이 증거에 부동의 하자, 1심은 영상녹화물의 증거능력을 부정하고 살인방조공소사실을 인정할 증거가 불충분하여 무죄선고, 2심도 피고인의 동의가 없는 이상 참고인에 대한 진술**조서의 작성이 없는 상태에서 수사기관이 그의 진술을 영상녹화한 영상녹화물만을 독자적인 증거로 쓸 수 없고,** 그 녹취록 또한 증거로 사용할 수 없는 위 영상녹화물의 내용을 그대로 녹취한 것이므로 역시 증거로 사용할 수 없다고 보아 영상녹화물 및 녹취록을 증거로 채택하지 아니한 제1심의 증거결정이 위법하다는 검사의 항소이유 주장을 받아들이지 아니한 사례.

24) 이에 대하여 백형구 변호사는 위 대법원 2012도5041 판결의 평석에서, 대법원의 태도는 조서를 작성하지 않았다고 하여 참고인진술이 영상녹화 되어 제출되었고 진술의 신빙성이 인정됨에도 불구하고 그 영상녹화물에 수록된 진술의 증거능력을 부정한다면, 이는 실체진실 발견과 형사사법의 정의에 반하므로 타당하지 않다고 하면서, 영상녹화물 만에 대한 우리 형사소송법의 증거능력 규정을 제313조 제1항 본문으로 보아 공판준비 또는 공판기일에 그 참고인이 출석하여 영상녹화물의 성립의 진정을 인정할 경우 피고인의 공소사실에 관하여 증거능력이 인정되어야 한다고 반대하고 있다. 이 때 성립의 진정은 진술과 녹음의 일치를 의미하며, 진정성립이 인정될 경우 자필 또는 서명·날인은 증거능력의 요건이 아니라고 해석해야 한다고 주장한다(법률신문, 판례평석, "영상녹화물의 증거능력－대법원 2014. 7. 10, 선고 2012도5041 판결－", 2014. 10. 23, 11면 참조).

25) 이재상, 형사소송법, 제9판, 박영사, 2013, 470면.

검사는 실질적 진정성립을 인정하기 위하여 영상녹화물의 조사를 신청함에 있어서는 영상녹화를 시작하고 마친 시각과 조사 장소, 피고인 또는 변호인의 진술과 조서 기재내용의 동일성을 다투는 부분의 영상을 구체적으로 특정할 수 있는 시각을 기재한 서면을 제출하여야 한다(규칙 제134조의2 제2항). 다만, 기억환기를 위한 영상녹화물의 조사신청은 서면에 의할 것을 요하지 않는다고 보아도 무방할 것이다.[26]

조사를 신청한 영상녹화물은 조사가 개시된 시점부터 조사가 종료되어 피의자가 조서에 기명날인 또는 서명을 마치는 시점까지 전 과정이 영상녹화된 것이어야 하고, 조사가 행하여지는 동안 조사실 전체를 확인할 수 있도록 녹화되고 조사자와 진술자의 얼굴을 식별할 수 있는 것이어야 하며(규칙 제134조의2 제3항, 제4항) 영상녹화물의 재생화면에는 녹화 당시의 날짜와 시간이 실시간으로 표시되어야 한다(규칙 제134조의2 제5항).

검사는 **피의자 아닌 자가 공판준비 또는 공판기일에서의 조서가 자신이 검사 또는 사법경찰관 앞에서 진술한 내용과 동일하게 기재되어 있음을 인정하지 아니하는 경우**에도 그 부분의 성립의 진정을 증명하기 위하여 영상녹화물의 조사를 신청할 수 있다(규칙 제134조의3 제1항). 검사가 영상녹화물의 조사를 신청하는 때에는 피의자가 아닌 자가 영상녹화에 동의하였다는 취지로 기재하고 기명날인 또는 서명한 서면을 첨부하여야 한다(규칙 제134조의3 제2항).

나. 결 정

법원은 검사가 영상녹화물의 조사를 신청한 경우 이에 대한 결정을 하여야 한다. 증거 채부는 법원의 재량에 속한다.[27]

다만 법원은 결정을 함에 있어 피고인 또는 변호인으로 하여금 그 영상녹화물이 적법한 절차와 방식에 따라 작성되어 봉인된 것인지 여부에 관한 의견을 진술하게 하여야 한다(규칙 제134조의4 제1항). 영상녹화물이 피고인 아닌 자의 진술에 관한 것인 때에는 원진술자인 제3자도 의견을 진술하여야 한다(규칙 제134조의4 제2항). 영상녹화의 적법요건을 구비하였는가의 여부는 검사가 입증하여야 한다.[28] 입증방법은 영상녹화물의 재생이 될 것이다.

---

26) 이재상, 형사소송법, 제9판, 박영사, 2013, 470면.

27) 법원행정처, 형사소송법 개정법률 해설, 2007, 144면; 이재상, 형사소송법, 제9판, 박영사, 2013, 471면; 대법원 1977. 4. 26, 선고 77도814 판결.

28) 이재상, 형사소송법, 제9판, 박영사, 2013, 474면.

미국에서도 수사과정의 진술을 녹화한 것을 포함한 일반적인 비디오테이프를 실제로 증거조사 할지 여부는 사실심 법관의 광범위한 재량에 맡겨져 있다. 사실심 법관의 증거조사제한에 관한 재량권 행사는 항소심에 의해 거의 그대로 승인되고 있다. 배심원에게 과도한 편견을 줄 우려가 있기 때문이다(미 연방증거규칙 제403조).[29]

다. 조사방법

형사소송법 제312조 제2항은 실질적 진정성립의 입증과 관련하여 조서에 기재된 진술이 피고인이 진술한 내용과 동일하게 기재되어 있음이 영상녹화물이나 그 밖의 객관적인 방법에 의하여 '증명'될 것을 요구하고 있다.

이 경우 '증명'은 범죄사실 자체에 대한 증명이 아니므로 자유로운 증명으로 족하다고 보나,[30] 반드시 공판준비나 공판기일 법관의 면전에서 조사되어야 한다. 실질적 진정성립의 원칙적 입증방법이 그러하기 때문이다.

증명불능에 따른 책임은 검사에게 돌아간다.[31]

법원은 공판준비 또는 공판기일에서 봉인을 해제하고 영상녹화물의 전부 또는 일부를 재생하는 방법으로 조사하여야 한다. 이때 영상녹화물은 그 재생과 조사에 필요한 전자적 설비를 갖춘 법정 외의 장소에서 이를 재생할 수 있다(규칙 제134조의4 제3항).

영상녹화물의 재생에는 많은 시간이 소요되어 법정이 영상녹화물을 시청하는 극장으로 전락할 우려가 있다는 법원의 우려를 감안하여 수사기관은 법정에서 영상증거물을 증거로 제출할 필요가 있는 경우에 한하여 제출하고(선택제출의 원칙), 증거로 제출하더라도 다툼이 있는 진술에 한정하여 최소한으로 재생하여(일부재생의 원칙) 그 부작용을 최소화 할 필요가 있다.[32]

공판정에서 재생하여 시청하는 경우 그 조서정리방법과 관련하여서는, 오감에 의한 인식작용이므로 검증이라 보고, 형사소송법 제49조는 검증에 관하여도 조서를 작성하여야 하므로 제51조에 따라 공판조서에는 검증을 실시하였다는 기재를 한 후에 별도로 검증조서를 만들어 공판조서의 일부로 하면 될 것이다. 법관은 원진술자의 공판정 진술과 상이하거나 실질적으로 차이가 있어(즉, 중복증거에 해당하지

---

29) 오기두, "개정된 형사소송법의 운용", 「저스티스」 통권 제103호, 한국법학원, 2008, 96면.
30) 법무부, 개정 형사소송법, 2007, 238면.
31) 신동운, 신형사소송법, 법문사, 2008, 921면.
32) 법률신문, 연구논단, "독립적 수사방법으로서의 영상녹화조사", 2010. 6. 3.

않아) 증거조사가 필요하다고 판단되는 부분에 한하여 증거조사를 하고, 공판조서에 첨부할 검증조서에는 특정하여 재생하여 시청한 부분에 대해 법정진술과 상이하거나 실질적으로 다른 부분이 어떠한 내용이 있었다는 식의 기재를 하면 충분하다.[33]

재판장은 조사를 마친 후 지체 없이 법원사무관 등으로 하여금 다시 원본을 봉인하도록 하고, 원진술자와 함께 피고인 또는 변호인에게 기명날인 또는 서명하도록 하여 검사에게 반환한다. 다만, 피고인의 출석 없이 개정하는 사건에서 변호인이 없는 때에는 피고인 또는 변호인의 기명날인 또는 서명을 요하지 아니한다(규칙 제134조의4 제4항).

라. 이의신청 및 피고인의 의견

검사·피고인 또는 변호인은 증거조사에 관하여 이의신청을 할 수 있다. 법원은 이의신청에 대하여 결정을 하여야 한다(법 제296조).

'증거조사에 관하여'란 증거조사의 절차뿐만 아니라 증거조사단계에서 행하여지는 모든 처분을 포함한다.[34]

이의신청은 법령의 위반이 있는 경우뿐만 아니라 상당하지 아니함을 이유로 하는 경우에도 허용된다. 다만 재판장의 증거신청의 결정에 대한 이의신청은 법령의 위반이 있음을 이유로 한 때에만 할 수 있다(규칙 제135조의2).

재판장은 피고인에게 각 증거조사의 결과에 대한 의견을 묻고 권리를 보호함에 필요한 증거조사를 신청할 수 있음을 고지하여야 한다(법 제293조).

마. 문 제 점

일관된 증거조사 방식이 없어 각 재판장의 고유한 성향에 따라 조사방식이 다양하다면 증거조사절차에서 함부로 이의를 제기하기 어려운 실정인 피고인 또는 변호인에게는 불측의 손해를 가져올 수 있다.[35]

통상은 검찰이 녹화CD와 조서를 함께 제출(범행재연상황이 녹화된 CCTV 영상의 경우라면 CD와 영상캡쳐사진을 함께 제출)하고 있으나, 그와 같이 병행 제출하지 않는 검사가 여전히 있고,[36] 또 이 경우 증거조사를 어떻게 할지에 대해 법관에게 전적으로

33) 이완규, "개정 형사소송법상 조서와 영상녹화물", 「비교형사법연구」 9권 2호, 2007, 169-171면.
34) 이재상, 형사소송법, 제9판, 박영사, 2013, 475면.
35) 김성룡, 「형사증거법」 강의내용, 경북대학교 대학원, 2010; 이재상, 형사소송법, 제9판, 박영사, 2013, 471면.
36) 앞서 대법원 2014. 7. 10, 선고 2012도5041 사안이 그러하였다.

일임되어 있는 점을 감안하면 그러하다. 향후 증거제출방식과 증거조사방식을 통일적으로 입법하여야 하겠다.

가장 흔한 실무례는 조서와 녹화CD를 함께 제출(범행재연 CCTV라면 영상캡쳐사진을 제출함과 별도로 범행CD를 제출)**하고, 조서에 피고인 측이 동의하면 재판장의 석명에 의해 공판검사가 CD 제출을 철회하는 것이다.**

만약 조서에 대하여 증거 동의하지 않는다면 진술인에 대한 반대신문이 있고 조서의 진정성립을 확인할 것이고, 별도로 재생을 통한 CD 증거조사가 있을지는 정해진 통일적 기준이 없다. 재판장의 성향에 따라 증거능력이 확보된 조서와 법정진술이 있으므로 CD에 대해서는 증거철회를 석명하는 경우가 많을 것이다. 그러나 진술인이 출석하지 않을 경우에는 CD에 대한 증거조사를 하여야만 할 것이다.

7. 증거능력

우선 외국의 경우를 보면,[37] ① 미국(美國)은 피의자 또는 참고인(증인)의 신문이 녹음·녹화된 녹음·녹화물을 진술기재서면과 동일한 방식으로 증거로 사용하고 있으며,[38] 경찰관 등 조사자도 선서를 하고 당해 영상녹화물이 신문과정에서 작성된 것임을 증언할 수 있고, ② 영국(英國)의 경우, 증인의 진술이 기억이 생생한 때에 녹화되었고, 증인이 법정에서 녹화된 진술내용이 진실이라고 주장하는 등 일정한 요건을 갖춘 경우 영상녹화물의 증거사용을 인정하고 있으며, ③ 호주(濠州)의 경우, 녹음·녹화되지 않은 자백은 오히려 증거로 사용할 수 없도록 하고, 영상녹화물을 법정에 제출하여 증거로 사용하고 있으며, ④ 프랑스(佛蘭西)에서도 영상녹화물은 특별한 제한 없이 법정에 증거로 제출되어 사용되고 있다.

우리나라의 경우 영상녹화물은 위 외국의 경우들보다 증거로서의 기능이 제한되고 있다. 남용의 위험 때문이다.

---

37) 아래 내용은 법무부, "우리나라 형사사법제도 이렇게 바뀝니다(선진형사사법제도 입법관련 Q&A).", 2010. 10, 70면을 참조하였음.

38) 미국의 경우, 녹음 또는 영상녹화물의 증거허용(Admissibility of Evidence)은 연방증거규칙(Federal Rules of Evidence) 제402조에 따라 관련성(Relevancy)이 있고, 제901조에 따라 진정 성립(Authentication) 또는 동일성(Identification) 요건이 충족되어야 하며, 제403조에 따라 증거가치가 선입견이나 혼동가능성보다 우월하여야 하고, 전문증거(제801조 이하)라는 이의제기나 다른 증거배제법칙의 위반과 같은 증거능력(Competence)도 검토한 후 허용되고 있다. 그 외 중요성(Materiality), 진술 또는 자백의 임의성(Voluntariness), 공정성과 정확성(Fairness and Accuracy), 보관의 연속성(Chain of Custody)이 추가로 필요하다(하태훈, "미국 수사과정 영상녹화제도와 영상녹화테이프의 증거능력", 「비교형사법연구」 8권 1호, 한국비교형사법학회, 2006, 460-469면 참조).

가. 검사작성 피의자신문조서

(1) 영상녹화물에 의해 실질적 진정성립 인정

영상녹화물은 검사 작성 피의자신문조서의 증거능력과 관련하여, 피고인이 진정성립을 다툴 경우 조서의 진정성립을 위하여 영상녹화물 기타 객관적인 방법[39]으로 증명하도록 하고, '특신상태'[40]를 별도로 요구하고 있다(법 제312조 제1항, 제2항). 또한 이 영상녹화물은 기억환기용으로 사용할 수도 있다.

영상녹화물은 피의자의 진술내용을 사실대로 녹화하여 재생시킬 수 있는 과학적 증거방법이지만 녹화와 편집과정에서 조작의 위험이 있을 뿐만 아니라, 이에 대하여 절대적 증거능력을 인정할 때에는 수사과정에서 작성된 영상녹화물의 상영에 의하여 법관의 심증이 좌우되는 결과를 초래하므로 형사소송법은 피의자진술의 영상녹화의 절차를 법정하고, 영상녹화물을 검사작성의 피의자신문조서와 검사 및 사법경찰관작성의 참고인진술조서의 **진정성립을 인정하는 방법으로 인정**하고(법 제312조), 진술자의 기억이 불명확한 경우에 **기억환기용으로만 사용**할 수 있도록 하여 그 기능을 제한하고 있다(법 제318조의2 제2항).[41]

(2) 영상녹화물의 독립적 증거능력[42]은 부정

39) '기타 객관적인 방법'은 영상녹화물에 준할 정도의 객관적인 방법이어야 한다. 이와 관련하여 증언과 같은 인적 방법도 포함된다고 새기는 견해가 있지만, 기타 객관적인 방법은 영상녹화물과 같은 정도로 진술내용을 기계적으로 재현해 낼 수 있는 방법을 의미한다고 보므로 증언은 증인의 주관적 기억능력에 좌우되기 때문에 '객관적 방법'에 해당한다고 볼 수 없다고 봄이 마땅하다(신동운, 신형사소송법, 법문사, 2008, 920-921면 참조).

40) 대법원은 '특신상태'에 관하여 "그 진술내용이나 조서 또는 서류의 작성에 허위개입의 여지가 거의 없고 그 진술내용의 신용성이나 임의성을 담보할 구체적이고 외부적인 정황이 있는 경우"로 판시하여 임의성과 결부시켜 주로 외부적인 정황과 관련된 것으로 이해한다. 이러한 인식은 개정 형사소송법이 피의자진술의 영상녹화와 관련하여 '조서의 전 과정 및 객관적 정황'을 영상녹화하도록 규정(제244조의2 제1항)한 것에서도 발견할 수 있다. 따라서 개정 형사소송법은 위와 같은 판례의 입장을 입법화한 것으로 볼 수 있다. '구체적이고 외부적인 정황'은 구체적 사안에 따라 진술경위, 진술 분위기, 참여인 또는 대질자 존부, 진술 전후 상황을 종합적으로 제시하여 증명하게 될 것이다(안승진, "형사소송에 있어 조서의 증거능력에 관하여-신문조서를 중심으로-", 「법학실무연구회」 발표논문, 대검찰청, 2009. 5, 351면 참조).

41) 이재상, 형사소송법, 제9판, 박영사, 2013, 236면. 그러나 이재상 교수는 법 규정의 취지를 위와 같이 해석하면서도 장차 증거능력을 폭넓게 인정하는 것이 바람직하다고 주장하고 있다(이재상, 형사소송법, 제9판, 박영사, 2013, 605-606면 참조); 이완규, "개정 형사소송법상 영상녹화물의 증거능력", 「법조」 56권 10호, 2007, 169-179면; 이완규, "개정 형사소송법상 조서와 영상녹화물", 「비교형사법연구」 9권 2호, 2007, 173-174면.

42) 개정 전 형사소송법에 영상녹화물에 대한 규정이 존재하지 않았으나, 실무적으로는 다양한 영상녹화물이 증거로 제출되었고 이에 따라 증거능력에 관한 논의가 다양하게 제시되었는데, 대법원은 수사기관이 피의자신문시 녹화한 진술녹화물에 대해 실질적으로 피의자신문조서와 같이 보아 피의자신문조서에 준하여 증거능력 부여 여부를 판단하는 등(대법원 2007. 10. 25, 선고 2007도

따라서 개정 형사소송법은 수사기관이 촬영한 영상녹화물을 조서를 대체하는 증거방법으로 사용하는 것을 허용하지 않는다. 영상녹화물이 심증형성에 미치는 영향력을 감안하여 범죄사실을 인정함에 있어서 영상녹화물을 엄격한 증명의 자료로 쓸 수 없게 하였다.[43] 영상녹화물을 독립된 증거로 사용하는 사개추위 형사소송법 개정안 제312조의2[44]는 영상녹화물의 위험성을 고려하여 국회 법제사법위원회 심의과정에서 삭제되었다.[45][46]

그러므로 명문의 허용근거가 없는 현행 형사소송법상으로는 조서도, 공판정 진술도 아닌 수사단계의 영상녹화물만 으로는 범죄사실을 증명함에 있어서 증거능력을 가질 수 없다. **영상물에 수록된 성범죄 피해자의 진술에 대하여 독립적(獨立的)인 증거능력(證據能力)을 인정하고 있는 특칙(特則)은 성폭법 제30조 제6항 또는 아청법 제26조 제6항에서만 규정하고 있다. 형사소송법상으로는 그 같은 규정이 존재하지 않는다.**[47]

한편 위와 같이 해석하는 것과 별론으로 수사기관의 위법수사를 입증하는 증

6129 판결), 서류에 준하여 증거능력을 인정하여 왔다(대법원 1992. 6. 23, 선고 92도682 판결). 그런데도 2007년 형사소송법 개정 이후부터 일부 하급심 법원(서울남부지방법원 2007. 6. 20, 선고 2006고단3255 판결)이 영상녹화물을 증거로 사용하지 못하도록 하는 취지의 판결을 선고하여 검찰의 불만을 사고 있고, **법무부는 2010. 12. 다시 개정안을 마련하여 수사절차에서의 영상녹화물을 증거로 사용하는 노력을 기울였던 것이다**{법무부, "우리나라 형사사법제도 이렇게 바뀝니다(선진형사사법제도 입법관련 Q&A).", 2010. 10, 67-68면 참조}.

43) 신동운, 신형사소송법, 법문사, 2008, 977면.

44) 사개추위 형사소송법 개정안 제312조의2(피의자의 진술에 관한 영상녹화물) 「① 검사 또는 사법경찰관 앞에서의 피고인의 진술을 내용으로 하는 영상녹화물은 공판준비 또는 공판기일에 피고인이 검사 또는 사법경찰관 앞에서 일정한 진술을 한 사실을 인정하지 아니하고, 검사, 사법경찰관 또는 그 조서에 참여한 자의 공판준비 또는 공판기일에서의 진술 기타 다른 방법으로 이를 증명하기 어려운 때에 한하여 증거로 할 수 있다. ② 제1항의 영상녹화물은 적법한 절차와 방식에 따라 영상녹화된 것으로서 공판준비 또는 공판기일에 피고인이나 검사, 사법경찰관 또는 그 조사에 참여한 자의 진술에 의하여 조사의 전 과정이 객관적으로 영상녹화된 것임이 증명되고, 영상녹화된 진술이 변호인의 참여하에 이루어지는 등 특히 신빙할 수 있는 상태 하에서 행하여졌음이 증명된 것이어야 한다. ③ 제1항의 영상녹화물을 증거로 제출하는 경우에는 녹취서를 제출하여야 한다.」

45) 신동운, 신형사소송법, 법문사, 2008, 977면.

46) 그런데도, **2010년 12월의 법무부 형사소송법 개정안은 다음과 같은 요건을 갖출 경우 독립증거로 사용할 수 있도록 규정하고 있다. 2번째 입법시도이다.** (1) 검사(檢事)가 피의자를 조사한 과정을 영상녹화한 경우, ① 영상녹화물이 적법한 절차와 방식에 따라 작성된 것이고, ② 피고인이 공판준비 또는 공판기일에 출석하여 자신이 진술한 내용과 동일하게 기재되어 있음을 인정하며, ③ 영상녹화가 특히 신빙할 수 있는 상태 하에서 행하여졌음이 증명된 때에 증거로 사용할 수 있도록 하고, (2) 검사 이외의 수사기관(警察)이 피의자를 조사한 과정을 영상녹화한 경우, ① 영상녹화물이 적법한 절차와 방식에 따라 작성된 것이고, ② 피고인이 공판준비 또는 공판기일에 출석하여 그 내용을 인정하는 때에 한하여 증거로 사용할 수 있도록 한다는 내용이다{법무부, "우리나라 형사사법제도 이렇게 바뀝니다(선진형사사법제도 입법관련 Q&A).", 2010. 10, 72면 참조}.

47) 同旨 대법원 2014. 7. 10, 선고 2012도5041 판결.

거로는 제한 없는 증거능력을 가진다고 볼 수 있을 것이다.[48] 남용의 위험이 없는 경우이기 때문이다.

진정성립용으로 증거자격이 제한된다는 통설적 견해에 대한 반론의 근거는 다음과 같다.

진실발견에 유용한 과학적 증거방법의 증거능력을 부인하는 것은 옳지 않고, 수사기관이 피의자의 진술을 녹화한 영상녹화물은 성질상 피의자의 진술이 기재된 피의자신문조서와 같으므로 피고인이 된 피의자의 진술을 녹화한 영상녹화물도 피의자신문조서에 준하여 증거능력을 인정하는 것이 당연하다는 주장이다.[49] 증거능력을 폭넓게 인정하려는 이 견해는, 영상녹화물도 그 성질에 따라 같은 성질을 가진 조서와 같이 취급을 하여 전문증거에 관한 조서규정을 적용하여 증거능력을 판단하는 것이 적절할 것이어서, 조서에 준하여 형사소송법 제310조의2의 전문증거 정의규정과 형사소송법 제311조 내지 제318조의2까지의 전문증거에 관한 규정을 적용하면 되므로 검사가 피의자의 진술과정을 녹화한 영상녹화물은 검사작성의 피의자신문조서에 준하여, 검사 또는 사법경찰관이 참고인의 진술과정을 녹화한 영상녹화물은 참고인진술조서에 준하여 증거능력이 인정되는 것으로 이해한다.[50]

(3) 실 무

영상녹화물에 대한 개정 형사소송법 시행 이후 검찰자료에 따르면,[51] ① 자백 피의자신문조서와 별도로 영상녹화물을 증거로 제출하여 증거동의를 통해 본증화한 시도(本證 인정 여부)로는, 서울동부지검 등 32개청에서는 본증으로 미신청, 서울중앙지검 등 10개청에서는 본증으로 신청하였으나 법원에서 본증으로 미채택, 광주지검 등 3개청에서는 총 56건 신청하여 법원에서 37건 채택, 순천지청 등 11개청에서는 총 74건을 신청하여 법원에서 전부 채택되었고, ② 조서의 진정성립 입증용(眞正成立 立證用)으로는, 서울중앙지검 등 52개청에서는 조서 진정성립 입증용으로 신청한 사례가 없었는데, 이는 영상녹화물의 존재로 인해 피고인이 조서의 진정성립을 부인하지 않아 신청 필요성이 거의 없는 것으로 검찰은 분석하고 있

48) 신동운, 신형사소송법, 법문사, 2008, 188면.

49) 이재상, 형사소송법, 제9판, 박영사, 2013, 605-606면; 이완규, "개정 형사소송법상 영상녹화물의 증거능력", 「법조」 56권 10호, 2007, 169-179면; 이완규, "개정 형사소송법상 조서와 영상녹화물", 「비교형사법연구」 9권 2호, 2007, 173-174면; 백형구, 형사소송법률신문, 판례평석, "영상녹화물의 증거능력-대법원 2014. 7. 10, 선고 2012도5041 판결-", 2014. 10. 23, 11면.

50) 백형구 변호사는 참고인의 진술이 담긴 영상녹화물은 참고인진술조서에 준하여 제313조 제1항 본문에 따라 증거능력을 인정하면 된다고 보고 있다{위 주) 같은 평석 참조}.

51) 서울동부지방검찰청, 법학교수·검찰 실무연구회 자료, 2008. 6. 3, 169-170면 참조.

고, 평택지청 등 4개청에서는 총 17건을 조서 진정성립 입증용으로 제출하여 법원에서 전부 채택하였으며, ③ 기억환기용(記憶喚起用)으로 사용한 것과 관련해서는, 서울남부지검에서 1건 신청하여 법원에서 채택되었으며, ④ 탄핵증거용(彈劾證據用)으로 사용한 것과 관련해서는, 서울중앙지검에서 3건 신청하여 2건 채택되었고, 서울남부지검에서 1건 신청하여 채택, 울산지검에서 1건 신청하였으나 미채택되었다.

나. 진술조서

개정 형사소송법은 검사작성 진술조서와 사법경찰관작성 진술조서의 증거능력을 같은 요건 아래 정하고 이를 제312조 제4항에서 규정하였다.

> 제312조 ④ 검사 또는 사법경찰관이 피고인 아닌 자의 진술을 기재한 조서는 적법한 절차와 방식에 따라 작성된 것으로서 그 조서가 검사 또는 사법경찰관 앞에서 진술한 내용이 동일하게 기재되어 있음이 원진술자의 공판준비 또는 공판기일에서의 진술이나 영상녹화물 또는 그 밖의 객관적인 방법에 의하여 증명되고, 피고인 또는 변호인이 공판준비 또는 공판기일에 그 기재 내용에 관하여 원진술자를 신문할 수 있었던 때에는 증거로 할 수 있다. 다만, 그 조서에 기재된 진술이 특히 신빙할 수 있는 상태 하에서 행하여졌음이 증명된 때에 한한다.

이처럼 참고인진술에 대한 영상녹화물은 참고인진술조서의 진정성립 입증방법(법 제312조 제4항)이 되는 것과 별도로 증인의 기억환기용(법 제318조의2 제2항)으로 사용될 수 있다. 그러나 범죄사실 증명을 위한 독립증거로 사용할 수 없음은 앞서 보았다.[52)]

한편 참고인의 경우 피의자와 달리 조서작성 의무는 없으나, 영상녹화물의 용도가 조서의 진정성립으로 한정되므로 참고인의 진술을 녹화한 영상녹화물이 제출되는 이상 반드시 참고인진술조서는 함께 작성·제출되어야 할 것이며, 따라서 위 영상녹화물을 독자적인 증거로 쓸 수는 없다(부수절차설).

8. 탄핵증거 자격

> **형사소송법 제318조의2(증명력을 다투기 위한 증거)** ① 제312조부터 제316조까지의 규정에 따라 증거로 할 수 없는 서류나 진술이라도 공판준비 또는 공판기일에서의 피고인 또는 피고인이 아닌 자(공소제기 전에 피고인을 피의자로 조사하였거나 그 조사에

52) 신동운, 신형사소송법, 법문사, 2008, 199-200면; 대법원 2014. 7. 10, 선고 2012도5041 판결.

참여하였던 자를 포함한다. 이하 이 조에서 같다)의 진술의 증명력을 다투기 위하여 증거로 할 수 있다.

② **제1항에도 불구하고** 피고인 또는 피고인이 아닌 자의 진술을 내용으로 하는 **영상녹화물은** 공판준비 또는 공판기일에 피고인 또는 피고인이 아닌 자가 진술함에 있어서 기억이 명백하지 아니한 사항에 관하여 **기억을 환기시켜야 할 필요가 있다고 인정되는 때에 한하여** 피고인 또는 피고인이 아닌 자에게 **재생**하여 시청하게 할 수 있다.

2007년 개정 형사소송법에서 제318조의2 **제2항은 신설되었다.**

제2항의 의미와 관련하여 탄핵증거로서의 가부에 대한 학설의 대립은 다음과 같다.

(1) 탄핵증거 부정설(彈劾證據 否定說)은 법문을 엄격하게 해석하여, 제318조의2 제1항과 제2항의 관계를 살펴볼 때, ① 전문법칙에 의하여 증거능력이 부인된 전문증거라 할지라도 진술의 증명력을 다투기 위하여 탄핵증거로 사용될 수 있는 것이 원칙이지만(법 제318조의2 제1항), ② **영상녹화물은 이 원칙에도 불구하고**(**'제1항에도 불구하고'**) **탄핵증거로도 허용되지 않으며,** ③ 공판준비 또는 공판기일에 피고인 또는 피고인이 아닌 자가 진술함에 있어 기억이 명백하지 아니한 사항에 관하여 기억을 환기시켜야 할 필요가 인정되는 때에 '한하여', ④ 피고인 또는 피고인 아닌 자에게 재생하여 시청하게 할 수 있을 뿐이라고 보는 것이다.[53] 탄핵증거는 증거의 증명력을 탄핵하는 증거이지만 실제 재판에서 법관의 심증형성에 큰 영향을 줄 수 있고 특히 영상녹화물의 탄핵증거로 제출하는 경우에는 그 위험이 더욱 커진다는 점을 고려하였다고 볼 수 있다.[54][55] (2) 탄핵증거 긍정설(彈劾證據 肯定說)은 원래 탄핵증거는 증거능력 없는 전문증거라도 증인을 탄핵하기 위해서는 사용할 수 있게 한 것인데, 영상녹화물은 법관의 올바른 심증형성에 큰 영향을 줄 수 있는 증거이며, 진실발견에 도움을 주는 과학적 증거방법인 점을 감안하고 또 공판중심주의는 진실발견을 위한 원칙이지, 진실한 증거를 허용하지 않는, 법원의 진실발견의

---

53) 신동운, 신형사소송법, 법문사, 2008, 978면; 류지영, "형사소송법 제312조의 영상녹화물의 증거능력", 「중앙법학」 10권 4호, 중앙법학회, 2008, 125-126면.

54) 법원행정처, 형사소송법 개정법률 해설, 2008, 143면.

55) **특히 국민참여재판이 시행된 현 시점에서는 배심원들의 심증형성에 지나친 왜곡을 초래할 수 있다.** 법률문외한인 배심원들은 전문법칙이나 탄핵증거의 의미를 잘 알지 못하는데, 탄핵증거라는 이유로 영상녹화물이 법정에 공개되면 배심원들은 시청한 내용을 근거로 유·무죄에 대한 심증을 형성하기 쉽기 때문이다(조국, "검사작성 피의자신문조서와 영상녹화물의 증거능력", 「저스티스」 통권 107호, 2008. 10, 187-188면 참조).

무를 초월하는 원칙은 아닌 점 까지 고려하면 법관의 심증형성에의 영향을 우려하여 믿을 만한 증거를 탄핵증거로도 사용할 수 없게 한 것은 옳지 않다고 주장한다.[56] (3) **생각건대, 영상녹화물의 증거능력이 전체적으로 개정안보다 축소되어 입법된 점, 2항의 신설취지를 고려하고, 법문의 엄격해석 원칙과 확대적용의 위험성을 고려할 때 전설**(前說, 否定說)**이 타당하다.**

부정설의 우려를 감안하여 기억환기를 위한 영상녹화물의 재생(법 제318조의2 제2항)은 검사의 신청이 있는 경우에 한하고, 기억의 환기가 필요한 피고인 또는 피고인 아닌 자에게만 이를 재생하여 시청하게 하여야 한다(규칙 제134의5 제1항).

제 3 절 범인식별절차의 과학화

1. 중 요 성

앞서 본 바와 같이 물적 증거(예컨대, 디지털증거)의 강제적 확보가 더 널리 허용되고 분명해지면서, 진술증거를 수집하기 위한 무리한 수사관행은 많이 개선되었다. 현재 우리나라 수사의 특징적 모습은 불필요한 구속자제, 강압적 진술획득 금지, 이를 위한 수사방법의 개선(예컨대, 변호인의 수사기관 신문참여, 영상녹화 활성화)으로 표현할 수 있다.

그러나 **아직도 초기 진술증거 중 목격자 진술**(目擊者 陳述)**은 수사의 단초**(搜査端初)**가 되는 점에서 인적 증거의 핵심자리를 지키고 있다.** 피해자의 피해진술과 목격자의 범인 인상착의 진술을 통해 수사기관의 용의자 특정, 신병확보, 자백확보가 가능하기 때문이다.

그런데 만약 피해자 및 목격자가 피해사실을 부풀려 진술하거나 착각에 빠져 진술하는 경우, 특히 범인의 인상착의와 증거물에 대한 진술을 잘못 하는 경우에는 이후의 추가 수사과정이 아무리 과학적이더라도 이는 헛다리를 긁는 것에 불과하여 실체진실과 먼 진실탐구가 될 수밖에 없고, 억울한 전과자를 양산하는 것이 된다. 범인식별절차의 과학화와 중요성이 여기에 있다.

56) 이재상, 형사소송법, 제9판, 박영사, 2013, 654면; 정웅석, "피의자신문의 영상녹화에 관한 연구", 「법조」 57권 10호, 법조협회, 2008. 10, 21면; 안성수, 형사소송법－쟁점과 미래－, 박영사, 2009, 256－257면.

아래에서는 범인식별진술에 국한한 좁은 의미의 범인식별절차에 대해 살피고자 한다.

2. 범인식별진술의 개념

범인식별진술은 형사사건에서 목격자가 용의자의 인상착의를 직접 또는 사진을 보고 범인과의 동일성을 판단하기 위한 수사의 방법 또는 입증의 방법이다.

넓은 의미의 범인식별방법(廣義)은 형사사법기관이 용의자와 범인이 동일하다는 것을 입증하기 위해 실시하는 범인식별진술 등의 인적증거와 용의자의 지문, 혈액, 뇨, 머리카락, 타액 등을 압수하여 획득한 물적 증거를 모두 포함하지만, 좁은 의미의 법인식별방법(狹義)은 목격자 또는 피해자가 용의자와 범인과의 동일성을 진술하는 방법으로 진행된다.[1] 범인식별진술은 이와 같이 협의의 범인식별방법이다.

3. 진술의 오류 및 문제[2]

1984년 미국의 프레데릭 데이(Frederick Rene Day)는 경찰의 사진 라인업에서 강간범으로 지목돼 10년 간 징역을 살았지만 유전자 감정결과 범인이 아닌 것으로 밝혀진 억울한 옥살이 사례이고, 1980년 목격자 진술로 살인범으로 몰린 제임스 뉴섬(James Newsome)은 15년 간 징역을 산 뒤 컴퓨터 기술로 누명을 벗은 사례이다.

미국의 래트너(Rattner) 박사가 1900년 이래 미국의 잘못된 유죄판결 205건을 분석한 결과 52%가 목격증인의 잘못된 범인식별진술이 영향을 미친 것으로 나타났고 미국사법연구소는 유전자 감식으로 바로잡은 판결의 28건 중 86%가 목격증인의 진술에 영향을 받았다는 연구결과를 냈다. 특히 큰 문제는 범행현장의 지문, 모발, 타액 등 증거가 확보된 대부분의 사건과 달리 범인이 증거인멸을 시도했거나 피해자가 증거보전을 하지 않아 목격자(피해자) 진술의 신빙성이 유무죄 판결로 이어지는 성범죄나 살인사건 등 '은밀한 범죄'에 있다.

진술오류로 범인이 잘못 특정되는 것은 범죄 피해자가 실제 경험과 논리적 추론을 뒤섞는 수가 있고, 전혀 다른 곳에서 본 사람인데 낯이 익다는 이유로 범인

---

1) 조광훈, "수사기관의 범인식별진술 및 절차의 문제점과 개선방안", 「법학연구」 18권 1호, 연세대 법학연구원, 2008, 194-195.

2) 아래 내용은 연합뉴스, 기사, "범인식별 진술 '신빙성 확보' 절실", 2005. 6. 6.자를 주로 참고하였음.

으로 지목하는 경우가 있으며, 사람의 망각곡선이 'L자형'으로 급격히 하락하는 점, 피해자의 시선은 범인의 얼굴보다 흉기에 집중하게 되는 점 등과 같은 복합적 원인에서 기인한다.

4. 외국 수사실무

가. 미 국

미국 형사절차에서 행해지는 신원확인절차(identification)는 공판 전 피의자 여부를 심사하는 일렬(line-up)심사와 공판정 내에서 이루어지는 심사(in-court identification)로 나누어진다. 연방대법원은 United States v. Wade, 388 U.S. 218(1967)판결에서, 기소 전 일렬 심사에서 피고인이 된 당시 피의자에게 {길버트(Gilbert) 사건 판결과 같이} **변호인 참여가 보장되지 않았거나 불필요한 암시가 개입된 경찰 라인업은 문제가 된다**고 판시하여, 이른바 '웨이드-길버트 법칙'이 확립되었다.[3)]

이후 1988년 A. Rattner가 1900년 이래 미국에서 발생한 오판사례를 조사하였는데, 재판 확정 후 범인식별과 관련하여 피고인과 범인과의 동일성을 부정하는 결정적인 forensic evidence의 발견에 의하여 오판임이 명확히 입증된 사례로 총 205건을 확인하고 오판원인(perjury, forensic, errors, negligence of criminal officials, coerced confession)을 구분한 바, 이 중 절반이상(총 100건, 약 42%)의 사건에서 **목격증인 진술의 오류가 결정적인 오판원인**이었음을 밝힌 바 있다. 또한 1996년 Department of Justice, National Institute of Justice(NIJ)에서 유죄확정판결을 받은 사건 중 DNA typing 분석에 의해 오판으로 드러난 28건의 사례(주로 성범죄사건임)에서 범인식별진술이 원인이었음을 확인[4)]하면서, 1998년 미국 심리학회 제41회 부회인 American Psychology and Law Society(APLS)에서 최초로 line-up 및 photo spread 등의 활용에 대한 가이드라인을 발표한 바 있고, 1999년 Department of Justice는 「Eyewitness Evidence-a guide for Law Enforcement」라는 목격진술증거의 활용 및 범인식별절차에 관한 표준적 가이드라인의 제시, 2003년에는 「Eyewitness Evidence-a Trainer's Manual for Law Enforcement-」라는 training manual을 제

3) 연합뉴스, 기사, "범인식별 진술 '신빙성 확보' 절실", 2005. 6. 6.자; 민영성, "범인식별진술의 위험성과 그 대처방안", 「법학연구」 42권 1호(통권 50호), 부산대학교 법학연구소, 2001. 12, 179면. 민영성 교수는 Stovall 판결도 논의의 계기로 함께 보고 있다.

4) 권창국, "목격진술(eyewitness)의 신뢰성 판단기준에 관한 고찰", 「사회과학연구」 11권 1호, 동국대학교 사회과학연구원, 2004. 8, 137면.

시하게 되었다. 동 가이드라인과 훈련지침은 법적 강제력은 없으나, 경찰 및 기타 사법기관의 범인식별절차의 운영 및 범인진술증거에 관한 표준지침으로 기능하고 있다.[5)]

나. 영 국

1974년 Rt. Hon. Lord Devrin을 위원장으로 하는 특별위원회가 영국 내무성 산하에 설치되고, 오판사례의 분석 및 목격진술에 관한 그간의 실증적 연구결과에 대한 광범위한 검토를 거쳐, 1976년 목격진술의 신뢰성 판단문제에 대한 이른바 Devrin Report[6)]를 발간하였다.[7)] 데블린 위원회에서는 목격증인의 범인식별진술이 유일하거나 주된 유죄증거일 경우 2명 이상의 증인에 의해 범인으로 지목됐더라도 원칙적으로 무죄를 선고(사실상 보강증거를 요구하는 결과를 야기함)하도록 권고사항을 냈다.[8)]

그 후 다수의 오판사례와 함께 이에 대한 비난여론에 따라 Devrin report 및 동 보고서의 내용에 대한 법제 요청에 따라 1984년 '경찰 및 형사증거법{Police and Criminal Evidence Act(PACE)}'이 제정되었고, 이와 함께 동 법률시행에 따른 실무규범 형태로 '경찰관의 범인식별시의 실무규범(Code of Practice)'이 규정되어 범인식별진술에 관한 수사기관 등에 가이드라인을 설정·제공하게 되었다.[9)] 그 내용으로는, 가급적 사진보다 실물을 보고 범인을 고르되 사건발생 후 이른 시일 내에 실시하고, 대상자 중 범인이 없을 수도 있음을 목격증인에게 고지하고, 복수의 목격자가 있으면 상호 의견교환 기회를 주지 말 것 등을 담고 있었다.[10)]

PACE는 1995년에 대폭 개정되고 다시 2003년 개정되었는데, 범인식별진술에 관련한 가이드라인은 Code of Practice D. Identification에 규정되어 있다. Code of Practice는 법규범이 아니므로 그 준수의무는 없지만, 이에 위반한 대부분의 증

---

5) 권창국, "목격진술(eyewitness)의 신뢰성 판단기준에 관한 고찰", 「사회과학연구」 11권 1호, 동국대학교 사회과학연구원, 2004. 8, 148면.

6) 보고서 제목은, "Report to the Secretary of State for the Home Department of Departmental Committee on Evidence of Identification in Criminal Cases."

7) 권창국, "목격진술(eyewitness)의 신뢰성 판단기준에 관한 고찰", 「사회과학연구」 11권 1호, 동국대학교 사회과학연구원, 2004. 8, 145면.

8) 연합뉴스, 기사, "범인식별 진술 '신빙성 확보' 절실", 2005. 6. 6.자; 권창국, "목격진술(eyewitness)의 신뢰성 판단기준에 관한 고찰", 「사회과학연구」 11권 1호, 동국대학교 사회과학연구원, 2004. 8, 147면.

9) 권창국, "목격진술(eyewitness)의 신뢰성 판단기준에 관한 고찰", 「사회과학연구」 11권 1호, 동국대학교 사회과학연구원, 2004. 8, 145면.

10) 연합뉴스, 기사, "범인식별 진술 '신빙성 확보' 절실", 2005. 6. 6.자

거가 공판단계에서 증거 배제되는 경우가 많아 사실상 강행규범의 기능을 하는 것이다.[11] 원래 범인식별증거가 부당한 편견이나 암시 등에 바탕한 경우 이에 대한 증거배제는 common law 및 PACE section 78.에 의거 법관의 재량적 판단에 의하여 결정되는데, 최근 영국 판례들은 Code D.가 강행규범이 아닌 준칙에 불과한데도 이에 위반한 범인식별증거에 대한 증거배제 결정시 사실상 중요한 판단지침으로 활용하고 있다.[12] 그러한 예로, 극히 예외적으로 실시되는 단독면접(show-up)에 관한 규정에 위배한 경우 동 범인식별증거를 증거 배제한 경우로 R v. Leckie[1983] Crim LR 543를 들 수 있고, line-up(parade)규정에 위배하여 실시된 범인식별증거를 배제한 예로 R v. Gall(1990) 및 R v. Conway(1990), R v. Quinn(1995), R v. Nagah(1991), R v. Allen(1995) 사건[13]을 들 수 있다.

다. 독 일

독일 형사소송법 제58조 2항은 증인과 피의자를 대질시킬 수 있다고 규정하고 있고, '형사절차 및 과료절차에 관한 준칙' 18조는 대질시 여러 사람 가운데 피의자를 두고 범인을 지목하게 하고 있다. 경찰은 범인의 모습이나 특징에 대한 증인진술을 사전에 자세히 조서에 기록해야 하며 증인에게 피고인과 외관이 비슷한 여러 사람을 제시하고 증인 상호 간, 피의자와 비교대상자 간 접촉도 금지해야 한다.[14]

5. 우리 수사실무

그간 우리나라는 영·미 등의 국가에 비해 범인과 피고인의 동일성 입증이 범인식별진술에 의존하는 경우가 많지 않았고, 범인식별진술의 신용성에 관한 고찰에도 비교적 둔감하였으며, 범인과 피고인의 동일성을 다투는 대다수 사건의 관심사는 오히려 피고인의 자백의 증명력 평가에 있다고 치부되어 왔으므로,[15] 범인식

11) 조광훈, "수사기관의 범인식별진술 및 절차의 문제점과 개선방안", 「법학연구」 18권 1호, 연세대 법학연구원, 2008, 200-201면; 권창국, "목격진술(eyewitness)의 신뢰성 판단기준에 관한 고찰", 「사회과학연구」 11권 1호, 동국대학교 사회과학연구원, 2004. 8, 145면 주20).

12) 권창국, "목격진술(eyewitness)의 신뢰성 판단기준에 관한 고찰", 「사회과학연구」 11권 1호, 동국대학교 사회과학연구원, 2004. 8, 147면.

13) R v. Gall[1990] 90 Cr App R 64; R v. Conway[1990] Crim LR 402; R v. Quinn[1995] 1 Cr App R 480; R v. Nagah[1991] 92 Cr App R 344; R v. Allen[1995] Crim LR 643{권창국, "목격진술(eyewitness)의 신뢰성 판단기준에 관한 고찰", 「사회과학연구」 11권 1호, 동국대학교 사회과학연구원, 2004. 8, 148면 주32) 참조}.

14) 연합뉴스, 기사, "범인식별 진술 '신빙성 확보' 절실", 2005. 6. 6.자

15) 민영성, "범인식별진술의 위험성과 그 대처방안", 「법학연구」 42권 1호(통권 50호), 부산대학교 법학연구소, 2001. 12, 178면. 그러나 민영성 교수는, 근래 들어 범인식별진술의 신용성(신빙성, 증명

별진술의 중요성에 대하여 얼마나 무심하였는지 알 수 있다.

뒤늦게 대검찰청이 2004. 4. 일선 검찰청에 하달한 '수사기관의 범인식별 절차에 관한 세부지침'은 영국·독일 등에서 10~20년 전 제시된 규칙과 대부분 유사한 내용으로 되어 있으나,[16][17] 대법원이 명확하게 제시하고 있는 기준을 충분히 담고 있지 못하다는 지적을 받아왔다.[18]

나아가 일선 수사기관에서 범인식별절차의 중요성과 요령에 대하여 파악하고 있다고 하더라도 수사 실제에서 선진국과 같은 범인식별방식을 사용하는 것도 어려움이 있어왔다. 경찰 실무상 범인식별단계에서 **실물을 대상으로 한 라인업은 거의 엄두를 못내는 형편이고, '단독대질에 의한 범인식별진술'과 '사진에 의한 범인식별진술'을 주로 이용**하고 있다.[19] 경찰에서는, "용의자 1명을 경찰서로 임의동행하기도 어려운데 인상착의가 비슷한 사람 여러 명을 데려오는 것은 더 어렵다"며 "더구나 용의자를 긴급체포한 경우 48시간 내에 범인식별을 마치기도 어렵다"고 하고, 그 결과 경찰 실무상으로는 피해자의 진술을 토대로 구청 협조를 얻어 지역 내의 동일수법 전과자의 주민등록사진을 구한 뒤 그 사람의 사진을 보여주는 방식으로 수사를 진행하였기 때문에 재판단계에서는 라인업 기준을 엄격히 지키지 않았다는 이유로 무죄판결을 받는 경우가 자주 나왔다.[20] 대표적인 판례들을 뒤에서 소개하기로 한다.

이러한 수사관행에 대하여 법원에서는, "우리나라 수사기관이 그간 피의자의 자백에 많이 의존해온 탓에 이 분야에 대한 연구가 많이 축적돼 있지 않고 외국사

력)을 다룬 판례가 다수 등장하는바(대법원 1984. 6. 5, 선고 84도460 판결, 대법원 1986. 9. 9, 선고 86도1357 판결, 대법원 1993. 3. 9, 선고 92도2884 판결, 대법원 1995. 3. 10, 선고 94도2422 판결, 대법원 1995. 9. 15, 선고 94도1163 판결, 대법원 1995. 12. 26, 선고 95도1212 판결 등), 앞으로 우리나라에서도 자백의 수집과 활용이 점점 곤란해짐에 따라 범인식별진술이 빈번히 형사사건에 등장하고 그 신용성을 둘러싼 다툼이 증가할 것으로 예견하였다.

16) 연합뉴스, 기사, "범인식별 진술 '신빙성 확보' 절실", 2005. 6. 6.자

17) 그 내용은 다음과 같다. 「수사기관의 범인식별지침은 들러리를 선정함에 있어 2인 이상으로 선정하고 가급적이면 다수의 선택적 식별방법을 사용하고, 식별을 위하여 용의자(또는 사진)의 연령, 체격, 인상착의와 비슷한 인물을 찾아 식별절차에 활용하고, 목격자가 심리적으로 안정된 상태에서 식별할 수 있도록 하고, 식별절차의 비교대상자(또는 사진)들에 대하여 그 인적사항을 구체적으로 기재하여 본인의 기명·날인을 받아두고 각 대상자들에 대한 목격자의 진술 내용을 수사보고 형식으로 기재하여 기록에 편철하여야 한다.」(조광훈, "수사기관의 범인식별진술 및 절차의 문제점과 개선방안", 「법학연구」 18권 1호, 연세대 법학연구원, 2008, 221-222면 참조).

18) 조광훈, "수사기관의 범인식별진술 및 절차의 문제점과 개선방안", 「법학연구」 18권 1호, 연세대 법학연구원, 2008, 202-203면.

19) 조광훈, "수사기관의 범인식별진술 및 절차의 문제점과 개선방안", 「법학연구」 18권 1호, 연세대 법학연구원, 2008, 203면.

20) 연합뉴스, 기사, "범인식별 진술 '신빙성 확보' 절실", 2005. 6. 6.자

례를 참고하는 수준"이라며 "형사소송법 개정 등을 앞두고 수사기관이 증인진술의 신빙성을 확보 방안을 마련할 필요가 있다"고 지적하였다.[21]

결국 우리나라의 수사기관의 범인식별진술은 그 방법의 선택 및 실시에서 범인에 대한 인상착의 등에 구체적인 묘사진술이 부족하고 담당 경찰관의 잘못된 편견과 암시로 범인식별진술의 신빙성을 높게 평가받지 못하고 있는데다가, 영·미와는 달리 객관성을 띠는 라인업보다는 수사기관에 의한 암시가 강한 단독면접이나 사진에 의한 범인식별진술을 이용하는 경우가 많았으며, 수차에 걸쳐 반복되는 범인식별진술은 객관적이고 공정하지 못한 수사기관으로부터 강한 암시와 압박으로 왜곡된 채로 수집된 것이므로 신빙성을 얻지 못하는 것은 어쩌면 당연한 결과라고도 볼 수 있다.[22] 실무 개선이 시급하다고 할 것이다.

6. 범인식별 방식[23]

	장 점	단 점
라인업(Line-up)[24] (용의자와 다수를 보임)	암시성 최소화, 높은 신빙성	지목욕구 높아져 오(誤)지목 위험
쇼우업(Show-up)[25] (용의자와 단독 대면)	범죄현장에서 체포한 용의자와 대면 시 신빙성 높음	암시성 강함, 신빙성 낮음 (따라서 **최후에 사용하여야 하는데, 우리 수사기관이 가장 많이 사용**하고 무죄판결 양산)
사진 식별[26] (Photographic Identification)	암시효과 상대적으로 낮고, 용의자 도주 시 용이 (공정한 인물구성, 배열구성의 번거로움, 따라서 라인업 불가능시 제한적으로 활용됨)	신빙성 낮음 (한 장면만을 담는 사진의 특성, 주로 과거 사진으로 식별곤란)
가두 식별 (Street Identification)	사진 확보 어려운 경우, 라인업 어려운 경우에도 가능, 환경통제 가능하고 암시성 우려 없을 경우 사진식별보다도 먼저 실시가 가능	환경통제가 어렵고, 운용 시 가이드라인이 없어 수사실무상 사용하기 어려움

21) 연합뉴스, 기사, "범인식별 진술 '신빙성 확보' 절실", 2005. 6. 6.자

22) 조광훈, "수사기관의 범인식별진술 및 절차의 문제점과 개선방안", 「법학연구」 18권 1호, 연세대 법학연구원, 2008, 202-203면.

23) 조광훈, "수사기관의 범인식별진술 및 절차의 문제점과 개선방안", 「법학연구」 18권 1호, 연세대 법학연구원, 2008, 196-200면의 내용을 필자가 표로 정리해 보았다.

24) 라인업 방식은 많이 이용되지 않는데다가 수사기관이 라인업에 대한 명확한 인식이 부족하고 이를 구체적이고 상세하게 규정하는 제도도 마련되어 있지 않으며, 그나마 범행 당시의 시간, 조명,

7. 범인식별시 준수사항

가. 범인의 인상착의 등에 관한 목격자의 진술 내지 묘사를 사전에 상세히 기록화하여야 하고,

나. 용의자를 포함하여 그와 인상착의가 비슷한 여러 사람을 동시에 목격자와 대면 시켜 범인을 지목하도록 하여야 하며(일대다면 원칙),

다. 용의자와 목격자 및 비교대상자들이 상호 사전에 접촉하지 못하도록 하여야 하고,

라. 사후에 증거가치를 평가할 수 있도록 대질 과정과 결과를 문자와 사진 등으로 서면화하는 등의 조치를 취하여야 한다.

이 중 나.와 관련하여, 대법원도 「용의자의 인상착의 등에 의한 범인식별절차에 있어 용의자 한 사람을 단독으로 목격자와 대질시키거나 용의자의 사진 한 장만을 목격자에게 제시하여 범인 여부를 확인하게 하는 것은 사람의 기억력의 한계 및 부정확성과 구체적인 상황 하에서 용의자나 그 사진 상의 인물이 범인으로 의

의류 착용상태 등을 범행 당시의 조건과 유사하게 하려는 기본적 시도조차도 지켜지지 않는 경우가 많아 주먹구구식의 범인식별진술이 문제가 많다고 지적되고 있다(조광훈, "수사기관의 범인식별진술 및 절차의 문제점과 개선방안", 「법학연구」 18권 1호, 연세대 법학연구원, 2008, 204면).

25) 단독면접은 암시성이 가장 강하여 위험한 방식이므로, 다음과 같은 사항을 준수하여야 할 것이다. 「① 사전에 목격자로부터 가능한 상세하게 범인 등에 대한 진술을 확보·기록하고, 이러한 기록이 확보될 때까지 단독면접은 연기되어야 한다. ② 범인의 처벌을 강력히 희망하는 목격자와의 대질은 절대적으로 피하여야 한다. ③ 경찰관 등은 가능한 공정성을 확보하도록 노력하면서, "이 사람이 당신이 본 범인일 수도 있지만, 아닐 수도 있습니다."라고 경고하여 암시성을 최소화하고, 범인과 옷차림, 용모가 유사하다는 등의 유도적 묘사를 하지 않아야 한다. ④ 경찰관 등은 단독면접에 앞서 대상자의 사진 등을 미리 목격자에게 제시하지 않아야 한다. ⑤ 피의자에게 범인이 범행당시 착용한 옷차림을 착용하게 하는 등 목격자에게 암시효과를 가져올 수 있는 조치를 하여서는 안된다. ⑥ 가능한 one-way-mirror 및 면접과정을 녹화할 수 있는 설비가 갖추어진 시설에서 실시되어야 한다. ⑦ 가능한 단독면접과정에 변호인을 입회시켜, 면접절차에 대한 의견제시와 목격자에 대한 질문기회를 부여하고, 단독면접의 전 과정은 당해 사건수사와 무관한 경찰관에 의해 실시되어야 한다. ⑧ 목격자가 수인인 경우, 각 목격자 간 의사교환 등을 금지하여야 한다.」{권창국, "목격진술(eyewitness)의 신뢰성 판단기준에 관한 고찰", 「사회과학연구」 11권 1호, 동국대학교 사회과학연구원, 2004. 8, 142면 참조}.

26) 성폭력, 폭력, 마약범죄에서 많이 사용된다. 우리나라는 구체적 가이드라인조차 없어 신빙성이 낮게 평가된다. 목격자에게 용의자의 사진을 보여주면서, "저 사진 속의 범행을 한 사람인지 봐 주십시요"라고 하거나 "이 사진 속의 사람이 당신이 목격한 범인과 그 용모가 비슷한 사람인지 봐 주십시요"라고 하여 범인식별진술 절차에서 지켜야 할 객관성과 공정성을 유지하지 못하고 오히려 부정적 암시를 주는 경우가 많아 문제이다. 따라서 장래에는 수사단계에서 목격자의 확보로 범인의 인상착의 등에 대해 구체적이고 상세한 묘사진술을 먼저 확보하고 이에 따라 용의자와 foil의 사진을 통하여 식별하는 절차를 거치는 쪽으로 바뀌어야 할 것이다(조광훈, "수사기관의 범인식별진술 및 절차의 문제점과 개선방안", 「법학연구」 18권 1호, 연세대 법학연구원, 2008, 205면).

심받고 있다는 무의식적 암시를 목격자에게 줄 수 있는 가능성으로 인하여, 그러한 방식에 의한 범인식별 절차에서의 목격자의 진술은 그 용의자가 종전에 피해자와 안면이 있는 사람이라든가 피해자의 진술 외에도 그 용의자를 범인으로 의심할 만한 다른 정황이 존재한다든가 하는 등의 부가적인 사정이 없는 한 그 신빙성이 낮다고 보아야 한다.」라고 판시[27]하여 **일대다면 원칙의 경우 신빙성을 높게 보고 있으며, 단독대면 또는 단독사진으로 확인하는 방식의 신빙성을 낮게 보고 있다.**

이러한 원칙은 목격자가 용의자를 범인으로 지목한 이후에 이루어지는 동영상 제시 및 대면 등에 의한 범인식별 절차에서도 적용된다.[28]

다만, 범죄 발생 직후 목격자 또는 피해자가 현장이나 그 부근에서 범인을 찾는 경우 일대일 대면은 목격자에 의한 생생하고 정확한 식별의 가능성이 열려 있고 범죄의 신속한 해결을 위한 즉각적인 대면의 필요성도 인정할 수 있으므로, 용의자와 목격자의 일대일 대면도 허용된다고 할 것이다. 대법원도 피해자가 경찰관과 함께 범행 현장에서 범인을 추적하다 골목길에서 범인을 놓친 직후 골목길에 면한 집을 탐문하여 용의자를 확정한 경우, 그 현장에서 용의자와 피해자의 일대일 대면이 허용된다고 판시하였다.[29]

8. 범인식별진술의 신빙성 사례

1980년도 이전에는 범인식별진술 및 그 절차를 문제 삼는 판례는 찾아보기 어려웠으나, 이후 대법원은 범인식별진술에 관하여 진술의 신빙성을 지적하기 시작하였고, 수사기관이 범인식별진술과 절차를 제대로 지키지 않고 적용한 범인식별진술의 신빙성을 인정할 수 없다고 보아 잇달아 무죄를 선고하였다.[30]

아래 판결들을 보면, 대법원은 수사기관이 범인식별진술 방법의 선택과 실시 과정에서 준수하여야 할 일정한 기준을 제시하고 있다.

가. 피해자에게 미리 피의자의 사진만을 제시하여 보여준 후 피의자와 단독 대면한 사례 : 위법

27) 대법원 2004. 2. 27, 선고 2003도7033 판결.
28) 대법원 2008. 1. 17, 선고 2007도5201 판결.
29) 대법원 2009. 6. 11, 선고 2008도12111 판결.
30) 조광훈, "수사기관의 범인식별진술 및 절차의 문제점과 개선방안", 「법학연구」 18권 1호, 연세대 법학연구원, 2008, 207면.

「용의자의 인상착의 등에 의한 범인식별 절차에 있어 용의자 한 사람을 단독으로 목격자와 대질시키거나 용의자의 사진 한 장만을 목격자에게 제시하여 범인 여부를 확인하게 하는 것은 사람의 기억력의 한계 및 부정확성과 구체적인 상황 하에서 용의자나 그 사진 상의 인물이 범인으로 의심받고 있다는 무의식적 암시를 목격자에게 줄 수 있는 가능성으로 인하여, 그러한 방식에 의한 범인식별 절차에서의 목격자의 진술은, 그 용의자가 종전에 피해자와 안면이 있는 사람이라든가 피해자의 진술 외에도 그 용의자를 범인으로 의심할 만한 다른 정황이 존재한다든가 하는 등의 부가적인 사정이 없는 한 그 신빙성이 낮다고 보아야 한다.

이와 같은 점에서 볼 때, 범인식별 절차에 있어 목격자의 진술의 신빙성을 높게 평가할 수 있게 하려면, 범인의 인상착의 등에 관한 목격자의 진술 내지 묘사를 사전에 상세히 기록화한 다음, 용의자를 포함하여 그와 인상착의가 비슷한 여러 사람을 동시에 목격자와 대면 시켜 범인을 지목하도록 하여야 하고, 용의자와 목격자 및 비교대상자들이 상호 사전에 접촉하지 못하도록 하여야 하며, 사후에 증거가치를 평가할 수 있도록 대질 과정과 결과를 문자와 사진 등으로 서면화하는 등의 조치를 취하여야 할 것이고, 사진제시에 의한 범인식별 절차에 있어서도 기본적으로 이러한 원칙에 따라야 한다.[31]

…(중략) 이 부분 공소사실에 직접적으로 부합하는 위 피해자들의 진술의 신빙성에 대하여 보건대, 기록에 의하여 인정되는 다음과 같은 여러 사정, 즉 ① **공소외 1은** 사건이 발생한 직후 범인의 인상착의에 대하여 20대나 30대의 남자로서 키는 180㎝ 정도이고, 얼굴을 둥근형이라고 진술하였으나, 이는 피고인의 인상착의와 일치한다고 보기 어려운 점(기록에 의하면, 피고인의 키는 173㎝ 정도로 보인다), ② **공소외 2는** 범인의 인상착의에 대하여 사건이 발생한 직후에는 10대 후반 정도로 보이고, 키는 167㎝ 정도이며, 착한 얼굴이라는 느낌을 받았다고 진술하였고, 피고인과 대면하기 직전에는 범인이 잘 생기고 매우 착하면서도 깔끔한 인상이라고 진술하였을 뿐, 피고인을 범인으로 단정 지을 수 있을 정도로 상세한 진술을 한 바 없고, 피고인과 대면한 후 피고인을 범인으로 지목한 이유로 피고인의 머리모양이 범인과 같다는 점을 들고 있으나, 한편 범인의 다른 신체적 특징을 묻는 질문에 대하여는 위 사건 당시 너무 긴장을 하고 겁이 나서 범인의 얼굴을 똑바로 보지 못하였기 때문에 기억나지 않는다고 진술하고 있어, 공소외 2가 범인의 얼굴을 제대로 보지 못하여 기억하지 못하고 있을 가능성을 배제할 수 없는 점, …(중략) ④ **공소외 1**의 경우에는 먼저 피고인만의 사진을 제시한 채 범인인지를 물어본 다음, 인상착의가 비슷한 다른 비교대상자 없이 피고인만을 직접 대면하게 하여 피고인이 범인인지 여부를 확

31) 同旨 대법원 2007. 9. 7, 선고 2007도3031 판결.

인하게 하였고, **공소외 2**의 경우에는 범인이 검거되었으니 경찰서에 출석하라고 연락한 다음, 피고인만의 사진을 제시한 채 범인인지를 물어 범인일 가능성이 70~80% 정도라는 대답을 들은 후, 피고인과 또 다른 한 사람만을 직접 대면하도록 한 상태에서 피고인이 범인인지 여부를 확인하도록 한 것으로서, **범인식별절차에 있어서 신빙성을 높이기 위하여 준수하여야 할 절차를 충족하지 못하였을 뿐 아니라, 그 과정에서 사진 상의 인물인 피고인이 위 각 사건의 범인일 가능성이 있다는 암시가 주어졌을 개연성이 있는 점**, ⑤ 공소외 1의 경우에는 사건 발생일로부터 5개월 이상 경과한 후에, 김순*의 경우에는 3개월가량 경과한 후에 위와 같은 범인식별절차가 이루어짐으로써 종전에 피고인을 만난 적이 없던 위 피해자들로서는 기억력의 한계 등으로 인하여 범인에 대한 기억이 부정확할 여지가 있는 점, ⑥ 공소외 2는 제1심 법정에서 피고인이 범인이라고 확신하는 정도가 70~80% 가량이라고 진술하여 그 스스로도 피고인이 범인이 아닐 가능성을 배제하지 못하고 있는 점 등에 비추어, 피고인을 위 각 사건의 범인으로 지목한 피해자들의 각 진술은 선뜻 믿기 어렵다.」(대법원 2007. 5. 10, 선고 2007도1950 판결)[32]

나. 참고인에게 미리 피의자가 범인일 수 있다는 암시를 하면서, 피의자의 사진만을 제시 : 위법

「…(전략) 이와 같은 점에서 볼 때, **범인식별 절차에 있어 목격자의 진술의 신빙성을 높게 평가할 수 있게 하려면**, 범인의 인상착의 등에 관한 목격자의 진술 내지 묘사를 사전에 상세히 기록화한 다음, 용의자를 포함하여 그와 인상착의가 비슷한 여러 사람을 동시에 목격자와 대면 시켜 범인을 지목하도록 하여야 하고, 용의자와 목격자 및 비교대상자들이 상호 사전에 접촉하지 못하도록 하여야 하며, 사후에 증

32) 참고로 이 판결에서는, 유전자 검사의 증명력이 상당하여 자유심증주의를 구속한다는 점도 추가로 확인해 주고 있다. 과학적 증거에 대한 우리 법원의 증거법상 태도로 볼 수 있다.
「자유심증주의를 규정한 형사소송법 제308조가 증거의 증명력을 법관의 자유판단에 의하도록 한 것은 그것이 실체적 진실발견에 적합하기 때문이지 법관의 자의적인 판단을 인용한다는 것은 아니므로, 증거판단에 관한 전권을 가지고 있는 사실심 법관은 사실인정에 있어 공판절차에서 획득된 인식과 조사된 증거를 남김없이 고려하여야 한다. 그리고 증거의 증명력은 법관의 자유판단에 맡겨져 있으나 그 판단은 논리와 경험법칙에 합치하여야 하고, 형사재판에 있어서 유죄로 인정하기 위한 심증형성의 정도는 합리적인 의심을 할 여지가 없을 정도여야 한다(대법원 2004. 6. 25, 선고 2004도2221 판결 등 참조). 특히, 유전자검사나 혈액형검사 등 과학적 증거방법은 그 전제로 하는 사실이 모두 진실임이 입증되고 그 추론의 방법이 과학적으로 정당하여 오류의 가능성이 전무하거나 무시할 정도로 극소한 것으로 인정되는 경우에는 법관이 사실인정을 함에 있어 상당한 정도로 구속력을 가진다 할 것이므로, 비록 사실의 인정이 사실심의 전권이라 하더라도 아무런 합리적 근거 없이 함부로 이를 배척하는 것은 자유심증주의의 한계를 벗어나는 것으로서 허용될 수 없다.」

거가치를 평가할 수 있도록 대질 과정과 결과를 문자와 사진 등으로 서면화하는 등의 조치를 취하여야 할 것이고, 사진제시에 의한 범인식별 절차에 있어서도 기본적으로 이러한 원칙에 따라야 할 것이다.

이와 같은 관점에서 공소사실에 부합하는 공소외 1의 진술의 신빙성을 살펴보면, 검찰은 공소외 1로부터 그가 이 사건 메스암페타민을 매수하면서 목격한 판매자의 연령과 키·몸무게 등 체격조건에 관한 간략한 진술만을 확보한 다음, 공소외 1이 이 사건 메스암페타민을 매수하기 직전에 매수 장소 등을 정하기 위하여 통화하였다는 휴대폰번호의 가입자 주소지를 조회하여 그 주소지를 관할하는 동에 주소를 둔 피고인의 이름 끝 자가 '천'인 것으로 확인되자 피고인의 사진이 첨부된 주민등록초본을 모사전송 받아 그 사진을 공소외 1에게 제시하였고, 이에 공소외 1이 그 사진 상의 인물이 이 사건 메스암페타민을 판매한 '성불상 천'이 맞다고 진술하였는바, 공소외 1의 이러한 진술은 범인식별 절차에서 신빙성을 높이기 위하여 준수하여야 할 절차를 제대로 지키지 못하였을 뿐만 아니라, 그 식별절차 이전의 과정에 비추어 볼 때 제시된 사진 상의 인물인 피고인이 위 핸드폰의 가입명의자임을 알게 된 공소외 1에게 피고인이 범인일 가능성이 있다는 암시가 주어졌을 개연성이 있다는 점에서 높은 정도의 신빙성이 있다고 하기는 어렵다.」(대법원 2004. 2. 27, 선고 2003도7033 판결).[33]

다. 강간 피해자가 수사기관이 제시한 47명의 사진 속에서 피고인을 범인으로 지목하자, 이어진 범인식별 절차에서 수사기관이 피해자에게 피고인 한 사람만을 촬영한 동영상을 보여주거나 피고인 한 사람만을 직접 보여주어 피해자로부터 범인이 맞다는 진술을 받고, 다시 피고인을 포함한 3명을 동시에 피해자에게 대면시켜 피고인이 범인이라는 확인을 받은 사례 : 위법

「…(전략) 탐문 수사를 하던 경찰은 사건 발생 4~5일 후에 용의자 인적사항을 확보하기 위해 피해자에게 '수법영상시스템'을 활용하여 300여 명을 확인하게 하였으나 용의자를 발견하지 못하였고, 그 후 피해자가 이 사건으로 인한 정신적 충격을 이유로 경찰서에 출석하여 용의자 사진 확인하는 것을 거부하자, 경찰은 피해자의 어머니가 의심한 중부산케이블방송 동구점 직원들과 피고인을 비롯한 부산동부경찰서

33) 다른 증거가치 높은 증거를 토대로 유죄가 선고된 사례. 이 판결에 대해 조광훈, "수사기관의 범인식별진술 및 절차의 문제점과 개선방안", 「법학연구」 18권 1호, 연세대 법학연구원, 2008, 210면에서는, 수사기관의 단독면접 및 사진식별에 의한 범인식별진술의 절차적 문제점을 지적하고, 범인식별진술 방법을 선택함에는 신중을 기하고 나아가 절차에서도 공정성을 지켜야 한다는 가이드라인을 최초로 제시한 판례로 보고 있다.

관내 성폭력 우범자 총 47명의 주민등록 화상사진을 컴퓨터휴대용 저장장치(USB)에 저장한 후, 2006. 8. 28. 12:30 무렵 피해자 집에서 피해자의 어머니 입회 아래 컴퓨터 화면을 통해 피해자를 상대로 확인하게 하였는데, 피해자가 "피고인의 사진이 범인과 아주 많이 닮았다"고 진술하였던 사실, 이에 경찰은 부산지방법원으로부터 피고인에 대한 체포영장을 발부받아 연고지 및 배회처를 상대로 수사하던 중 2006. 10. 11. 23:15 무렵 부산 동구 초량3동에 있는 고시텔 내에서 피고인을 체포하여 범행을 추궁하였으나, 범행 일체를 부인하여 피고인을 상대로 진술조서 작성 후, 피고인 동의 아래 자연스러운 모습을 비디오카메라로 촬영하여 2006. 10. 12. 07:30 무렵 피해자의 집에서 피해자의 어머니 입회 아래 피해자에게 확인하게 하자, 피해자가 "피고인이 자신에게 피해를 입혔던 범인이 맞다"고 진술하였고, 그 직후인 같은 날 아침 무렵 부산동부경찰서 숙직실에서, 유리를 통해 피해자만 피고인의 얼굴을 볼 수 있는 상태에서 혼자 있는 피고인이 범인인지 여부를 확인하게 하여 피해자가 "범인이 맞다"고 하자, 이를 비디오카메라로 녹화하기 위하여 같은 날 08:10 무렵 범인식별실에 피고인을 포함하여 평복을 입은 3명을 의자에 동시에 앉힌 상태에서, 피해자의 어머니 입회 아래 피해자로 하여금 피해자만 피고인을 볼 수 있는 특수유리를 통해 범인 여부를 확인하게 하자, 피해자는 "피고인이 범인이 맞다"고 진술하였던 사실을 인정하고, 다음과 같은 점, 즉 ① 특수유리를 통해 피고인을 대면한 피해자가 범인식별 절차에서 피고인을 범인으로 지목한 진술은 피고인을 포함한 3명을 동시에 앉혀 놓은 상태에서 범인을 지목하는 방식으로 이루어진 것이기는 하였으나, 그 직전에 피고인만의 모습을 비디오카메라로 촬영한 동영상을 피해자에게 보여주고 범인 여부를 확인하게 하였고, 다시 피고인 혼자만 있는 상태에서 피해자로 하여금 범인 여부를 확인하게 하여 피해자가 "피고인이 범인이 맞다"고 진술하였다는 것이므로, 피고인을 범인으로 지목한 피해자의 이러한 진술들은 범인식별 절차에서 신빙성을 높이기 위하여 준수하여야 할 절차를 제대로 지키지 못한 상태에서의 진술인 점, ② 피해자가 사건 발생일로부터 25일이 지난 무렵 용의자들 사진 중에서 피고인의 사진을 보고 범인과 아주 많이 닮았다고 진술하였으나, 이는 피고인의 신체적 특성이나 특별한 인상착의를 근거로 한 것이 아니고, 오히려 피해자는 범인의 얼굴과 팔 등이 지나가면 표가 날 정도로 검은 편이었다고 사건 당일 진술하였는데, 피해자에게 제시되었던 피고인의 사진을 보면, 그 얼굴색이 피해자의 진술처럼 표가 날 정도로 검은 편이라고는 보이지 아니하고, 달리 범행 당시 피고인의 얼굴과 팔 등이 피해자의 진술처럼 매우 검은 편이었음을 인정할 만한 증거도 없어서 피해자가 진술한 범인의 인상착의와 용의자로 제시된 피고인의 사진 상의 인상착의가 과연 동일한 지에 대해서도 분명하지 아니한 점, ③ 피해자는 범인의 얼굴에 점은 없었다고 사건 당일 진술하였으나, 원심의 검증 결과에 의하면 피고인의 왼쪽 볼에 사마귀 같은 점이 있는 사실이 인정되는 점, ④ 피고인이 종전에 피해자와 안면이 있는 사람이라든가 피해자의 진술 외에도 피고인을 범인으로 의심할 만한 다른 정황이 존재한다든가 하는 등의 부가적인 사정이 없는 점 등의 사정을 종합하여, 이 사건 공소사실에 대한 직접적인 증거인 피해자의 진술은 그 신빙성이 낮고, 검사가 제출한 나머지 증거들만으로는 공소사실을 인정하기에 부족하며, 달리 이를 인정할 증거가 없으므로, 이 사건 공소사실은 합리적인 의심을 할 여지가 없을 정도로 입증되었다고 볼 수 없다고 하여 제1심판결을 파기하여 피고인에게 무죄를 선고하였는바, 이러한 원심의 조치는 앞서 본 용의자의 인상착의 등에 의한 범인식별 절차에 관한 법리와 사실심 법관의 합리적인 자유심증에 따른 것으로서 기록에 비추어 정당한 것으로 수긍이 가고, 거기에 상고이유로 주장하는 바와 같은 채증법칙 위배 등의 위법이 없다.」(대법원 2008. 1. 17, 선고 2007도5201 판결)

라. 이미 피의자가 범인으로 체포된 사실을 들어 암시받았고, 피고인과만 대면하여 지목하였고, 다른 피해자들과 함께 확인하여 진술에 영향을 받은 사례 : 위법

「…(전략) 기록에 의하면, 경찰은 1999년경부터 김해시 삼방동 일원에서 빈발하던 강도·강간사건의 범인을 검거하기 위하여 피해자들의 질내액 등에 대한 유전자감정을 통하여 범인의 유전자정보를 축적해오던 중 피고인의 혈액에 대한 유전자감정 결과 피고인의 유전자형이 그동안 축적해오던 범인의 유전자형과 일치한다는 국립과학수사연구소의 감정 결과를 통보받고 2003. 10. 23. 피고인을 강도·강간사건의 범인으로 긴급체포한 사실, 피고인이 긴급체포된 후 경찰은 강도·강간, 특수절도 사건 등의 피해자들을 경찰서로 소환하여 피고인을 대면하게 하고 범인인지 여부를 확인하게 하였는데, 그 과정에서 피해자 문 (이름 생략)4, 이 (이름 생략)5, 배 (이름 생략)9, 하 (이름 생략)11 등은 피고인이 범인이 맞다거나 범인과 매우 닮았다고 진술하였고 피해자 이 (이름 생략)5와 하 (이름 생략)11은 검찰수사과정에서도 같은 취지로 진술한 사실, **피해자 문 (이름 생략)4, 이 (이름 생략)5, 배 (이름 생략)9, 하 (이름 생략)11**이 경찰에서 피고인이 범인인지 여부를 확인할 당시, 위 피해자들은 피고인이 위 삼방동 일대에서 발생한 주거침입강간등 사건의 범인으로 체포되었다는 사실을 경찰관으로부터 이미 들은 상태였고, 피해자들이 진술한 범인의 인상착의와 비슷한 여러 사람 중에서 피고인을 범인으로 지목한 것이 아니라 피고인만이 있는 상태에서 피고인이 범인인지 여부를 확인만 함으로써 인상착의가 비슷한 여러 사람을 놓고 범인을 지목케 하여야 한다는 요건을 충족하지 못하였던 사실, 또한 위 피해자들이 피고인이 범인인지 여부를 확인할 당시 다른 피해자들과 한자리에서 범인인지 여부를 확인함으로써 다른 사람들의 진술에 영향을 받았을 가능성을 배제할 수도 없었던 사실, 피해자 문 (이름 생략)4는 수사기관에서 범인의 인상착의에 관하여 진술한 바 없었는데 그로부터 2년 2개월가량이 지난 후 피고인을 대면하고 피고인이 범인이라고 진술한 사실, **피해자 이 (이름 생략)**5의 경우, 피해를 당할 당시 범인은 복면을 하고 있었는데, 이 (이름 생략)는 최초로 피해사실을 경찰에 신고할 당시 복면한 범인의 중요한 특징이라고 할 수 있는 곱슬머리, 짙은 쌍꺼풀, 오른쪽 눈썹부위의 점 등에 관하여는 진술하지 아니하였다가 경찰서에서 피고인을 본 이후에 위와 같은 신체적 특징에 비추어 피고인이 범인이 맞다 라고 진술하였고, 범인의 얼굴형에 관하여 최초로 피해사실을 신고할 당시에는 갸름한 얼굴이라고 하였다가 피고인을 본 이후 검찰수사과정에서는 둥근 형이라고 하는 등 범인의 인상착의에 관한 진술이 일관되지 아니하며, 검찰수사과정에서 피고인이 범인인지 100% 단정할 수 없다고 진술한 사실, **피해자 배 (이름 생략)**9의 경우, 피해를 당한 직후에는 범인의 인상착의에 관한 진술을 한 바 없고 그로부터 1년 11개월가량이 지나 피고인이 범인으로 지목되어 구속된 이후에 피고인의 사진을 본 상태에서 범인의 인상착의에 관한 진술을 한 것으로 보여 그 인상착의에 관한 진술이 피고인의 사진에 의하여 영향을 받았을 가능성을 배제할 수 없는 사실, **피해자 하 (이름 생략)**11의 경우에도 피해 당시 TV 불빛 아래서 대략 10분 정도 야구모자를 쓰고 있던 범인을 본 것인데, 피해를 당한 직후에는 수사기관에서 범인의 인상착의에 관한 진술을 한 바 없다가 그로부터 1년 3개월가량이 지나, 구속되어 있는 피고인을 본 이후에 비로소 범인의 인상착의에 관한 진술을 하였고, 피고인이 범인인지 확인하는 과정에서도 경찰은 피고인을 뒤로 세우고 다른 피해자 6명과 함께 피고인의 목소리를 듣게 하였는데 다른 피해자들도 범인의 목소리와 같다고 하였다는 것으로서 다른 피해자들로부터 피고인이 범인이라는 암시를 받았을 가능성이 크며, 위 피해자는 피고인과 정면으로 대면한 적은 없고 피고인이 조사를 받은 후 호송될 때 피고인의 얼굴을 슬쩍 본 정도인 사실 등을 알 수 있는바, 사정이 이와 같다면, 비록 피해자 문 (이름 생략), 이 (이름 생략), 하 (이름 생략), 배 (이름 생략) 등에 대한 범행방법이 원심이 유죄로 인정한 다른 범죄사실의 범행방법과 유사하다는 등의 정황이 있다고 하더라고 피고인을 이 부분 공소사실의 범인으로 지목한 위 피해자들의 각 진술은 이를 선뜻 믿기가 어렵다.」(대법원 2005. 6. 10, 선고 2005도1461 판결)

마. 야간에 짧은 시간 동안 범행을 당한 피해자에게 수사기관이 잘못된 단서에 의하여 범인으로 지목하고 신병을 확보한 용의자를 일대일로 대면 : 위법

「…(전략) 피고인은 경찰 이래 원심법정에 이르기까지, 자신은 이 사건 전날 중노동을 하고 저녁에 술에 상당히 취한 채 집에서 잠을 자다가 이 사건 당일 새벽 5시경 공소외 1의 전화를 받고 그를 만나러 간 사실이 있을 뿐이지 신흥사에 들어가 이 사건 강도상해 범행을 저지른 적이 없다고 일관되게 부인하고 있다.

제1심과 원심이 피고인에 대한 유죄의 직접적 증거로 내세운 것은 피해자들의 수사기관 및 법정에서의 진술뿐이므로 이 사건의 핵심은 피해자들 진술의 신빙성 유무이다.

이 사건에서와 같이 야간에 짧은 시간 동안 강도의 범행을 당한 피해자가 어떤 용의자의 인상착의 등에 의하여 그를 범인으로 진술하는 경우에, 그 용의자가 종전에 피해자와 안면이 있는 사람이라든가 피해자의 진술 외에도 그 용의자를 범인으로 의심할 만한 다른 정황이 존재한다든가 아니면 피해자가 아무런 선입견이 없는 상태에서 그 용의자를 포함하여 인상착의가 비슷한 여러 사람을 동시에 대면하고 그 중에서 범인을 식별하였다든가 하는 부가적인 사정이 있다면, 직접 목격자인 피해자의 진술은 특별히 허위진술을 할 동기나 이유가 없는 한 그 증명력이 상당히 높은 것이라 하겠으나, 피해자가 범행 전에 용의자를 한 번도 본 일이 없고 피해자의 진술 외에는 그 용의자를 범인으로 의심할 만한 객관적인 사정이 존재하지 않는 상태에서, 수사기관이 잘못된 단서에 의하여 범인으로 지목하고 신병을 확보한 용의자를 일대일로 대면하고 그가 범인임을 확인하였을 뿐이라면, 사람의 기억력의 한계 및 부정확성과 위와 같은 상황에서 피해자에게 주어질 수 있는 무의식적인 암시의 가능성에 비추어 그 피해자의 진술에 높은 정도의 신빙성을 부여하기는 곤란하다고 할 것이다.

그런데 이 사건에서 피해자들이 피고인을 이 사건 범행의 범인으로 진술하게 된 경위를 보면, …(중략) 결국 위에서 본 이 사건 피해자들이 피고인을 범인으로 지목한 진술은 달리 피고인을 범인으로 의심할 만한 아무런 단서 사실이 없음에도 경찰이 잘못된 단서에 따라 피고인을 용의자로 지목하여 확인을 의뢰하자 피해자들이 생면부지의 피고인을 보고 범인임에 틀림없다고 확인하였고 그 후 같은 진술을 반복한 것에 지나지 아니하므로, 그와 같은 피해자들의 진술만으로 피고인을 이 사건 범행의 범인으로 단정하는 것은 무리라고 하지 않을 수 없다.

더구나 이 사건 피해자 1은, 이 사건 당일 경찰 조사 시에 '범인은 2명으로서 1명은 방에 침입하였고 다른 1명은 탑 주위에서 망을 보고 있었다'고 진술하였고, 피해자 2 역시 이 사건 당일 경찰 조사시에 피해자 1과 같은 취지의 진술을 하였고 3일 후에 있은 피고인과의 대질신문 시에는 '자신이 잠자고 있던 방에는 1명이 들어 왔으나 피해자 1로부터 범인이 1명 더 있다는 말을 들었다'는 취지로 진술하였다가, 피해자들 모두 제1심 법정에 이르러서는 '범인은 1명밖에 보지 못하였으며 범인이 2명이라고 진술한 적이 없다'면서 진술을 번복한 점, 피고인의 개인별 주민등록표상에 첨부된 피고인의 사진(1998. 10. 31. 제출)과 이 사건 발생 후 촬영한 피고인의 최근 사진 사이에는 두발 모양이 약간 다른 점 외에는 피고인의 얼굴 모습은 거의 차이가 없어 보이는데도 불구하고, 피해자들은 이 사건 범행 이틀 후에 경찰로부터 위 주민등록표상 사진의 확대복사본을 제시받으면서 범인 여부를 확인해 달라는 부탁을 받았을 때 충분히 위 사진을 살펴 본 후에 '범인과 다르다'고 답변하고서도, 이 사건 범행 3일 후 경찰서 범인식별실에 있는 피고인을 보고서는 피고인이 범인임에 틀림없다고 진술한 점, 피해자들은 모두 사건 발생 직후 방에 침입한 범인의 키가 170cm 정도이며 얼굴에 광대뼈가 조금 나왔다고 하였으나, 피고인의 키는 164cm 정도이고 얼굴에 광대뼈가 거의 나오지 않았으며, 한편 피해자 2는 범인의 얼굴이 검은 편이라고 하였으나 피고인의 얼굴은 검다기보다는 흰 편에 가까운 점 등도 피해자들 진술의 정확성과 신빙성을 의심스럽게 하는 대목들이다.」(대법원 2001. 2. 9, 선고 2000도4946 판결)

바. 야간에 잠깐 동안 강간피해를 당한 피해자들을 상대로 여러 장의 사진을 제시하였으나, 피해자가 진술한 인상착의와 같은 사진은 피의자 사진뿐이었고, 피해자들을 한 자리에 모아두고, 피의자만 대면시킨 사례 : 위법

「…(전략) 기록에 의하면, 경찰은 이 사건 공소사실과 같은 범행이 있고 나서 약 8개월이 지난 후인 2004. 2. 8.경 피해자들이 불상의 남자 3명에게 납치되어 강간을 당한 사실이 있다는 제보를 받고 수사에 착수하여 피해자들을 조사하였는바, 조사과정에서 피해자들로부터 범인 3명 중 1명의 이름이 '(생략)'이고 나이가 '25세 내지 28세 정도'라는 진술을 듣고, 그 진술에 터 잡아 포천에 주소를 두고 있으며 1980년부터 1985년까지 사이에 출생한 사람들로서 '(생략)'이라는 이름을 가지고 있는 3명(그 중 1명이 피고인이다)과 이름이 '(생략)'이 아닌 2명 등 총 5명의 사진을 구한 다음 이름과 생년월일이 사진 하단에 기재된 채로 이를 피해자들에게 보여주었는데, 피해자들은 그 중 피고인이 강간범인 '(생략)'이 맞다고 진술하였고 이후 피고인과 대질하는 과정에서도 피고인이 강간범이 틀림없다고 진술한 사실, 피해자들은 경찰에서 (생략)이라는 범인의 신장과 나이, 입고 있던 옷, 쓰고 있던 모자 등에 관하여 주로 진술하여 범인의 얼굴을 묘사한 자료가 없고, **피해자 1은(생략)**이라는 <u>범인의 머리가 짧고 단정한 스타일이라고 진술하였는데, 경찰이 피해자들에게 제시한 5명의 사진 중 머리가 짧은 사람은 피고인 혼자뿐</u>이었으므로 인상착의가 비슷한 여러 사람을 놓고 범인을 지목케 하여야 한다는 요건을 충족하지 못하였던 사실, **<u>피해자들</u>**<u>이 사진을 보고 피고인을 범인으로 지목할 당시 피해자들은 한자리에 함께 있으면서 피해자 1이 먼저 피고인을 범인으로 지목하였고 이어 피해자 2도 피고인을 범인으로 지목하</u>였다는 것이어서 먼저 행한 지목에 따른 암시가 있었을 가능성도 있는 사실, <u>이 사건 범행 당시 피해자들이 범인과 함께 있었던 시간은 대략 2003. 6. 7. 23:00경부터 그 다음날 03:00까지 사이인데, 그 시간 동안 (생략)이라는 범인은 계속하여 챙이 달</u>

린 모자(일명 캡)를 쓰고 있었고, 위 범인이 어둠 속에서 피해자 1을 강간할 때 잠시 모자를 벗었을 뿐인 사실, 피해자들이 사진을 보고 피고인을 범인으로 지목한 후, 경찰이 편면경을 사이에 둔 채 챙이 달린 모자를 쓰고 있는 피고인을 피해자들에게 보여주고 범인인지 여부를 확인하게 할 당시 피고인 혼자만을 세워둔 채로 피해자들에게 그가 범인인지 여부를 다시 확인하도록 하였고, 그 전에 모자를 벗은 상태에서 피고인을 피해자들에게 이미 보여주었던 사실, 이 사건 범인 3명 중 1명은 공범들로부터 '도끼'라는 별명으로 불렸고, 강간범인이 범행 직전에 자신의 본명을 그대로 밝힌다는 것은 상당히 이례적인 점에 비추어, 강간범인이 피해자 1에게 이야기한 '(생략)'이라는 이름이 본명이 아니라 허위로 둘러댄 이름이거나 가명일 가능성도 있는 점 등을 알 수 있는바, 사정이 이와 같다면, 피고인을 (생략)이라 불리는 범인으로 지목한 피해자들의 진술은 이를 선뜻 믿기 어렵다.」(대법원 2005. 5. 27, 선고 2004도7363 판결)

사. 피해자들의 진술이 범인의 인상착의에 관하여 상당한 부분 일치하기는 하나, 이후 대면절차에서 피해자들이 범인에 관하여 의견을 주고받고 함께 대면하여 원고를 범인으로 지목함으로써 그 신빙성이 떨어진 사례 : 위법(국가배상책임 인정사례)

「…(전략) 원고는 검찰 조사를 받는 과정에서 우연히 함께 검찰청에 출두한 피의자로부터 원고의 범죄와 같은 내용의 범죄를 저질렀다고 이야기하는 수감자가 있다는 말을 듣고 이를 담당 검사에게 이야기하여 결국 이 사건 범죄의 범인은 소외 4임이 밝혀졌고{소외 4는 이 사건 범죄 등으로 징역 8년(서울고등법원 2006노1436)이 선고되어 확정되었다}, 원고는 2006. 6. 8. 혐의 없음 처분을 받아 석방되었다.

…(중략) 원고는, 피고 경찰관들은 피해자들의 진술에만 의존하여 원고의 변명을 확인하지 않은 채 원고를 이 사건 범죄의 범인으로 지목하여 구속되게 한 직무상 위법행위가 있고, 피고 대한민국은 피고 경찰관들의 위법한 직무집행으로 발생한 손해를 국가배상법에 따라 배상할 책임이 있으므로, 피고들은 각자 원고가 입은 손해를 배상할 책임이 있다고 주장한다. 이에 대하여 피고들은, 이 사건 범죄와 같은 유형의 범죄에 있어서는 피해자들의 진술이 가장 유력한 증거방법인데, 피고 경찰관들은 피해자들이 원고를 일치하여 범인으로 지목함에 따라 원고에 대하여 범죄 혐의를 갖고 구속영장을 신청하였는바, 피고 경찰관들의 이러한 판단은 상당한 이유가 있어 수사과정이 위법하지 아니한다고 주장한다.

…(중략) 피해자들은 컴퓨터 화면상의 6장의 사진 중에서 원고의 사진을 보고 원고를 범인으로 지목한 사실, 피해자들은 원고와 대면 전에 서로 범인에 관하여 의견

을 주고받았을 뿐만 아니라 원고 한 사람만을 피해자들이 함께 대면하여 원고를 범인으로 지목한 사실, …(중략) 원고의 사실상 처인 소외 5가 2006. 5. 13. 수사기관에 제출한 수입일지(원고가 매일의 수입 및 운행 택시의 차량번호를 기재하여 둔 일지)에 원고가 2006. 5. 5.에는 택시(차량번호 생략)를 운행하였으나 같은 달 4.에는 운행하지 않은 것으로 기재된 사실, 원고는 피고 경찰관들로부터 조사를 받을 당시 일관되게 범행을 부인하면서 알리바이를 입증하기 위하여 택시운행기록을 조사하여 달라고 요청하였고, 소외 3 주식회사는 2006. 5. 12.경 원고가 운행한 택시의 운행기록을 팩스로 경찰서에 보낸 후 2006. 5. 16.경에는 원고가 2005. 5. 4.경에 택시를 운행하지 않았다고 확인서를 작성하여 주었으며, 소외 3 주식회사에는 옵티마 리갈 택시가 없는 사실, 원고는 2006. 5. 4. 원고가 택시를 운행하지 아니한 근거로 동료 및 위 소외 5 등과 술을 마시고 다음날 아침까지 잠을 잤다고 주장하고 있었고, 그 후 같이 술을 마셨다고 하는 동료들이 원고의 주장과 같은 취지의 확인서를 작성하여 준 사실을 인정할 수 있는바, 위 인정 사실에 의하여 추인되는 다음과 같은 사정, ① 피고 경찰관들이 원고를 범인으로 판단한 증거로는 피해자들의 진술(피해자 소외 2가 강제추행 당시 원고의 허리띠를 보았다는 진술 및 압수된 허리띠도 전체적으로 보면 피해자 소외 2의 진술에 불과하다)만이 있는데, 피해자들이 원고를 범인으로 지목하는 절차와 방법이 범인식별절차에 있어서 신빙성을 높이기 위하여 준수하여 할 절차를 제대로 지키지 못한 채 이루어져 피해자들의 진술은 그 신빙성이 매우 낮다는 점(피해자들의 진술이 범인의 인상착의에 관하여 상당한 부분 일치하기는 하나, 이후 대면절차에서 피해자들이 범인에 관하여 의견을 주고받고 함께 대면하여 원고를 범인으로 지목함으로써 그 신빙성이 떨어졌다고 할 것이다), ② 원고는 조사를 받을 당시 일관되게 범행을 부인하면서 이 사건 (1) 범죄가 발생한 2006. 5. 4. 알리바이에 대하여 구체적으로 진술하고 있을 뿐만 아니라 수입일지에 원고가 2006. 5. 4.에 택시를 운행하지 아니한 것으로 기재되어 있어 원고의 변명에 상당한 이유가 있는 점, ③ 피해자 소외 1이 택시요금으로 6,000원이 나왔다고 진술하고 있고 피해자들이 운행 중 강제추행을 당하였다고 진술하고 있으므로, 택시운행기록은 원고의 범죄 혐의 유무를 밝힐 수 있는 유력한 증거방법이라 할 것인데, 피고 경찰관들은 소외 3 주식회사로부터 이를 입수하였음에도 이에 대하여 아무런 조사를 하지 아니하고 사건을 검찰에 송치할 시에도 이를 첨부하지 아니한 점 등에 비추어 보면, 피고 경찰관들은 신빙성이 낮은 피해자들의 진술만을 기초로 원고가 범인이라고 속단한 나머지 자신의 혐의 없음을 주장하는 원고의 변소에 대하여는 확인이나 조사를 하지 아니하여 수사를 담당한 경찰관으로서 직무를 수행함에 있어 범죄의 혐의 유무를 밝혀 피의사건의 실체적 진실을 규명함은 물론 그 과정에서 피의자에게 불리한 증거만이 아니라 유리한 증거도 공정하게 수집·보존하여야 할 직무상 주의의무를 위반하였다 할 것이다.」(인천지방법원 2008. 5. 14, 선고 2007가단51610 판결)

아. 피해자가 경찰관과 함께 범행 현장에서 범인을 추적하다 골목길에서 범인을 놓친 직후 골목길에 면한 집을 탐문하여 용의자를 확정한 경우, 그 현장에서 용의자와 피해자의 일대일 대면 : 적법

「…(전략) **범죄 발생 직후 목격자의 기억이 생생하게 살아있는 상황에서 현장이나 그 부근에서 범인식별 절차를 실시하는 경우에는, 목격자에 의한 생생하고 정확한 식별의 가능성이 열려 있고 범죄의 신속한 해결을 위한 즉각적인 대면의 필요성도 인정할 수 있으므로, 용의자와 목격자의 일대일 대면도 허용된다고 할 것이다.**

원심판결 이유에 의하면, 피해자가 2007. 11. 4. 04:30경 부산 남구 (이하 생략)에 있는 집으로 귀가하기 위하여 ○○동 소재 ○○동 주민자치센터(동사무소) 앞길을 혼자 걸어가고 있던 중, 뒤편에서 범인이 피해자의 겨드랑이 사이로 두 손을 넣어 가슴을 움켜쥐었다가 피해자가 놀라 비명을 지르자 피해자를 밀쳐 땅바닥에 넘어뜨리고 몸 위에 올라타 피해자의 어깨와 가슴 부위를 주먹으로 2회 정도 때린 뒤 일어나 태연히 걸어간 사실, 피해자는 범인을 뒤쫓아 가다가 때마침 순찰활동 중이던 경찰차에 탑승하여 경찰관들과 함께 범인을 추적하게 된 사실, 경찰관들은 곧바로 도주하는 범인을 발견하고 경찰차로 추격하였는데, 범인이 오른쪽으로 나 있는 작은 골목길 쪽으로 사라지는 바람에 약 20m의 거리를 두고 시야에서 놓쳐 버렸으며, 그로부터 약 3초 만에 위 골목길 입구에 이르러 경찰차에서 내린 다음 골목길 주변을 둘러보았으나 범인은 발견되지 않은 사실, 위 골목길은 입구에서 우측으로 두 채, 좌측으로 한 채의 주택이 면하여 있는 길로서, 끝 부분에는 약 1.5m 높이의 담장이 가로막고 있고 그 위로는 쇠창살이 설치되어 있는 사실, 경찰관들은 위 골목길에 면해 있는 주택을 탐문하여 우측 입구 주택 2층에 부부가 젊은 아들 및 딸과 함께 거주한다는 내용의 진술을 들은 사실, 경찰관은 위 주택 2층에 거주한다는 젊은 남자가 범인인지 여부를 확인하기 위하여 피고인의 아버지 승낙을 받아 위 주택 2층의 피고인 방에 들어가게 된 사실, 경찰관들은 집 앞에서 기다리고 있던 피해자를 데려와 피고인과 대면을 시킨 다음 범인이 맞는지 물어보아 맞다는 대답을 듣고는, 피고인을 체포한 사실을 알 수 있다.

앞서 본 법리에 비추어 보면, 이 사건과 같이 피해자가 경찰관과 함께 범행 현장에서 범인을 추적하다 골목길에서 범인을 놓친 직후 골목길에 면한 집을 탐문하여 용의자를 확정한 경우에는 그 현장에서 용의자와 피해자의 일대일 대면이 허용된다고 할 것이다.

나아가 원심판결 및 원심이 적법하게 조사한 증거 등에 의하면, 피해자는 4회에 걸쳐 범인의 얼굴을 보았다고 진술하고 있는데 그 중 적어도 범인이 피해자의 뒤에

서 겨드랑이 사이에 두 손을 넣어 가슴을 움켜쥐는 순간 뒤돌아보았을 때와 범인이 피해자를 밀쳐 땅바닥에 넘어뜨리고 몸 위에 올라타 폭행을 가할 때에는 이 사건 범인의 얼굴과 인상착의를 제대로 확인할 수 있었을 것으로 판단되는 점, 피해자의 진술에 의하면 범인은 소매 없는 검은색 패딩잠바를 입고 챙 있는 야구모자와 안경을 쓰고 있었다는 것인데, 앞서 본 바와 같은 경위로 피고인의 방에 들어갔을 때 피고인은 소매 없는 검은색 패딩잠바와 안경을 벗어 놓고 두터운 후드 상의와 청바지를 입고 양말도 신은 채로 잠을 자고 있었다고 말하였던 점, 당시 범인이 쓰고 있던 모자의 색상에 관해서는 피해자와 함께 범인을 추격하던 경찰관들 사이에서도 인지한 색상이 일치하지 아니하고 당시 야간이어서 어두웠던 사정을 고려하면 **모자의 색상에 관한 진술로 피해자 진술의 전체적인 신빙성을 판단하는 것은 적절하지 않다**고 보이는 점, 피해자는 이 사건 범행 직후 피고인과 일대일 대면을 한 순간 자신을 추행한 남자가 틀림없다고 진술하였고 이러한 진술은 수사기관 이래 원심법정에 이르기까지 일관되어 있는바, 피해자는 원심법정에서 '경찰관이 재차 범인이 맞느냐고 물어보아 맞는 것 같다고 대답을 하였다. 피고인과 대면하고 범인이 맞느냐고 물어보았을 때 곧바로 대답을 하였는지 여부는 기억이 없다'고 진술하면서도 '지금 생각해 볼 때도 당시의 범인이 피고인이 분명하다고 생각한다'고 진술하고 있는 점 등을 모아 보면 피해자 진술을 쉽사리 배척할 것은 아니라고 할 것이다.

그럼에도 불구하고, 원심이 피해자의 진술은 용의자인 피고인 한 사람만을 단독으로 대면 시켜 범인 여부를 확인하게 한 후 진술한 것이라는 이유로 그 진술내용을 선뜻 신빙하기 어렵다고 판단한 데에는 목격자에 의한 범인식별 절차에 관한 법리를 오해한 나머지 피해자 진술의 신빙성에 관한 심리를 다하지 아니한 잘못이 있고, 이를 지적하는 상고이유의 주장은 이유 있다.」(대법원 2009. 6. 11, 선고 2008도12111 판결)

9. 개 선 점

가. 대법원의 판시취지 준수

위 대법원 판결들을 종합하면, 우리 법원은 단독면접 및 특정 피의자의 사진만을 이용한 범인식별방법은 목격자에게 높은 암시를 유도하는 효과를 줄 위험성이 있음을 이유로 {범인과 피고인간의 동일성을 입증할 수 있는 객관적 증거(forensic evidence)나 정황이 없는 한} 신빙성을 인정할 수 없다고 보고 있다.[34)]

---

34) 조광훈, "수사기관의 범인식별진술 및 절차의 문제점과 개선방안", 「법학연구」 18권 1호, 연세대 법학연구원, 2008, 215면 참조. 같은 면 주35)에서는, 만일 용의자가 수갑을 차고 목격자와 대면하면 목격자는 용의자가 범인일 확률이 높다는 부정적인 인상을 강하게 받을 수 있다고 보고 있다.

따라서 높은 신빙성이 유지될 수 있는 범인식별진술의 획득방법은 원칙적으로 multiple choice test 방식으로, 그 구성 역시 범인과 용모 등이 유사한 foil을 구성하여 공정성과 객관성을 유지하고, 범인과 목격자 및 목격자 상호간의 식별전 접촉을 금지하여 범인식별진술자 사이에 사후정보효과를 억제하고, 범인식별절차의 전 과정을 문서 및 사진에 의하여 기록함으로써 위와 같은 절차적 통제의 준수여부를 사후적으로 검토할 수 있도록 해야 할 것이다.[35]

나. 수사기관의 인식 제고

그리고 무엇보다도 수사업무 종사자는 종래의 범인식별절차가 실체진실발견을 오히려 저해하였다는 점, 비록 진범을 찾더라도 그 과정상 절차위법이 있을 경우 무죄판결이 가능하여 오히려 불리하다는 점을 고려하여 범인식별진술 획득과정에 대해 대법원이 제시한 위 가이드라인을 명확히 숙지하여야 한다.

모든 절차가 숙지되어 그에 따라 범인을 지목하더라도 인간의 기억력은 시간이 지날수록 믿을 것이 못되거나 여러 사정상 오염될 수 있다는 점을 감안하면 더욱 그러하다. 따라서 수사기관은 스스로 범인식별진술의 오류와 위험성을 인식하고 위험을 최소화하는 노력을 기울여야 하며, 그 같은 노력의 결과 피해자진술의 신빙성을 향상시킬 수 있는 것이다. 가능하다면 다수의 목격자를 상대로 조사하고, 현장에 잔존하는 증거에 대한 법의학적 과학수사의 발전에도 노력하여야 할 것이다.

다. 명확한 제도마련

대검찰청 2004. 4. 9.「수사기관의 범인식별절차에 관한 세부지침」은 **"수사기관의 범인식별지침은 들러리를 선정함에 있어 2인 이상으로 선정하고 가급적이면 다수의 선택적 식별방법을 사용하고, 식별을 위하여 용의자**(또는 사진)**의 연령, 체격, 인상착의와 비슷한 인물을 찾아 식별절차에 활용하고, 목격자가 심리적으로 안정된 상태에서 식별할 수 있도록 하고, 식별절차의 비교대상자**(또는 사진)**들에 대하여 그 인적사항을 구체적으로 기재하여 본인의 기명·날인을 받아두고 각 대상자들에 대한 목격자의 진술 내용을 수사보고 형식으로 기재하여 기록에 편철하여야 한다"**는 내용을 담고 있으나, 대법원의 판시취지 및 선진 입법례를 추가로 수용한다면 실무운영에 혼선이 없을 것이다.

예컨대, 라인업에 의한 식별일 경우 들러리를 5~10인으로 구성하여야 하고,

---

35) 조광훈, "수사기관의 범인식별진술 및 절차의 문제점과 개선방안",「법학연구」18권 1호, 연세대 법학연구원, 2008, 213면.

들러리의 선정도 용의자의 인상착의와 비슷한 들러리가 아닌 목격자가 목격한 범인의 인상착의와 비슷한 들러리로 선정하여야 하며, 기타 범인식별방법을 선택함에 있어서도 그 들러리의 선정방법, 대상, 방법, 절차 등을 보다 세부적으로 규정하는 지침을 마련하는 방법이다. 특히 수사기관이 목격자에게 주는 부당한 암시를 줄이는 방법을 규정하여야 하고,[36] 입법과정에서 외국의 실무례와 인접학문인 심리학·정신건강의학계의 도움을 받아 보완하면 좋을 것이다.

라. 합리적 운용

수사기관은 목격자를 상대로 범인식별진술 청취 시 목격경위 등을 포함한 상세한 진술을 구함과 동시에 먼저 자유서술방식에 의해 목격자의 경험사실을 자유롭게 묘사하도록 개방형 진술을 청취함이 바람직할 것이다. 수사기관이 원하는 답을 얻으려는 목적에서 절차를 진행하거나 과한 욕심에서 암시성 유도질문을 하는 것은 피할 것이다. 또한 목격자의 무리한 답변을 방지하기 위해 진술에 대한 강요를 하지 않아야 할 것이다. 특히 목격자가 수인일 때에는 그들끼리 진술에 영향을 받지 않도록 분리하여 식별절차를 진행해야 하고, 라인업 방식을 우선으로 해야 함은 전술하였다. 식별절차 실시 전 목격자에게 "이들 중에 용의자(또는 범인)가 있을 수도 있고 없을 수도 있습니다."라는 취지로 경고하여 암시성을 가급적 배제해야 할 것이다.[37]

들러리를 선택할 때는 용의자와 비슷한 사람을 이용할 것이 아니라 범인에 대한 목격자의 설명에 부합하는 인상착의를 지닌 들러리를 선택하여야 하고, 목격자에게 수갑을 차거나 포승에 묶인 용의자의 모습을 보여주는 것은 범인일 수 있다는 편견을 주는 것이므로 삼가야 한다. 또한 용의자에게 범인이 범행당시 착용한 옷차림을 착용하게 하는 등 목격자에게 암시효과를 가져올 수 있는 방식도 피해야 한다.[38]

대면실은 가급적 일면경(one-way mirror) 및 면접과정을 녹화할 수 있는 설비가 갖추어진 시설에서 실시하여야 한다.[39] 그리고 그 절차에 변호인을 입회시켜 면접

36) 조광훈, "수사기관의 범인식별진술 및 절차의 문제점과 개선방안", 「법학연구」 18권 1호, 연세대 법학연구원, 2008, 221-222면 참조.

37) 조광훈, "수사기관의 범인식별진술 및 절차의 문제점과 개선방안", 「법학연구」 18권 1호, 연세대 법학연구원, 2008, 221-223면 참조.

38) 조광훈, "수사기관의 범인식별진술 및 절차의 문제점과 개선방안", 「법학연구」 18권 1호, 연세대 법학연구원, 2008, 224면.

39) 범인식별실이 아닌 공개 장소에서 어린 피해자들로 하여금 직접 다수의 윤간범 용의자를 세워놓

절차에 대한 의견제시와 진술자에 대한 질문의 기회를 부여하는 것이 인권침해를 줄이고 진술 신빙성 또는 특신상태를 위해 도움이 될 것이다.

게 범인식별진술을 강요한다면, 위법한 행위로 국가배상책임의 근거가 된다.

「경찰관은 그 직무를 수행함에 있어 헌법과 법률에 따라 국민의 자유와 권리를 존중하고 범죄피해자의 명예와 사생활의 평온을 보호할 법규상 또는 조리 상의 의무가 있고, 특히 이 사건과 같이 성폭력범죄의 피해자가 나이 어린 학생인 경우에는 수사과정에서 또 다른 심리적·신체적 고통으로 인한 가중된 피해를 입지 않도록 더욱 세심하게 배려할 직무상 의무가 있다. 그런데 원심이 적법하게 인정한 사실에 의하면 이 사건 성폭력범죄의 담당 경찰관은 그 경찰서에 설치되어 있는 범인식별실을 사용하지 않은 채 공개된 장소인 형사과 사무실에서 피의자 41명을 한꺼번에 세워 놓고 피해자인 원고 1, 원고 2로 하여금 범행일시와 장소 별로 범인을 지목하게 하였다는 것인바, 경찰관의 이와 같은 행위는 위에서 본 직무상 의무를 소홀히 하여 위 원고들에게 불필요한 수치심과 심리적 고통을 느끼도록 하는 행위로서 법규상 또는 조리 상의 한계를 위반한 것임이 분명하고, 수사상의 편의라는 동기나 목적에 의해 정당화될 수 없으며, 달리 위 행위가 부득이한 것으로서 정당하다고 볼 만한 사유도 찾아볼 수 없다. 같은 취지에서 원심이, 경찰관의 위와 같은 행위가 국가배상법이 정하는 법령 위반 행위에 해당한다고 판단한 것은 정당하고, 거기에 주장하는 바와 같은 법리오해, 채증법칙 위배 등의 위법이 없다.」(대법원 2008. 6. 12, 선고 2007다64365 판결)

제6장 수사서류의 증거법상 기능

제1절 증거재판주의

형사소송법은 증거능력 있는 증거에 국한하여 증거로 채택하고, 증거능력이 없는 증거(위법수집증거, 임의성 없는 자백, 전문법칙의 예외요건 불충족 전문증거)에 대해서는 증거로 삼지 아니하며, 채택된 증거로 합리적 의심 없는 유죄의 심증이 형성될 경우에만 유죄의 판결을 할 수 있다(법 제307조)고 규정하여 증거재판주의를 천명하고 있다.

다만 증거능력 있는 증거가 요구되는 것은 공소사실을 입증하기 위한 본증에 한해서이다. 따라서 변호인의 제출 증거는 탄핵증거(반증)이므로 엄격한 증거능력이나 증거조사절차가 요구되지 않는다.

제2절 실무증거의 예시

수사서류[1] 중 증거로 흔히 등장하는 것으로는, 고소장, 첨부서류(고소장 첨부 계

---

1) 필자가 본서에서 "수사서류의 증거법상 기능"이란 제목으로 해당 부분을 정리한 이유는, 형사소송법 교과서의 난해하고 복잡한 내용으로는 실무상 증거조사절차에서 별반 도움이 되지 않아, 각 서류의 쉽고 명확한 증거능력 요건을 살펴보기 위함이었는데, 이미 30년 전에도 필자와 유사한 고민을 한 학자를 발견할 수 있었다. 참고로, 현재 「형법」, 「형사소송법」 및 「형사소송규칙」에는 수사서류란 용어는 없고, 우리나라 전체 법령을 살펴보아도 오직 교통사고조사규칙[시행 2013. 4. 15.][경찰청훈령 제701호, 2013. 4. 15, 타법개정] 별표 2.에서 "교통사고수사에 필요한 '수사서류'"에서 '수사서류'란 용어가 등장할 뿐이다.

차용석 교수는 이미 30년 전, '수사서류의 증거능력'이란 제목의 논문을 통해, 수사서류란 법전에서나 또는 학문상으로 정착된 용어로서 정의된 것이 아니고 다분히 새로운 사실적인 문제의식을 던져주는 표현으로 소개하면서, 「수사절차에서 수사기관의 활동에 의하여 작성·수집된 사실인정을 위한 보고적문서」로 정의하였고, 그 종류로는 필자가 소개하는 증거법상 서류 대부분을 소개하고 있다(차용석, "수사서류의 증거능력", 「법학논총」 제1집, 한양대학교 법학연구소, 1984, 30면 참조).

약서 또는 위조문서), 참고인진술조서, 피의자신문조서, 진술서, 수사보고서(초동사건발생 및 출동보고, 사건인지보고, 입건보고, 검거보고, 탐문수사결과보고, 소재탐지보고, 동종전과보고, 처분미상전과보고, 합의상황관련, 피의자 진술 허위여부에 대한, 피해자 진술 신빙성에 대한 등), 진단서, 사진(범행재연사진, 피해장소·피해상태 사진), 조사과정 영상녹화 CD, CCTV CD, 녹취록, 압수 증거물(찢어진 옷, 칼, 노트북, 핸드폰 등), 금융거래내역, 통화목록·위치추적결과회시, 수표사본, 전과기록, 합의서 등을 들 수 있다.[2]

제 3 절 증거능력 인정요건

증거법의 세계에서 위 증거들이 증거능력을 얻는 요건은 각기 다른 점이 많아 실무상 증거조사절차에서 상당한 어려움을 겪게 된다. 특히 변호인의 입장에서는 검찰 제출 증거에 대해 인부하여야 하고, 인부에 따른 추가 증거조사과정을 정확히 이해하고 있어야 하기 때문에 더욱 그러하다.

변호인은 증거인부시 '자신의 소송법상 행위가 향후의 증거조사절차에 어떻게 작용할 것인지, 입증계획의 성공과 실패가 피고인의 선고형량에 어떻게 작용할 것인지'까지도 충분히 미리 파악하고 있어야 한다. 따라서 형사변호인은 형사소송법상 증거능력에 대한 규정을 명확히 이해하고 있어야 하며, 그러한 명확한 이해를 전제로 증거싸움을 시작해야 하는 것이다. 그렇다면 명백한 증거 없는 위법수집증거배제 주장이나 승산 없는 증거에 대한 부동의, 진정성립 부인 등은 피할 것이다.

차례로 본다.

---

2) 하나의 사건의 증거목록을 통째로 소개해보면, 예컨대 대구지방법원 김천지원 2013고합**호 성폭력범죄의처벌등에관한특례법위반(친족관계에의한강제추행), 2013전고**(병합) 부착명령 사건에서 검사의 제출증거는, 1. 고소장, 2. 가족관계증명서, 3. 아동성폭력사건 접수보고, 4. 영상녹화동의서, 5. 확인서(신뢰관계자동석), 6. 수사보고(진술녹화 CD첨부에 대한), 7. 피해자 진술녹화 CD, 8. 피의자신문조서, 9. 수사보고(거짓말탐지 검사결과 회보서 첨부에 대한), 10. 거짓말탐지 검사결과 회보서, 11. 피의자신문조서(제2회), 12. 수사보고(조서 속기록 및 전문가 의견서 첨부에 대한), 13. 피해자 진술녹화 CD 속기록, 14. 아동 성폭력 사건 전문가 의견서, 15. 수사결과보고, 16. 검사피의자신문조서, 17. 탄원서, 18. 청구 전 조사회보, 19. 청구 전 조사서, 20. 범죄경력조회가 증거로 제출되었다.

이러한 증거를 토대로 유죄판결에서의 '증거의 요지'로는, 1. 피고인의 일부 법정진술, 1. 피해자 진술 영상녹화물(CD 1매)에 수록된 문○○의 진술, 1. 경찰 수사보고서(조서속기록 및 전문가 의견서 첨부에 대한), 1. 피해자 진술녹화 CD 속기록, 아동 성폭력 사건 전문가 의견서가 적시되었다.

1. 증 거 물

가. 증거물의 경우, 위법하게 수집되지 않았다면, 증거조사 과정에서 제시(법 제292조의2)라는 조사방식 준수만이 남아 있을 뿐 증거능력과 관련한 문제는 일어나지 않는다. 증명력의 문제만이 남게 된다.

나. 그렇다면 위법수집증거에 해당하는 경우는 어떤 경우인지 분명히 할 필요가 있다.

(1) 개정 형사소송법은 제308조의2(위법수집증거의 배제) 조문에, "적법한 절차에 따르지 아니하고 수집한 증거는 증거로 할 수 없다"는 내용을 신설하였다. 종전에는 제309조의 자백배제법칙의 조문만을 두어 위법하거나 임의성에 의심 있는 진술에 대해서는 배제하고 있었으나, 비진술증거물에 대해서는 성질이나 형상에 변함이 없다는 이유로 증거능력을 인정해 왔고 이에 대해 오랫동안 학계의 비판이 있자 개정 형사소송법에 이를 수용한 것이다.[1)2)] 이제 위법하게 수집된 압수물 중 증거물은 제308조의2에 의해 증거능력을 상실하게 되었고,[3)4)] 파생증거도 원칙적으

---

1) 그러나 통신비밀보호법 제4조의 제정에 의해 위법한 감청으로 획득한 통신자료의 증거능력을 배제하고 있었다.

2) 제308조의2의 신설에 대해 비판적 견해도 있다. 차용석 교수는, 위법수집증거배제법칙을 선언한 법제도 없거니와 위법의 개념도 인권보장을 위한 실체적 위법인지, 절차적 위법인지, 아니면 양자를 다 포괄하는 개념인지도 대단히 모호하며, 위법도 사안마다 성질, 종류 및 그 정도가 다르다는 점을 무시한 입법이라며 비판하고 있다. 나아가 차용석 교수는 이 법칙의 명문화에 반대할 뿐만 아니라 확대사용도 반대하는 것으로 보인다. 이는 "성상의 변화가 없는 물건을 증거로 사용하는 문제에 대하여 일률적으로 규정한다는 것은 매우 곤란한 문제"라고 하거나, "우리가 세계적으로 입법례가 없는 규정을 두는 것은 인권보장에만 치우쳐 인권보장과 함께 형사소송의 양대 이념인 적법절차를 통한 실체 진실 발견을 크게 후퇴시키게 될 것이므로, 무리를 하여 성급한 입법으로 사회 안정을 해하지 말고 판례의 형성과 발전에 맡기는 방법이 현명"하다는 내용을 보면 잘 알 수 있다(차용석, "사법제도개혁추진위원회의 형소법 개정시안에 대한 비판적 검토", 「법조」 54권 7호, 법조협회, 2005, 44-47면 참조).

3) 법원행정처와 법무부는 개정 형사소송법 제308조의2의 해석에 있어 다른 입장을 보여 왔다. 즉 법원행정처(法院行政處)는 향후 법원이 비진술증거인 증거물에 이 원칙을 어떻게 해석하여 적용해 나갈 것인지 주목된다고 한 반면(법원행정처, 형사소송법 개정법률 해설, 2007, 124면), **법무부(法務部)는 구체적인 사안에서 어떠한 경우가 적법한 절차에 의하지 아니하고 수집된 증거에 해당될 것인지에 관해서는 위법의 내용 및 정도, 위법한 행위에 의해 침해되는 권리의 성질, 실체적 진실 발견의 필요성 등에 대한 종합적인 비교형량을 통해 기준이 정립될 것**(법무부, 개정 형사소송법, 2007, 226면)으로 보았기 때문이다. 즉 법원의 태도는 수사기관의 불법적 압수 등에 대한 입장의 표명으로 보여지나, 법무부의 태도는 수사기관의 절차위반이 중대하지 않다면 바로 증거능력이 인정될 수 있다는 취지로 해석된다(류지영, "위법수집증거배제법칙-개정 형사소송법 제308조의2와 관련하여-", 「법학연구」 제29집, 한국법학회, 2008. 2, 323면 참조). **현재는 대법원의 판결이 위 법무부의 견해를 대체로 수용하는 것으로 실무해석상 접근하였다. 대법원 2007. 11. 15, 선고 2007도3061 전원합의체 판결; 대법원 2011. 4. 28, 선고 2009도2109 판결이 그 예가 될 수 있다.**

4) 대법원이 '진술증거'에 대해서는 일관되게 증거능력을 부정해 왔고(대법원 1992. 6. 26, 선고 92도

로 인과관계가 희석 또는 단절되지 않는 한 증거로 쓸 수 없다.[5)]

(2) 이미 외국의 경우에는 법률 또는 판례에 의해 위법하게 수집된 증거물에 대해 증거능력을 배제하여 왔다.

외국 사례에서 개정 형사소송법의 구체적 운용과 관련하여 나아갈 방향을 참고할 수 있을 것이다.[6)] (가) 미국(美國)은 Body v. U.S. 616(1886) 사건에서 최초로 증거수집절차의 불법성을 설시하였으며, Weeks v. U.S. 232 U.S. 388(1914) 사건에서도 위법하게 압수된 물건을 증거로 삼는 경우는 수정헌법 제4조의 적정절차에 위배된다고 판시하였고, 나아가 Mapp v. Ohio, 367 U.S. 643(1961) 사건에서는 Weeks 사건 판결에서 확립한 위법수집증거배제법칙이 연방사건 뿐만 아니라 연방헌법 제14조를 통해 주(州) 사건에도 적용된다고 판시하였다. 다만 1978년 U.S. V. Houltin 판결에서는 위법수집증거배제법칙은 헌법상 요구되는 구제수단이 아니며 법원에 의해 인정된 원칙이라고 하여 사법상 형성된 법칙으로 보았다(1984년의 U.S. v. Leon. 35 Crl 3273도 同旨). (나) 영국(英國)의 경우에는, PACE 제78조 제1항에서 "어떠한 절차에 있어서도 소추측이 신청하는 증거에 대하여, 그 증거가 획득된 상황을 포함한 모든 사정을 고려하여 그 증거를 허용하는 것이 당해 절차의 공정성에 적개적인 효과를 미치므로 이를 허용해서는 안 된다고 판단되는 경우 법원은 증거의 허용을 거부할 수 있다."라고 규정하고 있다. 이 규정에 따라 과거 common law상의 불명료했던 경찰의 권한 및 피의자 · 피고인의 권리가 분명하게 입법되었으며, 판사는 자신의 재량에 따라 위법수집증거를 배제할 수 있게 되었다. 미국과는 달리 증거배제에 대해 판사에게 재량을 주고 있다. (다) 일본(日本)의 경우에는, 1978년 최고재판소의 판결[7)]을 통해 위법수집증거배제법칙을 수용하였다. 일본은 증거를 배제하는 기준으로 대체로 형량적 사고를 바탕으로 중대한 위법이 있거나

---

682 판결; 대법원 1990. 9. 25, 선고 90도1586 판결; 대법원 2002. 6. 11, 선고 2000도5701 판결; 대법원 2001. 9. 28, 선고 2001도4091 판결), 이러한 태도는 개정 형사소송법 시행 이후에도 그대로 유지되고 있는 반면, **'비진술증거'에 대해서는 개정 형사소송법 시행 이후에도 진술증거와 다른 기준을 적용하여**(예컨대, 대법원 2007. 11. 15, 선고 2007도3061 전원합의체 판결에서와 같이 '적법절차의 실질적인 내용을 침해하는 경우'에 해당할 경우에 한하여 증거능력을 부정하는 것), **재량적 판단을 하는 것은 문제**가 있다는 지적이 있다(이런 입장으로는 김봉수, "'재량적'위법수집증거배제(론)에 대한 비판적 고찰 – 왜 유독 '비진술증거'에 대해서만 '재량적 배제'를 인정하려 하는가? – ", 「비교형사법연구」 11권 2호, 한국비교형사법학회, 2009, 190–209면 참조).

5) 인과관계가 희석 또는 단절되었는지에 대한 기준에 대해서는, 대법원 2013. 3. 14, 선고 2010도2094 판결.

6) 아래 외국의 입법례 및 판례는 류지영, "위법수집증거배제법칙 – 개정 형사소송법 제308조의2와 관련하여 – ", 「법학연구」 제29집, 한국법학회, 2008. 2, 318–322면을 전적으로 참고하였음.

7) 日最判 1978. 9. 7(刑集 32–6) 1672.

헌법에 위반하는 경우에 한하여 증거배제를 인정하고 있다.[8] (라) 독일(獨逸)의 경우에는, 증거수집금지(Beweiserhebungsverbot)와 증거사용금지(Beweisverwertungs-verbot)를 두고 있는데, 증거사용금지가 영미의 위법수집증거배제법칙과 같은 내용이라고 볼 수 있다. 위법하게 수집된 증거의 사용을 금지하는 독일 형사소송법 제136조의 a 조항[9]은 진술증거에 적용되고, 비진술증거에 대해서는 연방헌법재판소와 연방대법원에 의해 '헌법적 증거금지'라는 판례이론이 적용된다. 이러한 독일의 이론은 증거금지의 법적근거를 헌법에 보장된 기본권에 직접 두고 있고, 판단기준으로 비례성의 원칙을 채용하고 있다.

(3) 우리의 경우, 중대한 절차위배로 보아야 할 사안, 즉 이론의 여지없이 위법수집증거배제법칙이 적용되어야 할 사안으로는, 영장제도나 적법절차를 규정하고 있는 헌법규정에 위반한 경우, 수사기관의 수사 활동이 형법에 위반된 경우, 형사소송법상 효력규정에 위배하여 압수·수색 등이 무효인 경우를 들 수 있다. 표로 정리하여 보면 아래와 같다.

〈표〉 위법수집증거에 해당하여 증거능력을 배제할 사례[10]

헌법 위반	형사소송법 위반	형법 위반
적법절차원칙 (제12조 제1항)	- 여자의 신체검사 방식 위배(제141조 ③) - 당사자참여권을 위반한 검증(제121조, 제145조) 및 감정(제176조, 제183조) - 당사자참여권과 신문권을 침해한 증인신문(제163조, 제161조의2) - 선서 없는 증인신문(제156조) - 직무질문시 동의 없는 소지품검사 - 불법검열·불법감청(통신비밀보호법 제4조) - 피의자진술의 영상녹화 방식위배(제244조의2)	직권남용행위 (제123조)

8) 차용석, "사법제도개혁추진위원회의 형소법 개정시안에 대한 비판적 검토", 「법조」 54권 7호, 법조협회, 2005. 47면.

9) 독일 형사소송법 제136조의 a 제1항은 "피의자, 피고인의 의사결정 및 의사활동의 자유는 학대, 피로가중, 신체침해, 물건의 제공, 고문, 기망 또는 최면술에 의하여 침해되어서는 안 된다. 강제력은 형사소송법이 이를 허용하는 경우에 한하여 사용될 수 있다. 형사소송법이 허용하지 아니하는 처분을 내용으로 하는 협박이나 법률이 예정하고 있지 아니한 이익을 제공한다는 약속은 금지된다"고 규정하고, 제2항에서는 "피의자 및 피고인의 기억력이나 판단능력을 침해하는 처분은 허용되지 않는다"고 규정하고 있다. 이 규정은 개인의 의사결정과 의사활동의 자유를 보호하고 그에 대한 침해가 있는 경우에는 그로부터 얻은 증거의 사용을 금지하는 것이다.

10) 아래 표는 김봉수, "'재량적'위법수집증거배제(론)에 대한 비판적 고찰-왜 유독 '비진술증거'에 대해서만 '재량적 배제'를 인정하려 하는가?-", 「비교형사법연구」 11권 2호, 한국비교형사법학회, 2009, 203-204면의 표를 그대로 소개한 것임.

고문금지 및 자백의 임의성 (제12조 제2항), 자백배제 및 자백보강법칙 (제12조 제7항)	– 임의성 없는 자백배제(제309조) – 불이익한 자백배제(제310조) – 진술거부권의 불고지에 의한 자백 – 별건구속을 포함한 신체구속 중의 자백	폭행·가혹행위 (제125조)
영장주의 (제12조 제3항)	– 영장 없이 한 압수·수색·검증 – 하자있는 영장에 의한 압수·수색·검증 – 야간압수·수색금지 위반(제125조, 제219조) – 거절권을 침해한 압수·수색 – 체포현장요건을 결한 압수·수색·검증	불법체포·감금행위 (제124조)
변호사 조력을 받을 권리 (제12조 제4항)	– 변호인선임권 침해에 의한 자백 – 접견교통권 침해에 의한 자백	
미란다원칙 (제12조 제5항)	– 진술거부권 불고지(제244조의3)	

(4) 그 외의 경우 미국식으로 완전히 증거능력을 부정할 것인지, 아니면 증거가치를 형량할 여지를 남겨둘지 여부에 관하여는 기존에 축적되어 온 학설이 여전히 적용될 수 있다고 보이고, 최근 대법원의 위법수집 증거물에 대한 원칙적 증거능력 부인의 전원합의체 판결[11)]을 구체적 하급심 사안마다 고려할 필요가 있다.

---

11) **현재 우리 대법원은 중대한 절차위반의 경우가 아니더라도 원칙적으로 위법하게 수집된 압수물의 증거능력을 부정하면서, 다만 예외적으로 허용의 길을 열어두고 있다.**

대법원 2007. 11. 15, 선고 2007도3061 전원합의체 판결. 「(가) 기본적 인권 보장을 위하여 압수수색에 관한 적법절차와 영장주의의 근간을 선언한 헌법과 이를 이어받아 실체적 진실 규명과 개인의 권리보호 이념을 조화롭게 실현할 수 있도록 압수수색절차에 관한 구체적 기준을 마련하고 있는 형사소송법의 규범력은 확고히 유지되어야 한다. 그러므로 헌법과 형사소송법이 정한 절차에 따르지 아니하고 수집한 증거는 기본적 인권 보장을 위해 마련된 적법한 절차에 따르지 않은 것으로서 원칙적으로 유죄 인정의 증거로 삼을 수 없다. 수사기관의 위법한 압수수색을 억제하고 재발을 방지하는 가장 효과적이고 확실한 대응책은 이를 통하여 수집한 증거는 물론 이를 기초로 하여 획득한 2차적 증거를 유죄 인정의 증거로 삼을 수 없도록 하는 것이다. (나) 다만, 법이 정한 절차에 따르지 아니하고 수집한 압수물의 증거능력 인정 여부를 최종적으로 판단함에 있어서는, 실체적 진실 규명을 통한 정당한 형벌권의 실현도 헌법과 법이 형사소송 절차를 통하여 달성하려는 중요한 목표이자 이념이므로, 형식적으로 보아 정해진 절차에 따르지 아니하고 수집한 증거라는 이유만을 내세워 획일적으로 그 증거의 증거능력을 부정하는 것 역시 헌법과 형사소송법이 형사소송에 관한 절차 조항을 마련한 취지에 맞는다고 볼 수 없다. 따라서 수사기관의 증거 수집 과정에서 이루어진 절차 위반행위와 관련된 모든 사정 즉, 절차 조항의 취지와 그 위반의 내용 및 정도, 구체적인 위반 경위와 회피가능성, 절차 조항이 보호하고자 하는 권리 또는 법익의 성질과 침해 정도 및 피고인과의 관련성, 절차 위반행위와 증거수집 사이의 인과관계 등 관련성의 정도, 수사기관의 인식과 의도 등을 전체적·종합적으로 살펴 볼 때, 수사기관의 절차 위반행위가 적법절차의 실질적인 내용을 침해하는 경우에 해당하지 아니하고, 오히려 그 증거의 증거능력을 배제하는 것이 헌법과 형사소송법이 형사소송에 관한 절차 조항을 마련하여 적법절차의 원칙과 실체적 진실 규명의 조화를 도모하고 이를 통하여 형사 사법 정의를 실현하려 한 취지에 반하는 결과 대법원 2007. 11. 15, 선고 2007도3061 전원합의체 판결의 다수의견은, 헌법과 형사소송법이 정한 절차에 따르지 아니하고 수집된 증거는 기본적 인권보장을 위해 마련된 적법한 절차에 따르지 않은 것으로서 원칙적으로 유죄인정의 증거로 삼을 수 없다고 하면서, 예외 인정요건도 “절차 위반행위가 적법절차의 실질적 내용을 침해하는 경우에 해당하지 않고, 증거의 증거능력을 배제하는 것이 오히려 형사사법정의 실현의 취지에 반하는 결과를 초래하는 것으로 평가되는 경우”로 봄으로써 매우 제한적으로 해석하고 있다. 이는 별개의견이 택한 중대한 절차상 위법사유가 있는 경우에만 증거능력을 부정하는 태도보다도 더 수사절차의 염결성을 강조한 입장으로 해석되고 있다.[12]

따라서 영장주의 위배 사안임에도, 증거수집절차의 하자가 경미하거나 단순한 훈시규정을 넘어선 정도에 불과하다고 보고 증거능력을 허용하여야 한다는 견해[13]는 타당하지 않다. 필요성의 이유로 위법한 증거수집방식을 허용하는 것은 지극히 위험하여 택할 것이 아니라고 결론내린 바 있다(제1편 제3장 제2절 참조).

2. 진술증거

진술증거는 증거물보다 훨씬 까다롭다.

가. 우선, 자백이라면 임의성이 있어야 한다(법 제309조).

피고인이 자백의 임의성을 다투는 경우 검사가 이에 대한 입증을 해야 하고,[14] 법원은 피고인의 학력, 경력, 직업, 사회적 지위, 지능정도, 진술내용, 조서형식 등 제반사정을 참작하여 임의성 유무를 판단하게 된다.[15]

를 초래하는 것으로 평가되는 **예외적인 경우라면, 법원은 그 증거를 유죄 인정의 증거로 사용할 수 있다고 보아야 한다.** 이는 적법한 절차에 따르지 아니하고 수집한 증거를 기초로 하여 획득한 2차적 증거의 경우에도 마찬가지여서, 절차에 따르지 아니한 증거 수집과 2차적 증거 수집 사이 인과관계의 희석 또는 단절 여부를 중심으로 2차적 증거 수집과 관련된 모든 사정을 전체적·종합적으로 고려하여 예외적인 경우에는 유죄 인정의 증거로 사용할 수 있다.」

12) 오기두, “개정된 형사소송법의 운용”, 「저스티스」 통권 제103호, 한국법학원, 2008, 91면.

13) 김하중, “수사상 강제채혈의 법적 문제점과 해결방안－음주운전자에 대한 강제채혈과 위법수집증거 배제법칙을 중심으로－”, 「법조」 57권 9호, 법조협회, 2008, 31－32면.

14) 대법원 2005. 11. 10, 선고 2004도42 판결; 대법원 1988. 4. 10, 선고 97도3234 판결.
참고로 미국도 자백의 임의성의 입증책임을 검사에게 두고 있고{Lepo v. Twomey, 400 U.S. 477(1972)}, 자백의 임의성을 입증하기 위해 조사경찰관이 법정에서 증언하고 있다{권영법, “현대 심리신문기법과 허위자백 : 현대 심리신문기법에 의한 허위자백 유발에 대한 원인분석과 형사소송법상 대응책의 검토를 중심으로”, 「형사정책연구」 23권 3호(통권 제91호), 한국형사정책연구원, 2012, 106－107면 참조}.

15) 대법원 2011. 10. 24, 선고 2009도1603 판결; 대법원 2011. 2. 24, 선고 2010도14720 판결.

나. 다음으로, 모든 증거는(자백, 증거물 불문) 적법한 절차로 획득한 증거여야 한다 (법 제308조의2).

따라서 변호인 참여권이 보장되지 않은 피의자신문조서, 영상녹화의 요건을 갖추지 않은 채 조사과정을 영상녹화하면서 작성한 피의자신문조서, 수사과정을 기록하지 않은 채 작성된 피의자신문조서 등은 증거능력이 부정된다.[16] 압수절차를 위반한 비진술증거에 대해서는 앞서 살핀 바 있다(제1편 제3장 제3절 참조).

다. 임의성이 있고, 적법하게 획득한 것이라면, 증거동의로 쉽게 전문법칙의 적용을 생략할 수 있다(법 제318조).

따라서 증거동의의 경우 변호인으로서는 신중해야 한다. 일단 1심에서 동의하여 적법하게 증거조사가 마쳐진 증거에 대해 2심에서 다른 증거의견을 제시한다 해도 원칙적으로 효력이 없기 때문이다.[17]

라. 부동의 하거나, 내용을 부인하거나, 진정성립을 부인할 경우 증거의 세계에 들어오는 방법은 조금씩 다르다. 전문법칙 예외규정[18]의 차이 때문이다.

(1) **검사작성 피의자신문조서**(檢事作成 被疑者訊問調書)는 피고인이 진정성립을 부인할 경우 그 조서에 기재된 진술이 피고인이 진술한 내용과 동일하게 기재되어 있음이 영상녹화물[19]이나 그 밖의 객관적인 방법[20]에 의하여 증명되고, 그 조서에 기재된 진술이 특히 신빙할 수 있는 상태[21] 하에서 행하여졌음이 증명된 때에 한하여 증거로 할 수 있다(법 제312조 제1항, 제2항).

(2) **사법경찰관 작성 피의자신문조서**(司法警察官作成 被疑者訊問調書)는 피고인이 내용을 부인할 경우 증거로 사용할 수 없다(법 제312조 제3항).[22] 우리나라의 특수한

16) 오기두, "개정된 형사소송법의 운용", 「저스티스」 통권 제103호, 한국법학원, 2008, 91면.

17) 대법원 2007. 7. 26, 선고 2007도3906 판결; 대법원 2004. 6. 25, 선고 2004도2611 판결; 대법원 1988. 11. 8, 선고 88도1628 판결; 대법원 1990. 2. 13, 선고 89도2366 판결; 1994. 7. 29, 선고 93도955 판결 참조.

18) 피고인의 방어권 보장이라는 측면에서 보면, 전문법칙의 예외가 많아질수록 피고인의 반대신문권은 침해되고 공판중심주의의 의미도 퇴색된다(김희균, "형사사법제도의 변천과 인권－당사자주의의 확립－", 「법과 사회」 34권, 법과사회이론학회, 2008, 249-250면 참조).

19) 영상녹화물은 피의자신문조서 및 진술조서의 진정성립을 위해 사용할 수 있고, 기억환기용으로 사용할 수 있다. 그러나 본증으로도, 탄핵증거로도 사용할 수 없음은 앞에서 상세히 보았다(제1편 제5장 제2절 참조).

20) 녹음물, 자필 감정결과, 변호인 참여, 신뢰관계자의 동석 등을 들 수 있다.

21) 변호인 참여권이 보장되었으면 특신성이 인정된다고 볼 것이다.

22) 공판중심주의와 직접주의를 실현하기 위하여 장차 경찰조서의 증거능력처럼 검사작성 피의자신문조서도 증거능력을 제한하여야 한다는 견해로는 이완규, "사법경찰관작성 피의자신문조서 증거능력문제의 올바른 방향－수사권독립론과 연관된 주장과 관련하여－", 「형사정책연구소식」 제75호,

입법례이다.

독일(獨逸)은 공판에서 피의자신문조서를 제출하는 것을 원칙적으로 금지하고 있고(독일 형사소송법 제250조), 다만 동법 제251조에서 일정한 경우 예외를 인정하여 과거 신문조서의 낭독으로 대체할 수 있다. 증인, 감정인 또는 공동피의자의 사망, 정신질환, 질병, 노쇠, 기타 제거할 수 없는 장애, 원격, 동의 등의 경우이다. 독일은 직권주의 아래에서의 직접주의 요청을 수용하고 있다고 평가된다. 반면, 일본(日本)은 검사 작성의 것이건 사법경찰관 작성의 것이건 피의자신문조서는 임의성만 인정되면 우리나라의 형식적 진정성립으로 곧바로 증거능력을 인정하고 있다.[23]

(3) **검사 또는 사법경찰관 작성 참고인진술조서**(參考人陳述調書)는 원진술자가 공판준비 또는 공판기일에서의 진술로 성립을 인정하거나 영상녹화물 또는 그 밖의 객관적인 방법에 의하여 증명되고, 피고인 또는 변호인이 공판준비 또는 공판기일에 그 기재 내용에 관하여 원진술자를 신문할 수 있었던 때[24]에는 증거로 할 수 있다. 다만, 그 조서에 기재된 진술이 특히 신빙할 수 있는 상태 하에서 행하여졌음이 증명된 때에 한한다(법 제312조 제4항).

조서를 작성하지 않고 영상녹화물만 제출된 경우 피고인이 증거에 동의하지 않는 한 어떠한 방법으로도 공소사실에 대한 독립된 증거능력이 없다는 점은 앞서 보았고(제1편 제5장 제2절 참조), 최근 대법원도 거듭 이 점을 확인하였다.[25]

한국형사정책연구원, 2003, 7면; 이재석, “수사와 인권”, 「비교형사법연구」 5권 2호, 한국비교형사법학회, 2003, 844-845면.

23) 차용석, “사법제도개혁추진위원회의 형소법 개정시안에 대한 비판적 검토”, 「법조」 54권 7호, 법조협회, 2005. 7, 29-31면; 이완규, “사법경찰관작성 피의자신문조서 증거능력문제의 올바른 방향 -수사권독립론과 연관된 주장과 관련하여-”, 「형사정책연구소식」 제75호, 한국형사정책연구원, 2003, 4면 주8), 6면 각 참조.

24) 미국의 경우에는 대면권에 해당한다. 미 연방 수정 헌법 제6조는 피고인이 법정에서 자기에게 불리한 증인을 대면할 수 있는 권리, 즉 대면권(confrontation right)을 인정하고 있다. 연방대법원은 최근 대면권 조항을 확대 적용하여 피고인에 대한 각종 조사를 한 조사원이 직접 법정에서 증언하여야 한다고 판시하였다. 예컨대 Melendez-Diaz v. Massachusetts, 557 U.S. 1256(2009) 판결에서, 연방대법원은 주 마약 분석실의 보고서 만으로 해당 물품을 마약으로 인정하여 피고인의 유죄를 인정하고 피고인이 요구한 분석 담당자의 법정 증언을 허용하지 않은 것은 연방 수정헌법 제6조 상의 대면권 위반으로 판시하였고, Bullcoming v. New Mexico, No. 09-10876. Argued March 2, 2011, Decided June 23, 2011. 판결에서도 뉴멕시코주 과학실험부서의 혈액분석보고서를 곧바로 증거로 인정하고 혈액분석에 참여한 자의 법정 진술 없이 유죄로 인정한 하급심 판결을 대면권 규정 위반으로 보아 파기환송하였다(상세한 내용은 박용철, “미국의 형사법 연구의 쟁점과 동향-2007년~2010년 미국 연방 대법원 판례를 중심으로-”, 「비교형사법연구」 14권 1호, 한국비교형사법학회, 2012, 230-232면 참조).

25) 대법원 2014. 7. 10, 선고 2012도5041 판결 참조.

▶ 생각할 점

실무상으로는 검찰 증거 중 피해자 진술조서 또는 피의자신문조서 중 피해자 대질부분에 대하여 변호인이 부동의 할 경우 검찰 측 증인으로 피해자가 소환되어 진정성립을 한 후 법정 증언을 하게 되고 이 때 피고인 및 변호인은 반대신문권을 행사할 기회를 갖게 된다.

반대신문권 행사가 형식적인 것이어도 좋은지, 실질적이어야 할 것인지에 대해 각 법관의 인식이 다를 수 있겠으나, 때로는 증인의 입장만을 고려한 나머지 공소사실과 직접 관련된 질문이 아니거나 수사기관 진술내용을 확인하기 위한 신문을 하는 경우 중간 중간 제한하는 일이 발생하는 경우가 있다. 이 같은 소송지휘권의 행사는 증인의 수사기관 진술을 짧은 공판기일 중의 증인신문절차만으로 탄핵해야 하는 피고인의 입장을 감안하지 못한 것이며, **반대신문권의 제약은 방어권 위축으로 귀결된다. 증인의 수사기관 진술 내용, 진술의 경위, 진술의 모순을 충분히 탄핵할 수 있어야만 형사소송법 제312조 제4항 단서의 진술의 특신성을 확인할 수 있기도 하기 때문이다.**

심지어 공판검사 중 일부는, 변호인이 조서작성경위의 위법성과 관련한 증인신문을 하는 경우, 증인이 진정성립을 인정한 조서에 대해 왜 추가로 증거능력을 문제 삼느냐며 변호인에게 직접 석명권을 행사하기도 하였다. 그러나 그 같은 검사의 처사는 다음과 같은 점에서 잘못되었다.

첫째, 진정성립 인정은 전문법칙 예외요건을 충족한 것에 불과하고, 그나마 제312조 제4항 단서의 진술 특신성을 고려하면 여전히 증인의 수사기관 진술을 탄핵할 필요가 있다.

둘째, 전문법칙과 위법수집증거배제법칙은 다르므로 설사 수사기관에서 진술한 피해자가 증인으로 나와 진정성립을 인정했더라도 조서의 작성방법을 위배했다든지, 여러 명의 피해자가 통모하여 피해 진술한 경우 위법수집증거배제법칙에 의해 증거가 배척될 필요성이 있다.

셋째, 전문법칙과 위법수집증거배제법칙을 통과한 증거라도 특히 수사기관의 유도신문에 의해 간략히 답변한 것을 구체적으로 답변한 것으로 조서를 정리했다든지, 피해자 A가 진술하여야 할 것을 피해자 B가 대신 진술하였다든지, 혹은 여러 명의 피해자가 통모하여 진술한 경우 증명력 감쇄를 위해 폭넓은 증인신문을 할 필요성이 있다(그러함에도 변호인은 재판부에 합리적 의심을 제기하는 정도의 노력을 다하는 것만으로도 만족해야 하는 경우가 많다. 수사권이 없고, 짧디 짧은 증인신문절차를 통해서만 탄핵해야 하기 때문이다).

넷째, 석명권 행사는 재판장이 하여야 하지, 증인에 대한 반대신문 중 검사가 직접 피고인의 변호인에게 행사할 수 있는 것이 아니다.

다섯째, 문제된 사건은 피해자들의 진술증거에 전적으로 의존하였다 하여도 과언이 아닌 사건으로 피해자들 진술탄핵이 절실히 필요한 사건이었다(대구지방법원 2014고단**** 공판 중의 문제점).

(4) 그 명칭이 진술서라 하더라도 피의자가 수사기관에서 스스로 작성한 서류는 명칭에 불문(名稱不問)하고 **실질**(實質)에 따라 위 1항 내지 제4항과 같다(법 제312조 제5항). 따라서 명칭은 진술서라고 하더라도 내용상 피의자신문조서에 기재할 내용을 기재한 것이라면, 경찰 단계작성 진술서의 경우 사법경찰관작성 피의자신문조서와 같이 내용부인으로 쉽게 증거능력을 상실시킬 수 있다.

(5) **검사 또는 사법경찰관이 검증의 결과를 기재한 조서**(檢證調書)는 적법한 절차와 방식에 따라 작성된 것으로서 공판준비 또는 공판기일에서의 작성자의 진술에 따라 그 성립의 진정함이 증명된 때에는 증거로 할 수 있다(법 제312조 제6항).

작성자는 검사나 사법경찰관이다. 종전 규정에 '원진술자'라고 표현하던 것을 "작성자"라고 개정하여 표현하고 있으므로 작성자를 검사나 사법경찰관으로 봄이 타당하다.

또한, 검증조서에 기재된 피고인이나 참고인 등의 진술은 수사기관에서 작성된 진술조서나 진술서의 증거능력 요건을 구비해야 증거능력이 인정된다(법 제313조 제1항).[26][27]

(6) **피고인 또는 피고인이 아닌 자가 작성한 진술서**(陳述書)나 그 진술을 기재한 서류로서 그 작성자 또는 진술자의 자필이거나 그 서명 또는 날인이 있는 것(署名·捺印)은 공판준비나 공판기일에서의 그 작성자 또는 진술자의 진술에 의하여 그 성립의 진정함이 증명된 때에는 증거로 할 수 있다. 단, 피고인의 진술을 기재한 서류는 공판준비 또는 공판기일에서의 그 작성자의 진술에 의하여 그 성립의 진정함이 증명되고 그 진술이 특히 신빙할 수 있는 상태 하(特信狀態)에서 행하여 진 때에 한하여 피고인의 공판준비 또는 공판기일에서의 진술에 불구하고 증거로 할 수 있다(법 제313조 제1항).

(7) **감정의 경과와 결과를 기재한 서류**(鑑定書)도 전항과 같다(법 제313조 제2항). 따라서 피고인이나 변호인이 감정서에 대해 부동의하는 경우 감정인의 자필로 작성되었거나 서명날인이 있고, 감정인의 공판정 진술에 의해 진정성립이 인정되어야 이를 증거로 할 수 있다.

(8) 형사소송법 제312조 또는 제313조의 경우에 공판준비 또는 공판기일에 진술을 요하는 자가 **사망·질병·외국거주·소재불명 그 밖에 이에 준하는 사유**로 인하여 진술할 수 없는 때에는 그 조서 및 그 밖의 서류를 증거로 할 수 있다. 다만, 그 진술 또는 작성이 특히 신빙할 수 있는 상태 하에서 행하여졌음이 증명된 때에 한한다(법 제314조).

개정 형사소송법에서 소재불명이 추가되었다. '소재불명 그 밖에 이에 준하는 사유'로 개정(필요성 요건의 강화)되어 예외인정 요건을 가급적 엄격하게 해석하려는 최근 대법원 판례[28]의 경향을 반영하려 노력한 것이다. 비록 그 문언에 있어 종전

26) 오기두, "개정된 형사소송법의 운용", 「저스티스」 통권 제103호, 한국법학원, 2008, 93면.
27) 이 점은 타인의 진술이 기재된 수사보고서도 마찬가지라 할 것이다.

28) 대법원 2006. 12. 8, 선고 2005도9739 판결.

「【주 문】 원심판결을 파기하고, 이 사건을 대전지방법원 본원 합의부로 환송한다.

【이 유】 상고이유를 판단한다.

1. 우리 형사소송법이 채택하고 있는 공판중심주의는 형사사건의 실체에 대한 유죄·무죄의 심증 형성은 법정에서의 심리에 의하여야 한다는 원칙으로, 법관의 면전에서 직접 조사한 증거만을 재판의 기초로 삼을 수 있고 증명 대상이 되는 사실과 가장 가까운 원본 증거를 재판의 기초로 삼아야 하며 원본 증거의 대체물 사용은 원칙적으로 허용되어서는 안 된다는 실질적 직접심리주의를 주요 원리로 삼고 있다. **수사기관이 원진술자의 진술을 기재한 조서**는 원본 증거인 원진술자의 진술을 대체하는 증거 방법으로, **원진술자의 진술을 처음부터 끝까지 그대로 기재한 것이 아니라 그 중 공소사실과 관련된 주요 부분의 취지를 요약하여 정리한 것이어서 본질적으로 원진술자의 진술을 있는 그대로 전달하지 못한다는 한계**를 가지고 있고, 경우에 따라 **조서 작성자의 선입관이나 오해로 인하여 원진술자의 진술 취지와 다른 내용으로 작성될 가능성**도 배제하기 어렵다. 또, 조서에 기재된 원진술자의 진술 내용의 신빙성을 판단하는 데 불가결한 요소가 되는 **진술 당시 원진술자의 모습이나 태도, 진술의 뉘앙스 등을 법관이 직접 관찰할 수 없다**는 점에서 조서에 기재된 원진술자의 진술 내용은 그 **신빙성 평가에 있어 근본적인 한계**가 있을 수밖에 없다. 결국, 수사기관이 원진술자의 진술을 기재한 조서는 원본 증거인 원진술자의 진술에 비하여 본질적으로 낮은 정도의 증명력을 가질 수밖에 없다는 한계를 지니는 것이고, 특히 원진술자의 법정 출석 및 반대신문이 이루어지지 못한 경우에는 그 진술이 기재된 조서는 법관의 올바른 심증 형성의 기초가 될 만한 진정한 증거가치를 가진 것으로 인정받을 수 없는 것이 원칙이라 할 것이다.

따라서 피고인이 공소사실 및 이를 뒷받침하는 수사기관이 원진술자의 진술을 기재한 조서 내용을 부인하였음에도 불구하고, 원진술자의 법정 출석과 피고인에 의한 반대신문이 이루어지지 못하였다면, 그 조서에 기재된 진술이 직접 경험한 사실을 구체적인 경위와 정황의 세세한 부분까지 정확하고 상세하게 묘사하고 있어 구태여 반대신문을 거치지 않더라도 진술의 정확한 취지를 명확히 인식할 수 있고 그 내용이 경험칙에 부합하는 등 신빙성에 의문이 없어 조서의 형식과 내용에 비추어 강한 증명력을 인정할 만한 특별한 사정이 있거나, 그 조서에 기재된 진술의 신빙성과 증명력을 뒷받침할 만한 다른 유력한 증거가 따로 존재하는 등의 예외적인 경우가 아닌 이상, 그 조서는 진정한 증거가치를 가진 것으로 인정받을 수 없는 것이어서 이를 주된 증거로 하여 공소사실을 인정하는 것은 원칙적으로 허용될 수 없다 할 것이다. 이는 원진술자의 사망이나 질병 등으로 인하여 원진술자의 법정 출석 및 반대신문이 이루어지지 못한 경우는 물론 수사기관의 조서를 증거로 함에 피고인이 동의한 경우에도 마찬가지이다.

이 사건 기록에 의하면, 아래와 같은 사실을 알 수 있다.

이 사건 공소사실의 요지는, 유흥주점 업주들인 피고인들이 2002. 7. 하순 내지 8. 초순 그들이 운영하는 유흥주점을 방문한 (상호 생략) 보도방 소속 접객원인 공소외 1 또는 공소외 2로 하여금 부근 숙박업소에서 각 윤락행위를 하도록 직접 알선하였다는 것인데, 피고인들은 이 사건 수사 초기부터 일관하여 평소 (상호 생략) 보도방 소속 접객원들을 불러 접객행위를 하도록 한 사실은 있지만 윤락행위를 알선한 사실은 없고, 특히 공소사실 일시경 공소외 1, 2를 피고인들 운영 유흥주점에 접객원으로 부른 사실이 있는지조차 분명하지 않다고 주장하였다.

검사가 제출한 증거들 중 공소외 1, 2가 공소사실 일시경 피고인들 운영 유흥주점에 접객원으로 불려 간 사실을 뒷받침할 만한 증거는 공소외 1, 2가 수사기관에서 한 진술이 사실상 유일한 증거인데, 위 각 진술은 공소외 1, 2가 (상호 생략) 보도방에 대하여 압수수색 영장을 집행하던 경찰에 의하여 느닷없이 임의동행 형식으로 경찰서에 출석한 상태에서 단순히 기억에만 의존하여 약 보름 동안의 행적에 관하여 개괄적으로 언급한 것으로, 그 내용 중 일부 유흥주점 방문 시기는 서로 일치하지 않을 뿐 아니라, 방문 업소의 위치나 구체적으로 윤락행위를 알선한 자에 대하여는 다소 추상적으로 언급하고 있을 뿐이다. 그 외 수사기관에서 공소외 1, 2가 지적한 유흥주점, 윤락행위 알선자 및 윤락행위가 이루어진 숙박업소를 확인하는 등의 방법으로 공소외 1, 2의 진술의 신빙성이나 증명력을 보강할 만한 증거자료를 수집한 바는 없다.

피고인들은 재판 과정에서 줄곧 공소외 1, 2가 수사기관에서 한 진술의 모호성을 지적하며 두

규정과 큰 차이가 없다고 하더라도 공판중심주의 및 구두변론주의의 강화라는 개정 형사소송법의 근본취지에 비추어 실무운용도 엄격하게 해야 할 것이다.[29)]

(9) **피고인이 아닌 자**(공소제기 전에 피고인을 피의자로 **조사**하였거나 그 조사에 참여하였던 **자**를 포함한다. 이하 이 조에서 같다)**의 공판준비 또는 공판기일에서의 진술이 피고인의 진술을 그 내용으로 하는 것인 때**에는 그 진술이 특히 신빙할 수 있는 상태 하에서 행하여졌음이 증명된 때에 한하여 이를 증거로 할 수 있다(법 제316조 제1항).

피고인 아닌 자의 공판준비 또는 공판기일에서의 진술이 피고인 아닌 **타인의 진술을 그 내용으로 하는 것인 때**에는 원진술자가 사망, 질병, 외국거주, 소재불명 그 밖에 이에 준하는 사유로 인하여 진술할 수 없고, 그 진술이 특히 신빙할 수 있는 상태 하에서 행하여졌음이 증명된 때에 한하여 이를 증거로 할 수 있다(법 제316조 제2항). 따라서 제2항에 따른 조사자의 증언에 증거능력이 인정되기 위해서는 원진술자가 사망, 질병, 외국거주, 소재불명, 그 밖에 이에 준하는 사유로 인하여 진술할 수 없어야 하는 것이라서, 원진술자가 법정에 출석하여 수사기관에서 한 진술을 부인하는 취지로 증언한 이상 원진술자의 진술을 내용으로 하는 조사자의 증언은 증거능력이 없다.[30)]

이로써 피의자를 수사과정에서 조사하였던 직접 조사자나 그 조사에 참여하였던 자가 피고인이 수사기관에서 한 진술 내용을 증언(調査者 證言)하면 전문법칙의 예외로서 특신성을 요건으로 하여 그 증거능력을 인정할 수 있고(법 제316조 제1항), 참고인의 진술내용에 관하여는 원진술자인 그 참고인의 진술 불가능성과 특신정황을 요건으로 하여 그 참고인을 조사한 수사관이나 그 조사에 참여한 자의 증언의 증거능력을 인정할 수 있게 되었다(법 제316조 제2항). 이는 종래 사법경찰관리 등이

사람의 법정 출석과 피고인들에 의한 반대신문 기회 보장을 강력히 요구하였지만, 소재불명 등으로 인하여 결국 두 사람의 법정 출석 및 반대신문은 성사되지 못하였고, 피고인들은 재판의 장기화에 따라 9회 또는 10회 공판기일에 가서야 부득이 수사기관이 작성한 조서를 증거로 함에 동의하기에 이르렀다.

앞서 본 법리에 위 인정 사실을 비추어 보면, **수사기관이 공소외 1, 2의 진술을 기재한 조서는 법관의 올바른 심증 형성의 기초가 될 만한 진정한 증거가치를 가진 것으로 인정받을 수 없는 것이어서, 이를 사실상 유일한 증거로 하여 이 사건 공소사실을 인정하는 것은 허용될 수 없다** 할 것이다. 이와 달리, 수사기관이 공소외 1, 2의 진술을 기재한 조서를 사실상 유일한 증거로 삼아, 그 증명력을 배척한 제1심을 뒤집고, **공소사실을 인정한 원심에는 수사기관이 작성한 조서의 증명력에 관한 판단을 그르친 채증법칙 위반**의 위법이 있어, 그대로 유지될 수 없다 할 것이다.

2. 그러므로 원심판결을 파기하고, 이 사건을 원심법원에 환송하기로 하여 관여 대법관의 일치된 의견으로 주문과 같이 판결한다.」

29) 오기두, "개정된 형사소송법의 운용", 「저스티스」 통권 제103호, 한국법학원, 2008, 97면.

30) 대법원 2008. 9. 25, 선고 2008도6985 판결.

수사과정에서 피고인이 범행을 자백하는 것을 들었다고 증언해도 그 증언의 증거능력을 구법 제312조 제2항에 의해 부정하던 대법원 판례[31]와 달리 2007년 개정 형사소송법에서 신설된 조항이다. 이에 대해서는 수사기관 작성 조서의 증거능력을 일반적으로 인정하는 종래의 증거법 골격을 그대로 유지하면서 나아가 조사자 증언의 증거능력까지 인정함으로써 자백획득 편중 수사관행을 시정하지 못하도록 한 조치라는 비판이 있다.[32]

조사자 증언의 증거능력 요건 중 특신성에 대한 판단은 Case by case이겠으나, 최근 하급심 판결에서는 다음과 같은 일응의 기준을 제시한 바 있다.[33]

〈판결 1〉

「…(전략) (다) 피고인들은 또 피고인들을 조사했던 경찰관들이 원심법정에서 피고인들이 수사과정에서 선거운동과 관련하여 금품을 수수한 사실을 자백하였다고 증언 하였으나 피고인들이 경찰에서 금품을 수수하였다고 인정한 것은 나이 어린 경찰관들이 모욕적인 언사로 추궁을 하며 윽박지르는 바람에 검찰에서 진술하게 대답하기 위하여 허위로 진술한 것이므로 위 경찰관들의 증언은 형사소송법 제312조 제2항의 입법취지에 따라 아무런 증거능력이 없다고 주장한다.

종래 대법원 판례는 피고인이 경찰에서의 진술을 부인하는 경우 조사경찰관이 경찰조사시 피고인이 범행을 자백하였고 그에 따라 범행 사실을 확인하였다고 법정에서 증언하였다고 하더라도 피고인이 경찰에서의 진술을 부인하는 이상 구 형사소송법 제312조 제2항 (현행 제 312조 제3항)의 취지에 비추어 증거 능력이 없다고 판시하여 왔다. 그러나 2007. 6. 1. 법률 제8496호로 개정되어 2008. 1. 1. 부터 시행된 현행 형사소송법은 조사자의 증언을 인정하지 아니한 종래의 대법원 판례의 태도와는 달리, 조사경찰관 등이 증인으로 나와 위증죄의 부담을 안고 피고인 측의 반대심문을 받으면서 한 증언에 증거능력을 부여함으로써 실체적 진실발견과 피고인의 방어권 보장사이에 조화를 도모할 목적으로, 제316조 제1항에서 '피고인이 아닌 자'에 "공소제기 전에 피고인을 피의자로 조사하였거나 그 조사에 참여하였던 자를 포함한다"는 규정을 신설하였다. 따라서 피고인의 진술을 내용으로 하는 조사경찰관의 증언은 그 진술이 특히 신빙할 수 있는 상태 하에서 행하여졌다면 증거능력이 있다고 할 것이다.

---

31) 대법원 1979. 5. 8, 선고 79도493 판결; 대법원 2002. 8. 23, 선고 2002도2112 판결.

32) 오기두, "개정된 형사소송법의 운용", 「저스티스」 통권 제103호, 한국법학원, 2008, 96-97면.

33) 조사자 증언의 증거능력을 특정 사안과 관련하여 직접적으로 상세히 검토·설시한 대법원 판례는 아직까지 없음.

그러므로 살피건대, 원심에서 적법하게 채택하여 조사한 증거들과 당심 증인 권○○, 김##씨의 진술에 의하면, 피고인들을 조사한 경찰관인 권○○과 김##은 피고인들에게 진술거부권과 변호사선임권이 있음을 고지하고 조사 도중에 적절하게 휴식시간을 주면서 조사하였고, 피고인들은 2008. 4. 2. 긴급체포된 후 그날 오후부터 다음 날 새벽 1시경까지 1회 경찰 피의자신문을 받았으나 그 후 충분히 수면을 취하고 그 다음 피의자신문부터는 주간에 조사를 받았으며, 피고인들이 영양경찰서에서 1회 경찰 피의자신문을 마치고 영덕 경찰서 유치장에 입감되기 직전 담당 검사와의 면담을 원하여 조사 경찰관들이 배제된 상태에서 대구지방검찰청 영덕지청의 담당 검사와 면담하였는데 당시 '불편한 점이 없었느냐'는 담당 검사의 질문에 피고인들은 경찰의 회유나 협박이 있었다, 불편한 점이 있다는 등의 이야기를 한 적이 없었고, 피고인들은 처음부터 범행을 자백한 것이 아니라 피고인 박○○의 집에 대한 압수수색결과 장롱위에 띠지로 묶인 100만원 묶음 15다발이 발견되자 그때부터 자신들의 범행을 자백하기 시작하였으며, 피고인 박○○은 영양군 입암면 출신으로 경상북도 도의회 의원까지 지낸 인물이고, 위 피고인을 주로 조사하여 금품 수수 사실을 자백하는 진술을 받은 경찰관 권○○도 입암면이 고향으로 위 피고인 아들의 중학교 후배인점 등에 비추어 볼때, 경찰에서 피고인들이 금품 수수 사실을 자백하는 내용의 진술을 한 것은 그 진술에 허위 개입의 여지가 거의 없고 그 진술 내용의 신빙성이나 임의성을 담보할 만한 상태에서 행하여졌다고 보인다.

따라서 경찰 수사단계에서 범행을 자백하는 피고인들의 진술을 내용으로 하는 증인 권○○, 김##의 원심 및 당심 법정 진술은 그 증거능력이 있고, 피고인들의 신분이나 지위에 비추어볼 때 자백의 의미나 중요성을 제대로 헤아리지 못한 채 허위 자백을 하였다고 볼 수 없는 만큼 그 신빙성도 충분하다고 할 것이다.」(대구고등법원 2008. 11. 27, 선고 2008노293 판결)

〈판결 2〉

「…(전략) 나. 피고인을 검거하거나 수사기관에서 조사한 경찰관 위OO, 최OO의 법정진술 중 피고인이 공소사실에 관하여 자백한 것을 들었다는 부분에 관하여 본다.

1) 형사소송법 제316조 제1항은, '피고인이 아닌 자(공소제기 전에 피고인을 피의자로 조사하였거나 그 조사에 참여하였던 자를 포함한다)의 공판준비 또는 공판기일에서의 진술이 피고인의 진술을 그 내용으로 하는 것일 때에는 그 진술이 특히 신빙할 수 있는 상태 하에서 행하여졌음이 증명된 때에는 이를 증거로 사용할 수 있다'라고 규정하고 있으므로, 수사기관에서 피고인을 피의자로 조사한 조사자 증언의 증거능력이 인정되기 위하여는 조사 당시 피고인의 진술이 '법관의 면전에서 진술이 이루어진 것과 동일시할 수 있는 정도로 객관성과 공정성을 담보할 수 있는 구체적인

외부적 상황' 아래에서 이루어졌음이 증명되어야 할 것이고, 그 특신상태에 대하여는 검사가 입증하여야 할 것이다.

그러나 검사나 변호인이 제출한 증거들에 의하면, 피고인이 인터넷에 자전거를 판매한다는 4건의 글을 게시한 사실, 이를 이상히 여긴 서울OO경찰서 OOO지구대 경찰관 위OO이 피고인에게 인터넷에 게시한 자전거를 사겠다고 연락하여 2010. 3. 13. 19:45경 서울 마포구 합정동 지하철 2호선 합정역 부근에서 피고인을 만난 사실, 피고인은 당시 위 공소사실 기재 아메리칸 이글 자전거(이하 이 사건 자전거라 한다)를 가지고 나왔고, 위OO이 인터넷에 판매 글을 게시한 자전거 4대에 대하여 절취여부를 추궁하자 피고인은 그 중 미니벨로 자전거 1대를 절취하였다고 자백한 사실, 위OO이 피고인을 위 지구대로 동행하여 절취여부를 추궁하여 피고인으로부터 위 미니벨로 자전거 외에 아테나 자전거 1대를 절취하였다는 자백을 받았고, 그 상황에서 피고인에게 진술서를 작성하도록 한 사실, 피고인이 위OO으로부터 담배를 얻어 피우면서 절취사실을 시인하면 집에 갈 수 있는지를 묻는 등 여러 차례 절취사실을 시인하면 집에 갈 수 있는지를 물은 사실, 피고인이 결국 이 사건 자전거 절취사실을 자백하고, "오늘 새벽 홍대 근처 주택가에서 이 사건 자전거를 절취하는 등 위 자전거 3대를 절취하였다"는 내용의 진술서를 작성한 사실, 피고인은 경찰서로 가는 도중 위OO에게 차비를 달라고 하여 5,000원을 받은 사실, 위OO은 2010. 3. 13. 23:35경 서울OO경찰서 경찰관 최OO에게 피고인을 인계한 사실, 최OO은 피고인으로부터 심야조사 동의를 받아 제1회 피의자조사를 마친 후 피고인이 집행유예기간 중임을 인지하여 피고인을 긴급체포하고 제2회 피의자조사를 한 사실, 피고인은 위 조사과정 및 영장실질심사 과정에서 위 공소사실을 자백한 사실, 피고인이 이 사건 자전거 절취 일시로 자백한 2010. 3. 13. 새벽 이전인 2010. 3. 12. 오후 01:43경 이미 이 사건 자전거를 매수하려는 사람들이 피고인의 휴대폰으로 문자메시지를 보낸 사실을 각 인정할 수 있는바, 피고인이 당초 이 사건 범행을 부인하였다가 경찰관에게 여러 차례 범행을 시인하면 집에 갈 수 있는지를 물어 본 후 자백한 점, 피고인이 지구대에서 경찰서에 인계되기까지 상당한 시간이 경과된 점, 피고인이 조사 당시 변호인의 조력을 받거나 신뢰관계가 있는 사람이 동석하지 않은 점 등 위 인정사실에 나타난 제반사정에 비추어 보면, 피고인의 당시 진술이 특히 신빙할 수 있는 상태하에서 행하여졌음이 증명되었다고 보기는 어렵다 할 것이므로, 위OO, 최OO의 법정진술 중 피고인이 위 공소사실에 관하여 자백한 것을 들었다는 진술부분은 증거능력이 없다 할 것이다(설령 위OO, 최OO의 법정진술에 증거능력을 부여한다고 하더라도 앞서 본 사정에 의하면, 피고인이 위 공소사실을 자백하면 석방될 것으로 생각하고 허위로 자백하였을 가능성을 배제할 수 없으므로, 피고인의 자백을 그대로 믿기도 어렵다 할 것이다).」(서울동부지법 2010. 9. 2, 선고 2010고단758 판결)

제7장 수사의 객체

제1절 피의자의 개념

피의자는 수사절차에서 수사의 객체가 된 자이다. 따라서 수사기관에서 피의자는 재판절차와는 달리 당사자 지위를 갖지 않고, 수사기관은 우월한 지위를 향유하고 있다.

자연인, 법인을 불문하고 피의자가 될 수 있으며, 공소가 제기된 후에는 피고인의 지위를 갖게 되고, 형이 확정될 경우 수형자가 되는 것과 구별된다.

수사의 대상이 된 피의자(被疑者)와 내사의 대상이 된 피내사자(被內査者)의 구별이 반드시 명확한 것은 아니다. 따라서 피내사자에 대해서도 실질적으로 법익을 침해하는 수사가 개시된 경우 변호인의 도움을 받을 권리를 포함한 형사소송법상의 각종 절차법상 권리가 허용된다고 해석해야 한다. 또 피의자든 피내사자든 인권을 최대한 존중하는 방법으로 조사하여야 한다.

다수인이 같은 혐의로 수사 받는 경우 흔히 '공범', '상피의자'란 용어를 사용하고 실제 수사기록상으로도 그와 같다. 실무상 '공동피의자'라는 용어가 쓰이고 있지는 않다. 공범 중 1인의 도주는 다른 공범의 구속사유가 되거나, 다른 공범의 인적사항을 자백하지 않는 경우 역시 구속사유가 되는 등(증거인멸 우려) 수사절차에서 공범자 간에는 일정한 영향을 주고받는 관계에 놓인다. 또 공범의 수사단계 진술은 일정한 요건 아래 법정에서 증거로 사용될 수 있다. 사법경찰관 작성 공범자에 대한 피의자신문조서는 상피의자가 내용인정을 할 경우 상피의자에 대하여 증거능력이 있고(법 제312조 제3항), 검사작성 공범자에 대한 피의자신문조서는 진술한 공범자가 법정에서 진정성립을 인정하고 상피의자가 이에 대하여 법정에서 반대신문권을 행사할 수 있었고 특신상태가 인정될 때 증거능력이 있다(법 제312조 제4항).

제2절 피의자의 지위 및 권리

1. 수사절차상 지위

피의자는 수사절차상 수사의 객체가 된다.[1] 그러나 헌법 제27조 제4항, 형사소송법 제275조의2의 무죄추정원칙에 따라 수사단계에서의 피의자의 인권은 특히 보호되어야 한다.

무죄추정은 단순한 이념적 선언규정이 아니고 형사절차의 실천원리이므로 수사절차에서 공판절차에 이르기까지의 절차 전과정을 지배하는 지도원리가 되었다. 무죄추정원리의 형사소송법상 구현모습으로는 인신구속의 제한, 충분한 증명(합리적 의심 없는 증명)이 없을 경우 피고인에게 이익, 불이익처우의 금지를 들 수 있다.[2]

2. 수사단계에서의 피의자의 각종 권리

수사단계에서 피의자는 헌법과 법률에 정하지 아니한 절차로 체포·구속·압수·수색을 당하지 아니할 권리(헌법 제12조 제1항), 원칙적 임의수사·예외적 강제수사를 받을 권리(법 제198조 제1항, 제199조 제1항 단서), 고문을 당하지 아니하고, 자백(임의성이 없는 진술 포함)을 강요당하지 않을 권리(헌법 제12조 2항, 법 제244조의3), 무죄추정권(헌법 제27조 제4항), 변호인의 충분한 도움을 받을 권리(선임, 참여, 접견, 수수)를 가지며(법 제30조, 제34조, 제89조, 제90조), 압수·수색영장의 집행시 참여권(법 제219조, 제121조, 제145조), 자신에게 유리한 진술을 하고 자료를 제출할 방어권, 영장심사·구속적

---

1) 실무상 사람이 객체로 등장하는 다른 예로는, 가사소송(家事訴訟)에서 양 당사자를 불러 가사조사를 진행하면서 파탄의 사유와 재산증식의 사정을 조사하는 경우의 원·피고, 증인신문(證人訊問)에서 증인, 신체감정(身體鑑定)에서 원고, 정신감정(精神鑑定)에서 피고인이 각 절차의 객체가 된다. 수사의 객체든 가사조사의 객체든, 감정의 객체이건 어느 정도의 강제가 필요한 경우가 많으므로 해당 증거조사를 거치지 않고서는 실체진실을 밝히지 못하는데도 출석치 않거나 조사에 협조하지 않는 경우 형사절차든 민사절차든 소정의 직접강제 또는 간접강제절차가 마련되어 있다(형사소송의 증인의 경우 형사소송법 제151조의 과태료 및 감치처분이 가능하고, 감정의 경우 동법 제172조의2에 따라 감정유치가 가능하다). 수사의 객체인 피의자에게는 출석불응시 동법 제200조의2에 따라 체포사유가 된다.

2) 이재상, 형사소송법, 제9판, 박영사, 2013, 115-117면. 우리 헌법과 형사소송법은 피고인에 대하여만 무죄추정을 규정하고 있지만 피의자에 대하여도 무죄추정을 인정해야 함은 더더욱 당연하다. 같은 책 117면.

부심사청구권(법 제201조의2, 헌법 제12조 제6항 및 법 제214조의2), 구속취소청구권(법 제209조, 제93조), 법정의 방식으로 조사받을 권리 및 조서열람·이의권(법 제244조), 구속·범죄사실 통지·고지권(헌법 제12조 제5항, 법 제200조의6, 법 제87조, 제88조), 증거보전청구권(법 제184조), 압수물 가환부청구권(법 제133조), 형사보상청구권(헌법 제28조), 국가배상청구권(헌법 제29조 제1항)을 갖는다.

이 중 가장 핵심적인 것은 진술거부권의 행사와 변호인의 충분한 도움을 받을 권리라 할 수 있다.

진술거부권을 올바르게 고지 받지 못하거나, 제대로 행사할 수 없다면 자백편중과 고문이라는 불법한 수사관행이 통제될 수 없다. 또한 불리한 상태에 놓인 피의자에게 진술거부권이 있음과 적법한 수사절차가 무엇인지 조언해 줄 변호인을 자유롭게 만나지 못한다면 진술거부권의 올바른 행사는 불가능하고 (임의성 없는) 자백이 기재된 조서가 향후의 불리한 증거로 남기 때문이다. 어떠한 방식으로 조서가 작성되었으며 과연 진술거부권이 보장되었는지, 스스로 원하여 변호인의 참여 없이 신문을 받은 것인지, 문답 과정에서 회유·협박·고문은 없었는지, 피의자가 진술한 대로 기재된 것은 맞는지, 피의자가 자의로 날인하였는지 등에 대하여 공판절차에서 따질 때는 이미 너무 늦다. 실제, 조서 작성과정이 위법하다는 점에 대하여 공판단계에서 선임된 변호인이 뒤늦게 입증하기란 사실상 불가능에 가깝기 때문이다.

이 2가지 권리에 대해 별도로 살필 필요가 여기에 있다.

가. 진술거부권(묵비권)

(1) 진술거부권이라 함은 피의자 또는 피고인이 수사절차나 공판절차에서 수사기관·법원·검사 등의 신문 또는 진술요구에 대하여 진술을 거부할 수 있는 권리를 말하며, 묵비권이라고도 한다. 진술거부권은 신문에 대하여 시종 침묵할 수 있는 권리와 개개의 신문에 대하여 진술을 거부할 수 있는 권리를 포함하는 개념이다.[3)]

그 연혁과 관련해서는, 중세 및 근세 초기의 규문절차에서는 자백강요를 위한 고문이 허용되었으므로 죄인에게 진술거부권이 인정되지 아니하였고, 자기부죄거부의 특권(privilege against self-incrimination)은 17C 말 영국에서 종교재판소의 청교도에 대한 가혹한 강제신문절차에 대한 반동으로 보통재판소에 의해서 확립되었으

3) 백형구, 형사소송법, 법원사, 2012, 541면.

며, 이를 계수한 미국 연방헌법 수정 제5조가 「No person shall be compelled in any criminal case to be a witness against himself」라고 명문으로 규정한 이후 근대 형사소송법의 기본원칙으로 확립되었다.[4)]

(2) 우리 헌법 제12조 제2항은 "모든 국민은 고문을 받지 아니하며, 형사상 자기에게 불리한 진술을 강요당하지 아니 한다"고 규정하여 진술거부권을 헌법상의 기본권으로 명시하고 있다. 개정 형사소송법은 제283조의2를 신설하여 제1항에서 "피고인은 진술하지 아니하거나 개개의 질문에 대하여 진술을 거부할 수 있다"고 규정하고, 제2항에서는 재판장에게 진술거부권 고지의무를 부과하고 있다. 재판단계(裁判段階) 진술거부권의 보장에 대한 규정이다.

나아가 수사단계(搜査段階)에서는, 수사기관은 피의자에 대하여 신문 전에 일체의 진술을 하지 않거나 개개의 질문에 대하여 진술을 하지 않을 수 있다는 점, 진술거부권 행사가 불이익한 결과가 되지 않는다는 점, 진술을 할 경우 법정에서 유죄 증거로 사용될 수 있다는 점, 변호인 참여하에 신문을 받을 수 있다는 점을 반드시 고지하여야 한다(법 제244조의3 제1항). 1회 조사 후 2회 조사가 별도로 잡힌 경우라면 각 회 조사마다 고지하여야 할 것이다. 각 회 신문 전에 항상 고지하여야 하는 것으로 해석되기 때문이고, 진술거부권의 취지를 고려하여도 그러하다.

(3) 피의자 이외의 자에 대한 수사과정에서도 진술거부권은 반드시 보장되어야 할 것인지에 대해서는, 피의자에 대한 진술거부권의 고지는 피의자의 진술거부권을 실효적으로 보장하여 진술이 강요되는 것을 막기 위하여 인정되는 것인데, 이러한 진술거부권 고지에 관한 형사소송법의 규정내용 및 진술거부권 고지가 갖는 실질적인 의미를 고려하면 수사기관에 의한 진술거부권 고지의 대상이 되는 피의자의 지위는 수사기관이 조사대상자에 대한 범죄혐의를 인정하여 수사를 개시하는 행위를 한 때에 인정되는 것으로 봄이 상당하다.[5)]

따라서 피의자의 지위에 있지 아니한 자에 대하여는 진술거부권이 고지되지 아니하였다 하더라도 그 진술의 증거능력을 부정할 것은 아니라 할 것이어서, 참고인으로서 조사를 받으면서 수사기관에게서 진술거부권을 고지 받지 않았다는 이유만으로 그 진술조서가 위법수집증거로서 증거능력이 없다고 할 수 없다.[6)]

(4) 한편, 피의자에 대한 조사과정에서 피의자신문조서의 형태를 취할 때에만

---

4) 백형구, 형사소송법, 법원사, 2012, 541면.
5) 대법원 2001. 10. 26, 선고 2000도2968 판결; 대법원 2010. 6. 24, 선고 2008도12127 판결.
6) 대법원 2011. 11. 10, 선고 2011도8125 판결.

진술거부권이 보장될 것인지와 관련해서는, 피의자의 진술을 녹취 내지 기재한 서류 또는 문서가 수사기관에서의 조사과정에서 작성된 것이라면, 그것이 '진술조서, 진술서, 자술서'라는 여타의 형식을 취하였다고 하더라도 피의자신문조서와 달리 볼 수 없고, 형사소송법이 보장하는 피의자의 진술거부권은 헌법이 보장하는 형사상 자기에게 불리한 진술을 강요당하지 않는 자기부죄거부의 권리에 터 잡은 것이므로 수사기관이 피의자를 신문함에 있어서 피의자에게 미리 진술거부권을 고지하지 않은 때에는 그 피의자의 진술은 위법하게 수집된 증거로서 진술의 임의성이 인정되는 경우라도 증거능력이 부인되어야 한다.

따라서 검사가 피의자신문조서가 아닌 일반적인 진술조서의 형식으로 조서를 작성하더라도 피의자의 진술을 내용으로 하는 점에서 피의자신문조서와 다를 바 없으므로 미리 피의자에게 진술거부권을 고지하지 않았다면 유죄인정의 증거로 사용할 수 없다.[7)]

(5) 그러나 진술 이외의 지문의 채취, 신체측정, 사진촬영 및 신체검사에까지 진술거부권이 미치는 것은 아니다. 그러한 것까지 의사표시로서의 진술로 보는 것은 과대하게 해석하는 것으로 봐야 한다.

따라서 도로교통법에 의한 음주측정의 경우처럼 호흡측정기에 입을 대고 호흡을 불어넣음으로써 신체의 물리적·사실적 상태를 그대로 드러내는 행위에 불과할 뿐 생각, 지식, 경험사실을 정신작용의 일환인 언어로 표현하는 것이 아닌 것에 진술거부권을 행사할 수는 없다.[8)] 미국 연방대법원도 음주측정을 위한 강제채혈은 연방헌법 수정 제5조가 규정하고 있는 자기부죄거부특권에 의하여 보호되는 경우가 아니라고 보아 같은 입장이다.[9)]

(6) 진술거부권을 고지하지 않은 경우의 법적 효과는, 자백의 임의성이 인정되는 경우에도 위법수집증거배제법칙에 의해 자백의 증거능력을 부정해야 한다는 견해(구별설)[10)]와 임의성에 의심 있는 경우에 해당하여 증거능력을 부정해야 한다는

---

7) 대법원 2011. 11. 10, 선고 2010도8294 판결; 대법원 2009. 8. 20, 선고 2008도8213 판결.

8) 헌법재판소 1997. 3. 27, 선고 96헌가11 결정.

9) Schmerber v. California 384 U.S. 757, 1966 판결.

10) 김용세, "형사절차상 기본권 보장을 위한 형소법규정 및 실무현실에 관한 연구: 헌법적 형사소송의 원리에 기초한 분석적 고찰", 「형사정책연구」 19권 3호(통권 제75호), 한국형사정책연구원, 2008, 92-93면; 백형구, 형사소송법, 법원사, 2012, 543-544면{백형구 변호사는, 그 근거에 대해, 피의자에게 진술거부권을 고지하지 아니한 경우에도 자백의 임의성이 인정되는 경우가 있다는 점, 진술거부권의 불고지는 피의자신문절차의 중대한 위법에 해당한다는 점 등을 고려할 때 자백의 임의성이 인정되는 경우에도 위법수집증거배제법칙(법 제308조의2)에 의해 자백의 증거능력을 부정하여야 하는 것으로 본다}; 신동운, 신형사소송법, 법문사, 2008, 782면.

견해(비구별설, 일체설)[11]가 대립하는데, 대법원은 구별설(區別說)을 취하고 있다.[12]

생각건대, 이제 위법수집증거배제법칙이 우리 법에 명문화되었고, 위법하게 취득한 진술일 경우 곧바로 증거능력을 배제함이 마땅하지, 임의성이 있는지를 재차 살필 필요가 없다 할 것이므로 구별설(區別說)이 타당하다.

(7) 피의자가 진술거부권을 행사하였다 하여 불이익한 간접증거로 하거나 이를 근거로 유죄의 추정을 하는 것은 허용되지 않는다. 이 점에서 진술거부권 행사는 자유심증주의에 대한 예외가 된다고 보아야만 한다.[13]

(8) 그렇다면 진술거부권을 행사하였다 하여 피고인의 구속사유로 보는 것은 과도한가.

학설은 피의자를 구속할 수 없다는 견해(否定說)[14]와 별개의 문제[15]이므로 얼마든지 구속사유(증거인멸 염려)로 봐도 좋다는 견해(肯定說)[16]로 나누어진다.

생각건대, 진술거부 자체가 증거인멸의 개연성을 근거 짓는 기준이 된다고 볼 수 없고, 구속사유 또는 보석배제사유로 작용할 경우 진술거부권이 형해화될 수 있으므로 부정설이 타당하다.

(9) 다음으로, 진술거부권을 행사한다고 하여 가중적 양형의 조건으로 삼을

---

11) 배종대/이상돈/정승환/이주원, 신형사소송법, 제5판, 홍문사, 2013, 341면; 차용석/최용성, 형사소송법, 제4판, 21세기사, 2013, 104면; 이재상, 형사소송법, 제9판, 박영사, 2013, 123면, 125면; 임동규, 형사소송법, 제9판, 법문사, 2013, 390-391면; 손동권/신이철, 새로운 형사소송법, 세창출판사, 2013, 84면. 손동권 교수는 기본적으로 자백인 경우에는 형사소송법 제309조의 자백배제법칙에 따라 증거능력을 부정하여야 하나, 자백 아닌 진술의 경우에는 위법수집증거배제법칙에 관한 제308조의2에 따라 전문증거의 경우에는 제317조에 따라 증거능력을 부정하여야 하는 것으로 본다.

12) 대법원 1992. 6. 23, 선고 92도682 판결(이 판결은 진술거부권을 고지하지 않은 경우 위법하게 수집된 증거로서 진술의 임의성이 인정되는 경우라도 증거능력이 부정되어야 한다고 설시하고 있다). 한편, 차용석/최용성, 형사소송법, 제4판, 21세기사, 2013, 104면에서는, 이 판례가 구별설과 일체화설 가운데 어떤 견해에 기초하고 있는지 자체도 논란거리로 보고 있다.

13) 同旨 이재상, 형사소송법, 제9판, 박영사, 2013, 125면.

14) 배종대/이상돈/정승환/이주원, 신형사소송법, 제5판, 홍문사, 2013, 347면; 신동운, 신형사소송법, 법문사, 2008, 789-790면; 김용세, "형사절차상 기본권 보장을 위한 형소법규정 및 실무현실에 관한 연구: 헌법적 형사소송의 원리에 기초한 분석적 고찰", 「형사정책연구」 19권 3호(통권 제75호), 한국형사정책연구원, 2008, 95-96면. 김용세 교수는, 구속사유(증거인멸 우려)로 삼아 구속영장을 청구하는 경우가 있다고 소개하고 있다.

15) 진술거부의 사실과 증거연멸의 염려가 있는지에 대한 판단은 별개의 문제(임동규, 형사소송법, 제9판, 법문사, 2013, 392면).

16) 임동규, 형사소송법, 제9판, 법문사, 2013, 392면; 이재상, 형사소송법, 제9판, 박영사, 2013, 125면; 차용석/최용성, 형사소송법, 제4판, 21세기사, 2013, 105면. **차용석/최용성 교수는, 구속사유로 판단하지 못하는 것은 아니겠으나, 이것은 진술거부권의 효과의 문제가 아니라 구속이나 보석의 합리성 판단 문제로 보아야 한다고 보고 있다.** 다만 그렇게 본다고 하더라도 진술거부권의 행사를 바로 증거인멸과 연결시켜서는 안 되고 다른 증거의 존부 등의 사정과 관련하여 판단하여야 할 것으로 주장한다.

수 있는지에 대해서는 다르게 보아야 한다.

이를 허용할 경우 진술의 자유가 침해되므로 부정하여야 한다는 견해(加重量刑不許說),[17] 현실적으로 자백하는 자와 차이를 둘 수밖에 없어 양형에 고려할 수 있다 보는 견해(加重量刑 許容說)[18]의 대립이 있고, 대법원은 진술거부권의 행사를 가중적 양형의 조건으로 삼는 것은 허용되지 아니하나, 그러한 태도가 방어권 행사의 범위를 넘어 진실의 발견을 적극적으로 숨기거나 법원을 오도하려는 시도에 기인한 경우에는 가중적 양형의 조건을 참작할 수 있다고 보고 있다(例外的 加重量刑許容說, 折衷說).[19] 진술거부권의 행사를 넘어서서 적극적으로 부인하였으나 유죄판결이 선고되는 대부분의 하급심 판결은 「수사단계에서부터 이 법정에 이르기까지 범행을 일관되게 부인하고 있고 반성하지 않고 있으며…」라는 표현으로 형의 가중사유를 밝히고 있다.

어려운 문제이긴 하겠으나, **현실적으로 자백하는 자와 부인하는 자를 같이 취**

---

17) 배종대/이상돈/정승환/이주원, 신형사소송법, 제5판, 홍문사, 2013, 347면; 차용석/최용성, 형사소송법, 제4판, 21세기사, 2013, 105면; 김용세, "형사절차상 기본권 보장을 위한 형소법규정 및 실무현실에 관한 연구: 헌법적 형사소송의 원리에 기초한 분석적 고찰", 「형사정책연구」 19권 3호(통권 제75호), 한국형사정책연구원, 2008, 95-96면. 김용세 교수는, 다음과 같은 이유로 부정하고 있다. 객관적으로 명백한 증거가 있는 경우에는 대부분 자백이 없더라도 유죄인정에 어려움이 없고 **(수사상 필요성 없음)**, 가사 유죄라 할지라도 스스로 자신의 유죄를 밝히지 아니할 권리를 헌법과 형사소송법이 명문으로 인정한 이상, 그 권리의 행사를 이유로 불이익을 과하는 것은 타당하지 않으며**(헌법적 형사소송관에 반함)**, 재판 당시에는 합리적 의심의 여지가 없을 정도로 명백히 유죄로 판단되었지만 뒤늦게 무죄가 밝혀지는 사례도 적지 않으므로**(실제 피고인의 부인 또는 진술거부의 사유가 타당할 수 있음)**, 피고인이 진술을 거부했다는 이유로 양형 불이익을 주는 것은 타당하지 않다는 것이다. 이 견해는 피의자가 진술을 거부한다는 의사를 분명히 한 이후에도 거듭 같은 질문을 하고 반복적으로 소환하거나 구속가능성을 시사하는 등 진술을 종용하는 예가 흔히 있는데, 이 역시 금지되어야 한다고 보고 있다.
괄호 안의 내용으로 요약한 것은 필자가 임의로 정리한 것임.

18) 이재상, 형사소송법, 제9판, 박영사, 2013, 125면; 임동규, 형사소송법, 제9판, 법문사, 2013, 392면; 백형구, 형사소송법, 법원사, 2012, 544-545면; 손동권/신이철, 새로운 형사소송법, 세창출판사, 2013, 85면에서는 단순 부작위에 그치는 한에서는 부정설을 취하나, 적극적 허위 진술의 경우에는 긍정설의 입장을 취하고 있다. 또 진술거부권 행사를 포기하고 자발적으로 진술한 자에 대한 유리한 양형은 무방하다고 보고 있다.

19) 대법원 2001. 3. 9, 선고 2001도192 판결; 신동운 교수는 판례가 취하는 절충설이 타당하다고 본다. 개정 형사소송법이 공소사실뿐만 아니라 정상에 관하여 필요한 사항도 신문할 수 있도록 하고 있는 것(법 제296조의2 제1항)은 피고인신문절차에서 양형에 관한 사항을 신문할 수 있다는 것이고, 이것은 피고인의 진술이 양형에 반영될 수 있다는 것을 의미하므로, 증거조사의 선행과 그에 따른 피고인의 방어권이 확충된 점에 비추어 볼 때 객관적이고 명백한 증거가 있음에도 진실의 발견을 적극적으로 숨기거나 법원을 오도하기 위한 피고인의 거짓진술이나 개별적인 진술거부는 불리한 양형사실로 평가될 수 있다고 보아야 한다는 것이다. 신동운 교수는 종래 진술거부권 행사에 대해 양형사유로 삼는 것에 대해 부정하였으나, 신동운, 신형사소송법, 법문사, 2008, 789면에서 입장을 변경하여 절충설을 취하게 되었다.

급하기 어렵고, 부인의 방법으로 묵비를 택하는 경우도 있으므로 대법원의 태도와 같이 예외적으로나마 가중양형의 조건이 된다고 해석하는 것이 형사법관들을 상대로 균일한 기준을 제시하는 길일 줄로 본다.

나. 변호인의 조력을 받을 권리

(1) 헌법 제12조 제4항은 "누구든지 체포 또는 구속을 당한 때에는 즉시 변호인의 조력을 받을 권리를 가진다. 형사피고인이 스스로 변호인을 구할 수 없을 때에는 법률이 정하는 바에 의하여 국가가 변호인을 붙인다"고 규정하고 있고, 그 내용으로는 피의자와 피고인의 변호인 선임권(법 제30조, 제33조), 변호인과의 접견교통권(법 제34조)이 있다.

(2) **변호인선임권**(辯護人選任權) **보장**과 관련하여 특징적인 것은, 사선변호인을 선임할 수 없는 피의자 등을 위한 **국선변호인 선정 범위가 개정 형사소송법에서 크게 확대**된 점이다.

피고인(被告人)과 관련해서는, 구속된 피고인에게 변호인이 없는 경우도 필요적 국선변호인 선정사유에 추가되었고(법 제33조 제1항 제1호), 필요적 선정과 신청에 의한 선정 외에 법원의 직권에 의한 선정도 가능해졌으며(법 제33조 제3항), 피의자(被疑者)와 관련해서는, 체포·구속적부심사(법 제214조의2 제10항) 및 영장실질심사(법 제201조의2 제8항 내지 제9항)에서도 국선변호인을 붙일 수 있거나,[20] 붙이도록 하였다.[21]

그러나 구속영장 청구 전의 피의자는 여전히 국선변호인 선정대상에서 제외되고 있다.

(3) **변호인과의 접견교통권**(接見交通權)**의 확대**와 관련해서 보면, **첫째**, 구속된 자와 변호인의 대화내용의 비밀이 완전히 보장되고, 어떠한 제한·영향·압력·부당한 간섭도 없어야 하며,[22] **둘째**, 변호인을 통하여 수사서류를 포함한 소송관계서류를 열람·등사하고 이에 대한 검토결과를 토대로 방어준비를 할 수 있어야 한다. 이를 위해 변호인의 수사기록 열람·등사권이 충분히 보장되어야 하는 것이다. 헌법재판소 결정[23]에 의해 종전에는 불허되던 구속적부심 사건에서 변호인에게 수사기록 중 공소장과 피의자신문조서 내용에 대한 열람·등사권이 인정되는 데까지

---

20) 체포적부심의 경우(법 제214조의2 제10항, 제33조).

21) 구속적부심의 경우(법 제214조의2 제10항, 제33조 제1항 제1호), 영장실질심사의 경우(201조의2 제8항).

22) 변호인과의 접견교통이 부당하게 금지된 상태에서의 피의자 진술은 증거능력을 상실한다(대법원 1984. 7. 10, 선고 84도846 판결; 대법원 1990. 9. 25, 선고 90도1586 판결).

23) 헌법재판소 2003. 3. 27, 선고 2000헌마474 결정.

확대되었다. **셋째**, 수사과정에 변호인의 피의자신문 참여권이 명문화(법 제243조의2)됨에 따라 수사기관은 정당한 사유 없이 변호인의 입회를 거절할 수 없고 이에 위반한 경우 준항고를 통해 다툴 수 있으며(법 제417조), 나아가 위법하게 획득한 진술은 위법수집증거에 해당하여 증거능력이 배제된다. 2차 증거도 원칙적으로 마찬가지이다.[24)]

(4) 우리 헌법재판소가 바라보는 이 권리는 다음과 같다.

(가) 변호인조력권은 "국가권력의 일방적인 행사에 대항하여 자신에게 부여된 헌법상 소송법상 권리를 효율적이고 독립적으로 행사하기 위하여 변호인의 도움을 얻을 피의자 및 피고인의 권리"(헌법재판소 2004. 9. 23, 선고 2000헌마138결정)로, "피의자와 피고인의 신체구속의 상황에서 발생하는 여러 가지 폐해를 제거하고 구속이 그 목적의 한도를 초과하여 이용되거나 작용되지 않게끔 보장"(헌법재판소 1992. 1. 28, 선고 91헌마111 결정)하기 위한 것이다. 구속된 상황에서는 진술강요나 고문 등 가혹행위의 발생가능성이 있는 반면 피의자는 국가형벌권에 대응하여 자신이 행사할 수 있는 방어권이 무엇인지, 자신의 진술이 추후 재판에서 어떤 증거로 사용될지 알지 못하므로 법률전문가의 신속하고도 충분한 도움은 필요 불가결하다.[25)]

피의자는 변호인과의 접견교통을 통해 다음과 같은 법적·사실적 이익(法的·事實的 利益)을 누리게 된다. 변호인은 접견을 통하여 구속된 피의자, 피고인의 상태를 파악하여 그에 따른 적절한 대응책을 강구하고, 피의사실이나 공소사실의 의미를 설명해 주고 그에 관한 피의자·피고인의 의견을 듣고 대책을 의논하며, 피의자나 피고인 진술의 방법, 정도, 시기, 내용 등에 대하여 변호인으로서의 의견을 말하고 지도도 하고, 진술거부권이나 서명·날인 거부권의 중요성과 유효적절한 행사방법을 가르치고 그것들의 유효적절한 행사에 의하여 억울한 죄를 면할 수 있다는 것을 인식시켜야 하며, 수사기관에 의한 자백강요, 사술(詐術), 유도(誘導), 고문 등이 있을 수 있다는 것을 알려 이에 대한 대응방법을 가르쳐 허위자백을 하지 않도록 권고하고, 피의자로부터 수사관의 부당한 조사(유도, 협박, 이익공여, 폭력 등) 유무를 수시로 확인해야 하며, 피의자나 피고인의 불안, 절망, 고민, 허세 등을 발견하면 그 감정의 동요에 따라 격려하여 용기를 주거나 위문하거나 충고하게 된다(헌법재판소

---

24) 김용세, "형사절차상 기본권 보장을 위한 형소법규정 및 실무현실에 관한 연구: 헌법적 형사소송의 원리에 기초한 분석적 고찰", 「형사정책연구」 19권 3호(통권 제75호), 한국형사정책연구원, 2008, 88-91면 참조.

25) 법률신문, 기사, "미결수용자 변호인의 공휴일 접견불허 결정에 대한 검토", 2012. 10. 8.자 참조.

1992. 1. 28, 선고 91헌마111결정).

(나) 이러한 변호인의 조력을 받을 권리는 충분하고도 적절할 것을 요하므로 불필요한 고통을 가하거나 방어권의 침해를 가져오는 일체의 방해 행위는 금지된다. 헌법 제12조 제4항이 보장하고 있는 신체구속을 당한 사람의 변호인의 조력을 받을 권리는 무죄추정을 받고 있는 피의자(被疑者)·피고인(被告人)에 대하여 신체구속의 상황에서 생기는 여러 가지 폐해를 제거하고 구속이 그 목적의 한도를 초과하여 이용되거나 작용하지 않게끔 보장하기 위한 것으로 여기의 **"변호인의 조력"은 "변호인의 충분한 조력"을 의미한다.**

변호인의 조력을 받을 권리의 필수적 내용은 신체구속을 당한 사람과 변호인과의 접견교통권(接見交通權)이며, 이러한 접견교통권의 충분한 보장은 구속된 자와 변호인의 대화내용에 대하여 비밀이 완전히 보장되고 어떠한 제한·영향·압력 또는 부당한 간섭 없이 자유롭게 대화할 수 있는 접견을 통하여서만 가능하고, 이러한 자유로운 접견은 구속된 자와 변호인의 접견에 교도관이나 수사관 등 관계공무원의 참여가 없어야 가능하다. 변호인과의 자유로운 접견은 신체구속을 당한 사람에게 보장된 변호인의 조력을 받을 권리의 가장 중요한 내용이어서 국가안전보장, 질서유지, 공공복리 등 어떠한 명분으로도 제한될 수 있는 성질의 것이 아니다. 따라서 미결수용자(未決收容者)(피의자, 피고인)의 변호인접견에도 교도관이 참여할 수 있게 한 것은 신체구속을 당한 미결수용자에게 보장된 변호인의 조력을 받을 권리를 침해하는 것이어서 헌법에 위반된다. 따라서 우리 헌법재판소는 변호인과 피의자간의 접견시 가시거리 내에서 지켜보는 것은 허용하나, 가청거리 내에서 감시하는 것은 불허하고 있다. 구속된 사람을 계호(戒護)함에 있어서도 1988. 12. 9. 제43차 유엔총회에서 채택된 "모든 형태의 구금 또는 수감상태에 있는 모든 사람들을 보호하기 위한 원칙" 제18조 제4항이 "피구금자 또는 피수감자와 그의 변호인 사이의 대담은 법 집행 공무원의 가시거리(可視距離)내에서 행하여 질 수는 있으나 가청거리(可聽距離)내에서 행하여져서는 아니 된다."라고 적절하게 표현하고 있듯이 관계공무원은 구속된 자와 변호인의 대담내용을 들을 수 있거나 녹음이 가능한 거리에 있어서는 아니 되며 계호나 그 밖의 구실아래 대화 장면의 사진을 찍는 등 불안한 분위기를 조성하여 자유로운 접견에 지장을 주어서도 아니 된다(헌법재판소 1992. 1. 28, 선고 91헌마111 결정).

(다) **그러나 어떠한 명분으로도 제한할 수 없다고 한 것은** 구속된 자와 변호인간의 접견이 실제로 이루어지는 경우에 있어서의 '자유로운 접견', 즉 '대화내용에

대하여 비밀이 완전히 보장되고 어떠한 제한, 영향, 압력 또는 부당한 간섭 없이 자유롭게 대화할 수 있는 접견'을 제한할 수 없다는 것이지, **변호인과의 접견 자체에 아무런 제한도 가할 수 없다는 것을 의미하는 것이 아니다.** 변호인의 조력을 받을 권리 역시 다른 모든 헌법상 기본권과 마찬가지로 국가안전보장·질서유지 또는 공공복리를 위해 필요한 경우에는 법률로써 제한될 수 있음은 당연하고, 여기서 법률로써 제한한다는 것은 반드시 '법률에 의한' 규율까지는 아니더라도 '법률에 근거한' 것이어야 한다는 것을 의미한다.

따라서 수용자처우법(현행 '형의 집행 및 수용자의 처우에 관한 법률') 제84조 제2항에 의해 금지되는 접견 시간제한의 의미는 접견에 관한 일체의 시간적 제한이 금지된다는 것으로 볼 수는 없고, 수용자와 변호인의 접견이 현실적으로 실시되는 경우, 그 접견이 미결수용자와 변호인의 접견인 때에는 미결수용자의 방어권 행사로서의 중요성을 감안하여 자유롭고 충분한 변호인의 조력을 보장하기 위해 접견 시간을 양적으로 제한하지 못한다는 의미로 이해하는 것이 타당하므로, 수용자처우법 제84조 제2항에도 불구하고 동법 제41조 제4항의 위임에 따라 **수용자의 접견이 이루어지는 일반적인 시간대를 대통령령으로 규정하는 것은 가능하다.** 나아가 변호인의 조력을 받을 권리를 보장하는 목적은 피의자 또는 피고인의 방어권 행사를 보장하기 위한 것이므로, 미결수용자 또는 변호인이 원하는 특정한 시점에 접견이 이루어지지 못하였다 하더라도 그것만으로 곧바로 변호인의 조력을 받을 권리가 침해되었다고 단정할 수는 없고, 그 시점에 접견이 불허됨으로써 피의자 또는 피고인의 방어권 행사에 어느 정도는 불이익이 초래되었다고 인정할 수 있어야만 한다(헌법재판소 2011. 5. 26, 선고 2009헌마341 결정).[26)]

(라) 변호인의 조력을 받을 권리는 변호인과의 자유로운 **접견교통권에 그치지 아니하고 더 나아가** 변호인을 통하여 수사서류를 포함한 소송관계 서류를 **열람·등사**하고 이에 대한 **검토결과를 토대로 공격과 방어의 준비를 할 수 있는 권리도 포함된다**고 보아야 할 것이므로 변호인의 수사기록 열람·등사에 대한 지나친 제한은 결국 피고인에게 보장된 변호인의 조력을 받을 권리를 침해하는 것이다.

---

26) 청구인이 국선변호인을 접견하려 한 것이 6. 6. 현충일로 공휴일이라 접견 불허되었고, 이틀 후 접견이 실시되었으며, 기록상 방어권 행사에 불이익이 없었던 사안.
참고로 이 결정의 보충의견은 토요일이나 공휴일이라는 이유로 무조건 접견을 금지하는 교정행정의 관행은 일본 법무성과 일본변호사연합회의 협의 내용(미결수용자가 해당 시설에 수용된 후 처음 실시하는 변호인접견은 공휴일이라도 무조건 허용)을 참조하여 개선될 필요가 있다는 점을 제시하였다.

따라서 변호인이 변론준비를 위하여 피청구인인 검사에게 그가 보관 중인 수사기록일체에 대한 열람·등사 신청을 하였으나 국가기밀의 누설이나 증거인멸, 증인협박, 사생활침해의 우려 등 정당한 사유를 밝히지 아니한 채 이를 전부 거부한 것은 청구인의 신속·공정한 재판을 받을 권리와 변호인의 조력을 받을 권리를 침해하는 것으로 헌법에 위반된다고 할 것이다(헌법재판소 1997. 11. 27, 선고 94헌마60 결정).[27)]

(마) 미국 연방대법원도 **변호인의 피고인에 대한 부족한 조력행위가 존재하며 그러한 부족한 조력행위 없이 변호인이 최선을 다했다면 결과가 달라질 수도 있었다는 합리적 가능성**(reasonable probability)**이 있다면 변호인의 조력을 받을 권리가 침해되었다**는 것을 인정할 수 있다고 보았고,[28)] 또한 구속 및 보석 여부 심사절차(article 15.17 hearing)가 변호인 없이 진행되어 결국 피고인이 구속된 사건에서, 당사자주의적 소송은 위의 구속 및 보석 여부 심사 절차에서부터 개시되며 따라서 위 절차에서 피고인은 미 연방 수정헌법 제6조에 근거한 변호인의 조력을 받을 권리를 부여받게 될 뿐만 아니라 이러한 변호인의 조력을 받을 권리의 부여 여부는 검사가 해당 절차의 개시 여부를 인지하고 있는지 여부와 무관하다고 판시하였다.[29)][30)]

---

27) 물론 열람·등사권이 변호인의 조력을 받을 권리 등에 의하여 보호되는 권리라 하더라도 무제한적인 것은 아니며, 또한 헌법상 보장된 다른 기본권과 사이에 조화를 이루어야 한다. 즉, 변호인의 수사기록에 대한 열람·등사권도 기본권제한의 일반적 법률유보조항인 국가안전보장·질서유지 또는 공공복리를 위하여 제한되는 경우가 있을 수 있으며, 검사가 보관 중인 수사기록에 대한 열람·등사는 당해 사건의 성질과 상황, 열람·등사를 구하는 증거의 종류 및 내용 등 제반 사정을 감안하여 그 열람·등사가 피고인의 방어를 위하여 특히 중요하고 또 그로 인하여 국가기밀의 누설이나 증거인멸, 증인협박, 사생활침해, 관련사건 수사의 현저한 지장 등과 같은 폐해를 초래할 우려가 없는 때에 한하여 허용된다(헌법재판소 1997. 11. 27, 선고 94헌마60 결정).

28) Stickland v. Washington, 466 U.S. 668(1984) 판결.

29) Rothgery v. Gillespie County, 564 U.S. 191(2008) 판결.

30) 박용철, “미국의 형사법 연구의 쟁점과 동향－2007년~2010년 미국 연방 대법원 판례를 중심으로－”, 「비교형사법연구」 4권 1호, 한국비교형사법학회, 2012, 221－230면 참조.

제 2 편

변 호

제1장 변호인 제도

제1절 변호인의 의의 및 지위

1. 변호인의 의의

피고인 또는 피의자의 방어력을 보충함을 임무로 하는 보조자를 변호인이라 한다. 형사소송법의 해석상 피고인의 당사자지위가 인정되고 있다고 하나, 검사와 피고인 사이에 무기평등이 실제로 보장되지 않는다면 당사자주의[1]에 의한 실체진실 발견은 요원할 것이고 공정한 재판의 원칙 또한 실현될 수 없다. 이 점에서 변호인의 존재의의가 있다.[2][3]

변호인은 법률의 문외한인 피의자 또는 피고인을 위하여 이익되는 증거를 수집·제출·평가하는 방법으로 방어권을 보충하고, 범죄의 혐의를 받고 있으며 신병의 위험에 빠진 피의자가 불안과 공포로 인하여 심리적 열등감에 빠져 있을 때 이를 사실적 또는 법률적으로 보호하고 보조하는 역할을 한다.[4]

헌법은 구속된 피고인 또는 피의자의 변호인의 도움을 받을 권리를 국민의 기본권으로 보장하고 있으며(헌법 제12조 제4항), 형사소송법은 피의자에 대하여도 변호인선임권을 인정하고(법 제30조), 피고인에게는 광범위한 국선변호인선임청구권을 보장하며(법 제33조), 신체를 구속당하고 있는 피고인 또는 피의자의 변호인의 접견교통권을 인정하고 있다(법 제34조).[5]

---

1) 피고인을 변호하는 변호사와 국가를 대표하는 변호사(검사)가 대립당사자로 대결하는 제도를 당사자주의의 핵심이라고 보는 견해로는 김희균, "형사사법제도의 변천과 인권-당사자주의의 확립-", 「법과 사회」 34권, 법과사회이론학회, 2008, 243면.

2) 이재상, 형사소송법, 제9판, 박영사, 2013, 130면.

3) 이러한 변호인의 존재의의는 사회주의 국가의 형사절차에서도 다를 바가 없다. 예를 들어 구 소련의 경우에도 1989년 법원조직법의 기본원칙변경을 통해 피의자 또는 피고인의 방어권을 위해 신병의 구속, 체포, 피의사실의 고지단계부터 변호인선임이 가능하게 되었으며, 무죄추정원칙도 명문화되었다(조국, "뻬레스트로이카 이후 소련의 형사사법 개혁 및 형법개정의 동향", 「형사정책」 제5호, 한국형사정책학회, 1990, 244-256면 참조).

4) 이재상, 형사소송법, 제9판, 박영사, 2013, 130-131면 참조.

5) 이재상, 형사소송법, 제9판, 박영사, 2013, 131-132면.

2. 변호인의 지위

가. 소송관계인

(1) 형사소송의 주체에는 법원, 검사,[6] 피고인이 있고, 이를 소송의 3주체라 한다. 재판을 받는 주체인 검사와 피고인을 당사자라고 하며, 이는 소송구조를 당사자주의임을 전제로 하는 표현이다. 당사자주의가 적용될 수 없는 수사절차에서는 검사와 피의자를 당사자라 할 수는 없다.[7]

(2) 현행 당사자주의 하의 형사소송 구조에서는 변호인은 소송의 주체가 아니라 소송의 주체인 피고인의 보조자에 지나지 않는다. 그러나 소송당사자와 보조자 모두 소송에 관계할 수 있는 자이므로 소송관계인에 해당한다.[8]

생각할 점

증인, 감정인, 고소인 또는 고발인은 소송의 주체가 아니고 소송에 대한 적극적인 형성력이 없기 때문에 소송관계인이 될 수 없다고 보아 소송관여인으로만 보는 견해가 유력한데,[9] 이들 중 **고소인(피해자)**은 아래에서 보는 바와 같은 이유로 **소송관계인 또는 그에 준(準)하는 지위에 있다고 봐야 하지 않을까.**

고소인은 수사단계에서 처분결과통지를 받을 권리, 처분결과에 대해 항고, 재정신청을 통해 불복할 권리, 범죄사실을 입증하기 위한 자료제출권, 공판단계에서 양형에 대한 의견을 개진[10]하거나 그러한 의견을 담은 서류제출권, 배상명령신청권 등을 통하여 과거보다 막강한 절차적 권리를 실제 행사하고 있다.

한 걸음 더 나아가 대법원은 2015. 5. 18. 형사소송규칙을 입법예고하면서 공판단계 의견개진권과 관련하여, 현재는 피해자가 법정에서 자신의 의견을 질문에 답하는 형식으로 전달할 수 있는 방식에서 2015. 6.말부터는 범죄 피해자는 증인신문기일 외에도 자신의 피해 정도와 결과 등에 관해 의견을 진술하거나 서면을 제출할 수 있도록 규칙을 개정할 예정이고, 다만 이렇게 얻은 피해자의 진술이나 서면을 범죄 혐의에 대한 증거로는 사용할 수 없도록 함으로써, 피해자의 기본권을 두텁게 보장하면서 보다 효과적이고 정확한 양형결과를 낼 수 있을 것으로 기대하였다.[11]

---

6) 참고로 프랑스의 수사법관은 흔히 예심판사 또는 수사판사로 번역되어 어감상(語感上) 재판기관인 것으로 오인되고 있으나, 수사법관의 직무는 재판이 아니라 수사이므로 우리나라로 치면 검사에 해당하는 자들이다. 물론 프랑스에도 검사가 있고 그들의 주된 기능은 직접적인 수사보다는 사법경찰에 대한 수사지휘이므로, 기능상으로 따지면, 프랑스의 수사법관과 프랑스의 검사를 합친 것이 우리나라의 검사라고 할 수 있다(조동석, "허위진술죄의 도입 방안", 「법조」 50권 6호, 법조협회, 2001, 148-149면 참조).

7) 이재상, 형사소송법, 제9판, 박영사, 2013, 61면.

8) 이재상, 형사소송법, 제9판, 박영사, 2013, 61면.

9) 이재상, 형사소송법, 제9판, 박영사, 2013, 61면.

10) 형사소송법 제294조의2(피해자등의 진술권).

11) 법률신문, 기사, "민사소송 당사자 최종의견 진술기회 보장, 형사사건 피해자도 자신의 상황 자유

검찰도 '체포·구속 업무처리지침'에 따라 범죄 피해자의 법정 출석권을 보장하고 영장발부에 도움을 받기 위해 피해자를 구속전피의자심문절차에 참여하게 해 의견을 진술할 수 있도록 적극 지원한다는 방침을 정했다. 현재 영장실질심사는 원칙적으로 비공개지만, 형사소송규칙에 따라 피해자는 판사의 허가를 받고 방청할 수 있고(규칙 제96조의14 단서), 판사가 구속 여부 판단을 위해 필요할 경우 심문장소에 출석한 피해자를 '심문'할 수 있도록 하고 있는 점(규칙 제96조의16 제5항)에서 착안한 것이다. 서울중앙지방법원에 따를 때 법무부의 새 지침 시행 이후 서울중앙지법에 피해자가 참여한 영장심사의 건수는 10건 가량이 된다.[12)]

실제 판결에서도 "피해자가 강력히 처벌을 바라고 있고, 합의되지 않은 점", "피해자의 피해의식이 상당한데도, 반성하지 않고 여전히 부인하고 있는 등 죄질이 좋지 않고, … 따라서 중하게 처벌하지 않을 수 없다"라는 내용으로 판결이유를 설시하는 경우가 많으며, 「양형기준」[13)14)]에도 '미

롭게 진술 가능", 2015. 5. 21, 2면. 심지어 대법원은 형사소송규칙과 함께 민사소송규칙 개정안도 입법예고하였는데, 개정안은 변론이 끝나기 전 당사자가 재판장의 허가를 받아 자신의 최종의견을 법정에서 진술할 기회를 보장하도록 하는 내용을 담고 있다. 사실심 충실화의 한 방안으로 당사자 절차권을 보장하여 불필요한 상소를 방지할 수 있다는 점은 민사재판이나 형사재판이나 다르지 않을 것이다; 법률신문, 사설, "당사자의 절차참여 강화로 사실심 충실화 이뤄야", 2015. 5. 21, 15면.

12) 법률신문, 기사, "영장실질심사에 피해자 참여 시켜라", 2015. 5. 18, 1면 참조.

13) 대법원은 2006. 12. 법원조직법 제8편에 양형위원회 편을 신설하여 참고적 양형기준제를 도입하였고, 이를 위하여 양형위원회를 설치하였다(법원조직법 제81조의2). 양형위원회가 정한 양형기준은 법적 구속력을 가지지 않지만 판사는 이를 존중하여야 하고, 법원이 양형기준을 벗어나 판결을 하는 경우에는 판결서에 그 이유를 기재하여야 한다(법원조직법 제81조의7).

양형위원회의 활동과 양형기준의 수립과정을 보면, '2007. 4. 27.' 출범한 제1기 양형위원회는 살인, 뇌물, 성범죄, 강도, 횡령·배임, 위증, 무고범죄의 양형기준을 2009. 4. 24. 의결하여 2009. 7. 1.부터 이를 시행하였다. 제1기 위원회는 개별 범죄군 별로 각 범죄군의 특성에 맞는 별도의 양형기준을 마련하기로 원칙을 정하였으며, 사회적 관심이 높은 위 7개 중요 범죄 군에 대하여 우선적으로 양형기준을 설정하였다. **'2009. 4. 27.' 출범한 제2기 양형위원회**는 약취·유인, 사기, 절도, 공문서, 사문서, 공무집행방해, 식품·보건, 마약범죄의 양형기준을 2011. 3. 21. 의결하여 2011. 7. 1.부터 이를 시행하였다. 제2기 위원회는 국민 생활과 밀접한 관련이 있고 발생 빈도가 높은 위 8개 범죄 군에 대한 양형기준을 설정함으로써 양형기준의 적용 범위를 대폭 확대하였고, 아울러 제2기 위원회는 살인, 성범죄, 강도 범죄의 양형기준을 일부 수정하기도 하였다. **'2011. 4. 27.' 출범한 제3기 양형위원회**는 증권·금융, 지식재산권, 폭력, 교통범죄 양형기준을 2012. 6. 18. 의결하여 2012. 7. 1.부터 이를 시행하였고, 선거범죄 양형기준을 2012. 8. 20. 의결하여 2012. 9. 1.부터 시행하였으며, 조세, 공갈, 방화범죄 양형기준을 2013. 2. 4. 의결하여 2013. 7. 1.부터 시행하였다. 또한 제3기 위원회는 2012. 1. 30. 성범죄 양형기준을 수정하여 장애인·아동 등에 대한 성범죄의 처벌기준을 대폭 강화하였으며, 나아가 형법 및 아청법 등 관련 법령이 개정됨에 따라 살인범죄 및 성범죄 수정 양형기준을 2013. 4. 22. 의결하여, 살인범죄 수정 양형기준을 2013. 5. 15.부터 시행하고 있으며, 성범죄 수정 양형기준은 2013. 6. 19.부터 시행되고 있다. **'2013. 4. 27.' 출범한 제4기 양형위원회**는 2013. 6. 24. 제50차 회의를 개최하여 변호사법위반, 배임수·증재, 성매매알선 등, 체포·감금·유기·학대, 권리행사방해, 게임물, 장물·손괴, 신용·업무·경매에 관한 범죄를 제4기 양형기준 설정 대상범죄 군으로, 약취·유인, 마약, 식품·보건범죄를 수정 대상범죄 군으로 각 선정하고 본격적인 양형기준 설정 및 수정 작업에 착수하였다. 이에 따라 제4기 양형위원회 전반기(2013. 4. 27.~2014. 4. 26.)에는 변호사법위반, 배임수·증재, 성매매알선 등, 체포·감금·유기·학대범죄, 약취·유인죄에 대해 2014. 3. 31. 의결, 2014. 10. 1. 시행하였으나, 마약범죄에 대한 양형기준은 2015. 3. 현재까지 수정하지 못하였으며, 후반기(2014. 4. 27.~2015. 4. 26.)에는 권리행사방해, 게임물, 장물·손괴, 신용·업무·경매에 관한 범죄에 대한 양형기준을 수립하고, 식품·

합의'가 가중적 양형요소로 되어 있고, '합의' 또는 '피해자의 처벌불원'이 감경적 양형요소로 자리 잡고 있는 점을 고려한다면 필자의 위와 같은 주장도 무리가 아니다.

다만 이렇게 보더라도 전통적인 사인소추제도, 공소참가제도를 인정하여 피해자에게 당사자적 지위를 인정하고 있는 독일(獨逸), 2007년 피해자 참가인에게 증인신문권을 허용하는 내용 등의 피해자참가 제도를 신설한 일본(日本)과는 달리 **우리나라의 경우 피해자참가제도[15]를 도입하지 않고 있으므로, 형사소송 구조상 피해자에게 당사자적 지위를 곧바로 인정할 수 있다고 보기에는 아직 무리가 있다.[16] 소송관계인에 준하는 지위까지는 고양되었다고 보면 맞을 것이다.**

미국에서도[17] 32개 주에서 헌법수정조항에 의해 피해자의 권리가 신장되었으며, 그보다 다수의 주에서 법률의 변화를 가져와 희생자 및 그 가족이 그들의 사건과 관련된 어떠한 재판절차의 일시도 통지받을 수 있는 권리를 갖게 되었다. 또한 이 변화는 피고인에 대한 양형절차에서 피해자가 발언할 수 있는 권리를 보장하고, 다수의 주에서 검사가 피고인과 "죄질협상"(plea bargaining)을 종결짓기 전에 피해자는 검사와 협의할 권리를 갖게 하였고, 또 일부 주에서는 피해자는 검사와 피고인간의 죄질협상을 반대하고 배심재판을 주장할 권리 역시 갖게 되었다. 피해자에게 죄질협상 거부권까지 준 것에 대해 미국의 많은 전문가와 학자들은 이러한 변화로 이제 범죄피해자가 재판에 대해 너무 많은 통제권을 가지게 되었다고 보고 있다. 미국에서 범죄피해자는 더 이상 "잊혀진" 존재가 아닌 범죄인에 대한 형사사건의 절차에 대하여 중요한 소유권과 통제권을 행사하고 있다.

본서에서는 고소인도 소송관계인이거나 적어도 이에 준하는 자로 보고, 피해자의 수사절차 및 재판절차상 각종 권리에 대해서도 상세히 소개하고 있다(제2편 제3장).

보건범죄에 대한 양형기준을 수정할 예정이다(양형위원회 홈페이지http://www.scourt.go.kr/sc/krsc/intro/greet/purpose.jsp 참조).

14) 법원의 판결이 양형기준을 준수하였는지에 대해 검찰과 법원의 통계발표가 다른데, 검찰은 법원 판결 중 상당수가 양형기준을 준수하지 않았다는 것이고, 법원은 양형이유에서 양형기준에 따른 이유를 설시하지 않는 사건 전부를 양형기준 부준수로 본 대검찰청의 양형백서 자체가 잘못되었다고 대립하나(법률신문, 기사, "양형기준 준수율 놓고 충돌", 2014. 2. 27.자 5면 참조), 결국 양형기준을 준수하여야 한다는 기본전제는 양자의 입장이 일치하므로 **양형기준에 대한 사실상 기속력**을 느끼고 있다는 것을 나타낸다.

참고로 필자가 활동 중인 대구지방법원의 경우, 2009. 7. 1. 이후 기소되어 2010. 3. 10.까지 기간 선고된 본원 1심 합의부, 1심 단독재판부의 판결을 분석한 결과 21건의 살인범죄 사건의 경우 95.2%가, 11건의 뇌물범죄 사건의 경우 81.8%가, 29건의 성범죄 사건의 경우 89.6%가, 6건의 강도범죄 사건, 37건의 횡령·배임 사건, 7건의 위증범죄 사건, 11건의 무고범죄 사건의 경우 100%가 양형기준을 준수하였다고 한다(김청미, "양형기준에 대한 이해", 대구지방변호사회 변호사의무연수교육자료, 대구지방변호사회, 2012. 11, 10면 참조).

15) 피해자참가제도는 피해자를 형사소송의 한 당사자로서 인정한다는 점에서 종래 피해자의 지위를 획기적으로 격상시키는 의미가 있고, 도입될 경우 피해자는 다른 증인을 신문할 수 있고, 피고인 신문까지 할 수 있으며, 검사와 별개로 의견을 진술할 수도 있다. 또 도입한다면, 피해자는 검사의 옆에 앉아 검사, 피고인, 피고인의 변호인 다음으로 진술할 수 있는 기회를 주겠다는 것이 법무부 개정안이었다. 통과되지 못했다.

16) 법률신문, 기사, "피해자 변호사 제도에 관하여", 2013. 6. 13.자; 법무부, "우리나라 형사사법제도 이렇게 바뀝니다(선진형사사법제도 입법관련 Q&A).", 2010. 10, 59면.

17) 아래 미국과 관련한 기술은 실버트 죠나단 E., 조국(역), "미국 형사사법행정에서 시민참여: "소유", "책임" 그리고 "투명성"", 「형사정책」 제13권 제1호, 한국형사정책학회, 2001, 293-295면을 참조하였음.

나. 보호자 지위

(1) 변호인은 피고인과 피의자의 이익을 위하여 활동하는 보호자이다. 피의자에게 부족한 법률지식을 제공하고 수사과정에서 범죄사실에 대해 법률적으로 대응하며, 그 과정에서 향후 진술의 방향에 대해 조언하고, 수사절차 및 공판절차에 대해 소개하며 열악한 지위에 있는 피의자 및 피고인에게 불안과 열등감을 해소하여 주는 역할을 하게 된다.[18]

그러므로 변호인은 피의자에게 유리한 증거를 수집·제출하고 유리한 사실을 주장하여야 하며, 피고인에게 불이익한 활동을 하여서는 아니 된다. 개인적 정의감이나 양심에 어긋난다는 이유로 변호인이 수사기관 또는 법관의 모습을 취해서는 안 된다.[19] 만약 자신의 정의감에 크게 어긋나는 사건이라면 애초에 선임하지 않음으로써 소극적으로 양심을 지킬 수 있을 뿐이다.

(2) 국선변호인의 경우 피고인의 의사와 관계없이 법원이 직권으로 선정하는 경우가 있고, 일단 법원에 의해 변호인이 선정된 이후에는 피고인이 임의로 변호인을 해임할 수 없는 바, 그렇다면 국선변호인은 피고인의 보호자가 아닌 법원에 예속된 보조자가 아닌지 의문을 가질 수 있다.[20] 이 점은 국선변호인도 사선변호를 보충하기 위하여 변호권을 확대한 것에 불과한 것이므로 결국 피고인의 이익을 보호하여야 함에는 다를 바 없다는 점에서 답을 찾아야 한다.

결국 모든 변호인은 피의자 또는 피고인의 이익을 위하여서만 활동할 수 있고, 불이익하게 활동할 경우 더 이상 보호자로서의 변호인의 의의를 상실한다고 볼 것이다.

(3) 그렇다면 변호인은 피의자의 정당하든 불법하든 모든 이익을 보호하여야 할 것인가. 다시 말하면 피의자의 불법행위를 모두 알고서도 부인과 증거인멸에 모두 협조하여야 할 것인가에 대해서는 변호사의 윤리와 충돌하는 지점이다.

변호사는 정의를 수호하는 사명을 함께 갖고 있으므로 이러한 경우에는 정당(正當)한 이익(利益)만을 보호하면 될 것이다. 다만 피고인의 불법한 이익과 관련해서는 그에 협조하지 않으면 될 뿐이지 그것을 적극적으로 수사기관에 고지하는 행위를 하는 것은 금지된다고 볼 것이다. 변호사의 비밀유지의무 때문이다.

18) 이재상, 형사소송법, 제9판, 박영사, 2013, 140면 참조.
19) 이재상, 형사소송법, 제9판, 박영사, 2013, 141면.
20) 이재상, 형사소송법, 제9판, 박영사, 2013, 141면 참조.

다. 공익적 지위

변호인도 형사소송의 일익을 담당하는 법조기구로서 형사소송의 이념을 존중해야 하며, 그렇다면 변호인도 진실과 정의에 구속된다고 볼 수 있다. 이것을 변호인의 공익적 지위라고 한다. 변호사법 제1조 1항 및 제24조 2항이 법적 근거이다.

보호자적 지위와 공익적 지위가 충돌할 경우 해결법은 그다지 명쾌하지 않다. 그와 같은 사례에 대해 일일이 규정하고 있는 법규도 존재하지 않는다. 결국 **조화를 위해 노력해보고, 한계선에서는 변호인은 보호자로서의 지위를 더욱 중요하게 생각하고 활동할 수밖에 없다.** 다만 그 활동이 공정한 재판의 이념을 준수한 활동으로서, 법률상 허용되지 않는 수단이나 변호활동은 할 수 없다는 소극적 한계를 가지는 것이다.

(1) 변호인의 피의자에 대한 조언(助言)은 무제한하게 허용된다고 할 것이다. 변호인에게 이러한 권리를 자제하라고 한다면 그 자체로 공정한 재판의 이념, 적법절차, 변호인의 조력을 받을 권리에 반한다.

구체적으로는, 변호인은 죄명 및 적용법조, 피해액, 수사계획, 신병, 송치 및 처분결과에 대해 파악되는 대로 즉각 피의자에게 알려주어야 하며, 사건의 실체에 대해 피의자로부터 확인한 바를 토대로 혐의사실 인부 및 변호전략을 수립해 주어야 할 것이며, 피의자신문 및 특히 대질조사의 경우 유의해야 할 진술방법과 수사태도를 지도해 준 후 조서의 확인방법과 이의방법에 대해서도 알려주어야 한다.

(가) 죄명 및 적용법조(罪名·適用法條)와 관련하여 피의자가 알고 있다고 하는 죄명은 실제와 다른 경우가 많다. 행위태양에 따라서, 이득액에 따라서, 피해자의 연령에 따라서 피의자가 고지하는 죄명이 실제와는 다를 수 있음은 충분히 이해된다. 또 누범, 죄수관계, 특별법 적용 등에 따라 적용법조에도 차이가 있게 된다.

심지어 성범죄의 경우에는 판사·검사도 적용법조가 너무나 혼란스러워 검사들이 손수 만든 이른바 '비공식 매뉴얼'로서 '성폭력범죄 조견표'가 검찰 내부 소통망인 '이프로스'에 올라와 있기도 하다. 법전에서 적용 법조문을 찾을 수 있는 다른 형사사건들과 달리 성폭력범죄는 관련 법률이 많고 각기 다른 시기에 자주 제·개정돼 판사, 검사들조차 혼란을 겪고 있기 때문이다. 법원은 법원대로 2014. 3. 성범죄재판실무편람을 만들었는데, 이 편람은 공개·고지명령과 각종 공소시효 등을 범행시기와 시행법률, 근거법률 등으로 나눠 표로 정리하였다. 법원은 편람에서 "성폭력처벌법과 청소년성보호법은 성폭력범죄와 성범죄에 관한 정의규정 뿐만 아니라 형벌과 부가처분, 공소시효와 친고죄 등 소추 요건, 재판절차상 특례 등에 관한 규정이 여러 차례 개정돼 개정 전후 법률 중 어느 것을 적용해야 할지 혼란스럽다"고 지적하며 관련 매뉴얼을 담았다고 밝혔다.[21]

〈성폭력범죄 조견표〉[22]

	피해자별			
	19세 이상	13~18세	13세 미만	장애인
강간(준강간)	형법 제297조(제299조), 징역 3년 이상, 상습은 1/2 가중	아청법 제7조 제1항(제4항), 무기 또는 징역 5년 이상	성폭법 제7조 제1항(제4항), 무기 또는 징역 10년 이상	성폭법 제6조 제1항(제4항), 무기 또는 징역 7년 이상
유사강간 (준유사강간)	형법 제297조의2(제299조), 징역 2년 이상, 상습은 1/2 가중	아청법 제7조 제2항(제4항), 징역 5년 이상	성폭법 제7조 제2항(제4항), 징역 7년 이상	성폭법 제6조 제2항(제4항), 징역 5년 이상
의제강간, 의제유사강간			형법 제305조, 의제강간은 징역 3년 이상, 의제유사강간은 징역 2년 이상, 상습은 1/2 가중	
13세~18세 장애인아동 간음(주체: 19세 이상)				아청법 제8조 제1항, 징역 3년 이상
강제추행 (준강제추행)	형법 제298조(제299조), 징역 10년 이하 또는 1,500만 원 이하 벌금, 상습은 1/2 가중	아청법 제7조 제3항(제4항), 징역 2년 이상 또는 1,000~3,000 만원 벌금	성폭법 제7조 제3항(제4항), 징역 5년 이상 또는 3,000~5,000 만원 벌금	성폭법 제6조 제3항(제4항), 징역 3년 이상 또는 2,000~5,000 만원 벌금

21) 법률신문, 기사, "조견표·점검표까지…성폭력 관련법, 판·검사도 혼란스럽다", 2015. 3. 26.자 참조
22) 법률신문, 기사, "조견표·점검표까지…성폭력 관련법, 판·검사도 혼란스럽다", 2015. 3. 26.자를 참조하여 필자가 추가 보충하였음.

위계·위력 간음, 추행	형법 제302조, 미성년자 또는 심신미약자가 피해자일 때로 한정, 징역 5년 이하, 상습은 1/2 가중	아청법 제7조[23] 제5항(제1항부터 제3항까지의 예에 따라 처벌), 따라서 간음은 무기 또는 징역 5년 이상, 추행은 징역 2년 이상 또는 1,000~3,000 만원 벌금	성폭법 제7조[24] 제5항 (제1항부터 제3항까지의 예에 따라 처벌), 따라서 간음은 무기 또는 징역 10년 이상, 추행은 징역 5년 이상, 3,000~5,000 만원 벌금	간음은 성폭법 제6조 제5항에 따라 징역 5년 이상, 추행은 성폭법 제6조 제6항에 따라 징역 1년 이상 또는 1,000~3,000 만원 벌금
의제강제추행			형법 제305조, 징역 10년 이하 또는 1,500만원 이하 벌금	
장애인 아동 등 추행				아청법 제8조 제2항, 징역 10년 이하 또는 1,500만원 이하 벌금

23) 아청법 제7조(아동·청소년에 대한 강간·강제추행 등)
① 폭행 또는 협박으로 아동·청소년을 강간한 사람은 무기징역 또는 5년 이상의 유기징역에 처한다.
② 아동·청소년에 대하여 폭행이나 협박으로 다음 각 호의 어느 하나에 해당하는 행위를 한 자는 5년 이상의 유기징역에 처한다.
1. 구강·항문 등 신체(성기는 제외한다)의 내부에 성기를 넣는 행위
2. 성기·항문에 손가락 등 신체(성기는 제외한다)의 일부나 도구를 넣는 행위
③ 아동·청소년에 대하여 「형법」 제298조의 죄를 범한 자는 2년 이상의 유기징역 또는 1천만 원 이상 3천만 원 이하의 벌금에 처한다.
④ 아동·청소년에 대하여 「형법」 제299조의 죄를 범한 자는 제1항부터 제3항까지의 예에 따른다.
⑤ 위계(僞計) 또는 위력으로써 아동·청소년을 간음하거나 아동·청소년을 추행한 자는 제1항부터 제3항까지의 예에 따른다.
⑥ 제1항부터 제5항까지의 미수범은 처벌한다.

24) 성폭법 제7조(13세 미만의 미성년자에 대한 강간, 강제추행 등)
① 13세 미만의 사람에 대하여 「형법」 제297조(강간)의 죄를 범한 사람은 무기징역 또는 10년 이상의 징역에 처한다.
② 13세 미만의 사람에 대하여 폭행이나 협박으로 다음 각 호의 어느 하나에 해당하는 행위를 한 사람은 7년 이상의 유기징역에 처한다.
1. 구강·항문 등 신체(성기는 제외한다)의 내부에 성기를 넣는 행위
2. 성기·항문에 손가락 등 신체(성기는 제외한다)의 일부나 도구를 넣는 행위
③ 13세 미만의 사람에 대하여 「형법」 제298조(강제추행)의 죄를 범한 사람은 5년 이상의 유기징역 또는 3천만 원 이상 5천만 원 이하의 벌금에 처한다.
④ 13세 미만의 사람에 대하여 「형법」 제299조(준강간, 준강제추행)의 죄를 범한 사람은 제1항부

(나) 수사계획(捜査計劃)과 관련해서는, 수사절차 시스템 전체에 대한 높은 이해를 바탕으로 해당 사건의 특별한 수사방향을 미리 파악할 수 있어야 하며, 중간에 수사상황이 수시로 바뀔 수 있으므로 수사과정에 대한 각별한 이해와 점검으로 변호 타이밍을 놓쳐서는 안 된다.

(다) 신병(身柄)과 관련하여서는, 철저히 수사보안에 붙여지는 부분이므로 사건 전망을 사전에 하여 두어야 하며, 수사기관의 태도를 살펴가며 미리 내다볼 줄 알아야 한다.

예컨대 경찰청 본청의 광역수사의 경우 구속이 예정된 사건이란 것을 알고 영장실질심사를 준비해 두는 것이 유리하고, 여죄가 없을 경우 합의가 되었다면 불구속 기소를 염두에 두고 유리한 증거관계를 만들어 가야 한다. 반복된 피해자의 탄원이 있다면 구형량 및 선고형량에 크게 영향을 미칠 것이다.

(라) 송치 및 처분결과(送致·處分結果)와 관련해서는, 송치의 경우 송치의견 및 일자를 고소인에게 통지하는 것이 표준적 방식이나(법 제258조 제1항), 피의자의 경우에는 그렇지 않은 경우가 많으므로(피의자에게는 불기소처분결과를 통지한다. 제258조 제2항) 변호인은 수시로 사건송치여부를 확인하여야 한다.

처분결과의 경우 예컨대, 중간에 잠정적 기소중지 처분이 있는 경우라면 형사조정단계에 접어들었음을 알고 피의자에게 고지하여 주어야 하고, 또 일부 죄 기소, 일부 죄 불기소도 충분히 가능하므로 처분결과 및 그 이유를 파악하는데 각별히 신경을 써야 한다.

변호인이라면 적어도 피의자보다 먼저 이와 같은 것들을 파악하여 알려주고, 변호방향을 다시 수립하여 줌으로써 보호자적 역할을 충실히 하게 되는 것이다.

(마) 혐의사실 인부(嫌疑 認否)와 관련해서는, 가급적 구체적 고소사실, 첨부되었을 것으로 예상되는 증거를 잘 예측하고 '전부부인', '일부부인', '자백' 등을 하여야 할 것이지, 무턱대고 억울하다며 부인하려는 피의자를 동조해서는 안 된다. 변호인은 단순한 상담자가 아니라 변호전략가여야 하기 때문이다.

(바) 조사태도(調査態度)와 관련하여서는, 감정적으로 수사관과 맞선다든지, 수사관을 향해 답변하지 않고 고소인과 싸우려 하기만 한다든지, 전혀 합의나 피해변제할 생각이 없다든지 하는 태도는 바람직하지 않다는 점을 각 회 조사 전 미리

터 제3항까지의 예에 따라 처벌한다.
⑤ 위계 또는 위력으로써 13세 미만의 사람을 간음하거나 추행한 사람은 제1항부터 제3항까지의 예에 따라 처벌한다.

알려주어야 하고, 특히 정당한 사유를 밝히지 않은 채 출석을 거부하려 하는 경우 체포영장 청구·발부사유가 된다는 점을 고지해 주어야 한다.

최근 그와는 거꾸로 일단 도망 후 피해변제금을 마련한 후 수사재기신청을 한다면 석방시켜줄 수 있다며 자신하는 변호인들이 늘고 있는데 대단히 경계할 자세이다. 일단 체포·구속된 후의 석방은 단순히 피해변제만을 조건으로 하는 것이 아니며, 판단주체는 변호인이 아닌 법원이므로 함부로 장담할 사항이 아니기 때문이다. **모름지기 변호는 정공법으로 나아가야 한다.**

(2) 변호인이 피의자에게 수사절차상 또는 소송법상의 권리를 고지하여 일정한 행동을 권하는 것도 허용된다. 진술거부권 행사의 권고를 대표적 예로 들 수 있다. 진술거부권은 형사소송법에 의하여 피고인에게 부여된 소송법상의 권리이므로 이것을 권고하는 것이 진실의무에 반한다고 보기는 어렵기 때문이다.[25)]

그러나 아무리 변호인이 보호자의 지위에 있다고 하여도 변호사법에 따른 진실은폐금지의무를 위배하면서까지 허위진술교사, 허위증거제출, 도주를 권고하는 것은 금지된다.[26)]

(3) 변호인이 피의자를 위해 유리한 증거를 제출하는 것은 당연히 허용되고, 유리한 증거를 변호인이 자의로 수집하는 행위도 금지할 이유가 없다. (반증 또는 참고)자료 제출준비, 증인진술서 확보, 사실조회를 하는 경우 등이다.

변호인이 증인을 법정 이외의 장소에서 사전에 신문하는 것도 허용된다는 견해가 있으나,[27)] 이는 일정 방향으로의 증언교사로 오해받을 수 있거나 형사소송법이 변호인의 임의의 소정외 증인신문권을 부여하고 있지 않는데도 무리한 방법을 쓰는 것으로서 자제하고 조심할 일로 생각된다. 증인될 사람이 인권침해로 느낄 가능성이 충분하다. 따라서 이러한 경우에는 차라리 피고인을 통하여 증인이 될 사람으로부터 증인진술서를 징구하여 법원에 제출하고 진술서 내용을 증인신문절차에서 재확인하는 것이 좋을 것이다.

합의라는 사실행위에 변호인이 직접 나서는 경우도 있다. 피고인을 위한 유리한 증거수집행위로서 허용된다 할 것이나, 실무상 주의하여 행하여야 한다. 임의의

---

25) 이재상, 형사소송법, 제9판, 박영사, 2013, 143면; 배종대/이상돈/정승환/이주원, 신형사소송법, 제5판, 홍문사, 2013, 362면; 손동권/신이철, 새로운 형사소송법, 세창출판사, 2013, 99면; 임동규, 형사소송법, 제9판, 법문사, 2013, 80면; 대법원 2007. 1. 31, 선고 2006모656 결정.

26) 배종대/이상돈/정승환/이주원, 신형사소송법, 제5판, 홍문사, 2013, 362면; 손동권/신이철, 새로운 형사소송법, 세창출판사, 2013, 99면; 임동규, 형사소송법, 제9판, 법문사, 2013, 81면.

27) 이재상, 형사소송법, 제9판, 박영사, 2013, 143면.

합의가 아닌 변호인이 등장한 '기망 또는 강압' 합의로 변질될 우려가 있거나, 적어도 그렇게 보일 여지가 있기 때문이다. 따라서 피고인에게 합의를 종용하는 정도가 적당하다고 할 것이고, 피고인이 재소 중인 경우 등 부득이한 사정이 있는 경우에는 피해자에게 변호사임을 밝히고 합의와 관련한 전화통화를 원하는지 물은 후 피해자로부터 먼저 원하는 금액을 듣고 피고인 및 그 가족에게 전달하는 소극적 태도를 유지함이 옳다.

3. 변호인의 선임과 종류

변호인이 수사절차 및 소송절차에 관여하기 위해서는 선임·선정을 필요로 한다.

변호인 선임 또는 선정방식에 따라, 의뢰인과 변호인간의 위임계약으로 인한 사선변호인(私選辯護人)과 피고인의 선정신청 또는 필요적 변호사건으로서 재판부의 직권으로 선정하는 국선변호인(國選辯護人)으로 나눌 수 있다.

그러나 이는 어디까지나 선임되는 과정에서 구분되는 것에 불과하고, 막상 선임 또는 선정된 후에 변호인의 소송법적 권한과 의무는 동일하다. 따라서 국선변호인이라 해서 재판부의 눈치를 보며 피고인이 불이익을 감수하는 재판을 이끌어 가는 것은 바람직하지 않고, 후술하는 바와 같이 특히 국선전담변호인제도의 문제점 해결은 시급하다.

가. 사선변호인

(1) 선임권자

피고인 또는 피의자는 변호인을 선임할 수 있고(법 제30조 제1항), 피고인 또는 피의자의 법정대리인, 배우자, 직계친족과 형제자매는 독립하여 변호인을 선임할 수 있다(법 제30조 제2항). 형사소송법 제30조 제2항에 규정한 자가 변호인을 선임하는 때에는 그 자와 피고인 또는 피의자와의 신분관계를 소명하는 서면을 제출하여야 한다(규칙 제12조).

(2) 방 식

변호인 선임은 변호인과 선임자가 연명·날인한 서면(변호인선임계)을 수사기관 또는 법원에 제출하여야 한다(법 제32조 제1항). 구속 중인 피의자로부터 직접 위임받기 위해서는 변호인선임계와 무인원을 지참하여 구치소 접견을 통해 선임계를 완성하고 수사기관에 제출할 수 있다.

변호인선임계의 제출은 소송행위이므로 기초된 위임계약이 무효 또는 취소되더라도 선임의 효력에는 영향이 없다. 변호권을 상실시키기 위해서는 의뢰인은 해임계를, 변호인은 사임계를 제출하여야 한다(택일).

(3) 효 과

변호인선임에 의해 비로소 변호인으로서의 권리·의무가 발생하는 것이므로 선임계 제출 전 제출된 변호인의견서, 항소이유서 등은 적법하지 않아 효력이 없다.[28]

수사기관에 제출한 선임계의 효력은 제1심에도 효력이 있다(법 제32조 제2항). 따라서 수사변호만을 담당하기로 분리계약을 한 경우라서 의뢰인과의 관계에서 재판변론을 하기 어렵다면 법원에 사임계를 제출하여야만 피고인이 된 피의자가 국선변호인의 도움을 초기부터 받을 수 있는 점을 유의하여야 한다. 같은 취지로 기소 전 국선(영장실질심사의 국선변호인으로 선정된 경우)의 변호인으로 선임되어 활동한 후 기소된 경우에도 제1심 재판의 변호인 자격이 여전히 있으므로 역시 사임계를 제출하지 않을 경우 자동으로 본안 국선의 변호인이 된다(법 제201조의2 제8항).

다만 재판단계에서는 변호인선임의 효과는 심급에 한하여 미친다(법 제32조 제1항). 1심 변호인의 권한은 항소장 제출까지이므로 2심 선임계 제출 없이 2심 법원에 항소이유서를 제출할 경우 효력이 없고,[29] 항소심 재판 중 항소심의 소송기록을 열람·등사할 수 없다.

사건과 관련하여서는 변호인 선임의 효력은 공소사실의 동일성이 인정되는 사건의 전부에 미치는 것이 원칙이다. 공소사실이 변경된 경우에도 사실의 동일성이 유지되는 한 변호권도 존속한다.

하나의 사건에 대한 변호인 선임만을 하였는데 추가 기소되어 병합 심리된 다른 사건에도 변호권이 미치는가와 관련하여서는 견해의 대립이 있으나, 피고인 및 변호인이 반대하지 않는 한 당연히 미친다고 보는 것이 재판절차와 피고인의 이익

---

28) 대법원 1961. 6. 7, 선고 4294형상923 판결; 대법원 1968. 4. 30, 선고 68도195 판결; 대법원 1969. 10. 4, 선고 69모68 결정.

29) 참고로, 형사사건의 경우 항소장의 제출은 선고일로부터 7일, 항소이유서의 제출은 소송기록 접수통지일로부터 20일 이내이다. 형사사건의 경우 실형이 선고된 의뢰인의 경우에는 연락이 닿지 않더라도 원심 변호인으로서는 일단 항소장을 접수해 두어야 한다. 2심에서 비로소 변호인으로 선임된 자는 아무리 다급히 선임되었더라도 항소이유서 제출기간이 도과하지 않았는지를 살펴야 하고 그 기일을 준수하여야 한다. 기일도과시 원칙적으로 항소기각결정 사유가 되기 때문이다(법 제361조의4).

민사사건의 경우에는 항소기간은 판결문이 송달된 날로부터 2주, 항소이유서의 제출기간은 재판부의 서면준비 기한에 따르며, 상고이유서는 대법원의 소송기록 접수 통지를 받은 날로부터 20일 안에 제출하여야 한다. 형사든 민사든 초일은 산입하지 않는다.

을 위해 타당할 것이다. 형사소송규칙도 그와 같다(규칙 제13조).

(4) 피선임자

변호인은 변호사 중에서 선임하여야 한다(법 제31조 본문). 다만 대법원 아닌 법원은 특별한 사정이 있으면 변호사 아닌 자를 변호인으로 선임함을 허가할 수 있다(법 제31조 단서).[30] 통상은 사법연수생에 대한 국선변호선정이 주를 이루어 왔고, 법원사무관을 국선변호인으로 선정한 사례도 있다.[31]

선임할 수 있는 변호인의 수에는 제한이 없다. 다만 소송지연을 방지하기 위하여 대표변호인제도를 도입하고 있다. 수인의 변호인이 있는 때에는 재판장이 피고인·피의자 또는 변호인의 신청에 의하거나 신청이 없는 때에는 직권으로 대표변호인을 지정할 수 있고(법 제32조의2 제1항, 제2항), 대표변호인이 지정된 경우 대표변호인에 대한 통지 또는 서류의 송달은 변호인 전원에 대하여 효력이 있다(규칙 제13조의4).[32] 수사단계에서는 피의자에게 수인의 변호인이 있는 때에는 검사가 대표변호인을 지정할 수 있고(법 제32조의2 제5항), 이 경우 검사에 의한 대표변호인의 지정은 기소 후에도 효력이 있다고 규정(규칙 제13조의4)하고 있다.[33]

다만 실무상으로는 사무실을 달리하는 한 각 변호인에게 모조리 통지해 주고 있다.

나. 국선변호인

(1) 의 의

피의자(피고인) 등이 직접 변호인과 위임계약을 체결하여 선임절차를 밟을 경제적 여력이 없을 경우 법원이 직권 또는 피고인의 신청으로 변호인을 선정하여

30) 중국의 경우, 피고인은 형사소송법의 규정에 따라 스스로 변호권을 행사하는 외에, 변호사 또는 근친자 기타의 공민에게 변호를 의뢰할 수 있다. 따라서 변호사 자격이 없는 자가 변호인이 될 수 있다(이만희, "중국의 사법절차에 있어서 인권보장", 「형사정책연구소식」 제14호, 한국형사정책연구원, 1992, 10면 참조).

31) 대법원 1974. 8. 30, 선고 74도1965 판결.

32) 실무에서는 각 공동변호인의 소속 로펌 또는 사무소가 완전히 다른 경우 대표변호인 지정제를 거의 사용하지 않고, 각 변호인에게 통지·송달을 별도로 실시하고 있다. 대표변호인 지정에 대해 변호인들의 반발이 있을 수 있고, 강행하였다가 어느 변호인의 변론권을 사실상 침해하거나 제약한 결과라고 상소할 위험을 고려한 실무운용이 아닌가 생각된다.

33) 수사실무에서도 이와 같은 대표변호인 지정은 역시 거의 사용하고 있지 않다. 더구나 통상 송치통보 및 처분결과통지 등을 변호인에게 송달하여 왔으나, 최근 몇 년 사이 피의자에게 또는 고소인에게만 결과통지를 하고, 변호인 또는 고소 대리인에게 통지하지 않는 수사검사들이 많아졌다. 따라서 이 같은 실정에서라면 더더욱 대표변호인제의 실시는 영장청구 통보 이외에는 사용의 필요성도 거의 없다고 볼 것이다.

주는 경우가 있다. 이러한 변호인을 국선변호인이라 한다(헌법 제12조 제4항 단서).[34)]

(2) 선정사유

(가) 법원이 직권으로 변호인을 선정해야 할 경우(법 제33조 제1항)로는 피고인이 구속된 때, 미성년자인 때, 70세 이상인 때, 농아자인 때, 심신장애의 의심이 있는 때, 피고인이 사형, 무기 또는 단기 3년 이상의 징역이나 금고에 해당하는 사건으로 기소된 때이다.

(나) 위 경우에 해당하지 않는 경우라도, 법원은 피고인이 빈곤 그 밖의 사유로 변호인을 선임할 수 없는 경우에 피고인의 청구가 있는 때 변호인을 선정하여야 한다(법 제33조 제2항).

(다) 청구가 없더라도 법원은 피고인의 연령·지능 및 교육 정도 등을 참작하여 권리보호를 위하여 필요하다고 인정하는 때에는 피고인의 명시적 의사에 반하지 아니하는 범위에서 변호인을 선정하여야 한다(법 제33조 제3항). 현재 실무상으로는 피고인에게 송달하거나 교부하는 제출을 요하는 의견서 양식 뒤에 국선변호인 선정신청서가 붙어 있고, 해당 재판부에 배속된 국선변호인의 이름이 모두 소개되고 있으며 선택할 수 있는 공란이 있다. 1회 공판까지도 변호인이 없는 경우 피고인에게 국선변호인 지정여부를 묻고 있으며, 희망하는 경우 거의 100% 선정하고 있다. 심지어 희망하지 않는다고 말하였음에도, 공소사실의 인부조차 명확히 답변하지 못하는 반면 사건의 성질은 난해한 경우 재판장이 직권으로 국선변호인을 선정하는 경우도 있다. 피고인의 이익 및 심리의 편의 모두를 고려한 결과이다.

(라) 그 외 치료감호의 청구가 있는 사건(치료감호법 제15조 제2항), 구속전피의자심문(법 제201조의2), 체포·구속적부심사시(법 제214조의2 제10항)의 경우에도 직권으로 변호인을 선정하여야 한다.[35)]

(3) 수사단계 일반의 국선변호는 여전히 미흡

위 3가지 경우(치료감호청구사건, 체포·구속적부심사건, 영장실질심사사건) 이외에는 **아직 수사단계에서는 단순히 수사 받고 있다는 이유만으로 추가적인 국선변호인 선**

34) 중국도 검찰관이 출정하여 기소한 사건에 대해서 피고인이 변호인을 의뢰하지 않은 때에는 인민법원은 변호인을 지명할 수가 있다(이만희, "중국의 사법절차에 있어서 인권보장", 「형사정책연구소식」 제14호, 한국형사정책연구원, 1992, 10면).

35) 이재상, 형사소송법, 제9판, 박영사, 2013, 136면에서는 「2006년 형사소송법 일부 개정 법률에 의하여 국선변호가 대폭 확대된 결과이며, 이에 의하여 구속된 피고인뿐만 아니라 피의자에 대하여도 공판과 수사절차에서 전면적인 국선변호가 인정되게 되었다.」라고 서술하고 있으나, **필자는 아직 수사 중 피의자에 대한 방어권 보충이 충분치 못하다고 보고 있다.**

정이 가능하지 않다.[36)]

그러나 영장실질심사 또는 구속적부심사와 같은 본안 전 재판 이외에도 피의자신문 등으로 수사의 객체가 되어 있는 피의자의 절차적 권리를 적극적으로 보호하고, 또 수사가 종료되어 기소된 이후에는 수사내용을 뒤집거나 수사절차의 위법을 시정하기란 사실상 불가능한 재판실정을 감안할 때 **수사단계 피의자에 대한 국가적 보호조치를 더욱 강화해 나갈 필요가 있다.**[37)]

(4) 선정절차

(가) 공소제기 전의 선정을 보면, 구속전피의자심문(법 제201조의2)에 따라 심문할 피의자에게 변호인이 없거나 체포·구속적부심사 절차(법 제214조의2)에 따라 체포 또는 구속의 적부심사가 청구된 피의자에게 변호인이 없는 때에는 법원 또는 지방법원 판사는 지체 없이 국선변호인을 선정하고 피의자와 변호인에게 그 뜻을 고지하여야 한다(규칙 제16조 제1항). 이 경우 국선변호인에게 피의사실의 요지 및 피의자의 연락처 등을 함께 고지할 수 있다(규칙 제16조 제2항). 구속영장이 청구된 후 또는 체포·구속의 적부심사를 청구한 후에 변호인이 없게 된 때에도 같다(규칙 제16조 제4항). 위의 고지는 서면 이외에 구술·전화·모사전송·전자우편·휴대전화 문자전송 그 밖에 적당한 방법으로 할 수 있다(규칙 제16조 제3항).

실무상으로는 구속전피의자심문(영장실질심사)을 '기소 전 국선'이라 하는데, 보통 전년도 11월 내지 12월경 각 지방변호사회는 회원들을 상대로 "법원으로부터 국선변호 희망자를 모집한다 하니 신청자는 첨부 양식 신청서를 작성하여 변호사회에 제출하라"는 이메일, 팩스, 휴대전화 문자를 보낸다. 신청서를 보면, 관내 고등법원, 지방법원, 가까운 지원에 대해 각기 본안국선희망여부, 영장국선 희망여부란에 체크하게 되어 있다. 이렇게 수집된 신청서를 정리하여 변호사회가 관할법원에 송부하면, 신년에 법원이 작성한 **기소 전 국선예정자표** 및 **재판부별 국선변호**

36) 반면 성폭력범죄피해자를 위해서는 특별법에서 국선변호인 지정을 허용하고 있다(제2편 제3장 제3절 참조).

37) 同旨 권오걸, "수사절차에서의 변호권의 확대방안", 「법학연구」 제18집, 한국법학회, 2005. 6, 247면. 그러나 필자의 주장과 같이 현저한 실무상 필요성을 고려하기보다는 외국의 입법례를 소개하며, 이미 우리가 모든 구속피고인과 영장실질심사 또는 구속적부심사를 받는 모든 피의자에게 국선변호인을 두게 된 것만 해도 큰 발전이고 현재로서도 특별히 미흡하다고 볼 수 없다는 견해도 있다(김희균, "형사사법제도의 변천과 인권－당사자주의의 확립－", 「법과 사회」 34권, 법과사회이론학회, 2008, 247면. 김희균 교수는, 영국에서는 체포된 모든 피의자에게 국선변호인을 붙이고 있으나, '퍼블릭 디펜더'라고 하는 공익변호사 제도를 일찍부터 발달시켜온 미국에서조차 모든 피의자에게 공익변호사가 붙는 것은 아니라는 점을 논거로 들고 있다. 오히려 국선변호의 질을 따져야 한다고 보고 있다).

인명단이 공개된다. 이 순서에 따라 구속전피의자심문이 이루어지고, 해당 재판부별 국선변호인명단에 따라 해당 재판부의 국선 사건을 선정 받게 된다(규칙 제16조의2 제1항).[38]

(나) 공소제기 후 국선변호인의 선정은, 재판장은 변호인 없는 피고인에게 서면으로 형사소송법 제33조 1항 1호 내지 6호에 해당하는 때[39]에는 변호인 없이 개정할 수 없다는 취지, 피고인 스스로 변호인을 선임하지 아니할 경우 법원이 국선변호인을 선정한다는 취지를, 제33조 2항에 해당하는 때[40]에는 법원에 대하여 국선변호인의 선정을 청구할 수 있다는 취지를, 제33조 3항에 해당하는 때[41]에는 법원에 대해 국선변호인의 선정을 희망하지 아니한다는 의사를 표시할 수 있다는 취지를 고지한다(규칙 제17조 제1항, 제2항). 위와 같은 고지 후 법원은 각 요건 충족 시 지체 없이 국선변호인을 선정하고 피고인 및 변호인에게 그 뜻을 고지해야 한다(규칙 제17조 제3항).

형사소송법 제33조 제2항의 경우(빈곤 그 밖의 사유로 변호인을 선임할 수 없는 경우)에는 선정청구를 하는 피고인이 소명자료를 제출하여야 하며, 다만 기록에 의하여 그 사유가 소명되었다고 인정될 때에는 소명 없이 선정결정이 가능하다(규칙 제17조의2). 법원은 피고인의 선정청구가 있을 경우 허 또는 불허의 결정을 내려야하지 아무런 결정을 하지 않을 수는 없다.[42] 따라서 구속피고인의 국선변호인 선정청구에 대하여 국선변호인 선정결정을 한 후에 국선변호인의 사임허가신청을 받아들여 국선변호인 사임허가와 선정취소결정을 한 경우 법원은 지체 없이 새로운 국선변

---

38) 형사소송규칙 제16조의2(국선변호인 예정자명부의 작성)
① 지방법원 또는 지원은 국선변호를 담당할 것으로 예정한 변호사, 공익법무관, 사법연수생 등을 일괄 등재한 국선변호인 예정자명부(이하 '명부'라고 한다)를 작성할 수 있다. 이 경우 국선변호 업무의 내용 및 국선변호 예정일자를 미리 지정할 수 있다.
② 지방법원 또는 지원의 장은 제1항의 명부 작성에 관하여 관할구역 또는 인접한 법원의 관할구역 안에 있는 지방변호사회장에게 협조를 요청할 수 있다.
③ 지방법원 또는 지원은 제1항의 명부를 작성한 후 지체없이 국선변호인 예정자에게 명부의 내용을 고지하여야 한다. 이 경우 제16조 제3항의 규정을 적용한다.
④ 제1항의 명부에 기재된 국선변호인 예정자는 제3항의 고지를 받은 후 3일 이내에 명부의 변경을 요청할 수 있다.
⑤ 제1항의 명부가 작성된 경우 법원 또는 지방법원 판사는 특별한 사정이 없는 한 명부의 기재에 따라 국선변호인을 선정하여야 한다.

39) 1. 피고인이 구속된 때, 2. 피고인이 미성년자인 때, 3. 피고인이 70세 이상인 때, 4. 피고인이 농아자인 때, 5. 피고인이 심신장애의 의심이 있는 때, 6. 피고인이 사형, 무기 또는 단기 3년 이상의 징역이나 금고에 해당하는 사건으로 기소된 때.

40) 빈곤 그 밖의 사유로 변호인을 선임할 수 없는 경우.

41) 피고인의 연령·지능 및 교육 정도 등을 참작하여 권리보호를 위하여 필요하다고 인정하는 때.

42) 대법원 1995. 2. 28, 선고 94도2880 판결.

호인을 선정하여야 하므로, 국선변호인에 대한 사임허가 및 선정취소결정이 있은 후에 피고인이 새로운 국선변호인 선정 혹은 특별변호인선임 허가신청을 하였으나 법원이 그에 대한 결정을 하지 아니한 채 변호인 없이 공판절차를 계속 진행하여 심리를 마친 것은 위법하다.[43]

국선변호인은 피고인마다 1인을 선정하나, 사건의 특수성에 비추어 필요하다고 인정할 때에는 1인의 피고인에게 수인의 국선변호인을 선정할 수 있고, 피고인 사이에 이해가 상반되지 아니할 때[44]에는 수인의 피고인을 위하여 동일한 국선변호인을 선정할 수도 있고(규칙 제15조), 실무상 흔히 일어나는 일이다. 이에 대해서는 공범자 간에도 책임을 전가하는 성향을 감안하면 부분적으로 이익이 충돌하는 경우가 있으므로 재고되어야 한다는 비판이 가능하다.

생각할 점

국선변호인 제도를 두고 있는 형사소송법 하에서 빈곤한 국민은 국선변호인 선정 청구를 할 수 있고 변호인의 보수는 국가가 지급하는 방식으로 사회적 약자를 배려하고 있고(刑事訴訟), 민사소송에서도 가난하여 변호사를 소송대리인으로 선임할 수 없는 국민은 법원에 소송구조결정을 신청할 수 있고 그와 별도로 법률구조공단의 도움을 받을 수 있으나(民事訴訟), 유독 파산신청을 한 기초수급자 등의 경우에는 파산관재인 보수를 지원하는 제도가 존재하지 않고 실무상 파산관재인 보수 예납명령에 불응할 경우 아무리 경제형편을 소명하더라도 즉시 파산기각결정이 내려져 면책의 본안에도 들어서지 못한다. 문제라 할 것이므로 채무자회생및파산에관한법률의 개정과 국가예산마련이 요구된다 할 것이다(破産節次).

(5) 사임절차

일단 선정된 국선변호인은 반드시 법원의 허가를 얻어 사임하도록 규정하고 있다(규칙 제20조).

국선변호인의 사임사유는 질병 또는 장기여행, 피고인 또는 피의자로부터 폭행·협박·모욕을 당하여 신뢰관계가 파탄 난 경우, 피고인 또는 피의자로부터 부정한 행위를 종용받은 경우이다(규칙 제20조). 통상 실무적으로 가장 고민되는 경우는 바로 **신뢰관계 파탄**의 경우이다.

구체적인 예로는, 기일이 상당히 남았고 선정결정이 비교적 최근에 있었으며 선정결정 이후 곧바로 소송기록 열람·등사를 마치고 기록을 검토 중인데 피고인

43) 대법원 2006. 11. 24, 선고 2006도3213 판결.

44) 주로 공범인 공동피고인, 자연인과 법인의 동시기소.

이 반복적으로 전화하여 변호사를 바꾸라고 하는 경우, 방문시간대를 잡아 조만간 연락하겠다고 고지하였음에도 자신의 억울함만을 반복호소하고 술에 취하여 전화로 변소하는 경우, 피고인과 접견을 통해 변론방향을 모두 확인하였고 동의하에 행한 변론을 피고인의 가족이 주위의 자문(변호사의 자문은 아님이 명백한 수준)을 듣고는 재판부에 변호인의 변론내용의 전부 취소를 구하며 인격적 모독을 가하는 경우[45] 등이다.[46]

(6) 국선전담변호인제도

최근 사법연수원 및 법학전문대학원을 졸업한 신입변호사들이 관심을 갖고 다수 지원하고 있는 국선전담변호사의 근거규정은 형사소송규칙 제15조의2이다.

그간 국선전담변호사는 각 고등법원별로 선발하고, 선발업무는 각 고등법원에 구성되어 있는 국선변호감독위원회가 담당하여 왔다. 그간의 관행으로는 한번 국선전담변호사로 임용되어 활동을 시작하면 1회 2년씩, 3회까지 자동으로 연장근무를 할 수 있었다. 국선전담변호사의 활동에 대해 2014. 2. 서울중앙지방법원이 형사 피의자와 피고인 86명을 대상으로 한 설문조사에서 상담과정의 충실도와 만족도는 88%에 이른다고 나타났다.[47]

---

45) 실제 예를 본다. 대구지방법원 2011노****호.
[사실관계] 무고죄 항소심에서(1심은 실형선고) 기록상 명백히 사실오인으로 고소하였을 뿐 고의로 허위 고소한 것이 아닌 점이 드러나, 변호인이 사실오인 또는 법리오해로 고소하게 된 경위를 변론하여 결국 무죄변론 또는 양형변론을 적극적으로 하였는데, 결심 직후 돌연 피고인의 처가 사실오인 주장에 발끈하며 재판부에 변호인을 모함하여 부득이 변호인이 사임계를 제출한 사례였다.
[판단] 이 사건에서 변론방향은 다음과 같다. 변호인은 원심처럼 무턱댄 고집(자신의 고소내용은 전혀 틀리지 않았다는 주장)이 아니라 법률적으로 일리가 있는 변론(사실오인에 터잡아 착각하여 고소한 것이라는 주장)을 하였고, 재판부의 호응까지 이끌어내어 최소한 형 감경·원심파기는 가능하였다. 그러나 피고인 처의 그릇된 조언으로 피고인은 재개된 변론에서는 다시 1심과 같이 (절대 허위사실로 고소한 것이 아니라고) 반복 주장하다가 항소기각 되었고, 실형을 그대로 복역하여야만 했다.
[핵심] 국과수 감정(성문감정)결과 피고인과 고소인 간의 녹취록의 근거가 된 음성파일이 피고인의 목소리가 맞다고 2차례 확인되었다. 그런데도 피고인은 끝끝내 녹취록의 일시에 피해자와 대화한 적이 없다며, 민사소송에 녹취록을 증거로 제출한 고소인을 소송사기죄로 고소하였고, 오히려 고소인의 소송사기 고소가 무고로 판명된 사례.
[출소 후 태도] 피고인과 처가 진심으로 사죄하는 내용의 편지를 변호인에게 보내왔는데, 그 내용은 무식한 자는 하나님도 구제할 수 없다는 것을 깨달았다는 내용이었다. 올바른 변론인지를 알아차리지도 못하고 주위 비법률가들에게 문의하여 변론을 오해하여 감정적으로 처리하였으니 용서를 거듭 바란다는 취지.

46) 주로 문제를 일으키는 피고인은 일률적이진 않겠으나, 통상 무고사범, 위증사범, 공무집행방해사범, 맞고소 사건, 허위 명예훼손 사건, 업무방해 사건 등으로서, 최근 파출소 및 소방서에 수준 이하의 행위를 하는 류의 사람 군이 많다. 이 같은 피고인들을 변론하는 과정에서, 국선변호인의 사기가 크게 저하되게 마련인데, 국선변호인 제도의 악용사례로 보여지는 경우도 종종 있다.

47) 대한변협신문, 성명서 "로클럭에 대한 특혜성 국선전담변호사 선발을 우려한다", 2014. 2. 10.자 3면.

그럼에도 불구하고 대한변호사협회의 성명을 보면, 변호사들의 국선전담변호 활동으로 위와 같이 피고인들의 높은 만족도가 계속 이어질지는 의문이라고 한다. 국선전담변호사들이 자동 재임용되던 신뢰가 최근 재임용에 탈락하고 그 자리를 법원 로클럭(재판연구원)을 마친 신규 변호사들이 채우고 있기 때문이라는 것이다.[48] 이것이 법원 로클럭→국선전담변호사→법관으로 이어지는 중간경력관리용의 의심이 충분히 가능하다는 것이 대한변호사협회의 입장이다.[49]

또 위 성명 이후 대한변호사협회는 결의문 「－국선전담변호사제도, 사법부에서 즉시 독립시켜야 한다.－」을 통하여 위와 같은 문제점을 다시 지적하면서, 근원적인 문제는 국선전담변호사를 법원이 독점적·배타적으로 관리하고 평가하는 것은 국선변호사 제도의 본질에 반할 위험이 크다고 보고 있다. 즉, 위촉과 평가 권한이 법원에 전적으로 부여된 결과 국선전담 변호사의 변론의 독립성을 해칠 우려가 높기 때문이라며, 피고인을 변호하다 보면 기존 판례를 다툰다든지 법원의 불공정한 재판 절차 등에 대해 지적할 수 있어야 하는데, 현재처럼 법원이 일체의 권한을 가진 시스템 아래서 국선전담변호사들에게 법원의 눈치를 보지 아니하면서 그런 역할을 기대하기는 쉽지 않고, 결국 이는 국민에게 피해가 돌아가게 된다는 것이다.[50]

생각건대 **국선전담변호사제도는** 그 확대시행을 위해 오랜 논의와 국민의 공감대를 확보하여 활성화에 성공한 만큼 **사법복지국가의 중심적 기능이 될 수 있도록 올바르게 정착되어야 할 것이고, 경제적으로 곤궁한 형사피고인들에게 최대의 도움을 줄 수 있을 때 그 존재의의**가 있는 것만은 분명하다. 그러므로 현재 법원의 국선전담변호사 선발은 선발방식에서 종전의 신뢰를 깨뜨리고, 숙련된 형사변호인들의 변론 노하우를 비교적 저렴하게 국민에게 제공하던 방식을 이탈하여 사법서비스의 질을 떨어뜨리며, 선발의 공정성에 의심이 제기되었다는 사정만으로도 개선될 필요성이 있다. 따라서 대법원은 단순히 해명자료를 통하여 사실을 부인[51]

48) 변협이 확인한 바로는, 서울중앙지방법원의 경우 7명의 국선전담변호사를 위촉하면서 그 중 이번에 증원된 4명을 모두 로클럭 출신 변호사로 위촉했다는 사실.

49) 대한변협신문, 성명서 "로클럭에 대한 특혜성 국선전담변호사 선발을 우려한다", 2014. 2. 10.자 3면.

50) **유사한 취지로**, 법무부에서는, **파산관재인**에 대한 임명, 관리를 법원이 전담하고 있는 것은 파산관재인의 독립적 지위에 비추어 바람직하지 않으므로, 법원 외부에 독립기구로서 파산청 또는 파산관재청(破産管財廳)을 만들어 법무부, 법원, 변협, 외부인사 등이 합의체로서 이것을 관리하여야 한다는 주장을 하고 있다(법률신문, 기사, "'도산관리청' 신설… '독립' 여부 고심", 2012. 8. 6, 6면).

51) 대법원은 "현재 국선전담변호사 선발업무는 각 고등법원에 구성되어 있는 '국선변호감독위원회'가 객관적이고 공정한 기준으로 선발하고 있고, 로클럭 출신의 국선전담변호사가 향후 판사 임용에 지원한다 하더라도 로클럭 출신이라는 이유만으로 우대되는 일은 없을 것"이라며 의혹을 부인하

만 할 것이 아니라, 의혹 해소를 위해 즉시 신규 국선전담변호사 선정 결과와 그 과정을 투명하게 공개해야 하며, 국선전담변호사제도가 좀 더 국민에게 봉사하는 제도로 한 단계 도약하기 위해서는 위촉과 관리를 사법부에서 독립된 제3의 주체에게 옮기는 것이 맞다.

미국(美國)의 공익변호사(Public defender)제도는 법원이 개인 변호사나 변호사 단체와 계약을 체결하고 그에 따라 변호사 단체에 국선대리인 선정에 관한 권한을 부여하고 있으며, 일본(日本)도 1948년 이래 단위변호사회가 국선변호 희망자 명부에서 국선변호인을 인선, 추천하고 재판장이 선임하는 방식을 취하고 있다.[52]

제2절 변호인의 권한

1. 대 리 권

변호인은 피고인 또는 피의자가 할 수 있는 소송행위에 대하여 포괄적 대리권을 가진다. 다만 피고인이 증거객체가 되는 등 증거방법으로서의 행위에는 성질상 대리가 허용되지 않는다.

종속대리권(從屬代理權)으로는 관할이전의 신청(법 제15조), 관할위반의 신청(법 제320조), 증거동의(법 제318조), 상소취하(법 제349조), 정식재판청구(법 제453조)권이 있고,[1] 이것들은 피고인의 권리가 소멸하면 변호인의 권리도 함께 소멸하는 특징, 본인의 의사에 반하여 행사할 수 없는 특징을 갖고 있다.

독립대리권(獨立代理權)의 근거규정은 형사소송법 제36조[2]이며, 이 조문은 독립대리권과 고유권을 함께 규정한 것으로 봄이 타당하다.[3] 독립대리권에는 본인의

였다.

52) 대한변호사협회, 결의문 "－국선전담변호사제도, 사법부에서 즉시 독립시켜야 한다.－", 2014. 2. 17.자

1) 이재상, 형사소송법, 제9판, 박영사, 2013, 145면.

2) 신동운 교수는 제36조를 고유권으로 볼 경우, ① 피의자·피고인이 소송행위의 권리를 상실하더라도 변호인에게 권리가 잔존하게 됨으로써 소송주체간의 법률관계가 불명확하게 된다는 점, ② 소송행위의 경중에 따라 변호인의 권리에 차이를 두는 것은 반드시 변호인의 보호자적 지위를 약화시키는 것은 아니라는 점, ③ 제36조 단서가 법률에 다른 규정이 있는 경우를 예정하고 있다는 점 등의 해석상 난점들이 지적될 수 있다고 본다. 따라서 이 규정은 독립대리권을 규정한 조문으로 새기는 것이 타당하다는 주장이다(신동운, 신형사소송법, 법문사, 2008, 87면).

3) 이재상, 형사소송법, 제9판, 박영사, 2013, 145면. 이재상 교수는 ① 독립대리권은 본인의 권리가 상실되면 대리인의 권리도 소멸되지만 고유권은 영향을 받지 않는다는 점에서 차이가 있고, ② 독

명시의 의사에 반하여 행사할 수 있는 것으로, 구속취소의 청구(법 제93조), 보석의 청구(법 제94조), 구속적부심사청구(법 제214조의2), 증거보전청구(법 제184조), 공판기일 변경신청(법 제270조 1항), 증거조사에 대한 이의신청(법 제296조 1항)권이 있고, 묵시의 의사에 반하여 행사할 수 있는 것으로, 법관 기피신청(법 제18조 2항), 상소제기(법 제341조)가 있다.[4] 독립대리권은 본인의 의사에 반하여 행사할 수 있으나, 피고인의 권리가 소멸하면 변호인의 권리도 소멸하는 결과를 가져온다.

2. 고 유 권

변호인의 권리로 특별히 규정된 것 중에서 성질상 대리권으로 볼 수 없는 것을 고유권으로 본다.[5]

이 중 변호인과 피고인·피의자가 중복하여 가지고 있는 압수·수색·검증영장의 집행 참여(법 제121조, 제145조), 감정 참여(법 제176조), 증인신문 참여(법 제163조), 증인신문(법 제161조의2), 증거제출·증인신문신청(법 제294조),[6] 서류·증거물 열람·등사권(법 제35조, 제266조의3 내지 4), 최종의견진술(법 제303조)을 광의의 고유권(廣義 固有權)으로 보고, 오직 변호인만 가지고 있는 피고인·피의자와의 접견교통권(법 제34조), 피고인에 대한 신문권(법 제296조의2)을 협의의 고유권(狹義 固有權)으로 본다.[7]

고유권 중 실무상 크게 문제되어 온 것으로는 접견교통권, 기록열람·등사권이 있고, 2007년 개정 형사소송법에서 신설한 것으로 최근 실무상 문제되고 있는 것으로는 변호인의 피의자신문참여권이 있다.

(1) 접견교통권과 관련하여서는 수사기관 또는 교정기관이 접견교통 자체를

립대리권의 이념을 인정하는 것이 법률관계를 명확히 하고 절차의 확실성을 유지하는 데 도움이 되며, ③ 변호인이 피고인의 보호자라 하여 대리권을 인정할 수 없는 것은 아니므로 독립대리권은 고유권과 구별되며, 따라서 제36조는 독립대리권과 고유권을 함께 규정하고 있다고 보고 있다.

4) 이재상, 형사소송법, 제9판, 박영사, 2013, 145면; 배종대/이상돈/정승환/이주원, 신형사소송법, 제5판, 홍문사, 2013, 365면; 백형구, 형사소송법, 법원사, 2012, 555면; 신동운, 신형사소송법, 법문사, 2008, 87면; 손동권/신이철, 새로운 형사소송법, 세창출판사, 2013, 100면; 임동규, 형사소송법, 제9판, 법문사, 2013, 82면.

5) 이재상, 형사소송법, 제9판, 박영사, 2013, 146면.

6) 제294조의 증거조사신청권에 대하여는 이를 고유권으로 보는 견해(백형구, 형사소송법, 법원사, 2012, 555면; 이재상, 형사소송법, 제9판, 박영사, 2013, 146면)와 독립대리권으로 보는 견해(신동운, 신형사소송법, 법문사, 2008, 87면)의 대립이 있으나, 변호인은 독자적으로 증거조사신청권을 행사할 수 있다는 점에서 고유권설이 타당하다(임동규, 형사소송법, 제9판, 법문사, 2013, 82면).

7) 이재상, 형사소송법, 제9판, 박영사, 2013, 146면; 배종대/이상돈/정승환/이주원, 신형사소송법, 제5판, 홍문사, 2013, 366면; 손동권/신이철, 새로운 형사소송법, 세창출판사, 2013, 101면; 임동규, 형사소송법, 제9판, 법문사, 2013, 82면.

불허하거나, 실질적으로 방해하는 문제, (2) 기록열람·등사권과 관련하여서는 허용되는 열람·등사의 범위가 무엇이며, 불허에 따른 변호권의 보장방안은 무엇인지에 대한 문제, (3) 피의자신문참여권에서는 법적 근거가 창설되었는데도 여전히 수사방해를 거론하며 변호인의 퇴실을 요구하거나, 변호인이 이의할 경우 받아들이지 않고 수사를 강행하거나, 변론준비를 위한 메모조차 불허하는 문제가 제기될 수 있다. 따라서 위 3가지 권한에 대해서는 별도로 살피도록 하겠다.

가. 변호인의 접견교통권

변호인 또는 변호인이 되려는 자는 신체구속을 당한 피고인 또는 피의자와 접견하고 서류 또는 물건을 수수할 수 있으며 의사로 하여금 진료하게 할 수 있다(법 제34조). 피고인의 이익을 보호하고 방어활동을 협의하기 위해 보장된 것으로 변호권의 핵심이 된다.[8] 피고인 또는 피의자의 입장에서는 헌법상 기본권이며, 변호인의 입장에서는 형사소송법상의 권한이다.

변호인과의 접견교통권은 감시받지 않는 자유로운 접견교통을 내용으로 한다. 변호인과 구속된 피고인 또는 피의자와의 접견의 비밀을 보장하기 위해서이다. 따라서 교정공무원이나 수사관이 변호인과의 접견에 입회하거나 감시하는 것을 불허되며, 수수한 서류나 물건을 압수하는 것은 허용되지 않는다. 변호인의 접견교통권은 법률의 규정으로 제한할 수 있으나, 법원의 결정이나 수사기관의 처분에 의해 제한될 성질은 아니다. 다만 구속 장소의 질서유지를 위한 접견 시간의 제한이나 무기 또는 위험한 물건의 수수를 금지하는 것 정도는 보호되는 공익이 중대한 반면 권리의 침해가 경미하거나 제한 정도에 불과하여 접견교통권을 침해한 것으로 보지는 않는다.[9]

문제(問題點)로 볼 수 있는 **첫 번째** 사례는, 교정기관에서의 접견시 서류 수수의 문제이다. 문제 삼고자 하는 것은 수수한 서류를 압수하지는 아니하나 이 서류를 피고인이 그대로 소지하는 것을 불허하고, 수수서류가 무엇인지 확인한 후 수수서류접수대장에 기재하고 나서 비로소 교도관이 서류를 피고인에게 전달하는 방식이다. 이것은 **내용의 탐지**에 해당한다. 따라서 사실상 변호권 침해로 볼 수밖에 없다. 현재로서는 이의하고 있는 변호인과 피고인이 없어 바로 문제가 되고 있지는 않으나, 차후 이에 대한 개선이 필요할 것으로 본다.[10]

---

8) 이재상, 형사소송법, 제9판, 박영사, 2013, 146면.
9) 이재상, 형사소송법, 제9판, 박영사, 2013, 146-147면 참조.
10) 참고로 기결수와 헌법소원 사건의 국선대리인인 변호사의 접견과정에서 접견내용을 녹음, 기록한

두 번째로, 교정기관의 변호인접견실에는 선임되지 않은 피의자 또는 피고인을 2차례 이상 접견하는 것은 금지한다는 내용이 부착되어 있고,[11] 접견신청을 하면 교도관은 "무인원과 접견신청서를 갖고 왔느냐"며 당연히 선임을 전제로 접견하러 온 것으로 간주하여 그렇지 않은 선임의 경우 마치 제약할 것 같은 인상을 보이고, 변호인이 금일 선임할 것이 아니라고 답하면 2회 이상 접견은 불허된다는 지적을 덧붙여 접견 분위기를 해한다. 이 경우 불쾌감을 느낀 변호인이 추가 접견을 포기하게 됨으로써 결국 피의자 및 변호인의 접견교통권한을 침해하고 있다. **헌법, 형사소송법, 형의 집행 및 수용자의 처우에 관한 법률 어디에도 미선임 접견의 횟수를 제한하는 규정은 존재하지 않는다.** 오히려 우리 형사소송법은 변호인뿐만 아니라 '변호인이 되려는 자'도 자유롭게 접견할 수 있도록 규정하고 있다(법 제34조). 그렇다면 현재 교정기관의 위와 같은 행위는 위법행위로 보아야 한다.

세 번째로, 기결수용자에 대한 접견을 불허하고 있는 교도소의 운영도 문제라 할 것이다. **기결수라 하더라도 변호인과의 접견을 불허할 아무런 법상의 제한이 없다.** 오히려 형사소송법은 신체구속을 당한 피고인과 접견할 수 있도록 규정하고 있을 뿐이다. 따라서 추가로 형사소송의 준비가 필요 없다는 교정기관의 자의적 판단으로 무조건적 접견을 불허함은 타당하지 않다. 기결수용자도 법상의 접견제한 대상자가 아니며, 얼마든지 재심청구를 고려하기 위하여 변호인을 접견할 필요성이 있을 수 있고, 형집행정지 등을 상담하기 위하여 변호인과의 접견을 희망할 수도 있으며, 의사의 진료를 받고자 변호인에게 진료요청의 대리를 위임할 수 있기 때문이다. 집사변호사의 행위를 제재할 필요성이 있을 경우 교정보안을 강화하는 방식으로 질서를 유지하면 될 것이지, 애초부터 접견을 불허하는 것은 분명 위법하다고 할 것이다.[12]

네 번째는 법원의 **형사법정 옆에 마련된 구치감 실에서의 접견불허 또는 제한**

행위는 재판받을 권리를 침해하여 위헌으로 결정되었다(헌법재판소 2013. 9. 26, 선고 2011헌마398 결정).

11) 2015. 6. 현재 필자가 확인한 바로는 대구구치소의 경우 변호인대기실에 붙어 있던 그와 같은 내용의 코팅된 안내부착물에 '미선임 상태로 2회 이상 접견금지' 문구가 슬그머니 삭제되어 있었다. 대구교도소는 최근 방문할 기회가 없어 아직 확인하지 못하였다.

12) 다만 현재 헌법재판소의 입장은 합헌이다(헌법재판소 2013. 9. 26, 선고 2011헌마398 결정). 변호인의 조력을 받을 권리는 '형사사건'에서의 변호인조력권을 의미한다는 취지로, 형사절차가 종료되어 교정시설에 수용중인 수형자는 원칙적으로 변호인조력권의 주체가 될 수 없다는 것이다(헌법재판소 1998. 8. 27, 선고 96헌마398 결정; 헌법재판소 2004. 12. 16, 선고 2002헌마478 결정). 수형자의 변호인의 도움을 받을 권리는 변호인조력권이 아니라 헌법 제27조의 재판청구권의 실질적 내용으로 보장하고 있다(헌법재판소 2004. 12. 16, 선고 2002헌마478 결정).

조치는 당면한 형사소송을 위한 긴급대면인데 이를 제한하는 것은 위법하므로 역시 개선되어야 한다.[13][14]

위와 같은 방식으로 접견교통권을 침해하여 얻은 증거는 공판단계에서 증거능력이 상실될 운명에 놓여 있다. 위법하거나 임의성에 의심이 드는 경우에 해당하기 때문이다.

나. 변호인의 피의자신문참여권

(1) 의의 및 입법배경

수사단계의 피의자에 대한 변호권 보장이 충분치 못하다는 지적이 있어왔다. 특히 서면변호 이외에 수사기관의 피의자신문시 변호인의 참여권이 거의 이루어지지 않는 것이 실로 큰 문제였다. 체면을 중시하는 변호사와 수사방해로 인식하는 수사기관의 태도가 상통하여 그러한 문제가 고쳐지지 않았던 것이고, 가끔 열의 있는 일부 변호사가 피의자신문에 참여하여 피의자의 방어권을 실질적으로 보충하고자 하더라도 접견 중 부당하게 배제된 사례가 있어 준항고로 다투기도 하였다.

위와 같은 문제점은 사후적이고 실효적 구제가 될 수 없는 준항고로 해결될 수 있는 것이 아니어서, 미리 입법으로 허용하는 경우를 명문으로 규정할 필요가 있었다. 종래 수사실무에서는 명문규정이 없고, 구속기간이 제한되어 있어 수사에 사실상 저해가 되며, 진술증거의 확보와 수사기밀누설 방지책이 마련되지 않았다는 이유로 변호인의 신문참여를 인정하지 않다가 2003년 대법원(大法院)이 "구금된 피의자는 헌법규정을 유추 적용하여 체포 또는 구속을 당한 경우에 준하여 피의자신문시 변호인의 참여를 요구할 수 있고, 이 경우 수사기관은 거절할 수 없는 것으로 해석한다"고 판시하고,[15] 헌법재판소(憲法裁判所) 역시 변호인의 조력을 받을 권리를 근거로 불구속피의자에 대하여도 피의자신문참여권을 인정[16]한 후 많은 논의 끝에 2007년 개정 형사소송법이 이를 명문화하기에 이르렀다(법 제243조의2).[17]

---

13) 질서유지 또는 호송문제로 법정 대기실의 접견을 제한하거나 불허하는 조치에 대한 문제점에 대해서는 법률신문, 기사, "법정 대기실에서도 변호인 접견교통권 보장해야", 2013. 12. 16.자 참조.

14) 다만 현재 헌법재판소의 입장은 합헌이다(헌법재판소 2009. 10. 29, 선고 2007헌마992 결정). 헌법재판소는 해당 결정에서 변호인이 아닌 구속피고인이 청구한 접견신청을 불허한 것이 합헌이라고 판단했을 뿐이어서, 변호인이 접견신청을 한 경우라면 허용될 소지가 있다(이동흡, 목영준 재판관의 법정의견에 대한 보충의견 참조). 조대현, 김종대 재판관의 반대의견은 변호인조력권의 필요성이 현저하다고 보아 불허처분과 계호근무준칙 275조에 대해 위헌의견을 밝혔다.

15) 대법원 2003. 11. 11, 선고 2003모402 결정.

16) 헌법재판소 2004. 9. 23, 선고 2000헌마138 결정.

17) 이재상, 형사소송법, 제9판, 박영사, 2013, 147-148면 참조.

외국의 경우를 보면, 미국(美國)은 수사기관이 체포 또는 구금된 피의자를 신문할 때 변호인의 참여요구에 반드시 응해야 하고 이 경우 변호인 참여 전에는 신문을 중지하며 나아가 변호인과 접견 전 신문하여 얻은 자백은 증거능력을 부정하나, 독일(獨逸)은 검사의 신문에는 변호인 참여권을 인정하지만 경찰의 신문에는 인정하지 않으며, 일본(日本)은 아직 부정하고 있다.[18]

(2) 내용과 실무상 문제점

검사 또는 사법경찰관은 피의자 또는 그 변호인 · 법정대리인 · 배우자 · 직계친족 · 형제자매의 신청에 따라 변호인을 피의자와 접견하게 하거나 정당한 사유가 없는 한 피의자에 대한 신문에 참여하게 하여야 한다(법 제243조의2 제1항). 피의자는 구속 피의자, 불구속 피의자를 불문한다.

참여를 허용하는 것에 불과하므로 수사기관이 국선변호인을 선정해 줄 의무는 없다.

만약 참여를 신청하여 놓고도 변호인이 출석치 아니할 경우에는 변호인의 참여 없이 신문할 수 있다.[19] 그러나 이 경우에도 피의자가 변호인 참여 없이는 신문에 응할 수 없다고 한다면 수사기관은 명시적 피의자의 의사를 배척하고 신문을 강행할 수 없다.[20]

참여는 단순한 입회와 구별되므로, 신문 후 의견을 진술(意見陳述)할 수 있고, 신문 중이라도 부당한 신문방법에 대해 이의(異議)할 수 있다(법 제243조의2 제3항).

이것을 두고 수사기관의 부적법하거나 부당한 신문에 참여한 변호인은 신문의 중단을 요구할 수 있고, 피의자의 요청으로 변호인과 상의한 후 답하게 하는 것도 허용되어야 한다는 견해가 있으나,[21] 실무상 받아들여지지 않고 있다. 즉 신문 전후 이의를 제기할 경우 수사관은 변호인에게 수사방해를 이유로 퇴실을 요구하기도 하고, 상의하여 답하려 할 경우에도 같은 방식으로 퇴실의 불이익을 고지하는 경우가 문제되어 왔다.[22]

---

18) 이재상, 형사소송법, 제9판, 박영사, 2013, 147면.

19) 법무부, 개정 형사소송법, 2007, 117면.

20) 이재상, 형사소송법, 제9판, 박영사, 2013, 149면.

21) 이재상, 형사소송법, 제9판, 박영사, 2013, 149면.

22) 위와 같은 문제점을 해결하기 위하여, 최근 대한변호사협회(大韓辯護士協會)는 **변호인 참여권의 개선을 위한** TF를 구성하여 해외의 피의자신문시 관련 규정과 변호인참여 수준에 관한 사례를 수집해 실태를 파악하고, 회원의견 수렴을 위한 설문조사 및 사례조사를 실시하기로 하였다. 이후 조사결과를 바탕으로 헌법소원 등 소송지원을 통해 개선을 모색할 계획임을 밝혔다. 내부적으로는 부당한 요구에 적법하게 대응할 수 있도록 매뉴얼화하여 연수에 활용하는 방안도 강구되고 있

(3) 참여권의 제한

(가) 형사소송법은 검사 또는 사법경찰관은 **정당한 사유가 있는 때에는 변호인참여권을 제한**할 수 있다고 규정하고 있다(법 제243조의2 제1항 반대해석).

(나) 참여권제한의 정당한 사유에 대한 해석과 관련하여 수사기관은 수사방해, 수사기밀누설 및 증거인멸의 위험을 예로 들고 있으나,[23] 법에는 없는 세밀한 제한사유이다. 과연 무엇이 변호인의 참여를 제한할 정당한 사유인지 명확한 입법이 시급하지 않을 수 없다.

(다) 그렇다면 수사방해(搜査妨害)로 보아 참여를 제한할 수 있는 경우로 해석될 수 있는 경우는 무엇일까.

이 점에 관하여, 하위 규정인 검찰사건사무규칙은 형사소송법 규정을 다음과 같이 구체화하고 있다.

> 검찰사건사무규칙 제9조의2(변호인의 피의자신문 참여) ①「형사소송법」제243조의2 제1항의 **"정당한 사유"란 변호인의 참여로 인하여 신문 방해, 수사기밀 누설 등 수사에 현저한 지장을 초래할 우려가 있다고 인정되는 경우**를 말한다.
> ② 검사는「형사소송법」제243조의2 제1항의 신청이 있는 경우 신청인에게 변호인 참여 전에 변호인선임에 관한 서면을 제출하도록 하여야 한다.
> ③ 제2항의 변호인 참여 신청이 있는 경우에도 변호인이 상당한 시간 내에 출석하지 아니하거나 출석할 수 없는 경우에는 변호인의 참여 없이 피의자를 신문할 수 있다.
> ④ 검사는 변호인의 참여로 인하여 다음 각 호의 어느 하나의 사유가 발생하여 신문 방해, 수사기밀 누설 등 수사에 현저한 지장을 초래하는 경우에는 피의자신문 중이라도 변호인의 참여를 제한할 수 있다.
> 1. 검사의 승인 없이 부당하게 신문에 개입하거나 모욕적인 언동 등을 행하는 경우
> 2. 피의자를 대신하여 답변하거나 특정한 답변 또는 진술 번복을 유도하는 경우
> 3.「형사소송법」제243조의2 제3항 단서에 반하여 부당하게 이의를 제기하는 경우
> 4. 피의자신문내용을 촬영·녹음·기록하는 경우. 다만, 기록의 경우 피의자에 대한 법적 조언을 위해 변호인이 기억환기용으로 간략히 메모를 하는 것은 제외한다.

위 규칙에 따를 때 변호인이 검사의 승인 없이 부당하게 신문에 개입하거나 모욕적인 언동을 행하는 경우, 피의자를 대신해 답변하거나 특정한 답변 또는 진

다(대한변협신문, 기사, "변협, 변호인참여권 개선 나선다", 2014. 4. 20.자 5면 참조).

23) 이재상, 형사소송법, 제9판, 박영사, 2012, 149면.

술 번복을 유도하는 경우 등 수사에 현저한 지장을 초래할 우려가 있는 '정당한 사유'가 있을 시에는 변호인의 참여를 제한할 수 있도록 규정하고 있는데, 이는 수사기관의 자의적 판단으로 변호인 참여권을 폭넓게 제한할 가능성을 열어두고 있는 것으로써, 변호인의 참여권을 보장한다는 법률취지를 형해화시킨다는 비판이 있다.[24)]

따라서 참여를 제한하는 정당한 사유가 되기 위해서는 변호인이 신문을 방해하거나 수사기밀을 누설할 염려가 있음이 **객관적으로 명백한 경우**를 말하는 것으로 해석하여야 한다. 단순히 수사기관이 변호인에게 멀찌감치 떨어져 앉으라고 지시하였음에도 따르지 않았다는 사정만으로는 참여를 제한할 정당한 사유가 된다고 할 수 없다.[25)] 또 전술하였듯이 참여한 변호인이 피의자에게 단순히 진술거부권을 행사하도록 하는 것은 정당한 변호권의 행사이므로 설령 수사가 저해되는 측면이 있더라도 이것을 이유로 참여권을 제한할 수는 없다고 할 것이다.

(라) 한편, 법무부 형사소송법개정시안에서는 수사기밀누설 우려 이외에도 죄증인멸·은닉·조작·조작된 증거를 사용할 염려가 있는 경우도 증거인멸의 위험으로 변호인의 참여권을 제한할 수 있는 경우라고 보고 있으나,[26)] 변호인의 피의자신문참여권의 실질적 보장을 고려한다면 증거인멸의 위험까지 제한사유로 두는 것은 타당하지 않다고 본다. 자칫 피의자에게 일부 질문에 대한 진술거부를 권유하는 것조차 얼마든지 보기에 따라서는 증거인멸 위험으로 볼 수 있는 등 수사현장에서 자의적으로 확대운용 될 수 있기 때문이다.

(마) 검사 또는 사법경찰관이 변호인의 참여를 제한하거나 퇴거시킨 경우 그 처분에 대해 준항고로 다툴 수 있고(법 제417조), 변호인의 참여권을 침해하여 작성된 신문조서는 당연히 위법수집증거로서 증거능력이 부정될 것이다. 예방적 관점에서 보면, 장래에는 각급 경찰서에 변호사 자격 있는 자를 법무담당관으로 임명하여 신문과정 중 참여 변호인이 정당한 참여를 하고 있고 정당한 이의를 하는 것에 불과한데도 퇴실을 명하는 경우와 같이 위법한 신문이 강행될 경우 불법성을 즉각 판단하고 시정하는 방식도 고려해 볼 필요가 있다.

(바) 개정 형사소송법 시행 초기인 2008년 상반기 검찰자료를 보면, 검찰청 조사시 피의자를 위해 변호인이 신문참여를 신청한 건수는 전국 34개청에서 총 135건을 신청하였고, 고소인(피해자)를 위해 변호사가 신청한 건수는 11개청에서 총 15

---

24) 대한변협신문, 기사, "변호인 신문참여권, 실질화해야 한다", 2015. 5. 25.자

25) 대법원 2008. 9. 12, 선고 2008모793 결정.

26) 2004. 12. 15. 법무부 개정 형사소송법개정시안 제243조의2.

건을 신청하였다고 하며, 참여에 대해 제한한 건수는 적어도 검찰 수사와 관련해서는 없었다고 한다.[27]

반면 대한변호사협회는 2015. 6. 16.자로 위법한 피의자신문 참여배제사례[28]에 대한 성명서를 발표하면서 규탄하였다. 전문을 보면 아래와 같다.

성 명 서

–검찰의 위법적인 수갑 사용과 변호인의 변론권 침해 행위를 강력히 규탄한다–

대한변협은 최근 수원지방검찰청에서 발생한 검사의 위법적인 수갑 사용과 변호인의 변론권 침해 행위를 강력히 규탄하며, 이에 대해 깊은 유감을 표시한다.

2015. 5. 26. 수원지방검찰청의 모 검사는 피의자에게 수갑을 채운 상태에서 조사를 시작하였고, 피의자의 수갑을 풀고 조사를 진행해달라는 변호인의 요청에 대해 '인정신문은 조사가 아니다'라는 이유를 들어 거부하였다. 이에 대해 변호인이 피의자신문시에 계구 사용은 허용되지 않는다는 헌법재판소 결정을 들면서 거듭 수갑을 풀어달라고 요청하며 이의를 제기하자, 검사가 수사방해를 이유로 두 명의 수사관에게 변호인을 퇴거시키라고 지시하여 변호인은 강제로 끌려 나가는 과정에서 전치 2주의 상해를 입게 되었고, 심지어 이후 피의자가 변호인의 조력을 원한다는 의사를 밝혔음에도 검찰이 이를 무시하고 변호인이 동석하지 않은 상태에서 피의자신문을 진행한 충격적인 사건이 발생하였다.

피의자는 조사를 받는 과정에서 신체적으로나 심리적으로 위축되지 않은 상태에서 자기의 방어권을 충분히 행사할 수 있어야 하고, 헌법재판소도 2005. 5. 26. '검사가 피의자신문을 할 때에는 원칙적으로 계구를 사용하지 않아야 한다'라는 결정을 내려(2004헌마49 결정) 이점을 명확히 확인하였다. 나아가 헌법상 보장된 무죄추정의 원칙과 불구속 수사의 원칙을 지키기 위해서는 변호인의 변론권과 피의자신문 참여권이 최대한

27) 서울동부지방검찰청, 법학교수·검찰 실무연구회 발표자료, 2008. 6. 3, 170면.

28) 이 사건에 대한 준항고 결정에서, 수원지방법원은 검사가 변호사를 퇴거시킨 처분은 변호인의 피의자신문 참여권을 침해한 것으로 위법하다고 결정하였고, 변호인이 잠시 기다려 달라는 검사의 요청을 거부하고 15분간 계속 수갑해제를 요구한 것이 수사방해에 해당하기 때문에 3차례에 걸쳐 중단을 요구했으나 이를 듣지 않아 부득이하게 퇴실 조치했다는 검찰의 주장을 받아들이지 않았다(수원지방법원 2015. 7. 28, 선고 2015보6 준항고 인용결정).

보장되어야 한다.

그럼에도 불구하고 검찰은 피의자에게 위법적인 방법으로 수갑을 사용하여 피의자의 인권을 침해하였을 뿐만 아니라, 이에 항의하는 변호인을 강제로 끌어내고 상해까지 입히면서 피의자의 방어권과 변호인의 변론권을 중대하게 훼손하였다.

지난 해 검찰 수사 과정에서 스스로 목숨을 끊은 피의자가 22명에 달하는 등 피의자의 인권 보호에 중대한 문제가 있음에도 불구하고, 계속되는 검찰의 위법적인 수갑 사용 및 변호인의 변론권 무시행위는 변호인의 조력을 받을 권리 자체의 근간을 흔드는 것일 뿐만 아니라 피의자의 인권을 심각하게 침해하는 행위이다.

대한변협은 이번 사건의 경위에 대하여 그 진상을 밝히고 향후 유사한 사례가 재발하지 않도록 대책을 마련할 것을 검찰에 강력히 촉구하며, 이번 사태는 한 개인 변호사에 국한된 사건이 아니라 피의자의 인권 보호 및 변호인의 변론권이라는 헌법상의 원칙과도 직결되는 것이므로 이러한 사태의 중대성을 인식하여 향후 강력하게 대응할 것임을 밝힌다.

2015. 6. 16.

대한변호사협회

협회장 하 창 우

(4) 신문참여절차

피의자 등이 변호인의 피의자신문참여를 신청한 경우 수사기관은 사전에 신문기일과 장소를 변호인에게 통지해야 한다.[29]

신문에 참여한 변호인의 의견이 기재된 피의자신문조서는 변호인에게 열람케 한 후 변호인으로 하여금 그 조서에 서명날인 또는 서명하게 하여야 한다(법 제243조의2 제4항). 또한 수사기관은 변호인의 신문참여 및 그 제한에 관한 사항을 피의자신문조서에 기재하여야 한다(법 제243조의2 제5항). 참여한 변호인이 신문과정의 위법성에 항의하며 기명날인을 거부하거나 별도의 이의를 기재하고 기명날인한 경우라면 공판단계에서 이 조서는 임의성, 조서작성방식위배 등 취득방법의 위법성, 성립진정 등과 관련하여 증거능력을 상실할 가능성이 높아질 것이다. 반대로 참여한 변호인의 기명날인이 있고 이의내용이 별달리 기재되어 있지 않다면 이 조서는 공

29) 이재상, 형사소송법, 제9판, 박영사, 2013, 150면.

판단계에서 임의성과 성립인정, 작성방식의 적법성 단계를 쉽게 건너뛸 수 있을 것이다.

좌석의 배치와 관련하여, 실무상으로는 「대검찰청 변호인의 피의자신문참여 운영지침」 제5조에 따라 변호인의 좌석을 피의자의 옆이 아닌 후방의 적절한 위치에 마련하는 경우가 많으나, 이러한 좌석배치는 언제든 불리한 진술을 할 수 있는 피의자를 위하여 수시로 피의자와 상의하고 설명해줄 수 있도록 향후 피의자의 옆으로 바꾸어야만 제대로 된 도움을 줄 수 있다는 비판이 있다. 헌법재판소도 2004년 결정[30)]을 통해 불구속피의자나 피고인이 변호인을 옆에 두고 조언과 상담을 구하는 것은 수사절차의 개시에서부터 재판절차의 종료에 이르기까지 언제나 가능하다고 설시한 점을 근거로 들 수 있다.[31)]

(5) 종래 변호사들의 인식 및 개선점

과거 다수의 변호사들이 피의자조사가 임박할 때 애호하던 변론방식은 피의자에 대한 조사 또는 수사 일정을 파악한 후 담당검사를 방문하여 변호인의견서를 전달하고 구술변론을 하고 돌아오는 것이었다. 따라서 경찰 수사단계에는 피의자신문은 피의자 혼자 받고 오는 것이 일상이었고, 형사소송법 개정 이후에도 여전히 흔한 모습이다.[32)]

이러한 이유로 수사기관에서 피의자는 고립된 상태로 법적 조언을 듣지 못하고 진술해 왔고, 그마저도 진술한 대로 정확하게 조서에 기재되는 것이 아니라 수사관에 의해 취지가 요약·왜곡 정리되어 기재되었던 것이어서, 이용훈 전 대법원장이 왜 "검찰이 밀실에서 받아놓은 조서는 …(중략) 검찰의 수사기록을 던져버려야 한다"고 말하였는지[33)] 수긍할 점이 있고, 2007년 개정 형사소송법에는 피의자의 절차적 권리보장과 관련하여 핵심요소인 변호인의 피의자신문참여권이 명문으로 규정되기에 이르렀다. **이제 이론상으로는 밀실에서 받는 조서가 아니다.** 적어도

30) 헌법재판소 2004. 9. 23, 선고 2000헌마138 결정.
31) 대한변협신문, 기사, "변호인 신문참여권, 실질화해야 한다", 2015. 5. 25.자
32) 개정 형사소송법 시행 이후인 2011년 전체 형사사건에서 변호인이 피의자신문과정에 참여한 비율은 0.17%이었고, 2010년에는 더 적은 0.11%에 불과했던 점을 보면 알 수 있다{김민지, "한국형 미란다 경고의 문제점과 개선 방안", 「형사정책연구」 23권 3호(통권 제91호), 한국형사정책연구원, 2012, 77면; 법률신문, 기사, "피의자 신문과정 변호인 참여 전체사건의 1%도 안 된다", 2012. 4. 20.자; 법률신문, 기사, "'피의자 신문에 변호인 참여' 허울 뿐", 2012. 12. 7.자 참조}.
33) 연합뉴스, 기사, "이용훈 대법원장 '발언파문' 사과(종합)", 2006. 9. 26.자 참조; YTN, 뉴스, "대법원장 '발언 파문' 사과…법조 갈등 일단 봉합", 2006. 9. 26. 17:03; 국민일보, 기사, "대법원장 발언에 검찰이 발끈한 까닭은", 2006. 9. 21.자

변호인이 동석할 수 있기 때문이다.

제도의 기본취지가 피의자신문시 방어권을 보충하는 점이라는 것을 감안하면 **변호인들의 적극적 참여가 필요**하지 않을 수 없고, 변호인의 정당한 참여가 제한되지 않도록 수사실무상 배제기준을 명확히 세밀하게 입법하여야 한다.[34]

다. 변호인의 기록열람 · 등사권

(1) 중 요 성

수사기관은 고소, 인지 등 수사의 단서를 접한 순간으로부터 피의자조사, 참고인조사, 압수·수색·검증 등 수사과정을 거치면서 범죄혐의를 입증하는데 필요한 증거를 다수 보관·소지하고 있는 반면, 피의자는 자신의 혐의가 구체적으로 무엇이며 그에 대한 증거로 수사기관이 어떠한 증거를 보유하고 있는지 알지 못한 채 수사를 받고, 일방적으로 기습 기소를 당하게 되는 것이 수사현실이다. 이는 명백히 **무기대등**(武器對等)의 원칙에 반하고, 변호인의 실질적 조력을 받을 권리에도 반하는 것이다.

따라서 형사소송법은 수사단계의 기록열람·등사권 및 소송계속 중 기록열람·등사권을 보장함으로써 무기대등의 원칙을 실현하고, 나아가 변호인의 충분한 조력을 받도록 규정하고 있다. 요컨대 **기록 열람·등사권 보장은 방어권의 전제조건**이라 할 것이다.[35]

(2) 수사단계의 열람 · 등사

(가) 원칙적 허용

수사단계에서 원칙적으로 피의자 또는 변호인의 열람·등사권은 보장되나, 수사보안 및 피해자보호 등의 사유로 거부되거나 제한되는 경우가 있다.

사건관계인(피고인, 피의자, 변호인, 보조인, 법인인 피고인 또는 피의자의 대표자·특별대리인, 피진정인, 피내사자, 신청사유를 소명한 고소인·고발인·진정인 또는 피해자) 또는 참고인은 수사 중인 기록, 진정·내사중인 기록, 불기소기록(기소중지·참고인중지기록, 항고·재항고기록을 포함한다), 종결된 진정·내사 기록 중 본인진술서류 및 본인 제출 서류의 전부 또는 일부에 대하여 검찰에 열람·등사를 신청할 수 있다(사건기록 열람·등사에 관한 업무처리 지침 제3조 제1항, 제2조 제1호. **불기소기록에 대해서는 검찰보존사무규칙 제20조의2**).

---

34) 同旨 대한변협신문, 사설, "변호인의 피의자신문참여권 보장돼야", 2015. 5. 25.자

35) 同旨 김희균, "형사사법제도의 변천과 인권－당사자주의의 확립－", 「법과 사회」 34권, 법과사회이론학회, 2008, 248면.

피고소인·피고발인 또는 변호인은 필요한 사유를 소명하고 고소·고발장의 열람·등사를 신청할 수 있으나, 고소·고발장에 첨부된 제출서류는 제외한다(사건기록 열람·등사에 관한 업무처리 지침 제3조 제3항).

검사는 위와 같은 청구가 있는 경우에는 신속하게 허가 여부를 결정하여야 하고, 결정을 함에 있어 필요하다고 인정하는 경우에는 청구인에게 정당한 사유가 있음을 소명하는 자료의 제출을 요구할 수 있다. 검사는 청구의 전부나 일부를 허가하지 아니하는 경우에는 청구인에게 불기소사건기록 등 열람·등사 불허가통지서에 그 이유를 명시하여 통지하여야 한다(검찰보존사무규칙 제21조).

(나) 예외적 불허

검사는 검찰보존사무규칙 제20조의2에 따른 불기소사건기록 등의 열람·등사 신청에 대하여, ① 기록의 공개로 인하여 국가의 안전보장, 선량한 풍속 그 밖의 공공의 질서유지나 공공복리를 현저히 해칠 우려가 있는 경우, ② 기록의 공개로 인하여 사건관계인의 명예나 사생활의 비밀 또는 생명·신체의 안전이나 생활의 평온을 현저히 해칠 우려가 있는 경우, ③ 기록의 공개로 인하여 공범관계에 있는 자 등의 증거인멸 또는 도주를 용이하게 하거나 관련 사건의 수사 또는 재판에 중대한 장애를 가져올 우려가 있는 경우, ④ 기록의 공개로 인하여 비밀로 보존하여야 할 수사방법상의 기밀이 누설되거나 불필요한 새로운 분쟁이 야기될 우려가 있는 경우, ⑤ 그 밖에 기록을 공개함이 적합하지 아니하다고 인정되는 현저한 사유가 있는 경우 기록의 열람·등사를 제한할 수 있다(**검찰보존사무규칙** 제22조).[36] 또 성폭법, 아청법 등 다른 법률에 의하여 공개가 금지되는 사항에 대하여는 열람·등사를 신청할 수 없고, 검사도 허가할 수 없다(사건기록 열람·등사에 관한 업무처리 지침 제8조).

(다) 체포 · 구속적부심

체포·구속적부심이 청구된 경우 수사기관은 피의자의 변호인에게 **수사기록 중 고소장과 피의자신문조서**의 열람·등사를 허용하여야 하며,[37] 담당검사는 피의자 또는 피고인이 체포·구속적부심사 또는 보석을 청구하여 법원으로부터 수사기

36) 최근 서울행정법원은, 검찰보존사무규칙은 법률상의 위임근거가 없는 행정기관 내부의 사무처리 준칙으로서 행정규칙에 불과하므로, 검사는 동 규칙을 근거로 불기소사건기록 열람·등사 신청을 불허할 수 없다고 판단하여 향후 대법원의 태도가 주목된다(서울행정법원 2015. 3. 26, 선고 2014구합69099 판결). 그렇다면, 이제 법규적 효력이 없는 검찰보존사무규칙은 적어도 열람·등사를 거부할 수 있는 근거로서는 무용지물이 될 것이고, 다만, 정보공개법 제9조 제1항 제4호에 따라 '공개될 경우 범죄수사에 관한 직무수행을 현저히 곤란하게 하는 경우'에 해당할 때에만 거부할 수 있게 될 것이다. 대법원의 최종 판단이 중요하다고 할 것이다.

37) 헌법재판소 2003. 3. 27, 선고 2000헌마474 결정.

록송부요청을 받은 때에는 지체 없이 수사기록을 법원에 송부하여야 하고, 변호인은 수사기록송부가 법원에 완료된 사실을 확인 후 법원에 열람·등사를 신청하여도 된다(사건기록 열람·등사에 관한 업무처리 지침 제10조).

(라) 열람·등사의 실무절차

구체적 절차에 대해서는 **사건기록 열람·등사에 관한 업무처리 지침**에서 규정하고 있다.

① 기록 열람·등사의 신청은 **민원사무담당직원**이 이를 접수하고, ② 민원사무담당직원은 신청서를 접수한 때에는 즉시 사건기록 열람·등사 신청 및 처리부에 이를 기재한 다음 **기록 열람·등사사무담당직원**에게 신청서를 인계한다. 다만, 신청범위 및 사유가 특정되어 있지 아니한 때에는 그 특정을 요구하여야 하며, 신청범위 특정은 등사문서지정서에 의하여 그 특정을 요구할 수 있다. ③ 기록 열람·등사사무담당직원은 열람·등사 신청의 범위 및 사유를 **담당검사**에게 즉시 보고하고 열람·등사의 허가여부의 결정을 받아야 하고, 검사는 불허가할 경우 그 이유를 명시하여야 한다. ④ 담당검사가 등사를 허가한 때에는 **기록 열람·등사사무담당직원**은 허가된 부분을 직접 등사하여야 하고, ⑤ 기록 열람·등사사무담당직원은 열람·등사가 완료된 때에는 신청서와 등사서류를 **민원사무담당직원**에게 인계한다. ⑥ 민원사무담당직원은 **신청인**에게 기록을 열람하게 하거나, 등사서류를 교부하는 경우에는 처리부에 처분내용을 기재하고 신청인의 서명 또는 날인을 받아야 한다. ⑦ 민원사무담당직원 또는 기록 열람·등사사무담당직원은 열람·등사 업무의 처리가 지연된 경우 또는 신청인이 등사서류 등의 수령을 지체한 경우에는 사건기록열람·등사 신청서의 비고란에 그 사유를 기재하여야 한다(동 지침 제13조).

(3) 공소제기 후 열람·등사

(가) 검사가 보관하고 있는 서류 등의 열람·등사

1) 검사는 공소제기시 공소장만 법원에 제출하고 증거기록은 증거조사 과정에서 제출한다. 공소장일본주의 때문이다. 따라서 변론을 위해서는 **검사가 공소제기시 법원에 제출하지 않은 증거기록 또는 수사기록을 열람하기 위하여 별도의 규정**이 필요하다. 바로 **형사소송법 제266조의3 내지 4**가 2007년 신설된 조문이다.[38][39]

38) 이 조문이 신설되기 전에는 형사소송법 제35조에 의해 공소제기 후 검사가 보관하고 있는 서류 등에 대해 열람·등사가 허용되는지 견해가 대립되고 있었으나, 피고인의 방어권과 실질적 당사자주의 실현, 검사의 공익적 지위, 형사소송법 제35조가 보관 장소에 대해 제한을 두지 않은 점, 공소장일본주의의 도입취지가 피고인 및 변호인의 열람·등사를 제한하기 위해 도입된 것이 아닌

이에 따라 피고인 또는 변호인은 공소제기 후 검사가 보관하고 있는 서류 등의 증거개시를 신청하고, 검사가 이를 거절하는 때에는 법원에 불복을 신청할 수 있다.

2) 피고인과 변호인은 검사에게 공소 제기된 사건에 관한 서류 또는 물건의 목록과 공소사실의 인정 또는 양형에 영향을 미칠 수 있는 서류 등[40]의 열람·등사 또는 서면의 교부를 신청할 수 있다(법 제266조의3 제1항).[41] 열람·등사를 신청할 수 있는 서류 등에는 도면·사진·녹음테이프·비디오테이프·컴퓨터용 디스크, 그 밖에 정보를 담기 위하여 만들어진 물건으로서 문서가 아닌 특수매체를 포함한다(법 제266조의3 제6항). 피고인에게 변호인이 있는 경우에는 피고인은 열람만을 신청할 수 있고 등사 신청은 불가하다(법 제266조의3 제1항 단서).

3) 신청을 받은 검사는 국가안보, 증인보호의 필요성, 증거인멸의 염려, 관련 사건의 수사에 장애를 가져올 것으로 예상되는 구체적인 사유 등 열람·등사 또는 서면의 교부를 허용하지 아니할 상당한 이유가 있다고 인정하는 때에는 열람·등사 또는 서면의 교부를 거부하거나 그 범위를 제한할 수 있고, 검사는 열람·등사 또는 서면의 교부를 거부하거나 그 범위를 제한하는 때에는 지체 없이 그 이유를 서면으로 통지하여야 하고, 거부 또는 제한을 하는 경우라도 서류 등의 목록에 대하여는 열람·등사를 거부할 수 없다(법 제266조의3 제2항, 제3항, 제5항).[42]

4) 피고인 또는 변호인은 검사가 서류 등의 열람·등사 또는 서면의 교부를

점 등을 이유로 제35조로도 당연히 허용된다고 보았다(이재상, 형사소송법, 제9판, 박영사, 2013, 152면).

39) 그러나 이 신설조문에 대하여, 김희균, "형사사법제도의 변천과 인권－당사자주의의 확립－", 「법과 사회」 34권, 법과사회이론학회, 2008, 248면에서는, 공소제기 전 **수사단계에서의 증거개시가 규정되어 있지 않은 점은 여전히 아쉽고, 또 증거개시의 예외 사유가 너무 포괄적**으로 규정된 점도 문제라고 보고 있다. 타당한 지적이다. 김희균 교수는, 유럽과 국제형사재판소의 증거개시 규정 등 증거개시는 이미 국제규범이 되었으므로 더 확대하여야 한다는 주장도 덧붙이고 있다.

40) 1호 내지 4호에서 규정하고 있다.

1. 검사가 증거로 신청할 서류 등, 2. 검사가 증인으로 신청할 사람의 성명·사건과의 관계 등을 기재한 서면 또는 그 사람이 공판기일 전에 행한 진술을 기재한 서류 등, 3. 제1호 또는 제2호의 서면 또는 서류 등의 증명력과 관련된 서류 등, 4. 피고인 또는 변호인이 행한 법률상·사실상 주장과 관련된 서류 등(관련 형사재판확정기록, 불기소처분기록 등을 포함한다).

41) 공판준비 또는 공판기일과 관련하여서도 비슷한 취지의 규정이 있다. 검사, 피고인 또는 변호인은 공판준비 또는 공판기일에서 법원의 허가를 얻어 구두로 상대방에게 법 제266조의3·제266조의11에 따른 서류 등의 열람 또는 등사를 신청할 수 있다(규칙 제123조의5 제1항). 상대방이 거부하거나 그 범위를 제한한 때에는 법원은 열람 또는 등사를 명하는 결정을 할 수 있고(동조 제2항), 이 경우의 신청과 결정은 공판준비 또는 공판조서에 기재하여야 한다(동조 제3항).

42) 이재상, 형사소송법, 제9판, 박영사, 2013, 153면에서는, 이 부분을 두고 증거개시제도의 실효성을 확보하기 위한 것이라고 본다. 타당한 지적이다. 검사의 등사 거부 시 법원에 열람·등사의 허용을 구하는 신청을 하게 될 것인데, 적어도 서류 등의 목록을 봐야 무슨 서류에 대해 열람·등사를 거부하였는지를 알 수 있기 때문이다.

거부하거나 그 범위를 제한한 때에는, 법원에 그 서류 등의 열람·등사 또는 서면의 교부를 허용하도록 할 것을 신청할 수 있고(법 제266조의4 제1항), 또한 검사가 신청을 받은 때부터 48시간 이내에 그 거부나 범위 제한에 대한 서면 통지를 하지 아니하는 때에도 같은 신청을 법원에 할 수 있다(법 제266조의3 제3항, 제4항).

법원은 이 같은 신청이 있는 때에는 열람·등사 또는 서면의 교부를 허용하는 경우에 생길 폐해의 유형·정도, 피고인의 방어 또는 재판의 신속한 진행을 위한 필요성 및 해당 서류 등의 중요성 등을 고려하여 검사에게 열람·등사 또는 서면의 교부를 허용할 것을 명할 수 있고, 이 경우 열람 또는 등사의 시기·방법을 지정하거나 조건·의무를 부과할 수 있다(법 제266조의4 제2항). 법원은 허용하는 결정을 하는 때에는 검사에게 의견을 제시할 수 있는 기회를 부여하여야 하고(법 제266조의4 제3항), 필요하다고 인정하는 때에는 검사에게 해당 서류 등의 제시를 요구할 수 있고, 피고인이나 그 밖의 이해관계인을 심문할 수 있다(법 제266조의4 제5항). 만약 **검사가 이 같은 열람·등사 또는 서면의 교부에 관한 법원의 결정을 지체 없이 이행하지 아니하는 때에는 해당 증인 및 서류 등에 대한 증거신청을 할 수 없다**(법 제266조의4 제5항).

5) 법문 및 최근 판례에서 보듯이 **법원의 증거개시결정이 도입된 점과 검사가 법원의 명령에 불응할 경우 국가배상책임을 지며,**[43] **검사의 해당 증거신청이 불허되는 내용이 신설된 것은 대단한 진전**이라 하겠다. 형사소송법 제266조의3 및 제266조의4는 그간의 다툼(공소제기 후 검사가 보관중인 서류 등에 대해 열람·등사가 허용되는지, 그 법적 근거는 무엇인지)에 대해 명확히 해결한 훌륭한 입법이고, 또 검사가 자의적으로 열람·등사를 거부할 수 없도록 심리적 압박을 가한 것은 사실이다. 무턱대고 열람·등사를 거부한들 피고인과 변호인은 법원에 증거개시에 대한 결정을 내려달라고 신청할 수 있고, 법원이 허용하는 결정을 내릴 경우 따르지 않을 수 없기 때문이다. 따르지 않을 경우 유죄의 증거로 제출할 수 없는 불이익을 감수해야 한다.

다만, 미국과 같이 증거개시의무 위배시 무죄선고가 가능하도록 강력한 제재규정이 없는 점은 아쉽다.

미국 연방대법원은 Brady v. Maryland, 373 U.S. 83(1963) 판결에서, 검사는

43) 검사가 법원의 위와 같은 열람·등사 허용명령(증거개시결정)을 따르지 않을 경우 위법하여 국가는 배상책임을 지게 된다. 검사의 당사자로서의 지위를 강조하면 검사에게 증거제출 의무를 인정하기 곤란하겠지만, 검사는 준사법기관으로서 객관의무를 지니므로 피고인에게 유리한 증거도 제출할 의무를 부담한다. 따라서 법원의 증거개시결정에도 불구하고 피고인에게 유리한 증거를 개시하지 않은 검사의 조치는 위법한 것이다(대법원 2012. 11. 15, 선고 2011다48452 판결).

피고인에게 무죄를 입증할 수 있는 증거(exculpatory evidence)를 제공하여 주어야 한다고 판시하였고, 검사는 피고인이 공판정에 제출된 물적 증거를 활용하여 공판을 준비할 수 있는 기회를 주어야 하며, 만약 검사가 피고인에게 유리한 증거인 보고서 및 진술서를 제출하지 않은 경우 피고인에 대한 유죄 선고 후라 하더라도 이 사유로 재심절차 등에서 피고인은 무죄를 선고받게 된다고 보았다.[44]

위와 같은 입법례를 가진 나라에 비해서 우리나라는 무죄를 입증할 수 있는 검사의 소지증거를 제출받기 어려울 뿐만 아니라 제출치 않을 경우 고작해야 그 증거(개시에 불응한 해당 증거)를 신청하지 못하거나 사후 국가배상청구를 할 수 있다는 것에 불과하여 **사실상 검사에게 실질적 불이익을 줄 수 없고**, 또 유죄확정판결 후 재심으로 다투고자 하더라도 실무상 쉽지 않다. 명백한 신규증거가 없을 경우 재심개시결정이 나기도 어렵고, 재심절차가 개시되었다 하더라도 유죄 확정된 형사재판에 무슨 증거(유죄입증의 증거)가 제출되었는지는 알 수 있으나 검사의 수중에 피고인에게 유리한 수사서류로 어떤 것이 남아 있었는지 알기가 쉽지 않아 **종국에는 재심청구가 기각당할 확률이 높으며**, 검사가 재심법원의 제출명령을 이행하지 않는다 하여 그것만으로 바로 재심이 인용되어 확정판결이 취소된다는 규정도 존재하지 않으므로 여러모로 미국보다 그 힘이 약하기 그지없다.

6) 다음으로 아쉬운 점은 바로 피해자의 인적사항과 참고인진술조서 등에 대한 열람·등사 문제이다.

형사소송법 제266조의3 제1항 제2호만을 놓고 본다면, 열람·등사를 신청할 수 있는 서류 등에 피해자의 인적사항과 진술기재서면이 포함되는 것으로 보인다. 그런데 피해자의 인적사항과 주소, 진술기재서면 속의 상세한 인적사항이 노출될 경우 보복 또는 진술번복의 목적으로 사용될 수 있고, 충분히 그런 예들도 있었다. 이에 아청법 제31조 제1항(비밀누설금지),[45] 성폭법 제24조 제1항(피해자의 신원과 사생활 비밀누설금지)에서 수사 또는 재판공무원에게 피해자의 인적사항 등에 대해 누설을 금지하기에 이르렀다. 이러한 **특별법상의 누설금지 규정으로 인해 피고인의 형사**

---

44) 박용철, "미국의 형사법 연구의 쟁점과 동향–2007년~2010년 미국 연방 대법원 판례를 중심으로–", 「비교형사법연구」 14권 1호, 한국비교형사법학회, 2012, 254–255면 참조.

45) 아청법 제31조(비밀누설금지) ① 아동·청소년대상 성범죄의 수사 또는 재판을 담당하거나 이에 관여하는 공무원 또는 그 직에 있었던 사람은 피해아동·청소년 또는 대상아동·청소년의 주소·성명·연령·학교 또는 직업·용모 등 그 아동·청소년을 특정할 수 있는 인적사항이나 사진 등 또는 그 아동·청소년의 사생활에 관한 비밀을 공개하거나 타인에게 누설하여서는 아니 된다.

성폭법 제24조의 규정도 같은 취지이다. 다만 다른 사람에게 누설하여서는 아니 된다는 표현상 차이일 뿐이다.

소송법상 열람·등사권과 충돌하는 모양새를 띠게 되었다.

일반법과 특별법의 관계에서는 특별법이 우선하므로 피고인 및 변호인의 열람·등사 신청에 대해 검사는 기록 전부를 곧바로 허용할 수 없고, 인적사항이 누설될 염려가 없는 방식의 열람·등사만을 허가할 것이다. 실무상으로는 전체기록 등사 후 피해자 인적사항을 제거한 후 기록을 넘겨주고 있다.

이러한 등사 현실에 대해, 법무부는 서울중앙지방법원의 실례를 들면서, 피해자의 인적사항 미제공으로 인한 피고인의 방어권 행사에 큰 지장을 초래하는 경우가 많지 않은 반면, 인적사항의 제공으로 인한 피해자의 신변 안전에 대한 위협이나 2차적 피해가 보다 빈번히 발생할 우려가 있어, 종래에는 피고인이나 가족에게 함부로 인적사항을 제공하지 않고 합의, 공탁 목적으로만 사용할 것을 다짐하는 서면을 제출받은 것을 전제로 변호인에게는 열람을 허용하다가 2010. 10. 이후부터는 참여관 또는 법원조사관을 통하여 피해자의 의사를 확인하여 처리하고 있고 공개를 거부할 경우 공개하지 않는다고 소개하였다.[46]

그러나 이 같은 열람·등사의 제한은 피고인 및 변호인의 방어권에 큰 지장을 초래하지 않는 경우가 아니다. 합의 또는 공탁을 통해 피해의 전부 또는 일부를 회복시키는 것이 개인적 법익침해군에 속하는 범죄의 양형에서는 가장 크게 작용할 수도 있기 때문이다. 따라서 장차 공탁을 위한 목적이 분명하고 변호인에 한해 인적사항에 대한 열람·등사를 허용하고, 만약 다른 목적으로 피고인에게 누설 시 변호인이 징계를 받는 방법으로 일단 열람·등사는 허용하여야 할 것으로 본다.[47]

(나) 법원이 보관하고 있는 서류 등의 열람·등사

1) 피고인과 변호인은 소송계속 중의 관계서류 또는 증거물을 열람하거나 등사할 수 있다. 피고인의 법정대리인, 특별대리인, 보조인 또는 피고인의 배우자·직계친족·형제자매로서 피고인의 위임장 및 신분관계를 증명하는 문서를 제출한 자도 같다(법 제35조).

피고인 및 변호인은 각 회 차 공판조서 및 첨부 증인신문조서, 피고인신문조서에 대해서도 등사할 수 있다(법 제55조 제1항).

2) **실무상 문제점으로는, 공판진행 중 공판조서 및 증인신문조서의 열람·등**

46) 법무부, 법률조력인 업무 매뉴얼, 2012, 36면.

47) 대법원은 2015. 7.부터 피해자를 위한 공탁제도를 시행한다고 밝혔고, 이 제도의 취지는 피해자의 인적사항을 기재하지 않고 형사재판사건의 사건번호만을 쓴 후 해당사건의 피해자를 피공탁자로 특정하면 피해변제금으로 인정하겠다는 것이다. 현재 공탁계에서는 구체적 하위규칙이 내려온 것이 없어 세부지침을 기다리고 있다는 답변이 있었다.

사를 신청할 경우 **즉각 등사가 되지 않는다**는 것이다.

실무상으로는 공판조서의 작성이 덜 되었다거나, 공판조서에 재판장의 날인이 되지 않았다거나, 차회 증인신문이 남았다는 이유를 들거나, 사건의 특수성으로 인해 재판장이 고민 중이라거나, 판사가 기록을 보고 있다거나 하는 각종 핑계를 대며 1~2주 이상 보류하는 경우가 많다.

그러나 이는 다음과 같은 현행법 규정에 위배된 관행이고, 위법하다.

가) 형사소송법은 공판기일의 소송절차에 관하여는 참여한 법원사무관 등이 공판조서를 작성하여야 하고(법 제51조 제1항), 공판조서에는 제51조 제2항에 규정된 사항과 모든 소송절차를 기재하여야 하며, 재판장과 참여한 법원사무관 등이 기명날인 또는 서명하여야 하고(법 제53조 제1항), 재판장이 기명날인 또는 서명할 수 없는 때에는 다른 법관이 그 사유를 부기하고 기명날인 또는 서명하여야 하며 법관 전원이 기명날인 또는 서명할 수 없는 때에는 참여한 법원사무관 등이 그 사유를 부기하고 기명날인 또는 서명하여야 하며(법 제53조 제2항), 법원사무관 등이 기명날인 또는 서명할 수 없는 때에는 재판장 또는 다른 법관이 그 사유를 부기하고 기명날인 또는 서명하여야 한다(법 제53조 제3항)고 규정하고 있다. 또한 공판조서는 각 공판기일 후 신속히 정리하여야 하며(법 제54조 제1항), 다음 회 공판기일에는 전회의 공판심리에 관한 주요사항의 요지를 공판조서에 의하여 고지하여야 하되, 다음 회의 공판기일까지 전회의 공판조서가 정리되지 아니한 때에는 조서에 의하지 아니하고 고지할 수 있고(법 제54조 제2항), 검사·피고인 또는 변호인은 공판조서의 기재에 대하여 변경을 청구하거나 이의를 제기할 수 있으며(법 제54조 제3항), 청구나 이의에 대해 재판장은 그 취지와 자신의 의견을 기재한 조서를 당해 공판조서에 첨부하여야 한다(법 제54조 제4항). 피고인은 **공판조서의 열람 또는 등사를 청구할 수 있고, 응하지 않은 때에는 그 공판조서는 증거로 할 수 없기까지 하다**(법 제55조).[48)]

위 규정들을 보면, 적어도 차회 공판기일까지는 전회의 공판조서가 정리되어야 하며, 신속히 정리하라고 하였으므로 더 빨리 되어야 하는 것으로 해석하는 것이 오히려 자연스럽다. 만약 늦게 정리되더라도 차회 기일을 넘겼다면 즉시 밀린 전전회의 것은 정리되어야 하는 것이 맞다.[49)] 법관은 정당한 이유 없이 공판조서

---

48) 그러나 실무상으로는 변론종결 전까지 열람·등사가 허용되었고 방어권 침해가 엿보이지 아니하다면(실제 열람·등사를 한 날로부터 변론종결일 사이 상당한 기간이 있었을 경우), 위법하지 않고 공판조서는 증거로 삼을 수 있다고 보고 있다(대법원 2007. 7. 26, 선고 2007도3906 판결 참조).

49) 불구속 사건의 경우에는 다음 회 공판이 3-4주가량 후로 잡히는 경우가 많다는 점을 감안하면, 차회 공판기일까지의 시간은 이미 충분하다. 그 날 즉시 또는 수일 내로 정리 못할 사정이 무엇이

정리가 미루어진 경우 이를 시정시켜야 할 것이다.

나) 공판조서가 제때 기재되지 않음으로 인해 변호인의 등사권이 허용되지 않을 경우 그 공판조서는 증거로 삼지 못하는데도, 공판조서를 제때 정리하지 않거나 열람·등사를 수차 불허함은 법의 명문규정에 반하는 처사이다. 또한 공판조서의 등사와 검토가 이루어져야 변호인과 피고인이 변경을 청구하거나 이의를 제기할 수 있을 것이어서 그 전제로서의 등사의 중요성은 두말할 나위가 없고, 등사가 제때 되지 아니하여 결심 이후 또는 선고 이후에나 잘못된 기재사실을 알게 된다면 변경의 청구나 이의도 제대로 할 수 없다. 심지어 공판조서의 제한 없는 증거능력(법 제311조)과 공판기일의 소송절차로서 공판조서에 기재된 것은 그 조서만으로 증명한다는 절대적 증명력(법 제56조)을 감안한다면 반드시 공판조서 및 증인신문조서는 제때 정리되어야 하며, 피고인 및 변호인이 제때 열람·등사할 수 있어야 할 것이다. 1심에서의 열람·등사가 늦게 허용되어 상소심에서 조서내용의 부정확성을 주장한다 하더라도 항소심은 그에 반한 사실판단을 할 수 없으므로, 피고인은 방어권을 침해당하였고, 변호인은 변론권을 침해당한 것이다.[50)]

다) 심지어 아래와 같은 방법으로 절차규정을 위반함으로써 열람·등사 신청에 대한 법원의 판단보류상태(부작위)가 대법원 검색란에 나타나지 조차 않아 위법한 관행을 통제할 길조차 없다.

즉, 변호사의 직원이 공판조서 및 증인신문조서 열람·등사 신청서를 작성하여 형사단독과(혹은 합의과) 접수처에 그것을 제출만 하면, 접수처에서 담당부에 신청서를 인계한 후 판사의 허가를 받아 해당부분을 등사하여 다시 형사단독과(혹은 합의과) 접수처로 등사된 기록이 내려와야 하고 그것을 신청인에게 교부하면 될 것이다.

그런데 실무상으로는 형사단독과(혹은 합의과) 접수처에 열람·등사 신청서를 제출하러 가면 법원에서는 연필로 날짜만 표시한 후 신청인에게 직접 담당부에 가서 열람·등사한 후 다시 오면 열람·등사 신청서를 접수받겠다고 한다. 신청인이 담당부의 실무관에게 가접수된 열람·등사 신청서를 제시하며 등사를 요청하면 실

있겠는가. 공판조서에 피고인과 변호인의 변론을 그대로 수용하는 것도 아니고, 보통 그 취지만 간략히 요약기재하고 있는 현실을 보면 더더욱 그러하다.

50) 심지어 늦게 정리되고 늦게 열람·등사되는 시기적 문제점과는 별도로 **내용적인 면에서도 공판조서 작성관행은 문제가 많다.** 공판조서 역시 수사조서와 마찬가지로 조서작성자의 판단이 개입되고 또한 법률용어가 사용됨으로써 있는 그대로의 사실 확인에 중대한 장애를 줄 수 있고, 원진술자의 진술 의미가 그대로 진술되지 않을 가능성이 높다는 견해로는 권오걸, "사실인정과 언어적 한계", 「형사정책연구」 24권 1호(통권 제93호), 한국형사정책연구원, 2013, 225-227면.

무관은 열람·등사 신청서가 정식으로 접수되지 않았다는 사정을 악용하여 위 여러 가지 핑계를 대며 기록을 내어주지 않는 경우가 많다. 그 같은 경우 변호사실 직원은 그 날 갖고 간 열람·등사 신청서를 그대로 갖고 돌아올 수밖에 없다. 그 경우 대법원 나의 사건검색란 사이트에는 변호사실 직원이 열람·등사 신청서를 제출한 사실이 드러나지 않는다.

그와 같이 보류 또는 사실상 반려로 변론에 충분히 지장을 받은 후 담당부에서 기록을 내어주면 간신히 열람·등사를 하고, 형사단독과(혹은 합의과) 접수처에 그 날 날짜로 된 열람·등사 신청서를 제출하고 돌아오게 된다. 대법원 '나의 사건검색 사이트'란[51]에는 마지막 날, 즉 실제로 등사가 허용된 날 변호인의 열람·등사 신청서가 법원에 제출된 것으로 기록된다.

결국 법원 직원의 임무태만과 공모공동의 변론방해증거는 남아 있지 않다. 최근 수사방해죄(넓게는 사법방해죄)를 신설해야 한다는 주장이 많다. 그것도 아무런 협조의무 없는 참고인의 거짓진술과 불출석에 맞서기 위해서 수사방해죄가 신설되어야 할 실정이라면, 오히려 위와 같은 정당한 변론권을 침해한 공무소의 부실행정을 대비해 변론방해죄를 신설함이 더 타당할지 모른다. **변호사의 변론권의 보호법익은 단순히 변호사의 영리사무가 아니다. 헌법상 피고인의 변호인조력권이라는 중대한 법익을 수호하기 위한 전제라고 봐야 한다.**

(4) 문제점 및 개선책

(가) **우선, 수사단계의 등사와 관련하여,** 1) 검찰에 기록 열람·등사를 신청할 경우 즉각 복사가 이루어지는 경우가 거의 없다. 일단 신청서를 민원공무원에게 제출하면 검사실에 알아보고 등사가 가능한 시간대를 통지해 줄 것이니 돌아가라고 하여 돌아오면, 하루나 이틀 또는 수일 이내에 검찰 민원실에서 복사가 가능하니 복사하러 언제 오라고 한다. 수사진행으로 인한 경우로서 어쩔 수 없는 경우도 있겠으나, 경우에 따라서는 단순히 기록을 찾아 즉각 꺼내어 주는 것이 어려운 등 담당검사실의 사정으로 등사가 지연되는 경우도 많다. 한시가 바쁠 수 있는 수사단계의 변호권에 사실상 제약이 되고(**등사 지연의 문제**),[52] 만약 영장실질심사 또는

51) http://www.scourt.go.kr/portal/information/events/search/search.jsp

52) 필자의 이 같은 비판이 2014년부터 있어오던 중 2015. 6. 11. 현재 규정보다 오히려 개선된 등사제도를 시행하고 있는 검찰청이 등장하였으므로 차차 이 부분 문제가 개선될 것으로 생각된다. 광주지검 순천지청은 근무시간 중 민원실을 방문하기 어려운 민원인을 위해 '사건기록 열람·등사 전화신청 예약제'를 2015. 5. 28.부터 시행하였는데, 이 제도는 민원인이 전화로 본인 진술이나 본인 제출 서류에 한해 기록 열람·등사를 신청하고, 퇴근시간 또는 휴일에 검찰청 당직실에서 등사본

구속적부심 일정이 눈앞에 있을 경우 이러한 문제는 더욱 심각하게 다가온다. 2) 이러한 등사 지연은 물론이고, 검찰보존사무규칙 제22조 각 호의 사유는 지나치게 추상적이고 포괄적이어서 언제든지 수사방해 등의 사유를 들어 등사를 거부할 수 있는 점, 실제 자신의 진술 이외에는 전혀 등사가 되지 아니하는 문제(**거부사유 및 등사 범위의 문제**)가 있고, 이에 대해 불복한다 한들 이미 시간이 경과한 후에는 불복의 실익이 없어진다는 점(**효과적 불복이 될 수 없음**), 3) 피고소인·피고발인 또는 변호인은 필요한 사유를 소명하고 고소·고발장의 열람·등사를 신청할 수 있으나, 고소·고발장에 첨부된 제출서류는 제외한다고 규정[53]되어 있는데, 실제 실무상 고소장 열람·등사는 거의 불가능하고 첨부서류는 아예 원천적으로 등사가 불허되도록 입법되어 방어권이 현저하게 위축된 점(**특히 고소사건의 경우 등사제외의 문제**), 4) 합의나 공탁을 위해 피해자 인적사항 열람·등사가 꼭 필요하나, 실제 성폭법, 아청법 등의 취지에 따라 등사가 거부되고 있는 사정(**피해변제의 어려움**), 5) 「사건기록 열람·등사에 관한 업무처리 지침」에 따르면, 신청인이 민원사무담당직원에게 열람·등사 신청서를 제출하면, 민원사무담당직원은 이를 기재하고 기록 열람·등사 신청직원에게 인계하고, 그 직원은 담당검사의 허가를 득한 후 해당부분에 대한 등사를 직접 한 후 등사본을 민원사무담당관에게 주면, 민원담당사무직원은 수령부에 수령케 한 후 등사된 기록을 내어주게끔 되어 있는데도(신청인 → 민원담당직원 → 열람·등사직원 → 검사 허가 후 열람·등사직원의 등사 → 민원담당직원 → 신청인에게 교부), 실무상 변호사의 직원이 위와 같은 절차를 밟을 경우 변호사의 직원이 열람·등사를 직접하고 이때 열람·등사직원은 등사 전후 지켜보며 기록의 파훼를 방지하는 정도의 일만 하고, 피해자의 인적사항 등을 칼로 제거하는 과정 및 천공을 하는 일련의 작업도 모두 변호사의 직원을 시키고 있다(**등사 절차 위배**). 만약 지침에 정해진 바와 같이 올바르게 절차가 진행된다면 변호인의 직원은 손쉽게 등사된 기록을 건네받아 찾아오기만 하면 되는 것으로 변론보조에 더욱 힘을 쓸 수 있을 것이다. 한 번 가면 여러 시간 지나서 돌아오는 일이 허다하며, 한 번 만에 등사가 허가되지 않았다며 다시 오라 하여 수차 검찰청 민원실을 방문하여 이제나 저제나 등사가 되

을 찾아가는 제도이다(법률신문, 기사, "기록 열람·등사 예약제 지난달 28일부터 실시 광주지검 순천지청", 2015. 6. 11, 8면 참조).

의정부지방검찰청은 이 제도를 2015. 3.부터 시행하였다. 통상의 열람·등사의 방법과 같이 처리부서는, 수사 중 기록은 사건과, 재판 중 기록은 공판송무부, 불기소 또는 재판확정 기록은 집행과에서 담당하고, 피의자든 고소인이든 본인 진술부분과 본인 제출서류에 해당하는 부분만 신청이 가능하다(법률신문, 기사, "사건 기록 열람·등사 예약제 실시", 2015. 3. 30, 8면 참조).

53) 사건기록 열람·등사에 관한 업무처리 지침 제3조 제3항.

는지 확인하여야 하는 것이 검찰청과 변호사 사무실간 오늘날 모습이다. 법 규정 어디에도 없는 행위의무 및 수인의무를 강요하는 것이 된다.

따라서 장차 ① 등사 거부사유를 더욱 구체적으로 한정함이 타당할 것이고, ② 고소·고발장의 첨부서류를 알지 못하고서야 수사기관이 가진 증거에 대한 반박변론이 충분하지 못할 것이므로 이에 대해서도 열람·등사를 허용하여야 할 것이며, ③ 피해자의 인적사항은 목적 외 사용을 벗어날 경우 변호사가 유출에 대한 책임을 질 각오를 하고라도 입법을 바꾸어 단순히 피해변제를 할 목적이 분명할 경우에는 이를 공개하여야 할 것이며, ④ 등사 절차가 법 규정대로 이루어지는지에 대해서는 각 청 검사장이 애착을 갖고 수시로 사무감독권을 제대로 행사하여야 할 것이다.

(나) **재판단계의 등사와 관련하여서도**, 등사 지연문제, 등사 절차위배문제, 피해자인적사항 불고지 문제 등에 대해 같은 지적을 할 수 있고, 해당 부분에서 상세한 바 있다. 특히 공판조서 및 증인신문조서 작성의 지연 및 이와 결부된 등사 지연의 문제에 대해서는 아무리 강조해도 지나치지 않다.

나아가 단순의 등사 지연 이외에 **부정확한 조서정리도 이곳에서 문제를 제기하고자 한다.**

1) 우선, 공판조서(公判調書)와 관련하여, 통상 변호인이 공판조서를 보려하는 것은 변호인과 피고인의 진술 및 증인의 진술을 법원사무관 등이 공판조서에 그대로 기재하는 경우가 없고 그 취지만을 요약하여 기재하게 되는데, 요약하는 과정에서 그 취지마저도 왜곡되게 기재되는 경우가 많기 때문이다.[54)]

예를 들면 변호인이 열심히 강조한 법리변론마저도 '선처를 바란다'고 기재하여 법리변론을 정상변론으로 기재하여 두는 경우가 허다하다. 또 피해변제를 하지 않으면 실형이 예상된다는 재판장의 예단적 편파발언, 피고인신문에서 피고인의 부인답변 후 갑작스레 방청석의 피해자를 일으켜 세워 피고인을 탄핵케 하는 절차위반행위,[55)][56)] 증거신청의 불허과정에서 보여준 재판장의 자질부족발언[57)] 등 판사

54) 同旨 권오걸, "사실인정과 언어적 한계", 「형사정책연구」 24권 1호(통권 제93호), 한국형사정책연구원, 2013, 225-227면; 권순민, "소송구조와 합리적인 형사소송의 방향", 「비교형사법연구」 10권 1호, 한국비교형사법학회, 2008, 293면 및 주59), 주60)에서는, **공판조서 작성의 충실화는** 법관의 심증형성의 과정을 투명하게 공개함으로써 법관 자신의 증거조사와 공판진행 과정이 그대로 노출된다는 인식을 심어주어 **공정한 재판을 유도하는 사후적 통제 수단**으로 보고 있다. 그런데 그 간 실무의 공판조서 기재 방식은 대단히 부정확했다는 것이다.

55) 피해자는 검찰 또는 변호인의 증인신청으로 정해진 증인신문기일에 출석하여 위증의 벌을 경고받은 후 선서하고, 증인석에서 주신문과 반대신문이 교차하는 과정에서 증언할 수 있을 뿐 방청석에서 피해 진술을 할 수는 없다. 또한 법관은 증거조사과정이 끝난 후 피고인신문 즉후 바로 피해자를 방청석에서 일으켜 세운 후 피고인의 진술을 탄핵하는 답변을 들을 수도 없다. 모두가 증거

의 불공정성이나 자질을 의심할 대목이 애초 기재되지 않는 것은 당연하다.

2) 다음으로, 증인신문조서(證人訊問調書)는 변호인이 신문한 것을 재판장의 신문으로 바꾸어 기재해 두거나, 신문 일부가 축소되거나 순서에 어긋나게 정리되어 있음은 물론 증인의 답변도 자의적으로 요약하여 기재한 경우가 많다.[58]

조사절차 위배행위이고, 임의의 진술을 구하는 피고인신문의 본질을 훼손하는 것이다. 同旨 손동권, "한국 형사사법의 현황과 발전방향", 「형사정책연구」 제8권 제3호(통권 제31호), 한국형사정책연구원, 1997, 46면.

56) 참고로 부동의한 증거(예컨대, 익명의 투서)여서 증거로 채택되지 않은 것을 피고인신문 중 검사가 투서의 존재와 내용을 신문하고, 재판장은 호기심에 그대로 신문을 진행시킨 경우도 증거능력 없는 증거를 재판에 현출시켜 유죄심증의 자료로 삼은 것이어서 증거법을 위반한 위법행위이다. 또 증인이 아니어서 재판절차에 참여할 길이 없는 제3자가 악의적으로 재판부에 진정서, 탄원서, 투서를 익명, 가명, 허무인 명의로 내용이 불분명하거나 구체적 사실이 적시되지 아니한 형태로, 때로는 단순한 풍문이나 인신공격적인 내용, 가공의 소설을 써내는 경우 실무상으로는 모두 공판기록에 편철되고 재판부가 읽어보게 되는데, 이러한 기록편철과 사실상의 증거로 사용되는 실무현실은 마치 가랑비에 옷 젖듯이 서서히 유죄심증을 형성하게 되는 것으로 반드시 고쳐져야 한다는 지적이 있다. 반대신문을 통해 탄핵되어야 할 내용의 서류라면 재판부가 피고인에게 동의 여부를 물어 부동의하면 기록에서 배제해야 하고, 아니면 그 작성 명의인을 증인으로 신문한 후에야 증거로 채택하여야 한다는 주장으로, 엄격한 증거조사 절차보장권 차원에서 지극히 타당하다{법률신문, 오피니언(황정근 변호사), "탄원서와 진정서와 투서", 2015. 5. 11, 14면 참조}.

필자가 이 같은 주장을 하여 받아들여져 공판단계에서의 피해자 제출서면 일체를 소송기록에서 분리한 사례로는, 대구지방법원 2014고단6473호 사건이 있었다. 소송기록분리결정 전 판사는 평소 자신도 피해자 제출의 모든 자료가 소송기록에 여과 없이 편철되어 함께 검토되는 점이 이상하게 생각되었다고 말하였다.

57) 검찰증거기록이 법원에 제출된 이후인데도 신청하고자 하는 증인이 무슨 진술을 수사기관에서 했는지에 대해 전혀 모르고 있거나, 피해자 이름도 모르는 있는 등 자질부족에서 기인한 불필요한 실랑이가 종종 있다. **법관은 우선 사실관계를 잘 알고 입증취지와 입증필요성을 판단하여 증거신청에 대한 판단을 하여야 하는데, 실무는 그렇지 않은 경우가 많다. 경솔한 증거신청기각이 문제인 것은, 실체진실발견과 피고인의 방어권에 직접적으로 침해가 되는데도 당해 절차 내에서는 현행 법규 하에서 사실상 불복방법이 없다는 점**(현재는 이의권 뿐임) 때문이다. <u>현행 법규 하에서는 잘못된 증거신청기각결정이 사실오인의 주된 원인이 되었을 경우 항소사유가 될 뿐인데, 이것은 사실심 강화라는 대법원의 목표에 반하고, 불필요한 불복률을 높이는 것이고, 항소심에서의 같은 취지의 증거신청이 반드시 받아들여진다는 보장도 없을 뿐 아니라 경우에 따라서는 (민사라면) 실공방으로 각하될 가능성을 함께 고려해보면 부족하기 짝이 없는 입법이다.</u>

소송지연과 실제진실발견저해, 방어권 침해를 법원이 행할 경우를 대비하여 불복방법이 있어야 할 것이며, 그 방법으로 (실익이 의심되는) 기피신청 정도로는 부족한 입법이다. 항고절차를 신설하고 항고 심리결과 타당한 증거신청에 대해 자의적으로 결정한 것이 드러날 경우 당해 형사법관에게 본안판단오류에 준한 불이익이 있어야 하며, 당해 재판에서 배제되는 경우를 상정하여 입법하여야만 공정한 재판의 이념이 구현될 것이다. 그러한 이념이 잘 구현되는 재판부에서 재판받을 때 피고인은 최종확정 전까지 무죄추정의 원칙에 따라 절차적 권리가 보장될 것임이 분명하다(이러한 문제점에 대해 2014. 12. 18. 대구지방법원에서 주최한 배석판사와 대구지방변호사회와의 간담회에서 필자가 위와 같은 입장을 전달한 바 있고, 참여법관 상당수가 수긍한 바 있다); 법원의 증거결정도 일정한 한계가 있다고 보아야 한다는 같은 견해로는 이재상, 형사소송법, 제9판, 박영사, 2013, 471면.

58) 이와 반대로, 이례적으로 변호인의 최후변론 내용을 변론종결 후 재판부의 요청으로 이메일로 제출하였더니, 변론서의 내용을 공판조서에 그대로 또는 공판조서 말미에 별지로 상세히 기록하여 둔 사건으로는(필자의 경험), 대구지방법원 2011고합500호 특경가법위반(무죄), 대구지방법원

3) 만약 모든 재판에 대해 의무적으로 영상녹화하고,[59] 그 내용을 토대로 조서의 이의과정에서 조서와 대조한다면 허위공문서라 해도 과언이 아닐 조서가 상당할 것이다. 이러한 점 때문에 모든 재판에 대한 녹화, 녹음, 속기의 필요성을 대한변호사협회에서 오랫동안 주장하고 있는 것인데, 번번이 법원의 반대로 좌절되었다.[60]

법원은 사건관계인에 대한 보호, 심리부담 등을 이유로 반대해 왔으나, 이는 타당하지 않다. 파행적 재판운영을 하는데 심리적 부담이 되긴 하겠으나 올바른 재판에 대한 물리적 부담은 될 수 없고, 조서작성의 정확성을 확인하기 위해 필요한 경우에 한하여 보관된 녹화물을 공판조서와 대조하는 것은 직전 재판에 대한 재공개에 불과할 뿐 첫 공개도 아니므로 갑작스레 사건관계인에게 피해가 갈 리도 없기 때문이다.

생각할 점

작게는 위와 같은 공판조서 및 증인신문조서의 작성상의 문제점, 크게는 편파재판 및 불공정재판의 문제점을 해결하기 위해 대한변호사협회가 시행 중인 법관평가제로 충분할 것인지 재고해 볼 필요가 있다.

사견으로는 강제력이 없고 표본을 모으기에 늘 어려움이 따르는 법관평가제만으로는 한계가 있고, **종국적 해결법은, 가) 모든 재판의 공개**(피해자보호를 위한 일부 경우 제외), **나) 재판과정의 영상기록화 또는 녹음**(예외 없음), **다) 하급심 판결의 전면 인터넷 공개**(예외 없음)**가 답이라고 본다.**

가) 재판의 공개(裁判公開)와 관련하여 최근 변화되고 있는 모습을 보면, 헌법재판소는 2014. 2. 18. 통합진보당 해산심판 제2차 변론기일을 열었고 4시간에 걸친 변론내용 전부를 인터넷 헌법재판소 홈페이지에 동영상 공개하였다.[61] 또 2014년 4월 법원은 대법원 공개변론의 사상 최초 온라인 생중계를 실시한 사실이 있고, 이에 대해 대한변호사협회는 '2013 인권보고서'에서, 사법신뢰, 사법참여, 재판장 막말 방지 차원에서 대단히 바람직하다고 평가하였다.[62] 현재 재판공개가 특별

2014고단4289호 강제추행 등(징역 1년) 사건이 있었다. 두 사건 모두 무죄를 극렬히 다투던 사건으로, 재판부의 상세한 공판조서 및 증인신문조서의 노력이 돋보인 경우였다.

59) 현재는 검사·피고인·변호인의 신청이 있는 때에는 공판정 심리의 전부 또는 일부를 속기하게 하거나 녹음장치 또는 영상녹화장치를 사용하여 녹음 또는 영상녹화하여야 하며, 필요시 직권으로도 명할 수 있다고 규정되어 있으나(법 제56조의2 제1항), 어느 변호인도 조서의 부정확성을 예견하고 재판부를 불신하고 있다는 점을 시사하면서까지 미리 영상녹화신청을 할 수는 없고, 재판부가 직권을 행사하는 일도 좀체 없어 왔다.

60) **고위법관 출신 법조인 중에서도** 원칙적으로 이 같은 필요성을 절감하나 속기사의 배치가 부족하고 예산부족으로 현재는 어렵다는 입장을 보이며, **현재의 공판조서, 증인신문조서의 작성방법을 보면 파행적인 증인신문방식이라고까지 표현한 분이 있다**{이러한 견해로는 이재홍, "사법제도의 세계화 추진방향", 「형사정책연구」 제6권 제1호(통권 제21호), 한국형사정책연구원, 1995, 18면, 23-25면}.

61) 법률신문, 사설, "재판 동영상 더 적극적으로 공개해야", 2014. 2. 27.자 15면.

62) 법률신문, 기사, "대법원 공개변론 온라인 중계… 사법 민주화 촉진", 2014. 4. 3, 7면.

히 제한되는 경우는 많지 않으나, 재판의 제한 없는 생중계 및 법원 홈페이지에 변론 전부의 동영상을 공개하는 것은 헌법 제27조 제3항을 실질적으로 보장한 것으로 볼 수 있고, 이 점에서 헌법재판소 및 대법원의 재판내용 동영상 공개는 선진사법의 미래모습이라 해도 과언이 아니다.

나) 재판과정의 영상기록화(裁判過程 映像記錄畵)에 대해 최근 변화된 흐름을 보면, 대법원은 앞으로 전국 법원의 모든 재판 과정을 녹음하기로 하는 법정녹음제도를 전면 실시한다는 방침을 최근 밝힌 바 있고,[63] 대법원이 밝힌 구체안은, 우선 민사재판의 모든 증인신문은 법정에서 녹음하고, 변론과정은 원·피고가 모두 동의하는 경우 녹음, 형사재판은 증인신문에 한해 녹음하고 심급별로 녹취도 병행, 1심 단독 재판은 법정 녹음을 원칙으로 하고 항소하면 사후 녹취 가능, 1심 합의재판과 2심에서는 속기록 작성과 현장녹음을 병행하는 안이었고,[64] 이에 대해 대한변호사협회는 재판과정 녹음 전면 실시를 환영하면서도 조서작성과 반드시 병행해야 한다고 주장하였다. 법정녹음으로 조서를 전면 대체할 경우, 녹음파일은 종이로 된 조서보다 재생장치의 작동이나 보관과정에서 훼손되거나 조작될 위험성이 높고, 중요한 부분만을 확인하고자 하는 경우 파일 내에서 저장위치 등을 파악하기 어려워 그 내용 확인에 시간이 많이 소요된다는 이유이다. 따라서 조서가 주가 되어야 하고, 녹음파일은 조서의 객관적 공정성을 보완하는 역할을 하여야 한다는 것이다.[65]

그리고 이 책의 집필 중 드디어 재판과정 중 일부 소송행위(증인신문 또는 피고인신문)에 대해 필수적으로 녹음하는 제도가 시행되었다. 즉 2015년부터 대법원의 지침에 따라 증인신문시 녹음을 의무화하였고, 2015. 4. 현재 필자가 증인신문조서를 등사하여본 결과 증인신문녹취 파일을 USB에 담아 교부하면서 별도로 녹취서를 등사할 수 있었다. 이제 증인신문조서의 그릇된 정리관행이 개선될 것이고, 녹음파일을 토대로 허위증언에 대해 적극적으로 나설 수 있을 것으로 보인다. 근거규정은 **민사소송규칙 및 변론의 속기·녹음에 관한 업무처리요령(재일 2004-3), 형사소송규칙 및 공판정에서의 속기·녹음·영상녹화에 관한 예규(재형 2007-5), 형사공판조서 등의 작성에 관한 예규(재형 2003-3)**이다. 형사소송의 경우에는 증인신문 및 피고인신문절차에서 의무적으로 녹음을 하여야 하고, 녹취서의 경우에는 자백사건은 녹취서는 작성하지 않고 부인사건은 필요적으로 녹취서를 작성하여 기록에 편철하여야 한다. 형사항소심의 경우에는 양형부당만 다투는 경우에는 녹음만 하고, 유무죄 판단을 다투는 사건에서는 녹취를 병행한다.

외국의 경우를 보면,[66] 미국(美國) 켄터키 주에서는 재판기록이 녹화된 비디오 기록을 항소심에서 직접 사용하고 있고, 다른 많은 주에서는 법정에서 비디오를 사용하고 있기는 하지만 그 내용을 기록한 조서도 별도로 첨부하도록 하고 있다. 이와 같이 재판과정을 비디오로 녹화하면 표정이나 억양 등을 포함하여 문자로 기록하는 것보다 훨씬 자세하게 기록하게 되고, 종래의 공판조서에 의해서는 1심에서의 증언이나 피고인의 태도 등을 그대로 생생하게 항소심에 전달할 수 없었던 문제점도 해결할 수 있어, 결과적으로 항소심 판사도 사실심에서의 증언이나 진술을 보고 들을 수 있기 때문에 사실심 판사처럼 증언의 신빙성에 관하여 판단할 기회를 가지게 된다.

---

63) 동아일보, 기사, "대법, 모든 재판과정 녹음 추진", 2014. 4. 2.자; 법률신문, 기사, "증거채부 기준 설정·법정녹음 확대·민사판결서 공개", 2014. 4. 7.자 3면.
64) 동아일보, 기사, "황제노역 판결 논란 '향판제' 10년만에 폐지", 2014. 4. 3, 12면 참조.
65) 대한변호사협회, 성명서, "법정 녹음 전면 실시, 조서작성과 반드시 병행해야 한다", 2014. 4. 7.자
66) 아래 입법례는 안경옥, "[제12부] 형사재판절차에서 테크놀로지의 활용과 형사소송법적 문제점", 「연구총서」 04-05, 한국형사정책연구원, 2004. 12, 129면 및 주38) 참조.

다) 하급심 판결의 전면 인터넷 공개(下級審 判決 公開)도 점차 강화되고 있다. 대법원은 「형사판결서 등의 열람 및 복사에 관한 규칙」을 제정하여 2013. 1. 1.부터 형사판결문을 공개하고 있다.

현재 대법원에 별도로 마련된 자료실에서 하급심 판결을 확인하는 방법은, 확인하고자 하는 해당 사건의 당사자 이름과 사건번호 등을 이미 알고 있어야 열람할 수 있는 방식인데다가 대법원의 특정 장소에 설치되어 있는 컴퓨터로만 확인할 수 있어 실효성이 적다.

그와 별도로 형사 판결서 등의 열람 및 복사에 관한 규칙에 따라 판결을 선고한 법원에 미리 신청하여 판결문을 발급받을 수도 있으나, 이 역시 선고법원, 사건번호, 당사자명을 모두 알고 있을 때라야 가능한 것이어서 사실상 법원출입기자로서 이미 그 사건에 대해 내막을 알고 있는 경우만 가능하고 일반 국민이 하급심 법원의 일반 흐름을 위해 여러 판결을 확인할 수 있는 제도는 아니다. 또 사건당사자가 판결비공개 신청을 할 경우 등사가 불가능하다.

결국 현재의 운영형태는 **당초의 도입취지에 반한다.** 판결서를 제공하여 국민의 알권리를 충족시키겠다고 하면서 제도를 잘 활용할 수 있는 대상자를 사실상 미리 한정하고, 공개될 판결도 전국 하급심 판결 모두를 예정했다기보다는 일단 판결서 제공 신청이 들어온 판결을 급히 비실명처리 후 제공하는 형태로 볼 수밖에 없어 제도 도입은 실패했다고 본다. 따라서 향후에는 당사자 이름 등 프라이버시와 관련된 부분을 비실명처리 후 모든 사건을 원칙적으로 대법원 및 각급 법원의 홈페이지에서 자유롭게 열람할 수 있도록 바꾸어야 할 것이다.[67)]

---

67) **필자가 실무상 법원의 형사판결서 공개가 매우 만족스럽지 못하다고 지적하였는데, 대법원도 판결서 공개를 더욱 확대해야 한다는 점에 대하여는 일단 공감하고 있는 것으로 보인다.** 법률신문, 기사, "증거채부 기준 설정·법정녹음 확대·민사판결서 공개", 2014. 4. 7.자 3면을 보면, 박병대 법원행정처장이 2014. 3. 2. 대법원 청사에서 열린 기자간담회에서 발표한 재판제도 개선과 관련한 '로드맵'에는, 2005. 1. 1.부터는 민사 판결서도 공개할 예정으로 소개되고 있다; 동아일보, 기사, "황제노역 판결 논란 '향판제' 10년만에 폐지", 2014. 4. 3, 12면.

제 2 장 피의자 변호권 강화방안

제 1 절 서 론

앞서 제1장에서 변호인이 형사소송법상 어떤 지위에 있으며, 기본적 권한으로 무엇이 있는지를 살펴보았다. 특히 필자가 방어권의 핵심전제라고 보고 있는 기록 열람·등사권, 피의자신문참여권에 대해서는 최신의 흐름까지 정리하면서 비판을 아끼지 않았다.

이제 제2장에서는 내사단계, 수사단계, 신병결정단계, 공판준비단계를 거치는 **구체적 단계마다의 변호권 행사의 모습과 강화방안에 대하여 소개하고 있다.** 다만 내사단계의 변호권은 피의자에 대한 일반적 변호권 행사에 비해 상세하기 힘든 측면이 있다는 특성을 감안하여야 한다.

수사절차에서의 변호권의 확대를 위한 구체적 방안으로는 다음과 같은 점이 검토될 수 있다. 내사단계에서의 피내사자에 대한 변호권의 보장, 피의자신문시의 변호인참여, 변호인의 수사기록 열람·등사권, 피의자에 대한 접견교통권의 실질화 방안, 국선변호의 확대 등이다.[1] 이 중에서 내사단계에서의 피내사자에 대한 변호권의 보장을 제외한 나머지 주제는 앞서 제1장에서 상세히 살핀 바 있다

제 2 절 내사단계 변호권 행사

1. 내사의 개념

구체적 혐의를 확인하고 수사에 나가기 전 단계를 내사단계라고 한다. 내사는 수사가 개시되는 형태와 밀접한 관련을 가진다.

1) 권오걸, “수사절차에서의 변호권의 확대방안”, 「법학연구」 제18집, 한국법학회, 2005. 6, 227면.

수사의 개시와 관련하여 보면, 현행범 체포, 여죄발견과 같은 자기체험적 수사단서의 경우에는 곧바로 수사가 개시되고, 또 고소·고발, 자수의 경우와 같은 타인체험적 수사단서의 경우 내사단계를 거치지 않고 즉시 수사가 개시되고 피고소인은 피의자의 지위를 갖게 되지만, 그 외의 수사단서의 경우에는 바로 수사가 개시되지 않고 **수사기관의 범죄인지에 의해 비로소 수사가 개시된다. 그 이전 단계를 내사단계**(內査段階)**라고 한다.**[1]

따라서 내사란 수사에 앞서 풍문, 익명의 제보 등이 있을 경우 수사기관이 수사에 나아감이 적합한지 확인하는 **내부적 조사절차**라고 볼 수 있다. 내사단계에서는 아직 본격적 피의자조사나 참고인조사, 압수·수색 등 정식의 수사방법을 동원하지 않고, 소문의 진위 파악, 정보의 근원지 조사, 사실 확인을 위한 탐문 등의 방법이 주로 사용된다.[2]

이와 같이 내사는 수사의 단서로서의 범죄혐의의 유무를 발견하고 결정하는 수사기관의 활동이며, 형식적으로는 정식수사의 개시 이전의 활동이지만 **넓은 의미에서는 사실상의 수사활동**에 해당한다고 볼 수 있다.[3] 여기서 피내사자에게도 변호권이 보장될 필요성이 제기되는 것이다. 또 내사과정에서 인권이 침해되지 않도록 유의하여야 한다.[4]

내사에 대한 근거규정으로는 **검찰사건사무규칙, 범죄수사규칙, 경찰 내사 처리규칙, 인권보호수사준칙**이 있다.

검사는 범죄에 관한 신문 등 출판물의 기사, 익명의 신고 또는 풍설, 첩보의 입수 등으로 범죄의 존재 여부를 확인할 필요가 있는 때에는 내사사건으로 수리하고(검찰사건사무규칙 제141조 제1항), 경찰관은 범죄에 관한 신문, 출판물, 방송, 인터넷, 익명의 신고, 풍설 등이 있어 내사가 필요한 때에는 수사부서장의 지휘를 받아 내사하여야 한다(범죄수사규칙 제28조).

---

1) 권오걸, "수사절차에서의 변호권의 확대방안", 「법학연구」 제18집, 한국법학회, 2005. 6, 228면; 이재상, 형사소송법, 제9판, 박영사, 2013, 200면.

2) 권오걸, "수사절차에서의 변호권의 확대방안", 「법학연구」 제18집, 한국법학회, 2005. 6, 228면.

3) 권오걸, "수사절차에서의 변호권의 확대방안", 「법학연구」 제18집, 한국법학회, 2005. 6, 228면.

4) 수사기관은 내사과정에서 인권이 침해되지 않도록 다음과 같은 점을 감안하여야 한다. 수사기관은 언론보도, 익명이나 가공인물의 신고·제보, 풍문 등으로 범죄정보를 입수하였을 때에는 그 신빙성 유무를 신중하게 검토하여 내사의 착수 여부를 결정하여야 하고, 신고·제보에 의하여 내사에 착수하려고 할 때에는 신고자·제보자와 피내사자의 관계, 신고·제보의 동기 등을 면밀히 살펴 그 신빙성 유무를 판단하여야 하며, 범죄정보 자체의 신빙성이 없거나 명백히 내사의 가치가 없는 정보에 의하여 내사·수사를 진행하여서는 아니 된다(인권보호수사준칙 제11조). 내사한 결과 범죄혐의가 없다고 인정되면 신속히 내사를 종결함으로써 피내사자가 불안정한 지위에서 벗어날 수 있도록 하여야 하지 부당히 내사를 부당하게 장기화하여서는 아니 된다(동 준칙 제12조).

2. 내사단계 변호권 행사

피내사자단계에 있을 뿐 아직 피의자 신분이 아닌 경우 변호인의 선임이 허락될 것인가.

내사단계에서는 내사의 객체는 수사의 객체인 피의자가 아니고 단지 피내사자이며, 따라서 피내사자에게는 형식적으로는 형사소송법상 피의자에게 인정되고 있는 일반적인 방어권이 인정되지 않는다고 볼 수 있다.

그러나 이와 같이 해석하는 것은 내사의 은밀성과 비공개성으로 인한 형평성과 상당성에 대한 논란의 여지를 불러오고 사실상의 수사활동에 해당하여 인권을 침해할 여지가 있다는 점, 내사는 법적인 통제를 받지 않고 사실상의 수사목적을 달성하기 위하여 남용될 소지가 많다는 점, 내사도 수사와 연계되어 광의의 형사소송절차의 일부를 이루고 있는 것이어서 형사소송전반에 적용되는 지도원리로서 실체적 진실주의와 적법절차의 원칙에 입각해서 이루어져야 하며,[5] 형사소송의 지도원리를 따라 내사의 조건도 수사의 조건과 동일하게 요구된다고 해석함이 합리적인 점, 피내사자는 적어도 수사기관으로부터 주관적 범죄혐의를 받고 있어 용의자와 피의자의 중간에 위치하는 것으로 볼 수 있는 점,[6] 피내사자에게 원칙적으로 일반시민에 대한 기본권 보장의 한도 내에서 그 권리를 보호받는데 그치는 정도의 보호만을 할 경우 내사기관의 자의적 조사에 의해서 형사절차에서 요구되는 기본적인 방어권조차 가질 수 없는 위험성에 노출될 가능성이 높은 점을 고려하면 타당하지 않은 해석으로 봐야 한다.[7]

그렇다면 **무엇을 기준으로 피내사자의 신분에 불과하지만 그에게도 형사절차상 권리를 인정해 줄 것인가** 하는 물음이 제기된다.

우리 헌법과 형사소송법은 형사절차와 관련하여 수사의 대상이 된 사람 즉, 피의자가 행사할 수 있는 여러 기본권을 보장해주고 있는데, 만약 '입건'이라는 형식적 절차를 거쳤느냐 여부에 따라 내사와 수사를 구분할 경우 상대적으로 피내사자가 법상의 절차권을 보장받을 여지가 좁아지는 문제가 있다(形式說). 따라서 범죄인지보고서 또는 범죄사건부에 등재하는 등 수사기관의 내부적 절차인 **'입건' 여부를 기준으로 내사와 수사를 구별하여서는 아니 되고, 그 구별은 어디까지나 수사**

5) 권오걸, "수사절차로서의 내사에 대한 고찰", 「형사법연구」 제15호, 한국형사법학회, 2001. 6, 270면.
6) 권오걸, "수사절차로서의 내사에 대한 고찰", 「형사법연구」 제15호, 한국형사법학회, 2001. 6, 244면.
7) 권오걸, "수사절차에서의 변호권의 확대방안", 「법학연구」 제18집, 한국법학회, 2005. 6, 228-229면; 권오걸, "수사절차로서의 내사에 대한 고찰", 「형사법연구」 제15호, 한국형사법학회, 2001. 6, 241면.

기관이 실질적으로 수사를 진행하였다면 이미 내사단계를 넘어 수사의 영역에 해당한다고 보아 변호인의 도움을 받을 수 있다고 보아야 할 것이다(實質說).[8] 대법원도 "범죄의 혐의가 있다고 보아 수사를 개시하는 행위를 한 때에는 이때에 범죄를 인지한 것으로 보아야 하고, 그 뒤 범죄인지서를 작성하여 사건수리절차를 밟은 때에 비로소 범죄를 인지하였다고 볼 것이 아니"라고 판시하여 실질설의 입장을 취하고 있다.[9]

따라서 실질적인 수사가 이루어진 경우 입건 여부에 관계없이 변호인은 변호활동을 할 수 있다고 보아야 할 것이다. 변호인은 수사기관에 선임계를 제출할 수 있고, 비록 참고인조사의 명목으로 조사가 이루어지더라도 실질적으로 피내사자 신분에서 조사를 받게 된 것이며 조사의 성격 자체가 범죄혐의를 밝히기 위한 것으로 수사의 성질을 띠고 있다면 신문에 참여할 수 있다고 해석해야 할 것이며, 참여한 변호인은 피내사자에게 진술거부권이 있다는 점을 고지해 줄 수 있고, 부당한 수사가 이어질 경우 이의할 수 있으며 수사중단을 요청할 수도 있다고 해석해야 한다. 대법원도 "변호인의 조력을 받을 권리를 실질적으로 보장하기 위하여는 변호인과의 접견교통권의 인정이 당연한 전제가 되므로, 임의동행의 형식으로 수사기관에 연행된 피의자에게도 변호인 또는 변호인이 되려는 자와의 접견교통권은 당연히 인정된다고 보아야 하고, **임의동행의 형식으로 연행된 피내사자의 경우에도 이는 마찬가지이다.**"라고 하여 피내사자에 대한 변호인의 접견교통권을 인정하고 있다.[10]

다만 경찰이 범죄수사 목적이 아니고 강제력이 수반된 경우도 아닌 방식으로 범죄예방활동 또는 단순한 정보수집활동을 한 것에 지나지 않다면 이 경우는 형사변호인이 도움을 주기 어려울 것으로 본다.[11]

---

8) 황문규, "개정 형사소송법상 경찰의 수사개시권 및 검사의 수사지휘권의 내용과 한계", 「형사정책연구」 제22권 제3호(통권 제87호), 한국형사정책연구원, 2011, 235-236면.

9) 대법원 2001. 10. 26, 선고 2000도2968 판결; 대법원 1989. 6. 20, 선고 89도648 판결.

10) 대법원 1996. 6. 3, 선고 96모18 결정.

11) 단순한 내사활동은 대외적인 효력이 없는 수사기관의 내부적 사건처리방식에 지나지 않기 때문에 내사사건에 대해 수사기관에서 종결처분을 하더라도 진정인은 재정신청(대법원 1991. 11. 5, 선고 91모68 결정)이나 헌법소원(헌법재판소 1990. 12. 26, 선고 89헌마277 결정)을 제기할 수 없다. 또한 형사 입건된 피의자와 달리 내사단계에서의 조사대상자는 형사소송법 제184조에 의한 증거보전을 청구할 수도 없다(대법원 1979. 6. 12, 선고 79도792 판결; 광주고등법원 1979. 3. 8, 선고 78노440 판결. "형사입건되기 전의 증거보전은 있을 수 없고, 실시하여도 증거법상 아무런 효력이 없다"){황문규, "개정 형사소송법상 경찰의 수사개시권 및 검사의 수사지휘권의 내용과 한계", 「형사정책연구」 제22권 제3호(통권 제87호), 한국형사정책연구원, 2011, 236면; 신동운, 신형사소송법, 법문사, 2008, 36면 참조}.

제 3 절 수사단계 변호권 행사

1. 수사의 개념

수사란 형사사건에 관하여 공소를 제기하고 이를 유지하기 위한 준비로서 범인을 발견·확보하고 증거를 발견·수집·보전하는 수사기관의 사법 활동(司法 活動)이다.[1)]

수사는 수사기관이 범죄의 혐의가 있다고 인정한 때에 개시된다(법 제195조, 제196조 제2항). 따라서 수사개시 이전의 활동, 예컨대 내사, 경찰관의 불심검문(경찰관 직무집행법 제3조), 변사체의 검시(법 제22조)는 수사가 아니다.[2)]

2. 수사의 특성과 수사변호의 어려움

범죄수사는 성질상 임기응변의 기동성이 요구되는 합목적적·밀행적·탄력적인 활동이다.[3)]

수사의 합목적적·밀행적·탄력적 성격으로 말미암아 피의자의 절차적 권리가 침해되기 쉬우며, 수사기관 역시 피의자의 권리를 침해하더라도 수사의 목적을 달성하고 싶은 유혹에 빠지기 쉽다. 바로 불법적 방법으로 범죄의 혐의를 밝히는 것이다. 여기서 피의자에 대한 변호권 강화의 필요성이 등장하는 것이고, 원칙적으로 수사의 특성을 감안하면 수사변호는 쉽지 않은 것이 된다.

3. 피의자의 지위 및 권리

가. 수사절차상 지위

피의자는 수사절차상 수사의 객체가 된다. 내사의 개념에서 살핀 바와 같이 수사기관의 범죄인지에 의해 비로소 수사가 개시된다. 그렇다면, 수사가 개시되어 구체적 혐의를 받고 형식적으로는 입건된 때부터 수사의 객체로서의 피의자가 됨

---

1) 백형구, 형사소송법, 법원사, 2012, 35면 참조.
2) 백형구, 형사소송법, 법원사, 2012, 35면.
3) 차용석, “수사서류의 증거능력”, 「법학논총」 제1집, 한양대학교 법학연구소, 1984, 29면; 이재석, “수사와 인권”, 「비교형사법연구」 5권 2호, 한국비교형사법학회, 2003, 817면.

은 분명하다. 그 이전 단계를 내사단계라고 하고, 대상자를 피내사자라 함은 앞서 살폈다.

그러나 피의자는 분명히 범죄인지로 수사기관이 입건한 때부터 피의자의 지위를 가지나(형식설), 입건 전이라 하더라도 이미 수사의 목적으로 행한 수사기관의 수사활동이 실질적으로 있었다면 입건이라는 형식적 절차와 무관하게 그 때부터 수사가 시작된 것으로 보고 형사소송법상 피의자의 절차상 권리를 보유한다고 할 것이다(실질설).

나. 수사단계에서의 피의자의 권리

헌법 제27조 제4항, 형사소송법 제275조의2의 무죄추정원칙에 따라 수사단계에서의 피의자의 인권은 특히 보호되어야 한다. 무죄추정원리의 형사소송법상 구현모습으로는 인신구속의 제한, 충분한 증명(합리적 의심 없는 증명)이 없을 경우 피고인에게 이익, 불이익처우의 금지이고, 피의자의 수사단계에서의 권리에 대해서는 제1편 제7장 제2절에서 상세히 살핀 바 있다.

아래에서는 **수사의 핵심이 피의자신문이므로 그에 대응하여 신문시 변호인이 어떻게 효과적인 도움을 줄 수 있는지에 한정**하여 살피되 피의자신문의 중요요소는 이미 전술한 바 있다. 그리고 강제수사의 영역인 구속수사와 관련하여서는 제4절에서 별도로 고찰키로 한다.

4. 피의자신문단계 변호인 조력

가. 변호인은 피의자신문의 목적 외 남용을 막고 피의자의 임의의 진술만이 수사기관에게 확보되도록, 피의자신문의 속성과 유의점, 불법수사의 유형, 진술거부권 행사여부, 진술의 방향 등에 대하여 충분한 법적 지도를 하여 주어야 할 것이며, 이를 통해 여하한 수사기관의 수사권 남용에 대해서도 피의자가 현명하게 대처할 수 있도록 도와주어야 한다. **수사단계 변호권 행사의 중요한 존재의의**이다. 다만 그러하기 위해서 형사변호인으로서는 피의자신문의 성격과 구체적 절차, 조서의 증거능력 인정요건, 위법사례 등을 충분하고도 명확하게 이해하고 있어야 할 것이다. 여기서 피의자신문제도에 대한 상세한 연구의 필요성이 발견된다(피의자신문의 상세한 내용은 제1편 제3장 제2절 2.항 참조).

나. 피의자신문은 비록 임의의 방식을 요구하는 임의수사이긴 하나, 실무상 피의자신문을 악용하여 수사기관이 고압적 분위기 또는 위법한 신문기법을 통해

자백을 얻어내는 등 **자백획득의 기회로 남용할 위험**이 있다. 몇 가지 원인으로는, ① 수사기관의 신속한 범인검거라는 목적상의 편견(또는 동기상의 편견, motivational biases), ② 수사관의 자백획득 훈련에 따른 감정에의 호소로 피의자가 정서적 손상을 입고 합리적 판단을 하지 못하는 정서적 영향, ③ 자백 획득 시 수사관은 사건을 종결하고 변호인도 반증수집에 소극적으로 변하는 제도적 영향, ④ 수사관의 부적절하거나 정확하지 않은 법률지식 및 관련지식을 들 수 있다.[4)]

이러한 위험성을 방지하기 위하여 형사소송법은 일정한 절차 및 증거능력 규정을 두고 있다. 제241조의 피의자신문방법, 제309조의 자백배제법칙, 제310조의 자백의 보강법칙이 그것이다.

다. 검사 또는 사법경찰관은 피의자를 신문하기 전에 피의자에게 진술거부권과 변호인의 참여권을 고지하여야 한다(법 제244조의3 제1항). 진술거부권과 관련하여서는 이제 형사소송법 제244조의3 제1항 제2호에서 불이익이 없음을 고지하게 명문규정을 두었으므로 진술거부권이 실질적으로 보장되었다고 볼 수 있다.

라. 검사 또는 사법경찰관은 피의자가 맞는지를 확인하기 위하여 먼저 인정신문을 한 후(법 제241조), 범죄사실과 정상에 관한 필요사항에 대해 신문하게 된다. 그 중에서 집중되는 곳은 범죄사실에 대한 것이다.

통상의 순서는 고소인과의 관계, 고소인이 주장하는 범죄사실을 행한 사실이 있는지, 있다면 범행동기와 일시·방법은 무엇인지, 피해결과에 대해 인식하고 있는지, 범행의 결과 얻은 재물 또는 재산상 이익의 사용처, 공범관계와 각 공범의 역할, 전과, 별건 수사가 있는지 이다. 만약 부인한다면, 객관적 사실은 인정하되 다만 고의 또는 영득의사를 부인하는 것인지, 아니면 객관적 사실 자체를 부인하는지 이며, 후자라면 알리바이 또는 객관적 반대증거의 존재를 묻게 된다.

범죄사실 외의 사항으로는, 피의자의 환경, 교육, 경력, 가족상황, 재산과 생활정도, 종교관계, 피의자와 피해자의 친족관계 등을 묻게 된다(범죄수사규칙 제68조 참조).

마. 변호인은 신문이 임의성을 침해하는 사정이 있을 경우 즉시 이의하여 합법적 신문이 이루어지도록 하여야 할 것이며, 만약 조사가 이미 완료된 후에는 반드시 수사과정을 상세히 정리하여 후일 재판부에 임의성 부인자료로 제출하여야 할 것이다.

---

4) 권영법, "현대 심리신문기법과 허위자백 : 현대 심리신문기법에 의한 허위자백 유발에 대한 원인 분석과 형사소송법상 대응책의 검토를 중심으로", 「형사정책연구」 23권 3호(통권 제91호), 한국형사정책연구원, 2012, 112-113면.

임의성을 침해하는 것으로 다음과 같은 것들이 대표적이다. ① 진술거부권 불고지(법 제200조 제2항 위반), ② 별건수사·여죄구속시 범죄사실 또는 구속이유 이외의 범죄사실에 대한 신문, ③ 변호인의 접견교통권 침해(법 제34조 위반), ④ 강제·고문·협박을 사용하는 신문, ⑤ 양수정(兩手錠) 상태에서의 신문, ⑥ 사인을 동석시킨 신문, ⑦ 피의자의 건강상태를 고려하지 않은 장시간에 걸친 신문, ⑧ 반복적인 심야신문, ⑨ 예단을 품게 하는 신문, 유도·이익공여·약속에 의한 신문, 오도·위계에 의한 신문, ⑩ 변호인의뢰의 요청을 무시한 신문, ⑪ 자백촉진제를 사용한 신문, 마취분석에 의한 신문의 경우 등이다.[5)]

범죄수사규칙에서도 "경찰관은 조사를 할 때에는 고문, 폭행, 협박, 신체구속의 부당한 장기화 그 밖에 진술의 임의성에 관하여 의심받을 만한 방법을 취하여서는 아니 되고, 희망하는 진술을 상대자에게 시사하는 등의 방법으로 진술을 유도하거나 진술의 대가로 이익을 제공할 것을 약속하거나 그 밖에 진술의 진실성을 잃게 할 염려가 있는 방법을 취하여서는 아니 된다"고 규정하고 있다(동 규칙 제56조).

바. 개정 형사소송법 제243조의2에서 변호인의 피의자신문 참여권을 허용하게 되었고, 제244조의3에서 수사기관은 신문에 들어가기 전 피의자에게 진술거부권, 변호인 조력권을 고지하도록 규정하였으므로 이제 변호인은 수사단계에서부터 피의자를 위한 실질적 도움을 줄 수 있다. 종전의 서면변론 방식보다 한층 더 제고된 보호자가 될 수 있으므로, 이에 대한 상세한 내용인 제2편 제1장 제2절의 해당 부분을 충분히 이해하여야 한다.

사. 또 2007년 개정 형사소송법은 꾸준히 제기되어온 조사과정의 적법장치로 영상녹화물 규정을 신설하였으므로 변호인은 피의자에게 영상녹화에서 진술된 내용은 향후 사실상 번복이 불가능하다는 점에 대하여 조언하여야 하며, 영상녹화 과정은 조사의 개시부터 종료까지의 전 과정 및 객관적 정황이 녹화되어야 하므로 편법 녹화의 문제점에 대해서도 미리 알려주어야 한다(법 제244조의2 제1항 2문 참조).

영상녹화가 완료된 때에는 피의자 또는 변호인은 수사기관이 지체 없이 그 원본을 봉인하는지를 확인한 후 피의자로 하여금 기명날인 또는 서명하게 하여야 한다(법 제244조의2 제2항 참조). 필요한 경우에는 영상녹화물을 재생하여 시청하게 하여 달라는 요구를 하여야 하고, 내용에 대하여 이의가 있는 경우에는 진술의 취지를 서면에 기재하여 첨부되도록 하여야 한다(동조 제3항 참조).

5) 차용석, "수사서류의 증거능력", 「법학논총」 제1집, 한양대학교 법학연구소, 1984, 37-38면 참조.

향후 재판과정에서 변호인은 이의한 사정이 무엇인지를 주장하여 영상녹화물의 획득과정 또는 진술의 임의성에 문제가 있었을 경우 증거능력과 관련하여 다투어야 할 것이다.

제 4 절 신병결정단계 변호권 행사

1. 구속제도와 영장실질심사(구속전피의자심문[1])

가. 구속제도

구속이란 피의자 또는 피고인의 신체의 자유를 체포에 비하여 장기간에 걸쳐 제한하는 강제처분이다.[2]

구속피의자는 반드시 체포된 자임을 요하지 않는다. 사전영장에 따라 미체포 피의자에 대하여 바로 구속영장을 발부하고 집행할 수 있기 때문이다(법 제201조, 제201조의2 제2항). 반면, 체포 후 구속영장을 발부받아 구속하는 경우를 실무상 사후영장이라 한다(법 제201조, 제201조의2 제1항).

구속은 체포와 달리 무영장구속이라는 예외가 없다. 오직 발부된 영장에 의해서만 구속이 가능하다.

구속은 형사소송의 진행과 형벌의 집행을 확보함을 목적으로 한다. 따라서 수사를 용이하게 하기 위해 사용되어서는 아니 된다.[3] 수사의 편의를 위한 것으로는 체포제도로 충분하다.

피고인이나 피의자가 죄를 범하였다고 의심할 만한 상당한 이유가 있고, 일정한 주거가 없을 때, 증거를 인멸할 염려가 있을 때, 도망 또는 도망할 염려가 있을 때의 하나에 해당할 경우[4] 구속할 수 있다(법 제70조, 제201조).

---

1) 신문(訊問)이 사실 확인을 위해 신문대상을 조사하는 절차라면, 심문(審問)은 심문받는 자의 이익을 위해 의견진술의 기회를 주는 것이다. 전자의 경우가 수사기관에 의한 피의자신문이고, 후자가 구속전피의자심문제도이다{박성민, "한미주둔군지위협정(SOFA) 제22조 형사재판권의 형사법적 문제와 개선방안", 「형사정책연구」 22권 4호(통권 제88호), 한국형사정책연구원, 2011, 201면 참조}.

2) 이재상, 형사소송법, 제9판, 박영사, 2013, 253면.

3) 이재상, 형사소송법, 제9판, 박영사, 2013, 254면.

4) 일본 형사소송법은 우리 구속사유와 내용적으로 같으나, 다만 학설과 실무는 이에 더하여 구속의 필요성도 구속의 실질적 요건으로 보고 있다. '구속의 필요성이 없는 경우'에는, 소송조건이 결여되어 기소가능성이 없는 경우, 주거가 부정하지만 확실한 신병인수자가 있는 경우, 도망이나 증거인멸의 염려가 없지는 않지만 사안이 경미하여 구속함이 비례칙에 반하는 경우 등이 예시되고 있

구속에 대한 상세한 논의는 제1편 제3장 제3절 2. 나.항을 참조할 것.

나. 영장실질심사

(1) 필요적 실시

개정 형사소송법은 제201조의2에서 기존의 임의적 심문을 필요적 심문으로 변경하였다. 체포된 피의자의 경우 신청이 없더라도 영장심사를 실시하며, 미체포 피의자의 경우 피의자가 죄를 범하였다고 의심할 만한 사유가 있는 한(곧바로 영장을 기각할 사안이 아닌 한) 필요적으로 실시하여야 한다. 다만 피의자가 도망하는 등의 사유로 심문할 수 없는 경우에는 피의자심문절차를 진행하지 않고 구속영장을 발부할 수 있다(법 제201조의2 제2항 단서).

이 제도는 수사기관의 일방적 주장에 기초하여 영장을 발부하지 않고 법관이 직접 피의자를 심문하여 구속의 필요성 등을 판단함으로써 영장주의의 실효성을 담보함과 동시에 법치주의의 보루로서의 기능을 한다.[5] 담당법관이 피의자의 얼굴을 대면하고 수사기록 속에 나타나지 않는 피의자만이 알고 있는 변소내용을 들어본 후 발부여부를 결정할 수 있어 더욱 정확한 판단이 될 수 있고, 수사절차의 위법에 대하여 듣고 판단할 수 있다는 점에서 필요적 실시로 바뀐 현 제도는 타당하다고 하지 않을 수 없다.[6]

(2) 실시시기

형사소송법 제200조의2·제200조의3 또는 제212조에 따라 **체포된 피의자**에 대하여 구속영장을 청구 받은 판사는 **지체 없이** 피의자를 심문하여야 한다. 이 경우 특별한 사정이 없는 한 구속영장이 청구된 날의 **다음날까지** 심문하여야 한다(법 제201조의2 제1항).

다(이동희, "한국과 일본의 체포·구속제도에 대한 비교연구－체포·구속의 법제 및 실무운용을 중심으로－", 「비교형사법연구」 11권 1호, 한국비교형사법학회, 2009, 74면 참조).

5) 김용세, "형사절차상 기본권 보장을 위한 형소법규정 및 실무현실에 관한 연구: 헌법적 형사소송의 원리에 기초한 분석적 고찰", 「형사정책연구」 19권 3호(통권 제75호), 한국형사정책연구원, 2008, 87면 참조.

6) 同旨 이재상, 형사소송법, 제9판, 박영사, 2013, 261면. 이재상 교수는, 형사소송법의 필요적 피의자심문제도는 ① 영장주의와 법적 청문권의 보장은 피의자의 구속을 제한하기 위한 법치국가원리의 내용이므로 비용과 소송경제를 이유로 제한할 수 있는 것이 아니고, ② 임의적 피의자심문제도는 체포 또는 구금된 피의자가 법관 또는 법률에 의하여 사법권을 행사할 권한을 부여받은 관헌에게 신속히 인치될 것을 요구하는 국제인권규약의 기준을 충족할 수 없을 뿐만 아니라, ③ 구속전피의자심문은 구속피의자에게 국선변호인을 선정해 주는 절차이며 구속영장이 발부된 때에는 그 선정의 효력이 제1심까지 미친다는 점(제201조의2 제8항)에 비추어 타당한 태도라고 소개하고 있다.

법문에서 '특별한 사정이 없는 한 청구된 날의 다음날까지' 실시하는 것으로 규정하였으므로 영장담당 판사가 판단하여 특별한 사정이 있다고 인정할 경우에는 구속영장이 청구된 날의 다음날이 아닌 그 이후에 실시해도 무방하다고 보는 견해[7]가 있으나, 극히 신중할 것이다. 이미 체포되어 있는 자의 불필요한 수감기간을 늘릴 뿐으로서 자칫 그와 같이 해석할 경우 사법행정편의주의에 의해 불법체포된 자의 인권침해가 가중될 수 있기 때문이다.[8]

제1항 외의 피의자에 대하여 구속영장을 청구 받은 판사는 피의자가 죄를 범하였다고 의심할 만한 이유가 있는 경우에 구인을 위한 구속영장을 발부하여 피의자를 **구인한 후 심문**하여야 한다. 다만, 피의자가 도망하는 등의 사유로 심문할 수 없는 경우에는 그러하지 아니하다(법 제201조의2 제2항).

(3) 심문기일의 절차

심문기일에 지방법원판사는 구속사유를 판단하기 위하여 피의자를 심문하고, 검사와 변호인은 심문기일에 출석하여 의견을 진술할 수 있다(법 제201조의2 제4항). 심문을 함에 있어 지방법원판사는 공범의 분리심문이나 기타 수사상의 비밀보호를 위하여 필요한 조치를 취하여야 한다(법 제201조의2 제5항). 판사는 피의자가 심문기일에 출석을 거부하거나 질병 그 밖의 사유로 출석이 현저히 곤란하고, 피의자를 심문법정에 인치할 수 없다고 인정되는 때에는 피의자의 출석 없이 심문절차를 진행할 수 있다(규칙 제96조의13 제1항). 심문은 법원청사 내에서 하여야 하나, 피의자가 출석을 거부하거나 출석할 수 없는 때에는 경찰서, 구치소 기타 적당한 장소에서 할 수 있다(규칙 제96조의15). 피의자에 대한 심문절차는 공개하지 아니하나, 다만 판사는 상당하다고 인정하는 경우에는 피의자의 친족, 피해자 등 이해관계인의 방청을 허가할 수 있다(규칙 제96조의14).

---

7) 오기두, "개정된 형사소송법의 운용", 「저스티스」 통권 제103호, 한국법학원, 2008, 76면.

8) 영장실질심사가 아니더라도 평소 민·형사 사건을 불문하고, 더러 "추가로 심리할 필요", 또는 "재판부의 기록검토를 위하여", 또는 "검사의 공소장변경신청을 지켜보기 위하여" 등의 이유로 재판이 지연되는 경우가 있는데, 특히 구속피의자 등 다급한 사건을 변호하는 변호인 입장에서는 답답한 경우가 종종 있다. 물론 기일연기 또는 속행사유로 "피고인의 소재탐지를 위하여"라거나 "합의여부를 지켜보기 위하여" 또는 "증인소환을 위하여"라는 사유일 경우에는 납득할 수 있지만, 재판부의 사정이 뻔해 보이는데 전자와 같은 사유들을 들어 일방적으로 공판기일(또는 변론기일)을 속행하는 경우, 또 심하게는 이미 결심된 사건에 대해 별다른 사정없이 지정된 선고기일을 취소하고 변론을 재개하거나 선고기일을 미루는 경우 사법부의 신의 또는 능력에 의심을 품을 수밖에 없다(이러한 문제점에 대해 2014. 12. 18. 대구지방법원에서 주최한 배석판사와 대구지방변호사회와의 간담회에서 필자가 위와 같은 입장을 전달한 바 있다).

심문에 앞서 판사는 피의자에게 구속영장청구서에 기재된 범죄사실에 대하여 진술을 거부할 수 있으며, 이익 되는 사실을 진술할 수 있음을 알려 주어야 한다(규칙 제96조의16 제1항). 판사는 피의자를 심문함에 있어서 구속 여부를 판단하기 위하여 필요한 사항에 관하여 신속하고 간결하게 심문하여야 한다. 증거인멸 또는 도망의 염려를 판단하기 위하여 필요한 때에는 피의자의 경력, 가족관계나 교우관계 등 개인적인 사항에 관하여 심문할 수 있다(규칙 제96조의16 제2항).

검사와 변호인은 판사의 심문이 끝난 후에 의견을 진술할 수 있다. 다만, 필요한 경우에는 심문 도중에도 판사의 허가를 얻어 의견을 진술할 수 있다(규칙 제96조의16 제3항). 피의자는 판사의 심문 도중에도 변호인에게 조력을 구할 수 있고(규칙 제96조의16 제4항), 판사는 구속의 여부를 판단하기 위하여 필요하다고 인정하는 때에는 심문 장소에 출석한 피해자 그 밖의 제3자를 심문할 수 있다(규칙 제96조의16 제5항).

심문할 피의자에게 변호인이 없는 때에는 지방법원판사는 직권으로 변호인을 선정하여야 한다. 이 경우 변호인의 선정은 피의자에 대한 구속영장 청구가 기각되어 효력이 소멸한 경우를 제외하고는 제1심까지 효력이 있다(법 제201조의2 제8항). 이에 의하여 모든 구속된 피의자에게 국선변호인이 선정될 수 있게 되었다.

법원은 변호인의 사정이나 그 밖의 사유로 변호인 선정결정이 취소되어 변호인이 없게 된 때에는 직권으로 변호인을 다시 선정할 수 있다(법 제201조의2 제9항).

변호인의 의견진술권 및 구속전피의자심문조서의 작성에 대해서는 아래 항에서 별도로 살피도록 한다.

(4) 변호인의 의견진술

검사와 변호인은 심문기일에 출석하여 의견을 진술할 수 있으나(법 제201조의2 제3항), 심문기일에 심문할 수는 없다.[9)]

개정 형사소송규칙 제96조의16 제3항은 “검사와 변호인은 판사의 심문이 끝난 후에 의견을 진술할 수 있다. 다만, 필요한 경우에는 심문 도중에도 판사의 허가를 얻어 의견을 진술할 수 있다.”라고 규정하고 있을 뿐이다. **종전의 “검사와 변호인은 판사의 심문이 끝난 후에 판사의 허가를 얻어 피의자를 심문할 수 있다.”**

9) 일본의 경우에는 검사나 변호인의 출입이나 참여, 의견진술 등이 허용되지 않고, 진술거부권이나 이익 되는 사실을 진술할 수 있음을 고지하지도 않는다. 우리와의 차이이다(이동희, “한국과 일본의 체포·구속제도에 대한 비교연구－체포·구속의 법제 및 실무운용을 중심으로－”, 「비교형사법연구」 11권 1호, 한국비교형사법학회, 2009, 77면 참조).

는 규정을 현재와 같이 개정함으로써 더 이상 현행법 하에서 변호인이 피의자를 심문할 수 없는 것으로 해석되고 있다.

그러나 이는 법관이 직권으로 범죄사실에 대해 피의자에게 심문하고 질문의 취지를 효과적으로 이해하지 못한 피의자가 충분한 자기방어를 할 수 없는 방식이므로 **변호에 불충분하고 변호권 행사의 제약이 된다고 본다.** 변호인이 심문 또는 신문할 수 있어야만 통상의 공판절차에서처럼 피의자에게 구속사유가 없다는 점을 폭넓게 현출시킬수 있을 것이다. 장차 변호인의 신문권(또는 반대신문권, 또는 심문권[10])을 인정하는 방향으로 개선되어야 할 것으로, 후술한다.[11]

현재로서도 판사의 허가를 얻고 피의자의 동의를 얻은 경우라면 변호인도 심문이 가능할 것으로 보는 견해[12]가 있으나, 과연 법에 규정되어 있지 않은 변호인의 피의자심문권을 동의라는 점을 매개로 법관의 허가를 얻어 실시할 수 있을지 의문이다. 통상 변호인이 의견진술을 길고 상세하게 할 경우만 하더라도 영장법관은 인상을 찌푸리며 간결히 의견진술을 마무리 해 줄 것을 요청하는 경우가 많은 점을 보면 그 전망이 어둡다고 본다.

(5) 조서작성

구속전심문조서는 공판조서에 준하여 작성한다.[13] 구속영장이 청구되어 법원이 구속전피의자심문을 하는 경우 법원사무관 등은 심문의 요지 등을 조서로 작성하여야 하고(법 제201조의2 제6항), 법원이 피의자심문조서를 작성하는 때에는 조서작성의 일반원칙에 따라 조서 기재의 정확성 여부를 진술자에게 확인하고, 조서에 간인하여 서명날인 또는 서명을 받아야 하며, 검사·피의자 또는 변호인이 조서 기재의 정확성에 관하여 이의를 제기한 때에는 그 진술의 요지를 기재하고 법관·법원사무관 등이 조서에 기명날인 또는 서명하여야 한다(법 제201조의2 제10항, 제48조, 제53조). 구속전피의자심문조서는 형사소송법 제311조의 법원 또는 법관의 조서에는

10) **명칭은 그 무엇이라도 좋다.** 형사소송법 제296조의2와 같이 공소사실 및 정상에 관한 사항에 관한 신문이어도 좋고, 제201조의2와 같이 판사의 심문에 준하는 심문이어도 좋다. **필자가 주장하는 절차는 문언적 의미의 신문과 심문의 차이를 넘어서서 범죄사실 및 구속사유에 대해 상세히 물어 현출시킬 절차가 필요하다는 의미이다.**

11) 현재 체포적부심 청구사건, 구속적부심 청구사건을 심리할 때도 심문기일에 출석한 검사, 변호인은 피의자를 심문할 수 없으며, 의견을 진술할 수 있을 뿐이다(개정 형사소송규칙 제105조 제1항). **같은 지적을 할 수 있겠으며, 현행법은 법관의 전지전능을 전제로 영장사유를 직권으로 판단하는 쪽에 가깝다고 볼 수 있는 방증이다.**

12) 오기두, "개정된 형사소송법의 운용", 「저스티스」 통권 제103호, 한국법학원, 2008, 76-77면.

13) 형사소송법 제201조의2 제6항. "제1항 또는 제2항에 따라 피의자를 심문하는 경우 법원사무관등은 심문의 요지 등을 조서로 작성하여야 한다."

해당하지 않지만, 제315조의 기타 특히 신빙할 만한 정황에 의하여 작성된 서류로서 증거능력을 가질 수 있다.[14)]

법관 중에서는 형사소송법 제48조, 제52조와의 관계상 구속영장 실질심문 절차에 관한 조서에 진술자인 피의자의 간인, 서명, 날인을 받아야 하므로, 법원사무관 등의 업무가 너무 번거롭게 되었고, 따라서 실무상으로는 1쪽으로 작성된 간략한 심문조서에 피의자의 서명, 무인만을 받고 있다고 소개하는 견해가 있다.[15)]

그러나 이 같은 제도운영과 소회는 법원편의주의적 사고로 보이며 특이하다고 할 수밖에 없다. 구속을 결정하기 위해 법관이 피의자를 심문하는 절차이고 **단 1회 만에 구속·불구속이 판가름 나는 심문절차에서 유일한 불복의 증거로 겨우 공판조서만이 남았다 해도 과언이 아닌데,** 공판조서에 피의자의 진술이 잘 기재되었는지 확인시키는 일환으로 피의자의 서명, 날인, 간인을 필요로 하게 된 것이 법원사무관에게 번거로운 일이 되었다는 것, 사무관이 피의자에게 내용을 읽어보게 한 후 서명, 날인의 가중된 업무를 수행하게 되었으므로 1쪽짜리 심문조서를 작성할 수밖에 없게 되었다는 주장들은 쉽게 이해하기 어려운 것이다.

오히려 법관의 입장에서는 법문과 같이 심문의 요지에조차 이르지 못할 정도로 부실한 조서작성이라면 이 점을 개선시키기 위해 적극 소송지휘권을 행사해야 함이 법관의 책무로 보인다. 실제 심문조서에는「피의자 "선처를 바란다고 진술"」로만 기재되어 있는 것이 대부분이어서, 변호인 입장에서는 범죄혐의, 구속사유, 구속계속의 필요성 등과 관련하여 무엇을 토대로 구속적부심사를 준비해야할지 답답할 때가 많다. 따라서 **향후에는 피의자가 자신이 받은 신병재판에 대해 실질적 불복권을 보장받을 수 있도록** '심문조서에 심문의 요지 등을 기재한다'고 애매하게 규정할 것이 아니라, 오히려 **상세하게 기재하도록 입법개선이 이루어져야 할 것이다.**

(6) 심문조서에 대한 검찰입장

구속전피의자심문조서 작성 및 교부와 관련하여 보면, 심문조서는 거의 모든 법원에서 간략히 작성하는 바 증인신문조서와 같은 문답식이 아니라 개괄식으로 간략하게 기재되었고,[16)] 이러한 심문조서는 법원이 보관하고 검사의 청구시 사본을 교부한다. 그간 법원이 교부를 거부한 사례는 없었고, 검찰 또한 조서 사본을 증거로 제출하거나 채택한 사례는 없었다.[17)]

14) 이재상, 형사소송법, 제9판, 박영사, 2013, 264면.
15) 오기두, "개정된 형사소송법의 운용",「저스티스」통권 제103호, 한국법학원, 2008, 77면, 주11).
16) '돈을 받은 사실이 있다고 진술하다', '범죄사실을 대체로 인정함' 등.

그러함에도 법원의 심문조서의 간략한 작성방식에 대해 검찰은 검찰대로 비판적으로 보고 있다. 구속전심문조서의 작성, 보관 방법과 관련하여, 대법원 '인신구속사무의 처리에 관한 예규'(2012. 12. 27. 제1410-8호)는 구속전피의자심문조서에 피의자 등 진술자의 진술 요지와 검사, 변호인의 의견 요지를 기재하고, 법원장의 공람을 거쳐 1년간 보존 후 폐기하도록 규정됨으로써(동 예규 제47조)[18] 일선 법원에서는 구속전심문조서를 매우 짧게 1장짜리로 작성하고, 법원에 보관하고 있다가 검찰 등의 신청이 있는 경우 조서 사본을 교부하는데, 법률에서 조서를 작성하도록 규정한 취지는 피의자의 진술 취지를 충실하게 기재하고 사건 기록에 편철한 다음, 수사 및 재판 과정에서 활용하게 하려는 취지로 보이는데도 지나치게 짧아 법 취지에 충실하지 못한 작성방법이라고 비판하고 있는 것이다.[19]

다. 불구속 수사(재판)원칙

(1) 불구속 수사확립의 배경

영장발부시 그간의 가장 큰 문제는 바로 피의자가 부인하고 있고, 피해금액이 크고 피해회복이 되지 않았다면, 중형선고가 예상되므로 도주우려가 있다고 보고 구속영장발부를 쉽게 하여왔다는 점이다. 검찰에서는 피해액 1억 원 이상이면 무조건 구속수사원칙을 내부적으로 정하고 있고, 법원도 오랜 기간 검찰의 협조자로 쉽게 영장을 발부해왔다.

그러나 이러한 관행은 우리 헌법과 형사소송법의 무죄추정의 원칙에 따른 불구속 수사, 불구속 재판의 원칙을 간과한 것으로 비판의 대상이었다.[20] 이미 헌법

---

17) 서울동부지방검찰청, 법학교수·검찰 실무연구회 발표자료, 2008. 6. 3, 170-171면.

18) 인신구속사무의 처리에 관한 예규 제47조(심문조서) ① 법원사무관 등은 피의자심문 절차를 진행하는 경우 재판사무시스템을 사용하여 심문조서를 작성한다. ② 심문조서에는 피의자 등 진술자의 진술 요지와 검사, 변호인의 의견 요지를 기재한다. 심문기일에 통역인, 번역인에 대한 심문이 행해진 경우에는 그 진술의 요지를 기재한다. ③ 심문조서는 법원의 장의 공람을 거쳐 [별표] '피의자심문조서철'에 편철하여 다음 해 1월 1일부터 1년 동안 보존한다.

19) 서울동부지방검찰청, 법학교수·검찰 실무연구회 발표자료, 2008. 6. 3, 178면.

20) 무죄추정의 원칙(헌법 제27조 제4항, 형사소송법 제275조의2)은 구속을 제한하는 지도 원리로 작용할 뿐만 아니라 일단 구속된 경우에도 가급적 석방되어 시민적 자유를 향유시킬 것을 요구하고 있다. 무죄의 추정을 받는 자에게 형벌과 같은 성격의 강제처분은 과할 수 없으므로 인신구속은 어떠한 경우에도 사전형벌(vorgenommene Strafe)로서의 성질을 가질 수 없으며, 이것에 의한 형벌의 목적을 추구하기 위한 일방예방(혹은 특별예방)의 효과를 기대하는 것도 허용되지 않는다. 또 수사의 편의나 자백획득의 수단, 범죄에 대한 응징 그리고 피해회복의 수단으로서 인신구속을 악용하는 것은 허용되지 않는다. **위장된 구속사유**(apokryphen Haftgründe)**는 무죄추정의 법리에 반**하기 때문이다. 결국 무죄추정의 원칙을 고려할 때 구속은 수사 및 재판에 있어서 원칙이 아니라 다른 방법에 의해서는 형사소송의 목적을 달성할 수 없다고 인정되는 경우 불가피한 최후의 수단(ultima ratio)으로 사용될 때에만 정당성이 부여된다고 할 것이다(이재석, "수사와 인권", 「비

재판소는 일찍부터 헌법상 무죄추정의 원칙으로부터 불구속 수사·불구속 재판원칙을 도출해 낸 바 있다.[21)]

이러한 우려에 대해 사법부의 수장도 그러한 잘못된 관행에 대해 충분히 인식하고 일선 판사들에게 주의를 당부하였다. 이용훈 전 대법원장(大法院長)은 2006. 9. 18. 대구고등·지방법원을 방문했을 때 "판사들이 깊은 생각 없이 영장을 발부한다. 구속적부심을 통해 며칠 뒤 석방될 것을, 또 한달 뒤 집행유예로 풀려날 것을 왜 구속영장을 발부하느냐"고 훈시하였으며,[22)] 2006. 9. 13. 광주고등·지방법원을 방문한 자리에서는 구속영장 발부에 있어 역지사지의 자세로 신중해야 할 것을 당부하였다. "제대로 된 공판중심주의라는 것은 법정에서 제대로 증거조사를 해야 되는 것입니다. (중략) 우리 판사들 영장을 발부하면서 영장 발부해서 구속되는 사람의 가족과 그들의 심정을 한 번도 헤아려보지 않는 것이 오늘 우리 판사들의 태도라는 생각을 가끔 합니다. (중략) 범죄단서가 있어서 증거수집하기 위해서 압수수색하는 것이야 얼마든지 가능하지만 새롭게 수사를 하기 위해서 소위 압수수색을 해서 서류를 다 가져다가 뒤져서 새로 수사할 것 같으면 누가 그것을 못하겠습니까? 우리 법원에서 여태까지 그런 일을 해왔던 것입니다. 우리 잘 생각해야 됩니다. 만일에 내 뒷조사를 5년 동안 수사기관에서 한다고 생각해보세요. 영장 그렇게 발부해 주겠어요? 그렇게 안할 것입니다. 여러분 구속영장과 압수수색영장 그것은 강제처분이기 때문에 신중하게 해야 합니다. **물론 제가 이런 말을 하면 법원과 검찰에 갈등이 있으리라 생각합니다.**"[23)]

위와 같은 이용훈 전 대법원장의 불구속 재판원칙 강조로 인해 이 시기부터의 구속영장 발부율은 확연히 낮아졌고, 검찰과 갈등관계에 접어들었다.

(2) 수사현실과 위 원칙 간 대립

(가) 검찰(檢察)에 따르면, 2012. 9. 기준 구속영장 청구 건수가 6년 만에 감소했고 이는 법원이 이용훈 전 대법원장 취임 이후 본격적으로 추진한 불구속 재판이 정착돼 검사들이 법원에서 영장을 발부할만한 사안만을 선별해 구속영장을 청구하고 있기 때문이며, 반면 계좌추적, 증거 확보를 위해 청구하는 압수수색영장은 두 배 가량 늘었고 적어도 압수수색영장 발부율은 매년 98%를 상회했다고 한다.[24)]

교형사법연구」 5권 2호, 한국비교형사법학회, 2003, 814-815면).

21) 헌법재판소 1992. 1. 28, 선고 91헌마111 결정; 헌법재판소 1992. 4. 14, 선고 90헌마82 결정.

22) 국민일보, 기사, "대법원장 발언에 검찰이 발끈한 까닭은", 2006. 9. 21.자

23) CBS 노컷뉴스, 기사, "법조 파문 일으킨 이용훈 대법원장 문제의 발언들은?", 2006. 9. 21.자

24) 법률신문, 기사, "구속영장 청구 6년 전의 절반", 2013. 9. 10, 1면.

이와 같은 불구속 재판 정착으로 검찰이 인신구속을 통한 진술 위주 수사 대신 객관적 입증을 통한 과학수사관행으로 수사방식을 전격 전환한 점은 바람직한 변모이나,[25] 증거의 소재를 파악하기 위해서라도 수사기관은 피의자 및 참고인의 진술을 듣지 않을 수 없고 또 부인하는 피의자에게 심리적 압박을 가하여 진술을 확보하기 위해서는 부득이 구속수사를 실시하지 않을 수 없다. 따라서 **최근 검찰의 불만을 보면, 위와 같이 충분히 숙고하여 구속 수사하여야 할 만한 사건만 선별하여 영장을 청구하는데도, 법원이 수사의 주체와 재판의 주체를 구분하고 있는 직분상의 한계를 넘어서서 구속영장발부단계에서부터 미리 기준도 없이 판단하여 구속 수사하여야 할 사건도 영장을 기각하고 있고, 이는 결국 수사방해에까지 이르고 있다는 것이다.**[26] 검찰의 이와 같은 주장의 논거로는 "불구속 수사를 원칙으로 하기보다는 구속적부심이나 보석제도 등 사후적 통제 제도의 활용을 높여야 한다"라거나 "압수수색영장을 '포괄적'이라는 이유 등으로 일부 기각하는 건수가 크게 늘어나 수사에 어려움을 겪고 있다"는 것이 그 취지이다.[27]

(나) 실제 대법원이 2012년 국회 법제사법위원회에 제출한 형사재판 운용현황 자료에 의하면, 2006년 6만 2,000여건에 달하던 구속영장 청구 건수가 매년 감소해 2011년에는 3만 7,000여건에 머물렀고, 전체 형사사건 피의자 중 구속인원 비율은 2.07%에서 1.25%로 낮아졌는바, 이처럼 검찰의 구속영장 청구건수가 크게 줄었지만 같은 기간 법원의 구속영장 기각률은 16.4%[28]에서 23.8%로 오히려 7.4%

---

25) 과학수사에 입각한 철저한 수사가 이루어지지 않을 경우 수사미진으로 인한 무죄판결의 부담은 검찰이 안을 수밖에 없다. 대한변호사협회 발간 2013 인권보고서에 따르면, 1심 형사공판사건의 무죄율이 2008년 1.7%에 불과하였으나 2012년 23.49%로 매년 증가하고 있으며, 무죄확정사건 중 54.2%가 검사의 수사미진으로 인한 것을 알 수 있다(법률신문, 기사, "대법원 공개변론 온라인 중계… 사법 민주화 촉진", 2014. 4. 3, 7면 참조). 이미 수백 년 전 정약용은 「흠흠신서」에서 과학수사와 범죄심리를 활용할 것을 권장하였고, 강압에 의한 자백을 인정치 않도록 주의하라 하였다 하니 실로 놀랍지 않을 수 없다(김진혁, "다산 정약용의 형사사법관과 형사정책적 시사점", 「인문논총」 25집, 경남대학교 인문과학연구소, 2010, 123면 참조).

26) 同旨 조선일보, 기사, "['사법致死' 고리 끊자][中] 구속에 목메는 검찰, 영장 기각되면 법원에 삿대질", 2015. 5. 15.

27) 법률신문, 기사, "구속영장 청구 6년 전의 절반", 2013. 9. 10, 1면.

28) 2006년 우리나라의 구속영장 기각률이 16.4%일 때, 일본의 구속영장의 기각률은 0.7%로서 상당히 대조적이다. 이 시기 이후 우리의 경우 영장 기각률이 20% 이상으로까지 올라간 점을 감안하면 일본과는 달리 우리 법원이 이용훈 대법원장 취임 이후 영장발부에 대단히 신중하고 있음을 알 수 있다{이동희, "한국과 일본의 체포·구속제도에 대한 비교연구－체포·구속의 법제 및 실무운용을 중심으로－", 「비교형사법연구」 11권 1호, 한국비교형사법학회, 2009, 86면; 이동희, "일본 형사소송법의 쟁점과 동향", 「비교형사법연구」 14권 1호, 한국비교형사법학회, 2012, 290면 및 주 32) 각 참조; 노정환, "수사절차독립성론－수사의 개념 및 원칙을 중심으로－", 「법학실무연구회」 발표논문, 대검찰청, 2009. 5, 58면 주3); 노정환, "수사절차독립성론(上)－수사의 개념 및 원칙을

높아진 것으로 나타났다. 또 '2014 사법연감'에 따를 때, 2013년 법원의 구속영장 기각률은 18.2%였다. 33,116건이 청구되고, 27,089건이 발부되었다.[29)]

이러한 현상에 대하여 **대법원(大法院)은 "구속영장 발부율이 낮아지고는 있지만 법정구속인원과 법정구속률이 지속적으로 증가해 실형을 선고받는 피고인의 수는 별다른 변동이 없다. 불구속 재판원칙이 정착단계에 들어선 것"이라고 평가**하고 있는 반면, 검찰(檢察)은 "선별적으로 구속영장을 청구하고 있음에도 기각률이 높아지고 있는 것은 이해하기 어렵다. 영장 전담 판사들이 영장 기각률을 일정 수준으로 맞추기 위해 자의적인 판단을 하는 것은 아닌지 우려된다"고 하여 상반된 입장을 보이고 있다.[30)31)]

(다) 한편, 압수수색영장은 청구건수도 늘었고 발부율도 높다. 2006년 6만 2,100여 건이던 압수수색영장 청구 건수는 2011년 10만 9,100여 건으로 1.8배 증가했고, 2006년 99%이던 법원의 압수수색영장 발부율도 2011년 98%로 별 차이가 없다. '2014 사법연감'에 따를 때, 2013년 압수수색검증영장 청구 건수는 182,263건, 발부 건수는 166,877건으로 발부율은 91.6%였다.[32)]

그러나 이에 대해서도 검찰(檢察)은 압수수색영장을 청구하면 법원이 '포괄적'이란 이유 등으로 압수수색이 필요한 현장 중 일부를 삭제해버리거나 연결된 은행계좌를 볼 수 없게 해 매번 새로운 영장을 받아야 하는 등 영장수사에 어려움을 겪고 있다고 주장한다. 실제 2006년 4.5%이던 압수수색영장 일부 기각률은 2011년 11.5%로 2.6배 늘었다.[33)]

(라) 위와 같은 사정으로 현재 검찰(檢察)에서는, "법원이 구속영장 기각이나

중심으로－",「법조」57권 3호, 법조협회, 2008, 117면 주3) 참조}.

29) 법률신문, 기사, "법원, 작년 '감청 영장' 발부율 94%", 2014. 10. 23, 1면.

30) 법률신문, 기사, "구속영장 청구 6년 전의 절반", 2013. 9. 10, 1면.

31) **다만 이러한 불구속 원칙 강화가 해마다 같지는 않다.** 대한변호사협회의 '2014 인권보고서'를 보면, 최근 5년간 구속영장 발부 비율이 증가하고 있는 반면 체포·구속적부심사의 석방비율은 떨어지고 있다고 한다. 보고서에 따르면 구속영장 발부비율은 2009년 74.9%에서 해마다 증가해 2013년에는 81.8%를 기록했고, 적부심사에서 석방 비율은 2009년 39%를 기록한 후 매년 감소 추세를 보이다가 2013년에는 17.4%로 4년 새 반 토막이 났다는 것으로 불구속 수사의 확대 경향이 후퇴하고 있는 것이 아닌가 하는 의구심이 든다고 발표하였다(법률신문, 기사, "불구속 수사 원칙 크게 후퇴", 2015. 2. 23, 1면).

구속영장의 발부비율이 81.8%라는 뜻은 구속영장실질심사에서 18.2%의 피의자만이 석방되는 것이 되므로 영장심사에서의 변호인의 역할이 얼마나 어렵고 보람이 없는지 알 수 있다. 결국 **영장심사에서 18.2%의 피의자만 석방되고, 적부심에서 17.4%의 청구 피의자가 석방**된다면 불구속 강화 원칙이 지켜지지 않고 있다는 변협의 의견이 타당하다고 볼 수 있다.

32) 법률신문, 기사, "법원, 작년 '감청 영장' 발부율 94%", 2014. 10. 23, 1면.

33) 법률신문, 기사, "구속영장 청구 6년 전의 절반", 2013. 9. 10, 1면.

압수수색영장 일부기각을 통해 수사를 간접적으로 지휘하려 한다"고 보거나, "구속영장을 발부받기가 점점 어려워지고 있는 상황에서 압수수색 일부기각 건수마저 늘어나 수사 환경이 점점 열악해지고 있다. 적절한 시점과 범위의 압수수색이 어려워지면 피의자들에게 증거인멸을 할 기회를 더 주게 된다"고 보면서, 범죄의 지능화·고도화와 더불어 변호인의 조력권이 실질적으로 보장돼 수사 여건이 더 열악해지고 있는 점을 감안하면 법원은 향후 영장기각을 통한 사전통제보다 구속적부심이나 보석을 통한 사후통제에 중점을 둬야 한다며 미국의 경우도 일단 구속영장을 발부하여 대부분 구속한 후 보석을 통해 풀어주는 것을 예로 들고 있다.[34]

그러나 이에 대하여 대법원(大法院)은 "형사소송법상의 무죄추정 원칙이나 불구속 재판 관련 조항은 영장재판 단계에서도 엄격히 적용돼야 하고, 영장보석을 허용하고 있는 미국과 단순 비교하는 것은 무리다"라고 반대 입장에 서있다.[35]

(3) 무엇이 옳은가?

(가) 형사소송법 제201조의2(구속영장 청구와 피의자심문)가 시행되기 바로 전인 1996년 14만 3,068명이 구속수사 되었는데, 위 통계대로라면 1996년에 비해 2012년 기준 10만 명 이상이 수사절차에서 구속을 면하였고, 1996년 피고인 중 63.6%가 구속피고인이었는데 구속구공판 피고인 비율이 전체 기소자 중 14% 정도에 불과한 것을 보면 비율로도 큰 변화를 읽을 수 있다.[36] 그러나 **불구속 재판 후 법정구속이 확대되고 실형을 선고받는 피고인의 수에는 변동이 거의 없는 점에서 현재 사법부는 일단 수사단계에서는 불구속 수사, 이후 실형이 선고되면 도주우려를 대비해 법정구속하는 방향으로 확실히 돌아섰다고 볼 수 있다.**

(나) 그렇다면 이 같은 불구속 재판원칙이 헌법과 법의 이념에 반하는가(이념적 문제). 또는 현저한 수사방해가 되어 피고인의 도주율이 급격히 증가했다거나 수사기관의 대응능력이 현저히 약화되었는가(현실적 문제).

1) 이에 대하여 검찰(檢察)에서는, 범죄 발생의 양적 증가는 물론, 질적으로 살인이나 성폭력 등 흉포한 정도가 날로 심화되고 있음에도 구속률은 0%를 향해 가고 있는 수사 현실은 분명 기형적이고, 이로 인해 피의자의 인권이 신장된 것은 분명하겠지만 범죄 피해자나 선량한 일반시민들이 법 감정상 구속 비율의 감소를 수인하는 정도나 형사사법절차를 신뢰하는 정도는 늘었을지, 줄었을지 진지하게

34) 법률신문, 기사, "구속영장 청구 6년 전의 절반", 2013. 9. 10, 1면.
35) 법률신문, 기사, "구속영장 청구 6년 전의 절반", 2013. 9. 10, 1면.
36) 법률신문, 사설, "불구속재판 원칙과 몇 가지 과제", 2013. 9. 13, 15면.

자문해 볼 일이라고 한다.

또 법원의 영장기각 사유 중 수사목적 또는 수사편의를 위해 피의자를 구속해서는 안 된다는 식의 판사들의 인식은 다소 형이상학적이며, 수사단계에서의 구속은 아무래도 영장 범죄사실에 대한 수사목적이 우선이고, 보탠다면 여죄의 규명, 공범에 대한 수사목적도 있으며, 경우에 따라서는 공익적 견지에서 동종 유사범죄의 확산을 억제·차단하려는 의도가 추가될 수 있는 것이라고까지 주장한다.[37] 특히 국책사업인 제주 강정마을 해군기지 공사반대 시위 중 주동자들을 구속하자 진정 국면으로 전환, 서울역 앞 거물 주폭 몇 명을 구속하자 주폭과 노숙자가 일거에 사라진 사례 등을 보면 더욱 그러하다고 하면서, 수사에 필요하다면 구속함이 타당하고, 재판에서의 도주우려, 실형선고 가능성 등을 이유로 한 신병 보전문제는 그때그때 단계에 가서 고려하고 대처할 문제라고 보고 있다.

즉 불구속 수사 선행론은 옳지 않고, 각 법원에서 영장을 기각하는 사유 중 '불구속 수사원칙'이라는 개념은 잘못된 것인데도, 판사들은 사건 수사의 특성, 수사 관계상 구속의 필요성 등은 최소한으로 고려하면서 법원이 중시하는 실형선고 가능성, 재범 위험성 등의 기준에 부합할 때에만 구속이 가능한 것으로 생각하는 경향이 짙고, 언제부터인가 법에도, 책에도 없던 '불구속 수사원칙'이 마치 확립된 원칙인 양 강조되다가 급기야 2007년 6월 형사소송법 제198조에 명시까지 되었지만, 실은 구속수사가 일반원칙이 될 수 없는 것처럼 불구속 수사도 일반원칙이 될 수는 없다고 하면서, 그간 구속이란 제도 자체가 법원의 영장을 받게 되는 관계로 굳이 불구속 수사원칙을 언급하지 않더라도 이미 검찰이 제한적이고 선별적으로 하여 왔으며 적절한 통제가 되어 왔다고 주장한다.

심지어 재판과정의 사정을 검사가 담당판사만큼 알 수 없는 것처럼 수사과정 특히 구속단계 사정을 판사가 검사만큼 알기는 어려우므로, 구속영장 발부판사는 체포과정의 불법성[38]이나 영장청구 절차규정의 위배 여부 등을 문제 삼는 것은 당

37) 그러나 이러한 주장은 무죄추정원칙 및 구속제도의 목적에 정면으로 반하는 이해라 하겠다. 일반예방의 효과를 위해 구속제도를 사용하자는 주장이기 때문이다; 이재석, "수사와 인권", 「비교형사법연구」 5권 2호, 한국비교형사법학회, 2003, 814면.

38) 적법한 체포가 되기 위해서는 다음과 같은 절차를 준수하여야 한다. (1) 영장체포의 경우, 체포영장은 검사의 지휘에 의하여 사법경찰관리가 집행하며(법 제200조의6, 제81조 제1항 본문), 집행함에는 체포영장을 피의자에게 제시하여야 한다(법 제200조의6, 제85조 제1항). 다만, 체포영장을 소지하지 아니한 경우에 급속을 요하는 때에는 피의자에 대하여 피의사실의 요지와 영장이 발부되었음을 고하고 집행할 수 있다. 이 경우 집행을 완료한 후 신속히 체포영장을 제시해야 한다(동조 제3항, 제4항). 검사 또는 사법경찰관은 피의자를 체포하는 경우 피의사실의 요지, 체포의 이유와 변호인을 선임할 수 있음을 말하고 변명할 기회를 주어야 한다(법 제200조의5, 영장체포 및 긴

연한 것이라 하더라도 사건내용에 관하여 아직 초동수사 단계임에도 재판단계의 입증 수준의 소명을 요구한다거나 수사가 어디까지 갈지 확정적이지 않은데도 도주 가능성 여부를 논한다거나 심지어 수사미진을 논하는 것은 무리이며 적절치도 않으며, 전국 각 법원이 법 규정 어디에도 없는 '방어권 보장'을 영장기각사유로 적시하는 일반적 현상도 잘못되었다고까지 주장하고 있다.[39)]

결국 검찰의 주장은 이미 선별되어 청구된 구속사건에 대해서만큼은 무조건 영장을 발부하고 구속적부심과 보석제도로서 상세히 심리하는 것이 타당하다는 것이고, 그것이야말로 구속적부심과 보석제도를 별도로 둔 취지에도 맞고, 수사와 재판의 주체를 분리한 사법체계에도 모순되지 않고, 판사가 섣부른 판단으로 수사를 방해하는 결과를 막을 수 있다는 것이다.[40)]

2) **그러나 필자의 생각(私見)으로는 불구속 수사원칙에 대해 깊이 공감하고, 바뀐 법원의 영장 발부태도가 옳다.** 다수의 형사법 학자도 그와 같을 것이라 확신한다.

가) 일찍이 헌법재판소(憲法裁判所)는 무죄추정의 원칙으로부터 불구속 수사·불구속 재판원칙을 도출하여 왔고,[41)] 그것이 현대의 보편타당한 문명사회의 결단에 부합하는 것이 분명하며, 구속을 수사 또는 사전형벌의 목적으로 사용하겠다는 점이 검찰 주장에서 공공연히 드러나고 있고, 실제 법의 취지와는 다르게 보석이 상당히 인색하게 허가되고 있어 일단 구속한 후 공판 중 보석을 통해 석방되기란 거의 불가능하므로[42)] 검찰의 그와 같은 주장도 보석현실에 맞지 않으며, 구속 상태

급체포 공통). (2) 다음으로, 현행범체포의 경우에도 체포과정에서 피의사실의 요지 등을 고지하여 줌으로써 절차준수를 하여야 함은 통상체포와 다를 바 없다(법 제213조의2, 제200조의5). 다만 이와 같은 고지는 체포를 위한 실력행사에 들어가기 전에 미리 하여야 하는 것이 원칙이나, 달아나는 피의자를 쫓아가 붙들거나 폭력으로 대항하는 피의자를 실력으로 제압하는 경우에는 붙들거나 제압하는 과정에서 하거나, 여의치 않을 경우 일단 붙들거나 제압한 후에 지체 없이 하여야 한다(대법원 2000. 7. 4, 선고 99도4341 판결; 대법원 2007. 11. 29, 선고 2007도7961 판결; 대법원 2010. 6. 24, 선고 2008도11226 판결).

39) 실제 검찰에서는 방어권보장 차원에서 영장을 기각했다가 풀려난 성폭행범이 고소인을 살해한 경우를 예로 들며, 영장기각의 신중성을 주장하는 견해도 있다(박병규, "구속영장재판의 종류, 주체, 항고", 「법학실무연구회」 발표논문, 대검찰청, 2009. 5, 449면 참조).

40) 법률신문, 연구논단, "피의자 구속제도를 다시 한번 생각해 본다－법원은 구속적부심·보석제도를 통한 사후통제에 중점을 두어야－", 2012. 9. 13, 11면.

41) 헌법재판소는 진작부터 불구속 수사·불구속 재판이 헌법의 정신에 맞다고 설시하였다(헌법재판소 1992. 1. 28, 선고 91헌마111 결정).

42) 이재홍, "사법제도의 세계화 추진방향", 「형사정책연구」 제6권 제1호(통권 제21호), 한국형사정책연구원, 1995, 22－23면 참조.

한편, 이재홍 변호사의 주장과 같이 실무가 운용되는 현실에 대하여는, **필요적 보석이 마치 재량보석처럼 운용되는 점에서 비판이 가능하다**; 손동권, "한국 형사사법의 현황과 발전방향", 「형사정책연구」 제8권 제3호(통권 제31호), 한국형사정책연구원, 1997, 47면.

의 불대등 상태에서 밀실수사·반복수사를 강행하는 것은 필벌주의에서나 정당성을 찾을 수 있을 뿐 무죄추정원칙, 비례성 원칙 등 현대 사회의 가치 있는 어떤 헌법적 정신에 비추어 보아도 허용되지 않는다고 보는 것이 타당하므로 구속제도는 극히 예외적으로만 운용되어야 하는 것이다. 결론적으로 바뀐 법원의 태도가 맞다.

나) 바뀐 법원의 태도는 법익의 균형성, 피해의 최소성에도 부합한다. 검찰은 전국적인 조직력과 압수·수색영장청구권, 사법경찰관에 대한 수사지휘권, 수사감정의뢰권 등 다양한 수사권을 보유하고 있어 반드시 구속수사가 필수적인 것이 아니다. 다른 방식으로 얼마든지 과학수사를 추구할 수 있기 때문이다.

반면, 구속피의자는 구체적으로 방어권 행사에 있어 극심한 어려움을 겪게 되며, 만약 구속될 경우 침해의 최대성이라는 법익침해를 겪게 된다. 구속피의자는 자신을 조력할 변호인 또는 가족을 만나기가 어렵고, 한 번 만나려 해도 각종 시간상 제약, 횟수 제약, 장소적 제약으로 충분한 방어준비를 하기 어려운 것이 현실이다.[43][44] 또 단순히 방어권의 불균형만 겪는 것이 아니다. 지병의 치료시기·방법을 놓치거나, 위독한 부모의 임종을 지켜보지 못하거나, 부양할 가족을 보살피지 못하고, 어음 미결제와 당좌수표 미회수, 체불임금으로 별도 고소·고발을 당하거나, 물품대금을 결재 받지 못한 거래처가 거래를 끊어 매출이 끊기다가 종국에는 밀린 세금, 사업부채를 피보전권리 또는 집행채권으로 한 회사재산에 대한 보전처분 또는 강제집행을 당하는 어려움을 겪는다. 그것도 구속되었다는 소문 또는 어음부도 소식이 있고 얼마 후 일시에 사방에서 들어온다. 그 같은 경우 거의 모든 회사의 외부계약에 보증인으로 입보한 피의자 및 그의 가족들의 개인재산에 대해서 일순간 압류·경매 조치됨은 물론이다.

이와 같이 구속이란 제도는 단순히 도주할 것을 대비해 신병을 확보하는 것에 그치지 않고 실로 당하는 입장에서는 해악이 지대한 것이다.[45] 따라서 법익의 균형성과 침해의 최소성을 고려할 때 불구속 수사가 맞고, 그것이 오히려 방법의 적정성에 부합한다고 볼 것이다.[46]

---

43) 同旨 이재석, "수사와 인권", 「비교형사법연구」 5권 2호, 한국비교형사법학회, 2003, 817면.

44) 유사한 내용의 판례로는, 헌법재판소 2013. 8. 29, 선고 2011헌마122 결정(헌법소원 대리인인 변호사와 접견하는 경우에도 수용자의 접견은 원칙적으로 접촉차단시설이 설치된 장소에서 하도록 규정한 형의 집행 및 수용자의 처우에 관한 법률 시행령 제58조 제4항이 재판청구권을 침해했다는 취지).

45) 同旨 이재석, "수사와 인권", 「비교형사법연구」 5권 2호, 한국비교형사법학회, 2003, 817면; 이재상, 형사소송법, 제9판, 박영사, 2013, 255면; 헌법재판소 1992. 1. 28, 선고 91헌마111 결정.

46) 물론 이미 물증이 확보된 상태에서 도주 중이던 자를 긴급체포하였고 그 자의 죄질이 중하다거나,

다) 검찰이 주장하는 바와 같이 불구속원칙으로 인해 수사를 방해받았다는 객관적 자료는 어디에도 없다. 도주율이 크게 증가하였다는 자료도 어디에도 없다. 검찰의 주관적 불만으로 볼 여지가 크다.

죄의 성립요소 및 증거에 대한 입증책임은 어디까지나 검사에게 있지,[47] 피의자가 구속까지 되어 수사를 도와야 할 하등의 이유는 없다. 따라서 구속제도는 극히 제한적으로만 사용되어야 하고 남용되어서는 아니 될 것이어서, 차라리 아예 불구속이 원칙이고 구속은 예외라는 수사관행이 자리 잡혀야 한다. 그러나 **권한가진 자는 자율통제가 되지 아니하는 만큼 외부에서 통제해야 한다. 바로 그런 기관으로 우리 헌법이 예정하고 있는 기관이 법원이다.** 따라서 법원이 구속률을 통제하건, 각 사건을 통제하건 그것은 위와 같은 무한한 구속의 폐해를 경험한 우리 헌법제·개정권력자들이 집단적 합의로 일구어 낸 헌법정신이다. 전혀 잘못되거나 이상한 것이 아니다. **이제 제자리를 찾아가고 있을 뿐이다.**

라) 구속제도의 남용이 전혀 없을 거라고 보장할 수도 없다. 헌법재판소(憲法裁判所)도 「피의자, 피고인의 구속은 무죄추정을 받고 있는 사람에 대하여 만부득이 인정되고 있는 제도이므로 구속이 도망의 방지나 증거인멸의 방지라는 구속의 목적을 넘어서 수사편의나 재판편의를 위하여 이용되어서는 아니 됨에도 불구하고 이것이 **수사기관이나 재판기관에 의하여 남용되기 쉬우며** 구속된 피의자나 피고인

중한 범죄의 현행범으로 체포된 경우로서 전과가 많으며 피해자와의 관계를 악용하여 중죄를 저지른 것이 맞아 석방시킬 경우 다양한 구속사유를 발생시킬 것이 맞는 경우조차 불구속 수사가 맞다고 주장하는 것은 아니다. 이런 **예외적인 경우라면 구속수사가 오히려 더 적절할 것이란 점에는 필자도 이의를 제기하지 않는다.**

47) 그런데 **법상의 입증책임을 쉽게 비켜가는 오판이 종종 일어나는 경우**가 있는데, 사실인정과 증거판단에서 오류를 범하는 일부 단독법관들의 미숙과 자만심이 원인이 될 때가 많다. 공판과정에서 변호인이 검사의 증거에 대해 증거능력 또는 증명력의 문제를 제기하여도, 만약 법관이 검찰제출 진술증거에 대해 높은 신빙성을 부여하고, 변호인의 증거가 객관적이더라도 간접증거 또는 정황증거에 불과하다고 보아 무시하는 방법으로 쉽게 유죄의 판단을 한다면 오판에 다다를 위험이 커진 것이다(사실 검찰증거 중 직접증거가 아닌 것도 상당하다).

더 큰 문제는 그러한 공판과정 및 심증형성과정을 경험한 검사라면 대략의 진술증거들을 묶고 최소한의 객관적 증거를 보태어(1개 내외) 공소 제기할 경우 무조건 유죄가 가능하다고 확신하게 되고, 그러한 검사는 향후 수사과정에서도 비과학적이고 편중된 (진술)증거확보에 열을 올리게 될 것이다.

그렇다면 **법관과 검사가 각각의 권한을 남용**(또는 직무유기)**하여 헌법과 형사소송법이 엄중히 요구하는 무죄추정의 원칙, 입증책임을 바꾸어 버리는 결과를 초래**하는 것이 된다. 언행일치, 혼연일체가 되어 법조인들이 실체진실발견과 기본권 보장의 상반된 이념을 끊임없는 고민과 성찰 속에서 추구해가야 할 것이므로, 앞으로 특히 **형사 법관들은 충분히 입증되었는지, 그 입증은 검사에 의해 이루어졌는지를 염두에 둔 판결을 하여야만 한다.** 법관들의 그 같은 헌법합치적 형사판결만이 수사검사들의 편향된 수사를 제지할 수 있다. 구속수사관행에 제동을 걸었던 이용훈 전 대법원장 같은 분의 재차의 출현이 그립고 기대된다.

은 그것만으로도 불안, 공포, 절망, 고민, 정신혼란 등 불안정한 상태에 빠지게 되고 수입상실, 수입감소, 사회활동의 억제, 명예의 추락 등 많은 불이익을 입게 되는데 특히 구속된 피의자의 경우는 자칫 자백을 얻어 내기 위한 고문·폭행 등이 자행되기 쉽고, 헌법이 보장하고 있는 진술거부권(헌법 제12조 제2항 후단)도 보장되기 어렵게 되며, 구속이 그 목적을 일탈하여 수사편의나 재판편의로 이용될 때 공소제기가 잘못되거나 재판이 잘못되어 원죄(冤罪)사건이 생기기 쉽다.」고 하여 구속제도의 남용을 우려하였고,[48] **객관의무를 위배하는 검사가 있을 경우 구속제도의 남용은 더욱 우려된다.** 엄격히 법리를 따진다면 죄가 되지 않음이 확률상 높은 사건인데도 일단 구속하여 자백이나 받고 보려는 태도를 보이는 검사가 실무상 종종 있기 때문이다. **이 경우 구속은 제도를 남용한 비신사적 수사방식이 되어 객관의무 뿐만 아니라 수사의 신의칙에도 어긋난다. 모든 검사에게 도덕성, 공정성을 기대하기란 쉽지 않은 것이므로 일단 무기대등은 필요하다.**[49] 한쪽은 수사권을 갖고, 한쪽은 충분한 방어권을 행사하는 모습.

마) 만약 그렇지 아니하고 종전처럼 구속이 남발될 경우 실효적인 구제책이 있는지를 보면, 그것도 그렇지 않다. 구속된 후 무죄가 선고된다 하더라도 곧바로 불법행위가 성립되지 않는다는 것이 대법원의 태도이며, 또 인과관계 있는 전(全) 손해를 배상받을 수 없는 것이 현재의 실정이며, 형사보상제도 **정도로는 잘못된 구속제도를 바로잡을 수 없다. 그래서 법원이 미리부터 나선 것으로 보인다.** 이는 대단히 타당한 문명사회의 결단이다.

라. 영장실질심사 개선점

위에서 불구속 수사(재판)원칙이 왜 타당하며, 무죄추정의 원칙의 현실적 실현이란 점에서도 조명해 보았다. 그리고 통계적으로 불구속 재판을 위해 수사 중 구속시키는 총 피의자 수가 급감했음을 볼 수 있어 종래의 문제점이 큰 그림 하에서는 많이 개선되었다.

그러나 여전히 다음과 같은 아쉬운 점을 추가로 지적하지 않을 수 없다. 그만큼 구속절차는 중요하기 때문이다.

(1) 변호인에 의한 피의자신문절차 부재

영장실질심사는 원칙적으로 판사에 의해 직권 진행된다. 따라서 실제 영장심

---

48) 헌법재판소 1992. 1. 28, 선고 91헌마111 결정.

49) 이에 대하여 제2편 제4장 제5항에서 검사의 도덕성, 공정성과 관련한 실제사례를 정리해 두었다.

사에 변호인으로 참여하였더라도 법관은 피의자에게 범죄사실을 낭독한 후 인정하는지를 묻고, 주거가 어디인지, 누구와 살고 있는지를 물은 후 변호인에게 의견진술기회를 주고 심문기일을 대체로 조기 종결한다.

물론 재판장이 직권으로 상당시간을 할애하여 기록을 토대로 피의자에게 질문하는 경우가 있고, 변호인 역시 사전에 변호인의견서를 제출한 후 의견서 기재내용을 장시간 구술 변론할 수 있기는 하나, 아쉬운 것은 변호인에 의한 피의자신문절차가 존재하지 않는다는 것이다. 그러함으로 인하여 **변호인은 피의자신문을 통해 현출시키고 싶었던 다음과 같은 사항들을 제대로 현출시키기 어려운 점이 있다.**

즉, 상세한 인부, 부인하는 부분은 어떤 부분이며 그 이유는 무엇인지, 경위, 방법에 있어 범죄사실과 구체적으로 다른 것은 무엇인지, 피해변제를 위해 어떠한 노력을 기울였으며 조만간 어떤 방법으로 변제가 가능할 것인지, 고소인과의 관계는 어떠하며 고소내용 중 불순한 동기에 기인한 것은 무엇인지, 수사과정상 진술획득방법이 위법한 것은 어떤 것이 있었는지, 사실과 다르게 진술기재된 것은 무엇인지, 구속시 초래될 수 있는 막대한 피해는 무엇이며 그것이 피해변제에 어떠한 지장을 초래하는지, 사회적 유대관계는 어떠하며 다급한 가정사 또는 신변문제는 무엇이어서 구속되어서는 안 되는지, 추가로 어떠한 자료를 제출할 수 있어 불구속상태에서 방어권을 보장받으며 재판을 받고자 하는지 등에 대해서이다.

(2) 수사기록 열람 · 등사의 현실적 어려움

(가) 열람 · 등사 그 자체의 어려움

체포피의자의 경우 48시간 이내 곧바로 영장이 청구되고 영장청구사실을 변호인이 통지받은 시점에는 이미 영장실질심사일이 너무나 목전이다. 영장심사를 대비하기 위해 피의자로부터 그간의 수사내용을 듣고 통지된 영장 범죄사실만을 토대로 변론을 준비하기란 대단히 어려우므로 변호인은 기록열람·등사가 시급한 상태가 될 수밖에 없다.

그러나 기록열람·등사 신청을 법원에 할 경우 법원은 아직 기록이 검찰에서 넘어오지 않았다거나 넘어왔다 하더라도 영장법관이 기록 검토 중이라는 이유로 제때에 기록을 등사할 수 없다. 검찰에 기록열람·등사 신청을 하더라도 민원실을 경유하여 수사검사실에 등사 신청시 위와 같은 현실적 어려움을 겪게 됨은 물론 나아가 수사상 이유로 등사가 거부되거나, 이미 법원에 기록이 송부되었다는 사실을 통지받기도 한다. 설사 등사가 허락된다 하더라도 기록 전체가 아닌 피의자의 진술 부분만 등사하여 주기 때문에 올바른 변론이 되기 어렵다. 심지어 피의자신문조서 조차도 등사는 불허하고, 열람만 허용하는 경우도 많다.

(나) 열람 · 등사 범위의 문제점

판단하는 법관은 전체기록을 숙지하고 있는데, 변호인은 고소장, 참고인진술조서 등 고소인의 주장요지, 계좌내역 등 객관적 증거자료, 수사보고서 등 수사기관의 자기보고적 보고서조차도 확인하지 못한 채로 미흡한 상태에서 영장심문을 준비한다면 이는 패착의 기본원인이 될 수밖에 없다. 경우에 따라서는 거짓말 변론이 될 수도 있다. 그나마 구속적부심을 준비 중인 피의자 및 변호인에게조차 기록 전체를 정당한 사유를 밝히지 않고 모조리 등사 거부하는 것은 위헌이라는 헌법재판소의 결정이 있었으므로 영장실질심사에 대해서도 같은 이유로 이제는 검찰에 기록등사를 신청해 볼 근거라도 생겼지만, 종래에는 위와 같은 사정으로 피의자의 진술 내용과 통지된 영장 범죄사실만을 토대로 변론준비를 할 수밖에 없었던 것이 사실이다. 그러나 등사가 허용된다 하더라도 여전히 완전한 변론이 되기 힘든 점은 위에서 본 바와 같다.

영장을 기각시키기 위해서는 만연히 피의자의 진술만을 토대로 변명하여서 될 것이 아니다. 고소인의 주장 및 객관적 증거에 상세반박 할 수 있고, 반증자료를 충분히 제출할 때에만 비로소 법관은 혐의가 없을 수도 있겠다는 심증을 가질 수 있고,[50] 그렇다면 이와 같이 다툴 여지와 용의가 있는 피의자라면 도주하지 않을 것이란 점, 불구속 상태에서 재판준비를 하도록 방어권을 보장해 주어야겠다는 점에까지 생각이 다다를 수 있는 것이다. 이러한 충실한 변론을 위해서 **변호인의 기록전체 열람·등사권은 최대한의 분량으로 가장 신속히 법적으로 보장받아야 할 것**이란 결론에 이른다.

(다) 개 선 책

위와 같은 문제점은 미체포피의자(사전구속영장)의 경우라 하더라도 별반 다르지 않다. 어차피 예고 없이 신속하게 구속영장이 청구되고, 청구사실을 통지받은 시점부터 영장심문기일까지는 불과 수일 이내이기 때문이다. 그나마 미체포 피의자와는 수차 만나 수사변호관계로 사건파악이 어느 정도 되어 있고, 피의자의 회사관계자 또는 가족 등과도 연락이 닿는다는 점, 검찰에 제출한 변호인의견서가

50) 본안이었다면 검사가 합리적 의심을 넘어서는 충분한 유죄의 입증을 하지 못했다는 주장을 하여 무죄 주장을 할 수 있을 것이고, 이와 같이 영장단계의 경우라면 검사가 구속의 이유를 충분히 소명하지 못한 것이라고 주장하는 방법을 취하게 될 것이다.

존재할 경우 영장심사에 그대로 사용할 수 있다는 점 정도가 다행이라면 다행이다. 이마저도 미체포 피의자가 수사 중 이미 당 변호인을 선임하여 둔 상태에 국한한 이야기다. 따라서 만약 검찰수사변호인은 따로 있고, 영장심사를 대비해서는 법관 출신 변호사를 새로 선임한 경우 영장심사에 들어가는 변호인은 미리부터 활동하고 있던 변호인으로부터 다급히 검찰에 그간 제출된 기록을 신속히 입수하여야 하는 것이다.

따라서 향후 구속영장의 심사를 위해 충분한 변호권이 보장될 수 있도록 검찰은 애초부터 법원에 기록 2부를 제출하고, 변호인은 그에 맞는 복사비용 등을 지급하고 즉시 법원으로부터 기록 1부를 수령하는 방향 등 극단적 조치를 고려하지 않을 수 없다. 변호인의 변론권 행사가 단순히 개인의 영업에 불과하다면 그 같은 수고는 당연히 사치이나, 그것이 헌법이 보장한 국가기관의 일(사무)로 보아야 한다면 위와 같은 조치에 일응 수긍이 될 수도 있다. 충분한 변론권을 보장받지 못하는 이가 한 사람도 없는 나라, 세밀한 심사 끝에 신병의 결정을 받을 수 있는 국가, 한 사람의 억울한 구속도 없는 사회야말로 우리 모두가 추구해야 할 이상적 사법모델이 아니겠는가. 우리는 늘 이상 또는 법의 정신과 실무가 어긋나는 불일치 현상에 대해 주목해야만 한다.

(3) 구속영장 발부기준 문제

구속영장 발부기준은 주거부정, 도주의 우려, 증거인멸의 위험이다. 각 사유를 판단함에 있어 숙고해야 함은 구속제도 부분(제1편 제3장 제3절 2.의 나.항 참조)에서 기술한 바 있으나, 바람직한 운용방향을 위해 실무상 문제점에 대해 추가로 비판키로 하며, 이러한 건설적 논의를 시작으로 향후 구속법리가 지속적으로 발전되는 계기로 삼고자 한다. 그럴 때에만 인신구속과 관련한 국가 사법기능에 대해 국민적 신뢰가 형성될 것이고, 법의 예측가능성과 안정성도 자리 잡을 것이다.

인신구속의 문제에 대해 실체재판에 부수하는 2차적 의미로만 바라보는 법조계 내부의 인식은 우리 사회의 인권의식의 변화를 감안할 때 더 이상 유지될 수 없다고 봄이 맞다.[51]

---

51) 신동운, “한국사회의 변화와 형사법학의 과제”, 「서울대학교 법학」 28권 1호, 서울대학교 법학연구소, 1987, 86면; 이재석, “체포제도의 운용과 현실”, 「비교형사법연구」 1권(창간호), 한국비교형사법학회, 1999, 237-238면. 이재석 교수도 인신구속제도 운용의 기본원칙은 그 요건을 보다 엄격하게 하고 체포·구속기간을 단축함과 함께 체포 및 구속에 있어서 적정절차의 원칙을 유지하여 인신구속의 예외적 성격을 관철하는 것이 그 요체라고 보고 있다. 그런데도 현실에서는 규문적 수사관에 입각한 수사편의를 우선 고려하는 입장에서 개선의 기미를 보이지 않고 많은 문제점이 노

(가) 도주우려

실무상 가장 문제되고 흔한 사유이다. 통상 법정형이 높은 사건의 경우 "중형예상, 도주우려"라는 이유만을 기재한 후 영장을 발부하는 관행이 있다. 앞서 본 바와 같이 검찰은 검찰대로 영장심사 단계에서부터 미리 영장을 기각함으로써 수사를 통제하거나 수사에 간섭하지 말라며 불만을 갖고 있으나, **변호인으로서는 '미리부터 유죄예단을 갖고 실형이 선고될 사건이라느니, 중형이 선고될 사건이라느니 판단해서는 안 된다'는 주장을 하고 싶다.** 그것에 대한 확신은 본안 법관이 할 일이다.[52]

특히 부인사건의 경우라면, '중형이 선고될 가능성이 있는데 부인까지 하는 것을 볼 때 도주우려가 있다'는 식으로 예단해 버리는 것은 지나치게 왜곡된 단순 도식이라고 본다. 본안에서 다투어 다른 결론이 나올 가능성은 미리부터 배제한 것이고, 유죄선고의 예상 또는 심지어 중형선고의 예상이 있더라도 반드시 모든 피의자가 도주하는 것은 아니다.

요컨대 도주우려 자체가 영장발부사유로 부적절하다는 것이 아니라 실형선고 또는 중형선고 예상을 곧바로 도주우려로 직결시키는 판단은 대단히 성급한 것이라는 주장이다. 이 점에서 현재의 실무는 다소 극단적 판단방식을 취하고 있다고 할 수 있다.

(나) 증거인멸 위험

실무상 부인하고 있으며 참고인들이 피의자의 회사직원 등일 경우, 진술을 짜맞추거나 회계장부 등을 은닉·훼손할 가능성이 있다는 이유로 증거인멸의 위험이 있다고 보고 있다.

그러나 피의자와 참고인들의 관계가 어느 정도 증거인멸의 위험이 될 수 있다 하더라도, 가까운 미래에 진술번복 또는 회유의 가능성이 있는 경우라면 그것은 신속히 참고인조사를 마쳐두지 않았던 수사기관의 수사미숙에 터 잡은 것일 뿐이다. 그리고 이제 참고인조사에서도 동의를 전제로 영상녹화를 할 수 있고, 허위진술에 대해 범인도피 또는 위계 공무집행방해를 고지함으로써 고의로 진술을 바꾸려는 시도를 막을 수 있다. 이것이 세련된 수사방식이라 할 것이어서 피의자와 참고인과의 관계를 고려하여 바로 구속사유로 삼아 피의자에게 불이익을 주어서는 아니 된다고 봐야 한다.

정되고 있어 인신구속제도 체계 전반에 대한 상호 제도보완이 요구된다는 것이다.

52) 상급법원 또는 법관의 판단을 선취하지 말아야 한다는 주장에 대해서는, 법률신문, 오피니언, "법정구속", 2014. 12. 22.자 14면.

물적 증거의 은닉·훼손의 염려가 있다는 것도 그러하다. 미리 압수·수색영장을 발부받아 자료를 확보하지 못한 수사기관의 잘못을 고려하지 않고 무조건 피의자가 은닉할 가능성이 있다고 판단하는 것은 잘못이다. 그리고 위와 같은 증거인멸의 위험 속에는 많은 경우 피의자가 부인하고 있는 점이 전제되고 있다. 그렇다면, 부인하는 피의자는 항상 증거를 인멸할 생각만 하고 자신에게 유리한 증거를 제출할 생각은 하지 않는다는 말인가. 피의자는 불구속 상태에서 재판받으며 자신에게 유리한 증거를 제출하기에도 바쁘다. 따라서 지나친 과장이라 아니할 수 없다.

물론 범죄의 은밀성과 참고인진술 이외에는 사실상 다른 증거를 쉽게 발견하기 어려운 범죄 군이 있다. 바로 부패범죄이고, 타당한 구속건도 많을 것이다. 부패범죄는 수사의 시작부터 재판을 거쳐 집행이 완료되기까지 어려움이 산적한 범죄이기 때문이다. 부패범죄는 우선 범죄의 은밀성 및 피의자의 사회적 지위로 인해 적발하기 쉽지 않고, 주요참고인(공여자 및 관계인)이 보복이 두려워 범죄의 내용을 자세히 진술하지 않는 경우가 많으며,[53] 기소시 수사기록이 외부에 노출되면 관련자의 인적사항을 확인하여 진술을 못하게 하거나 진술을 번복하게 압력을 행사할 가능성이 높아 증거확보의 어려움을 겪는다고 한다.[54] 이런 이유로 부패범죄의 경우 부패범죄 척결의 필요성과 피해의 성격을 고려하여 일정 금액 이상을 수수한 경우 반드시 구속수사를 원칙으로 예정하고 있고, 실제 구속률도 일반범죄보다 상당히 높다. 2009년의 경우 전체 범죄자 중 구속기소율은 34%인데, 뇌물수뢰 피의자 537명 중 309명은 구속 기소되어 구속률이 57.5%인 점을 보면 구속률이 대단히 높은 것이다.[55]

요컨대, 이 같은 특성을 지닌 범죄 군에 대해서는 증가하는 구속사유에 대해 어느 정도 타당성이 있고, 세계적으로도 부패범죄에 엄격해지고 있는 추세이므로

---

53) 중국에서는, 사법실천 중에 뇌물범죄는 대부분 일대일의 범죄이기 때문에 증거수집에 어려움이 많고, 단속의 중점인 뇌물수수범죄를 수사하기 위해 사법기관에서는 주로 소송적인 책략을 펼치는데, 뇌물공여자가 만약 사법기관과 협조하여 뇌물수수자를 지목하고 사법기관에 뇌물수수자의 뇌물수수증거를 제시하였을 경우 사법기관에서는 뇌물공여자를 처리하지 않는다는 것이다. 특히 뇌물수수자가 뇌물을 요구한 사건일 경우 뇌물공여자도 피해자라는 관점이 있기 때문에 뇌물을 요구받아 뇌물을 공여한 뇌물공여자에 대해 사법기관에서 처리하지 않는 경우가 많다(로건평(盧建平), "중국 반부패 형사정책 및 이에 대한 조정", 「비교형사법연구」 13권 2호, 한국비교형사법학회, 2011, 579면 참조).

54) 증거확보의 어려움을 해결하기 위해 법무부가 법제화 작업을 시도한 것으로는, 2011년 7월 12일 국무회의를 통과한 정부 형사소송법과 형법 개정안에 포함되어 있던 '내부증언자 불기소처분제'와 '내부증언자 형벌감면제'.

55) 류전철, "부패범죄의 척결과 예방을 위한 형사절차상 대응방안", 「비교형사법연구」 13권 2호, 한국비교형사법학회, 2011, 837-838면.

세계적 기준에 부응하는 것일 뿐 역행하는 것으로는 볼 수 없다 하겠으나, 일반범죄에까지 증거인멸의 위험을 추측하여 영장을 남발하여서는 아니 될 것이다.

(4) 충실한 이유기재 필요

법원은 영장을 발부할 때 통상 '범죄혐의가 중대하고(또는 "범죄혐의 인정되고", 또는 "범죄혐의 소명되고") 구속사유와 필요성이 인정된다'는 이유를 기재하고, 기각할 때에는 '구속수사의 필요성과 상당성을 인정하기 어렵다' 혹은 '증거인멸이나 도망할 염려가 없다'고 기재하고 있다.

그러나 이러한 추상적이고 짧은 이유기재는 검찰이나 피의자에게 실제로 아무런 설명이 되지 않아서, 검찰은 어느 부분이 미진하다는 것인지 알 수가 없고, 피의자는 왜 구속돼야 하는지 납득하기 어려울 수 있다. 물론 범죄 사실이 확정되지 않은 피의자의 혐의에 대해 이렇다 저렇다 말하는 것은 법적으로나 도덕적으로나 맞지 않는 일로 보아 오히려 간단한 이유만을 기재하는 것일 수 있으나, 향후에는 구체적 사유를 밝혀 검찰과 피의자 모두를 납득시키는 것이 합리적이고, 원님 재판이라는 비판을 불식시킬 수 있을 것이어서 장래에는 대법원 재판예규 등에 구속영장 이유기재 방법을 상세하게 정립하는 것이 타당할 것이다.[56] 그래야만 장차 영장발부에 대한 예측가능성이 향상되고, 방어권 보장에 충실을 기할 수 있을 것이다. 일각에선 맞출 수 없다는 점에서 '로또영장'이란 비판적 신조어가 있다.

(5) 문제 있는 변론방식

변호인 중 상당수가 영장심사를 대비해 하는 첫 번째 일은, 뜻밖에도 법률전문가답게 법리대응을 하거나 증거의 수집·제출을 하는 것이 아니라 빠른 피해회복 노력이다.[57]

---

56) 조선일보, 기사, "['사법致死' 고리 끊자][中] 법원, 영장발부 기준 모호 … 이유 설명도 한줄뿐", 2015. 5. 14.자 참조.

57) 심지어 피해회복이 독일 등에서는 중요한 불법인자로 활용되고 있는 점을 보아도 시사하는 점이 크다. 오스트리아, 독일에서는 피해의 원상회복 시 기소 또는 처벌을 면하는 명문규정이 있다. 즉 (1) 오스트리아 형법 제167조(능동적 후회)에서는 형사소추기관에 의하여 범죄사실이 인지되기 전에 원상회복을 한 경우 법원이 가벌성의 조각을 인정하고 있고, 형사소송법 제90a조에서는 행위자의 범행이 발각되어 형사절차가 이미 개시된 후에 검사가 원상회복을 이유로 형사절차를 종결할 수 있다고 규정하고 있다. (2) 독일의 경우에는 형사소송법 제153a조에서 1년 미만의 자유형 또는 벌금형에 해당하는 경미한 범죄(Vergehen)의 경우 검사는 원상회복으로 인하여 형사소추에 대한 공공의 이익이 소멸되었고 행위자의 죄책이 중대하지 않을 때라면 원상회복을 조건을 기소를 잠정적으로 중지할 수 있으며(동조 제1항 제1문), 피의자가 원상회복의 조건을 이행한 때에는 기소할 수 없다(동조 제1항 제4문)고 규정하고 있다. 원상회복조건부 불기소처분(Verfahrenseinstellung unter Wiedergutmachungsauflage)이라고 한다. 다음으로 제153b조에서는 검사는 법원이 형법 제46a조에 의하여 형의 면제를 할 수 있는 경우(이미 원상회복을 자율적으로 이행한 경우)에는 법원

이에는 (가) 공탁 또는 피해금 송금의 방법, (나) 공정증서를 작성하거나 근저당을 설정하는 등 실 변제는 아니나 그 약속조치를 취하는 방식, (다) 피해자가 피의자 운영 회사라면 회사의 통장에 피해금을 입금하여 피해변제가 되게 하여 그 즉시 잔고증명원을 제출하고, 그 후 피의자는 돈을 임의로 빼내는 방식, (라) 피해액이 천문학적이란 점을 강조하고, 피의자의 사업계획과 사업진척도가 상당에 달하여 현 시점에서 피의자가 구속될 경우 막대한 피해가 추가로 발생할 것이며, 이로 인하여 추가 피해자가 속출할 것이고 고소인의 피해금도 전혀 변제할 수 없을 것이기에 석방시켜 사회활동을 하며 사업을 성공시켜 변제할 기회를 달라는 방식이 사용되고 있다.

이 경우 법원에서는 (나)의 방식은 실제 변제가 되지 않았다고 보고 또 언제든 근저당을 상호 양해 하 말소할 것으로 보고 피해변제를 인정하지 않고 있고, (다)의 방식은 설령 운 좋게 그것으로 법관의 눈을 속여 영장기각을 시킨다 하더라도, 수사검사에 의해 다시 재영장이 청구될 운명에 놓이는 것으로 종국적으로는 피의자에게 오히려 해가 되는 행위이다. 위 두 사례는 결국 변호사의 윤리 문제이며, 택할 방법이 아니다. (라)의 방식은 피해확산을 두려워한 법관이 석방시켜도 문제이며, 영장을 발부하더라도 실제 확산피해를 감안하면 문제이다.

따라서 궁극적으로는 (가)와 같이 '실제 피해변제'를 변호전략으로 삼아야 함이 타당한데, 피의자들은 순순히 그에 따르지 않는 것이 문제이다.

마. 소 결

불구속 재판을 지향하고 있는 점은 바람직하다. 그리고 영장심사단계에서도 무죄추정원칙을 강조하여 무턱 댄 발부를 지양하는 근거도 타당하다.

그러나 위 몇 가지 문제점[58]을 추가로 개선하여 장래에는 변호인의 열람·등사권이 신속하고도 최대한으로 보장되어야 할 것이며, 심문기일은 통지받은 날로부터 적어도 7일 이상이 되어 충분한 준비를 할 수 있도록 절차권을 실질적으로 보장해 주어야 할 것이며(미체포피의자의 경우에 한함), 변호인에게도 심문기일 피의자 신문권을 행사할 수 있도록 하여 중요사항들을 법정에 현출할 수 있도록 제도개선이 필요하다.

의 동의를 받아 공소를 제기하지 아니할 수 있다고 규정하고 있다(원형식/김진모, "형사법에 있어서 원상회복", 「비교형사법연구」 6권 1호, 한국비교형사법학회, 2004, 29-31면 참조).

58) 필자보다도 더욱 많은 문제점을 지적한 분으로는, 손동권, "한국 형사사법의 현황과 발전방향", 「형사정책연구」 제8권 제3호(통권 제31호), 한국형사정책연구원, 1997, 33-36면.

최근 검찰은 '체포·구속 업무처리지침'에 따라 범죄 피해자의 법정 출석권을 보장하고 영장발부에 도움을 받기 위해 피해자를 구속전피의자심문절차에 참여하게 해 의견을 진술할 수 있도록 적극 지원한다는 방침을 정했다. 현재 영장실질심사는 원칙적으로 비공개지만, 형사소송규칙에 따라 피해자는 판사의 허가를 받고 방청할 수 있고(규칙 제96조의14 단서), 판사가 구속 여부 판단을 위해 필요할 경우 심문장소에 출석한 피해자를 '심문'할 수 있도록 하고 있는 점(규칙 제96조의16 제5항)에서 착안한 것이다. 서울중앙지방법원에 따를 때 법무부의 새 지침 시행 이후 서울중앙지법에 피해자가 참여한 영장심사의 건수는 10건 가량이 된다.[59] 검찰이 피해자 진술권을 본안에 준하여 보장하려는 이면에는 영장발부를 보다 용이하게 하기 위한 이유와 피의자 및 변호인의 의견진술을 사실상 제약하는 목적이 있는 만큼[60] 피의자를 위하여 변호인이 보다 적극적으로 변론할 수 있도록 여건을 마련할 필요가 크다.

또 영장발부시 각 법관들은 법에 규정된 발부기준을 자의적으로 해석하거나 확장해석하지 말고 객관적 시각에서 판단해야 할 것인데, 이를 위해서는 가급적 부장판사급 경륜을 갖춘 판사가 영장전담법관이 되어야 할 것이다.[61]

마지막으로 영장기각의 경우에는 그래도 10줄 이상의 기각 사유를 법관이 기재한 후 기각하나, 발부의 경우에는 지나치게 짧은 사유만(단어의 집합, 예컨대 "중형예상 되어 도주우려 있음")을 기재하는 것은 쉽게 승복할 수 없다. 세간에 전관예우의 의심이 있다.[62] 그러한 점을 해소하기 위해서라도 영장발부 또는 기각사유가 보다 명확히 기재되어야 할 것이다. 그래야만 검사도 재영장을 청구할 때 참고할 수 있고, 변호인도 구속적부심이나 보석 청구시 이를 참고할 수 있다.

---

59) 법률신문, 기사, "영장실질심사에 피해자 참여 시켜라", 2015. 5. 18, 1면 참조.

60) 법률신문, 기사, "영장실질심사에 피해자 참여 시켜라", 2015. 5. 18, 1-2면 참조.

61) 현재 대구지방법원의 경우 두 분의 부장판사가 영장전담법관이고, 본원보다는 작지만 상당한 규모의 대구지방법원 서부지원의 경우 두 분의 부장판사가 각 형사단독을 맡고 있으면서 영장업무를 전담하고 있다. 다만 규모가 작은 안동지원 등의 지원은 영장전담법관이 별도로 없고, 지원장 이외에는 부장판사가 없으니 영장심사의 경우 전원 부장판사로부터 심사를 받도록 보장되고 있지 않음은 분명하다(2014. 7. 11.자 및 2015. 2. 23.자 대구지방법원 및 대구지방법원 서부지원, 안동지원 법관사무분담 및 법정개정일람표 참조).

62) 조병선, "부정부패에 관한 형사법적 규제-한국에 있어서 정치윤리·공직윤리와 형사법-", 「청주대학교 개교50주년 기념 학술대회」 학술발표논문, 청주대학교, 1997. 6, 47면에서는, 조선일보 사회부 법조팀이 1994년 1년 동안 서울형사지방법원에 접수된 구속적부심 내지 보석의 석방률에 대한 실태분석을 소개하고 있다. 판사직을 그만둔 지 1-2년 이내의 변호사 10명의 성공률은 평균 77%를 기록하여 평균 석방률인 50%(구속적부심), 54%(보석)를 상회하였으며, 특히 조사대상인 10명의 변호사 가운데 부장판사 출신 변호사는 구속적부심과 보석의 석방률이 87%와 97%에 달하고 있었다고 한다.

2. 체포 · 구속적부심

가. 의의 및 절차

(1) 체포 · 구속적부심사제도란 수사기관에 의하여 체포 또는 구속된 피의자에 대하여 법원이 체포 또는 구속의 적법 여부와 그 필요성을 심사하여 체포 또는 구속이 부적법 · 부당한 경우 피의자를 석방시키는 제도이다.[63]

수사단계에서 체포 또는 구속된 피의자를 석방하기 위한 제도인 점에서 공판단계에서 법원이 구속된 피고인의 석방을 결정하는 보석과 구별되며, 법원의 결정에 의하여 피의자를 석방하는 제도라는 점에서 검사가 피의자를 석방하는 체포취소(법 제200조의6, 제93조) 또는 구속취소(법 제209조, 제93조)와 구별된다.[64]

(2) 이 제도는 피의자에 대한 체포영장 · 구속영장의 발부를 요건으로 하고 체포 · 구속의 적부 여부 이외에도 구속계속의 필요성까지 심사의 대상으로 한다는 점에서 독일 형사소송법상의 구속심사제도(Haftprüfung)와 유사한 성격을 가지고 있다.[65] 이런 의미에서 본다면, 체포 · 구속적부심사제도는 법관이 발부한 영장에 대한 재심절차 내지 항고적 성격을 가진다고 볼 수 있다.[66]

> 이러한 제도가 없는 일본(日本)은, 우리나라와 달리 구속재판 이후에 피의자를 신체구속 상태에서 벗어나게 할 수 있는 구속적부심사제도가 없고, 법관의 구속의 재판에 대해 피의자와 변호인, 검사가 10일 이내 법원에 그 취소를 구하는 준항고 제도를 두고 있다. 준항고를 접수받은 재판소는 합의체로 재판을 한다.[67]

---

63) 이재상, 형사소송법, 제9판, 박영사, 2013, 278면.
64) 이재상, 형사소송법, 제9판, 박영사, 2013, 278면.
65) 독일은 피의자를 구속하는 경우 영장에 의하지 않는 긴급구속의 경우는 물론 구속영장에 의하여 구속하는 때에도 지체 없이 법관에게 인치하여 늦어도 다음날 이전에 법관의 심문을 받을 것을 요건으로 하고 있다(독일 형사소송법 제115조, 제128조). 구속된 피의자와 피고인을 석방하기 위한 제도로 독일 형사소송법이 두고 있는 구속심사제도(Haftprüfung)의 내용은 구속된 피의자는 언제나 법원에 구속의 취소나 그 집행정지 여부의 심사를 청구할 수 있으며, 변호인 없는 피의자가 구속심사 신청이나 구속에 관한 항고(Haftbeschwerde)를 제기하지 않고 3개월이 경과한 때에는 직권으로 심사하도록 하고 있다(제117조). 구속심사의 청구는 언제나 할 수 있으나 심문이 있은 후에는 2월이 지난 후에 다시 심문을 구할 수 있고(제118조), 직권에 의한 심사도 매 3개월마다 해야 한다(제117조 제5항). **독일의 구속심사제도는** 이와 같이 구속의 적법 여부를 심사하는 제도가 아니라 **구속의 계속이 필요한가를 심사하는 제도라는 점에서 영미의 habeas corpus(부당한 구금으로부터의 사법적 구제)와 구별된다**(이재상, 형사소송법, 제9판, 박영사, 2013, 281-282면 참조).
66) 이재상, 형사소송법, 제9판, 박영사, 2013, 278-279면 참조.
67) 이동희, "한국과 일본의 체포 · 구속제도에 대한 비교연구-체포 · 구속의 법제 및 실무운용을 중심으로-", 「비교형사법연구」 11권 1호, 한국비교형사법학회, 2009, 78-79면; 신용석, "일본의 인신

한편, 준항고 또는 구속취소의 실효성을 보장하기 위하여 일본 헌법 제34조, 형사소송법 제82조에서는 구류이유개시제도를 두고 있다. 이유개시에 의하여 구속이 이유가 없거나 구속을 계속할 수 없다고 인정할 때에는 직권으로 구류를 취소하거나 구속에 대한 준항고 또는 구속취소청구의 사유가 될 수 있다.[68]

(3) **체포 또는 구속된 피의자**(被疑者), 그 변호인, 법정대리인, 배우자, 직계친족, 형제자매나 가족, 동거인 또는 고용주는 관할법원에 체포 또는 구속의 적부심사를 청구할 수 있다(법 제214조의2 제1항). 따라서 피고인은 체포·구속적부심사를 청구할 수 없다.[69] 보석청구를 통해 같은 효과를 노려야 한다.

형사소송법은 종래 청구권자를 체포영장 또는 구속영장에 의하여 체포 또는 구속된 피의자로 규정하고 있었으나, 긴급체포 된 피의자에 대해 대법원이 적부심사 청구권을 인정한 후,[70] 개정 형사소송법은 체포·구속된 피의자는 제한 없이 청구할 수 있도록 하였다. 헌법 제12조 제6항에서 아무런 제한을 두지 않은 것을 반영한 것으로 타당하다.

(4) 청구사유는 체포 또는 구속의 적부이다. 적부란 체포·구속의 불법, 부당에 대한 판단을 모두 포함한다.

불법(不法)한 경우로는, ① 재구속의 제한(법 제208조)에 위반하여 구속영장이 발부된 경우, ② 영장체포·긴급체포나 현행범으로 체포된 자에 대하여 구속영장 청구기간(법 제200조의4, 제213조의2, 제200조의2 제5항)이 경과한 후에 구속영장이 청구되어 발부된 경우, ③ 구속사유가 없음에도 불구하고 구속영장이 발부된 경우, ④ 경미한 사건으로 주거가 일정한 피의자에게 구속영장이 발부된 경우,[71] ⑤ 형사소송법 제200조의2 제1항 및 제2항에 따른 통상체포의 혐의가 없거나 필요성이 없는 경우,[72] ⑥ 긴급체포에서 형사소송법 제200조의3 제1항의 구속사유가 없거나, 긴급

구속제도 및 형사공판절차의 실제", 「비교형사법연구」 3권 1호, 한국비교형사법학회, 2001, 457-459면.

68) 이재상, 형사소송법, 제9판, 박영사, 2013, 282-283면 참조.

69) 전격기소는 체포·구속적부심사청구 후 피의자에 대하여 공소제기가 있는 경우(법 제214조의2 제4항 2문)를 말하는 것이므로, 피고인이 되기 전에 심사청구는 이미 있었던 경우이다. 따라서 혼동하여서는 아니 된다. **결국 피고인이 된 상태에서 새롭게 체포·구속적부심사청구를 할 수는 없다.**

70) 대법원 1997. 8. 27, 선고 97모21 결정.

71) ① 내지 ④항의 사유는 이재상, 형사소송법, 제9판, 박영사, 2013, 284면 참조.

72) 혐의는 객관적 혐의를 말하며, 필요성은 규칙 제96조의2에 따라 피의자의 연령과 경력, 가족관계나 교우관계, 범죄의 경중 및 태양 기타 제반 사정에 비추어 피의자가 도망할 염려나 증거를 인멸할 염려가 있느냐를 고려하여 판단할 것이다.

성이 없는 경우,[73] ⑦ 현행범 체포에서 시간적으로나 장소적으로 접착성이 인정되지 않거나,[74] 체포의 필요성이 인정되지 않는 경우,[75] 형사소송법 제200조의5에 따라 체포절차를 준수하지 못한 경우[76]가 대표적이다.

부당(不當)한 경우로는, 당초에는 적법한 체포·구속이었지만 사정변경으로 구속의 필요성이 없어져 현재의 구속이 부당한 경우를 포함한다. 구속계속의 필요성을 판단하는 기준 시기는 심사 시가 타당하다.[77]

(5) 검사·변호인·청구인은 심문기일에 출석하여 의견을 진술할 수 있고(법 제214조의2 제9항), 체포 또는 구속된 피의자에게 변호인이 없는 때에는 국선변호인을 지정한다(법 제214조의2 제10항). 피의자, 변호인은 피의자에게 유리한 자료를 낼 수 있다(규칙 제105조 제3항).

체포영장 또는 구속영장을 발부한 법관은 심문·조사·결정에 관여하지 못한다. 다만, 체포영장 또는 구속영장을 발부한 법관 외에는 심문·조사·결정을 할 판사가 없는 경우에는 그러하지 아니하다(법 제214조의2 제12항).

청구를 받은 법원은 청구서가 접수된 때부터 **48시간 이내**에 체포 또는 구속된 피의자를 심문하고 수사관계서류와 증거물을 조사하여 그 청구가 이유 없다고 인정한 때에는 결정으로 이를 기각하고, 이유 있다고 인정한 때에는 결정으로 체포 또는 구속된 피의자의 석방을 명하여야 한다.[78] 심사청구 후 피의자에 대하여 공소제기가 있는 경우에도 또한 같다(법 제214조의2 제4항[79]). 법원의 결정에 대하여는 항고하지 못한다(법 제214조의2 제8항).

심문기일에 피의자를 심문하는 경우에는 법원사무관 등은 심문의 요지 등을 조서로 작성하여야 한다(법 제214조의2 제14항, 제201조의2 제6항). 체포·구속적부심사조

73) 대법원 2002. 6. 11, 선고 2000도5701 판결.

74) 대법원 2007. 4. 13, 선고 2007도1249 판결.

75) 체포의 필요성이 인정된 사례로는, 대법원 1999. 1. 26, 선고 98도3029 판결.
체포의 필요성은 체포의 기본원칙에 해당하고, 일본(형사소송법 제217조), 독일(제217조 제1항)의 경우에도 체포의 필요성을 명문으로 규정하고 있으며, 실무상 현행범체포가 남용되고 있는 점을 고려할 때 체포의 필요성을 별도로 요구함이 타당하다는 견해로는 김문호, "경찰의 체포권 남용방지에 관한 연구", 「법학연구」 제40집, 한국법학회, 2010. 11, 189-190면.

76) 대법원 2000. 7. 4, 선고 99도4341 판결.
미란다 경고가 실제 제대로 행해지지 않는 실태와 문제점에 대해서는, 김민지, "한국형 미란다 경고의 문제점과 개선 방안", 「형사정책연구」 23권 3호(통권 제91호), 한국형사정책연구원, 2012, 73-76면 참조.

77) 이재상, 형사소송법, 제9판, 박영사, 2013, 285면.

78) 규칙 제106조에서는, 심문이 종료된 때부터 24시간 이내에 결정을 하여야 한다고 규정한다.

79) 헌법재판소 2004. 3. 25, 선고 2002헌바104 결정에서, 이른바 '전격기소'의 경우가 헌법에 합치되지 아니한다고 설시한 후, 결정취지에 맞게 2004. 10. 16. 형사소송법 개정으로 본 규정이 신설되었다.

서는 형사소송법 제315조의 당연히 증거능력 있는 서류에 해당한다.[80)]

(6) 법원은 구속된 피의자('심사청구 후 공소제기된 자'를 포함한다)에 대하여 피의자의 출석을 보증할 만한 보증금의 납입을 조건으로 하여 결정으로 석방을 명할 수 있다(법 제214조의2 제5항 본문).[81)82)] 다만 죄증을 인멸할 염려가 있다고 믿을만한 충분한 이유가 있는 때, 피해자, 당해 사건의 재판에 필요한 사실을 알고 있다고 인정되는 자 또는 그 친족의 생명·신체나 재산에 해를 가하거나 가할 염려가 있다고 믿을만한 충분한 이유가 있는 때에는 그러하지 아니하다(법 제214조의2 제5항 단서). 보증금납입조건부 석방결정을 하는 경우에 주거의 제한, 법원 또는 검사가 지정하는 일시·장소에 출석할 의무 기타 적당한 조건을 부가할 수 있다(법 제214조의2 제6항).

피의자보석(被疑者保釋)이라고도 하며, 보석제도를 피의자에 대하여서까지 확대한 것이다.[83)] 이러한 보증금납입조건부 피의자보석은 ① 구속적부심사의 청구가 있을 때에만 허용되며, ② 구속된 피의자에 한하여 허용되므로, 체포된 피의자에게는 허용되지 않고, ③ 법원의 직권에 의하여 석방을 명할 수 있을 뿐인 직권보석이고 재량보석이며, 피의자에게 보석권이 인정되는 것은 아니라는 점,[84)] ④ 원칙적으로 보증금을 납입한 후가 아니면 집행하지 못하지만(법 제214조의2 제7항, 제100조 제

---

80) 대법원 2004. 1. 16, 선고 2003도5693 판결; 이재상, 형사소송법, 제9판, 박영사, 2013, 286면.

81) 구속적부심사절차에서 보증금납입조건부 피의자석방제도를 두고 있는 우리와는 달리, 일본은 피의자보석이 일체 허용되지 않는다(이동희, "한국과 일본의 체포·구속제도에 대한 비교연구–체포·구속의 법제 및 실무운용을 중심으로–", 「비교형사법연구」 11권 1호, 한국비교형사법학회, 2009, 84면 참조).

82) 피의자보석의 운용에 있어서 구속적부심사가 청구된 사건에 있어 피의자의 석방비율은 과거부터 통상 전체청구사건의 약 50% 수준이 유지되었는데, 보증금납입조건부 피의자석방제도가 시행된 1997년부터는 구속적부심으로 풀려나는 인원 중 피의자보석을 통해 석방되는 비율이 매년 증가하여 2003년의 경우 그 비율이 98.3%에 이르렀다(이동희, "한국과 일본의 체포·구속제도에 대한 비교연구–체포·구속의 법제 및 실무운용을 중심으로–", 「비교형사법연구」 11권 1호, 한국비교형사법학회, 2009, 92면 참조).

83) 이재상, 형사소송법, 제9판, 박영사, 2013, 288면.

84) ① 및 ③에 대하여 이재상 교수는, 보석을 피의자에 대하여 확대함에 있어서 보석에 관한 규정을 피의자에게 준용하지 않고 별도로 보증금납입조건부 피의자석방제도를 만들어 피의자가 구속적부심사를 청구한 때에만 보석을 허가하도록 한 것은 타당하다고 할 수 없다고 보아 비판하고 있다. 보석과 구속적부심사제도는 제도의 취지를 달리하는 제도이므로 적부심사를 청구한 경우에 보석을 허가하는 것은 타당하다고 할 수 없고, 반대로 보석을 원하는 피의자에게 그 요건에 해당하지 않음에도 불구하고 적부심사를 청구하게 하는 것도 옳다고 할 수 없기 때문이라는 것이다. 또 피고인에 대한 보석은 필요적 보석인데, 피의자에 대하여는 임의적 보석만 인정하는 것도 문제라고 보고 있다. 결국 피의자에 대하여 보석제도를 확대함에 있어서는 보석에 관한 규정을 피의자에게 준용하면 족하며 구속적부심사와 결합하여 보증금납입조건부 피의자석방제도를 신설할 것은 아니라는 주장(이재상, 형사소송법, 제9판, 박영사, 2013, 288–291면)으로, 타당하다고 본다.

1항), 유가증권 또는 피의자 외의 자가 제출한 보증서로써 보증금에 갈음할 것을 허가할 수 있다는 점(법 제214조의2 제7항, 제100조 제3항)에 특색이 있다.

나. 변호시 유의점

실무상으로는 영장실질심사를 거쳐 구속영장이 발부된 사건에 대한 구속적부심사청구는 대단한 사정변경이 있거나, 영장심사에서 주장·입증하지 못한 특수정상이 별도로 발견되지 않는 한 심사청구가 기각당할 확률이 높다고 보고 있다.[85] 대한변호사협회의 '2014 인권보고서'를 보더라도, 최근 5년간 구속영장 발부 비율이 증가하고 있는 반면 체포·구속적부심사의 석방비율은 떨어지고 있다고 한다. 보고서에 따르면 구속영장 발부비율은 2009년 74.9%에서 해마다 증가해 2013년에는 81.8%를 기록했고, **적부심사에서 석방 비율은** 2009년 39%를 기록한 후 매년 감소 추세를 보이다가 **2013년에는 17.4%**로 4년 새 반 토막이 났다는 것으로 불구속 수사의 확대 경향이 후퇴하고 있는 것이 아닌가 하는 의구심이 든다고 발표하였다.[86] **가능성이 없다고 판단되어 적부심 청구를 하지 않은 경우까지 포함하면 변제 없는 한 적부심 석방결정을 기대하기 어렵다**는 말이 된다.

만약 기각될 경우 불측의 전략상 손실도 있다. 자숙하지 않았다는 점, 법관이 2차례나 범죄혐의가 높다고 본 점(영장심사 1회, 적부심 1회)으로 인해 차후 본안에서 보석청구조차 기각될 확률이 높기 때문이다. 따라서 구속적부심을 청구하는 것에 대해서는 재고가 필요하다. 법원 역시 반복적으로 석방의 기회만을 바라고 자숙하지 않는 피고인을 본안에서 함부로 보석 석방시키기가 쉽지 않다. 도주할 경우 그 책임은 미숙한 공판을 진행한 재판장의 책임으로 돌아가기 때문이다.

또 결과가 그와 같다면 변호인과 피의자의 신뢰관계도 깨지기 마련이다. 영장실질심사 대비가 미흡하여 구속 → 구체적 전략 없이 구속적부심사를 청구하여 기각 → 본안재판 중 보석을 자신하여 보석신청 하였으나 기각 → 실형선고의 결과가 이어질 경우 피고인의 가족은 한 번도 결과를 옳게 예측하지 못한 변호인을 그냥둘 리 없다. 따라서 형사변호인이라면 신병에 관한 문제처리에 대단한 안목과 신중함을 갖추어야 하는 것이다.

---

85) 물론 학계에서는 청구의 사유로 구속 후 중대한 사정변경이 있을 것을 요하는 것은 아니라거나, 구속계속의 필요성이 반드시 구속 후의 사정변경을 요건으로 하는 것이 아니라고 보는 견해가 일반적이지만(예컨대, 이재상, 형사소송법, 제9판, 박영사, 2013, 284-285면), 현실을 온전히 반영한 것으로 보기는 어렵다는 것이 필자의 생각이다.

86) 법률신문, 기사, "불구속 수사 원칙 크게 후퇴", 2015. 2. 23, 1면.

상당액을 피해변제하고 적부심을 청구하는 것은 모양새로 보아도 타당하고 법원을 설득하기도 쉽다. 따라서 사정변경의 대표적 사례는 결국 '합의' 또는 '큰 폭의 피해변제'이다. 물론 출산, 수술, 가족상(喪)도 사유가 전혀 될 수 없다고는 볼 수 없으나, 그와 같은 것은 구속집행정지의 사유이지 사정변경으로 보기는 어렵다. 따라서 이 제도는 한다면, 사정변경을 만든 후 이용하는 것이 좋다.

심사청구를 하는 경우 사정변경 이외에도 원 구속결정의 잘못을 함께 지적해 주어야 함은 물론이다.

3. 구속취소

형사소송법은 피의자(被疑者)에 대하여는 제214조의2에서 구속적부심사제도 및 제209조[87]에서 구속취소제도를, 피고인(被告人)에 대하여는 제93조[88]에서 구속취소제도를 두어 구속영장의 헌법적 정당성에 대하여 법원이 다시 심사할 수 있도록 하면서, 만일 그 구속영장 자체에서 명백한 하자 등이 발견되는 경우 검사 및 사법경찰관, 법원이 즉시 석방할 수 있도록 규정하고 있다.[89]

따라서 피해변제, 합의, 고소취소의 사정변경이 생긴 경우 변호인은 피의자(被疑者)를 위하여 검사에게 구속취소를 신청(법 제209조, 제93조)하거나 법원에 바로 구속적부심사를 청구하는 방법(법 제214조의2), 피고인(被告人)을 위하여 구속취소청구를 하는 방법(법 제93조)으로 구속 상태를 제거하여 피의자 및 피고인의 방어권을 보강하여야 할 것이다.

한편 검사도 구속 후 실질적인 피해 회복 등 사정변경으로 인하여 피의자에게 증거인멸이나 도망의 염려 등 구속사유가 없어졌다고 판단되는 경우에는 구속취소 등의 적절한 조치를 스스로 취하여야 한다(인권보호수사준칙 제22조).

일본의 경우를 보면, 법 제87조의 구속취소 규정에서 "구속의 이유 또는 구속의 필요가 없어진 때"라는 부분 중 '구속의 필요(성)'이 인정되지 않는 경우의 구체적인 예로써 소송조건이 결여되어 기소의 가능성이 없는 경우, 주거가 부정하지만 확실한 신병인수자가 있는 경우, 도망이나 증거인멸의 염려가 없지는 않지만 사안이 경미하여 구속함이 비례의 원칙에 비추어 균형을 상실하는 경우 등이 열거되고 있다.[90] 우리의 경우에도 그대로 참고가 될 것이다.

---

87) 검사 또는 사법경찰관이 결정으로 구속을 취소함(제209조, 제93조).
88) 법원이 직권 또는 청구에 의하여 결정으로 구속을 취소함(제93조).
89) 헌법재판소 2004. 3. 25, 선고 2002헌바104 결정 참조.

제 5 절 공판준비단계 변호권 행사

본 절은 엄격하게는 본서의 기본주제인 수사단계의 변호권 행사의 직접적 내용으로 다루기 어려운 영역이나, 공소제기 후에도 수사가 가능한 경우가 있고 이론상 가능성이 현실로 이어질 경우 수사단계에서 선임된 변호인이 추가 변론을 외면할 수 없다는 실정을 고려할 때 공소제기 후 수사 및 변호권 행사의 가부, 제1회 공판기일 이전 변호인의 변론준비 내용을 일종의 여론(餘論)으로써 연구·정리할 필요성이 있다.

따라서 아래에서는 공소제기 후 피의자의 지위변화 및 절차상 권리, 공소제기 후 수사와 변호권 행사, 공판준비단계에서의 변호권 행사의 순서로 그 내용을 살피기로 한다.

1. 피의자의 지위 변화

공소제기 후 피의자는 피고인의 지위를 갖고, 소송의 주체로서 당사자의 지위 및 증거방법[1]으로서의 지위를 동시에 갖는다. 다만 허용되는 공소제기 후 수사의 경우 피고인은 수사의 객체로서의 지위도 아울러 갖는다.

피고인의 권리로는, 공소장부본을 송달받을 권리(법 제266조), 공판기일변경 청구권(법 제270조), 공판조서열람·등사권(법 제55조) 및 공판조서 기재에 대한 이의권(법 제54조 제3항), 공판정 출석권(법 제276조), 진술거부권 행사 및 고지 받을 권리(법 제283조의2), 이익 되는 사실을 진술할 권리(법 제286조 제2항), 변호인 선정 및 국선변호인 선정 신청권(법 제30조, 제90조, 제33조), 접견교통할 권리(법 제34조, 제89조), 증거제출·신청권(법 제294조), 증인신문권(법 제161조의2), 증거조사에 대한 이의신청권(법 제296조 제1항),[2] 증거조사참여권(법 제145조, 제163조, 제176조, 제183조, 제273조, 제184조), 압

90) 이동희, "한국과 일본의 체포·구속제도에 대한 비교연구－체포·구속의 법제 및 실무운용을 중심으로－", 「비교형사법연구」 11권 1호, 한국비교형사법학회, 2009, 74면 및 주18) 참조.

1) 피고인의 법정 진술은 피고인에게 유·불리한 증거로 작용하고, 피고인의 신체는 검증의 대상이 될 수 있다. 법정 진술의 경우, 피고인이 자백할 경우 '피고인의 이 법정에서의 진술', 부인하거나 일부 부인할 경우 '이 법정에서의 피고인의 이에 부합하는 일부 진술' 또는 '제○회 공판조서에 기재된 피고인의 이에 부합하는 일부 진술'로 표시된다.

수·수색영장의 집행에 참여할 권리(법 제121조), 피고인신문 보장권(법 제296조의2), 공소장변경을 고지받을 권리(법 제298 제3항),[3] 보석청구권(법 제94조), 소송지휘에 대한 이의신청권(법 제304조 제1항), 최후진술권(법 제303조), 기피(법 제18조)·관할이전의 신청권(법 제15조), 관할위반 신청권(법 제320조), 변론의 분리·병합·재개 신청권(법 제300조, 제305조), 정식재판청구권(법 제453조), 상소권(법 제338조), 재심청구권(법 제424조) 등이 있다.

2. 공소제기 후 수사와 변호권 행사

수사는 공소제기 전에 이루어짐을 원칙으로 한다.

그러나 공소제기 후에도 불가능한 것은 아니다. 공소제기 후에도 공소의 유지를 위하거나 공소유지 여부를 결정하기 위한 수사는 허용되기 때문이다. 그러나 일단 공소가 제기되면 피의자는 피고인으로서 검사와 대등한 소송주체의 지위를 가지게 되므로 공소제기 후의 수사는 일정한 범위 내에서 제한되어야 한다.[4] 공소제기 후 가능한 수사방법과 관련하여서는 제1편 제1장 제1절 4.항을 참조.

공소제기 후 수사가 허용되는 일정한 경우 피고인은 수사의 객체로서의 지위도 아울러 갖는다. 그 경우 변호인은 수사단계에서 가졌던 변호권을 그대로 가진

---

2) 그러나 **이의에 대해 재판장이 원 처분을 강행할 경우, 예컨대 증인신청을 기각하거나 현장검증신청을 기각하는 경우에 사실심의 전권사항이므로 다른 불복수단이 없다.** 증거신청을 기각함으로써 사실오인의 원인이 된 경우 상소사유가 될 수 있을 뿐이다. 그러나 이는 피고인 및 변호인이 원심에서 다툴 기회를 사실상 봉쇄당하면서도 불복방법이 없는 결과가 되므로 문제라 할 것이다. **이러한 심리미진은 형사의 영역에서는 방어권의 침해로 나타나고, 2차례 밖에 없는 사실심의 심리기회를 헛되이 날리는 결과가 되며, 대법원이 거듭하여 밝혀온 사실심 강화의 취지에 반한다.** 불복률 상승의 큰 원인이기 때문이다; 법원의 증거결정도 일정한 한계가 있다고 보아야 한다는 같은 견해로는 이재상, 형사소송법, 제9판, 박영사, 2013, 471면.

3) **실무상 공소장의 변경은 변호인을 위해 일어나는 경우가 소수(少數)인 반면, 검찰의 공소유지를 위한 재판부의 배려로 발생되는 경우가 다수(多數)**라 볼 것이다. (1) 비교적 전자(前者)에 가까운 것으로는, 예컨대, 성폭법상 카메라촬영의 기수에 대한 아무런 증거가 없다는 변호인의 주장을 들은 검사가 미수로 공소장을 변경하는 경우이고, (2) 후자(後者)에 해당하는 것으로는, ① 당해 피고인이 가담하지 않은 범죄사실 일부에 대해서 피고인을 배제하고 그 외 범죄사실을 유지하는 방식의 공소장변경, ② 피고인의 범행방법이 제출된 증거기록과 법정의 증거조사(증인신문 등)를 통해서도 범행방법 입증이 여전히 어려운 것으로 드러난 경우 재판부의 석명에 의해 확인된 범행방법으로 변경하는 방식, ③ 범행일시가 수사기록과 일치하지 않고 피해자의 증언도 그러할 경우 범행일시를 수사기록과 맞추어 변경하는 방식, ④ 포함될 수 없는 적용법조가 있을 경우 삭제하는 방식, ⑤ 특수절도로는 무죄가 나올 수밖에 없어 절도로 바꾸어야 할 필요성이 있는 경우의 공소장변경 등인데, 대부분 그대로 유죄의 범죄사실로 쓸 수 없어 바꾸는 것이므로 검사의 공소유지를 위한 배려로 봐야 하는 것이다. **요컨대 공소장변경제도는 실무상 피고인의 방어권 보장보다는 실체진실발견 및 공소유지에 대한 협조 차원에서 일어나는 경우가 많다.**

4) 임동규, 형사소송법, 제9판, 법문사, 2013, 277-278면.

다고 볼 것이며, 따라서 피고인에 대한 검사의 검사실 신문과정이 위법하거나 진술이 임의성을 잃을 경우 즉각 시정을 요구하고, 수사기관에 의견진술권 및 자료의 제출권한도 행사할 수 있다고 볼 것이다. 그리고 공판과정에서 증거의 위법성에 대해 의견을 제출할 수 있어야 한다.

3. 공판준비과정에서의 변호권 행사

가. 제1회 공판준비사항

(1) 기소형태에 따른 변호강약의 차이

우선 변호인은 검사의 기소방식을 눈여겨 볼 필요가 있다. 각각의 특성에 맞는 법정 변론을 준비해야 하기 때문이다. 실무상으로는 구속(구공판)기소, 불구속(구공판)기소, 구약식 기소 등으로 구분하고 있고, 다른 기준으로는 양형기준적용대상사건과 그렇지 않은 사건으로 분류할 수도 있다.

(가) **구속기소**(拘束起訴)의 경우, 공소장의 첨부서류에 변호인선임서 · 보조인신고서, 체포영장 · 긴급체포서 · 구속영장 기타 구속에 관한 서류가 첨부되고(규칙 제118조 제1항), 증거조사 과정에서 제출되는 증거기록 표지에는 체포 · 구속일자, 미결구금일수, 증거물 있음(없음) 등이 기재되어 있다.

대체로 사안이 중대한 경우이며 검찰이 실형을 구형할 가능성이 높다. 마약사범, (특수)공무집행방해, 중한 성범죄, 뇌물죄, 조직폭력범죄, 피해액이 큰 횡령·배임·사기죄(특정경제범죄가중처벌등에관한법률위반죄 및 피해액 1억 원 이상의 형법범)가 대표적 예이다.

(나) **불구속기소**(不拘束起訴)의 경우, 공소장에 불구속, 변호인 등이 기재되어 있고, 비교적 사안이 경미하고 수사에 협조한 경우, 수사단계에서 합의가 완료된 경우가 대표적이다.

그 외 구속영장을 청구했으나 기각당하여 부득이 불구속으로 기소한 사례, 검사의 판단으로 도주우려가 없다고 보아 사안의 중대성에도 불구하고 불구속기소한 경우, 쌍방이 극렬히 다투는 반면 증거의 우열을 가리기 어렵거나 고소인의 주장 역시 진술증거가 대부분인 경우 등을 예로 들 수 있다.

수사단계에서 선임된 변호인이 있고 출석요구에 불응한 적이 없고, 혐의를 다투더라도 구체적 증거를 제출하고 있으며, 증거와 관련정황에 부합하는 일관된 진술로써 부인한다면 불구속 기소의 가능성이 높아졌을 것이다.

(다) **약식기소**(略式起訴) 사건은 사안이 경미하여 처벌가치가 약한 경우이다. 가

장 많은 것은 단순폭행, 협박, 업무방해, 단순 무면허·음주운전, 피해액이 작은 절도, 참작사유 많은 가해자에 대한 단순 성추행, 명예훼손, 모욕 등이 주를 이룬다.

반면, 만취로 인한 과도한 업무방해, 흉기 등 위험한 물건을 휴대·이용한 업무방해, 공동 업무방해, 상습적 업무방해는 구속 구공판 기소 또는 불구속이나마 구공판 기소가 적합하고, 무면허·음주·측정거부의 경합범, 사람을 사상케 하여 가중 특별법(교통사고처리특례법)의 영역으로 넘어갔거나, 특정범죄 가중처벌 등에 관한 법률상 도주차량(인적 뺑소니) 또는 도로교통법이라 하더라도 사고후미조치(물적 뺑소니)의 경우라면 원칙적으로 약식사안이 아니다. 특히 약식과 구공판기소는 동종전과가 고려되어 판단된다.

(라) **양형기준적용대상사건**(量刑基準適用對象事件)은 검사가 실형을 구할 것이 명백한 사건으로 주로 죄질이 대단히 좋지 않은 경우이다.

행위방법이 좋지 않고 범죄에 취약한 피해자에 대한 범죄, 부인하는 사건의 경우 양형기준적용을 구하고 있다. 양형기준 준수를 지켜보겠으니 함부로 감경하지 말라는 취지로 받아들일 수 있다. 사문서를 위조·행사한 보험사기(범행횟수가 많기까지 한 경우 더욱 그러하다), 문서를 위조·행사한 소송사기 및 그 미수의 경우를 예로 들 수 있다.

변호인이 가장 유의하여 변론준비를 해야 할 사건은 구속기소 사건이면서 양형기준적용대상사건이다. 최대한의 양형주장사유를 찾아놓고, 부인 사건의 경우라면 증거조사절차에 만전을 기해야 한다. 증인신문이 예정된 사건일 경우 미리 탄핵에 성공할지에 대해서도 계산해 두어야 한다.

다음으로 방심할 수 없는 사건은 불구속기소 사건으로 양형기준적용대상사건이다. 역시 엄정한 양형판단을 받겠다는 것이 검사의 입장이므로 재판부로서도 확실한 양형인자를 확인할 때에만 가볍게 처벌하게 된다.

(2) 변호인의 역할

기소된 피의자의 반응은 크게 두 가지이다.

첫째, 구속사안 이었다가 불구속 기소된 피고인은 수사단계의 변호인을 전적으로 신뢰한다. 이제 집행유예 판결을 향해 나아가면 되기 때문이다. 변호인으로서는 이제 그간 안개 속에서 희미하게 수사 변호한 내용이 법정변론에도 그대로 적용될 수 있는 것인지 확인하여야 한다. 그 첫 단계는 공소장과 증거기록의 확보이고, 두 번째는 그 검토이며, 세 번째는 공소사실 및 증거인부절차이며, 네 번째는 증거조사절차의 대비이며, 다섯 번째가 새로운 양형인자를 찾는 과정이다.

둘째, 수사 중 구속이 된 후 결국 구속을 풀지 못하고 기소된 피고인은 즉각 재판단계 변호인을 새롭게 선임한다. 신뢰관계는 더 이상 없다. 변호인의 잘못이 아니라고 항변할 기회도 없다.

참고로 수사변호의 결과 구속을 면함은 물론이고 약식 기소된 피고인은 '정식 재판 청구냐, 벌금액 납부냐'만이 남았을 뿐 추가로 변호인의 도움은 필요 없다.

아래에서는 피의자와 변호인의 신뢰관계가 유지되어 공판변론에 대한 위임까지 이어진다는 것을 전제로 시간적 순서에 따라 제1회 공판준비의 모습을 그려보고 있다. **다만 이것은 법상의 공판준비기일절차(법 제266조의5 내지 13)를 의미하는 것은 아니다.** 처분결과 후 제1회 공판기일에 앞서 수사변호를 담당하였던 변호인이 그대로 재판단계의 변호인으로 활동할 경우를 상정하여 **법정 외의 공판준비모습**(法廷外 公判準備)을 서술하고 있다.

(가) 공소장 확보 및 증거서류의 열람 · 복사

제1회 공판기일 전 담당 재판부가 정해지고 나면 제1회 공판기일 전 해당 재판부에서 피고인에게 공소장 부본을 송달[5]하나, 그와 같이 기다려서는 재판변론준비가 소홀할 수밖에 없으므로, 미리 검찰청[6] 또는 법원에서 공소장을 발급받음이 좋다. 통상은 공소장의 등사는 법원, 증거기록의 등사는 검찰로 가게 된다. 증거기록에 대해서는 공소장일본주의로 인해 증거조사 전에는 검찰에 있기 때문이다.

검찰 증거기록의 열람·등사시 일어나는 법규위반적 등사문제는 앞서 제2편 제1장 제2절 2.의 다.항에서 상세히 살핀 바 있다.

등사기록은 여지없이 제3자의 이름과 주소 등 인적사항이 삭제[7]되어 있어 실제 기록검토시 향후 공판계획을 수립하는데 적지 않은 불편이 있다.

---

5) 중국에서도 개정심리의 결정을 한 인민법원은 늦어도 개정 7일 전에 기소장의 등본을 피고인에게 송달하여 소추되고 있는 범죄행위와 원인을 이해시켜 변호준비 및 변호인과의 연락을 위한 충분한 시간을 부여하도록 하고 있다(이만희, "중국의 사법절차에 있어서 인권보장", 「형사정책연구소식」 제14호, 한국형사정책연구원, 1992, 10면 참조).

6) 통상 검찰에서는 기록이 이미 법원에 전부 송부되었으므로 법원에 가서 공소장 열람·등사할 것을 알려주고 있다. 그러나 불기소이유서만 검찰 전산에 입력되어 있는 것이 아니라, 공소장도 분명 전산에 입력되어 있어 그 즉시 출력하여 주면 되는 것인데도 법원으로 발길을 돌리라고 안내하는 것은 분명 문제가 있다. 처분결과에 대한 이유서를 발급받는 것으로, 불기소이유서를 발급받는 것과 공소장을 발급받는 것은 아무런 차이가 없기 때문이다.

7) 반면 재판장이 보게 될 원본기록에는 당연히 피해자, 인적사항, 전화번호 등이 삭제 없이 나타나 있다.

(나) 증거기록 검토 및 피고인 접견

1) 증거기록에 대한 검토를 충분히 마치기 전에 피고인을 만나 변론방향을 상의하는 것은 바람직하지 않다. 피의자신문조서의 내용을 확인하지 못하여 피고인의 진술내용을 모른 채로는 피고인과 계획수립을 할 수 없는 까닭이고, 수사 중에는 드러나지 않았던 수사의 단서 및 수사과정을 이제야 비로소 알 수 있기 때문이다. 기록에 대한 충분한 검토를 하여야 하지 고소장을 본 후 바로 검사작성 피의자신문조서로 넘어가는 방법으로 요령을 부려서는 곤란하다. 그와 같은 방식은 정말 급한 경우에만 해야 할 일이다.

기록검토시 증거목록을 상세히 살펴볼 필요가 있다. 증거기록 앞에는 검사가 제출할 증거의 목록이 작성되어 있다. 이를 먼저 훑은 후 고소인의 진술이 몇 회 있는지, 피의자는 몇 차례 신문을 받았으며 그 중 대질조사는 몇 차례 받았는지를 살피고, 피의자신문조서에는 "자백" 또는 "공소사실 대체로 자백" 또는 "공소사실 부인" 또는 "공소사실 일부 자백, …에 대해서는 부인", 또는 구체적으로 "기망행위 부인" 또는 "편취의사 부인" 등의 검찰의견이 기재되어 있다. 종래 증거목록은 입증취지가 상세히 쓰여 있지 않은 채 무엇을 위해 제출한 증거인지를 법관이나 변호인이 그 내용을 모두 들여다보아야 알 수 있었으나, 최근 갈수록 상세해져 증거목록만으로도 대부분의 증거 내용을 미리 알 수 있게 되었다.

2) 위와 같이 상세히 증거목록을 살핀 후 성실히 기록을 완독하고 나면, 대체로 수사과정에서 변호인이 알지 못했던 세부사항이 나타나게 된다. 예컨대, 피의자가 말해온 피해금액보다 훨씬 크다든가, 행위 과정에서 조금 더 세밀한 기망수단이 있었다든가, 피고인이 피해자와 바깥에서 나눈 대화가 녹취되어 있으며 그 내용 중에는 명백히 자신의 잘못을 시인하고 있다든가 하는 내용을 추가로 발견하게 된다. 이 정도를 파악하고 나서 피고인을 만나야 한다. 그리고 증거인부와 입증계획을 준비하고, 가능한 피해변제의 범위를 파악해야 한다. 그래야만 피고인을 설득할 수 있고, 합리적 수용 안을 준비할 수 있다. 강력히 부인하던 피고인도 녹취록과 자신에게 명백히 불리한 참고인들의 진술조서를 보고 자백으로 방향을 돌리거나, 피해변제를 준비하거나, 증거에 동의하는 방식으로 태도의 변화가 있기 마련이다. 그렇게 철저히 준비된 상태로 피고인과 만나야만 거짓말 변론을 할 위험을 피할 수 있다. 앞뒤 사정을 모르고 법리에만 능한 변호인이야말로 가장 위험한 사람이다.

한편, 구속 피고인이라면 미결 상태로 관할법원 내 구치소에 수감 중인데, 아무리 늦어도 공판기일 일주일 전까지는 접견을 마쳐야 할 것이고, 성실한 변론을 준비한다면 그 전에 한 번, 피고인신문사항과 의견서가 완성된 상태로 그 즈음 한 번, 이렇게 두 번 가량은 피고인을 접견함이 좋다.

(다) 공소사실 인부 및 증거인부절차 준비

1) 공소사실의 인부

사실의 인부는 참으로 어렵다. 매 사건마다 어렵다. 피고인은 부인하면서 자신의 입장을 밝히는데 변호인은 법정에서 그 내용을 정확히 법률적으로 승화시켜야 하기 때문이다. 특히 부인할 경우 그 형태와 관련하여 피고인의 진술대로 재판부에 그대로 전달하여서는 안 된다. 대체 무엇을 부인하는 것인지 재판부로 하여금 혼선을 줄 수 있기 때문이다.

이는 항소사유의 적용에도 같다. 피고인의 주장이 사실오인인지, 법리오해인지, 양형부당인지 정확히 구별하기 위해 애쓴 후 주장사실을 정리하여 변론하여야 한다. 다만 사실오인과 법리오해는 정확히 구분이 되는 사건이 있는 반면, 정확히 구분되지 않고 동시에 주장하여야 할 경우도 있다. 후자의 경우로는, 예컨대, 피해자가 먼저 흉기로 피고인을 구타하여 피고인도 피해자를 구타하게 된 경우 정당방위 상황이 있었는데도 원심이 그 점을 간과하였다든가, 피고인이 피해자를 구타하게 된 것이 사실은 피해자의 흉기휴대폭행을 방어하는 과정에서 일어난 것일 뿐인데도 원심이 함부로 과잉방위로 인정하여 정당방위의 적극적 추진원리를 간과한 경우에 있어 정당방위상황에 대한 사실을 오인함으로써 위법성조각사유에 대한 법리를 오해한 것으로 볼 수 있다. 그렇다면 사실오인으로 인하여 법리를 오해하여 위법한 결론에 다다른 것으로 사실오인과 법리오해를 동시에 주장하여야 하는 것이다.

공소사실 인부는 재판부가 조서로 정리하기 위해 가장 촉각을 곤두세우고 있는 부분이다. 따라서 부인(否認) 의견은 다음과 같이 정확하게 준비되어야 한다.

가) 사실 자체를 부인하는 경우

"그러한 사실 자체가 아예 없으므로, 공소사실을 부인하는 바입니다."

나) 대체로 사실이 맞으나, 과장되었거나 일부는 그런 사실이 없었던 경우

"대체로 사실이 맞으나, …부분은 과장되었거나 사실과 다르므로 부인하는 바입니다."

"피고인이 피해자를 같은 일시, 장소에서 만나 대화하던 중 피해자의 뺨을 한 차례 때린 것은 사실이지만, 갑자기 욕설을 하며 피해자를 때린 것이 아니고 피해자가 먼저 심한 욕을 하며 삿대질을 한 까닭에 도저히 참을 수 없어 우발적으로 범행에 나아간 것입니다."

다) 대체로 사실이나, 공소사실과 같은 방식으로 기망하지 않은 경우

"피고인이 피해자를 같은 일시, 장소에서 만나 돈을 빌린 것은 사실이나, 그와 같은 말을 하여 기망한 것은 아니므로 공소사실을 부인하는 바입니다."

라) 사실이나, 피고인의 속마음으로는 착복할 생각이 없었던 경우

"객관적 사실은 맞으나, 피고인에게는 횡령의 고의나 불법영득의사가 없었으므로 부인하는 바입니다."

마) 사실이나, 위법성조각사유나 책임조각사유가 있는 경우

"객관적 사실은 맞으나, 피고인에게는 …위법성조각사유(또는 책임조각사유)가 존재하여 부득이 그와 같은 행위에 나아갔습니다."[8)]

가장 어려운 경우는 일부가 과장되었거나 사실이 아닌 것이어서 부인하는 취지(趣旨)**의 의견을 진술할 경우이다**(위 나)의 경우).

이 경우 재판부에서는 '공소사실을 부인하는 것인지, 정상 또는 경위에 참작하여 달라는 것인지' 묻게 된다. 이 같은 상황에서 변호인 중 일부는 그것이 무슨 말인지 몰라 당황하게 되고(부인했는데 왜 또 묻느냐는 의문으로), 재판부와 갈등을 빚게 된다. 심지어 재판부가 미리 '공소사실을 부인하는 것인지, 정상 또는 경위에 참작하여 달라는 것인지'를 말하여 답의 힌트를 주지 않고, 막연히 "정확히 부인하는 취지가 무엇인가"라고만 되묻게 된다면 변호인은 더욱 당황하여 입이 떨어지지 않게 된다. 첫 기일에 낭패가 아닐 수 없다.

따라서 변호인은 미리 공소사실 인부를 잘 준비하여 일부 부인하는 사실이 중요한 부분이라서 반드시 부인하여 밝혀야 할 부분으로 보인다면 즉, 공소사실의 중요부분으로 반증 시 공소가 유지될 수조차 없는 것일 경우에는 철저히 부인한 후 반증하여야 하며, 그렇지 아니한 것에 대해서는 경위에 참작하여 달라거나 정상에 참작할 것으로 추후 자료제출을 하겠다는 태도를 취해야 한다.

결국 실무상 공소사실 일부가 다른 점이 있다는 주장은 (1) 그 부분에 대한 적극적 무죄 주장, (2) 사정이 그러하다는 점을 양형에 반영해 달라는 주장으로 분류될 수 있는 것이고, 그 중 어떤 방식으로 접근하는 것이 피고인에게 유리할지에 대해 변호인은 감각적으로 한 번에 잘 판단해야 한다.

만약 (1)과 같이 일부 사실에 대해 적극적 무죄 주장을 하였다가 그 점이 입

---

8) 실무상 범죄불성립사유(정당방위, 정당행위, 긴급피난 등의 위법성조각사유 및 심신상실, 금지착오 등의 책임조각사유), 법률상 감경사유(음주명정 등 심신미약, 중지미수, 자수) 등은 놓쳐서는 안 되는 중요 변론 요소이다.

증되지 않을 경우 정상에서는 심각한 타격을 받게 된다. 경합범에서 일부 죄에 대해 무죄변론을 하였으나 유죄가 그대로 선고될 경우를 예로 들 수 있다. 그러므로 (2)와 같이 객관적 사실과 다른 부분이 있더라도, 이 점 양형에 반영해 달라는 사건은 그 외 대부분의 사건으로 볼 수 있고, 안전한 변론방식이 될 것이다. 예컨대, 전체적으로 돈 빌릴 당시 지불능력이 없었던 것은 맞지만, 공소사실의 기망행위와 같이 말한 것은 아니므로 범행경위에 참작하여 달라는 변론이다. 대부분의 변호인들은 너무나 억울하다며 적극 다투어 달라는 일부 사건을 제외하고는 후자의 방식과 같은 안전한 방식으로 변론을 하게 된다.

2) 증거의 인부

증거기록 전체를 충실히 검토한 후 피고인에게 불리한 증거로서 부동의 하여야 할 증거는 무엇인지 정확히 파악하여야 한다. 대체로 고소인 및 불리한 참고인의 진술을 부동의 하여야 할 것이다. 서류의 형태는 고소장, 고소보충이유서, 참고인진술조서 등 다양하나, 부동의 한다는 방식은 다르지 않다. 불리한 증거물에 대하여도 부동의 하여야 함은 물론이다.

다만 **수사보고서**(搜査報告書)**의 경우는 실무상 어려움이 많다.** 별 내용이 없는데도 부동의 한다면 작성자에 의한 진정성립 절차가 필요하므로 재판부로서는 번거로운 절차를 거쳐야 하므로 반기지 않게 된다. 그렇다고 중요한 내용이 담겨 있는데도 무턱대고 동의할 수도 없다. 워낙 다양한 수사보고서가 존재하므로 **단정할 수는 없으나, 기본적으로 피고인에게 어떠한 영향을 줄 것인지를 기준으로 판단하여야 할 것이다.** 예컨대, 전문진술이 담긴 사법경찰관의 수사보고에 대해 부동의할 경우 그것은 제313조[9]의 진술을 기재한 서류에 해당한다고 보아야 하므로 이 경우 수사보고에 진술자의 서명·날인이 있어야 하고, 원진술자가 법정에 나와 성립의 진정을 인정해야만 증거능력이 있으므로 이를 부동의할 경우 증거싸움에서 유리하다고 할 것이다.[10]

---

9) 형사소송법 제313조(진술서등) ① 전2조의 규정 이외에 피고인 또는 **피고인이 아닌 자**가 작성한 진술서나 그 **진술을 기재한 서류**로서 그 작성자 또는 **진술자의 자필이거나 그 서명 또는 날인이 있는 것**은 공판준비나 공판기일에서의 그 작성자 또는 **진술자의 진술에 의하여 그 성립의 진정함이 증명된 때**에는 증거로 할 수 있다. 단, 피고인의 진술을 기재한 서류는 공판준비 또는 공판기일에서의 그 작성자의 진술에 의하여 그 성립의 진정함이 증명되고 그 진술이 특히 신빙할 수 있는 상태 하에서 행하여 진 때에 한하여 피고인의 공판준비 또는 공판기일에서의 진술에 불구하고 증거로 할 수 있다.

10) 울산지방법원 2013. 12. 20, 선고 2013고단2999 판결.
「1. 수사보고서 등 증거의 증거능력에 관하여
가. 피고인 A는 수사보고서인 증거 순번 18, 20, 25, 27, 38, 71, 79와 수사기관에서 작성한 문서

또 진단서나 녹취록에 대해서도 수사보고서에 준하여 일응의 기준을 갖고 대응해야지, 무조건적 부동의도, 분위기에 눌린 동의도 아니 된다 할 것이다.

참고로 아직도 변호인 석에서 구술로 몇 번 증거, 몇 번 증거는 부동의 한다는 방식으로 인부진술을 하는 경우도 흔한데, 신속한 재판을 위해 미리 증거인부에 대한 서면을 제출함이 바람직하다. 공소사실 인부 역시 사전에 의견을 밝힐 경우 제1회 공판기일에서 신속히 증거조사로 넘어갈 수 있고, 재판부도 변호인의 공판협조에 대해 우호적으로 생각할 수밖에 없어 결국은 피고인의 이익으로 돌아가게 된다.

(라) 증거인부에 따른 검찰 측 증거에 대한 탄핵준비

부동의 증거에 대해 (증거를 철회할 생각이 없는 한) 검사가 증인신청을 할 것은 자명하다. 따라서 기록을 다시금 검토하여 참고인들의 각 진술이 공소사실 인정에 얼마나 영향을 미칠 것인지 그 증거가치, 탄핵성공가부에 대해 생각해 두어야 한다. 재판과정 중 조서의존 관행의 현실에서, **부동의 진술증거에 대비하여 참고인을 탄핵하려 하여도 웬만해서는 그 효과가 미미한 점**을 고려하면 당연하다. 소정 외로 합의라도 보았다면 모를까 갑자기 참고인이 수사기관 진술을 번복할 가능성은

인 증거 순번 74, 76을 증거로 사용함에 동의하지 아니하였고, 이에 대하여 검찰은 그 작성자인 검찰수사관 등을 증인으로 신청한 바 있다.

나. (1) 위 증거들 중 증거 순번 27, 79는 참고인 또는 피의자의 진술이 포함되어 있는 수사보고서로서 전문증거에 해당하는바, 그 수사보고서가 형사소송법 제311조, 제312조, 제315조, 제316조의 적용대상이 되지 아니함이 분명하므로 결국 제313조의 진술을 기재한 서류에 해당하여야만 증거능력이 인정될 수 있다. 그런데, 이러한 수사보고서가 제313조의 적용대상이 되기 위하여는 그 진술자의 서명 또는 날인이 있어야 함에도(대법원 1999. 2. 26, 선고 98도2742 판결 참조) 위 수사보고서는 그러한 요건을 갖추지 못하였으므로 원진술자는 물론이고, 검찰수사관의 진술만으로는 그 증거능력이 인정될 수 없다.

(2) 그리고 증거 순번 18, 20, 25, 38, 71은 증거서류를 첨부하면서 그 증거서류에 관한수사기관의 판단 또는 의견을 기재한 수사보고서인바, 이러한 수사기관의 판단 또는 의견은 당해 증거서류에 관한 증거조사과정상의 설명(제291조) 또는 검사의 의견진술(제302조)에서 주장되어야 할 내용일 뿐이다. 형사소송법상 전문증거의 증거능력에 관한 규정들은 사실인정의 기초가 되는 경험적 사실을 경험자가 직접 법원에 진술하지 않고 다른 형태로 간접적으로 보고하는 경우에 적용하기 위한 것으로서, 경험적 사실에 해당하지 않는 수사기관의 판단 또는 의견이 기재된 서류는 그 규정들의 적용대상이 된다고 할 수 없으므로 설령 작성자인 검찰수사관의 진정성립에 관한 진술이 있다고 하더라도 그 증거능력을 인정할 수는 없다.

(3) 마지막으로 증거 순번 74는 수사기관이 법률위반행위라고 판단한 행위의 횟수 등을 정리한 표이고, 순번 76은 각 위반행위에 배출부과금이 부과되었다면 얼마였을지 계산근거를 기재한 서류로서 이 역시 경험적 사실에 관한 것에 해당하지 않아 전문증거에 관한 형사소송법 규정들의 적용대상이 된다고 할 수 없을 뿐만 아니라, 순번 74는 그 작성자조차 기재되어 있지 아니하여 형사소송법 제313조에 의한 진술서로서의 요건도 갖추지 못하였다.」

위 판결은 울산지방법원 2014. 5. 9, 선고 2014노50 판결에 의해 확정되었고, 피고인 일부는 면소, 피고인 다수는 형 감경, 피고인 일부는 무죄 확정되는 과정에서 위 수사보고서의 증거능력에 관하여 원심과 달리 판단한 것은 없었다.

좀체 없다. 즉 **반대신문의 기회를 얻었으되, 실제 반대신문을 통한 탄핵에 성공하여 소정의 목적을 달성하기란 대단히 어려운 것**이고, 증인 출석으로 진정성립의 여부만을 확인한 꼴이 되기 십상이다.[11)]

또 증거인부시 불리한 진술에 대해 대거 부동의 하였으나, 증인신청이 다수 필요한 사실을 알게 된 재판부로서는 일일이 다 증인으로 불러야 할지를 놓고 검사 및 변호인과 상의하게 된다. 따라서 양보가 가능한 증거는 무엇인지 미리 파악해 두어야 한다.

이 단계에서 미리 증인신문사항을 만들어 둘 필요는 없다. 종래에는 신문 전 신문사항을 기재한 서면을 미리 법원에 제출하였고 이것이 구 형사소송규칙 제66조에 따른 것이었다고 하나, 현재 이러한 신문사항 사전 제출은 구두주의적 재판 심리원칙에 모순되는 관행이어서 현행 개정 형사소송규칙에서는 신문사항 제출 규정을 개정하여 원칙적으로 신문사항의 사전제출을 금지하고 예외적으로만 요구할 수 있도록 하였다. 따라서 일반적인 경우 신문사항을 사전에 제출할 필요가 없으며 재판장이 사전에 그 제출을 요구하는 것도 부당하다(규칙 제66조).[12)]

(마) 피고인 측의 적극적 반증 및 증인신청 준비

변호인은 위와 같이 피고인의 유죄 공소사실과 유죄증거에 대해 인부하고, 검찰 측 증인을 탄핵하기 위해 존재하는 소극적 제도가 아니다.

위와 같은 방법으로 최소한의 방어전략을 수립하였다면, 이제는 피고인이 수사기관에 제출하지 못했던 자료를 적극적으로 제출하여 주어야 한다. 무죄를 다투기 위함이다.

인적 증거와 관련하여서는 피고인 측 증인에 대한 신청과 신문이 중요하다. 수사기관에서 피의자의 억울한 점을 밝혀 줄 참고인이 출석하지 못했던 경우 피고인 측의 증인으로 신문준비를 하여야 하며, 설령 검찰 진술을 하였던 참고인이더라도 충분히 진술하지 못한 것이 있을 경우 증언의 필요성이 있음은 물론이다.

한편, 공동피고인의 경우에도 그에 대한 신문준비를 하여 피고인만 억울하게 주범으로 몰려 있거나, 피고인만 가해자가 되어 있는 점에 대해 사실이 아닐 경우

---

11) 현재와 같은 조서의존재판에 대해 비판하는 同旨의 견해로는 권영법, “현행 조서관련 규정에 관한 비판적인 고찰－비교법적인 고찰을 통한 현행 규정의 검토와 대안의 모색을 중심으로－”, 「저스티스」 통권 제131호, 한국법학원, 2012. 8, 204면, 235－236면.

12) 오경식, “형사사법절차에서의 진술거부권에 대한 연구－증인으로서의 피해자와 신문의 대상으로서의 피의자·피고인을 중심으로－”, 「피해자학연구」 19권 1호, 한국피해자학회, 2011. 4, 331면에서는 구두주의를 시행하는 미국, 영국, 프랑스, 독일의 경우에도 검사나 변호인이 미리 법원에 신문사항을 제출하는 경우는 없다고 소개하고 있다.

적극 밝혀야 할 것이다. 다만 공동피고인에 대한 신문은 통상 귀책전가를 통한 양형 반영정도에 불과하다. 공판실무는 변론을 분리하여 증인선서를 하게 한 후 상피고인을 신문하고 있다.[13] 이에 대하여 변론분리를 기준으로 위증의 벌을 경고함은 상피고인(특히 공범)의 진술거부권을 침해한다는 점에서 반대하는 견해가 있다.[14]

생각할 점

실무상 증인신청에 대한 채부와 관련하여 재판부의 자의적 처리방식에 당사자들이 불만을 갖는 경우가 흔하였다.

그간 증거채부와 관련하여 민사든, 형사든 딱 부러진 채부결정의 기준이 없어 법관과 변호인간 크고 작은 마찰이 있어온 점에 대하여, 최근 대법원이 개선책을 내놓았다. 2014. 3. 2. 대법원 청사에서 열린 기자간담회에서 법원행정처장이 발표한 재판제도 개선과 관련한 '로드맵'에는, 법에서 정한 증거채부의 기준을 구체화해 재판부마다 편차를 줄이도록 하여 당사자의 절차적 만족도를 높일 수 있도록 하는 내용을 담고 있다. 대법원은 필요성이나 관련성이 부정되는 유형을 제시하고,

---

13) 대법원은, 공범인 공동피고인이 당해 소송절차에서는 피고인의 지위에 있으므로 다른 공동피고인에 대한 공소사실에 관하여 증인이 될 수 없으나, **소송절차가 분리되어 피고인의 지위에서 벗어나게 되면** 다른 공동피고인에 대한 공소사실에 관하여 **증인이 될 수 있다**고 일관되게 판시하여 왔다(대법원 1983. 10. 25, 선고 83도2295 판결; 대법원 1999. 9. 17, 선고 99도2449 판결; 대법원 2007. 11. 29, 선고 2007도2661 판결; 대법원 2008. 6. 26, 선고 2008도3300 판결; 대법원 2012. 3. 29, 선고 2009도11249 판결; 대법원 2012. 10. 11, 선고 2012도6848 판결; 대법원 2012. 12. 13, 선고 2010도10028 판결); 同旨의 견해로는 강구진, 형사소송법원론, 학연사, 1982, 446면; 정영석/이형국, 형사소송법, 법문사, 1994, 396면; 차용석, 형사소송법연구, 박영사, 1983, 305면; 염정철, 형사소송법 신고판, 법문사, 1980, 218면; 심희기/양동철, 신형사소송법판례, 홍문사, 2009, 510-511면; 정영석, "증인적격, 증인거부권", 「고시계」, 1985. 1월호, 111-118면.

14) 수원지방법원 2008. 4. 1, 선고 2008노869 판결; **공범**관계의 경우에는 서로 책임을 타의 공범자에 전가시킬 위험성이 있고 자기 자신의 사건에 관하여 증인으로 되는 것으로 되어 증인으로 될 수 없으나, **공범 아닌 공동피고인**으로 보아야 할 경우, 즉 자기의 피고사건과 실질적 관련이 없는 사건이거나 공동피고인 상호간에 이해관계가 상반되는 경우에는 공동피고인이라도 증인신문을 할 수 있다고 보는 同旨의 견해로는, 노명선/이완규, 형사소송법, 성균관대학교 출판부, 2009, 402면; 배종대/이상돈, 형사소송법, 제7판, 홍문사, 2006, 491면; 백형구, 형사소송법강의, 8정판, 박영사, 2001, 719면; 백형구, 알기쉬운 형사소송법, 4판, 박영사, 2007, 172면; 백형구, 형사소송법 조문해설, 한국사법행정학회, 2008, 131면; 송광섭, 형사소송법, 유스티니아누스, 1997, 280면; 신동운, 신형사소송법, 법문사, 2008, 731면; 신양균, 형사소송법, 법문사, 2000, 591면; 이재상, 신형사소송법, 제2판, 2009, 463면; 임동규, 형사소송법, 제2판, 법문사, 2003, 283면; 정웅석, 형사소송법, 4판, 대명출판사, 2007, 701면.

참고로, 대법원은 **합동범**(대법원 1992. 7. 28, 선고 92도917 판결), **공동정범**(대법원 1990. 10. 30, 선고 90도1939 판결; 대법원 1996. 3. 8, 선고95도2930 판결), 뇌물을 주고받은 필요적 공범의 형태인 **대향범**(대법원 1985. 6. 25, 선고 85도691 판결)은 **공범인 공동피고인**으로 보았고, **절도범과 그 장물범**에 대해서는 공범인 공동피고인의 관계가 아니라 서로 제3자로 보고 있으며(대법원 2006. 1. 12, 선고 2005도7601 판결), **각각 다른 별개의 범죄사실로 기소되고 다만 병합심리된 것** 뿐인 경우(대법원 1979. 3. 27, 선고 78도1031 판결), 맞고소 사건의 경우처럼 **상호간 이해가 상반**된 공동피고인의 경우(대법원 1982. 9. 14, 선고 82도1000 판결)에는 **제3자**성을 강조하여 공동피고인의 법정진술은 증인신문절차를 통해 증언으로서 증거능력을 가질 수 있다고 보고 있다.

같은 증인에 대해 재신문을 할 때의 기준, 위법하게 수집된 증거의 채부기준 등을 구체적으로 설정할 계획이라고 한다.[15)]

진작에 통일된 기준을 상세하게 마련하였더라면 좋았을 것이다. **증거채부(민, 형사)나 실권효 각하(민사) 등 당사자에게 절대적 영향을 주는 증거조사방식과 관련한 절차들을 그간 각 법관들의 양심에 맡겨두었던 것에 대한 반성적 측면**으로 바람직하다고 본다.

현재 증거의 채택결정에 대해 이의할 수는 있으나 그 이상의 불복방법은 없다. 다만 증거채택에 대한 결정이 잘못되어 그로 인하여 사실오인 등 항소사유를 발생시킨 경우 항소할 수는 있다. 그러나 그것은 사실심 중 제1심을 약화시키는 원인이 되며, 불필요한 남상소를 촉발할 뿐이므로 조속히 대법원의 로드맵이 법규화될 필요가 있다.

(바) 양형자료 제출 준비

양형자료의 기본은 형법 제51조가 기준이 될 것이다.[16)] 양형기준이 시행되고 있는 현 상황에서는 양형기준상의 여러 양형인자의 존부 및 정도를 공판기일에서 현출할 필요가 크다.[17)18)]

법관(法官)은 양형기준 적용대상 사건의 경우, 양형기준표상의 양형인자의 존부를 수사기록과 피고인이 제출한 의견서, 공판정에서의 소송관계인의 진술 및 제출자료, 양형조사관의 조사결과 등을 통해 파악하고, 공판검사(檢事)는 대부분의 양형기준 적용대상 사건에 관하여 '양형기준 적용표'라는 제목으로 양형기준에 설정

15) 법률신문, 기사, "증거채부 기준 설정·법정녹음 확대·민사판결서 공개", 2014. 4. 7.자 3면.

16) 대법원 양형위원회의 1기, 2기, 3기, 4기 양형기준이 이미 각급 법원에 무사히 자리 잡고 있다는 점, 양형기준을 준수하고 있는지에 대해 검찰과 법원 간 대립된 통계를 발표하고 있다는 점을 보더라도 양형기준에 충분한 기속력을 인정하고 있다는 것은 앞서 살펴본 바 있다. 대법원의 양형기준은 형법 제51조를 참작하여 각 범죄유형별, 행위태양별, 피해정도별로 기준을 정립한 것이다. 이에 더 나아가 앞으로는 양형심리를 충실히 하여 양형에 대한 법정공방의 모습을 자주 볼 수 있을 전망이다(이에 대해서는 법률신문, 기사, "증거채부 기준 설정·법정녹음 확대·민사판결서 공개", 2014. 4. 7.자 3면 참조).

17) 양형불균형은 종래부터 문제가 되어 온 부분으로, 양형기준제가 시행되기 전인 1995년 이재홍 변호사(당시 춘천지방법원 강릉지원 부장판사, 2011년 서울행정법원장 퇴임)는 형사사건의 대부분이 자백사건인 만큼, 사실상 형사재판의 중요한 부분은 양형에 관한 심리이고 이에 대한 개혁 작업이 사법개혁의 핵심이 될 것으로 내다보았다{이재홍, "사법제도의 세계화 추진방향", 「형사정책연구」 제6권 제1호(통권 제21호), 한국형사정책연구원, 1995, 9-14면 참조}.

18) 양형기준이 도입되기 전 우려의 목소리로 비판한 견해는, 양형기준이 외부로 노출될 경우 개개 사건의 특수성을 알 수 없는 피고인의 가족이나 일반국민들로부터 외면적으로 나타난 양형편차만을 근거로 또 다른 비난의 근거를 제공할 것이며, 이러한 지침이 있다면 자연히 이에만 의존하게 되어 오히려 형평에 어긋나는 결론에 이를 것으로 보면서, 재판을 법관이 아닌 컴퓨터가 하는 이른바 'pocket justice'가 될 것이라는 논거를 제시하였다. 그러나 이러한 견해에 대해 이재홍 변호사는, 위 논문 15면에서 양형기준제를 도입하여 오히려 사법의 공정성과 독립성이 더욱 확보될 것으로 전망하였다{이재홍, "사법제도의 세계화 추진방향", 「형사정책연구」 제6권 제1호(통권 제21호), 한국형사정책연구원, 1995, 13-15면 참조}.

된 양형인자 중 어느 것에 해당되는지와 그로 인해 도출되는 권고 형량범위와 실형/집행유예 권고여부에 관한 의견을 정리한 표를 제출하고 있는데도, **변호인**(辯護人)**은 아직 양형기준에 기초한 주장을 효과적으로 주장·입증하는 관행이 정착되지 못하였다는 평가가 있다.**[19)]

따라서 이러한 변호권 행사의 문제점을 개선시키는 방안으로 몇 가지가 제안되고 있다. 첫째, 소송관계자들에 대하여 관련 양형인자의 존부, 정도에 대한 의견제출을 독려하는 방안, 둘째, 별도로 양형심리기일을 운영하여 검찰 측과 피고인 측이 양형기준에 관련된 충분한 주장·입증을 할 수 있도록 하는 방안(공판단계이분론 또는 양형절차분리론), 셋째, 판결전조사제도를 활용하는 방안,[20)] 넷째, 전문심리위원을 적극 활용하는 방안이 그것이다. 다만, 위와 같은 몇 가지 방법은 양형심리로 인하여 소송기간의 장기화, 범죄사실과 양형사실의 중복 심리로 인한 불필요한 절차반복, 양형인자에 대한 견해 차이로 인해 항소가 증가할 우려 등 부작용도 예상된다.[21)]

통상 주된 양형자료로는 피고인과 피해자의 관계, 사건에 이르게 된 경위, 특히 범행의 우발성, 범행의 방법, 피해의 결과, 범행 후 정황, 평소 피고인의 일반정상자료 등이 될 것이다. 현재 가장 강력한 양형자료는 합의서 또는 피해변제증거인데, 재판장의 성향에 따라 다를 것이나 형사단독 중 일부는 피해변제를 지나치게 강조하며 형에 반영될 것이라는 말을 하여 심리 내내 공포분위기를 만들어 결국 피고인들이 피해변제를 하고 판결을 받는 경우가 있다. 공정한 재판의 이념 및 무죄추정의 원칙에 반하는 것으로 향후 이러한 재판관행은 반드시 개선되어야 한다. **법원의 기능 중 피해회복과 조정의 기능이 강조되는 경우가 있으나, 그것이 형사법관의 주된 책무여서는 아니 된다.**

나. 수사서류의 증거로서의 기능

변호인은 위에서 본 바와 같이 공소사실을 인부하고 증거에 대해 인부하는 과정에서 증거조사계획까지 세워야만 하는데, 그 과정에서 증거기록에 편철된 다양한 수사서류의 증거가치를 제대로 파악하는 것이 전제되어야 한다. 따라서 증거법의 명확한 이해의 필요성이 등장하는 것이다. 이를 위하여 본서는 앞서 제1편 제6

19) 김청미, "양형기준에 대한 이해", 대구지방변호사회 변호사의무연수교육자료, 대구지방변호사회, 2012. 11, 10-11면.

20) 2008. 12. 26. 보호관찰에 관한 법률 제19조 개정으로 성인범에 대해 보호관찰이 필요하다고 인정되는 경우 시행.

21) 김청미, "양형기준에 대한 이해", 대구지방변호사회 변호사의무연수교육자료, 대구지방변호사회, 2012. 11, 10-11면 참조.

장에서 수사과정 중 작성될 수 있는 다양한 수사서류가 어떠한 증거능력을 요건으로 하는지와 관련하여 현행 증거법 규정 및 대법원 판례를 분석하였다.

제 6 절 변호권 행사의 실천적 연구

같은 장 제2절 내지 제5절에서는 단계별 변호권 행사와 강화방안을 차례대로 연구해 보았다. 이제 제6절에서는 실무상 형사변호인이 피의자를 처음 접한 순간부터 실질적 수사변호를 하는 과정에 이르기까지 필요한 내용에 대한 실천적 연구를 하게 되었다. 이에 대한 문헌이 부족한 관계로 본 절의 연구방법은 그간의 논의를 정리한 것이 아니라 필자의 경험칙에 의한 방법론 또는 대안의 제시가 될 수밖에 없었다. 이 같은 방법론상 한계를 인식하고도 본 절을 정리한 이유는, 앞으로는 필자와 같은 시도가 더욱 더 활발하게 이루어져야 한다는 당위성과 희망 때문이었다.

영국의 옥스포드 대학에서는 Lawyer's Skills,[1] Criminal Litigation Handbook[2]를 포함한 각 법률과목의 변호사 실무지침서가 수시로 출판되고 있는 것을 볼 때 우리나라에서는 아직 이러한 연구가 거의 시도되지 못한 점이 늦은 감조차 있다.

아래에서는 시간적 순서에 따라 변호인의 바람직한 변호범위와 방향을 실무적 차원에서 정리하기로 한다.

이곳에서 소개한 논의 이외에도 필자는 본서의 곳곳에서 수사절차 및 형사소송 전반에 대한 실무의 모습과 개선책을 소개하고 있으므로 부족한 부분은 해당 부분에서 참고할 수 있을 것이다. 변호권 행사와 직접 관계되어 유기적 연결성을 띤 관련부분은 제1편 제1장 제3절 4.의 고소, 제3장 제2절 2.의 피의자신문 및 3.의 참고인조사, 제2편 제2절 2.의 각 변호인의 권한, 제2장 제1절 내지 제5절의 단계별 변호권 행사, 제3장 제4절 고소대리 부분이다.

---

1) Julian Webb/Caroline Maughan/Mike Maughan/Marcus Keppel-Palmer/Andrew Boon, Lawyer's Skills, OXFORD UNIVERSITY PRESS, 2011-2012. Julian Webb/Caroline Maughan/Mike Maughan/Marcus Keppel-Palmer/Andrew Boon, Lawyer's Skills(LEGAL PRACTICE COURSE GUIDES), OXFORD UNIVERSITY PRESS, 2008-2009.

2) Martin Hannibal/Lisa Mountford, Criminal Litigation Handbook, OXFORD UNIVERSITY PRESS, 2011-2012.

1. 사건의 초기단계

가. 상담 및 선임

수사단계에서의 변호는 변호인의 지위를 얻는 데에서부터 시작된다. 변호인의 지위는 피의자 또는 가족 등으로부터 변호권을 위임받는 방식으로 부여되고, 상담을 통한 계약이 성사됨을 전제로 한다.

상담시 유의할 점은 상담을 희망하는 사람이 누구인지 잘 살펴야 한다는 것이다. 피의자 본인이 직접 내방한 것인가, 아니면 피의자가 구속 중이거나 바쁘다는 이유로 가족이 대신 온 것인가에 따라 위임계약의 성부가 달려있기 때문이다. 피의자가 직접 방문한 것이라면 사건위임의 진정성이 높고 변호방향을 설정하는데 절대적인 도움이 되나, 가족이나 친구가 방문한 경우라면 진정성이 낮다는 점을 염두에 두어야 한다. 물론 피의자가 구속 중이어서 부득이하게 제3자가 상담을 하는 경우라면 별개이다.

내방객이 어떤 서류를 갖고 내방하여 상담을 희망하는지도 잘 살펴야 한다. 아무런 서류 없이 막연히 "피해자란 사람이 얼마 후 고소한다고 하니 어떻게 될지 알고 싶다"라거나, "경찰조사가 내일인데 어떻게 하면 좋겠느냐"고 하며 경찰 조사방향만을 집요하게 스크린 하는 경우이거나, "피해자로부터 연락이 왔는데 합의하면 어떻게 될지" 만을 알아보는 방식이라면 사건위임의 진정성이 없는 것으로 볼 것이다.

반면, 본인이 내방하였고 고소인과 사이에서 그간 체결된 계약서, 정산내역, 민사소송 자료를 제시하면서, "현재 고소당해 어떤 경찰서에 사건이 있으며, 1회 조사는 언제 받았는데 경찰은 현재 뭐라고 말하고 있다"라는 등 상세하고도 성의 있는 자세로 상담을 구하고 있다면 사건위임계약을 전제로 다음과 같은 것에 주의하여 초기변론방향을 곧바로 머릿속에서 수립하여야 한다. 즉 ① 수사 중이거나 고소당한 죄명은 무엇인가. ② 피해액[3]이 얼마인가. ③ 변제한 금액은 얼마인가.

---

3) 우리의 경우, 피해액은 구속기준, 적용법조의 차이, 선고형량에서 차이를 가질 뿐 범죄의 성립 그 자체에는 영향을 주지 않는다. 그러나 중국에서는 수액범(數額犯) 제도를 통해 일정 금액 이하의 재산범죄는 아예 형사처벌 대상이 아니다. 1997년 11월 최고인민법원에서 "關干審理竊盜件具休應用法律若干問題的解釋(절도사건을 심리함에 있어서 법률의 적용에 관한 약간문제의 해석)"을 공포하였는데, 본 규정에 의하면 국가, 집단 또는 개인의 재산을 절도한 경우 그 액수가 RMB500원 이상만이 죄가 성립된다. 수정을 거친 현행 중국 형법에서 규정한 범죄가 440개가 넘는데 그 중에서 300여 개의 범죄의 성립이 범죄액수와 관련된다. 이를 '수액범 제도'라 하고 있다. 이러한 수액

④ 변제가능 금액은 얼마가 될 것인가. ⑤ 범행회수 및 그 기간은 얼마나 되는가. ⑥ 피해자 수는 몇 명인가. ⑦ 별건이 다른 수사기관에서 수사 중인 사건은 있는가. ⑧ 몇 차례 조사받았으며, 그간 조사에서 어떤 내용으로 답변하였는가. ⑨ 체포되었다가 석방된 사실이 있는가. 영장청구 가능성과 그 시기에 대해 들은바가 있는가. ⑩ 전과는 어떠하며, 가장 최근의 전과 및 수형종료일자는 언제인가. ⑪ 피의자는 억울하다고 주장하는 것인가. 아니면, 인정하나 경한 처벌과 불구속을 희망하는가. ⑫ 사회적 유대관계는 어떠한가. ⑬ 그간 충분히 수사기관에 자신의 입장을 진술하였으며, 제출한 자료도 충실하였는가. ⑭ 피해자와 합의를 위해 시도한 연락은 몇 차례나 되며, 피해자는 어떻게 느끼는가. 당해 사건은 친고죄[4] 또는 반의사불벌죄인가. ⑮ 정상변론에 사용할 자료는 무엇인가에 대한 것이 유의할 점이다.

필자가 제시한 위 일응의 기준은 어떻게 보면 피의자신문에서 수사기관이 누락하지 않아야 할 조사대상과 비슷하다고 볼 수도 있다.

나. 구속피의자의 경우 변호접견

사건위임계약서를 작성한 후 변호인선임계를 당해 수사기관에 서둘러 제출하여야 한다. 영장청구가 예상되는 사건인데도 변호인선임계를 늦게 제출할 경우 영장청구사실이 변호인실에 통지되지 않고 당사자에게만 통지된다. 이 경우 초반부터 의뢰인의 신뢰가 하강함은 당연하다.

선임계 접수 다음으로 중요한 것은 서둘러 변호접견을 실시해야 하는 것이다. 물론 상담시 가족으로부터 사건의 내막과 진행 상태를 들은 바 있지만, **사실관계를 가장 잘 아는 사람은 어디까지나 피의자이다.** 또한 빠른 접견과 적기의 접견이 없을 경우 수감 중인 피의자로부터 신뢰를 잃기 쉽다. 비용지불은 가족이 하였으

범의 법적 근거로 중국 형법 제13조의 단서규정을 들고 있다. 즉, '정상이 현저히 경미하고 위해가 크지 아니한 경우에는 범죄로 인정하지 않는다'는 내용이다. 우리의 경우 만약 피해액이 경미하여 벌하기 마땅치 않다면 검사에 의해 기소유예 처분을, 판사에 의해 선고유예 판결을 통해 구제할 길이 있음에도, 중국의 경우에는 이전부터 실체법을 중시하고 절차법을 중시하지 않았기 때문에 모든 문제를 실체법에서 해결하려 하는 경향이 있다(상세한 내용은 박종근(朴宗根), "중국형법에서 범죄未遂에 관한 문제점과 해결방안", 「비교형사법연구」 14권 2호, 한국비교형사법학회, 2012, 307-308면 참조).

4) 2013. 6. 19. 형법 개정과 성폭법 개정으로 성범죄에 대한 친고죄 조항이 삭제됨에 따라 기존 친고죄였던 강간죄와 그 미수, 유사강간죄와 그 미수, 강제추행죄와 그 미수, 준강간, 준강제추행죄와 그 미수, 미성년자 등에 대한 간음죄, 업무상위력 등에 의한 간음죄 및 미성년자에 대한 간음, 추행죄(형법 제297조부터 제300조, 제302조, 제303조 및 제305조)와 업무상 위력에 의한 추행죄, 공중 밀집 장소에서의 추행죄 및 통신매체를 이용한 음란행위죄(성폭법 제10조 제1항, 제11조 및 제13조)를 저지른 경우 고소가 없어도 공소를 제기할 수 있으므로 주의해야 한다.

나 피의자로부터 신임을 잃을 경우 사건이 중도에 해지될 가능성이 높아진다.

변호접견시 전회 상담한 가족과의 상담내용을 최대한 숙지하여 이미 사건의 상당부분을 파악하고 있다는 이미지를 주어야 한다. 그래야만 피의자가 변호인을 신뢰하고 향후 수사절차 및 공판절차에서도 변호계획에 적극 따르게 된다. 반드시 파악하고 와야 할 부분은 역시 위 상담기법에 드러난 부분이 된다.

피의자로부터 가장 상세히 들어야 할 부분은 범행의 경위 부분이다. 범행의 경위가 어떠하냐에 따라 범죄사실 중 범행의 동기, 범행의 방법, 고의, 범행 후 조치 등의 내용에서 큰 차이가 발생하기 때문이다.

그 외 유의할 것은 피의자에게 헛된 희망을 주지 않아야 하고, 수사진술이 오락가락하지 않도록 주의시켜야 하며, 피의자의 집사 노릇을 하는 등 교정질서를 교란시키지 않아야 한다.

다. 변호방향의 설정, (반증 · 참고)자료의 수집

(1) 변호방향 설정의 어려움

변호방향을 설정하여 실제 변호업무를 수행하는 것은 공판단계와는 달리 안개 속에서 길을 찾는 것 또는 안개 낀 도로를 차로 질주하는 것과 같다. 후자가 더 위험한데 후자는 영장청구가 예정된 사건으로 사건진행마저 신속하다.

수사변호가 어렵고 방향이 쉬 보이지 않는 이유는 어떠한 수사기록도 변호인이 쉽게 확보할 수 없고, 검사가 생각하는 범죄사실이 무엇인지도 아직 알 수 없는 상태이기 때문이다. 경우에 따라서는 수사과정에서 수시로 수사기관의 범죄사실이 바뀌기도 하므로 미리부터 검사가 생각하는 범죄사실을 알지 못하는 것은 때로는 당연하다.

오직 확보할 수 있는 것은 피의자와의 상담에서 파악한 사실관계이다. 물론 피의자 스스로의 진술에 대해서는 검찰에 열람·등사를 신청할 수 있지만, 수사 중이라는 이유 또는 수사상 목적으로 불허되거나 지연될 확률이 높고, 피의자의 진술이 기재된 피의자신문조서 일부를 입수한다 하더라도 역시 피의자와의 상담에서 파악한 내용과 대부분 겹칠 뿐이어서 별반 도움이 되지 않는다. 피의자의 진술은 어차피 큰 틀에서 거의 일정하고, 특히 경제사범의 경우 더욱 그러하다. 또 고소장 및 범죄사실을 뒷받침하는 제출증거, 참고인진술조서, 수사기관 내부의 수사보고서, 수사기관이 그 외 방법으로 확보한 압수물 및 사진, CCTV 동영상, 계좌추적내역에 대해서는 전혀 확인할 길이 없어 피의자 진술이 기재된 조서 일부만을 복사한다 하더라도 도움이 되지 않으므로 결국 경험칙에 입각해 수사변호를 계획해야 하는 어려움이 있다.

▪ 생각할 점

수사기록 열람·등사의 어려움과 필요성에 대하여 앞서 상세히 살핀 사실이 있으나, 때로는 불평등한 변호의 기회로 누구는 수사변호계획상 어려움을 겪고, 누구는 내부정보를 이용한 정확한 변호를 준비하기도 한다. 지금은 많이 개선된 부분이겠으나, 종래 검찰전관 변호사의 경우 함께 퇴직하여 현재 사무장으로 데리고 있는 전직 검찰수사관을 검찰청에 보내 나름대로 알아보게 한 후 고소장 등 수사방향이 되는 문서를 정상적 방식 이외의 방법으로 확보하여 미리 수사변호에 대비하는 경우가 있거나, 청구된 후 결재를 기다리고 있는 영장을 미리 확보하여 구속사유를 사전에 소멸시키는 경우가 있었다.

따라서 구속사유 중 예컨대, 「피해액이 거액이고, 이 건 횡령행위가 피의자의 지시로 조직적으로 이루어졌으며, 구속하지 않을 경우 횡령한 돈을 타에 은닉하고 관련자들에게 허위진술을 교사하는 방식으로 증거를 은닉할 우려가 높으며, 특경가법위반죄로서 중형 형선고가 예상되어 도주의 우려가 높다」는 내용을 발견할 경우 변호인은 서둘러 구속의 필요성을 소멸시키는 방식의 준비를 한 후 느긋하게 영장심사를 받을 가능성도 있는 것이다. 수사의 보안이 모두에게 평등하게 작용하는가 하는 점은 향후 학계에서 더 연구해 볼 주제라 할 것이다.[5)]

(2) 부인하는 피의자 변호의 방향

(가) 부인하는 피의자의 주장이 법률적으로 타당한 면이 있더라도 아예 '범죄인정안됨' 형태의 무혐의 결정을 받는 것은 대단히 어렵다. 실무상 대부분의 무혐의 결정은 **'증거불충분(證據不充分)'**이다. 고소가 각하사유가 아니어서 조사를 하였고, 고소장 및 증거자료를 충분히 검토하여 보아도 기소할 증거가 부족하다는 취지이다. 고소인의 주장 내용으로는 범죄로 볼 여지가 있지만 증거가 부족하다는 내용으로 고소인들이 가장 억울하게 생각하는 부분이자, 거꾸로 **피의자가 가장 용이하게 빠져나올 수 있는 지점**이다.

증거불충분 결정문의 구조는 고소인의 주장요지를 요약한 후 그에 부합하는 증거를 설시하고, 피의자의 변소요지를 인용한 후 그에 부합하는 수사결과를 적시하면서 결론을 내리는 방식이다. 증거불충분이 되기 위해서는 대체로 고소인의 주장에 부합하는 증거는 별반 없고, 피의자의 변명에 부합하는 증거가 있을 것을 요

5) 同旨 표창원, "경찰수사권 독립이 인권보장의 첩경", 「형사정책」 제15권 제1호, 한국형사정책학회, 2003, 54면.

한다. 이 같은 경우 범죄사실은 고소인의 일방적 주장에 지나지 않는 것이 된다. 이러한 논리구조를 이해하고 변호인은 피의자가 증거불충분의 무혐의 결정을 받도록 각별한 노력을 기울일 필요가 있다.

(나) 그러하기 위해 시급한 것은 범죄사실을 현 상황에서 가장 정확하게 파악하는 것으로 그 방법은 앞서 살핀 바와 같이 평소 고소인과 벌어진 법적·금전적 다툼에 대해 가장 잘 알고 있는 피의자로부터 사실관계를 얻고 정리하는 것이며, 경우에 따라서는 사실관계 중 법적으로 무의미한 것을 추출하여 분리제거한 후 법적으로 문제될 것으로 보이는 부분을 공소사실로 미리 확정해 놓아야 한다.

만약 피의자가 1, 2차 경찰조사를 받은 상황이라면 경찰관이 무엇을 묻고 피의자는 뭐라고 답했는지를 잘 파악해야 하며, 운 좋게도 대질조사까지 있었던 사건이라면 동일 쟁점에 대해 피의자와 고소인에게 각기 어떤 질문을 하였는지를 파악까지 한다면 범죄사실(犯罪事實)은 대부분 선명해진다. **범죄사실에 대한 파악실패는 수사변호실패로 직결**되므로 너무나 중요하다고 할 것이다.

(다) 위와 같은 방식으로 범죄사실을 예상하여 파악했다면, 구체적인 변호방식은 이제 형법각론과 형법총론의 내용 중 무죄가 될 부분들을 찾아내어 변호준비를 하게 된다.[6]

예컨대 횡령죄(橫領罪)로 보인다면, ① '위탁관계의 불성립', ② 위탁관계는 성립된 것이 맞다고 보일 경우 '금전의 소비는 피해자로부터 위임받은 취지였다는 사실' 또는 '적법한 이사회 결의 또는 주주총회 결의를 거쳤다는 사실', ③ 위임받은 취지를 입증할 자료가 없거나 위임취지에 반했을 소지가 있거나 또는 법인의 목적 범위 외로 집행되어 이사회 결의도 형사사건에서 무의미할 경우라면 당시의 여러 정황으로 피의자에게 '불법영득의사는 없었다는 사실' 등을 집중적으로 찾아내어 조명하는 방식의 변호방향을 수립하게 되는 것이다.

각 주장사실들을 입증할 자료들을 (반)증거자료 또는 참고자료의 형태로 제출준비를 해야 함은 당연하다.

---

6) 참고로 실무상 재판단계에서의 무죄율은 대단히 낮다(노정환, "수사절차독립성론 – 수사의 개념 및 원칙을 중심으로 –", 「법학실무연구회」 발표논문, 대검찰청, 2009. 5, 57면 주1); 노정환, "수사절차독립성론(上) – 수사의 개념 및 원칙을 중심으로 –", 「법조」 57권 3호, 법조협회, 2008, 115면 주1)을 보면, "2007년 대검찰청 국정감사 업무보고에 따르면, 1심 총 선고인원 1,173,803명 중 무죄선고는 2,888명으로 0.25%에 불과하고, 또 무죄판결 상당부분이 증거불충분인 점을 감안하면 진정한 의미의 무죄율(죄 안됨)은 훨씬 더 낮을 것"으로 소개하고 있다).

따라서 **현장에서는 법리다툼보다는 사실인정**(事實認定) **문제에 전력을 쏟고 있다고 봄이 맞고, 유·무죄 다툼보다는 양형**(量刑)**에 전적으로 매달리고 있다고 봄이 정확**할 것이다.

(라) 중요 재산범죄의 변호시 효과적인 쟁점 변호를 살펴보면 다음과 같다.

1) 실무상 부인(否認)사건으로 가장 변호하기 어려운 부분은 사기죄(詐欺罪)에서 기망의 고의(欺罔故意)가 없었다는 점이다.

즉 피의자는 지불능력과 지불의사가 있었기 때문에 기망할 생각이 없었다는 주장을 하고 있지만, 검찰과 법원은 쉽게 그렇게 믿어주지 않는다.

변호인은 피의자가 돈을 받을 당시 지불능력과 지불의사가 있었다는 사실을 입증하기 위해 노력하게 될 것인데, 실제에서는 강력한 난관에 부딪히게 된다. 즉 지불능력이 있었다고 입증하여도 한 푼도 갚지 않았다면 지불의사가 없었다고 보아 곧바로 사기죄 성립을 인정하는 경우, 거꾸로 지불의사가 있었다며 초기 수 개월간 이자를 지급한 사실을 입증해 보아도 당시 부채가 많았다는 점이 조사되면 지불능력이 없는 자가 언젠가는 원금을 갚지 못할 것을 예상했었다는 이유로 역시 지불의사 없었음을 인정하여 사기죄 성립을 긍정하는 경우가 많기 때문이다.

지불능력 또는 지불의사 있었음을 입증하는 효과적 방법은 장기 거래관계에서 이미 많은 돈을 변제 또는 결제하여 온 사정을 입증하는 방법이다. 다만 장기 거래관계에 있었더라도 자력이 어려워진 시기 또는 부도 직전에 다량의 물품을 공급받거나, 다액의 어음 또는 당좌수표·가계수표를 다수 발행하거나, 갑작스레 많은 돈을 빌린 경우라면 유죄가 선고될 확률이 높다. 앞전 거래관계와 문제된 기망의 거래관계가 사실상 분리되기 때문이다.

2) 횡령죄(橫領罪)의 핵심적 변론내용은 위탁관계(委託關係)에 기한 보관자의 지위에 있지 않았다는 점이 될 것이므로, 명의신탁된 재산이 아니고 직접 매수한 것이라거나 상속받은 재산으로 고유재산이라는 점, 동업관계가 형성되지 않았고 따라서 민사적으로 이익금·성과금을 배분하기 전까지는 피의자 또는 피의자 회사의 단독소유였다는 점[7] 등을 입증하여야 한다.

또 횡령행위는 불법영득의 의사(不法領得意思)[8]를 실현하기 위하여 외부로 표출하는 일체의 행위이고, 소비, 은닉, 반환거부, 타 용도에 사용, 증여·매각의 의사표시 등 사실상의 행위, 매각, 대여, 질권설정, 담보제공, 증여 등의 법률상의 행위가 모두 포함되나,[9] 이때의 반환거부는 영득의사의 표출로서 횡령행위와 같다고

7) 이러한 설시예가 실무상 가장 많다.

8) 불법영득의사는 타인의 재물을 보관하는 자가 자기 또는 제3자의 이익을 위하여 위탁의 취지에 반하여 권한 없이 그 재물을 자기의 소유인 것 같이 처분하는 의사를 말하는 것이다(대법원 2005. 7. 29, 선고 2005도685 판결).

9) 박상기, 형법학, 집현재, 2013, 655면.

볼 수 있을 정도여야 하지 불법영득의사의 발현으로 볼 수 없는 단순히 반환을 거부한 사실만으로 곧바로 횡령죄가 성립하지는 않는다는 점을 주장하여야 한다.[10)]

따라서 변호인으로서는 정당한 이유 있는 반환거부였다는 점[11)]을 입증하기 위해 노력해야 할 것이다. 경우에 따라서는 고소인의 반환요구가 당초 반환시기보다 앞서 있어 반환의 시기가 도래하지 않았다거나, 반환하려 해도 반환이 쉽지 않았다는 사정을 주장하여야 할 경우도 있을 것이다. 그러하기 위해서는 위탁 당시 피의자와 고소인 간 어떠한 약정에 의해 피의자가 고소인의 물건을 보관하게 되었는지 경위를 상세히 파악해야 하며, 반환요구 당시 고소인의 요구가 어떠했으며 피의자가 어떤 방법으로 반환하려 했으나 반환하지 못하였는지를 상세히 변론하여야 한다.

3) 배임죄(背任罪)와 관련하여서는, 배임죄의 주체는 타인의 사무를 처리하는 신분(身分)이 있어야 할 것이고, 여기에서 '타인의 사무를 처리하는 자'라 함은 양자 간의 신임관계에 기초를 둔 타인의 재산의 보호 내지 관리의무가 있음을 그 본질적 내용으로 하는 경우라 할 것이므로, 그 사무가 타인의 사무가 아니고 자기의 사무이거나 단순히 타인에 대하여 채무를 부담함에 불과한 경우라면 본인의 사무로 인정될지언정 타인의 사무를 처리하는 자에 해당한다고 할 수는 없으므로,[12)] 예컨대 의사가 의료인 아닌 자에게 사실상 고용되어 병원을 운영하고 있었고, 병원을 폐업하면서도 병원 건물주에게 해지통고를 하지 아니하고 건물보증금 반환청구도 하지 아니하여 계속적으로 보증금이 차임으로 상계되고 있을 경우라도 의사 자신이 임차인일 경우 임대차계약해지 및 보증금반환청구사무는 자기의 사무이므로 '타인의 사무'를 처리할 것을 전제하고 있는 배임죄에 해당하지 않는 것이란 점을 변호하여야 한다.

배임죄에서 실무상 문제되는 구성요건을 보면, ① 타인의 사무를 처리하는 자에 해당하는지, ② 임무에 위배한 행위를 한 것이 맞는지, ③ 배임의 고의가 있었는지, ④ 재산상의 손해를 가한 것은 어떠한 경우인지이다.

① 배임죄는 진정신분범이다. 형법은 '타인의 사무를 처리하는 자'라고만 규정하여 해석상 복잡성이 가중되고 있다. 따라서 명확한 제한해석이 필요한 바, '타인의 사무(他人事務)'라고 하기 위해서는 양자 간의 신임관계에 기초를 둔 타인의 재산

---

10) 대법원 1992. 11. 27, 선고 92도2097 판결.
11) 예컨대, 유치권이 존재하여 반환을 거부한 점(대법원 2006. 2. 10, 선고 2003도7487 판결).
12) 대법원 2008. 6. 26, 선고 2007도7060 판결; 대법원 1987. 4. 28, 선고 86도2490 판결.

의 보호 내지 관리의무가 있음을 그 본질적 내용으로 하는 경우이어야 하고, 그것이 단순한 부수적 사무에 그쳐서는 안 된다고 해석해야 한다.

결국 타인의 사무인지 자기 사무인지의 구별기준으로는, 계약문언 또는 신의칙상의 사무의 내용, 사무처리의 내용이 상대방의 재산보전에 본질적으로 중요한지의 여부, 사무처리의 불이행이 상대방의 이해관계에 중대하고도 직접적인 영향을 미칠 것인지의 여부 등에 따라서 실질적 관점에서 판단하여야 한다.[13] 대법원도 "타인의 사무를 처리하는 자란 양자 간의 신임관계에 기초를 두고 타인의 재산관리에 관한 사무를 대행하거나 타인 재산의 보전행위에 협력하는 자 등을 말한다"고 판시[14]하여 대동소이하다.

사무는 재산상의 사무로 한정하여 해석함이 통설이다. 사무처리의 근거는 법령, 계약, 관습, 사무관리, 사실상의 신임관계이다.[15]

법령 또는 정관으로 단체의 대표가 되어 업무집행을 하는 자, 근로계약에 의해 회사를 위해 근무하는 자가 배임의 주체가 됨은 자명하다. **가장 많은 수의 배임 피고인은 주식회사의 대표이사, 조합의 대표자, 종중 회장·감사, 입주자대표회의 회장이다.** 그 외 타인의 사무를 처리하는 자로 우리 법원이 인정한 예(認定例)로는, 부동산 이중매매의 매도인으로서 중도금을 지급받아 이제는 마음대로 계약을 해제할 수 없게 되었고 부동산 등기협력의무를 부담하고 있는 자,[16] 채권자에 대한 양도담보권 취득을 위한 주식교부절차 협력의무를 위배한 자, 채권양도절차를 밟아줄 의무를 부담하는 채권양도인,[17] 계금을 불입 받아 계금지급의무[18]가 있는 계주 등이 있다.

② 임무에 위배된 행위(任務違背行爲)와 관련해서는, 판례는 "배임행위에 있어서 '임무에 위배되는 행위'라 함은 사무의 내용, 성질 등 구체적인 상황에 비추어 법률의 규정, 계약의 내용 혹은 신의칙상 당연히 할 것으로 기대되는 행위를 하지

---

13) 권오걸, "동산의 이중매매와 배임죄－부동산 이중매매와의 비교를 통해서－", 「비교형사법연구」 13권 2호, 한국비교형사법학회, 2011, 405면, 415면, 417-419면 각 참조.

14) 대법원 2004. 6. 17, 선고 2003도7645 전원합의체 판결.

15) 박상기, 형법학, 집현재, 2013, 673면.

16) 그러나 대법원 2011. 1. 20, 선고 2008도10479 판결에 의해 **동산 이중매매의 매도인은 설령 중도금까지 받은 상태라 하더라도** 매수인의 재산의 보호 내지 관리 행위에 협력할 의무가 있다고 할 수 없어 **배임죄의 주체가 될 수 없다.** 비판적 견해로는 권오걸, "동산의 이중매매와 배임죄－부동산 이중매매와의 비교를 통해서－", 「비교형사법연구」 13권 2호, 한국비교형사법학회, 2011, 418-419면, 422-424면 각 참조.

17) 대법원 1999. 4. 15, 선고 97도666 전원합의체 판결; 대법원 2007. 5. 11, 선고 2006도4935 판결.

18) 대법원 2009. 8. 20, 선고 2009도3143 판결.

않거나 당연히 하지 않아야 할 것으로 기대되는 행위를 함으로써 본인과 사이의 신뢰관계를 저버리는 일체의 행위를 포함한다"라고 하여 각 사건에서 배신행위에 대한 판단권을 각 법관에게 일임하고 있다.[19] 따라서 배임죄에 있어서 임무위배행위는 전형적인 비정형성을 지닌 구성요건표지이며, 보통의 정상적인 임무수행행위와 일상적인 시각에 의해서 분명하게 구분하기 곤란하다는 비판을 받고 있다.[20]

배임행위는 법률행위뿐만 아니라 사실행위도 포함된다. 배임행위의 예로는 금융기관 임·직원의 부실대출, 기업의 분식결산이 대표적이다.[21] 사무처리와 관련하여 피해자가 동의한 경우라면 통상 배임죄가 성립하지 않지만 경우에 따라서는 배임죄가 성립할 수도 있다. **대주주의 승낙과 이사회 결의를 거쳤더라도 이사는 회사를 위하여 성실한 직무수행을 할 의무가 있으므로 그 결의내용이 주주 또는 회사 채권자를 해하는 불법한 목적이 있었던 경우**[22]**에는 배임죄의 죄책을 진다**고 해석된다. 또 주식매매와 같은 모험거래의 경우에도 비록 고소인이 이러한 거래방법을 승낙하거나 동의하였다 하더라도 사무처리자가 임무에 위배되는 행위를 하였다면 배임죄 성립이 가능하다.[23]

③ 배임의 고의(背任故意)는, 고의를 부인하는 판단기준, 경영판단의 법칙 적용여부에 따라 인정 여부에서 차이가 있다.

업무상배임죄의 고의는 업무상 타인의 사무를 처리하는 자가 본인에게 재산상의 손해를 가한다는 의사와 자기 또는 제3자의 재산상의 이득의 의사가 임무에 위배된다는 인식과 결합되어 성립되는 것이며, 이와 같은 업무상배임죄의 주관적 요소로 되는 사실(고의, 동기 등의 내심적 사실)은 피고인이 본인의 이익을 위하여 문제가 된 행위를 하였다고 주장하면서 **범의를 부인하고 있는 경우**에는 사물의 성질상 고의와 상당한 관련성이 있는 **간접사실을 증명하는 방법**에 의하여 입증할 수밖에 없고, 무엇이 상당한 관련성이 있는 간접사실에 해당할 것인가는 정상적인 경험칙에 바탕을 두고 치밀한 관찰력이나 분석력에 의하여 사실의 연결 상태를 합리적으로 판단하는 방법에 의하여야 한다.[24] 피고인이 본인의 이익을 위한다는 의사도

19) 대법원 2004. 7. 9, 선고 2004도810 판결.
20) 권오걸, "동산의 이중매매와 배임죄-부동산 이중매매와의 비교를 통해서-", 「비교형사법연구」 13권 2호, 한국비교형사법학회, 2011, 424면; 법률신문, 오피니언(황정근 변호사), "당연히 해야 할 것으로 기대되는 행위를 하지 않는 것", 2015. 3. 12, 14면.
21) 박상기, 형법학, 집현재, 2013, 673면.
22) 대법원 2000. 5. 26, 선고 99도2781 판결.
23) 박상기, 형법학, 집현재, 2013, 673-674면.
24) 대법원 2002. 6. 28, 선고 2000도3716 판결; 대법원 2004. 7. 22, 선고 2002도4229 판결; 대법원

가지고 있었다고 하더라도 위와 같은 간접사실에 의하여 본인의 이익을 위한다는 의사는 부수적일 뿐이고 이득 또는 가해의 의사가 주된 것임이 판명되면 업무상배임죄의 고의가 있었다고 할 것이다.[25)]

또한 이른바 경영상의 판단과 관련하여 기업의 경영자에게 배임의 고의가 있었는지 여부를 판단함에 있어서도 일반적인 업무상배임죄에 있어서 고의의 입증방법과 마찬가지의 법리가 적용되어야 함은 물론이지만, 기업 경영에 내재된 속성을 고려하여 문제된 경영상의 판단에 이르게 된 경위와 동기, 판단대상인 사업의 내용, 기업이 처한 경제적 상황, 손실발생의 개연성과 이익획득의 개연성 등 제반 사정에 비추어 자기 또는 제3자가 재산상 이익을 취득한다는 인식과 본인에게 손해를 가한다는 인식(미필적 인식을 포함)하의 의도적 행위임이 인정되는 경우에 한하여 배임죄의 고의를 인정하는 엄격한 해석기준은 유지되어야 할 것이고, 그러한 인식이 없는데 단순히 본인에게 손해가 발생하였다는 결과만으로 책임을 묻거나 주의의무를 소홀히 한 과실이 있다는 이유로 책임을 물을 수는 없다.[26)] 그러나 어떠한 행위가 임무위배행위에 해당하는지 여부는 그 사무의 성질·내용, 사무집행자의 구체적인 역할과 지위, 행위 당시의 구체적 상황에 따라 그 행위가 신의성실의 원칙에 비추어 통상의 업무집행의 범위를 일탈하였는가에 따라 판단하여야 하는 이상, **경영자의 경영 판단에 관하여 위와 같은 사정을 모두 고려하더라도 법령의 규정, 계약 내용 또는 신의성실의 원칙상 구체적 상황과 자신의 역할·지위에서 당연히 하여야 할 것으로 기대되는 행위를 하지 않거나 당연히 하지 않아야 할 것으로 기대되는 행위를 행함**으로써 재산상 이익을 취득하거나 제3자로 하여금 이를 취득하게 하고 본인에게 손해를 가하였다면 그에 관한 **고의 내지 불법이득의 의사**[27)]**는 여전히 이를 인정함이 마땅하다.**[28)]

따라서 **실무상 경영판단 법칙을 주장하여도 재판에서는 받아들여지는 경우가 적다.**[29)] 경영판단을 함에 있어 계열사에 피해가 돌아갈 것을 (미필적으로나마) 인식하

2009. 6. 11, 선고 2008도4910 판결.

25) 대법원 2009. 2. 6, 선고 2008도522 판결.

26) 대법원 2004. 7. 22, 선고 2002도4229 판결; 대법원 2007. 11. 15, 선고 2007도6075 판결; 대법원 2009. 2. 26, 선고 2008도522 판결; 대법원 2009. 6. 11, 선고 2008도4910 판결.

27) 우리 법원은 불법영득의 의사 또는 불법이득의 의사를 추가로 요구하고 있으나, 이를 곧 고의의 내용으로 파악하고 있다(박상기, 형법학, 집현재, 2013, 678면 참조).

28) 대법원 2007. 11. 15, 선고 2007도6075 판결.

29) 同旨 법률신문, 오피니언(황정근 변호사), "당연히 해야 할 것으로 기대되는 행위를 하지 않는 것", 2015. 3. 12, 14면.

였다는 점, 거쳐야 할 적법한 상법상의 절차를 거치지 않았거나 그 실질에 있어 정당하지 않아 형식적 합법성만으로는 불법성이 사라지지 않는 점, 대표이사이기도 하지만 통상 이들은 대주주로서 회사의 이득이 결국은 행위자에게 경제적 이득을 준 것으로 볼 수 있는 점, 회사의 추가 손해를 피하기 위한 불가피한 조치로 보기 어려운 점, 충분한 검토 내지 검증을 거치지 않은 점, 오히려 미필적으로나마 손해발생을 예견하거나 인식할 수 있었는데도 무리하게 감행한 점 등을 고려하기 때문이다.[30] 완전한 경영판단을 쉽게 인정하지 않는 것이다.

④ 재산상의 손해(損害)를 가하였다 함은 현실적인 손해를 가한 경우뿐만 아니라 재산상 실해 발생의 위험을 초래한 경우도 포함된다(위험범설). 재산상 손해의 유무에 대한 판단은 본인의 전(全) 재산 상태와의 관계에서 법률적 판단에 의하지 아니하고 경제적 관점(經濟的 觀點)에서 파악하여야 하므로, 법률적 판단에 의하여 당해 배임행위가 무효라 하더라도 경제적 관점에서 파악하여 배임행위로 인하여 본인에게 현실적인 손해를 가하였거나 재산상 실해 발생의 위험을 초래한 경우에는 재산상의 손해를 가한 때에 해당되어 배임죄를 구성한다. 이러한 법리는 최초 배임행위가 법률적 관점에서 무효라고 하더라도 그 후 타인의 사무를 처리하는 자가 계속적으로 배임행위에 관여하여 본인에게 현실적인 손해를 가한 경우에도 마찬가지이다.[31]

그러나 예컨대, 회사가 행한 대출의 실질이 자금 이동 없는 서류상의 채무자 변경에 불과하고 실질적인 담보력에 변화가 없어 이로 인하여 대출채권을 회수하지 못할 위험이 발생하였거나 발생할 염려가 생긴 것이 아니라면 그 대출행위는 배임죄를 구성하지 아니하고,[32] 재산상의 손실을 야기한 임무위배행위가 동시에 그 손실을 보상할 만한 재산상의 이익을 준 경우, 예컨대 그 배임행위로 인한 급

30) 同旨 대법원 2007. 11. 15, 선고 2007도6075 판결은, "이 사건 유전인수사업 **추진 경위**, 이 사건 유전인수사업과 관련하여 인수할 유전의 **사업성·경제성**, 국내외 유수 기업의 사업 참여 가능성, 인수 자금 확보 방안 등과 관련하여 이를 평가하고 판단하기 위해 필요한 **검토 내지 검증의 정도**, 피고인 1이 실제 행한 검토와 검증 노력의 정도, 사업 추진과 관련하여 철도청 내부와 OO은행 등 관련 외부 기관의 **문제 제기에 대하여 위 피고인이 보인 태도와 그 문제점 보완 노력의 정도**, 철도청 내부 회의 등에서 위 피고인이 보고한 확인되지 않고 검증되지 않은 내용과 그 보고 내용이 사업 추진 결정과 그 이후 사업 추진 과정에 미친 영향 등 여러 사정을 종합하여, 피고인의 유전인수사업 추진이 임무위배행위에 해당하고, 그에 따라 OOO와 피고인 3 등에게 재산상 이익을 취득하게 하여 철도재단에 손해를 가한 데에 대한 범의와 불법이득의 의사가 모두 존재한다"고 판단하였다.

31) 대법원 2013. 4. 11, 선고 2012도15890 판결.

32) 대법원 2007. 6. 1, 선고 2006도1813 판결.

부와 반대급부가 상응하고 다른 재산상 손해(현실적인 손해 또는 재산상 실해발생의 위험)도 없는 때에는 전체적 재산가치의 감소, 즉 재산상의 손해가 있다고 할 수 없으므로 이 경우에도 배임죄는 성립되지 아니한다.[33)]

일단 손해의 위험성을 발생시킨 이상 사후에 담보를 취득하였거나 피해가 회복되었다 하여도 배임죄의 성립에 영향을 주는 것은 아니다.[34)]

⑤ 마지막으로 배임행위로 인하여 배임행위자 본인이나 제3자가 재산상의 이익을 취득하여야 한다. 그러므로 본인에게 손해를 가하였다고 할지라도 행위자 또는 제3자가 재산상 이익을 취득한 사실이 없다면 배임죄가 성립할 수 없다.[35)]

(마) 위와 같은 **변호인의 변호노력 이외에 중요한 것이 바로 피의자신문**에서 피의자가 구체적이고 일관된 (반박)진술을 하는 것이다.

예컨대, 사기죄의 경우라면 고소인의 주장과 같은 기망행위를 하지 않았다는 진술을 하게 될 것이다. 그러나 1회 조사 때 기망의 대상, 수단, 방법(장소, 일시 포함) 등을 구체적으로 부인한다 해도 수사기관은 참고인을 다시 불러 추가로 조사하여 범죄사실을 재특정하는 경우가 많아 여간해서는 예상되는 기망행위를 일거에 예측하고 부인하는 것이 쉽지 않다. 만약 일관성 있는 진술이 아닌 그때그때 마다의 진술이 되고 말 경우 수사기관은 결국 고소인의 주장에 신빙성을 두고 혐의가 있다는 결정을 하게 된다. 따라서 **고소인의 진술 또는 수사기관의 유도신문에 일일이 대응하여 비 일관된 임시변통의 답변을 하는 방법으로 범행을 부인할 것은 아니라는 결론**이 나온다.

결국 알리바이, 반대사실에 대한 구체적 진술, 피의자의 주장에 부합하는 참고인조사요구, 스스로의 진술에 부합하는 객관적 자료제출로 일관성 있는 진술을 하도록 조언하고 일정하게 변호해 주어야 한다.

(바) 부인하는 사건의 경우라 하더라도 피해변제가 중요하지 않은 것이 아니다. 피의자 진술에 상반된 고소인 주장이 상당히 상세하고, 고소인의 주장에 부합하는 참고인이 여럿 있으며 각 진술에 부합하는 물적 증거가 있을 경우를 대비해서 **반드시 피해변제계획을 세워야 한다.** 사기죄는 피해금액이 많지 않더라도 죄질이 좋지 않다고 보기 때문이다.

(사) 또 사기죄에서 우리 판례가 손해발생을 요하지 않는다고 보는 점도 감안

---

33) 대법원 2007. 6. 15, 선고 2005도4338 판결.

34) 대법원 2004. 3. 26, 선고 2003도7878 판결.

35) 대법원 2007. 7. 26, 선고 2005도6439 판결.

할 필요가 있다. 재산의 개념에 대해 우리 판례는 경제적 교환가치 있는 모든 경제적 가치는 그것이 법률적으로 허용하는 것이건 아니건 모두 재산으로 보는 경제적 재산개념(經濟的 財産槪念)[36]을 취하여 대단히 넓게 보고 있고, 손해의 발생에 대해 판례는 사기죄가 성립하기 위하여 재산상의 손해가 발생할 필요가 없다는 입장을 취하고 있다(損害不要說).[37] 즉 "사기죄의 성립에 피해자의 재산상 손해의 발생을 요하지 않는다"고 보아 편취액의 산정에 있어서도 피해자가 대가로 취득한 가액을 공제하지 않고 있으며,[38] "금융기관의 대출이나 신용보증기금의 신용보증서 발급이 피고인들의 기망행위에 의하여 이루어진 이상 그로써 곧 사기죄는 성립하는 것이고, 소론과 같이 담보권의 설정이 있었다 하여 결론을 달리하는 바는 아니며 또 그러한 경우 사기죄의 이득 액에서 담보물의 가액을 공제하여야 할 성질의 것도 아니라 할 것이다"라고 판시하고 있다.[39]

따라서 법률적으로 피해자에게 손해가 발생하지 않았다고 주장하거나, 법률상 보호가치 있는 이익을 침해한 것이 아니라는 주장을 하는 것은 무의미하다. 결국 변호인은 **법리적으로 손해가 발생하지 않았다는 주장을 하기보다는, 실제 (순수 경제적 관점에서) 피해자가 입은 손해가 그만큼 되지 않는다는 점을 강조**하여야 할 것이다. 즉 일부금은 변제했다든지, 애초에 약정이자가 없었고 불확정기한부 채무였기 때문에 이자 상당액의 손해는 최고일 전까지는 발생한 것이 아니라든지 하는 내용의 변론을 통해 손해액을 줄이는 것이 유리한 것이다. 그러나 이 방식의 변론은 위 판례의 입장을 고려할 때 **죄의 성부를 좌우하는 것은 아니라는 점을 유의**해

---

36) 재산범죄에서의 재산개념은 크게 (1) 법률적 재산설과 (2) 경제적 재산설, (3) 법률적·경제적 재산설로 나누어진다. (1) 법률적 재산설은 형법의 재산개념을 민사법상 개인의 모든 권리와 의무로 이해하되 재산적 이익을 순수하게 법률적으로만 파악하며, 경제적 가치의 유무를 문제 삼지 않는다. (2) 경제적 재산설은 형법의 재산개념을 '모든 경제적 교환가치 있는 개인의 이익(alle geldwerte Güter einer Person)'으로 이해하고, 그 법적 성격을 전혀 고려하지 아니한다. 우리 판례와 독일의 판례가 이 견해를 취하고 있다. (3) 법률적·경제적 재산설은 절충적 입장으로, 형법의 재산개념을 법률적으로 허용되는 모든 경제적 가치로 이해하여 일차적으로는 경제적 관점에서 파악하나, 법질서 통일의 관점에서 법질서가 명백히 인정하지 않는 지위까지 형법의 재산개념에 포함시킬 수 없다는 입장이다. 따라서 형법에서 보호대상이 되는 재산상의 이익은 법질서에 의하여 인정된 경제적 가치에 한정한다. 우리나라 다수설이며, 독일에서도 다수설로 소개되고 있다(이정원, "사기죄에서 '재산상 손해'의 개념에 관한 연구", 「비교형사법연구」 제2호, 한국비교형사법학회, 2000, 120-123면 참조).

생각건대, 재산개념은 경제적 가치를 본질로 하는 한편, 법률적 가치에 의한 제한이 필수적이므로 다수설과 같이 해석함이 타당하다고 할 것이다.

37) 대법원 2009. 1. 15, 선고 2006도6687 판결; 대법원 2002. 2. 5, 선고 2001도5789 판결.

38) 대법원 1995. 3. 24, 선고 95도203 판결; 대법원 1991. 5. 28, 선고 91도668 판결; 대법원 1983. 4. 26, 선고 82도3088 판결.

39) 대법원 1983. 4. 26, 선고 82도3088 판결.

야 한다. 양형에 참고 될 주장이다.

(3) 자백하는 피의자 변호의 방향

이 경우는 변호방향이 수월하다. 이 유형은 범행의 경위를 통해 부득이했거나 우발적인 범행임을 강조하고, 수사 초기부터 적극 협조하는 등 반성하는 모습의 역력함, 피해금액 중 일부는 언제까지 변제를 마치겠고 나머지 변제계획은 어떠한지, 가중 전과는 없다는 사실, 그 외 일반 정상변호 사항들을 가급적 빠짐없이 체계적으로 정리하는 것이 변호방향이 된다.

유의할 것은 정상에 대한 자료는 객관적인 것을 제출해야 하지, 일방적으로 의견서에 기재만 한다고 반영되는 것은 아니다.

2. 수사변호의 본격적 시작

가. 변호인의견서 작성 및 제출

(1) 상담 및 계약, 접견과정에서 파악한 사실관계를 토대로 피의자가 억울하다고 주장하는 내용을 법률적으로 풀어내어 **수사기관을 설득하는 도구**가 변호인의견서이다.

따라서 지나치게 사실관계만을 나열하는 것은 금물이고, **반드시 어떠한 법률적 주장을 하는 것인지가 명쾌하게 드러나야 한다.** 통상 고소인과 피고소인의 관계, 범행의 경위, 기타 정상에 대하여서 법률사무소 사무장은 상세한 분량과 나름의 체계로 우수하게 작성하는 경우가 있으나, 어디까지나 법률적으로 서면 전체를 승화시키는 작업 자체는 법률전문가인 변호사의 몫이고 의무이다. 특히 위에서 언급한 예에서와 같이, “위탁관계의 존부”, “불법영득의사 또는 고의의 부재”, “도주의 우려 및 증거인멸의 위험” 등의 고도의 법률적 부분에 대해서는 변호인이 전적으로 전략을 수립하고 확인된 사실관계를 법률적으로 전개해 내야 하는 것이다.

또한 변호인의견서 역시 법률서면이므로 간명성, 체계성, 강약, 호소력, 증거와의 부합성, 논리력이 필요함은 당연하다. 또 각 사건마다 중요쟁점과 각 인 마다의 특수 정상이 다르므로 이러한 점에 대해서 각별히 신경을 써야 함은 물론이다.

(2) 변호인의견서의 제출시기와 그 횟수도 실무상 유의할 점이 있다. 변호인의견서를 지나치게 무분별하게 자주 제출한다든가, 반복 제출하면서도 주된 서술이 그대로 전회 서면을 베껴내는 것이 분명하다든가, 전회 제출에서 주장한 것과 전혀 상반된 주장을 갑작스레 하는 것은 변호인의 능력을 의심케 함은 물론이고

수사기관으로 하여금 더 이상 변호인의 의견에 귀 기울이지 않게 만드는 것이어서 피할 것이다. 경우에 따라서는 수사방해로, 심할 경우에는 진술교사 또는 증거관계 조작을 하고 있다고 수사기관이 느낄 수도 있다. 이 경우 압수·수색과 구속영장의 청구시기를 앞당기는 결과를 가져올 가능성이 있다.

의견서는 제1회 조사를 받기 직전 제출함이 가장 이상적이라 할 것이나 이는 어디까지나 조기 선임된 사건에 한하여 가능한 것이고, 만약 1회 조사기일 이후 선임되었다 하더라도 당황하지 말고 조사로 인해 파악할 수 있는 범죄사실과 죄명이 당초보다 많아졌으므로 더욱 충실을 기하여 제출하면 된다. 제출관서는 현재 사건기록이 있는 곳, 즉 검찰에 송치된 이후라면 검찰청에, 경찰조사 중이라면 경찰에 제출하면 된다.

나. 수사의 밀행성을 고려한 사건관리

수사과정이 민사사건처럼 정부 홈페이지에서 검색되지 않는 것은 분명한 사실이다. 다만 최근 법무부가 「형사사법포털시스템」[40]을 개발하여 검찰, 경찰 수사과정의 일부를 공개하고 있으나, 이는 어디까지나 '사건의 송치', '사건의 처분결과'만을 나타내주고 있어 이것만으로는 도저히 수사의 방향과 종기를 예측할 수 없다.[41] 종전부터도 우편으로 통지받아오던 정도만을 전산으로도 확인하는 정도에 머무르는 실정이다. 현재 제도로는 부족하여 변호인과 피의자가 지나간 조사기일, 그간 제출된 서류, 다음 예정된 조사기일 등을 파악하기 어려운 실정이므로 향후 법무부가 제도운용에 탄력을 기할 필요가 있다고 본다.

현재로서는 수사과정의 모든 정보가 행정정보공개의 대상이라 볼 수 없는 것은 자명하므로 법규 개정이 있기까지 변호인은 위와 같은 수사의 밀행성과 타 행정영역과는 다른 특수성을 인정하면서 최선의 남은 변호를 준비해 가야 할 것이다.

---

40) 이 시스템은 경찰, 검찰, 법무부, 법원에서 처리하고 있는 형사사건의 접수·수사·결정·재판·형집행 등에 대한 형사사법 업무를 표준화·전자화하고, 이들이 관리하고 있는 정보를 공동으로 활용할 수 있도록 설계된 것이다(상세한 내용은 김희수, "형사소송 관점 등에서 본 형사사법통합정보체계의 문제점에 대한 고찰", 「민주법학」 제34호, 민주주의법학연구회, 2007, 327-328면, 344-352면 각 참조).

41) 다만 피의자 스스로가 공인인증서를 통하여 자신의 변호사의 상세정보를 입력한 경우라면 변호인이 비교적 상세한 정보를 알 수 있다.

제3장 피해자 변호권 강화방안

제1절 서 론

앞서 제1장 변호인 제도, 제2장 피의자 변호권 강화방안에서 피의자 또는 피고인의 변호인에 대하여 상세히 살펴보았다. 그럼으로써 우리는 현대 형사소송법의 발전은 바로 피의자(피고인)의 지위 및 권리향상의 역사이고, 변호권 확대의 역사였다는 점을 잘 알 수 있었다.

반면, 범죄피해자의 권리와 지위 및 피해자의 변호인에 대해서는 우리 법이 상대적으로 불충분한 관심과 보호를 하여 왔고, 그간 피해자학의 집중적 연구대상에 불과했다. 물론 고소제도에서부터 시작하여 참고인조사, 불기소처분에 대한 불복방법 등에서 간간이 피해자의 형사소송법상 지위가 규정되어 있었으나, 상대적으로 범죄피해자에 대한 국가의 보호의무가 소홀하고 특히 수사 및 재판절차에서 고립되어 제2차 피해를 당하는 사례가 빈번히 지적되어 왔던 점을 부인할 수 없다. 이러한 문제점을 해결하기 위하여 최근 피해자를 위한 변호사가 우리 법에서 정식으로 소송관여자로 등장하였는바, 2011. 9. 15. 개정 「아청법」 제18조의6(현행법 제30조), 같은 취지로 개정된 「성폭법」 제27조가 그것이다.

따라서 위와 같은 범죄피해자를 위한 보호장치가 입법화된 현 시점에서 우리 변호인의 전통적 활동영역이 아닌 다소간은 생소한 피해자를 위한 변호활동의 의의와 변호권의 구현형태에 대해 살펴볼 때가 되었다고 본다. 이 장에서는 위와 같은 점을 감안하여 우선 제2절에서는 총론적 성격으로 형사절차상 피해자의 지위를 살펴보고, 제3절에서는 각론에 해당하는 아청법 및 성폭법 상의 피해자 변호사 제도를 깊이 있게 연구하기로 하며, 제4절에서는 피해자를 위한 소송법상 대리행위로서 고전적이면서도 실무상 가장 중요한 고소대리 제도에 대하여 살펴보는 방법으로 피해자 변호권 강화방안을 제시해본다.

제2절 형사절차상 피해자의 지위

종래 우리 형사절차상 범죄피해자는 별도의 절차적 권리를 보장받지 못하였거나 보호의 수준이 높지 아니하였고, 설령 법에 정해진 권리가 있다고 하더라도 수사기관 및 법원에서 피해자의 각종 권리에 대해 깊이 고려하지 않고 피의자에 대한 범죄수사 또는 피고인에 대한 재판진행에 초점을 맞추다 보니 피해자는 형사절차에서 소외되고 잊혀진 존재가 되어 왔다. 간혹 수사과정에서의 참고인조사, 재판과정에서의 증인신문과정에 피해자가 등장하더라도 피해자의 권리를 찾아준다는 이유로 오히려 피해자의 형사절차상 권리를 침해한 경우가 많았다. 즉 **범죄피해자는 그간 우리 형사절차에서 조사의 객체, 증인신문의 객체에 머물러 왔던 것이 현실이었다.**

위와 같은 문제점을 해결하기 위해 그간 입법과정의 변화를 살펴보면, 1987년 헌법 개정으로 타인의 권리로 생명·신체적 피해를 당한 국민이 국가로부터 구조를 받을 수 있는 권리와 당해 사건의 재판절차에서 진술할 수 있는 권리가 도입된 후 1988년 「범죄피해자구조법」이, 2005년에는 범죄피해자를 위한 일반법인 「범죄피해자보호법」이 제정되어 범죄피해자보호를 위한 기틀을 마련하였고, 「아청법」[1]과 「성폭법」이 개정되면서 드디어 피해자보호를 위한 입법이 거의 완결되었다고 볼 수 있다.[2] 이 같은 **입법의 정비로 범죄피해자는 수사절차 또는 재판절차에서 당사자지위에 있는 것은 아니지만, 실제에서 상당한 절차권을 행사하게 되었으며 보호범위도 넓어졌다.**

---

1) 그러나 아동성폭력은 아동에 대한 성적 침해행위의 특수성과 아동 피해의 중대성을 인정하여 일반 성년 성폭력과는 다른 각도에서 형사법적으로 접근하여야 하는데도, 우리 법제는 지나치게 아동 성폭력에 대하여 처벌조항이 형법 제297조(강간)와 제298조(강제추행)를 기본 유형으로 출발하고 있으며 그에 따라 가중, 감경, 특별 구성요건으로 기본법 외에 다수의 특별법의 산재한 규정을 통하여 아동성폭력범죄를 다루고 있는데, 이는 아동성폭력의 특수성에 대한 통합적·체계적 입법정책이라고 보기 어렵다는 비판이 있다(황은영, "수사실무에서 아동 피해자 조사의 문제점과 개선 방향", 「피해자학연구」 제18권 제2호, 한국피해자학회, 2010. 10, 65면 참조).

2) 한편 모든 범죄피해자를 보호하는 단일형태의 입법이 필요하다는 주장이 있다. 범죄피해자보호법을 구체화하여 모든 범죄의 피해자를 대상으로 형사소송법에 규정할 필요가 있다는 것이다(이런 입장으로는 도중진/박광섭, "형사사법절차에서 범죄피해자 참여제도 실효화 방안", 「피해자학연구」 21권 2호, 한국피해자학회, 2013, 285면).

즉 범죄피해자가 형사절차에 실질적으로 참여할 수 있도록 수사기관에서는 형사절차 진행상황을 통지(通知)하고, 피해자가 별도의 정보제공을 신청하면 형사절차 진행단계별로 법에 저촉되지 않는 범위에서 서면, 구두, 팩스 등의 방법으로 통지한다(법 제259조, 제259조의2,[3] 범죄피해자보호법 제8조 제2항, 동법 시행령 제10조).[4]

또한 피해자는 스스로도 경찰 수사단계에서는 경찰청 민원실에 문의하여 사건의 접수, 진행경과와 처리결과 등 수사진행상황을 확인할 수 있고, 검찰 수사 및 공판단계에서는 검찰청 민원실 또는 검찰청 피해자지원실에 문의하여 당해 사건의 공소제기여부, 공판일시·장소, 재판결과, 피의자·피고인의 구속·석방 여부 등에 관한 정보를 제공받을 수 있으며, 형 집행단계에서는 검찰청 민원실 또는 피해자 지원실에 문의하여 형 집행상황, 보호관찰 집행상황을 확인할 수 있다.

위와 같이 수사정보를 제공받은 피해자가 형사절차에 참여하는 방법으로는, (1) 고소권의 행사, 수사과정(搜査過程)에서의 참여권 행사(구체적으로는 참고인진술, 사실관계나 양형에 관한 의견진술, 수사기록 및 공소장 사본 등 열람·등사), (2) 재판과정(裁判過程)에의 참여권 행사(재판절차에 증인으로 참가하여 피해의 정도 및 결과·피고인의 처벌에 관한 의견진술,[5] 피고인이 보석청구시 검사를 통하여 법원에 의견진술, 공판조서 및 증인신문조서, 변론요지서 등 공판기록 등사 청구[6]), (3) 형 집행과정(刑 執行過程)에서의 의견진술(수형자의 석방 시 그 취지 및 석방날짜에 대해 통지받을 권리, 가석방 심사 시 피해자 및 그 과정과 가해자의 관계 등 중요 고려사항에 대해 교정당국에 의견을 제시할 권리)의 방법이 있다.

수사 및 재판과정에 참여한 피해자(특히 성폭력 피해자)를 배려하는 제도에 대해

---

3) 종래 대검찰청의 범죄피해자보호지침을 형사소송법에 입법한 것이다. 이로써, 경찰과 검찰의 내부규정, 범죄피해자보호법 및 형사소송법 규정에 의하여 수사절차와 공판절차에 있어서 범죄피해자에 대한 정보제공의 기본원칙이 명확히 정립되었다고 평가하는 견해로는 김용세/윤민석, "개정 형사소송법의 범죄피해자 보호규정", 「피해자학연구」 15권 2호, 한국피해자학회, 2007. 10, 136면.

4) 현행법상 피해자에 대한 통지제도(법 제259조의2)는 피해자의 신청이 있는 경우에만 인정되고 있으나, 미국의 '피해자및증인보호법(Victim and Witness Protection Act 1982 : VWPA)' 제6조는 피해자의 체포여부, 치안판사에의 송치여부, 보석여부, 공판 및 유죄답변, 형선고, 석방심사 등 양형 전반에 이르기까지 당연한 통지의무를 규정하고 있어 비교된다(도중진/박광섭, "형사사법절차에서 범죄피해자 참여제도 실효화 방안", 「피해자학연구」 21권 2호, 한국피해자학회, 2013, 281면 참조).

5) 형사소송법 제294조의2 제1항, 제2항.
피해자의견진술을 제한할 수 있는 경우를 규정한 제294조의2 제1항 제2호 및 동조 제3항은 타당하지 않거나 적용에 신중을 기하여야 할 것이란 견해로는 도중진/박광섭, "형사사법절차에서 범죄피해자 참여제도 실효화 방안", 「피해자학연구」 21권 2호, 한국피해자학회, 2013, 283면.

6) 형사소송법 제294조의4.
신설조문으로 인하여 피해자의 공판기록 열람·등사권이 명시적으로 인정된 것은 타당하고 당연한 것이나, 열람·등사를 불허한다 하더라도 이에 대하여 불복할 수 없도록 규정한 제6항은 차제 삭제함이 타당하다 할 것이다. 재판장의 자의를 막을 길이 없다.

간략히 보면(상세한 것은 제3절에서 후술), 우선 참고인조사 또는 증인 진술시 피해자가 미성년자이거나 신체적·정신적 장애 등의 사정으로 자신의 권리를 제대로 행사하지 못할 염려가 있는 경우 또는 심리적인 안정을 위하여 필요한 경우에는 가족 등 신뢰관계에 있는 자의 동석을 요구할 수 있다(信賴關係者 同席). 특히 개정 형사소송법에서는 범죄로 인한 피해자를 증인으로 신문하는 경우 증인의 연령, 심신의 상태, 그 밖의 사정을 고려하여 증인이 현저하게 불안 또는 긴장을 느낄 우려가 있다고 인정하는 때에는 직권 또는 피해자·법정대리인·검사의 신청에 따라 피해자와 신뢰관계에 있는 자를 동석하게 할 수 있고(법 제163조의2 제1항), 피해자가 13세 미만이거나 신체적·정신적 장애로 인해 사물을 변별하거나 의사를 결정할 능력이 미약한 경우에 재판에 지장을 초래할 우려가 있는 등 부득이한 경우가 아닌 한 피해자와 신뢰관계에 있는 자를 동석하게 하여야 한다(법 제163조의2 제2항)고 규정하여 의무규정을 두고 있다.[7] 특히 2012. 5. 29. 개정된 형사소송규칙에 의해 '피해자의 변호사'도 신뢰관계자에 해당되어 이제 동석이 가능해졌다(규칙 제84조의3). 특별법으로는 아청법 제28조 제1항, 성폭법 제34조 제1항이 같은 내용을 상세하게 규정하고 있다.

범행 당시의 충격이나 불안감, 수치심 등으로 공개된 장소에서 충분한 진술을 할 수 없다고 인정되는 경우에는 전용조사실(專用調査室)을 이용하기도 하며, 의사소통이 어려운 성폭력 피해 아동이나 장애인을 위해 수사나 재판 등 형사사법절차에 동석하여 중립성을 유지하며 의사소통을 중개 또는 보조하는 전문 인력으로 진술조력인(陳述助力人)을 참여케 할 수 있다. 진술조력인은 검사 또는 사법경찰관의 직권이나 성폭력 피해자, 그 법정대리인 또는 변호사의 신청에 의한다(성폭법 제36조 제1항 본문). 재판과정도 이와 같다(동법 제37조). 진술조력인은 검사·사법경찰관·법원의 직권 또는 피해자 등의 신청에 의해 13세 미만 아동·장애인의 조사·재판과정에 참여하여 피해자와 수사기관·재판부 간의 의사소통 중개 및 보조, 의견개진 역

---

7) 미성년 피해자보호라는 세계적 기준에 맞게 18세로 상향조정함이 바람직하다는 견해로는 도중진/박광섭, "형사사법절차에서 범죄피해자 참여제도 실효화 방안", 「피해자학연구」 21권 2호, 한국피해자학회, 2013, 286면.

독일은 2009. 10. 1. 시행된 제2차 피해자권리개혁법(Opferrechtsreformgesetz), 즉 '형사절차에서 피해자와 증인의 권리강화를 위한 법률'에서 종전 16세에서 18세로 상향조정하였다{김성룡, "독일 제2차 피해자권리개혁법의 주요내용·쟁점을 통해 본 국내 피해자보호 관련논의의 합리적 방향", 「피해자학연구」 18권 1호, 한국피해자학회, 2010, 57면, 62면 및 주19), 65면, 73면 각 참조; 원혜욱, "성폭력 피해아동을 위한 법률조력인 제도 도입방안", 법무부 연구용역 보고서, 법무부 여성아동정책팀, 2011, 44-48면}.

할을 하고 있다. 조사나 신문과정에 참여하는 진술조력인은 피해자의 의사소통이나 표현능력, 특성 등에 관한 의견을 수사기관이나 법원에 제출할 수 있다. 법무부는 제도 도입 당시 "수사와 재판과정에서 2차 피해를 방지하고 성폭력 피해 아동, 장애인에 대한 진술조서를 최소화하면서도 풍부한 진술확보가 가능해질 수 있을 것"으로 내다봤다.[8)]

성폭력 피해자에 대해서는 별도로 전담조사제(專擔調査制)를 두고 있다. 검찰총장은 각 지방검찰청 검사장으로 하여금 성폭력범죄 전담 검사를 지정하도록 하여 특별한 사정이 없으면 이들로 하여금 성폭력 피해자를 조사하게 해야 하고(성폭법 제26조 제1항),[9)] 경찰청장은 각 경찰서장으로 하여금 성폭력범죄 전담 사법경찰관을 지정하도록 하여 특별한 사정이 없으면 이들로 하여금 성폭력 피해자를 조사하게 하여야 한다(동법 제26조 제2항).[10)]

재판절차에서도 아동·청소년 또는 성폭력범죄 피해자 등 일정한 범위에 있는 피해자의 경우 비디오 중계방식[11)] 또는 차폐시설을 통하여 범죄자와 직접 대면하지 않고 증인신문을 받을 수 있거나(법 제165조의2, 규칙 제84조의4), 증인이 피고인의 면전에서 충분히 진술할 수 없다고 인정되면 피고인을 퇴정하게 하고 증언할 수 있으며(법 제297조 제1항), 자신의 사생활의 보호 또는 신변보호를 위하여 재판을 비공개로 심리할 것을 신청할 수 있다(법 제294조의3, 성폭법 제31조).[12)]

---

8) 법률신문, 기사, "법무부, 진술조력인 제도 도입", 2012. 8. 16, 6면; 도중진/박광섭, "형사사법절차에서 범죄피해자 참여제도 실효화 방안", 「피해자학연구」 21권 2호, 한국피해자학회, 2013, 286면 참조.

9) 법무부는 기존 서울중앙지검에만 설치한 '여성아동범죄조사부'를 대전, 대구, 부산, 광주 등 5대 지검으로 확대 설치키로 하였다(법률신문, 기사, "황 법무장관 '성폭력 없는 안전한 사회로'", 2013. 3. 18.자 참조).

그러나 필자가 확인한 바로는 이후 1년이 지났으나, 대구지방검찰청의 경우 2014. 4. 14. 현재 별도의 '여성아동범죄 조사부'는 구성되지 않았고, 다만 형사 3부에 3인의 검사가 성폭력 아동피해자지원팀에 소속되어 있으며(경력 14년차 부 수석검사인 여자검사가 팀장으로 활동을 하고 있으며, 그 외 6년차 남자검사 1인, 1년차 남자검사 1인으로 구성되어 있다), 대구지방검찰청 서부지청도 형사2부에 여성·아동·성폭력·가정폭력 전담 검사 3명(5년차 남자검사 1인, 3년차 여자검사 1인, 1년차 여자검사 1인으로 구성)만이 존재할 뿐이어서 결국 **법무부장관의 발표내용은 지켜지지 않고 있다**(대구지방검찰청 및 대구지방검찰청 서부지청, 검사실배치표, 2014. 2. 6. 및 2014. 2. 7. 자 각 참조).

10) 나아가 전담재판부와 관련해서는 성폭법 제28조.

11) 형사소송법 제165조의2, 형사소송규칙 제84조의4, 성폭법 제40조, 성폭력범죄 사건의 심리·재판 및 피해자 보호에 관한 규칙 제26조 제1항.

12) 피해자 진술의 비공개는 단지 피해자의 절차참여 욕구를 실질적으로 보장하는 취지를 넘어, 사건을 직접 경험한 피해자가 자유로이 진술할 수 있는 환경을 조성함으로써 실체진실의 발견에 기여한다는 의미가 있다(김용세/윤민석, "개정 형사소송법의 범죄피해자 보호규정", 「피해자학연구」 15권 2호, 한국피해자학회, 2007. 10, 142-143면 참조).

▪ 생각할 점

법무부 형사소송법개정특별위원회가 형사소송법 제294조의5에서 제294조의9까지 총 4개 조문을 신설하여 피해자참가제도(被害者參加制度)를 도입하는 '형사소송법 개정안(의안번호 제1812633호)'을 2011. 7. 14. 정부 법안으로 국회에 제출하였으나 2012. 5. 29. 임기만료로 폐기되었다.[13)]

외국의 피해자 참가제도를 보면,[14)] ① 일본(日本)의 경우, 2008. 12. 1.부터 살인, 상해, 강간, 미성년자약취 및 유괴 등 일정한 범죄의 피해자에게 형사재판에 참여할 권리, 증인 또는 피고인을 신문할 권리, 의견을 진술할 권리를 인정하는 등 피해자 참가제도를 도입하였고(일본 형사소송법 제316조의33 내지 제316조의39), ② 미국(美國)은, 연방형사소송법에서 범죄피해자의 권리(Crime Victim's Rights Act)로 재판절차에서 배제되지 않을 권리, 피고인의 석방·양형·가석방·유죄인정협상 절차에서 진술할 권리, 충분하고 시의적절한 배상을 받을 권리 등을 인정하여 피해자참가제도를 광범위하게 도입하고 있으며, ③ 독일(獨逸)은 1986년 형사소송법 개정으로 피해자 및 유족이 검사가 공소 제기한 소송의 당사자로 참가하여 검사 및 피고인, 피고인의 변호인과 거의 대등하게 권리를 행사하도록 하는 '공소참가(Nebenklage)' 제도를 도입하여 공소참가인에게는 피고인 및 증인신문권, 재판관 및 감정인 기피신청권, 재판관의 소송지휘와 질문에 대한 이의신청권, 증거조사청구권, 의견진술권, 상소권 등의 권리가 인정되며, ④ 프랑스(佛蘭西)도 중죄의 경우에는 피해자가 예심수사판사에게, 경죄나 위경죄의 경우에는 직접 관할법원에 기소할 수 있는 권리를 인정하고 있으며, 공소제기뿐만 아니라 검사가 기소한 사건에 피해자가 참여하여 실질적으로 민사적 배상을 받을 수 있도록 제도화되어 있으며, ⑤ 국제형사재판소(國際刑事裁判所)의 절차 및 증거규칙에서도 피해자참가제도(Participation of victims in the proceedings)를 도입하여 피해자의 증인신문권, 피고인신문, 의견진술권 등을 보장하고 있다.

우리나라의 경우 직접적으로 피해자참가제도 또는 공소참가제도를 인정하고 있지는 않고, 제한적 범위에서 절차권을 보장하고 있다. 현재 우리나라는 피해자에게 증인신문권, 피고인 신문권이 없고, 다만 형사소송법 및 아청법 등에서 피해자 및 피해자의 변호인에게 통지받을 권리, 열람·등사권, 의견진술권 등 일정한 권리를 보장하고 있는 점에서 위 선진국들과 차이가 있다.[15)]

만약 개정입법이 이루어진다면 피해자에게 검사와 별도의 형사소송법상 지위가 부여될 수 있어 피해자의 공판정 내에서의 권리보호에 획기적 도움이 될 것으로 보인다.

---

13) 법무부, "우리나라 형사사법제도 이렇게 바뀝니다(선진형사사법제도 입법관련 Q&A).", 2010. 10, 50-60면 참조.

14) 아래 외국의 입법례는 도중진/박광섭, "형사사법절차에서 범죄피해자 참여제도 실효화 방안", 「피해자학연구」 21권 2호, 한국피해자학회, 2013, 289-291면; 법무부, "우리나라 형사사법제도 이렇게 바뀝니다(선진형사사법제도 입법관련 Q&A).", 2010. 10, 50-60면 참조.

15) 법무부, "우리나라 형사사법제도 이렇게 바뀝니다(선진형사사법제도 입법관련 Q&A).", 2010. 10, 53-54면 참조.

제 3 절 피해자의 변호사[1)]

1. 도입배경

2011. 9. 15. 개정 「아동 · 청소년의 성보호에 관한 법률」은 아동 · 청소년대상 성범죄 피해자의 형사절차상 입을 수 있는 피해를 방어하고 법률적 조력을 보장하기 위하여 피해자의 변호인 선임 및 국선변호인 지정 등에 관한 제18조의6(피해아동 · 청소년 등에 대한 변호인 선임의 특례) 규정(현행 제30조)을 신설함으로써, **우리 법제 처음으로 명시적으로 피해자에게도 변호인 선임권이 있다는 점과 아동 · 청소년을 위해 국선변호인의 도움을 받을 수 있다는 점, 그리고 수사단계에서도 국선변호인의 조력을 받을 수 있음을 명백히 하였다.**

종래 심리상담위원 등 기초조사를 수행하였던 사람이 신뢰관계 있는 자로 재판에 동석할 수 있긴 하였으나, 사건초기부터 고소장 작성, 수사절차 및 공판절차 전반에 대한 절차소개, 경찰 조사시 동석, 영상녹화 시 올바른 녹화가 되는지를 확인, 중복조사가 되지 않도록 경찰관과 상의하거나 인권침해에 이의, 공판절차 참석 및 증인신청시 의견진술, 각종 공소장 및 증거기록 열람 · 등사, 증인신문과정에서 피해아동의 인격권이 침해될 경우 이의권 행사, 양형에 영향을 미칠 수 있는 의견제시 등 일련의 포괄적인 형사절차를 대리해 줄 조력인은 없었기 때문에 피해아동들은 혼자 거대한 형사절차에서 고립된 것과 다를 바 없는 상태에서 불안해했고, 때로는 거짓진술로 오해받아 피해를 감수하기도 했다. 이러한 불안감은 아동으로 하여금 고소를 머뭇거리게 했고, 고소 후 조사에서도 법률조력인이 없어 2차 피해를 수시로 겪어 왔다.[2)] 이러한 폐해를 보완하기 위한 제도적 장치가 아청법상의 피해자의 변호사 제도이다. 실무상 피해자의 변호인 중 지정된 국선변호인을 법률

---

1) 「아청법」 및 「성폭법」상 피해자의 변호사.

2) 상담소 상담위원 → 전담경찰관 → 담당경찰관 → 검사 → 법정에 이르기까지 반복질문을 당하면서 지속적으로 범행당시를 떠올려야 하며, 답변에 의심을 받을 경우 집요한 추궁을 당하기도 하며, 공개법정에서 피고인 및 피고인의 변호인에게 반대신문을 당하기도 한 점.
2차 피해에 대한 상세한 정의를 실은 문헌으로는, 원혜욱, "성폭력 피해아동을 위한 법률조력인 제도 도입방안", 법무부 연구용역 보고서, 법무부 여성아동정책팀, 2011, 10-11면. 한편, 같은 보고서 7-9면에서는, 특히 친족 · 친인척에 의한 성폭행 피해아동에 대한 법률조력의 필요성에 대한 사례를 상세히 소개하고 있다.

조력인(法律助力人)이라고도 한다.

현재는 아동·청소년 성폭력 피해자를 넘어서 모든 성폭력 피해자를 위하여 「성폭력범죄의 처벌 등에 관한 특례법」이 개정되어 피해자가 변호인을 선임하거나 검사가 국선변호인을 지정할 수 있고,[3] 보호방식과 변호인의 권한에 대해서는 아청법과 내용적으로 동일하거나, 오히려 더 세밀하여 아청법이 성폭법 규정을 준용하고 있다(아청법 제30조 제2항).

2. 변호인 선임·지정

아동·청소년대상 성범죄의 피해자 및 그 법정대리인은 형사절차상 입을 수 있는 피해를 방어하고 법률적 조력을 보장하기 위하여 변호인을 선임(選任)할 수 있고, 검사는 피해아동·청소년에게 변호인이 없는 경우 국선변호인을 지정(指定)하여 형사절차에서 피해아동·청소년의 권익을 보호할 수 있다.[4][5] **검사에 의해 지정된 국선변호인을 법무부에서는 실무상 '법률조력인'이라 하고 있다.**[6]

법률조력인은 원칙적으로 피해자조사 전에 검사에 의해서 지정된다. 특히 13세 미만 아동 및 장애인 대상 성폭력 범죄는 필요적 수사개시 보고대상사건[7]이므로, 해당사건 발생시 담당검사가 지정되며 법률조력인 지정도 이때 이루어진다. 다만, 피해자의 지정신청이 있거나, 성폭력피해상담소의 협조요청[8]이 있는 경우에는 고소 단계부터 법률조력인이 지정되어 고소장 작성 당시부터 법률조력인이 피해자를 조력할 수도 있다.

---

3) 「성폭법」 제27조(성폭력범죄 피해자에 대한 변호사선임의 특례), 「아청법」 제30조(피해아동·청소년 등에 대한 변호사선임의 특례).

4) 아청법 제30조, 성폭법 제27조, 검사의 국선변호사 선정 등에 관한 규칙 제8조.

5) 독일은 1987년 형사소송법 개정을 통하여 모든 피해자에게 변호인 선임권을 보장하고 있고, 특히 피해자에게 변호사가 선정되거나 피고인이 스스로 변호할 수 없음이 분명한 때에는 재판장이 직권 또는 신청에 의하여 피고인에게 변호인을 선임할 수 있도록 규정(stPO §140(2), §406f)하고 있어 우리보다 국선변호인을 의무적으로 선임하는 범위가 넓다(도중진/박광섭, "형사사법절차에서 범죄피해자 참여제도 실효화 방안", 「피해자학연구」 21권 2호, 한국피해자학회, 2013, 303면 및 주 81) 참조).

한편 뉴질랜드는 법무부가 각 지방법원에 피해자 조언자(Victim Advisor)를 배치하여 피해자 등에게 법적절차와 관련정보를 제공하고 있다{법률신문, 기사, "[해외견학·연수기] 뉴질랜드의 피해자 지원제도를 돌아보고", 2013. 2. 28.자 참조}.

6) 법무부, 법률조력인 업무 매뉴얼, 2012, 9면.

7) 검사의 사법경찰관리에 대한 수사지휘 및 사법경찰관리의 수사준칙에 관한 규정 제74조(수사개시 규정) 제8호.

8) 검사의 국선변호인 선정 등에 관한 규칙 제11조(성폭력피해상담소 등의 협조 요청).

3. 변호인의 권한

아동 등 성범죄의 피해자 변호인은 수사기관에의 출석권,[9] 증거보전절차 청구권,[10] 증거보전 후 증거물에 대한 열람·등사권[11] 및 증거보전절차 출석·의견진술권,[12] 공판절차 출석권[13]을 가지며, 그 외 형사절차에서 대리가 허용될 수 있는 모든 소송행위에 대한 포괄적인 대리권을 가진다.[14] 상세하게는 아래와 같다.

가. 수사단계

(1) 출석 및 동석

피해자 조사시 변호인은 수사기관에 출석하여 신뢰관계 있는 사람으로 동석할 수 있다.[15] 출석한 법률조력인은 피해아동·청소년이 수사기관에서 진술하는 경우 아동 등의 상황에 맞는 적합한 조사환경을 조성하기 위해 노력하게 된다. 특히 수사기관에 대해 여성 조사관으로의 변경 등 피해아동에게 적합한 조사방법이 되도록 요청할 수 있고, 조사시 동석하여 피해아동에게 심리적으로 도움을 줄 수 있다. **아청법 개정 이후 2012. 5. 29. 형사소송규칙까지 개정되어 드디어 피해자의 변호사도 피해자와 신뢰관계에 있는 사람에 포함되어 동석이 가능해졌다.** 변호인은 피해자 진술시 동석하여 조서 작성시 누락된 것이 있는지 확인하여 누락된 진술이 있다면 수사관과 상의하여 반드시 보충될 수 있도록 하여야 한다. 2차, 3차 조사를 피할 수 있어 1회 진술로 피해아동의 2차 피해를 방지할 수 있기 때문이다.

(2) 영상녹화와 증거능력의 특칙

아동·청소년대상 성범죄 피해자의 진술내용과 조사과정은 반드시 영상물 녹화장치로 촬영, 보존하여야 하며, 다만 피해자 또는 법정대리인이 원치 않을 경우에는 촬영하지 아니한다.[16]

이렇게 영상녹화된 증거는 피해아동이 법정 출석하지 않더라도 **동석했던 변호인이 진정성립을 하면 본증으로 사용하는 특칙**[17]이 있다. 특칙이 적용되는 것은

9) 아청법 제30조 제2항에서 준용하는 성폭법 제27조 제2항.
10) 아청법 제27조, 성폭법 제41조.
11) 아청법 제30조 제2항에서 준용하는 성폭법 제27조 제4항.
12) 아청법 제30조 제2항에서 준용하는 성폭법 제27조 제3항.
13) 아청법 제30조 제2항에서 준용하는 성폭법 제27조 제3항.
14) 아청법 제30조 제2항에서 준용하는 성폭법 제27조 제5항.
15) 아청법 제28조 제2항, 성폭법 제27조 제2항, 제34조 제2항, 형사소송규칙 제84조의3.
16) 아청법 제26조 제1항, 제2항, 성폭법 제30조 제1항, 제2항.
17) 아청법 제26조 제6항, 성폭법 제30조 제6항. 이 규정들은 피해자 본인이 공판정에 등장하지 않

성폭법 상의 19세 미만·장애인에 대한 성폭력범죄, 아청법상의 아동·청소년 대상 성범죄의 경우에 한한다. 이러한 특칙이 적용되는 영상녹화물 이외 일반 형사사건에서는 실질적 진정성립의 확인이나 증인의 기억환기를 위한 경우에만 제한적으로 영상녹화물의 이용이 허용될 뿐이다. 본증으로도 반증으로도, 탄핵증거로도 사용할 수 없다. 이에 대하여는 앞서 제1편 제5장 제2절에서 상세히 살펴보았다.

변호인은 영상녹화 도중 아동이 조사시 당황하거나 당황으로 인하여 진술을 번복하지 않도록 녹화 전 미리 영상녹화의 취지를 상세히 설명할 필요가 있다. 증거능력의 특칙이 있더라도 증명력을 상실할 가능성을 사전에 차단해야 하기 때문이다.[18]

(3) 의견 개진, 증거보전청구

변호인은 피해자 조사 후에도 피해자신술의 신빙성을 강조하고 피해자의 상태를 나타내는 의견을 개진할 수 있는데 변호인의견서의 형태가 적합할 것이며, 각종 자료는 참고자료로 첨부하여 수사기관에 제출하면 될 것이다. 그 내용으로는 피해자의 상태, 피해자 진술의 신빙성, 피의자의 주장에 대한 반박(범행에 이르게 된 구체적 경위, 피해 직후 피해상태, 피해상태를 나타내는 객관적 증거[19] 또는 간접증거[20]의 제출 및 적시, 피의자의 초기 태도 및 돌변한 태도 등), 친권상실요청, 피해자보호를 위한 임시조치, 기타 추가 지원방안 등이 될 것이다.

한편, 변호인은 증거보전청구권 및 참여권, 증거보전 후 증거물에 대한 열람·등사권을 가진다. 증거보전이 필요한 현실적 사례로는, 피해자가 가출청소년 등으

을 수 있도록 허용함으로써 피고인의 반대신문권을 원천적으로 제한하고 있다. 이 점에서 후술하는 비디오 등 중계장치에 의한 신문과 차폐시설을 이용한 신문과 구별된다{권순민, "형사절차에서 아동의 증언능력과 신빙성 판단에 대한 연구: 대법원 판례 분석을 중심으로", 「형사정책연구」 23권 4호(통권 제92호), 한국형사정책연구원, 2012, 146면 참조}.

18) 권순민, "형사절차에서 아동의 증언능력과 신빙성 판단에 대한 연구: 대법원 판례 분석을 중심으로", 「형사정책연구」 23권 4호(통권 제92호), 한국형사정책연구원, 2012, 147면에서는 **피해자 진술의 신빙성을 높이는 방안**을 잘 소개하고 있다. 즉 영상녹화는 전(全)과정이 객관적으로 녹화되어 있고 그 과정에서 질문자의 질문내용이 아동의 답변을 강요하거나 암시적이어서는 아니 되고, 일체의 예단을 초래하지 않는 것 등이 확인되어야만 비로소 높은 수준의 증명력 판단이 가능해진다는 내용이다(녹음테이프상의 아동 증언이 부모의 회유 내지 강요에 의해 이루어져 신빙성이 배척된 사례인 대법원 2000. 3. 10, 선고 2000도159 판결을 참조); 임정엽, "「성폭력 피해아동을 위한 법률조력인 제도 도입방안」 토론문", 성폭력 피해아동 법률조력인 제도 입법 공청회, 법무부 인권정책과 여성아동정책팀, 2011. 5. 4, 103-104면에서, 임정엽 판사도 특별법에 의해 증거능력이 인정된 피해아동의 진술이라고 하더라도 여러 가지 상황을 종합하여 신빙성을 판단하는 것은 재판의 본질상 당연한 것으로서, 증거능력을 완화하는 법률이 제정됨에 따라 당해 증거에 대한 법원의 신빙성 인정비율이 당연히 높아져야 하는 것은 아니므로, 피해아동에 대한 보다 전문적이고 체계적인 수사를 통하여 법관이 믿을 수 있는 피해자의 진술을 확보하는 것이 필요하다고 보고 있다.

19) 찢어진 의복, 멍든 눈, 채취된 정액, 정액이 채취되지 않은 경우라면 질 상처 등.

20) 죽고 싶다는 미니홈피 글, 미안하다는 내용이 담긴 피의자가 보낸 핸드폰 문자내역 등.

로 향후 공판 출석을 보장할 수 없는 경우, 피해자가 친족관계 등 가해자와의 특수한 관계로 인하여 진술을 번복할 우려가 있는 경우를 들 수 있고,[21] 피해자가 16세 미만이거나 신체적인 또는 정신적인 장애로 사물을 변별하거나 의사를 결정할 능력이 미약한 경우에는 공판기일에 출석하여 증언하는 것에 현저히 곤란한 사정이 있는 것으로 본다.[22]

(4) 열람 · 등사

사건기록 열람·등사에 관한 업무처리 지침(대검예규) 제4조에 따라 법률조력인은 수사기록 중 피해자 본인진술서류 및 본인제출 서류의 전부 또는 일부에 대해 열람·등사를 청구할 수 있고, 검사는 검찰보존사무규칙 제22조 제1항 각호에 해당하는 사유가 있는 때에는 사유를 명시하여 제한할 수 있다(동 지침 제4조 제1항). 피해자가 피해회복을 목적으로 열람·등사를 신청하는 경우 검사는 그 필요성을 인정하는 때에는 피해회복을 목적으로 하는 범위로 한정하여 본인제출 서류 이외의 서류도 열람·등사를 허가할 수 있다(동 지침 제4조 제2항).

영상녹화물의 경우 조서사본에 대한 교부는 규정하고 있으나, 영상물 자체에 대한 사본 교부는 규정하지 않고 다만 재생하여 시청할 권리만을 규정하고 있다.[23] 따라서 검사는 진술을 요약한 수사보고서는 등사하여 주어야 하나, 영상녹화물 자체에 대한 등사는 불허할 수 있다.

(5) 처분결과 확인, 공판대비

범죄피해자 보호 및 지원에 관한 지침(대검예규) 제6조 제1호, 제19조[24] 내지 제20조[25]에 따라 수사기관은 피해자의 신청이 있거나 통지가 필요하다고 검사가 결정한 사건에 대하여 피해자의 변호인에게 사건결과 등을 통지하나, 통지되지 아니할 경우를 대비해 변호인은 적극적으로 검찰 및 법원에 조회해 보아야 할 것이며, 사건처분결과를 확인한 후 불기소처분된 경우에는 그 이유를 발부받아 검토하여 수사미진 또는 법리오해로 보일 경우 피해자와 상의하여 항고, 재정신청 등의 불복절차를 고려해야 할 것이다.[26]

---

21) 법무부, 법률조력인 업무 매뉴얼, 2012, 22면.

22) 성폭법 제41조 제1항.

23) 아청법 제26조 제5항, 성폭법 제30조 제5항.

24) 지침 제19조에 따라 피해자에게 통지할 대상은 당해 사건 처분결과, 공판의 일시·장소, 재판결과, 구속·석방 등 구금에 관한 사실, 출소사실, 보호관찰 집행상황 등이다.

25) 지침 제20조에는 명시적으로 피해자의 변호인에 대한 통지를 규정하고 있다.

26) 아동성폭력 사건의 처분결과를 보면, ① **2006년**에는 844건 접수, 구공판 기소는 448건, 구약식 기

한편, 기소사실을 확인하였다면 범행동기, 범행경위, 피해자의 유발 또는 귀책, 범행방법, 피해정도, 범행 후 태도 등 중요내용이 공소장에 제대로 반영되었는지를 살펴 재판진행을 미리 예측함으로써 피고인에게 정당한 형벌권이 부과되도록 노력해야 할 것이다.

나. 공판단계

(1) 증거기록 열람 · 등사

아청법 및 성폭법에 의해 아동 · 청소년대상 성범죄의 피해자, 그 법정대리인 또는 변호인은 재판장의 허가를 받아 소송계속 중의 관계 서류 또는 증거물을 열람하거나 등사할 수 있다.[27] 나아가 형사소송법은 범죄피해자 등의 공판기록 열람 · 등사의 구체적 내용에 대해 같은 취지로 제294조의4의 규정을 두고 있다. 재판장은 피해자 등의 권리구제를 위하여 필요하다고 인정하거나 그 밖의 정당한 사유가 있는 경우 범죄의 성질, 심리의 상황, 그 밖의 사정을 고려하여 상당하다고 인정하는 때에는 열람 또는 등사를 허가할 수 있고, 이 경우 등사한 소송기록의 사용목적을 제한하거나 적당하다고 인정하는 조건을 붙일 수 있다(법 제294조의4 제3항, 제4항). 피고인 및 그의 변호인보다 권리보장범위가 약하다.[28]

소송기록 및 증거물 일체에 대한 적극적인 열람 · 등사를 통해 피해자의 변호인은 실체진실 발견 및 피해자 조력을 위한 노력을 계속해 가게 된다. 중요한 것

소는 90건, 불기소는 183건(혐의없음 76건, 기소유예 67건, 죄안됨 9건, 공소권없음 19건, 각하 12건), 기타 133건, ② **2007년**에는 851건 접수, 구공판 기소는 423건, 구약식 기소는 66건, 불기소는 226건(혐의없음 90건, 기소유예 58건, 죄안됨 2건, 공소권없음 60건, 각하 16건), 기타 125건, ③ **2008년**에는 971건 접수, 구공판 기소는 540건, 구약식 기소는 69건, 불기소는 211건(혐의없음 84건, 기소유예 68건, 죄안됨 8건, 공소권없음 44건, 각하 7건), 기타 155건, ④ **2009년**에는 874건 접수, 구공판 기소 457건, 구약식 기소 95건, 불기소는 217건(혐의없음 95건, 기소유예 74건, 죄안됨 4건, 공소권없음 38건, 각하 6건), 기타 161건, ⑤ **2010년**에는 1,004건 접수, 구공판 기소 552건, 구약식 기소 30건, 불기소는 227건(혐의없음 100건, 기소유예 64건, 죄안됨 10건, 공소권없음 37건, 각하 16건), 기타 186건 이었다고 한다(박은정, "「성폭력 피해아동을 위한 법률조력인 제도 도입방안」 토론문", 성폭력 피해아동 법률조력인 제도 입법 공청회, 법무부 인권정책과 여성아동정책팀, 2011. 5. 4, 88면 참조). 박은정 검사는 **2006년 이래 13세 미만 아동에 대한 성폭력사건의 기소율은 평균 60%에 근접**하고 있고 이는 전체 형사사건 기소율에 비해 매우 높다고 평가하고 있다. 다만 법원의 지나친 온정주의로 인해 아동성폭력 가해자에 대한 양형이 종종 국민들의 기대에 미치지 못하고 있다는 지적을 하였다.

27) 아청법 제29조, 성폭법 제27조 제4항, 성폭력범죄 사건의 심리 · 재판 및 피해자 보호에 관한 규칙 제12조.

28) 아쉬워하는 견해로는 도중진/박광섭, "형사사법절차에서 범죄피해자 참여제도 실효화 방안", 「피해자학연구」 21권 2호, 한국피해자학회, 2013, 301-302면; 김용세/윤민석, "개정 형사소송법의 범죄피해자 보호규정", 「피해자학연구」 15권 2호, 한국피해자학회, 2007. 10, 136-138면.

은 열람·등사를 초기에 하였고 증거기록을 모두 검토하였다 하여 변호인이 기록에만 의존하여 소송에 참여하여서는 피해자를 위한 올바른 조력을 할 수 없다는 것이다. 공판 중 각 회 공판조서, 증인신문조서, 피고인이 신청하여 회시된 각 사실조회 또는 정신감정신청 또는 문서송부촉탁신청 등에 대한 각 회시에 대하여도 지속적으로 관심을 기울여야 하고, 진행된 증인신문과 회시된 조회기록을 피고인 측이 어떻게 이용하여 어떠한 추가 변론을 하고 있는지를 수시로 확인(열람·등사)하여야만 피고인의 항변사실에 대해서까지 추가 반박을 할 수 있고, 피고인 제출의 반증 또는 정상자료에 대한 탄핵을 할 수 있기 때문이다.

▪ 생각할 점

열람·등사와 관련한 실무상의 제약도 상당한데, 2014. 3. 19. 열린 법무부 주최 '피해자 국선변호사제도의 현황과 과제' 심포지엄에서 발표된 내용을 보면,[29] 피해자 국선변호사 111명 중 60명(56.8%)이 신청한 소송기록에 대해 '열람·등사' 허가가 잘 이뤄지지 않고 있다고 답했고, 허용이 잘 된다는 응답은 23.9%에 그쳤다. **법적 근거도 마련돼 있지만 실무상 열람·등사가 허용되는 범위가 재판부마다 달라 피해자 변호사들이 업무를 수행하는 데 어려움을 겪어온 것이다.** 또 실제 열람·등사할 수 있었던 서류의 범위도 제한적이어서, '피해자가 제출한 자료, 진술만 제한적으로 열람·등사가 가능했다'는 응답이 46%로 가장 많았고, '전부 열람·등사가 가능했다'는 응답은 24%에 불과했다.

재판부가 이처럼 관련 서류를 공개하는 데 제한적인 태도를 보이는 것은 피고인의 방어권이나 사생활이 침해당할 우려가 있기 때문인데, 토론자로 나선 서울중앙지법 성폭력 전담재판부 판사는 "우리 형사소송법에서 검사가 유죄의 입증책임을 지고 있다는 점과 피고인의 소송절차상 방어권 보장 등을 고려할 때 **피해자 변호인의 열람·등사권을 피고인이나 검사와 동일선상에서 볼 수는 없고, 전면적인 소송기록 열람·등사권을 허용해야 한다는 주장은 현재로서는 받아들이기 어렵다**"는 반론을 제기했다.

(2) 공판기일 확인 및 출석

헌법 제27조 제5항에 의해 형사피해자는 피해자의 권리구제를 위하여 법률이 정하는 바에 의하여 당해 사건의 재판절차에서 진술할 수 있고, 형사소송법 제294조의2(피해자등의 진술권) 및 범죄피해자보호법 제8조(형사절차 참여 보장 등)에서 헌법규정을 구체화하고 있으며, 피해자의 변호사는 아청법 제30조 제2항이 준용하는 성폭법 제27조 제3항에 따라 피의자에 대한 구속전피의자심문, 증거보전절차, 공판

---

29) 아래 내용은 법률신문, 기사, "피해자 국선변호사, '관련기록 제대로 볼 수 있었으면…'", 2014. 3. 20.자 6면 참조.

준비기일 및 공판절차에 출석하여 의견을 진술할 수 있다.

(3) 의견개진

2011년부터 피해자의 변호사 지위가 법에 명시되어 있고 각종 권한이 신설되어 있었으나, **정작 규칙 등 하위법규에서 상세한 운영규정을 마련하지 않아 실무상 문제가 있었다.** 예컨대, 공판기일에 실제 출석해도 피해자의 변호인을 위해 별도의 자리가 배치되어 있지 않아 어디에 앉아야 할지 두리번거리던 모습, **별도의 의견개진의 기회를 재판부가 주지 않을 경우** 어느 타이밍에 의견을 진술해야 할지 등과 관련하여 재판부는 혼선을, 변호인은 불편을, 피해자는 답답함을 겪었다.

그 점을 해결하기 위하여 성폭력범죄 사건의 심리·재판 및 피해자 보호에 관한 규칙이 개정[30]되었고, 그 내용을 보면, 법원은 선임 또는 지정된 피해자 변호사

---

30) 대법원 규칙의 규칙명 변경까지 2차례 있고 현재에 이르렀으니 주의하여야 한다.

성폭력범죄의처벌및피해자보호등에관한법률 제22조의4 제1항의 증인신문에 관한 규칙[대법원규칙 제1878호, 2004. 3. 12, 제정] → 같은 규칙[대법원규칙 제2110호, 2007. 10. 29, 일부개정] → **성폭력범죄 사건의 증인신문 및 피해자 보호에 관한 규칙**[대법원규칙 제2385호, 2012. 2. 24, 일부개정], 개정이유는 가. 「성폭법」이 제정되어 「성폭력범죄의처벌및피해자보호등에관한법률」을 대체하게 되었으므로 이를 반영하고, 나. 「아청법」 제18조 제2항이 아동·청소년대상 성범죄의 피해자를 위한 공판절차에서의 피해자 보호조치를 대법원규칙에 위임하였으므로 그 보호조치의 내용을 구체적으로 규정하고자 하고, 다. 그 밖에 「성폭법」과 「아청법」상의 증인신문에 관한 규정 및 피해자보호에 관한 규정의 취지를 규칙에서 재판절차상 구체화하여 재판절차의 통일을 기하고자 하며, 제명을 '성폭력범죄의처벌및피해자보호등에관한법률 제22조의4 제1항의 증인신문에 관한 규칙'에서 '성폭력범죄 사건의 증인신문 및 피해자 보호에 관한 규칙'으로 변경함 → **성폭력범죄 사건의 심리·재판 및 피해자 보호에 관한 규칙**[대법원규칙 제2468호, 2013. 6. 5, 전부개정], 규칙명 변경이유는, 「성폭법」과 「아청법」의 개정에 따라 대법원규칙으로 규율할 범위가 넓어졌으므로 명칭을 「성폭력범죄 사건의 증인신문 및 피해자 보호에 관한 규칙」에서 「성폭력범죄 사건의 심리·재판 및 피해자 보호에 관한 규칙」으로 변경함. → 같은 규칙[대법원규칙 제2503호, 2013. 12. 10, 일부개정] → **現 성폭력범죄 등 사건의 심리·재판 및 피해자 보호에 관한 규칙**[대법원규칙 제2555호, 2014. 9. 1, 일부개정], 규칙명 변경과 개정이유는, 「아동학대범죄의 처벌 등에 관한 특례법」(법률 제12341호, 2014. 1. 28. 제정, 2014. 9. 29. 시행)이 제정됨에 따라, 「성폭법」과 「아청법」이 정한 형사절차상 특례규정이 아동학대범죄 사건에 준용되는 바, 성폭법과 아청법 규정들이 위임한 사항 및 구체적 내용에 관한 대법원 규칙이 필요하여, 가. 규칙 제명을 「성폭력범죄 등 사건의 심리·재판 및 피해자 보호에 관한 규칙」으로 변경하고, 규칙의 근거법률인 동시에 다른 법률에서 준용되는 법률인 「성폭법」에서 정한 성폭력범죄를 대표적인 적용대상 죄명으로 표시하되, 절차가 준용되는 다른 사건들을 모두 포섭할 수 있도록 제명을 「성폭력범죄 등 사건의 심리·재판 및 피해자 보호에 관한 규칙」으로 변경하며, 나. 규칙의 규율 대상에 아동학대범죄를 추가하고, 피해자의 개념을 구체적으로 규정하고(제1조), 목적 조항에 「아동학대범죄의 처벌 등에 관한 특례법」의 아동학대범죄를 추가함으로써 규칙의 적용대상임을 명시하며, 「성폭법」에서는 '피해자'라는 용어를 사용하고, 「아청법」에서는 '피해아동·청소년'과 '피해자'라는 용어를 혼용하여 사용하며, 「아동학대범죄의 처벌 등에 관한 특례법」에서는 '피해아동'이라는 용어를 사용하므로, 피해자의 개념을 구체적으로 규정하여 규칙상의 피해자 개념을 명확히 할 필요가 있고, 다. 피해자 변호사에 관한 규정에 아동학대범죄를 대상범죄로 추가하며(제4조 제1항), 종전 규정이 성폭력범죄와 아동·청소년대상 성범죄를 대상범죄로 열거하고 있으므로 아동학대범죄를 대상범죄로 추가하고, 라. 근거 법률이 다른 법률에 의하여 준용되는 경우에도 해당 규칙 규정이 적용됨을 명시하며(제10조,

에게 공판기일을 **통지**하고(동 규칙 제4조), 피해자 변호사는 법관의 정면에 위치하며(동 규칙 제5조), 법원은 공판절차에서 피해자 변호사로부터 피해의 정도 및 결과, 피고인의 처벌에 관한 의견, 그 밖에 당해 사건에 관한 **의견진술의 신청이 있는 때**에는 공판기일에서 그 **의견을 진술**하게 하고(동 규칙 제6조 제1항), 재판장은 피해자 변호사의 의견진술에 대하여 그 취지를 명확하게 하기 위하여 피해자 변호사에게 질문할 수 있고, 설명을 촉구할 수 있으며(동 규칙 제6조 제4항), 합의부원도 재판장에게 알리고 제4항의 행위를 할 수 있다(동 규칙 제6조 제5항). 검사, 피고인 또는 변호인은 피해자 변호사가 의견을 진술한 후 그 취지를 명확하게 하기 위하여 재판장의 허가를 받아 피해자 변호사에게 질문할 수 있다(동 규칙 제6조 제6항).

그러나 재판장은 다음 각 호의 어느 하나에 해당하는 경우에는 피해자 변호사의 의견진술이나 검사, 피고인 또는 변호인의 피해자 변호사에 대한 질문을 제한할 수 있다(동 규칙 제6조 제7항). ① 이미 해당 사건에 관하여 충분히 진술하여 다시 진술할 필요가 없다고 인정되는 경우, ② 의견진술 또는 질문으로 인하여 공판절차가 현저하게 지연될 우려가 있다고 인정되는 경우, ③ 의견진술과 질문이 해당 사건과 관계없는 사항에 해당된다고 인정되는 경우, ④ 기타 피해자 변호사의 의견진술로서 상당하지 아니하다고 인정되는 경우이다.

한편, 재판장은 동 규칙 제6조 제7항의 사유가 있거나 재판의 진행상황 기타의 사정을 고려하여 의견의 진술이 상당하지 아니하다고 인정하는 때에는 피해자 변호사에게 의견의 진술에 갈음하여 의견을 기재한 서면을 제출하도록 할 수 있으며(동 규칙 제8조 제1항), 피해자 변호사의 의견진술에 갈음하는 서면이 법원에 제출된 때에는 검사 및 피고인 또는 변호인에게 그 취지를 통지하여야 하며(동 규칙 제8조 제2항), 제1항에 따라 서면이 제출된 경우 재판장은 공판기일에서 의견진술에 갈음하는 서면의 취지를 명확하게 하여야 한다. 이 경우 재판장은 상당하다고 인정하는 때에는 그 서면을 낭독하거나 요지를 고지할 수 있다(동 규칙 제8조 제3항). 동 규칙 제6조 제1항에 따른 진술과 제8조 제1항에 따른 서면은 범죄사실의 인정을 위한 증거로 할 수 없으므로 양형과 관련한 자료로 활용할 수 있을 뿐이다(동 규칙 제9조).

제12조 제1항, 제15조 제2항, 제17조 제1항, 제18조 제2항), 마. 「아동학대범죄의 처벌 등에 관한 특례법」 시행에 따라 공포될 예정인 법무부령의 명칭변경 내용을 반영하기 위함이다(제19조 제2항, 제20조 제1항 제1호).

(국가법령정보센터, 법령, 제·개정이유, http://www.law.go.kr/lsRvsRsnListP.do?lsiSeqs=147607%2c141118%2c123466%2c81109%2c4562&chrClsCd=010102. 및 http://www.law.go.kr/lsInfoP.do?lsiSeq=159265#0000 참조).

따라서 피해자 변호인은 현장에서 적기에 의견진술기회를 얻는다고 보장할 수 없고, 또한 미리 준비되지 않아 내용상 적절하지 않은 의견을 진술할 가능성도 충분히 있으므로 **미리 의견서로 피고인의 주장을 배척하는 내용** 즉, 피해자와 피고인의 관계, 피해의 경위, 범행방법, 피해결과, 범행 후 피고인의 태도 등과 관련하여 피고인의 주장과 상반된 내용을 담은 반대주장, 미합의사정 또는 미반성 등의 가중 양형인자를 조목조목 지적할 필요가 있고, 특히 피고인의 주장 중 범행의 우발성, 방법의 단순성, 피해의 경미성, 합의의 노력, 심신미약, 피해자의 귀책 등**에 대해 상세히 반박**하여야 할 것이다. 의견서에는 실체적 내용 이외 절차적 요청도 함께 할 수 있음은 물론이다.[31] 절차적 요청과 관련된 주된 것은 증인신문방식이 될 것이다.

생각할 점

출석 · 의견개진의 전제가 되는 공판기일 **통지**와 관련하여, 2014. 3. 19. 열린 법무부 주최 '피해자 국선변호사제도의 현황과 과제' 심포지엄의 발표내용을 보면,[32] 피해자 국선변호사 111명 중 64.8%가 공판준비기일이나 공판기일, 구속전피의자심문절차에 대한 통지가 '잘 이뤄지지 않는다'고 답했고, '보통이다'라고 답한 비율은 18.9%, '매우 잘 이뤄진다'는 답변은 1.8%에 불과했다. 이에 대해 토론자로 나선 서울중앙지법 성폭력 전담재판부 판사는 "그동안 제도에 대한 인식 부족 등으로 인해 법원에서 공판기일 통지를 피해자 변호사에게 누락하는 경우도 있었다"면서도 "피해자 변호사들은 연락처가 기재된 선임증명서를 제출하는 절차를 간과하지 않도록 주의해야 한다"고 당부했다.

또 위 같은 심포지엄에서, 피해자 국선변호사 111명 중 29.2%만이 '**의견진술**권을 행사해본 경험이 있다'고 답하였는데, 사견으로는, 검사는 구형의견을, 피고인의 변호인은 최종변론을 할 수 있으며, 재판장이 그들에게 의견진술기회를 먼저 주는데 비해 피해자의 변호사에게 그간 별도의 의견진술 기회를 주지 않은 것이 아닌가 사료된다. **차제에는 의견진술 신청을 한 피해자의 변호사에게만 의견진술기회를 줄 것이 아니라 검사(檢事)의 구형의견 이후 피해자 변호사(被害者 辯護士)가 양형의견 등을 추가로 진술하고, 이어 피고인의 변호인(被告人 辯護人)이 마지막으로 최종변론을 하는 방향으로 개정되는 것이 보다 좋을 것**으로 본다.

(4) 증인신문 준비

피해자가 증인으로 나오는 경우이다.

---

31) 그러나 곧바로 증거신청권을 인정하고 있지는 않다. 검사를 통하여 증거신청을 촉구할 수 있을 뿐이다.

32) 아래 내용은 법률신문, 기사, "피해자 국선변호사, '관련기록 제대로 볼 수 있었으면…'", 2014. 3. 20.자 6면 참조.

이와 달리 피해자 이외의 자가 증인으로 나올 경우 피해자 및 피해자의 변호인에게 증인신문을 할 권리는 현행법상 인정되지 않는다. 피해자참가제도와 관련한 법무부의 개정 법률안이 통과되지 못했기 때문이다.

(가) 유 의 점

직접 피해자가 증인으로 출석하겠다고 하면 변호인은 피고인 측의 반대신문의 성격을 이해시킬 필요가 있다. 주로 수사과정상 피해자 진술에 대해 신빙성을 탄핵하는 내용이 될 것이므로 처음 이 과정을 대하는 경우 성인도 감당하기 쉽지 않다. 따라서 사실대로 진술하되, "모르는 것은 모른다"거나, 기억나지 않는 것은, "현재 기억나지 않는데, 수사기관에서 진술한 적 있다"라고 진술함으로써 전후 모순되는 진술을 피할 수 있다. 또한 이 같은 방식은 일부러 끼워 맞춘 듯한 인상을 피하는 것으로 더욱 자연스러울 수 있어 자유심증주의 원칙상 더 신뢰감이 갈 수 있다.[33]

(나) 신뢰관계자 동석

피해자가 증인으로 신문받는 경우 피해자의 변호인은 신뢰관계자 동석[34]신청을 할 수 있고(법 제163조의2,[35][36] 아청법 제28조 제1항, 성폭법 제34조 제1항), 특히 2012. 5. 29. 개정된 형사소송규칙에 의해 '피해자의 변호사'도 신뢰관계자에 해당되어 이제 동석이 가능해졌다(규칙 제84조의3).

피해자는 신뢰관계자를 의식하고 사실관계를 왜곡하거나 축소하여 진술하는 경우가 있으므로, 신뢰관계자로 동석하는 경우 피해자에게 부당한 영향력을 행사하거나 재판진행을 방해하지 않도록 주의해야 한다.[37]

형사소송법 제163조의2 제3항은 일본 형사소송법 제157조의2 제2항과 마찬가

---

33) 진술의 신빙성(증명력)의 문제로 무죄판결이 선고된 사례가 있음은 앞서 살펴보았다.

34) 독일의 경우 형사소송법 제406조의f에 '피해자 변호인제도와 신뢰관계자 동석제도'에 대해 규정하고 있다. 피해자는 변호사인 보좌인을 동석시킬 수 있다(원혜욱, "성폭력 피해아동을 위한 법률조력인 제도 도입방안", 법무부 연구용역 보고서, 법무부 여성아동정책팀, 2011, 3면 참조). 일본의 경우는 형사소송법 제157조의2에서 보좌인을 규정하고 있다. 독일과의 차이는 독일은 증인 외에 피해자의 보좌인 제도를 별도로 인정하고 있는데, 일본은 증인으로서 진술하는 피해자만이 보좌인을 선임할 수 있게 한 데서 차이가 있다(김용세/윤민석, "개정 형사소송법의 범죄피해자 보호규정", 「피해자학연구」 15권 2호, 한국피해자학회, 2007. 10, 144면 참조).

35) **이로써 종래 성폭력범죄 피해자 또는 노인이나 아동 피해자에게만 허용되었던 신뢰관계자 동석을 일반범죄에까지 확대하였다**(김용세/윤민석, "개정 형사소송법의 범죄피해자 보호규정", 「피해자학연구」 15권 2호, 한국피해자학회, 2007. 10, 145면 참조).

36) 수사단계에서의 피해자(被害者)를 위한 신뢰관계자 동석은 형사소송법 제221조 제3항, 피고인(被告人)에게 신뢰관계자 동석을 허용하는 것으로는 형사소송법 제276조의2가 있다.

37) 법무부, 법률조력인 업무 매뉴얼, 2012, 29면.

지로, 동석자가 법원·소송관계인의 신문 또는 증인의 진술을 방해하거나 그 진술의 내용에 부당한 영향을 미칠 수 있는 행위를 하여서는 아니 된다고 규정하는바, 변호사의 동석을 허용한 것이 피해자에 대한 신문과정에서 질문에 대해 이의를 제기하는 등 절차진행에 적극 개입하는 것까지 허용하는 것은 아니라고 할 것이므로, 동석자는 신문 또는 진술에 영향을 미치지 않는 범위 내에서 증인을 보조하고 증인의 불안이나 긴장을 해소하기 위해 휴정을 요청하는 등의 행위를 할 수 있을 뿐인 점도 유의하여야 한다.[38)]

(다) 의견진술

피해자의 변호사는 증인신문과정에서 '당해 사건과 무관한 피해자의 사생활에 관한 신문 또는 진술이 이루어지거나 피해자가 성적 수치심 또는 공포감을 느낄 수 있는 신문(성폭력범죄 사건의 심리·재판 및 피해자 보호에 관한 규칙 제2조 제2항), 위협적이거나 모욕적인 신문, 전의 신문과 중복되는 신문, 의견을 묻거나 의논에 해당하는 신문, 증인이 직접 경험하지 아니한 사항에 해당하는 신문(형사소송규칙 제74조 제2항), 증인의 명예를 해치는 내용의 신문(형사소송규칙 제77조 제2항 단서)'에 대하여 제한하여 줄 것을 요청할 수 있다.

(라) 비디오 중계방식 및 차폐시설을 이용한 증인신문

1) 피해자가 증인신문에 나가고 싶어 하나 피고인과 대면하고 싶지는 않다고 할 경우, 변호인은 피해자의 심리적 부담을 덜어줄 수 있는 방법으로 비디오 등 중계장치에 의한 증인신문을 요청하거나, 차폐시설 설치 후 증인신문을 하여 줄 것을 요청할 수 있다.[39)][40)]

법원은 비디오 등 중계장치에 의한 중계시설 또는 차폐시설을 통하여 증인을 신문하는 경우에도 직권 또는 증인 등의 신청에 의하여 비공개로 심리를 진행할

38) 김용세/윤민석, "개정 형사소송법의 범죄피해자 보호규정", 「피해자학연구」 15권 2호, 한국피해자학회, 2007. 10, 145-146면.

39) 형사소송법 제165조의2, 형사소송규칙 제84조의4 내지 제84조의9, 성폭법 제40조, 성폭력범죄 사건의 심리·재판 및 피해자 보호에 관한 규칙 제26조.

40) 일본의 경우, 형사소송법 제157조의3에서 피고인과 증인 사이에 서로 상대방의 상태를 인식할 수 없도록 하는 조치를 취할 수 있으며(동조 제1항), 방청객과 증인 사이에도 서로를 인식할 수 없도록 하는 조치를 취할 수 있다(동조 제2항). 이 규정의 적용대상은 반드시 피해자인 증인에 한정되지 않는다. 이 제도는 칸막이와 같은 차폐장치를 취할 뿐 증인은 피고인과 같은 법정 내에 재석하고 있다는 점에서 우리나라의 개정 형사소송법상의 비디오 등 중계장치를 이용한 증인신문(제165조의2)와는 구별된다. 한편, 독일의 경우에는 증인을 위한 차폐조치를 아예 인정하지 않고 있으며, 분리신문, 피고인의 퇴정, 퇴정 후의 증인신문 등 증인보호를 위한 전통적 제도들을 규정하고 있을 뿐이다(김용세/윤민석, "개정 형사소송법의 범죄피해자 보호규정", 「피해자학연구」 15권 2호, 한국피해자학회, 2007. 10, 147면 참조).

수 있고(규칙 제84조의6), 비디오 등 중계장치에 의한 중개시설을 통하여 증인신문을 하는 경우에 형사소송법 제163조의2의 규정에 의하여 신뢰관계에 있는 자를 동석하게 할 때에는 증언실에 함께 들어가 동석하도록 한다(규칙 제84조의7 제1항).

2) 비디오 등 중계장치에 의한 증인신문은 단순히 피해자의 심리적 부담을 덜어주는 것뿐만이 아니라 피고인도 피해자의 증언내용을 직접 듣는 것은 물론 피해자의 진술태도나 표정도 관찰할 수 있어 다른 증인신문방식에 비하여 피해자의 보호이념을 실현하면서도 피고인의 반대신문권이 보장[41]되고 직접주의·구두변론주의와도 상충하지 않는다는 점에서 우수한 증거조사방식으로 평가되고 있다.

반면, 차폐시설 설치에 의한 증인신문은 피고인이 증인의 목소리를 들을 수 있을 뿐이어서 증인의 진술태도와 표정 등을 포착하여 반대신문에 활용할 기회를 박탈함으로써 피고인의 반대신문권이 제한된다는 단점[42]과 더불어 현재와 같이 피고인 및 변호인석이 검사석을 마주보며 나란히 있고 증인이 가운데 있는 법정구조상 차폐시설 설치 자체가 적합하지 않다는 문제점도 있다.[43]

3) 형사소송규칙 제84조의9에서 피고인과 증인 사이의 차폐시설 설치만을 규정하고 있더라도, 형사소송법 제165조의2 제3호의 요건이 충족될 경우에는 피고인뿐만 아니라 검사, 변호인, 방청인 등에 대하여도 차폐시설 등을 설치하는 방식으로 증인신문을 할 수 있다. 제3호는 범죄의 성질, 증인의 연령, 심신의 상태, 피고인과의 관계, 그 밖의 사정으로 인하여 **피고인 등**과 대면하여 진술하는 경우 심리적인 부담으로 정신의 평온을 현저하게 잃을 우려가 있다고 인정되는 자를 증인으로 신문하는 경우 상당하다고 인정하는 때에는 검사와 피고인 또는 변호인의 의견을 들어 비디오 등 중계장치에 의한 중계시설을 통하여 신문하거나 차폐시설 등을

41) 김용세/윤민석, “개정 형사소송법의 범죄피해자 보호규정”, 「피해자학연구」 15권 2호, 한국피해자학회, 2007. 10, 152면; 권순민, “형사절차에서 아동의 증언능력과 신빙성 판단에 대한 연구 : 대법원 판례 분석을 중심으로”, 「형사정책연구」 23권 4호(통권 제92호), 한국형사정책연구원, 2012, 145-146면.

42) 이에 대해서 안경옥 교수는, 피고인으로서는 증인과 직접 대면한 자리에서 교차신문을 통하여 자기에게 불리한 증언을 **반대 신문할 기회를 상실하게 되는 문제점**이 있긴 하나, 수정 헌법 제6조에 의해 대면할 권리를 보장한 미국에서조차 대면권이 반드시 실제로 얼굴을 맞댄 상태에서의 증언을 의미하는 것은 아니며, 다른 이익과 비교할 때 분리증언의 필요성이 우월하다면 영상재판을 이용한 증언을 허용하고 있어 대면권은 절대적 권리가 아니며 중요한 공익상의 필요성이 있는 경우 제한이 가능하다고 보고 있으므로 우리의 경우에도 크게 문제되지 않는다고 보고 있다. 한편, 안경옥 교수는 화상증언의 경우에도 직접주의, 구두주의 피고인의 방어권을 침해하는 것이 아니라고 주장한다(안경옥, “[제12부] 형사재판절차에서 테크놀로지의 활용과 형사소송법적 문제점”, 「연구총서」 04-05, 한국형사정책연구원, 2004. 12, 137-138면 참조).

43) 법무부, 법률조력인 업무 매뉴얼, 2012, 31면.

설치하고 신문할 수 있다고 규정하고 있기 때문이다. **다만 실제상** 증인이 변호인을 대면하여 진술함에 있어 심리적인 부담으로 정신의 평온을 현저하게 잃을 우려가 있다고 인정되는 경우는 **일반적으로 쉽게 상정할 수 없고,** 피고인뿐만 아니라 변호인에 대해서까지 차폐시설을 설치하는 방식으로 증인신문이 이루어지는 경우 피고인과 변호인 모두 증인이 증언하는 모습이나 태도 등을 관찰할 수 없게 되어 그 한도에서 **반대신문권이 제한될 수 있으므로, 변호인에 대한 차폐시설의 설치는,** 특정범죄자등 보호법 제7조에 따라 범죄신고자 등이나 그 친족 등이 보복을 당할 우려가 있다고 인정되어 조서 등에 인적사항을 기재하지 아니한 범죄신고자 등을 증인으로 신문하는 경우와 같이, 이미 인적사항에 관하여 비밀조치가 취해진 증인이 변호인을 대면하여 진술함으로써 자신의 신분이 노출되는 것에 대하여 심한 심리적인 부담을 느끼는 등의 **특별한 사정이 있는 경우에 예외적으로 허용**될 수 있을 뿐이다(대법원 2015. 5. 28, 선고 2014도18006 판결[44] 참조).

4) 우리 실무상으로는 성폭력범죄 피해자의 경우 원칙적으로 비공개 심리와 함께 중계장치에 의한 신문을 이용하고 있으며, 서울중앙지방법원에서는 합의부 사건은 비디오 중계장치를 이용한 화상 피해자 증인신문방식을, 단독 사건의 경우에는 차폐시설을 이용한 증인신문방식을 주로 활용하고 있다.[45]

5) 외국의 경우를 보면, 가) 미국(美國)은 이미 1970년대에 이러한 증인신문방법이 사용되기 시작하였고, 연방 차원에서는 1990년 Victims of Child Abuse Act를 제정하여 수사단계에서 비디오신문을 할 수 있는 조건을 규정하였고, 동시중계를 허용하는 요건이나 대상연령, 대상 범죄는 주마다 차이가 있다. 동시중계를 하는 형태도 다양하다.[46] 나) 독일(獨逸)은 영상 및 음향송수신 장치에 의한 증인신문 방식을 채용하고 있다. 즉 범죄로 인하여 피해를 당한 16세 미만 자에 대하여 신문하는 경우 증인이 주된 심리에서 신문받을 수 없을 때 또는 진실발견을 위하여 그러한 기록이 필요한 경우에는 영상 및 음향송수신 장치에 의하여 증인을 신문할 수 있다(StPO 제58조a 제1항). 영상 및 음향송수신 장치에 의한 증인신문 규정은 분리

---

44) 제1심에서 증인을 신문함에 있어 검사의 요청에 따라 변호인에 대하여 차폐시설을 설치한 상태에서 증인신문이 이루어진 사안에서, 변호인에 대한 차폐시설 설치가 특정범죄신고자 등 보호법 제7조에 따라 가명 조치가 취해진 증인들의 신분노출을 방지하기 위한 목적에서 이루어진 것으로서 변호인에 대한 차폐시설 설치가 허용되는 특별한 사정이 있는 경우에 해당한다는 이유로 그러한 조치가 적법하다고 본 원심을 수긍한 사례.

45) 법무부, 법률조력인 업무 매뉴얼, 2012, 31면.

46) 안경옥, "[제12부] 형사재판절차에서 테크놀로지의 활용과 형사소송법적 문제점", 「연구총서」 04-05, 한국형사정책연구원, 2004. 12, 132-137면 참조.

신문(StPO 제247조a)과 법정 밖에서의 증인신문(StPO 제168조e)시에 준용된다.[47] 다) 영국(英國)은 1988년의 Criminal Justice Act 규정에 의해 비디오 기기를 이용하여 증인신문을 법정에 중계하는 것이 가능해졌다. 동시 중계하는 방법은 아동을 격리된 장소에 있게 하고 법정에 중계되는 비디오 앞에서 진술하게 하며, 이때 아동은 신뢰관계 있는 성인과 동행하고, 법정에 설치된 비디오의 화면을 판사나 배심원 그리고 변호인이나 피고인이 보고 아동에게 질문할 수 있으나, 아동은 질문자의 얼굴을 보지 못한다. 그러나 비디오 증인신문을 녹화하여 공판정에서 증거로 사용할 수 있게 된 것은 1991년의 Criminal Justice Act에 의해서였다.[48] 라) 일본(日本) 형사소송법 제157조의4 제1항에 따르면, 법원은 상당하다고 인정하는 때에는 검사·피고인 또는 변호인의 의견을 들어 법관 및 소송관계인이 증인을 신문하기 위해 재석하는 곳 이외의 장소(다만 동일구내에 한한다)에 그 증인을 재석시키고, 영상 및 음성 송수신에 의하여 서로 상대의 상태를 살피면서 통화하는 방식으로 신문할 수 있다. 가능한 증인의 유형은 성범죄 피해자, 아동피해자(제1호, 제2호), 기타 사정으로 인하여 법정에서 신문하는 때에는 '정신의 평온을 현저하게 해할 우려'가 있는 자(제3호)가 있다. 이 규정에 의해 증인신문을 행하는 경우, 법원은 그 증인이 이후의 형사절차에서 동일한 사실에 관하여 다시 증언할 필요가 있다고 인정하는 때에는, 증인의 동의가 있는 경우에 한하여 검사·피고인 또는 변호인의 의견을 들어 그 증인의 신문 및 진술 내용과 상황을 영상 및 음성을 동시에 기록하는 것이 가능한 기록매체에 기록할 수 있다(형사소송법 제157조의4 제2항). 나아가 그 증인신문 및 진술, 그리고 그 상황을 기록한 기록매체가 그 일부로 된 조서는 증거로 할 수 있다(형사소송법 제321조의2 제1항).[49]

6) 한편, 개정 형사소송법은 일본 형사소송법 제321조의2와는 달리, 비디오 등 중계장치를 이용한 증인신문의 과정을 기록한 영상녹화물의 증거능력에 관한 규정을 두고 있지 않으나, 비디오 등 중계장치 또는 차폐시설을 활용한 증인신문도 영상 및 음향송수신장치를 활용하거나 칸막이 등을 설치한 상태에서 행해질 뿐 공판장에서의 증인신문에 해당하므로, 그 과정에서 작성된 조서는 법원 및 법관의

47) 김용세/윤민석, "개정 형사소송법의 범죄피해자 보호규정", 「피해자학연구」 15권 2호, 한국피해자학회, 2007. 10, 150-151면 참조.

48) 안경옥, "[제12부] 형사재판절차에서 테크놀로지의 활용과 형사소송법적 문제점", 「연구총서」 04-05, 한국형사정책연구원, 2004. 12, 132-137면 참조.

49) 김용세/윤민석, "개정 형사소송법의 범죄피해자 보호규정", 「피해자학연구」 15권 2호, 한국피해자학회, 2007. 10, 149-150면 참조.

면전조서(법 제311조)에 해당하고, 형사소송법 제56조의2에 의하여 그 과정을 기록한 영상녹화물은 소송기록에 첨부하여 공판조서의 일부로 삼을 수 있으므로 형사소송법 제292조의3, 형사소송규칙 제134조의2 제6항의 규정에 의한 조사방식을 거쳐 증거능력을 인정할 수 있고, 이렇게 해석하는 한 신문과정에 대해 녹화한 영상녹화물을 활용하여 증인에게 동일한 내용을 되풀이 진술할 것을 강요할 필요가 없어져 피해자 보호의 취지에 부합한다.[50]

(마) 비공개심리

변호인은 피해자에 대한 증인신문이 예정된 경우 범죄의 특성과 피해자의 상태를 고려하여 비공개심리를 요청할 수 있고,[51] 더불어 진술녹화 CD, 동영상, 사진 등의 증거조사에 대해서도 비공개로 심리하여 달라는 요청할 수 있다. 피해자인 증인을 방청객으로부터 분리하여 피해자의 프라이버시와 명예감정을 보호할 수 있고, 증언 시 정신적 압박감을 줄일 수 있다.

개정 형사소송법은 일본 형사소송법 제157조의3 제1항과 같이 피해자인 증인과 피고인을 분리하는 조치를 별도로 규정하지 않았지만, 형사소송법 제297조에 의해 피고인을 퇴정하게 하거나 개정 형사소송법 제165조의2에서 도입한 비디오 등 중계장치에 의한 증인신문과 함께 증인을 위한 차폐시설을 할 수 있도록 하였으므로 피해자 보호에 문제가 생길 가능성은 없다.[52]

(바) 피고인 퇴정

나아가 형사소송법 제297조 제1항에서는, 「재판장은 증인 또는 감정인이 피고인 또는 어떤 재정인의 면전에서 충분한 진술을 할 수 없다고 인정한 때에는 그를 퇴정하게 하고 진술하게 할 수 있다. 피고인이 다른 피고인의 면전에서 충분한 진술을 할 수 없다고 인정한 때에도 같다」고 하여 피고인을 법정에서 퇴정시킨 후 증인이 더욱 자유롭게 법관의 면전에서 증언할 수 있도록 규정하고 있다.

이 같은 방법은 법관 면전에서 검사와 법관의 다양한 질문을 바로 이해하고 신속하고도 상세한 답변을 하는 것까지 가능하게 하는 것으로 피해자의 진술권을 최대한 보장한 반면, 피고인으로서는 퇴정으로 인해 증언을 듣지 못했고 반대신문도 하지 못하였기에 방어권의 침해를 겪게 된다. 물론 피고인의 변호인까지 퇴정

50) 김용세/윤민석, "개정 형사소송법의 범죄피해자 보호규정", 「피해자학연구」 15권 2호, 한국피해자학회, 2007. 10, 152-153면 참조.

51) 형사소송법 제294조의3, 성폭법 제31조 제2항.

52) 김용세/윤민석, "개정 형사소송법의 범죄피해자 보호규정", 「피해자학연구」 15권 2호, 한국피해자학회, 2007. 10, 148-149면 참조.

시키는 경우는 없으므로 변호인에 의한 반대신문은 당연히 가능하지만, 피고인이 묻고 싶은 사항이 항상 별도로 발생한다는 점에서 피고인은 적기의 적절한 반대신문을 행사할 수는 없게 된다. 따라서 재판장은 증인의 진술이 종료한 때에는 퇴정한 피고인을 입정하게 한 후 법원사무관등으로 하여금 진술의 요지를 고지하게 함으로써(법 제297조 제2항) **즉시의 반박권은 보장하지 않지만 적절한 의견을 제시할 수 있도록 배려하고 있다.**

필자도 피고인퇴정 후의 피해자 증인신문을 요청한 적이 있고, 이것이 받아들여져 피고인의 퇴정 후 증인신문과정에서 대단히 상세히 문답하고 또 미리 적어간 증인의 장문의 글을 증인이 낭독함으로써 재판부에 보다 더 자유롭게 양형인자와 처벌의사가 전달된 사실이 있다.

(사) 증인 불출석의 경우

한편 출석을 희망하지 않는 피해자의 경우에는 불출석사유서를 법원에 제출하고, 검사에게는 사전에 불출석사유를 소명한 후 변호인이 수사기관 참여 신뢰관계자로서 영상녹화물의 진정성립을 위해 증인으로 출석하겠다는 의사를 밝힘으로써 검사로 하여금 증인철회 및 재신청을 촉구할 필요가 있다. 아동의 법정 진술이 없더라도 수사기관에서 아동이 한 진술이 기재된 영상녹화물은 변호인의 진정성립으로 유죄의 증거로 삼을 수 있기 때문이다. **영상녹화물의 특칙이 작동된 까닭이다.** 과거 법원은 피해아동의 법정출석이 불가피하다고 보았고, 다만 비디오 중계장치 또는 차폐시설로 충분히 피해자를 보호할 수 있다고 생각하였다.[53]

변호인 역시 증인으로 출석할 경우 피고인 측의 반대신문을 받게 될 것이나, 직접 피해자가 아니므로 주된 진술내용은 영상녹화의 전후과정, 조사과정에서 피해자가 진술한 것이 사실대로 기재되었는지 등이 전부일 것이다. 그것만으로는 영상녹화에 기재된 피해자의 진술을 탄핵하는데 대단히 부족할 것[54]이어서 피고인의

---

53) 임정엽, "「성폭력 피해아동을 위한 법률조력인 제도 도입방안」 토론문", 성폭력 피해아동 법률조력인 제도 입법 공청회, 법무부 인권정책과 여성아동정책팀, 2011. 5. 4, 102-103면에서, 임정엽 판사(정책심의관)는 피고인이 피해자에 대한 반대신문을 요청함에도 이를 무시하고 영상녹화물만을 근거로 유죄를 인정하는 해외 재판실무는 드문 것으로 조사되었으며, 피해자의 방어권 보장과 실체진실에 부합하는 판결을 하기 위하여 필요한 경우 피해아동을 증인으로 소환하는 것은 불가피하다는 의견을 개진하였다.

54) **고작해야 다음에 제시할 예시 정도로 신문할 수밖에 없을 것이다.** 예시는 아동에 대한 피해조사시 동석한 신뢰관계자(아동센터장)에 대한 신문을 대비한 것이었다.

(2014고합 569호 아동·청소년의성보호에관한법률위반) (변호사 천주현)

증인 강** 반대신문사항

1. 증인은 아동 성범죄 조사에 동석하는 경우 피해자들 중 과거에 다른 성폭력범죄 피해를 당한

변호인으로서는 답답할 수 있겠지만, 형사소송법은 피고인의 반대신문권 행사에 제약이 초래되더라도 피해자를 더 보호하는 입장을 취하고 있다.

4. 소 결

살핀 바와 같이 2011년 아청법의 개정으로 아동 성범죄 피해자를 위한 피해자의 변호사 제도가 탄생되었고, 아청법의 내용을 반영한 형사소송법 개정규정, 성폭법 개정규정으로 인하여 이제 성범죄 피해자의 인권은 적어도 법문만으로 보면 다른 범죄 피해자보다 월등히 높은 절차보호를 받게 되었다. 즉 피해자 변호사 선임 또는 지정, 통지제도, 전담조사실 운영, 전담수사관 및 전담검사제, 피해자의 인격이나 명예훼손방지를 위한 조사환경의 개선, 영상녹화제도 및 증거능력의 특칙, 신뢰관계자 동석, 진술조력인 제도, 의견진술 및 증거보전청구, 열람·등사권 보장, 비디오 등 중계장치, 차폐시설을 이용한 증인신문허용, 피고인퇴정 및 비공개심리, 신상정보등록 및 공개제도로 인해 **이제 성범죄 피해자가 형사절차에서 소외되어 2차 피해를 입거나 보복피해를 입으며 홀로 싸우던 시절은 겉으로 보기엔 끝이 난 것 같고, 피해 진술의 획득방식도 과학적으로 발전하여 유죄판결 및 형량 확보에도 성공하였다**고 할 수 있다.

나아가 최근 성폭법의 개정으로 성범죄에 대한 처벌수위가 높아졌으며, 형법에서도 유사성행위 처벌규정이 신설되거나 성폭법상 성범죄 목적의 건조물침입행위도 새롭게 처벌되는 등 과거보다 실효적 제재를 위한 노력까지 더해졌다. 또 수사와 처벌의 실효성을 높이기 위해 형법상 성범죄의 친고죄 전면 폐지 및 성폭법상 친고죄 폐지, 공소시효 배제 확대 및 공소시효 연장 입법, 전자장치 부착 강화,

---

피해학생들을 본 적이 있지요.

2. 이건 피해자도 초등학교 2~4학년 이전에 이미 성폭력피해를 당한 학생으로 과거에도 조사 경험과 시설보호 경험을 갖고 있지요(증거기록 201정).

3. 보통 이러한 피해자들은 과거 충격적인 피해 잔상에서 벗어나지 못하고 있다가 똑같지는 않더라도 유사한 경험을 다시 하면 자라보고 놀란 가슴 솥뚜껑보고 놀란 상태로 조사에 임하지요.

4. 더러는 과거의 피해사실과 금번의 피해사실 중 특히 범행방법에서 우왕좌왕하며 진술이 뒤섞이는 경우도 있지요.

5. 이 사건 피해자는 사건 직후 남자 친구에게 카카오톡으로 긴 대화를 하면서도 "성추행 당했다.", "뽀뽀하고 키스하고 위에 만지고"라고만 경험사실을 전하였는데(증거기록 121정), 이 같이 사건 직후 초동 진술이면서도 친구와의 대화인 경우 그 진술은 정확하다고 볼 수 있지요.

6. 피해자의 탄원서 중 뽀뽀한 것 이외에 나쁜 피고인의 행위는 없었다는 진술이 있는데(증거기록 267정)도, 수사기관 진술은 위력간음미수여서 상당한 차이가 있는데, 이 같이 피해자의 진술이 오락가락할 경우 특히 믿을 만한 진술을 구별하는 심리학적 방법이 있나요.

7. 기타 신문사항.

화학적 거세 도입, 심신미약 주장 배척영역 확대, 형 집행 종료 후 보호관찰제도 실시, 수사기관 간 공조체계 구축 등 실로 제도적으로는 우리 역사상 가장 눈부신 발전과 변화의 시간을 거쳐 왔다고 볼 수 있다.[55] 형사소송법이 현대적으로 대폭

---

55) 특히 **2013. 6. 19. 시행된 성범죄 관련 6개 법률의 150여 개 신설·개정 조항의 핵심**적 내용을 소개한 것으로는, 법률신문, 기사, "19일부터 성범죄 친고죄 폐지…강간 객체 '부녀→사람'", 2013. 6. 18.자 소개된 표를 보강하면 다음과 같다.

개정 전	바뀐 내용	개정 후
형법, 성폭력범죄의 처벌에 관한 특례법, 아동·청소년의 성보호에 관한 법률, 성폭력 방지 및 피해자보호 등에 관한 법률, 특정 범죄자에 대한 보호관찰 및 전자장치 부착 등에 관한 법률, 성폭력 범죄자의 성충동 약물치료에 관한 법률		
고소 필요	**강간죄의 고소 여부**	고소 불요
부녀	**강간죄의 객체**	사람(성인 남성 포함)
건조물침입죄로 처벌되지 않는 한 처벌 불가	**성적목적 공공장소 침입행위**	처벌 가능
벌금형	**아동·청소년이용 음란물 소지**	징역형 또는 벌금형(징역형 선고시 신상정보공개도 가능), 단 아동·청소년으로 인식될 수 있는 사람이나 표현물로 이를 알면서 소지한 자.
특수강간 등 제한적	**음주·약물로 인한 형량 감경 임의적 배제**	거의 모든 성폭력 범죄로 확대
13세 미만 아동·청소년 및 장애인에 대한 강간 등 제한적	**공소시효 적용 배제**	13세 미만 아동·청소년 및 장애인에 대한 강제추행까지 확대(강간살인죄는 연령불문 공소시효 폐지)
아동·청소년 대상 성범죄 피해자	**피해자 국선변호사 지원대상**	연령 제한 없이 모든 성범죄 피해자
징역 5년 이상(강간), 최대 징역 5년 (아동·청소년 성매매)	**(아동·청소년 대상) 성범죄 처벌수위**	무기징역 또는 5년 이상(강간), 최대 징역 10년(아동·청소년 성매매), 형법 제297조의2 유사강간죄 신설(징역 2년 이상)
성범죄자 관리가 법무부, 여성가족부로 이원화 (19세 기준), 형 집행 종료 후 보호관찰 규정 없음	**성범죄자 관리 강화**	등록·관리는 법무부(法務部), 공개·고지는 여성가족부(女性家族部)로 각 일원화, 형 집행종료 후 보호관찰제도 도입(성폭력범 외 살인, 미성년자 유괴와 같은 고위험 범죄 포함)
읍·면·동까지만 공개, 성범죄자 사진 임의 제출	**신상정보공개범위 확대, 사진 정확성 확보**	도로명 및 건물번호까지 공개, 접수기관이 직접 사진 촬영, 나아가 시행 3년 전에 형이 확정(벌금형 제외)된 성인대상 성폭력범까지

개선된 시간은 수십 년에 걸쳐 있거나 적어도 십수 년에 걸쳐 온 것인 반면, 특별법을 통한 성범죄자 제재 및 재범방지, 피해자 보호정책은 최근 몇 년 사이 급속도로 불붙은 주제들이었고 정부 및 입법기관 모두 너나 나나 할 것 없이 이구동성으로 특별법 정비를 위해 노력해 온 결과이다.

그렇다면 이제 성범죄 관련 법률은 거의 완비된 상태라 보아도 과언이 아닐 것이다. 이제 남은 것은 위 제도들의 안정적 정착이다.

실무운용 상으로는 많은 문제점이 노정되었다. 현장에서 법률조력인(피해자의 변호사)으로 활동한 변호인들이 공소제기 및 공판기일을 통지받지 못하였다거나, 공소장 및 기록 열람·등사를 거절당한 사례,[56] 법정 지정좌석조차 없어 곤란을 겪거나, 공판절차 진술기회 보장이 안 돼 손을 들고 재판장의 허락을 받아야 했던 사례, 국민참여재판으로 진행해 달라고 피고인의 변호인이 신청하자 재판부는 피해자의 의견을 묻지도 않고 검사와 상의한 뒤 일반재판으로 진행해 버린 사례, 피해자가 고소하지 않은 친고죄 아닌 성폭법 사건에서는 기소여부를 통지받지 못한 후 피고인이 법정 자백해 피해자가 모른 채 선고되기도 한 사례, 증인소환일정 등과 관련한 재판과정 의견진술기회를 보장하지 않아 피해자를 당황스럽게 한 사례, 보

		소급하여 신상정보 관리·공개, 공개 대상 범죄에 공중밀집장소 추행, 성적 목적을 위한 공공장소 침입행위, 통신매체 이용 음란행위, 카메라 등을 이용한 촬영행위를 추가함.
수사자료 열람에 사전영장 필요, 신상정보 공유체계 규정 없음	**수사기관과의 공조체제**	긴급한 경우 영장 없이 열람·조회 가능, 보호관찰소와 경찰 간 피부착자 신상정보 공유체계 마련
16세 미만을 대상으로 한 성범죄 가해자에게만 시행	**화학적 거세 (성폭력범죄자의 성충동 약물치료에 관한 법률상 '성충동 약물치료')**	피해자의 나이에 상관없이 전면적으로 확대

56) 피고인 측은 피해자의 진술을 비롯해 증거기록 전부를 열람·등사할 수 있지만, 피해자는 자신이 제출한 증거서류와 진술조서 외에 일체 서류에 대해서는 열람·등사할 수 없고, 심지어 공판에서 피해자가 증인으로 나가 증언한 증인신문조서도 재판장의 허가가 있어야만 열람·등사가 가능하다. 검찰도 검찰보존사무규칙에 따라 피의자신문조서 등의 열람·등사를 불허하고 있어 조사과정에서 담당 수사관의 질문을 통해 피의자의 진술내용을 유추할 수밖에 없다. 법원과 검찰은 열람·등사의 제한 이유로 '피해자 측이 재판기록을 열람·등사한 후 증언을 변경할 수 있다'거나 '개인정보 보호' 등을 내세우고 있다(법률신문, 기사, "법률조력인 '찬밥 신세'… 법률상 권한은 법전에만", 2012. 10. 22.자 참조).

수 산정이 까다로워 피해자 상담일 등 일일이 적어내고 입증해야 했던 점들이 문제점으로 드러났다.[57] 이 점을 개선시키기 위해 앞서 본 바와 같이 최근 성폭력범죄 사건의 심리·재판 및 피해자 보호에 관한 규칙 개정을 통해 법문 상으로는 문제점을 해결하였다고 볼 수 있겠지만, 여전히 실제 운영과정의 잡음과 불편은 법원의 인식전환과 법 제도 이해에 달려있다고 할 것이어서 향후 법원의 노력과 애정을 기대해 본다.[58]

제 4 절 고소대리

1. 소송행위의 대리 및 고소대리

고소대리는 형사소송법이 명시적으로 제236조[1]에서 허용하고 있는 소송행위의 대리이다. 변호사에 의해 대리의 형태로 고소되는 경우를 전제로 아래에서는 고소에서 문제가 되는 몇 가지를 간단히 본 후 고소장 작성의 요령과 사건관리과정에서의 유의사항을 살피기로 한다.

고소에 대한 상세한 내용은 제1편 제1장 제3절 4.항을 참고할 것.

2. 고소 및 고소취소에 있어서의 제문제

가. 사실의 특정문제

고소는 고소권자가 수사기관에 대해 범죄사실을 신고하며 범인의 처벌을 구하는 의사표시이면 족하고, 수사기관은 이를 토대로 범죄자와 범죄혐의를 밝힐 의무를 부담하고 있으므로 범죄자 및 범죄사실을 상세할 필요는 없다. 따라서 「성명불상, 박 이름불상, 성(姓)불상 길동, 장소불상, 대구 수성구 범어동 소재 이름을 알 수 없는 모텔, 대구 수성구 범어동 1000번지 소재 에이스모텔 호실불상, 2013년 여름 일시불상, 2013년 8월 일시불상, 시가불상」 등의 피해신고를 하면서 범인의

---

57) 법률신문, 기사, "법률조력인 '찬밥 신세'… 법률상 권한은 법전에만", 2012. 10. 22.자 참조.

58) 同旨 김용세/윤민석, "개정 형사소송법의 범죄피해자 보호규정", 「피해자학연구」 15권 2호, 한국피해자학회, 2007. 10, 153-154면에서도, 우리나라의 피해자 대책은 적어도 형식상으로는 선진국 수준에 도달했다고 평가할 수 있지만, 형사사법 종사자들의 의식과 실무관행의 혁신이 반드시 필요하다며, 하위규정 정립과 더불어 실무자들의 체계적인 교육이 뒤따라야 한다고 지적하고 있다.

1) 고소 또는 그 취소는 대리인으로 하여금 하게 할 수 있다(제236조).

처벌을 구하는 것은 모두 허용된다.

나. 고소기간 문제

고소권을 무한정 보장할 경우 법률관계가 장기간 불안정할 수 있어 형사소송법은 친고죄의 고소는 범인을 알게 된 날로부터 6월의 기간제한을 두고 있다(법 제230조 제1항).[2]

종래 성폭력범죄 중 친고죄에 대한 고소기간은 1년이었으나(성폭법 제19조), 개정 형사소송법에서 성폭력범죄는 더 이상 친고죄가 아니므로 고소기간의 제한도 없어졌다. 친고죄 폐지이유는 친고죄로 인하여 성범죄에 대한 처벌이 합당하게 이루어지지 못하고 피해자에 대한 합의 종용으로 2차 피해가 야기되는 문제가 있으므로 친고죄 조항을 삭제한다는 것이었다.[3]

친고죄 아닌 범죄는 공소시효의 적용은 있지만, 고소기간의 제한은 없다. 고소가 소송조건이 아니기 때문이다.

다. 고소제한 문제

자기 또는 배우자의 직계존속에 대한 고소제한(법 제224조)[4] 이외에 실무상 중요한 것은 간통죄의 고소제한 문제였으나, 이제 간통죄는 위헌결정으로 폐지되었으므로 고소제한과 관련한 실무상, 수험상의 문제는 역사 속에 묻히게 되었다. 내용은 앞서 보았다.

라. 고소취소의 문제

고소는 제1심 판결 선고 전까지 취소할 수 있다(법 제232조 제1항). 이 조항은 물론 친고죄의 고소를 전제로 한 규정이다.

따라서 친고죄 아닌 범죄는 이러한 제한 없이 고소를 취소할 수 있으나 언제나 양형사유에 불과하며(공소기각 사유가 아님), 1심 선고 후 친고죄의 고소를 취소할 경우에는 위 법문에 의해 고소취소의 효과(공소기각 사유)는 나타나지 않고 역시 항

---

2) 일본의 경우에도 친고죄의 고소는 원칙적으로 고소권자가 범인이 누구인지를 안 날로부터 6월의 제한이 있다. 다만 2000년 개정으로 강간·강제추행 등의 성범죄에 대해서는 고소여부를 결정하는데 시간을 필요로 하는 피해자의 심정에 비추어 고소기간 제한이 폐지되었다(三井誠/酒巻匡, 신동운(譯), 입문 일본 형사수속법, 법문사, 2003, 15면 참조).

3) 법제처 제·개정 이유 참조. http://www.law.go.kr/lsRvsRsnListP.do?lsiSeqs=138754%2c138766%2c130816%2c121966%2c118762%2c116777%2c115737%2c112088%2c104431&chrClsCd=010102

4) 그러나 자기 또는 배우자의 직계존속이 가정폭력행위자인 경우 가정폭력범죄의 처벌 등에 관한 특례법 제6조 제2항(고소에 관한 특례)에 따라, 자기 또는 배우자의 직계존속이 성폭력범죄자인 경우 성폭법 제18조(고소 제한에 대한 예외)에 따라 그 직계존속을 고소할 수 있다.

소심에서의 양형사유로 작동할 뿐이다.

고소의 취소는 통상은 고소취소장을 제출하나 그와 같은 서식을 반드시 사용하여야 하는 것은 아니다. 수사기관 또는 법관 앞에서 구술로도 고소취소 의사를 표시할 수 있다. 단, 친고죄의 고소취소는 소송조건 결여로 공소기각판결 사유이므로 법원은 반드시 인감증명서를 첨부한 고소취소장을 확인하려 한다.

마. 고소사건의 수사기간 문제

사법경찰관이 고소를 받은 때에는 신속히 조사하여 관계서류와 증거물을 검사에게 송부하여야 하고(법 제238조), 원칙적으로 고소·고발 사건은 접수한 날로부터 2개월 이내에 수사를 완료하여야 하나, 이 기간 내에 수사를 완료하지 못하였을 때에는 그 이유를 소속 경찰관서장에게 보고하고 검사에게 수사기일 연장지휘를 건의하여야 한다.[5]

3. 고소장의 작성과 유의점

가. 형식적 유의점

고소대리 사무를 예정하고 있는 변호인은 범죄의 공소시효가 도과하였는지, 또는 언제 공소시효가 도과할 것인지를 면밀히 파악하여 공소시효가 도과된 사건은 수임이 불가하다는 점을 고소인에게 명확히 고지해야 하며, 공소시효 도래 예정사건에 대해서는 공소시효 완성을 고려하여 가급적 조속히 고소를 하여야만 한다. 공소시효는 고소로 인해 즉시 중단되는 것이 아니므로 고소장 접수가 늦을 경우 수사 중 얼마든지 공소시효가 완성될 수 있기 때문이다.

제대로 고소하였으나, 수사기관의 잘못으로 인해 공소시효가 완성된 경우 국가는 소속공무원의 지휘·감독자로서 국가배상책임을 진다.[6]

한편, 친고죄의 고소기간이 얼마 남지 않았는데도 공소시효가 충분히 남았다는 점으로 느긋하게 생각하여 고소기간을 도과할 경우 이 역시 대리인의 실책이다.

나아가 고소·고발사실이 범죄를 구성하지 않을 경우, 동일한 사안에 대하여

---

5) 범죄수사규칙 제48조, 검사의 사법경찰관리에 대한 수사지휘 및 사법경찰관리의 수사준칙에 관한 규정 제57조.

6) 부산지방법원 2009. 7. 3, 선고 2009가합5394 판결에서, 법원은 수사경찰관의 위법성을 인정하였다. 경찰관은 고소사건을 신속하게 수사하여 검사에게 인계해야 할 주의의무 및 수사 도중에 위 고소사건에 관한 공소시효가 완성되지 않도록 주의하여 공소시효 기간 경과 전에 검사의 종국처분이 내려지도록 협조할 주의의무가 있기 때문이다.

이미 법원의 판결이나 수사기관의 처분이 존재하여 다시 수사할 가치가 없다고 인정되는 사건으로 새로운 증거가 발견되지 않은 경우, 피의자가 사망하였거나 피의자인 법인이 존속하지 않게 된 경우, 형사소송법 제224조(자기 또는 배우자의 직계친족 고소제한), 제232조(고소취소 후 재고소 금지)에 의한 고소 제한규정에 위반한 경우에 해당하는지를 면밀히 확인해야 한다.[7)]

나. 실질적 유의점

고소는 수사의 단서가 되므로 혐의에 대한 충분한 주장과 입증을 요한다. 따라서 수사할 가치가 없는 사건으로 인식되지 않도록, 민사적 영역에 국한된 것으로 분류되지 않도록 사건의 경위, 범죄사실, 수사의 필요성을 상세하고도 정제된 표현으로 주장하여야 하고, 그를 뒷받침하는 증거 역시 필요 증거로 제한하고, 불필요 증거이거나 유해한 증거는 배제하여야 할 것이다.

범죄사실(犯罪事實)의 경우 잘 작성된 고소장의 범죄사실을 경찰이 그대로 원용하여 송치시키는 경우가 많고, 송치 후 검사의 공소장도 그를 토대로 거의 흡사하게 공소사실로 되는 경우가 있는데, 그와 같은 고소장 범죄사실이 가장 잘 된 범죄사실임은 말할 나위가 없다. 범죄사실에 대해서는 형법 각칙의 구성요건을 충분히 반영하되, 각 죄의 특수성에 맞추어 강조할 대목을 특별히 부각시켜 주어야 할 것이다. 종전에는 판결문체에다가 일본식 표현을 선호하여 하나의 주어 아래 수십 줄에 이르는 만연체가 실무관행이었으나, 2007년 이후 법원과 검찰이 간결한 문장을 선호하고 있으므로 종전과 달리 간단히 문장을 명확하게 끊어 서술하는 방식이 좋을 것이다.

수사의 필요성(搜査 必要性)과 관련해서는 검사의 수사지휘 이전이라도 경찰이 조사할 부분이 무엇인지 명확히 알 수 있도록 상세히 주장하는 것이 좋을 것이고, 특히 계약의 경위와 내용이 조사과정에서 명확히 드러날 수 있도록 필요한 수사방식을 기재하여야 한다.

4. 사건관리과정

원칙적으로 접수한 날로부터 2개월 이내에 수사를 완료하여야 하고, 경찰관은 기간 내에 수사를 완료하지 못하였을 때에는 그 이유를 소속 경찰관서장에게 보고하고 검사에게 수사기일 연장지휘를 건의하여야 하나(범죄수사규칙 제48조), 실무상 2

7) 범죄수사규칙 제42조.

개월 이내 수사가 모두 완료된 경우는 극히 드물다. 경찰조사 1회 완결로 곧바로 검찰에 송치되는 경우도 드물지만, 빠른 송치가 이루어졌다 하여 검사가 수사를 마치고 처분을 바로 하지도 않는다. 단기 사례와 장기 사례를 하나씩 보자.

〈단기 사례〉

검찰에 직고소한 경우이다.[8] 이 경우 보통 2-3주 내에 관할경찰서[9]로 수사지휘 되고 대략 1개월 전후로 경찰이 조사를 마친 후 송치의견을 기재하여 검찰에 송치하면 검찰의 별도 조사 1회 정도가 추가로 있은 후(또는 생략하고 사법경찰관 의견을 원용한 채) 처분되는 형태를 취한다.

〈장기 사례〉

경찰에 고소한 사건의 경우 보통 2-3개월 동안 경찰이 고소인조사, 피의자조사, 대질조사, 범죄일람표 작성 등의 수사업무를 진행하는데, 만약 담당경찰관의 수사실력 또는 법리부족 시 변호사실에 추가 자료제출 요청을 하며 일정 시간을 보내고 고소한 때로부터 수개월이 지나 검찰에 송치하게 된다.

검찰에서는 차장검사에 의해 사건이 배당되고 담당검사가 정해진 후 검사가 기록을 올려 받는데 약 10일 전후 시간이 소요되며, 검사가 기록검토 후 경찰에 수사지휘를 할 경우 경찰이 재수사하는 과정을 겪고, 재수사 후 다시 재송치 된다. 그런 이후에도 수사미진이 엿보일 경우 검사는 다시 보완수사지휘를 하게 되고, 경찰이 보완수사지휘사항까지 모두 재재수사를 마치고 검찰에 재재송치하면, 검사가 곧바로 처분하거나 검찰수사를 추가로 1 내지 3회 가량 더 거칠 수도 있다.

결국 위와 같은 경우라면 총 수사기간은 6개월 내지 10개월가량 소요된 것이다. 만약 수사가 마무리되고도 2월의 검사인사발령과 겹칠 경우 처분을 미루는 경우가 다반사고, 새로이 검사가 지정된 후 처분될 때까지 기다려야 한다. 고소인으로서는 미제 아닌 미제 사건이 된 셈이다. 따라서 긴 시간 동안 사건을 관리하게 될 수도 있음을 알고 유의하여 사건을 관리해야 한다.

또 수사의 특성으로 인하여 변론환경이 좋지도 않다. 재판과 같이 제출된 서면, 차회 기일 등이 전혀 나타나지 않는다. 위와 같은 점을 인식하고 **고소대리인은**

---

8) 검찰 직고소 사건은 비교적 빨리 처리된다. 이미 형제번호와 주임검사가 정해져 있고, 검사의 사법경찰관리에 대한 지휘 및 사법경찰관리의 수사준칙에 관한 규정 제80조에서 신속한 수사의무를 규정하고 있기 때문이다.

9) 피고소인의 주소지를 관할하는 경찰관서.

다음과 같은 점을 참고하여 사건관리(事件管理)에 힘을 써야 한다.

대리인은 위와 같이 형식적, 실질적 유의사항을 준수하여 신중하게 고소장을 접수한 후 통지된 제1회 조사 기일에 맞추어 고소인이 명확하게 고소사실을 인식하고 있는지 확인하여야 하고, 조사 기일에 어떠한 조사가 이루어졌는지를 파악하여 차회 조사에 대비하여야 하며, 차회 조사의 형태가 대질조사라면 대질조사의 특성을 고소인에게 인지시켜 줌과 동시에 필요한 자료의 추가제출을 고려해야 한다. 필요자료의 추가제출은 사건기록이 현재 있는 기관, 즉 검찰송치 이후라면 검찰에, 경찰조사 과정이라면 경찰에 제출하여야 하고 반복된 자료의 추가제출은 피할 것이다. 더러 형사조정기일이 잡히는 경우에는 함부로 고소 취소할 경우 재고소 제한이 있음을 고지한 후 한 번에 최대한 만족스런 피해회복을 하도록 설명해주어야 한다.

사건관리과정에서 빼놓을 수 없는 중요한 포인트는 일관성 있고 명확한 참고인진술 준비이다. 참고인조사의 내용과 절차, 유의점을 잘 알고 있을 필요가 있다.

5. 참고인조사와 변호인의 역할

가. 참고인조사

참고인에 대한 출석요구와 진술조서의 작성방법은 대체로 피의자신문과 같다. 다만 참고인에 대하여는 진술거부권을 고지할 필요가 없는 점, 또 참고인에 대한 조사시 동의를 얻어야만 영상녹화가 가능한 점이 피의자신문과의 차이이다(법 제221조). 개정 형사소송법에서는 참고인진술조서의 증거능력과 관련하여 원진술자의 진술 또는 영상녹화물 기타 객관적인 방법으로 증명되고, 피고인의 반대신문 기회가 보장되며, 특신상태가 증명된 경우에 증거능력을 부여하고 있는 점은 앞서 살펴보았다(법 제312조 제4항). 이러한 참고인의 조사과정을 녹화한 영상녹화물은 참고인의 기억이 명백하지 않을 경우 기억 환기용으로도 사용할 수 있다(법 제318조의2).

수사기관은 참고인을 상대로 다음과 같은 점을 조사하게 된다. ① 피해자의 피해상황, ② 범죄로 인하여 피해자 및 사회에 미치는 영향, ③ 피해회복의 여부, ④ 처벌희망의 여부, ⑤ 피의자와의 관계, ⑥ 그 밖의 수사상 필요한 사항이다(범죄수사규칙 제69조).

참고인을 조사하는 경우에도 수사과정을 기록해야 함은 피의자신문과 같다(법 제244조의4 제3항).

나. 변호인의 역할

고소장을 접수하여 사건이 배당되면 참고인조사부터 먼저 실시하게 된다. 이 과정에서 수사관이 가장 먼저 하는 일은 범죄혐의의 유무를 밝히는 일이다.

경찰관은 조사에 있어 능숙한 경험자인 반면, **고소인은 대체로 법률에 문외한 일 뿐만 아니라 사건에 대한 진술이 객관적이거나 논리적이지 못한 경우가 많다. 때로는 경찰관의 질문이 무엇을 의욕하여 이루어지고 있는 것인지 이해하지 못하여 동문서답할 때도 있고, 질문 속의 숨은 뜻을 알아차리지 못하고 오히려 범죄불성립 진술을 하는 경우도 있다.** 예컨대, "그렇다면 피고소인은 처음에는 돈을 줄 생각으로 물건을 공급받은 것으로 생각되지요?"라는 질문에 고소인이 "네"라고 답변함으로써 사기죄 성립이 불가능한 상태로 조사가 끝나는 경우가 그것이다.

고소인이 그와 같이 대답한 데에는 몇 가지 이유가 있다. 그 질문 이전에 이미 미지급금이 있다는 사정과 자신이 물건을 공급한 것이 맞다는 점에 대해서는 올바르게 진술했으므로 충분한 진술을 하였다고 생각하는 점, 경찰관의 이후의 질문은 중요하지 않은 '의견'을 물은 것으로 오해하거나 기망의사와 관련되어 있는지는 차마 모르고 있는 점, 함부로 답하기 어려우나 일단 답변을 안 하면 안 되는 줄로 알고 생각 없이 답한 점 등이 그 이유이다. 결국 사건은 민사적 측면으로 돌아가고, 불기소처분으로 종결된다. 증거불충분 결정이 될 것이고, 결정이유 중에는 **"고소인도 …라고 진술하고 있어 피의자의 주장에 부합하는 점, …"**이 들어가게 된다.

따라서 변호인은 고소인에게 아는 대로 사실을 답하되 법률적 의견을 묻는 것으로 보이는 질문에 대하여는 함부로 답변하지 말 것을 지도해야 한다. 또 객관적 사실이 복잡한 사건일 경우 변호인이 제출한 고소장의 기재내용 또는 범죄일람표를 인용 또는 원용하라고 지도해야 한다. 사실에 대한 것이라 하더라도 상세히 모르고 고소한 것이 무고에라도 해당할까봐 경찰관이 묻는 질문에 대해 성급히 잘못 답하는 경우가 있기 때문이다.

나아가 대질조사가 이루어질 경우 고소인은 종전의 평온한 상태를 갑자기 상실하고 피의자의 부인 답변에 감정적으로 흥분하여 수사관을 상대로 객관적 진술을 하는 것이 아니라 피의자와 말싸움을 하기 시작한다. 범죄사실에 대한 핵심적 진술을 하여 혐의를 높여가고 고소 동기에 불순함이 없다는 사정을 수사관에게 보여야 하지, 피의자의 논리적 반박 답변에 쉽게 흥분해서는 역시 불리한 결과를 초래하는 원인이 되므로 그와 같은 점을 충분히 고지하여 바람직한 조사가 이루어지도록 조언을 아끼지 말아야 하는 것이다.

이러한 변호사의 고소대리업무의 중요성을 고려할 때 고소대리는 종래부터 변호사에게 금기시된 업무라거나, 실상 할 일도 별로 없는데 변호사가 돈만 버는 부당한 사무가 아니다. 그렇다면 이러한 언론의 일부 시각[10]은 잘못된 것으로 안타깝게 생각된다.[11]

다. 허위진술에 대한 처벌 문제

일반적으로 고소인의 진술에 허위가 있다 하여 처벌되지는 않는다. 그러나 애초부터 허위의 사실로 타인을 처벌시키기 위해 고소한 경우에는 무고죄가 성립될 수 있고, 적극적인 허위의 증거를 제출하여 수사기관이 충분히 주의를 기울였더라도 허위임을 발견할 수 없는 상태를 초래한 경우라면 위계에 의한 공무집행방해죄가 가능하다. 이 두 죄가 바로 고소인과 고소대리인이 주의해야 할 점이다.

무고의 경우에는 일부 허위일 경우라도 중요부분에 변경을 가져와 전체적으로 무고가 될 수 있다는 점도 알고 있어야 한다. 대법원도 '일부 허위인 사실'이 국가의 심판작용을 그르치거나 부당하게 처벌을 받지 아니할 개인의 법적 안정성을 침해할 우려가 있을 정도로 고소사실 전체의 성질을 변경시키는 때에는 무고죄가 성립될 수 있다고 판시하고 있다.[12]

참고로 고소인이 아니더라도 참고인으로 소환조사 될 수 있고, 고소인 아닌 참고인이 처벌될 수 있는 사례로는, 고소인을 위하여 허위 진술한 경우라면 무고

---

10) 경향신문, 기사, "변호사를 절대 믿지 마세요!", 2015. 4. 18.자; 주간경향 1123호, 기사, "변호사를 절대 믿지 마세요!", 2015. 4. 28.자

11) 참고로 최근 대법원은 형사사건 변호인이 성공보수 약정을 하는 것은 장래를 향하여 무효라고 판결하였는데(대법원 2015. 7. 23, 선고 2015다200111 전원합의체 판결), 대법원의 판단이 다소 급진적이라는 점에 대다수의 법조인이 공감하고 있는 반면, 판결의 이유 중 전관예우를 방지할 근본책이라는 내용은 상당히 타당하여 반박하기 힘들다. 다만, 필자는 판결이유 중 형사절차는 판사와 검사에게 많은 권한을 주고 있어 변호사의 노력만으로는 '성공'이라는 결과를 거두기 어려운데도 성공보수금을 주고받는 점이 문제라는 부분에 대해서는, 대법원이 위 언론의 시각과 같이 **변호사 사무 자체에 대해 왜곡된 시각**을 갖고 있는 것으로 보여 안타깝게 생각한다. 사람을 살리기 위해 최선의 치료법을 찾는 의사와 같이, 사람을 구명하기 위해 국내의 모든 선례를 검토하여 본 건에 적용시키려는 법리적 노력, 증거의 취사선택과 제출을 통해 유리한 사실이 인정되도록 노력하는 사실적 노력, 증거조사절차에 법관, 검사, 변호인이 삼위일체가 되어 어려운 산을 함께 넘는 소통과 협조의 노력이 형사사건의 성공에 아무런 영향을 미칠 수 없다는 것인지 형사소송법 입안자와 개정자(국회)에게 묻고 싶어지지 않을 수 없다. 요컨대, 현행 형사소송 구조를 지나치게 직권주의로 단정한 후 변호인의 역할을 가벼이 취급한 부분에 대한 안타까움으로, 무리한 논거만 없었다면 더욱 완벽한 세기의 판결이 되었을 것으로 아쉬움이 남는다.

12) 대법원 1998. 9. 8, 선고 98도1949 판결.

죄의 공동정범 성립이 가능하고, 피의자를 위하여 행위 한 사례에서 증거은닉·인멸죄, 범인도피·은닉죄, 위계에 의한 공무집행방해죄 등이 성립될 수 있다.

최근 고소인을 포함한 모든 참고인의 허위진술에 대해 사법방해죄로 처벌하여야 한다는 개정노력이 두 차례 있었지만 통과되지 못하였다. 고소권 및 피해자 보호에 장애를 초래할 것이므로 법무부의 개정안에 반대한다. 자세한 내용은 제1편 제3장 제2절 3.항을 참고할 것.

6. 불 복

가. 불복방법[13)]

(1) 현행법상 검찰의 처분은 기소(구속구공판기소, 불구속구공판기소, 약식기소), 불기소(혐의없음, 기소유예, 기소중지[14)])로 나누어지는데, 고소사건의 불복대상은 무혐의 처분이다. **통상 증거불충분에 대해 불복하게 된다.**

(2) 고소인은 처분결과 통지일로부터 30일 이내 항고할 수 있고(검찰청법 제10조 제4항, 동조 제1항), 항고기각결정을 받게 되면 10일 이내에 재정신청을 통해 추가로 불복할 수 있다(형사소송법 제260조 제3항, 동조 제1항). 재정신청기각결정에 대해서는 형사소송법 제415조에 따라 대법원에 재항고할 수 있다.

주의할 것은 재정신청이 허락되는 자는 별도로 재항고할 수 없다(검찰청법 제10조 제3항)는 점이다.[15)] 2007년 개정 형사소송법 이전에는 재정신청의 대상이 대단히

13) 헌법은 공소제기의 주체·방법·절차나 사후통제에 관하여 직접적인 규정을 두고 있지 아니하며, 검사의 자의적인 불기소처분에 대한 통제방법에 관하여도 아무런 규정을 두고 있지 않다. 따라서 어떠한 방법으로 어느 범위에서 검사의 공소권 남용을 통제할 것인가 하는 문제는 기본적으로 입법자의 재량에 속하는 입법정책의 문제이다(헌법재판소 2011. 11. 24, 선고 2008헌마578 결정; 헌법재판소 2012. 7. 26, 선고 2010헌마642 결정).

14) 검찰사건사무규칙상의 분류와 다르게 기술한 것은 기소중지 부분이다. 동 규칙 제57조에서는 **기소중지** 및 참고인중지가 불기소처분과 다른 것으로 분류하고 있으나, 필자는 다시 사건이 재기되기 전까지는 잠정적 수사종결처분이란 점을 강조하여 **편의상 불기소처분으로 분류**한 것이다. 참고로, 고소사건에 대한 검사의 자의적인 기소중지처분은 헌법이 보장한 평등권과 피해자에게 보장된 재판절차진술권을 침해하는 것이다(헌법재판소 1991. 4. 1, 선고 94헌마115 결정; 헌법재판소 1995. 2. 23, 선고 94헌마54 결정).

15) 「불기소처분에 관한 통제방법으로서 어느 범위에서 검찰청법상의 재항고를 인정할 것인지 또는 형사소송법상의 재정신청제도와의 관계를 어떻게 설정할 것인지의 문제는 입법자에게 광범위한 재량이 부여되어 있는 영역이다. 만일 재정신청과 재항고를 병존적으로 유지하는 경우 불기소처분의 항고기각처분에 대한 불복절차가 이원화되어 절차상의 혼란이 불가피해지고, 유사하거나 동질적인 사안에 관하여 검찰과 법원의 판단이 모순 저촉될 우려가 있게 된다. 또한 재정신청에 앞서 항고뿐 아니라 재항고까지 필수적으로 거치게 하는 방법을 택하는 경우에도 불기소처분을 받은 피의자의 법률상 지위가 지나치게 장기간 불안정해지고, 고소인 또는 고발인의 권리구제가 심각하게 지연되는 폐단이 초래될 수 있다. 나아가 재정신청은 독립한 사법기관에 의하여 중립적이

제한적이었으므로, 재정신청이 법적으로 허락되지 않던 많은 사건들에서 항고기각 후 검찰청법상의 재항고 절차를 거치고 최종적으로 헌법소원을 통해 구제받았던 점과 대비된다. 이제 현행법 하에서 재정신청이 허락되는 사건은 재정신청을 거친 후 예외적으로 대법원에서 재항고를 통해 구제받을 수는 있어도, 헌법소원으로는 판단받을 수 없게 되었으므로 종전보다 헌법재판소의 부담이 많이 줄었다고 볼 수 있다.

(3) 항고기각결정 후 재정신청을 거칠 수 없는 경우(범죄피해자가 아니면서 형법 제123조부터 제126조 이외의 죄에 대해 고발한 자)에는 항고기각결정을 통지받은 날로부터 30일 이내에 검찰총장에게 재항고 할 수 있고(검찰청법 제10조 제5항, 동조 제3항[16]), 재항고마저도 기각될 경우 헌법소원은 자기관련성이 없어 본안으로 들어설 수 없다. 범죄피해자가 아니어서 재판절차진술권(헌법 제27조 제5항)의 향유주체가 아니고, 침해된 기본권이 없기 때문이다.[17] 이에 대해서는 평등권 보장을 위해 장래에는 헌법소원을 인정하는 것이 타당하다는 견해가 있다.[18]

(4) 위의 법상의 정식 불복방법 이외에 불기소처분에 대한 검찰의 자정의지를 엿볼 수 있는 제도들을 보면,[19] ① 항고심사회(抗告審査會) 제도는 2003년 대검찰청의 검찰개혁자문위원회의 권고와 검찰 자체의 내부 검토 결과에 따라 제도신설이 되었고, 2003. 7. 1. 대구고등검찰청에서 시범 운영되다가 현재 전국 5개 고등검찰청 전부에 설치되었다. 아직 입법화되지는 못하였고, 다만 2003. 7. 대검찰청에서 '항고심사회 설치 운영 방안'을 마련하여 나름의 운영지침을 갖고 있다. 대상은 모든 항고사건[20]이며, 외부위원 2명과 담당검사를 포함한 3인으로 구성되며, 외부위

고 객관적으로 불기소처분의 당부가 심사되는 절차로서, 심리결과 그 기소가 강제되는 등의 강력한 법적 효과가 부여되므로, 재항고권 대신 재정신청권만을 인정하였다고 하여서 고소·고발인의 권리구제에 부족함이 있다고 할 수 없다. 따라서 재정신청을 할 수 있는 고소·고발인에 대하여 재항고권을 부여하지 않은 것에는 합리적인 이유가 있다고 인정되므로, 이 사건 법률조항은 청구인의 평등권을 침해하지 않는다.」(헌법재판소 2014. 2. 27, 선고 2012헌마983 결정)

16) 이 조항은 재정신청의 대상이 된 범죄에 관하여 검찰 항고기각처분에 대한 불복방법을 재정신청으로 일원화한 것이다. 따라서 심판대상조항에 따라 재정신청을 할 수 있는 사람은 검찰청법상의 재항고권을 제한받게 된다(헌법재판소 2014. 2. 27, 선고 2012헌마983 결정이유 참조).

17) 헌법재판소 1989. 12. 22, 선고 89헌마145 결정; 헌법재판소 1994. 12. 29, 선고 93헌마167 결정; 손동권/신이철, 새로운 형사소송법, 세창출판사, 2013, 344면; 임동규, 형사소송법, 제9판, 법문사, 2013, 275면.

18) 신동운, 신형사소송법, 법문사, 2008, 374면.

19) 아래 소개되는 4가지 제도에 대해서는, 옥선기, "수사절차상 국민참여제도에 대한 비교법적 고찰 -미국의 대배심제도의 도입 여부를 중심으로-", 「법학실무연구회」 발표논문, 대검찰청, 2009. 5, 435-440면을 전적으로 참조하였음.

20) 단, 항고기간 경과 사실이 명백하여 기각하는 사건, 각하 사유에 해당되는 사건, 직접 재기수사하

원의 의견을 참고하나 구속력은 없으며, 심사회 7일 이전에 불기소장 및 항고장 사본을 위원에게 교부하고, 위원의 요청이 있을 경우 항고기록을 열람할 수 있다.[21] 2004년 5개 고검에서 총 309회의 항고심사회를 개최하여 총 4,228건을 심의하였고, 그 중 보완수사 의견을 받아들여 보완수사한 예는 53건에 이른다고 한다. 이 제도는 일본의 검찰심사회보다 구성절차가 단순하고 제도 운영비용이 저렴한 장점이 있으며, 또 고소사건에 대한 재정신청 전면 확대 및 항고전치주의의 시행 이후에도 상충되지 아니하며 오히려 재정신청 전에 항고심사회를 거쳐 실제 재정신청에 의해 공소 제기되는 사건을 감소시키는 효과가 있긴 하나, 권고효 이외의 효력이 없어 과연 검사의 결정에 대한 효과적인 통제수단이 될 수 있을지 의문이라는 평가가 있다. ② 재정신청사건 공소심의위원회(裁定申請事件 公訴審議委員會)는 재정신청 후 법원의 공소제기결정에 따라 공소 제기된 사건의 공판절차에서 검사가 사실확정과 법률적용에 관한 의견을 진술함에 있어 그 의견 결정과정의 투명성과 신뢰성을 높이기 위하여 외부위원 2인 이상이 참석하도록 한 제도이다. 위원회는 검사인 위원 및 외부 위원을 포함하여 10인 이내로 구성하며, 공판검사 및 수사검사는 당연직 위원이 된다. 주무검사는 검토보고서[22]를 작성하여 위원장에게 제출하고, 비공개로 심사가 진행된 후 과반수 출석, 출석 과반수의 찬성으로 의결하며, 가부동수의 경우 위원장이 결정한다. 의결은 권고효 밖에 없다.[23] 그러나 검사는 공판절차에서 증거조사와 피고인신문이 종료한 때에 사실과 법률적용에 관한 의견을 진술함에 있어 위원회의 의견을 존중하여야 한다. 이 제도는 특히 법원의 결정

거나 재기수사명령 또는 공소제기명령을 하는 사건은 제외.

21) 외부 위원들에 의한 기록 열람으로 사생활침해 및 수사기밀 누설에 관한 시비를 우려할 수도 있겠으나(옥선기, “수사절차상 국민참여제도에 대한 비교법적 고찰-미국의 대배심제도의 도입 여부를 중심으로-”, 「법학실무연구회」 발표논문, 대검찰청, 2009. 5, 440면), 외부 위원들의 경우 전원 변호사 또는 법과대학 교수로서 윤리적 소양이 충분한 사람이 추천될 것이므로 그럴 위험은 극히 드물다고 해야 한다.

22) 수사진행경과, 재정신청절차 진행경과, 공소제기결정, 증거조사에 따른 유무죄 내지 형벌의 종류와 형량 등에 관한 주무검사의 의견 및 그 이유가 기재된 것.

23) 우리나라의 재정신청사건 공소심의위원회는 의결에 구속력이 없고 권고효에 그치지만, **미국의 대배심(Grand Jury)은 형사사건에 있어 피의자의 기소여부를 직접 결정한다.** 대배심은 배심으로 16명 이상 23명 이내의 범위 내에서 각 법원이 재량에 의해 배심원을 구성하고, 기소의 결정여부는 배심원의 과반수의 찬성으로 이루어지며, 피의자의 출석 없이 검사와 고소장(complaint)만으로 심리가 진행된다. 연방헌법은 중죄{felony, 징역 6월 이상에 해당하는 범죄, Baldwin v. New York, 399 U.S. 669(1970)} 사건의 경우 대배심에 의할 것을 원칙으로 하고 있고, 다만 피의자는 이 권리를 포기하여 검사에 의한 기소를 할 수 있다. 대배심에 의한 기소를 ‘indictment’, 검사에 의해 이루어지는 기소를 ‘information’이라고 한다(이재석, “배심제도의 이념과 문제점”, 「비교형사법연구」 3권 1호, 한국비교형사법학회, 2001, 336면 및 주14) 참조).

에 의하여 공소 제기된 재정신청사건에 있어 증거조사 및 피고인신문을 통하여 주무검사가 무죄 구형함이 상당한 경우 위와 같은 의견이 적정한지 여부에 대하여 판단함에 있어 검사 등 검찰 내부의 의견 외에 외부위원의 의견을 물어 그 절차적 투명성과 정당성을 확보할 수 있다는 점에 의의 및 장점이 있다고 평가되고 있다. ③ 수사자문위원회(搜査諮問委員會) 제도는 개정 형사소송법 제245조의2 내지 제245조의4에서 신설된 제도이다. 개정 형사소송법이 시행되기 전에도 이미 디지털증거의 수집, 분석과 관련하여 대검찰청에서 디지털수사자문위원회를 운영하고 있었다. 신설된 이 제도는 첨단 산업분야, 지적재산권, 국제금융 기타 전문적인 지식이 필요한 사건에서 검사가 전문가의 조력을 받아 수사절차를 보다 충실하게 할 필요가 있어 도입되었다. 공소제기 여부와 관련된 사실관계를 분명하게 하기 위하여 직권이나 피의자·변호인의 신청에 의하여 전문수사위원을 수사절차에 참여하여 의견을 들을 수 있고, 위원의 진술 또는 의견보고서가 제출된 경우 피의자·변호인은 통지받은 후 의견진술할 권리를 가진다. 이 제도는 수사진행, 구속영장 청구, 항고사건을 포함한 사건의 기소 등 수사절차의 모든 단계에서 공소제기 여부와 관련된 사실관계를 분명히 하기 위해 직권 또는 신청에 의해 전문수사위원의 지정과 참여가 가능하다. 향후 전문적 부분에 대한 수사에서 활용이 클 것으로 기대되고 있다.

나. 항고와 제도 개선방안

(1) 검사의 불기소처분[24]에 불복하는 경우 원처분청에 불기소결정서 통지일로부터 30일 이내 항고장을 접수하여야 한다(검찰청법 제10조 제4항, 제1항). 항고이유서는 항고장과 동시에 접수함이 좋다.[25] 항고장만 제출한 후 항고이유서의 제출기한이 따로이 있는 양 착각하고 미루다가는 조기에 항고기각결정이 떨어지기 쉬워 실무상 불리하다.

(2) 항고이유서 작성 시에는, 원 수사과정에서 주장하였으나 생략된 수사과정(**수사미진**), 수사는 하였으나 정작 판단은 누락한 경우(**판단유탈**), 상세한 범행경위를 볼 때 피의자의 주장과는 다른 사실이 인정되는데도 피의자의 주장만을 반영한 편파적 수사결과(**사실오인**), '타인의 재물', '횡령' 등 법리적 해석이 우리 법원의 통상의 해석과 다른 판단으로 처분한 것{**법리오해, 이유모순**(理由矛盾) **또는 이유불비**(理由不備)},

---

24) 검찰항고의 대상은 협의의 불기소, 기소유예, 기소중지이다(손동권/신이철, 새로운 형사소송법, 세창출판사, 2013, 342면).

25) 항고장만 접수하고, 항고이유서는 추후 제출함이 허용됨은 물론이다.

증거의 취사선택에 현저한 불합리성이 있는 경우(채증법칙 위배) 등을 발견하여 세밀하게 항고이유를 구성하여야 한다.

또한 고소 이후 새로 확보된 증거가 있을 경우 항고장에 첨부하여 제출하여야 함은 물론이다.

(3) 항고장 및 항고이유서는 불기소처분을 한 검사가 속한 지방검찰청 또는 지청을 거쳐 서면으로 관할 고등검찰청 검사장에게 제출하고, 이 경우 해당 지방검찰청 또는 지청의 검사는 항고가 이유 있다고 인정되면 그 처분을 경정하여야 한다(검찰청법 제10조 제1항).

고등검찰청 검사장은 항고가 이유 있다고 인정하면 소속 검사로 하여금 지방검찰청 또는 지청 검사의 불기소처분을 직접 경정하게 할 수 있다(동법 제10조 제2항). 다만 실무상으로는 고등검찰청에서 직접 경정처분을 하는 경우가 많지는 않고, 대부분은 다시 지방검찰청에 사건이 내려오고 고등검찰청 항고검사는 수사지휘를 하는 방식을 취하는 경우가 많다.

(4) 항고가 이유 있다고 볼 경우 사건을 재기한 후 보완수사를 하게 되며, 재기수사명령조차 받지 못한 사건은 조기에 항고가 기각된다.

(5) 검사의 불기소처분에 대한 불복방법 중 실무상 변호인이 가장 어려워하는 절차가 항고제도이고, 권리구제의 가능성도 낮다. 제도운영이 원처분의 부당성을 자체 시정하는 쪽으로 운영되지 않고 부실하게 운영되거나, 적어도 고소인의 권리보호에 취약한 방식으로 운영되고 있기 때문이다.

크게 보면, 수사기록 열람·등사의 어려움, 원처분검사의 불기소이유 간략기재로 충실한 항고이유 발견의 어려움, 항고검사의 항고기각결정의 지나친 형식화로 인한 추가 불복의 어려움 등을 문제점으로 지적할 수 있다.

첫째, 열람·등사와 관련하여 보면, 검찰보존사무규칙 제20조의2, 제21조, 제22조, 사건기록 열람·등사에 관한 업무처리 지침 제3조 제1항, 제2항, 제3조 제4항에서 열람·등사의 절차와 검사의 등사제한에 대해 규정하고 있어 법 규정의 미비는 없다.

그러나 실제 열람·등사 절차를 진행하여 보면 고소인 자신의 진술이 기재된 고소장과 참고인진술조서, 대질신문 중 고소인 자신의 진술부분 정도에 한하여 등사가 허용된다. **불기소처분에 대한 불복권을 허용하면서 충분한 등사권을 허용하지 않는 것은 바람직하지 않다.** 항고인 입장에서는 피의자의 진술 일체가 기재된 피의자신문조서(대질조서 포함)를 반드시 봐야 하며, 고소인 이외의 자가 참고인으로 진술한 참고인진술조서, 피의자가 제출한 자료, 수사기관의 압수조서 및 각종 수사보고서를 보아야만 제대로 된 항고를 할 수 있는 것이고, 이것들을 확인하지 못한 채로 항고이유서를 작성하여야 하는 변호인의 입장에서는 속된 말로 헛다리를 긁기 마련이거나 원처분의 부당성을 전혀 반박하지 못하는 수준 이하의 항고를 하기 십상이다. **항고이유서에는 원처분을 적시한 후 수사미진, 판단유탈, 사실오인, 법리오해 등이 있는지를 상세히 밝혀 주어 수사검사의 수사허점을 파고들어야 하는데, 그 전제로 수사기록 전부의 열람·등사가 필요**한데도 대부분의 수사서류가 등사제한 대상에 해당하여 수사기록을 검토할 수 없게 된다. 따라서 열람·등사의 제한은 큰 문제이고, 반드시 개선되어야 할 것으로 본다.

둘째, 수사검사의 불기소이유가 지나치게 간략한 경우가 많다는 점이다. 그런 이유로 통상 불기소이유서를 분석하여 효과적으로 항고하는 것이 실무상 쉽지 않았다. 왜냐하면 피해자가 받아본 불기소이유서는 검사마다 작성 방식이 제각각인 것이 현실이어서 단 몇 줄만으로 작성되는 경우도 있는 반면, 판결문에 가깝게 충실히 법리검토가 돼 상세한 설명을 하는 경우도 있었기 때문이다. **가뜩이나 수사기록 전체에 대한 열람·등사가 허용되지 않는 마당에 불기소결정문까지 지나치게 간단하다면 피해자 및 고소 대리인으로서는 항고사유를 찾기 쉽지 않다.**

이런 비난이 계속 이어지자, 최근 서울고등검찰청은 2014. 2.부터 항고기각 사건을 처리할 때 원처분검사가 불기소결정문을 제대로 쓴 경우라면 인사평정 상 가산점을 주는 제도를 시행하고 있다. 즉 불기소결정의 내용이 타당하고 법리적으로 검토가 잘 돼 있다면 인사평정에 플러스 점수를 주어 향후 결정문이 충실히 작성되도록 유도하며, 반대로 불기소처분의 결론이 맞더라도 결정 과정에 문제가 있다면 마이너스 점수를 준다는 것이다. 그 동안은 재기수사명령이 내려진 경우는 마이너스 점수를 기재해 불이익을 주고, 기각했을 때는 0점을 부여해 왔을 뿐이어서 일선 형사부에서는 고소사건에 대해 불기소처리하는 것은 '열심히 해도 티가 안 나는 업무', '잘해야 본전'인 정도로 인식돼 검사들의 사기를 저하시키는 요인이 된다는 지적이 있었는데, 이번 서울고등검찰청의 조치로 앞으로는 서울 관내 지방검찰청 수사검사들이 상세한 불기소결정문을 작성할 것으로 보여 다행으로 생각한다. 서울고검의 경우 2013년 한 해 제기된 항고사건은 1만 5,000건이고, 그 중 약 10%에 대해서만 재기수사명령이 내려져 일선에서 다시 수사하거나 직접경정 처리해 고검이 직접 수사했고, 나머지 90% 사건은 곧바로 항고기각결정을 내렸는데, 얼마나 많은 고소인이 억울하여 항고하였으며, 항고과정에서 그간과 같은 제각각

의 불기소이유서로 인해 어려움이 많았을지 짐작이 된다.[26)]

생각건대, 상급기관인 고등검찰청이 항고사건의 처리과정에서 원처분결정의 결론만 보는 것이 아니라, 불기소의 과정과 이유까지 꼼꼼히 평가하겠다는 것은 대단히 타당하고, 이 제도의 시행으로 향후 지검 형사부 검사들의 불기소이유서는 항상 항고평정을 고려하여 상세히 작성될 가능성이 높아질 것이므로 항고를 통한 실질적 불복권 보장에도 크게 도움이 될 것으로 본다.[27)] 따라서 조속히 전국 고등검찰청에 확대 실시되어야 할 것이다.

셋째, 항고가 이유 없다고 볼 경우 항고기각결정이 지나치게 형식적이고 짧다는 것이다. 이러한 관행을 미리 아는 고소인이라면 항고의지가 조기에 저하될 수 있고, 나아가 재정신청 등 추가 불복절차에서도 곤란을 겪게 하는 것이므로 시정됨이 마땅하다.

대부분의 경우 **항고사건처분통지**(抗告事件處分通知)**에는 "불기소처분 검사의 불기소 결정은 부당하다고 인정할 자료 없음"**만이 기재되어 있고, **항고기각이유고지**(抗告棄却理由告知)**에는 "이 항고 사건의 피의사실 및 불기소처분 이유의 요지는 불기소처분 검사의 불기소처분결정서 기재와 같으므로 이를 원용하는 바, 일건 기록을 세밀히 검토한 결과 이 항고는 이유 없으므로 주문과 같이 결정한다."**의 무색·단순한 내용인데, 이것만을 토대로 어떻게 재항고하거나 재정신청하라는 말인지 몹시 당황스럽다.[28)] 이는 검찰사건사무규칙 제91조 제1항 제6호에 따라 정형적으로 별지 서식의 항고사건기각결정서를 이용해 온 결과이다. 그러나 **이는 항고제도의 취지를 잘못 이해한 것으로 보인다.**

또 형평에도 반한 처사로 보인다. 즉 항고대리인이 검찰전관 변호사인 경우에는 대단히 세밀하게 여러 장에 걸쳐 항고 수사절차에서 수사한 내용을 상세히 기재하여 둠으로써 항고인으로 하여금 승복할 계기를 만들어 주거나, 적어도 항고대리인의 노력을 대신 알려주는 방법을 취하고 있다. 이러한 경우에는 위 규칙에 따른 별지 서식의 항고사건기각결정서를 이용하지 않는다는 것인데, 불평등한 처리관행으로 개선될 사항이다.

---

26) 법률신문, 기사, "잘 쓴 '불기소 결정문'에 인사 가산점", 2014. 3. 17, 1면 참조.
27) 同旨 법률신문, 사설, "불기소이유서 작성에 가점제 시행 찬성한다", 2014. 3. 20.자 15면.
28) 同旨 법률신문, 사설, "검찰, 항고 기각 이유 구체적으로 기재해야", 2012. 8. 9.자 15면.

다. 재정신청

(1) 제도의 취지 및 확대운용 배경

종래 형법 제123조 내지 제125조에 정해진 공무원의 직권남용, 불법체포·감금, 폭행·가혹행위나 일부 공직선거법 위반죄 등에 한하여 재정신청대상으로 한 것을, **개정 형사소송법에서는 고소사건**(告訴事件)**에 대해서는 재정신청대상을 모든 범죄에 관한 검사의 불기소처분으로 확대**하였고,[29] 고발사건(告發事件)의 경우에는 형법 제123조 내지 제126조의 죄의 경우(직권남용, 불법체포·감금, 폭행·가혹행위, 피의사실공표죄)에만 재정신청을 허용하고 있다(법 제260조 제1항).[30][31]

이 제도는 검사의 불기소처분에 대한 국민의 재판받을 권리를 대폭 확장하고 사인소추주의의 채택으로 형사재판과정에 국민들이 적극 참여함으로써 민주사법의 구현에 기여하게 되었음을 뜻한다고 평가되고 있고,[32] 재정신청은 검찰과 독립

---

29) **이로써 이제 고소사건은 항고 이후 오직 재정신청만 가능하다.** 재정신청이 가능하므로 재항고할 수 없고(검찰청법 제10조 제3항), 일단 재정신청을 거친 경우 재판에 대해서 헌법소원을 금지하는 헌법재판소법(동법 제68조 제1항 본문)에 위반되고, 재정신청을 거치지 않은 경우 보충성 원칙을 규정한 헌법재판소법(동법 제68조 제1항 단서)에 의해 헌법소원이 불허되기 때문이다; 신동운, 신형사소송법, 법문사, 2008, 374면; 차용석/최용성, 형사소송법, 제4판, 21세기사, 2013, 277면; 최영승, 형사소송법, 제2판, 피앤씨미디어, 2013, 169면; 손동권/신이철, 새로운 형사소송법, 세창출판사, 2013, 344면.

30) **이와 같이 재정신청을 할 수 있는 고발사건은 재항고할 수 없다**(검찰청법 제10조 제3항).

31) 재정신청제도를 합리적으로 개선한 개정 형사소송법의 취지에 대해서는, 법제처 형사소송법 '제·개정이유 http://www.law.go.kr/lsRvsRsnListP.do?lsiSeqs=138759%2c130857%2c115729%2c114886%2c94653%2c81986%2c79245%2c79087%2c74887%2c67506%2c59542%2c60102%2c59900%2c59901%2c59902%2c60014%2c59903%2c59904%2c53850%2c53856%2c53854%2c59296%2c53852%2c59297&chrClsCd=010102'에 잘 소개되고 있다.

「재정신청제도의 합리적 개선(법 제260조 내지 제262조, 법 제262조의2·제262조의3 신설, 법 제262조의4, 법 제264조의2 신설) (1) 현행 형사소송법은 재정신청 대상범죄를 공무원의 직무에 관한 죄 중 직권남용, 불법체포·감금 및 폭행·가혹행위 등의 범죄로 한정함으로써 검사의 불기소처분에 대한 사법심사의 폭이 제한되어 있고, 재정신청에 대한 처리기간이 지나치게 단기이고 재정신청의 기각결정에 대한 불복수단이 없는 등 재정신청제도의 합리적 운영에 상당한 애로가 있었음. (2) 재정신청의 대상범죄를 모든 범죄로 확대함으로써 국가 형벌권 행사의 적정성을 제고함. (3) 재정신청의 남용을 방지하기 위하여 신청권자는 고소권자로 제한하되, 형법상 공무원의 직무에 관한 죄 중에서 직권남용, 불법체포·감금 및 폭행·가혹행위의 죄의 경우에는 현행대로 고발사건을 포함하도록 함. (4) 재정신청 범위의 확대에 따른 피고소인의 장기간 법적 불안정 및 제도의 남용을 방지하기 위하여, 재정신청의 관할법원을 고등법원으로 조정하고, 재정신청인의 재정결정에 대한 불복을 금지하도록 하는 한편, 재정신청의 기각결정을 받은 자에 대한 비용부담 제도를 도입함. (5) 법원은 재정신청이 이유 있다고 인정한 경우에는 공소제기를 결정하도록 하고, 공소의 제기는 검사가 수행하도록 하되, 이에 대하여는 공소취소를 할 수 없도록 함. (6) 재정신청사건의 심리는 특별한 사정이 없는 한 공개하지 아니하도록 하고, 재정신청사건의 심리 중에는 관련 서류 및 증거물의 열람 또는 등사를 허가할 수 없도록 함.」

32) 오기두, "개정된 형사소송법의 운용",「저스티스」통권 제103호, 한국법학원, 2008, 100면.

한 사법기관에 의하여 중립적이고 객관적으로 불기소처분의 당부가 심사되는 절차로, 심리결과 불기소처분의 부당성이 인정되는 경우 그 기소가 강제되며 공소의 취소도 불가능하게 되는 강력한 권리구제 제도이다.[33)]

심지어 일각에서는 기소재량에 대한 실질적 통제책[34)]은 재정신청밖에 없다고까지 보고 있다. 검찰항고제도는 불기소 결정을 내린 검찰조직 내의 통제책이라는 점에서 엄정한 조사를 기대하기 어렵고, 헌법소원 역시 기본권 침해라는 기준으로 접근하여 불기소처분의 당·부당만을 결정하고 현실적으로 공소제기의 효력을 발동하는 것이 아니라는 점에서 완전치 못하지만, 재정신청은 기소재량의 당·부당, 공소제기의 필요성 등을 구체적으로 파악하여 공소제기의 효력을 낳으므로 재정신청만이 검사의 기소재량을 직접적으로 통제한다는 점을 근거로 한다. 헌법소원과의 핵심적 차이는, 헌법소원이 피해자의 기본권(재판청구권, 피해자진술권 등) 침해에 대한 구제책이라면, 재정신청제도는 잘못된 검사의 기소재량을 시정하는 제도로 볼 것이다.[35)]

(2) 절　　차

(가) 재정신청을 위해서는 원칙적으로 검찰 항고를 거쳐야 하나(법 제260조 제2항

---

33) 헌법재판소 2014. 2. 27, 선고 2012헌마983 결정이유 참조.

34) 박기석, “개정 형사소송법의 재정신청제도”, 「비교형사법연구」 9권 2호, 한국비교형사법학회, 2007, 221-223면에서, 토론자 송길룡 부장검사는 형사사법을 담당하는 기관의 통제는 두 가지 형태가 있다고 한다. **첫째는, 국민에 의한 직접통제**이다. 미국의 국민적 통제방식을 보면, 이는 영미법계의 분권화된 당사자 주의적 형사사법구조에서 유래하는 통제장치로서 형사사법을 담당하는 경찰, 검찰, 법원 간에 상호간 지휘·감독관계가 없고 국민이 직접 형사사법 기관을 통제하는 방식이라고 한다. 이 방식에 의하면, 검사가 고소사건이나 기타 사건에 대하여 불기소처분한다고 하여 항고나 재정신청, 헌법소원 등이 일체 인정되지 않고 검사의 결정이 종국처분이 되어 일견 보면 전혀 통제장치가 없는 것처럼 보이나, 위와 같은 검찰운영에 대하여 지역주민의 직접 선거에 의하여 선출된 지역 검찰청의 검사장이 지역주민에 대한 정치적 책임을 지는 것이며, 또 국민이 직접 형사사법에 참여자로 나서 형사사법 운용의 한 틀을 구성하는 방식으로 검찰 기소단계에서는 기소배심이 기소여부를 결정하고, 법원의 공판단계에서는 배심원이 사실관계를 확정하며 배심원의 평결에 대하여는 항소가 불허되는 등 국민의 직접적 통제수단이 존재한다고 본다. 한편 간접적 통제수단으로는 사인소추제도를 소개하고 있다. **둘째, 기관간 통제는, 독일 및 일본, 우리나라가 택하고 있는 재정신청제도**라는 것이다.

35) 박기석, “개정 형사소송법의 재정신청제도”, 「비교형사법연구」 9권 2호, 한국비교형사법학회, 2007, 202-204면.

한편 기소재량 통제의 의미에 대해 “개인이 직접 법원에 형사처벌을 요구하는 것으로 국가소추주의에 대한 예외이며, 기소 및 판단을 사법부에서 전부 하기 때문에 권력분립에 대한 예외요, 탄핵주의의 포기인 동시에 규문주의로의 회귀”라는 비판에 대해서, 박기석 교수는 “법원은 공소제기의 필요성과 정당성만을 판단하는 것이지 공소제기와 유지는 검사 혹은 공소유지변호사가 담당하는 것이요, 검찰 권력에 대한 견제의 일환이기 때문에 규문주의로의 회귀라는 표현은 지나친 비약”이라고 반박하고 있다. 같은 논문, 202면 주14).

본문, 검찰항고전치주의), 항고 이후 재기수사가 이루어진 다음에 다시 공소를 제기하지 아니한다는 통지를 받은 경우, 항고 신청 후 항고에 대한 처분이 행하여지지 아니하고 3개월이 경과한 경우, 검사가 공소시효 만료일 30일 전까지 공소를 제기하지 아니하는 경우에는 곧바로 재정신청을 할 수 있다(법 제260조 제2항 단서, 항고전치주의 예외).

재정신청을 하려는 자는 항고기각결정을 통지받은 날 또는 괄호 안의 사유가 발생한 날부터(항고 이후 재기수사가 이루어진 다음에 다시 공소를 제기하지 아니한다는 통지를 받은 경우, 항고 신청 후 항고에 대한 처분이 행하여지지 아니하고 3개월이 경과한 경우, 검사가 공소시효 만료일 30일 전까지 공소를 제기하지 아니하는 경우) 10일 이내에 지방검찰청검사장 또는 지청장에게 재정신청서를 제출하여야 한다. 다만, 검사가 공소시효 만료일 30일 전까지 공소를 제기하지 아니하는 경우에는 공소시효 만료일 전날까지 재정신청서를 제출할 수 있다(법 제260조 제3항).

재정신청서에는 재정신청의 대상이 되는 사건의 범죄사실 및 증거 등 재정신청을 이유 있게 하는 사유를 기재하여야 한다(법 제260조 제4항).

(나) 재정신청서를 제출받은 지방검찰청검사장 또는 지청장은 재정신청서를 제출받은 날부터 7일 이내에 재정신청서·의견서·수사 관계서류 및 증거물을 관할 고등검찰청을 경유하여 관할 고등법원에 송부하여야 한다. 다만, 항고 이후 재기수사가 이루어진 다음에 다시 공소를 제기하지 아니한다는 통지를 받은 경우, 항고 신청 후 항고에 대한 처분이 행하여지지 아니하고 3개월이 경과한 경우, 검사가 공소시효 만료일 30일 전까지 공소를 제기하지 아니하는 경우에는 지방검찰청검사장 또는 지청장은 신청이 이유 있는 것으로 인정하는 때에는 즉시 공소를 제기하고 그 취지를 관할 고등법원과 재정신청인에게 통지하고, 신청이 이유 없는 것으로 인정하는 때에는 30일 이내에 관할 고등법원에 송부한다(법 제261조).

(다) 고등법원이 관할법원이 되고, 결정기간은 3개월로 한정하며(법 제262조 제2항),[36] 재정법원의 공소제기 결정이 있는 경우 검사는 공소를 제기하여야 한다(법

---

36) 훈시규정으로 운영되고 있다. 예컨대, 대구고등법원 초재 307 사건의 경우, 2014. 6. 11. 재정신청서를 접수하였고, 법원은 2014. 6. 25. 피의자 및 신청인에게 각 재정신청접수통지서를 발송하여 같은 해 6. 30. 각 도달되었으며, 2014. 7. 2. 변호인(신청 대리인)이 재정신청보충이유서 제출, 2014. 9. 2. 변호인(신청 대리인)이 재정신청보충이유서 제출, 2014. 10. 21. 변호인(신청 대리인)이 증거자료 제출, 2015. 2. 24. 변호인(신청 대리인)이 증거자료를 추가로 제출하였으나 아무런 결정이 없다가, 민사소송에서 재정신청인이 일부 승소한 2015. 6. 11. 이후인 2015. 6. 25. 재정신청을 기각하였다(同日은 민사승소판결문이 소송대리인에게 송달된 날이기도 하다). 피해자의 권리구제 기간이 지나치게 길다고 할 것이다.

제262조 제6항).

재정신청에 대한 법원의 심판기준(審判基準)에 대해 개정 형사소송법은 **'신청이 이유 있는지' 만을 규정**하고 있다(법 제262조 제2항 제2호). 문언 만으로만 보면, 검사가 불기소처분 할 당시의 자료와 상황 하에서 불기소처분이 정당한지를 판단하는 것으로 이해될 수도 있지만, 법원이 판단할 당시까지의 사정변경을 모두 참작하여, 즉 공소제기 필요성도 포함시켜 이유 유무를 따지는 것이 타당하다고 볼 것이다.[37] 따라서 신청인은 추가 증거자료가 있을 경우 재정신청서에 첨부하여 함께 판단받을 기회를 가진다고 봐야 한다.

결정과정(決定過程)은 비공개이고(법 제262조 제3항) 이에 대해서는 이설이 있을 수 있으나 현재 합헌적 규정으로 판단되었으며,[38] 사건기록 일체(재정신청서 · 의견서 · 수사 관계서류 및 증거물)를 **고등법원이 검찰로부터 송부 받아 서면 검토하는 방식으로 심리하고 있고**(법 제261조), **필요한 때에는 증거조사를 할 수 있다**(법 제262조 제2항 2문).

증거조사를 할 경우 가능한 증거조사의 내용, 방법에 대해서는 다툼이 있다.

이에 대하여는, ① 법관 스스로 수사 자료의 검토 후 수사가 미진한 부분이 있으면 보충적으로 조사할 수 있으며, 재정신청 심리를 항고의 절차에 준하여 할 수 있으므로(법 제262조 제2항) 필요하면 법원은 피의자의 출석 및 심문, 신청인의 출석 및 의견청취, 검사 및 사법경찰관의 의견청취, 수사자료의 검토 등의 임의처분을 원칙으로 하고 꼭 필요한 경우에 한하여(당해 강제처분이 핵심적 증거가 되어 이 조사를 하지 않으면 기소여부를 가리기 불가능하다고 볼 정도에 한하여) 피의자의 심문을 위한 구인, 압수 · 수색 · 검증 등의 강제처분도 가능하다고 보는 견해(強制處分 許容說)와,[39] ② 독

반면, 신중한 심리를 위하여 훈시규정으로 해석하는 견해로는, 신동운, 신형사소송법, 법문사, 2008, 363-364면.

37) 同旨 박기석, "개정 형사소송법의 재정신청제도", 「비교형사법연구」 9권 2호, 한국비교형사법학회, 2007, 216면; 신동운, 신형사소송법, 법문사, 2008, 365면.

38) 헌법재판소 2011. 11. 24, 선고 2008헌마578 등 결정. 「재정신청사건의 심리를 비공개원칙으로 하는 형사소송법(2007. 6. 1. 법률 제8496호로 개정된 것) 제262조 제3항 및 재정신청사건의 심리 중 관련 서류 및 증거물의 열람 또는 등사를 불허하는 동법 제262조의2 본문이 재정신청인인 청구인들의 재판청구권을 침해하는지 여부(소극), 형사소송법 제262조 제3항이 재정신청사건의 심리를 비공개원칙으로 하고 법 제262조의2 본문이 재정신청사건의 심리 중 관련 서류 및 증거물의 열람 또는 등사를 불허하는 것은 피의자의 사생활 침해, 수사의 비밀 저해 및 민사사건에 악용하기 위한 재정신청의 남발 등을 막기 위한 것으로 그 입법목적의 합리성이 인정되고, 법 제262조 제3항은 특별한 사정이 있는 경우 심리를 공개할 수 있도록 하고 있고, 법 제262조의2 단서는 재정신청사건을 심리하는 법원이 그 증거조사과정에서 작성된 서류의 전부 또는 일부의 열람 또는 등사를 허가할 수 있도록 규정하고 있는바, 법 제262조 제3항과 제262조의2 본문은 입법재량 행사의 합리성이 인정되므로 재정신청인인 청구인들의 재판청구권을 침해한다고 볼 수 없다.」

39) 박기석, "개정 형사소송법의 재정신청제도", 「비교형사법연구」 9권 2호, 한국비교형사법학회, 2007,

일 실무는 증거조사 방법에 재한은 없으나 대부분 서면심리를 하고 있으므로, 우리도 독일의 일반원칙을 적용하여, 법원은 자료의 검토, 피의자 또는 증인신문을 할 수는 있으나, 재정심리 절차에서는 아직 공소제기 이전 단계로서 피의자는 피고인의 지위를 갖는 것이 아니고, 또 우리 형사소송법은 일본 형사소송법 제265조 제4항과 같이 재정신청 절차에 있어 특정의 조사를 위해 재판장의 지위를 갖는 수명법관이나 수탁판사 규정이 없는 점을 보면 압수·수색이나 구속 등 강제처분은 재정심리 법원 자체적으로 할 수 없다고 해석함이 타당하다는 견해(强制處分 不許說)가 대립한다. 이 견해는 만약 필요한 경우에는 독일의 실무례에 따라 검사에게 결정으로 수사를 요청하고 검사로 하여금 강제수사를 하도록 한 후 그 결과를 통보받아 증거를 검토하여 재정신청의 당부를 결정하는 것이 상당하다고 해석하고 있다.[40]

생각건대 모든 강제처분을 허용하는 것은 원칙적으로 송부된 기록을 검토하는 방식을 규정한 형사소송법 제261조, 필요한 때에는 증거를 조사할 수 있다고 규정한 제262조 제2항 2문의 해석상 불허함이 타당하다. **형사소송법 제262조 제2항 2문의 규정은 "증거를 조사할 수 있다"는 것으로 이는 검찰로부터 송부받은 증거를 조사할 수 있다는 것이지, 이를 넘어서 적극적으로 압수·수색 등을 통해 증거수집까지 허용하는 것은 아니라고 보여지기 때문이다.** 따라서 재정신청법원은 원칙적으로 기록검토와 기록상의 증거에 대해 공판정 검증, 피의자신문, 증인신문, 감정 등 필요한 증거조사를 할 수 있다고 보아야 하고, 다만 피의자는 이미 수사기관에서 진술을 한 자로 진술증거의 객체가 되었으므로 필요한 경우 예외적으로 심문을 위한 구인이 허용된다고 보는 것이 타당하다. 강제처분의 종류에 따라 허부를 나눌 수 있다고 해석하는 것이 법문의 해석에 부합한다고 생각된다(구인 허용, 압수·수색 불허설).

한편 앞서 항고 부분에서 살핀 바와 같이, 불기소결정문을 잘 쓴 검사에게 인사 가산점을 부과하겠다는 서울고등검찰청의 조치는 앞으로 고등법원이 세밀한 심리를 하는데 도움을 줄 것이어서 피해자의 권리구제 차원에서 필자는 기대가 크다.

(라) 고등법원이 재정결정을 하면 지방검찰청 검사장 또는 지청장은 지체 없이 담당검사를 지정하고 지정받은 검사는 공소를 제기하여야 하며(법 제262조 제6항),

211-212면; 신동운, 신형사소송법, 법문사, 2008, 364면; 김재환, 형사소송법, 법문사, 2013, 252면; 강동욱/황문규/이성기/최병호, 형사소송법 강의, 오래, 2013, 320면.

40) 박기석, "개정 형사소송법의 재정신청제도", 「비교형사법연구」 9권 2호, 한국비교형사법학회, 2007, 225-226면 이하 토론자 송길룡 부장검사의 토론문 참조.

부심판결정에 따라 공소가 제기된 때 검사는 공소를 취소할 수 없다(법 제264조의2).

(마) 개정 형사소송법에서는 종래 부심판결정이 있은 사건에 관하여 지정변호사가 공소유지를 하던 방식[41)]을 **검사의 공소유지 방식으로 변경하였다.** 검사가 공소를 제기하고(법 제262조 제6항), 검사는 공소를 취소할 수 없다고 규정(법 제264조의2)한 점을 보면 그러하다.

이와 같이 검사의 공소유지 방식 하에서 검사가 무죄를 구형하는 경우가 있어 문제될 수 있으나,[42)] 검사의 구형의견에는 기속력이 없으므로 재판부는 유죄의 판결을 할 수 있다.[43)] **불고불리의 원칙은 공소제기 없이 규문주의**(糾問主義)**로 벌하지 않는다는 것을 의미**하고,[44)] 기소된 바에야 처벌을 구하는 범죄에 대해 법정형 내에서 처단형을 정하고 다시 선고형을 정하는 것은 법원의 권한이기 때문이다.

(바) 부심판결정에 대해서는 불복할 수 없으나(법 제262조 제4항),[45)46)] 재정신청

---

41) 일본은 지정변호사에 의한 공소수행 방식을 취하고 있고, 우리도 구법에서는 공소유지변호사가 전담하는 것이었다. 독일은 검사가 공소를 수행한다는 점에서 우리 개정 형사소송법의 태도와 같다(박기석, “개정 형사소송법의 재정신청제도”, 「비교형사법연구」 9권 2호, 한국비교형사법학회, 2007, 223면).

42) 통계적으로는, 2010년 국정감사에서, 2008년 1월부터 2010년 6월까지 법원이 기소를 결정한 234건의 재정신청사건 가운데 검찰이 구형을 하지 않거나 무죄를 구형한 사건은 모두 91건(38%)이고, 이 가운데 27건(30%)이 유죄 선고된 것으로 드러났다. 검찰의 권한을 통제하기 위해 확대된 재정신청제도가 검찰의 재정결정사건에 대한 무성의한 태도로 본래의 취지대로 운영되지 못하고 있는 것이다(윤동호, “수사협조범죄자 기소면제 및 형벌감면 법제화 비판”, 「비교형사법연구」 13권 2호, 한국비교형사법학회, 2011, 329면 참조).

구체적 사례를 예시한 문헌으로는, 도중진·박광섭, “형사사법절차에서 범죄피해자 참여제도 실효화 방안”, 「피해자학연구」 21권 2호, 한국피해자학회, 2013, 293면 주43).

43) 오기두, “개정된 형사소송법의 운용”, 「저스티스」 통권 제103호, 한국법학원, 2008, 104면.

44) 소추권자의 소추에 의하지 아니하고 재판기관이 직권으로 형사절차를 개시하여 심판하는 규문주의는 근대 형사소송법이 소추기관과 재판기관을 분리하여 탄핵주의적 형사소송제도를 확립함으로써 폐기되었고, 불고불리의 원칙이 형사소송의 기본원칙으로 확립되었다. 현행 형사소송법은 국가소추주의를 채택하고 있으므로(법 제246조) 불고불리의 원칙은 형사소송의 기본원칙이다(백형구, 형사소송법, 법원사, 2012, 15면).

45) **개정 형사소송법 이전(구법**에서는 고등법원의 재정결정이나 재정신청 기각결정에 대해 항고할 수 없다고 규정) **대법원 판례도, 부심판결정에 대해서는 불복할 수 없다고 보았고, 다만 재정신청기각결정에 대해서는 불복이 가능하다고 해석하고 있었다.**

대법원 1997. 11. 20, 선고 96모119 전원합의체 결정[재정신청부심판결정에대한즉시항고기각결정에대한재항고]. 「공직선거및선거부정방지법 제273조 제2항에 의하여 같은 조 제1항의 규정에 의한 재정결정에 준용되는 형사소송법 제262조에 의하면 같은 조 제1항의 재정신청 기각결정이나 관할지방법원의 심판에 부하는 결정에 대하여는 같은 조 제2항에 의하여 항고할 수 없도록 되어 있으나, <u>헌법 제107조 제2항과 형사소송법 제415조의 규정의 취지에 비추어 볼 때 재정신청 기각결정에 재판에 영향을 미친 헌법·법률·명령 또는 규칙의 위반이 있음을 이유로 하는 때에는 대법원의 최종적 심사를 받기 위하여 재항고를 할 수 있다.</u> 그러나 형사소송법 제262조 제1항의 재정결정 중 관할지방법원의 심판에 부하는 결정에 잘못이 있는 경우에는 그 결정을 통하여 심판에 회부된 본안사건 자체의 재판을 통하여 대법원의 최종적인 판단을 받을 수 있는 길이 열려 있으

기각결정에 대하여 신청인은 형사소송법 제415조[47]에 의해 즉시항고로써 불복할 수 있다.

헌법재판소 2011. 11. 24, 선고 2008헌마578 등 한정위헌결정.

「재정신청 기각결정에 대하여 형사소송법 제415조의 재항고를 금지하는 것은 대법원에 명령·규칙 또는 처분의 위헌·위법 심사권한을 부여하여 법령해석의 통일성을 기하고자 하는 헌법 제107조 제2항의 취지에 반할 뿐 아니라, 헌법재판소법에 의하여 법원의 재판이 헌법소원의 대상에서 제외되어 있는 상황에서 재정신청인의 재판청구권을 지나치게 제약하는 것이 된다. 그리고 형사소송법 제415조는 형사소송법 제402조와 달리 아무런 예외를 두지 않은 채 이른바 법령위반을 이유로 즉시항고할 수 있다고 규정하고 있고, 소액사건심판법 제3조 제1호, '상고심절차에 관한 특례법' 제4조 제1항에서 처분이나 원심판결의 헌법위반이나 법률위반 여부가 문제되는 경우 대법원의 판단을 받도록 규정하고 있는 것과 비교할 때, **처분(불기소처분)의 헌법위반 여부나 위법·부당 여부에 관한 법원의 결정인 재정신청 기각결정에 대하여 이른바 법령위반을 이유로 한 재항고를 허용하지 아니하는 것은 재정신청 기각결정의 법적 성격에도 부합하지 않으며**, 민사소송법은 재항고(제442조) 뿐만 아니라 불복할 수 없는 결정이나 명령에 대하여 이른바 법령위반을 이유로 대법원에 특별항고를 할 수 있도록 하고 있다(제449조). 비교법적으로도 일본 형사소송법은

므로, 이와 같은 심판회부의 결정에 대한 재항고를 허용하지 않는다고 하여 재판에 대하여 최종적으로 대법원의 심사를 받을 수 있는 권리가 침해되는 것은 아니라고 할 것이므로 동법 제262조 제1항의 결정 중 관할지방법원의 **심판에 부하는 결정에 대하여는 동법 제415조의 재항고는 허용되지 않는다.**」

46) **현행 형사소송법의 규정 그 자체로는 부심판결정에 대하여도, 재정신청기각결정에 대하여도 모두 불복할 수 없도록 규정하고 있다(제262조 제4항).**

2007년 개정 형사소송법 입법과정에 대해서는 법원행정처, 형사소송법 개정법률 해설, 2007, 65면에서 다음과 같이 소개하고 있다. "당초 정부 원안은 이와 같은 대법원 판례를 입법화하여, 재정신청을 기각한 결정에 대하여 헌법·법률·명령 또는 규칙의 위반이 있음을 이유로 하는 때에 한하여 즉시항고 할 수 있게 하고, 재정신청을 인용하여 사건을 심판에 회부하는 결정에 대하여는 피의자가 본안 형사사건에서 유무죄를 다툴 수 있으므로 심판회부결정 자체에 대한 불복은 허용되지 아니하기로 하였다. 그러나 법사위 논의 과정에서 재정신청 기각결정에 대해서까지 불복할 수 있게 하면 피의자의 지위가 장기간 불안정해지고, 향후 대법원 판례도 변경될 가능성을 배제할 수 없으므로, 재정법원의 모든 결정에 대하여 재정신청인이나 피의자가 불복할 수 없도록 하기로 의결하였다(제262조 제4항). 향후 이에 관한 대법원 판례의 추이가 주목된다."

그러나 이후 **부심판결정, 재정신청기각결정 모두에 대해 불복할 수 없도록 한 현행 형사소송법 제262조 제4항은 헌법재판소에 의해 한정위헌결정**(헌법재판소 2011. 11. 24, 선고 2008헌마578)**으로** (형식은 그대로이면서) **효력범위가 축소**되었는바, 현재 재정신청기각결정에 대하여서까지 제415조에 의한 재항고를 불허하는 것은 헌법에 위반되므로 **기각결정에 대한 불복은 허용되고 있다.**

47) 형사소송법 제415조(재항고) 항고법원 또는 고등법원의 결정에 대하여는 재판에 영향을 미친 헌법·법률·명령 또는 규칙의 위반이 있음을 이유로 하는 때에 한하여 대법원에 즉시항고를 할 수 있다.

항고재판소의 결정에 대하여는 항고할 수 없지만, 항고재판소의 결정에 대하여 헌법 위반이나 헌법해석의 잘못을 이유로 하여 특별항고를 할 수 있도록 규정하고 있다. 이러한 사정들을 고려할 때, **형사소송법 제262조 제4항의 "불복할 수 없다"는 부분은, 재정신청 기각결정에 대한 '불복'에 형사소송법 제415조의 '재항고'가 포함되는 것으로 해석하는 한, 재정신청인인 청구인들의 재판청구권을 침해하고, 또 형사소송법 제415조의 재항고가 허용되는 고등법원의 여타 결정을 받은 사람에 비하여 합리적 이유 없이 재정신청인을 차별취급함으로써 청구인들의 평등권을 침해한다.**」

(사) 재정신청이 있으면 재정결정이 있을 때까지 공소시효의 진행이 정지되고, 부심판결정이 있는 때에는 공소시효에 관하여 그 결정이 있는 날에 공소가 제기된 것으로 본다(법 제262조의4).

(아) 법원은 재정신청 기각결정 또는 재정신청인의 취소가 있는 경우에는 결정으로 재정신청인에게 신청절차에 의하여 생긴 비용의 전부 또는 일부를 부담하게 할 수 있고(법 제262조의3 제1항),[48] 법원은 직권 또는 피의자의 신청에 따라 재정신청인에게 피의자가 재정신청절차에서 부담하였거나 부담할 변호인선임료 등 비용의 전부 또는 일부의 지급을 명할 수 있다(법 제262조의3 제2항). 제1항 및 제2항의 결정에 대하여는 즉시항고를 할 수 있다(법 제262조의3 제3항).

(3) 관할 비판론에 대하여

항고전치주의의 유지, 관할 고등법원에 의한 재정결정은 종래와 같으나, 종래 고등검찰청검사장에게 인정되던 공소제기명령이 삭제된 데다가(법 제260조 내지 제262조), 재정신청대상마저 크게 확대된 결과 고등법원의 사건부담이 대단히 가중되었다며 왜 고등법원이 재정결정을 해야 하는지 이해할 수 없다는 주장이 있다. 즉 비록 재정신청이 신청인에 의해 취소되거나 고등법원에 의해 기각될 때, 재정신청이 인용되었다고 하더라도 피의자의 신청이나 법원의 직권에 의해 신청인에게 소요된 비용을 부담하게 하는 것으로 재정신청의 남발을 막는 장치를 두었으나(법 제262조의3) 이러한 장치만으로 재정신청의 남발을 막을 수 있을지 의문이며, 고등법

48) 비용부담을 임의 규정으로 삼은 것은 타당하다는 견해로는 박기석, "개정 형사소송법의 재정신청제도", 「비교형사법연구」 9권 2호, 한국비교형사법학회, 2007, 213면. 또 박기석 교수는 부담시킴이 옳다고 보는 경우로, 행위 자체가 범죄가 되지 않음이 명백한 경우, 증거불충분 등 불기소 이유를 충분히 알 수 있는 상황임이 명백한 경우, 손해배상 등을 받고 합의한 경우, 동일한 대상에 대해 계속적인 고소, 고발을 한 경우, 정치적 전략 등으로 신청한 것이 명백한 경우 등을 예로 들고 있다.

원 사건부담의 폭주나 해당 고등법원 형사부 판사들의 전심 관여 문제, 지방법원 판사들에게 줄 심리적 영향 등의 점에서 보면 이해하기 어렵고, 따라서 지방법원이나 지원에서 재정신청을 심리하고 결정하면 족하다는 것이다.[49][50]

그러나 사견으로는, 위 견해는 항고전치주의를 거치는 결과 재정신청의 대상은 항고기각결정에 대해 불복하는 것이란 점을 간과한 주장이다. 즉 **항고기각결정의 주체는 각급 고등검찰청이므로 항고절차를 거친 사건에 대해서는 적어도 그에 대응하는 고등법원이 심리하라는 것으로 이해**하는데 어려움이 없고, 또 같은 합의부라도 고등법원 합의부는 재판장의 경력이 이미 고등검찰청 검사장의 경륜을 넘어서고 있는 경우가 상당하고, 주심 및 배석판사 또한 지방법원 부장판사에 이르기 직전 단계로 법조경력이 상당하므로 그와 같은 충분한 경륜을 갖춘 법관들이 신중히 결정을 하라는 의미여서 **고등법원의 업무가중 문제는 범죄피해자인 국민들을 생각할 때 고려할 요소가 아니다.** 모든 국가권력은 국민으로부터 나오고, 국민을 위해 국가기관이 사용되어야 함은 헌법의 기초정신이다.

그리고 재정신청의 남발여부도 성급하다. 검사의 항고기각결정이 지나치게 짧아 도대체 고등검찰청은 사건을 면밀히 검토한 것이 맞는지, 항고이유가 있다고 보아 직접 경정수사를 하였다면 어떤 수사를 거친 후 원처분과 같은 결정에 도달하였는지, 또는 직접 경정처분이 아닐 경우 고등검찰청은 지방검찰청으로 하여금 재기 수사케 한 후 지검의 재기수사를 어떻게 지휘하여 기각결정에 도달한 것인지 알 수조차 없는 경우가 허다하며, 항고기각결정의 단 한 줄, "일건 기록을 세밀히 검토한 결과 항고이유를 찾기 어렵다(또는 원처분이 정당하다)"는 내용은 억울하여 고소, 항고를 거쳐 재정신청에까지 이른 피해자에게 납득하기 힘든 기각사유이므로

---

49) 오기두, "개정된 형사소송법의 운용", 「저스티스」 통권 제103호, 한국법학원, 2008, 100-101면; 김태명, "재판상 준기소절차의 활성화 방안", 「비교형사법연구」 8권 1호, 한국비교형사법학회, 2006, 369-370면; 박기석, "개정 형사소송법의 재정신청제도", 「비교형사법연구」 9권 2호, 한국비교형사법학회, 2007, 214면. 박기석 교수는 검찰의 자체시정을 거친 후 다른 기관인 법원으로 넘어온 이상 어느 심급에서 이 문제를 결정할 것인가는 업무의 적정성이나 효율성의 차원에서 접근해야 하므로, 고등검찰청의 검토를 거쳤으므로 그에 대응하는 고등법원이 재정신청사건을 심리해야 할 필요는 없고, 지방법원 합의부 정도가 업무의 신중성이나 효율성 면에서 타당하다고 보고 있다.

50) 당초 사개추위안은 재정신청사건의 심리를 지방법원 본원 합의부로 하여금 담당하도록 하였다. 그러나 개정 형사소송법은 일본 형사소송법과 달리 고등법원을 재정신청사건의 관할법원으로 규정하였다. 입법자들은 이 점에 관하여 **"인간은 감정적 동물이 되어서 미묘한 공기를 나타낼 수 있다. 우리나라의 실정으로 보아서 지방법원과 검찰청이 대립하고 있기 때문에… 한 층 더 높여서 고등법원으로 하고… 고등검찰청과 지방검찰청 책임자들로 하여금 한 번 더 고려할 기회를 주는" 방식을 채택하게 되었다**고 밝힌 바 있다(김태명, "재판상 준기소절차의 활성화 방안", 「비교형사법연구」 8권 1호, 한국비교형사법학회, 2006, 369면 참조).

재정신청의 신중한 판단은 필수적인 것이며 신청이 남발되었다고 쉽게 속단할 것도 아니다. 특히 구법과 같이 재정신청 대상범죄가 제한되어 있던 것을 개정 형사소송법에서는 전면 확대하고, 심지어 고발사건도 일정 허용하는 것으로 개정한 형사소송법의 정신을 감안한다면 **법원편의주의적 시각에서나 가능한 우려를 해소하기 위해 개정 형사소송법을 다시 개악할 이유는 없다.** 심지어 일부 주장처럼 고발사건도 모든 사건으로 확대해야 할 필요성이 있을지 모른다.

라. 헌법소원

(1) 2007년 개정 형사소송법이 재정신청의 대상을 모든 고소사건으로 확대하였음은 앞서 보았다. 이로써 모든 고소사건은 이제 검찰항고를 거친 후 재정신청을 할 수 있고, 재정신청만 가능하다.

개정법 이전에는 재정신청 대상 사건이 제한적이어서 고소사건은 원칙적으로 검찰항고, 검찰재항고를 거친 후 헌법소원을 청구할 수 있었고, 실제 상당수의 불기소처분이 취소되어 사건이 재기되었다. 그러나 현행법 하에서는 고소사건은 항고를 거친 후 재정신청을 할 수 있고, 재정신청이 가능하므로 재항고할 수 없고(검찰청법 제10조 제3항), 일단 재정신청을 거친 경우 재판에 대해서 헌법소원을 금지하는 헌법재판소법(동법 제68조 제1항 본문)에 위반되고, 재정신청을 거치지 않은 경우 보충성 원칙을 규정한 헌법재판소법(동법 제68조 제1항 단서)에 의해 헌법소원이 불허된다.

고발인은 재항고가 허용된 일부 경우(형법 제123조부터 제126조까지의 죄 이외의 죄에 대하여 고발한 자)라 하더라도 공권력으로 인해 기본권 침해를 받은 자가 아니어서 자기관련성이 부정되어 결국 허용될 수 없다고 할 것이다.[51)]

(2) 그렇다면 이제 검사의 처분과 관련한 헌법소원은 **고소하지 않은 피해자**(헌법재판소 1995. 5. 25, 선고 94헌마185 결정; 헌법재판소 2004. 11. 25, 선고 2004헌마595 결정; 헌법재판소 2010. 6. 24, 선고 2008헌마716 결정[52)]), 무죄를 다투는데 졸속적 **기소유예 처분을**

---

51) 검사의 불기소처분에 대하여 기소처분을 구하는 취지에서 헌법소원을 제기할 수 있는 자는 원칙적으로 헌법상의 재판절차진술권의 주체인 형사피해자에 한하므로 범죄피해자가 아닌 고발인에게는 개인적·주관적 권리나 재판절차에서의 진술권 등의 기본권이 허용될 수 없고, 따라서 검사가 자의적으로 불기소처분을 하였다고 하여도 달리 특별한 사정이 없으면 고발인에게는 자기관련성이 없어 적법한 헌법소원심판청구를 할 수 없다(헌법재판소 1994. 6. 30, 선고 94헌마21 결정; 헌법재판소 2004. 11. 25, 선고 2004헌마595 결정).

52) 「피해자의 고소가 아닌 수사기관의 인지 등에 의해 수사가 개시된 피의사건에서 검사의 불기소처분이 이루어진 경우, 고소하지 아니한 피해자로 하여금 별도의 고소 및 이에 수반되는 권리구제절차를 거치게 하는 방법으로는 종래의 불기소처분 자체의 취소를 구할 수 없고 당해 수사처분 자

받은 피의자[53](헌법재판소 1989. 10. 27, 선고 89헌마56 결정; 헌법재판소 1992. 6. 26, 선고 92헌마7 결정; 헌법재판소 1992. 11. 12, 선고 91헌마146 결정; 헌법재판소 1993. 3. 11, 선고 92헌마191 결정; 헌법재판소 1996. 10. 4, 선고 96헌마222 결정; 헌법재판소 1999. 12. 23, 선고 99헌마403 결정; 헌법재판소 1999. 9. 16, 선고 99헌마219 결정; 헌법재판소 2000. 4. 27, 선고 2000헌마73 결정; 헌법재판소 2001. 2. 22, 선고 2000헌마704 결정; 헌법재판소 2010. 6. 24, 선고 2008헌마716 결정; 헌법재판소 2010. 6. 24, 선고 2009헌마712 결정; 헌법재판소 2010. 9. 30, 선고 2008헌마481 결정; 헌법재판소 2000. 12. 14, 선고 2000헌마419 결정; 헌법재판소 2011. 9. 29, 선고 2009헌마432 결정; 헌법재판소 2012. 7. 26, 선고 2010헌마642 결정; 헌법재판소 2013. 9. 26, 선고 2012헌마562 결정), **자의적 기소중지 처분을 받은 피의자**(헌법재판소 1997. 2. 20, 선고 95헌마362 결정[54])에 한하여 청구할 수 있다.

특히 기소유예처분에 의해 기본권를 침해당한 피의자에게 검찰항고를 허용하

체의 위법성도 치유될 수 없다는 점에서 이를 본래 의미의 사전 권리구제절차라고 볼 수 없고, 고소하지 아니한 피해자는 검사의 불기소처분을 다툴 수 있는 통상의 권리구제수단도 경유할 수 없으므로, 그 불기소처분의 취소를 구하는 헌법소원의 사전 권리구제절차라는 것은 형식적·실질적 측면에서 모두 존재하지 않을 뿐만 아니라, 별도의 고소 등은 그에 수반되는 비용과 권리구제가능성 등 현실적인 측면에서 볼 때에도 불필요한 우회절차를 강요함으로써 피해자에게 지나치게 가혹할 수 있으므로, 고소하지 아니한 피해자는 예외적으로 불기소처분의 취소를 구하는 헌법소원심판을 곧바로 청구할 수 있다.」(헌법재판소 2010. 6. 24, 선고 2008헌마716 결정)

53) 「검사의 불기소처분에 대한 검찰청법 소정의 항고 및 재항고는 그 피의사건의 고소인 또는 고발인만이 할 수 있을 뿐, 기소유예처분을 받은 피의자가 범죄혐의를 부인하면서 무고함을 주장하는 경우에는 검찰청법이나 다른 법률에 이에 대한 권리구제절차가 마련되어 있지 아니하므로, 검사의 기소유예처분의 취소를 구하는 헌법소원심판을 청구하는 경우에는 보충성원칙의 예외에 해당한다.」(헌법재판소 2010. 6. 24, 선고 2008헌마716 결정)

한편, 신동운 교수는 헌법소원에 앞선 불복절차가 없다는 점과 관련하여 입법개선이 필요하다고 보고 있다(신동운, 신형사소송법, 법문사, 2008, 352면).

54) 「검사가 이미 조사된 증거자료에 의하여 공소제기나 불기소처분 등 종국처분을 하기에 부족함이 없는 경우에는 기소중지처분을 하여서는 아니되고 원칙에 좇아 종국처분을 하여야 하는 것이므로, 검사가 자의적인 사건처리로 "기소중지"라는 중간처분을 하여 수사를 중단하였다면 그 피의사건의 고소인은 헌법상의 기본권인 평등권과 재판절차진술권이 침해되었음을 이유로 헌법소원을 제기할 수 있다는 것이 우리 재판소의 판례인바(1991. 4. 1, 선고 90헌마115 결정 등 참조), 검사가 기소중지처분을 한 경우 그 피의사건의 피의자에게는 검사가 다시 사건을 재기하여 수사를 한 후 종국처분을 하지 않는 한 "범죄의 혐의자"라는 법적인 불이익상태가 그대로 존속된다 할 것이므로, **만약 검사가 자의적으로 기소중지처분을 하였다면 그 사건의 피의자도 헌법상 보장된 자기의 평등권과 행복추구권 등이 침해되었음을 이유로 헌법소원을 제기할 수 있다**고 보아야 할 것이다. 또, 검사가 기소중지처분을 한 사건에 관하여 그 고소인이나 피의자가 그 기소중지의 사유가 해소되었음을 이유로 수사재기신청을 하였는데도 검사가 재기불요(또는 불능) 처분(검찰사건사무규칙 제43조 제6항)을 하였다면, 이 재기불요(또는 불능) 처분은 실질적으로는 그 결정시점에 있어서의 제반사정 내지 사정변경 등을 감안한 새로운 기소중지처분으로 볼 수 있다. 따라서 검사의 기소중지처분이 헌법소원의 대상이 된다는 우리 재판소의 위 판례취지와 헌법재판소법 제68조 제1항의 취지에 비추어 이 재기불요(또는 불능) 처분도 헌법소원의 대상이 되는 공권력의 행사에 해당한다고 할 것이다. 위에서 살펴본 바를 종합하여 보면, 검사의 재기불요(또는 불능) 처분도 헌법소원의 대상이 되는 공권력의 행사에 해당한다고 보는 것이 상당하다.」(헌법재판소 1997. 2. 20, 선고 95헌마362 결정)

지 않고 헌법소원만을 허용하는 것은 입법재량이며, 헌법에 위반되지 않는다(헌법재판소 2012. 7. 26, 선고 2010헌마642 결정에서, 피의자에 대해 항고제도를 인정하지 않는 이유가 잘 소개되고 있다. 법률헌법소원에 대해서는 기각, 검사의 기소유예처분에 대해서는 인용하면서 검사의 처분을 취소한 사례이다).

「【주 문】 1. 서울동부지방검찰청 2010년 형제23918호 폭행 피의사건에서 피청구인이 2010. 5. 28. 청구인에 대하여 한 기소유예처분은 청구인의 평등권과 행복추구권을 침해한 것이므로 이를 취소한다. 2. 검찰청법(2009. 11. 2. 법률 제9815호로 개정된 것) 제10조 제1항 제1문에 대한 심판청구를 기각한다.

【결정요지】 1. 검찰청법상 항고제도의 인정 여부는 기본적으로 입법정책에 속하는 문제로서 그 주체, 대상의 범위 등의 제한도 그것이 현저히 불합리하지 아니한 이상 헌법에 위반되는 것이라 할 수 없고, 고소인·고발인과 피의자는 기본적으로 대립적 이해관계에서 기소유예처분에 불복할 이익을 지니며, 검찰청법상 항고제도의 성격과 취지 및 한정된 인적·물적 사법자원의 측면, 그리고 이 사건 법률조항이 헌법소원심판청구 등 피의자의 다른 불복수단까지 원천적으로 봉쇄하는 것은 아닌 점 등을 종합하면, 이 사건 법률조항이 피의자를 고소인·고발인에 비하여 합리적 이유 없이 차별하는 것이라 할 수 없다.

【이 유】

…(전략)

가. 이 사건 법률조항에 대한 판단

(1) 이 사건 법률조항의 입법취지 및 내용

형사소송법은 공소제기에 관하여 기소독점주의와 함께 기소편의주의를 채택하고 있다. 기소독점주의를 통하여 공소제기의 공정성을 담보하고 기소편의주의에 의하여 형사사법의 탄력성 있는 운용을 통하여 형사사법의 정의를 실현하고자 한 것이다. 그러나 기소독점주의와 기소편의주의의 결합은 자칫 검사의 독선과 자의를 허용하여 기소하여야 할 사안에 대해서도 부당하게 공소를 제기하지 아니하는 결과를 초래할 수 있으므로, 합리적 통제를 통하여 고소인 또는 고발인을 부당한 불기소처분으로부터 보호할 필요성이 있다. 이에 검찰청법이 1949. 12. 20. 법률 제81호로 제정되면서 검찰 내부의 항고제도가 도입되었으며, 이후 법원에 의한 기소강제절차인 재정신청제도도 마련되게 되었다.

이 사건 법률조항은 검사의 불기소처분에 불복이 있는 고소인 또는 고발인으로 하여금 그 검사가 속하는 지방검찰청 또는 지청을 거쳐 서면으로 관할 고등검찰청 검사장에게 항고할 수 있도록 규정하고 있다. 항고의 대상에는 협의의 불기소처분뿐만 아니라 기소유예처분과 기소중지처분도 포함된다. 고등검찰청에서는 항고가 이유 있는 것으로 인정되면 사안에 따라 재기수사명령·공소제기명령·주문변경명령을 하거나 재기수사명령 후 직접 수사하여 처리하고(검찰청법 제10조 제2항 전단), 항고가 이유 없는 것으로 인정되는 경우에는 항고기각의 결정을 한다.

(2) 평등권 침해 여부

이 사건 법률조항으로 인하여 고소인 또는 고발인은 검사의 기소유예처분에 대하여 항고할 수 있는 반면, 기소유예처분을 받은 피의자는 항고할 수 없는바, 이러한 차별취급에 합리적 이유가 있는지 살펴본다.

검찰청법상 항고제도는 기소독점주의와 기소편의주의에 의한 폐해를 방지하고 소추권행사의 공정성을 확보하며, 검찰 내부에 의한 신속하고 효율적인 자체 시정을 구하는 제도이다. 헌법은 공소제기의 주체, 방법, 절차나 사후통제, 검사의 자의적인 불기소처분에 대한 통제방법 등에 관하여 직접적인 규정을 두고 있지 아니하므로, 검찰청법상 항고제도의 인정 여부는 입법정책에 속하는 문제이고, 그 주체, 대상의 범위나 방법을 제한하는 경우에도 그 제한이 현저히 불합리하게 설정되지 않는 한 헌법에 위반되는 것이라고 할 수 없다(헌법재판소 1997. 8. 21, 선고 94헌바2 결정, 헌법재판소 2009. 12. 29, 선고 2008헌마414 결정).

고소인과 고발인은 수사기관에 대하여 범죄사실을 신고하여 소추를 구하는 의사표시를 한 자로, 피의자에 대한 공소가 제기되어 유죄판결이 나오기를 희망하는 입장에서 기소유예처분에 불복할 이익이 있다. 반면 피의자는 수사기관이 수사단서를 근거로 구체적인 범죄의 혐의를 두고 있는 자로서, 실체적 진실의 발견이나 명예회복, 체포·구속된 경우 형사보상청구권의 행사 등을 위하여 기소유예처분에 불복할 이익이 있다. 이와 같이 고소인·고발인과 피의자는 기본적으로 대립적인 이해관계에서 기소유예처분에 대하여 불복할 이익을 가지고 있다.

입법취지에서 본 바와 같이 본래 항고제도는 고소인 또는 고발인이 검사의 자의적인 불기소처분으로 인하여 재판에 접근할 수 있는 기회가 차단되는 것을 막기 위하여 검찰 내부의 자체적 시정수단으로 도입된 것이다. 그런데 기소유예처분의 경우 피의사실은 인정되나 피의자의 연령, 성행, 지능과 환경, 피해자에 대한 관계, 범행의 동기, 수단과 결과, 범행 후의 정황 등을 종합적으로 고려하여 소추를 필요로 하지 아니하는 때에 행해지는바(형사소송법 제247조, 검찰사건사무규칙 제69조 제3항 제1호), 이는 공소제기에 대한 형사정책적 고려에 의하여 범죄의 예방적 효과, 특히 특별예방적 기능을 발휘하게 하여 범죄자에게 전과자의 각인을 새기지 아니하고 갱생의 기회를 주며, 또 검찰과 법원으로 하여금 보다 중요한 사건에 그 힘을 집중시키는 것을 가능하게 하기 위함이다. 그런데, 검사가 공익의 대변자로서 객관의무를 지닌다는 점을 부정할 수는 없지만, 다른 한편 수사의 주재자로서 이미 혐의를 인정한 기소유예처분 사건에 대하여 다시금 검찰 내부에서 판단하도록 하는 것이 검찰청법상 항고제도를 마련한 취지에 부합한다고 단정하기도 어렵다. 그리고 피의자에게 검찰법상 항고권이 인정된다면 인적·물적 사법자원의 제한이 불가피한 현실에서 보다 중대한 사건들에 집중되어야 할 예산과 인력 등의 자원이 상대적으로 경미한 사건들에 투입되고 그 결과 효율적 자원의 배치가 어려워질 수 있다.

또한 재정신청(형사소송법 제260조)의 대상범죄가 2008. 1. 1.부터 모든 범죄로 확대됨에 따라 재정신청제도 남용의 폐해를 줄이고 그 효율성을 도모하기 위하여 검찰항고전치주의가 채택되었는데, 피의자는 재정신청권자의 범위에서 제외되었다. 이와 같이 피의자에게 항고권을 부여하지 아니한 것은 항고를 거쳐 재정신청에 이르는 일련의 제도의 성격과 취지를 고려한 것이라 볼 수 있으며, 이를 자의적 차별에 의한 결과라 할 수 없다.

한편, 피의자는 비록 검찰청법상의 항고를 제기할 수는 없지만 헌법재판소에 헌법소원심판을 청구함으로써 부당한 기소유예처분을 시정받을 기회가 있다는 점에서, 이 사건 법률조항이 피의자로 하여금 기소유예처분으로 인한 불이익을 제거할 기회를 원천적으로 봉쇄하거나 피의자에게 일방적으로 불리하게 작용하여 고소인·고발인과의 사이에서 형평성을 상실하고 있다고 볼 수는 없다.

즉, 이 사건 법률조항은 고소인 또는 고발인이 기소독점주의와 기소편의주의 체제하에서 검사의 부당한 불기소처분에 불복할 수 있는 절차와 기회를 부여하는 데에 목적이 있고, 이 사건 법률조항이 기소유예처분을 받은 피의자를 항고권의 주체에서 배제함으로써 결과적으로 고소인과 고발인만이 검찰 내부기관에 대하여 불기소처분을 다툴 수 있게 된다 하더라도, 이를 가리켜 수인할 수 없을 정도로 합리적 이유 없이 기소유예처분을 받은 피의자의 평등권을 침해한다고는 할 수 없다.

(3) 기타 주장에 대한 판단

청구인은 자신에게 항고권이 인정되지 아니하여 결과적으로 자신의 결백함을 재판에서 밝힐 수 없게 되어 재판받을 권리가 침해되었다고 주장한다. 그런데 검찰 내부의 상급기관에 의한 심사는 헌법과 법률이 정한 자격과 절차에 의하여 임명되고 물적 독립과 인적 독립이 보장된 법관에 의하여 행해질 것을 요하는 재판의 개념에 포함되지 아니하므로, 이 사건 법률조항으로 인하여 피의자가 항고할 수 없게 되더라도 청구인의 재판을 받을 권리가 침해된다고 볼 수는 없다.

또한 청구인은 인간으로서의 존엄과 가치 및 행복추구권, 헌법 제37조의 국민의 자유 및 권리 존중권도 침해되었다고 주장하나, 청구인이 주로 문제 삼은 항고에 있어 고소인 또는 고발인과 피의자 사이에 발생하는 차별취급 주장 이외에 이와 관련된 구체적인 위헌이유를 독자적으로 적시하고 있지는 아니하므로, 평등권 침해 여부에 대하여 판단한 이상 위 주장에 대하여 따로 판단하지 아니한다.

(4) 소 결

이 사건 법률조항은 청구인의 평등권 등을 침해하지 아니한다.」

(3) 종래 공권력에 대한 헌법소원의 대부분이 바로 검사의 자의적 불기소처분에 불복하여 헌법소원을 제기한 경우였고, 많은 불기소처분들이 헌법소원인용결정에 의해 취소되었다.[55)]

예컨대, 앞서 본 헌법재판소 2012. 7. 26, 선고 2010헌마642 결정에서, 헌법재판소는 검사의 자의적 기소유예처분을 취소하였는바, 검사의 수사내용에 대해 어떤 문제가 발견되면 헌법재판소가 처분을 취소하는지 기준을 보면 다음과 같다.

「…(전략) 위 청구인이 피해자에 대하여 한 유형력 행사의 경위나 정도, 피해의 부위 등에 관하여 피해자의 진술이 수사기관의 조사를 받을 때마다 엇갈리고 있는 점, 피해자는 청구인과 그의 처 염○경이 자신의 처벌을 원하는 모습을 보고 흥분하여 청구인으로부터도 폭행당한 것이라고 진술한 바도 있는 점, 피해자는 청구인과 함께 현장에 있던 염○경에 대하여 허위사실을 신고하여 무고죄로 처벌받기도 한 점, 반면에 청구인은 염○경이 피해자로부터 폭행당하는 것을 방어하기 위하여 피해자의 양 손목을 잡은 것에 불과하다는 취지로 일관되게 진술하고 있는 점 등을 종합하면, **청구인의 폭행 혐의에 대한 피해자 진술의 신빙성에 상당한 의심의 여지가 있고, 나아가 청구인의 행위가 정당방위 내지 소극적 방어행위에 해당할 여지가 있음에도, 피청구인은 경찰 송치 후 이러한 점에 관하여 아무런 추가 조사 없이 피해자의 진술만을 받아들여 청구인의 혐의를 인정하였는바, 이와 같은 수사미진의 잘못이 이 사건 기소유예처분의 결정에 영향을 미침**으로써 청구인의 평등권과 행복추구권을 침해하였다 할 것이다.

…(중략) 피해자는 관련사건(서울동부지방법원 2010고약13125)에서 염○경의 얼굴을 1회 때린 행위에 대한 폭행죄 및 염○경이 쓰고 있던 안경에 대한 손괴죄의 혐의사실이 인정되었으며, 청구인의 멱살을 잡고 수회 흔든 행위에 대하여도 폭행죄의 혐의사실이 인정되어 벌금 70만 원의 약식명령을 고지받아 확정된 사실이 있다. 살피건대, 청구인이 청구인의 주장과 같이 피해자의 염○경에 대한 폭행으로부터 처 염○경을 방어하기 위하여 피해자의 양 손목을 잡고 있었던 것이라면, 이는 불법한 공격적 행위가 아니라 정당방위 내지 소극적 방어행위로서 타인의 공격으로부터 벗어나기 위한 것이거나 사회상규에 위배되지 않는 행위에 해당하여 위법성이 조각될 여지가 있다(대법원 1990. 3. 27, 선고 90도292 판결; 대법원 1996. 5. 28, 선고 96도979 판결 등 참조). 그렇다면 피청구인으로서는 사건이 발생한 아파트의 이웃 주민 등을 소환 조사하는 등 객관적 증거를 수집하는 수사를 함으로써 청구인이 한 행위

55) 참고로, 의료과실 수사와 관련한 헌법재판소의 취소결정을 일목요연하게 소개한 문헌으로는, 최재천, "헌법재판소 결정례를 통해 본 의료과실사고 수사 시 검사의 수사상 주의의무", 「법조」 52권 2호, 법조협회, 2003. 2, 97-101면.

의 경위·목적·수단 및 그로 인한 피해 정도 등 제반 사정을 밝히고 이에 비추어 청구인의 혐의사실의 인정 여부를 명백히 하였어야 할 것인바(헌법재판소 2002. 5. 30, 선고 2001헌마733 결정), 이러한 점에 관한 수사가 있었다는 사정이 발견되지 아니한다.

…(중략) 이와 같이 청구인의 폭행 혐의에 대한 피해자 진술의 신빙성에 상당한 의심의 여지가 있고, 청구인의 행위가 정당방위나 소극적 방어행위에 해당할 여지가 있는 피의사건을 처리함에 있어, 피청구인이 아무런 추가 조사 없이 피해자의 진술만을 받아들여 경찰로부터 송치받은 후 3일 만에 만연히 청구인의 폭행 혐의를 인정하여 이 사건 기소유예처분을 한 것에는 중대한 수사미진의 잘못이 있었던 것이라고 할 것이다. 따라서 이 사건 기소유예처분은 피청구인의 수사미진의 잘못이 그 결정에 영향을 미친 것으로서 청구인의 평등권과 행복추구권을 침해하였다고 할 것이다.」

(4) 헌법재판소는 소원을 인용할 경우 검사의 불기소처분을 취소하고, 인용결정의 효력은 모든 국가기관을 기속하므로 검찰에서는 사건을 재기하여 재수사하여야 한다.[56)]

다만 재수사하는 과정에서 검사는 헌법재판소의 결정취지를 준수하여야 하나, 재수사 처분결과를 반드시 기소결정(고소하지 않은 피해자를 위한), **무혐의결정**(기소유예 및 기소중지 피의자를 위한)**으로 변경할 의무는 없다. 헌법재판소의 결정취지를 준수한 재수사이면 족하기 때문이다.** 따라서 헌법재판소가 인용결정에서 '어떠어떠한 수사는 사실 또는 증거관계를 그르친 잘못이 있다'라고 구체적 방식으로 위헌적 요

56) 헌법재판소법 제75조(인용결정)
① 헌법소원의 인용결정은 모든 국가기관과 지방자치단체를 기속한다.
② 제68조 제1항에 따른 헌법소원을 인용할 때에는 인용결정서의 주문에 침해된 기본권과 침해의 원인이 된 공권력의 행사 또는 불행사를 특정하여야 한다.
③ 제2항의 경우에 헌법재판소는 기본권 침해의 원인이 된 공권력의 행사를 취소하거나 그 불행사가 위헌임을 확인할 수 있다.
④ 헌법재판소가 공권력의 불행사에 대한 헌법소원을 인용하는 결정을 한 때에는 피청구인은 결정 취지에 따라 새로운 처분을 하여야 한다.
⑤ 제2항의 경우에 헌법재판소는 공권력의 행사 또는 불행사가 위헌인 법률 또는 법률의 조항에 기인한 것이라고 인정될 때에는 인용결정에서 해당 법률 또는 법률의 조항이 위헌임을 선고할 수 있다.
⑥ 제5항의 경우 및 제68조 제2항에 따른 헌법소원을 인용하는 경우에는 제45조 및 제47조를 준용한다.
⑦ 제68조 제2항에 따른 헌법소원이 인용된 경우에 해당 헌법소원과 관련된 소송사건이 이미 확정된 때에는 당사자는 재심을 청구할 수 있다.
⑧ 제7항에 따른 재심에서 형사사건에 대하여는 「형사소송법」을 준용하고, 그 외의 사건에 대하여는 「민사소송법」을 준용한다.

소를 설시한 경우라면 검사가 부당한 불기소처분을 방향을 돌려 기소할 가능성이 높아지겠지만,[57] 단순히 '어떠어떠한 수사를 더 하지 아니한 수사미진의 잘못이 있다'는 내용의 인용결정이었다면 검사는 그러한 수사를 마저 한 후 결론은 종전과 같되 불기소결정서에서 보강설시 후 불기소할 수 있는 것이다. **그러한 우려를 감안하여, 사건이 재기될 경우 변호인은 원 수사과정의 문제점을 최대한 지적하고, 추가수사 과정에서 객관적 수사를 촉구하여야만 한다.**

> 인용결정의 기속력과 관련하여 헌법재판소는, 「검사의 불기소처분에 대하여 객관적으로 유지될 수 없는 자의적인 증거판단으로 명백히 사안의 진상에 상응치 아니한 판단을 한 것이라는 이유로 이를 취소하는 결정을 한 때에는 **재수사하는 검사로서는 헌법재판소가 그 취소결정에서 검사의 수사상의 잘못에 관하여 설시한 제반 판단을 존중하여 그 취지에 맞도록 성실히 수사하여 결정을 하여야 하는데도,** 헌법재판소법 제75조 제1항에서 명시된 헌법소원인용결정의 **기속력을 간과하여 거듭 자의적인 증거판단을 하거나, 마땅히 조사하였어야 할 중요한 사항을 조사하지 아니한 무성의하고 자의적인 수사를 하여 다시 불기소처분을 한 것은,** 불기소처분취소결정에 따라 재기된 피의사건에 대하여 차별 없이 성실한 수사를 요구할 수 있는 **청구인의 평등권의 재판절차진술권을 침해한 것**」이라고 설시하였다.[58]

---

57) 피의자를 위해서는 부당한 기소유예나 기소중지를 방향을 돌려 혐의의 무혐의 처분으로 변경.

58) 헌법재판소 1993. 11. 25, 선고 93헌마113 결정; 헌법재판소 1997. 7. 16, 선고 95헌마290 결정; 헌법재판소 1997. 7. 16, 선고 97헌마106 결정; 헌법재판소 2011. 3. 31, 선고 2010헌마312 결정.

제 4 장 실제 변호사례[1)]

1. 사 기 죄

가. 사건(대구지방검찰청 경주지청 2010년 형제****호)[2)]

1) 피의자는 2009. 10.경 (주)경보** 대표이사인 피해자로부터 물품을 납품 받고도 대금을 지급치 아니한 것을 비롯하여 기타 18개 업체로부터 시가 합계 1,674,432,442원 상당의 부품을 납품 받고도 그 대금을 지급치 않아 사기.

2) 피의자는 2009. 11. 19.경 형우**(주) 대표이사인 피해자에게 융통어음을 할인받을 수 있도록 배서해 주면 어음지급기일에 결제를 해 주겠다는 취지로 거짓말하여 이에 속은 피해자로부터 85,400,000원을 교부받은 것을 비롯하여 (주)케이엠** 및 (주)태*으로부터 시가 합계 523,400,000원 상당을 어음할인금 명목으로 교부받아 사기.

나. 변 론

1) 피의자가 위 일시 경 피해자들로부터 위 금액 상당의 물품을 납품 받고도 그 대금을 지급하지 아니한 사실은 맞지만, 당시 피의자가 대표이사로 있던 (주)에스***의 재정상태 및 수익상태는 상승세를 이어가고 있었고, 피해자들로부터 물품을 공급받을 때는 충분히 그 대금을 지급할 수 있으리라 판단했으며, 피해자들 업

---

1) 필자가 별도의 장으로써 실제 변호한 사례를 분석한 것은 **이론과 실무의 유기적 연결**이 중요하다고 생각해서이다. 同旨 신동운, "한국사회의 변화와 형사법학의 과제", 「서울대학교 법학」 28권 1호, 서울대학교 법학연구소, 1987, 83-86면. 신동운 교수는 우리 형사법학의 과제를 ① 특별법연구의 필요성, ② 판례연구의 필요성, ③ 새로운 연구방법론의 개발, ④ 법학 연구의 중요성인식의 4가지를 강조하면서, 특히 ②와 관련해서는 변화하는 사회현실에서 형사법학은 살아있는 법을 찾아 연구하여야 하며, 기초법리와 강학상 논점들에 대하여 연구 분석하는 것도 중요하지만, 실제 형사사법의 현장에서 문제되고 다투어지는 논점들을 대학에서 예의 주시하고 적절히 분석하여 대안을 제시하는 작업이 더욱 의미가 있고 필요한 일이라고 보았다. 나아가 신동운 교수는, 판례연구에서 유의할 점은 단순한 판결문의 전재가 아니라, 사실관계와 법률논점 그리고 판결내용이 학생들에게 이해될 수 있도록 잘 정리 소개되어야 함을 덧붙이고 있다.

2) 이 사건은 당초 1건의 업무상 횡령죄, 2건의 사기죄, 2건의 업무상 배임죄로 고소·고발되었으나, 필자가 수사단계 변호인으로 2건의 사기죄와 2건의 업무상 배임죄에 대해 무혐의결정을 받아내었고, 다만 횡령 1건은 불구속 기소된 후 필자가 재판단계 변론을 추가로 진행하여 집행유예 판결을 받았다. 업무상 횡령 사건은 대구지방법원 경주지원 2010고단***호.

체와는 본건 이전에 이미 상당기간 동안 정상적으로 물품거래를 하여 왔던 하도급 업체들로서 부도 직전 마지막 대금을 제외한 대부분의 물품대금들은 모두 차질 없이 지급되어 온 관계였다는 점을 강조하였고, 입증 자료를 제출하였다. 또 총 피해액 중 7억 5,400만원 상당은 피의자가 채권양도의 방법으로 채무변제 명목으로 채권양도 절차가 완료된 사실도 주장·입증하였다. ㈜에스***이 부도에 이르기 직전 재무상태가 충실했음을 입증하기 위하여 재무제표, 감사보고서, 법인등기부등본 등을 제출하였고, 직접적 부도사유가 ㈜에스***의 경영미숙으로 인함이 아니라 ㈜에스***에 현물출자 방식으로 모회사가 된 한국기술**㈜이 상장 폐지되어 추가적 자금지원이 어렵게 되고, ㈜에스***의 금융 채무에 대해 보증을 서고 있던 위 모회사가 상장 폐지됨에 따라 기 금융권에 대한 대출금 기한연기 거절 및 추가대출 실패로 급격히 물품대금 결제 등 자금이 부족해졌음을 입증하였다. 이러한 사실을 알고 있는 ㈜에스***의 구매과장이 참고인으로 같은 진술을 하였다.

2) 피의자가 위 일시 경 피해자들로부터 위 금액 상당의 약속어음을 할인받고 그 대금을 변제하지 아니한 것은 사실이나, 당시 피의자 운영의 ㈜에스***의 재정상태 및 수익상태는 상승세를 이어가고 있었고, 피해자들로부터 위 약속어음에 대한 할인을 받을 때는 충분히 그 대금을 지급할 수 있을 것이라고 판단했으며, 피해자들 업체와는 본건 이전에도 이미 상당기간 같은 방법으로 약속어음 할인거래를 계속하여 왔던 하도급 업체들로서 고의적으로 피해자들을 기망하여 할인대금을 편취할 의사는 없었다고 변론하였다. 주장에 부합하는 증거로, 어음발행대장을 제출하여 이미 고소인들과의 사이에서 피의자가 ㈜에스***의 대표이사로 취임하기 전부터 ㈜에스***의 요청에 따라 2007.경부터 관행적으로 약속어음 할인을 통한 자금융통 거래가 계속되어온 사실을 입증하였고, 그간 차질 없이 약속어음 할인금액을 적시에 변제하여 온 사실 및 피의자가 대표이사로 취임한 2008. 11.경 15억 5,000만원 상당의 융통어음 채무액을 2010. 2.경에는 5억 원 가량으로 감소시킨 사실까지 입증하였다. 이에 부합하는 ㈜에스***의 구매과장이 참고인으로 같은 사실을 확인하였고, ㈜에스*** 매출내역서의 기재를 제출하여 본건 당시까지 정상적으로 회사가 운영되고 있었던 사실을 추가적으로 입증하였다.

다. 결 과

1) 변론내용을 토대로 수사검사는, ㈜에스***의 하청업체들인 고소인들로부터 자동차부품을 납품받을 당시 피의자 운영의 ㈜에스***은 원활한 운영이 되고

있었고, 계속된 거래관계 속에 통상 거래와 마찬가지로 물품거래를 진행해 온 사실을 인정하고, 이후 물품대금 지급기일인 납품일로부터 3개월 후인 어음결제 시점에 있어 외부사정으로 인해 (주)에스***의 자금사정이 급격히 어려워져 부득이 물품대금을 지급하지 못하게 된 사정을 감안하여 편취의사를 인정할 증거불충분하여 혐의 없음.

2) 변론내용을 토대로 수사검사는, 피의자가 (주)에스***이 부도날 것을 예상하고도 고소인들로부터 어음 할인대금 상당액을 편취할 의도로 본건 범행을 저질렀다고 볼 증거불충분하여 혐의 없음.

2. 횡 령 죄

가. 사건(대구지방검찰청 2011년 형제*****호)

피의자 한OO 및 피의자 이OO는 (주)베스코****의 각 대표이사 및 관리이사로서, (주)삼******의 대표이사인 김종*에게 충남 아산소재 일진***(주)의 아산공장 내부의 기계 및 부속설비 일체를 매수하여 그 기계 및 부속설비를 철거한 후 매각하여 차액에 해당하는 수익을 배분하기로 하는 약정을 체결하고(검사는 '동업약정'으로 주장), 아산공장 매수대금 36억 3,000만원 중 피해자 (주)삼******의 대표이사인 김**에게 25억 1,000만원을 부담케 하여 매수대금을 마련한 후 2010. 10. 22.부터 2010. 12. 2.경 사이 압출기 3대를 포함하여 공장 기계 및 부속물을 철거하여 타에 매각한 후 그 대금 명목으로 17억원 상당의 매각금을 피의자들 운영의 (주)베스코****로 송금 받았으나, 피해자에게 약속한 금원을 지급하지 않고 피의자들 개인 용도로 사용하거나 (주)베스코****의 다른 사업계획에 사용하여 특정경제범죄가중처벌등에관한법률위반(횡령).

나. 변 론

사건 수임 당시 이미 변호인 없이 몇 차례 검찰 수사를 받은 피의자들에게 확인한 고소된 범죄사실은 피해자가 지급한 25억원 전부가 피해액이었고, 구속을 전제로 수사가 되고 있다는 점을 확인한 후 사건에 착수하였다.

이 사건에서 가장 핵심쟁점은 금원의 성격과 피의자들과 피해자가 약정하였다는 이익분배약정의 성격이었다. 이익분배약정을 일방적으로 동업약정으로 간주하여 위탁관계를 인정하려는 검사는 약정 당시의 사정을 가급적 상세화(과장?)하여 돈만을 지급한 것이 아니라 피해자가 일정역할을 분담하기로 한 후 매각이익금을

5 : 5로 나누기로 한 것이라는 전제에서 피의자들을 추궁하였다.

필자가 변호인으로서 사건을 볼 때 구두 약정만이 있었고, 그 약정의 내용으로는 이익금을 5 : 5로 나누는 약정일 뿐 피해자의 역할이 매수자금의 확보 이외에는 전혀 없는 등 오히려 이익금을 전제로 한 투자금 유치가 분명한 바, 금원의 성질을 '투자금'으로, 법률관계를 '투자·정산관계'로 구성함이 타당하여 무죄변론을 시작하였다.

이러한 점을 입증하기 위하여 ① 우선, 동업 인정의 엄격한 요건을 대법원 판례에 따라 분설하고, ② 거액의 돈을 지급하면서 동업계약서가 존재하지 않는 이례성, ③ 공장매수계약서에 피의자들 운영의 회사만이 단독매수인이고, 피해자의 이름은 등장하지 않는 점, ④ 거래상대방이었던 매도인도 피의자를 단독매수인으로 인식하고 있었던 사정, ⑤ 공장매수 및 철거과정의 전과정(全課程)을 피의자들이 전적으로 책임진 반면, 피해자는 아무런 역할이 없었던 점, ⑥ 물건의 상태를 잘못 파악하여 이익이 나지 않았고 오히려 오염물제거명령에 좇아 토지원상회복에 수억원의 공사비용이 지출되었으나 피해자는 그 책임을 외면한 점, ⑦ 그 와중에 피해자의 대리인은 이익이 나지 않고 적자를 볼 것을 알자 무단으로 기계 중 일부를 피의자들과 상의하지 않고 가져가 환가·취득한 점, ⑧ 총 매각대금과 총 지출비용을 피해자에게 고지하여 민사상 정산을 보자고 수차 피의자가 피해자에게 내용증명을 보낸 점, ⑨ 정산을 위한 만남에서 피해자가 자신은 '투자'한 것이 맞다고 자인한 점, ⑩ 임의정산 결과 손해만 보고 이득이 없자, 다른 공장을 매수하여 이득을 낸 후 다시 나누자고 합의한 점, ⑪ 실제 피해자는 다른 물건을 구경하러 피의자와 함께 현장에 동행하기까지 한 사실을 주장하고 부합하는 각 증거자료를 제출하였다.

부합증거로는, 입금내역, 통장매수계약서, 공장매도인의 확인서, 과정을 아는 관련자들의 진술, 매각관련자료 및 입금내역, 원상회복명령 공문과 원상회복 현장사진 및 지출내역, 자금지출에 대한 이사회회의록 및 지출결의서, 다툼이 되기 전 보낸 공문 및 내용증명, 피해자와의 대화 녹취록, 피해자 대리인(私人)이 물건을 임의 반출한 목격자 확인서, 다른 물건을 구경하러 함께 간 사진 등을 제출하였다. 그리고 마지막으로 정산의지와 출석의지를 밝혔다. 검찰에 제출한 총 참고자료는 53개였다.

다. 결 과

예상한 바와 같이 수사검사는 강경하였고, 다만 횡령 피해금액을 줄여 12억 4천만원의 피해를 입힌 것으로 축소한 후 수사를 계속하던 중 구속영장을 청구[3]하였으나, 그간의 수사변론과정을 모두 검토한 영장담당법관에 의해 구속영장이 기각되었고,[4] 불구속 기소되어 대구지방법원 2011고합***호로 심리되었다. 공판검사는 피고인들에게 각 징역 4년 및 징역 3년을 구형하였으나, 재판부는 변론내용을 반영하여 무죄판결을 선고하였다.[5] 이후 검사가 항소, 상고하였으나, 각 기각되어 무죄가 확정되었다.

3. 배 임 죄

가. 사건(대구지방검찰청 경주지청 2010년 형제****호)

1) 피의자는 (주)에스***의 대표이사이로, 2009. 10.경 아이****(주)에 납품할 자동차부품을 피의자 운영의 또 다른 회사인 (주)성신**에 하도급을 주면서 부품 개당 매출단가보다 높은 금액에 부품을 매입하여 차액 상당액만큼 피해자 (주)에스***에 손해를 가하는 등 일부 자동차부품을 매출단가보다 매입단가를 높게 책정하거나 동일하게 책정하여 업무상배임.

2) 피의자는 2009. 10.경부터 2010. 1.경까지 (주)태*에서 납품받던 자동차부품

---

3) 대구지방검찰청 제2011-****호 구속영장에는, 사안이 중대하고, 누범기간 중으로 향후 높은 형의 선고가 예상되어 도주할 우려가 있을 뿐만 아니라, 현재까지 수사과정에서 피의자가 수사에 임한 것은 오로지 자신들의 주장을 수사기관에 관철시키기 위함일 뿐이어서 언제든 피의자의 주장이 받아들여지지 않을 경우 즉시 도주할 우려가 있으며, 기계 및 고철 매각대금 사용처에 대한 자료는 대부분 피의자가 가지고 있어 향후 조작 등 증거를 인멸할 우려가 높고, 거액의 동업재산에 대해 동업관계를 부인하면서 피해자의 접근을 배제한 채 은닉한 후 투자금 정산의 민사상 의무만 있을 뿐이라며 범행 부인하는바 죄질이 극히 불량하다는 사유가 기재되어 있었다.

4) 영장기각의 사유(대구지방법원 영장 2011-****호)를 그대로 소개한다. 「1. 피의자는 아산공장 매매 당시 피해자로부터 25억 원 상당을 교부받은 것은 단순한 투자금에 불과하고 동업관계가 아니어서 이 사건 압출기와 그 매각대금 모두 (주)베스코****의 단독 소유이므로 그 매각대금을 피해자의 동의 없이 사용한 것이 횡령에 해당되지 아니하고, 다만 피해자에게 투자금을 정산해 줄 의무만 있는데 여러 가지 사정으로 그 정산이 늦어진 것에 불과하지만 조만간 피해자 측에 원만한 정산이 이루어 질 전망이라고 주장하며 이 사건 횡령 범행을 부인하고 있다. 2. **피의자가 그의 변소에 부합하는 자료를 제출**하는 등 피의자에게 이 사건 영장기재 횡령 범행에 대하여 다투어 볼 여지가 있고, **확보된 증거자료 등에 비추어 보면 피의자에게 방어권 행사의 범위를 넘어 증거를 인멸할 염려가 있다고 보기 어려움.** 3. 피의자는 주거 일정하고, 수사의 경과, 지금까지 수사기관의 소환에 성실하게 응하여 왔으며, 향후에도 수사기관이나 법원의 출석 요구에 성실히 응할 것을 다짐하고 있는 점 등을 참작할 때 본안 재판 시까지 도망할 염려가 있다고 보기도 어려움.」

5) 선고일 전 이례적으로 재판부는, 변호인이었던 필자에게 구술 최종변론의 요지를 정리하여 제출해주면 고맙겠다고 하여 판결에 반영될 중요사항을 즉시 작성하여 이메일 교부한 사실이 있었다.

을 (주)성신**로 하도급 업체를 변경하면서 매입단가를 인상 매입하여 차액 상당액만큼 피해자 (주)에스***에 손해를 가하여 업무상배임.

나. 변 론

1) 피의자가 (주)에스*** 대표이사로서 아이****(주)에 납품할 자동차부품을 (주)성신**에 하도급을 주면서 부품 개당 매입단가를 매출단가보다 높은 금액으로 매입한 사실은 인정되나, 본건 자동차부품은 모두 이전 하도급 업체에서 매입할 시와 같은 금액으로 매입한 것이고 매출단가보다 매입단가가 높아진 경위는 외부적 사정에 기인한 것으로 고의적으로 (주)성신**에 부당한 이득을 줄 목적은 없었으며, 피의자 자신이 직접 제품단가를 인상하라고 지시한 사실이 없다고 변론하며, 이에 부합하는 증거자료를 제출하였다. 특히 종전 매입처와 거래하던 가격을 제출하여 특별히 (주)성신**가 부당한 이득을 본 사실이 없고, 따라서 (주)에스***에 손해가 없거나 손해를 끼칠 목적이 없었음을 강조하였다. 또 매입단가의 변동이 외부사정 때문임에 대한 자료를 제출하였다. 아울러 참고인으로 (주)에스***의 구매과장으로 근무한 참고인으로부터도 진술서를 제출받아 그와 같은 사정에 대한 진술증거를 제출하였고, 참고인은 수사기관에 출석하여 그와 같이 진술하였다. 또 단가 책정과정에 피의자가 직접 가담한 사실이 없음도 참고인의 진술로 확인되었다.

2) 본건 자동차부품의 종전 거래업체에서 (주)성신**로 납품처를 변경한 것은 종전 (주)태*의 납품차질로 인한 것으로 불가피한 결정이었다는 점을 강조하고, 납품업체를 변경하면서 오히려 종전보다 개당 공급원가를 낮추어 공급받은 것이지 더 상향시키지 않아 (주)에스***에 손해를 끼친 사실이 없고, 고의도 없다고 변론하였다. 또 이 과정에서 나름대로 (주)성신**의 재정이 적자상태로서 열악하여 업체를 안정화시키기 위한 측면도 있었으나 (주)에스*** 입장에서도 하도급 업체를 안정화시켜 원활한 부품공급이 이루어지면 장기적으로 이익이 되는 것이고, 이와 같은 단가로 매입을 하더라도 (주)에스***은 30% 상당의 이윤이 발생하는 것으로 경영판단한 것으로 이는 존중받아야 하며, 배임의 고의를 엄격하게 인정하여야 한다는 대법원 판결(2008도4910호, 2007도6075호 판결)을 적시하였다. 또 동종 업계의 유사 선례를 통해 부품공급업체가 꾸준히 공급가를 올려달라고 요구하며 납품을 거부할 경우 생산업체에서는 차질을 우려해 납품단가를 인상시킨 사실이 있음을 소개하였고, (주)에스***의 구매과장인 참고인이 종전 거래처인 (주)태*이 바로 그러한 선례로 꾸준히 납품단가를 인상해 오면서 고의로 납품지연 및 거부를 일삼아 부득이

(주)성신**로 납품업체를 변경하였고 이후 이윤이 가장 많이 나는 일부 품목에 대하여 납품단가를 상향하게 되었으므로 피의자가 독단적으로 (주)성신**에 이익을 줄 목적으로 지시한 것이 아니라는 점을 잘 알고 있어 진술을 확보하여 제출하였고, 참고인은 수사기관에 출석하여 그와 같이 답변하였다. 위와 같이 납품업체를 변경하게 된 경위와 관련한 이사회 회의록도 함께 제출하였다.

다. 결 과

1) 피의자가 (주)에스***의 대표이사로 자신이 인수한 (주)성신**에 사적인 이익을 줄 목적으로 본건 범행을 저질렀다는 증거불충분하여 혐의 없음.

2) 수사검사는 경영판단과 배임의 고의 인정여부와 관련한 변론에 귀 기울여, 기업 경영에 내재된 속성을 고려하여 문제된 경영상의 판단에 이르게 된 경위와 동기, 판단대상인 사업의 내용, 기업이 처한 경제적 상황, 손실발행의 개연성과 이익취득의 개연성 등 제반사정에 비추어 (주)에스***의 장기적 경영판단으로 하도급 업체인 (주)성신**의 재정을 조금이나마 안정화시키기 위해 일부 품목 단가를 인상 지급한 이 사건은 피의자가 (주)에스***에 대한 업무상 배임의 범의를 가졌다는 증거불충분하여 혐의 없음.

4. 피해자 변호사례

가. 사건(대구지방법원 2012고합***호 살인)

피고인 신**이 이혼한 전처와 평소 양육권 문제로 다투어오던 중 자(子)를 강제로 데려가기 위하여 전처의 집에 무단으로 침입한 후 다투다가 가정폭력사건으로 출동한 경찰관이 돌아간 직후 칼로 등과 배 부위를 수차례 찔러 살해하여 살인죄로 공소제기 되었으나, 피해자 유족들은 대구지방검찰청 2012년 형제****호 공소장 내용이 사실과 다르며, 피고인이 중한 형을 선고받기를 바란다며 계약을 요청하였다.

당시 피해자 유족들이 말한 '사실과 다르다는 공소사실'은 피해자가 피고인에게 욕설을 하여 피고인이 우발적으로 살해한 것으로 기재된 부분[6]이었고, 공소장 기재와 같다면 피고인이 우발적으로 살해한 것으로 정상 참작되어 선처될 가능성이 있었다.[7]

---

6) "고소장을 한 다발 받게 해 주겠다. 마누라도 하나 못 지키는 고자 자식이" 라는 부분.

7) 본래의 공소장의 핵심적 오류는, "피고인이 신**의 머리를 때리려고 하면서 끌고 가려는 것을 본

따라서 피해자를 위한 변론의 방향은 피고인이 귀책 없는 피해자를 죽일 결심을 하고 찾아왔으며, 그 범행 장소와 방법도 공소장과 같이 안방에서만 수차례 찌른 것이 아니라, 도망하는 피해자를 좇아 아파트 7층에서 1층까지 추격하며 잔혹하게 살해한 것이므로 오히려 가중 양형요소가 존재할 뿐 감경 양형요소는 전혀 존재하지 않는다는 점을 주장·입증할 필요가 있었다. 나아가 재판과정에서 자 2인 중 1명이라도 재판과정에서 피해자 진술권을 행사하게 해 달라는 유족들의 요청을 수용하여 아래와 같은 변론을 시작하였다.

나. 변 론

제1회 공판기일에 앞서 변호인 선임계를 제출하여 공소장 열람·등사를 하였고, 이어 피해자들이 검찰에서 진술한 참고인진술조서 및 탄원서와 현장사진 등을 열람·등사하였으며, 이 사건 발생 전 피고인이 평소 전처였던 피해자와의 혼인생활 관계에서 가하였던 다수의 폭력 증거를 수집함과 동시에 피해자들 및 관련자들이 확인서를 징구하였고, 필요서류의 수집이 끝난 직후 다음과 같은 목차를 담은 변호인의견서를 작성하였다. 「1. 탄원의 요지, 2. 피고인의 악성격과 피해자의 생전 고통, 3. 이 사건의 발단과 잔혹한 범행수법(가. 피고인의 주장대로 우발적 살인인지, (1) 증거물인 칼에 대하여, (2) 범행경위에 대하여 – 모살, 잔혹한 범행수법), 4. 범행 후 피고인의 태도, 5. 공판심리 중 유족들의 소망(가. 공소장변경요구를 통한 실체진실 발견,[8] 나. CCTV 동영상 및 칼에 대한 국립과학수사연구소 감정, 다. 녹음기의 제출, 라. 피해자 재판절차 진술), 6. 결어」의 체계를 갖춘 의견서로서, 실체진실에 반한 공소사실의 변경을 요구함과 동시에 피고인의 가중 양형요소를 드러내면서 감경 양형인자를 제거하며, 피해자의

피해자가", "애 폭행으로 고소하겠다. 고소장을 한 다발 받게 해 주겠다. 마누라도 하나 못 지키는 고자 자식이", "피고인은 순간 피해자를 죽이려고 마음먹고 주방 식기건조기 안에 있던 과도를 가지고 나와" 라는 부분이었다.

이는 ① 실제로는 피고인이 자 신**을 때렸기에 피해자가 경찰에 신고하기 위해 수화기를 들었음에도, '때리려 한 것'으로 구성되어 있어 사실에 반하고, ② 피해자가 피고인에게 "고자 자식" 등 살의를 불러일으키는 내용의 폭언을 한 사실이 없음에도 그러한 것처럼 구성되어 있어 실체진실과 차이가 있었다.

8) 필자는 본래의 공소사실을 다음과 같이 변경하여 줄 것을 주장하였다. 판결 결과 정식의 공소장변경절차는 거치지 않았지만, 실제 판결문상 「범죄사실」에서는 유족이 소망했던 피해자의 귀책발언은 삭제되었고, 아래 필자가 주장한 내용들은 판결문상 「양형의 이유」 란에 대부분 반영되었다.
「"피고인이 신**의 머리를 마구 때리는 것을 본 피해자가", "현관문을 열고 경찰관을 불렀으나 이미 경찰관이 7층에서 내려가 버려 황급히 안방으로 들어가 경찰에 신고하기 위해 수화기를 들자", "피고인은 미리 준비하여 온 칼로 안방에서 피해자의 정면 부위를 1-2회 찌른 후 계단으로 도망하는 피해자를 쫓아 내려가면서 4층 계단에서 다시 등 부위와 팔 부위를 수회 찌르고, 1층으로 다시 도망하는 피해자를 또 쫓아가며 추가로 등 부위를 찔러"」

재판절차진술권을 확보하는 내용을 담고 있었다.

또 1회 공판 후 공판검사가 미리 제출된 피해자대리인의견서를 읽고 공판에서 중점으로 할 부분을 논의하여와 필자는 유족의 억울함, 피고인의 계획적이고도 잔혹한 범행방법, 평소 악성격 및 악행, 공소장변경의 필요성, 중한 구형의 필요성에 대하여 의견을 개진하였고, 이후 증거기록 일체를 등사하여와 검토 후 피고인의 수사기관 진술을 반박하는 내용의 2차례의 의견서를 추가로 제출하였으며, 4회 공판 후에는 공판검사와 피해자 측 증인의 신문방법을 상의하여 유의할 점을 피해자들에 알려주어 절차권을 충분히 보장받게 하였다. 결심공판에서 검사는 변호인의 요청을 수용하여 가중 양형인자를 충분히 지적하면서 징역 17년을 구형하였다.

다. 결 과

위와 같이 공판검사는 최종의견 진술시 그간 변호인이 주장한 내용을 거의 전적으로 수용하여 구형 17년과 가중양형의 사유를 밝혔고(공판조서에 상세히 기재), 피해자 변호사의 신청 증인은 모두 채택되어 지도해 준 증인신문요령을 숙지하여 무사히 신문에 응하였으며, 판결 선고 역시 피고인에게 형 15년이 선고되었고, 애초 피고인이 우발적으로 행위한 것으로 기소된 공소장은 양형과 관련하여 사실로 인정할 수 없는 것을 모두 빼고 다시 범죄사실이 정리되었던바,

「피해자가 "애 폭행으로 고소하겠다, 고소장을 한 다발 받게 해 주겠다, 마누라도 하나 못 지키는 고자 자식이"라는 말을 하자, 피고인은 순간..」으로 되어 있던 공소사실이 → 판결문상의 범죄사실에서는, 「피해자가 "애 폭행으로 고소하겠다, 고소장을 한 다발 받게 해 주겠다."라는 취지의 말을 하자, 피고인은 순간..」으로 변경되어 피해자가 욕을 한 유책사유가 빠지게 되었다.

또한 '양형의 이유'에서는 가중요소로서 피해자 변호인이 주장·입증을 위해 노력했던 점들이 '잔혹한 범행수법'이란 제목 하에 「피해자가 계단을 통하여 아래층으로 도망갔음에도, 피고인은 범행을 멈추지 아니하고 피해자를 뒤쫓아 자식과 동생의 만류에도 불구하고 피해자의 등 부위를 2회 더 찔러 피해자를 살해하였는바, 이들의 만류를 뿌리치고 범행을 계속할 정도로 피고인은 당시 강한 살의를 가졌던 것으로 보이고, 자식과 동생의 만류를 뿌리치고 계단으로 달아나는 피해자를 빠른 속도로 따라 붙어 과도로 피해자의 등을 찌를 때까지 피고인의 살의에 직면하여 피해자가 느꼈을 공포심은 상상을 초월할 정도의 고통이었을 것으로 보이며,

이러한 고통과 더불어 …(중략) 종합하면, 피고인의 이 사건 범행수법과 내용은 흉기를 사용하여 신체의 급소 등을 수십 차례 찌른 경우에 준하여 양형기준상 **특별양형인자 중 가중요소로 거시된 잔혹한 범행수법**에 해당한다고 봄이 상당하다」고 하여 집 안에서만 수회 찌른 것이 아니고 계단으로 추격하여 추가로 찌른 것이라는 피해자 변호인의 주장을 그대로 양형사유에서 받아들이고 있으며, **감경요소는 '없음'**으로 설시되었다.

5. 검사의 객관의무 위배사례

가. 사건(대구지방검찰청 2011년 형제***** 특경가법위반)

이 사건 쟁점은 피의자들이 고소인으로부터 투자받은 돈 24억 원의 성질이 투자에 불과하여 동업자금의 횡령으로 볼 수 없다는 것이다.

나. 검사의 입장과 변호내용

수사과정에서, 검사(檢事)는 동업약정서가 없다 하더라도 동업으로 볼 수 있다고 본 반면, 변호인(辯護人)은 동업약정서가 존재하지 아니할 뿐 아니라 고소인의 역할분담이 투자금 마련 이외에는 전혀 없고 공사 진행과정 또는 고소 직후 피의자와 피해자가 대화한 녹취록 상으로도 '투자금'에 대한 말만이 있을 뿐이며 일체 동업관계 얘기는 없으며, 피고인들이 투자받은 돈을 이용하여 철거공사의 시작부터 마무리까지 일체의 업무를 담당하였으며, 철거공사로 인한 매각금을 임의로 사용하고 타에 투자하는 것에 대해 아무런 이의를 하지 않고 오히려 고소인도 대리인을 통하여 이익금을 선취하여 간 사실도 수차례 있거나 재 투자처에 함께 방문하여 현장답사까지 한 사실도 있는 등으로 **도저히 동업으로는 볼 수 없어 위탁관계가 없으므로 횡령죄가 성립되지 않는다는 수사변호를 하였다.**

그러나 검사는 사정이 이와 같고 변호인이 적극적으로 주장한 이 사건 계약의 성질과 위탁관계 존부라는 법리적 주장이 영장청구와 향후의 공소제기 및 유지에 가장 결정적이라는 점을 잘 알고, 변호인이 제출한 부합증거들을 충분히 검토하였음에도 피의자들에게 감정적으로 대처하고 있었다. 이에 필자가 영장청구 수일 전 검사실을 방문하여 의견서를 추가로 제출하면서 구술변론을 시도하였으나, 수사검사는 여전히 "변호인의 주장처럼 법리적으로는 재판에서 무죄가 나올 수도 있다고 생각하고, 그럴 가능성도 높다고 생각한다. 그러나 나는 검사로서 영장을 청구할 권한이 있다고 생각한다. 재판에서 잘 변호해 보시라"는 내용으로 강경대응 하였다.

다. 결과 및 문제점

생각건대, 검사는 객관의무를 갖고 있는 단독제 준사법기관(單獨制 準司法機關)이므로 비록 이 사건 금원의 규모가 크다 하더라도, 또 이익금을 타에 사용하거나 재투자한 흔적이 있다고 하더라도 감정적으로 대응할 것이 아니라 당초 피의자와 고소인 간의 계약의 성질이 투자계약이라면 투자받은 사람이 투자의 용도에 맞게 사용한 후 이익이 남으면 배분할 민사적 문제만이 남는 점을 잘 살펴 **법리에 부합하는 영장청구 등 수사권과 공소권을 행사하였어야 할 것으로서 아쉬움이 남는다.** 사건은 구속영장 기각, 1심 형사재판에서 피고인들 각 무죄, 검사가 항소한 2심 형사재판에서 피고인들 각 무죄, 다시 검사가 상고하였으나 검사의 상고가 기각되어 최종 무죄가 확정되었다. 이 사건에서 이미 수사검사가 변호인의 법리주장과 부합증거를 검토하여 무죄확률이 높다고까지 인식했음에도 무리한 수사와 기소를 통해 권한을 남용하였다는 인상을 지울 수 없다.[9)]

라. 여론(餘論) – 검찰의 위기

최근 10여년 사이 검찰의 위기사례들을 정리해 보았다. 검사가 객관의무를 져버리거나 소홀할 경우(경우에 따라서는 개인의 부적절한 처신 포함) 우리 사법체계 전반에 큰 혼란을 줄 것이 자명하기 때문에 필자는 아래 사례들을 깊은 관심을 갖고 정리하게 되었다.

일명 '**벤츠 여검사**(1심 징역 3년 및 추징금 4,462만 원, 2심 무죄, 3심 무죄[10)]),'[11)] '**뇌물부장검사**(수수액 10억 원 상당, 고등법원에서 징역 7년, 벌금 1억 원, 추징금 4억 5천여 만 원 선고)',[12)] '**브로커 검사**{검사는 면직당한 후 1, 2심[13)] 모두 징역 10월에 집행유예 2년 선고, 소개받은 변호사인 매형은 1, 2심 모두 징역 1년에 추징금 5000만 원 선고}',[14)] '**상관의 지시에 반한 구형 여검**

---

9) 수사검사의 객관의무를 검사에게 요구되는 책임감으로 보면서, 그러한 자세가 결여된 문제 있는 검사의 유형을 소개한 글로는, 대한변협신문, 법조단상(최창호 대전고검 검사), "책임감", 2015. 7. 20, 15면.

10) 검사가 내연관계에 있던 변호사로부터 벤츠 자동차와 샤넬 지갑 등을 수수한 것은 사실이다. 그러나 수수시기와 사건 편의를 봐준 시기가 차이가 있어 대가성이 없으므로 연인관계에서의 선물로 무죄라는 취지였다.

11) 연합뉴스, 기사, "'벤츠 여검사' 무죄 선고에 네티즌들 성토 '봇물'", 2012. 12. 13.자; 머니투데이, 기사, "'벤츠 여검사' 무죄 확정, 대법 "벤츠는 '사랑의 정표'라서..", 2015. 3. 12.자

12) TV조선, 뉴스, "[TV조선 특보] 벤츠 여검사·10억 뇌물…추문·비리로 구속됐던 검사들", 2014. 1. 16. 11:38.

13) 서울고법 2013노3460 판결.

14) 연합뉴스, 기사, "檢 '브로커 검사' 불구속 기소…중징계 청구", 2013. 1. 16.자; 머니투데이, 기사, "브로커 검사 "변호사 매형 소개 안했다" 항소심서 혐의 부인", 2014. 1. 22.자; 법률신문, 기사, "'브로커 검사' 항소심도 징역형", 2015. 1. 22, 10면.

사(정직 4개월 징계처분 후 취소소송에서 여검사 승소, 단 징계요건은 해당됨을 설시[15])',[16] '**검찰은 정치검찰이었다고 자인한 전직 검사의 발언**(퇴직 후 정치활동하며 다양한 비판활동)',[17][18] '**해결사 검사**{구속 기소, 재판 중 해임,[19] 1, 2심(서울고법 2014노2016 판결) 모두 징역 8월 집행유예 2년[20])}', '**성 뇌물수수 신임검사**(징역 2년 확정)',[21] '**스폰서 검사장**(제보자인 스폰서만 여죄로 구속기소, 검사장은 면직)',[22] '**떡값 검사**(특별검사 수사결과 재벌 떡값 구체적 내용 확인 못하고 내사종결)',[23] '**고문 및 폭행치사 강력부 검사**(1심 징역 3년, 2심 징역 1년 6월)',[24] '**형집행정지 불법 의혹**(1심에서 허위진단 교사한 재벌 회장 횡령, 배임증재죄로 구속 기소 후 징역 2년, 신촌****병원 교수는 구속기소 후 징역 8월 선고, 검찰은 신중한 법무행정 결의,[25] 2심에서 기업회장은 허위진단서 작성·행사 혐의와 배임증재 혐의는 무죄, 회사 돈 횡령한 혐의는 징역 2년에 집행유예 3년을 선고, 발급의사는 3개의 진단서 중 2개 진단서에 대해 허위작성 혐의 무죄를 선고받고 벌금 500만 원으로 형 감경[26])', '**별장 성접대 차관**(출국금지 후 뇌물죄는 공소시효 도과로 미입건, 합동강

---

15) 서울고등법원 2014누4537 판결.

16) 법률신문, 기사, "브로커 검사 불구속 기소… 막무가내 여검사는 정직", 2013. 1. 16.자; 국민일보, 기사, "법원 "과거사 재심 무죄 구형 여검사 징계 과해"", 2014. 2. 22.자; 법률신문, 판결브리핑, "'무죄구형' 검사, 항소심도 승소", 2014. 11. 10.자 10면.

17) 머니투데이, 기사, "백** 전 검사 "최근 검찰, 막장드라마 보는 느낌"", 2012. 11. 29.자

18) 그 외에도 조선일보, 기사, "['사법致死' 고리 끊자][中] '윗선 뜻' 따른 표적수사, 성과 보이려 먼지털이式 악습 되풀이", 2015. 5. 14.자에서는, 충분한 내사를 거쳐야 하지만 빨리 성과 내기에 급급하여 증거를 찾지 못하면 자백을 압박하고, 특히 기업 수사에서 결과가 나오지 않으면 경영주가 임의로 쓴 돈과 분식회계를 처벌하는 것이 공식이라는 점이 보도되었다. 이러한 검찰의 무리한 수사로 정** 전 현대** 회장과 노무현 전 대통령이 스스로 목숨을 끊는 등 비극이 일어났고, 검찰은 이때마다 '정치 검찰'이라는 비판을 받았다는 내용이다. 검찰의 '코드 맞추기' 수사가 '짜맞추기 수사', '강압수사', '표적수사', '먼지털이식 수사', '별건 수사' 등의 모습으로 갖가지 무리수를 낳게 되는데, 내사를 거친 신중한 수사를 진행하지 않는 이유는 윗선의 뜻에 맞춘 빠른 성과를 요구받고, 수사 실패에 대한 부담이 큰 데서 원인을 찾을 수 있다고 한다. 가장 최근의 문제로는, 2014. 5. 대통령의 대국민 담화 후 '철피아' 수사를 하던 중 철도시설공단 간부가 "이미 자백을 했는데 검찰이 윗선 연관성을 찾겠다고 해 힘들다. '큰 건'을 잡아야 출세하나 보다"라는 유서를 남기고 자살하였고, 이어 김** 전 철도시설공단 이사장이 재직 시절 부하 직원들이 뇌물수수 혐의로 서울중앙지검에서 수사를 받자 한강에 투신해 목숨을 끊은 사실, 2014. 10. 대통령이 방위산업비리의 문제점을 지적하자, 한달 뒤 정부합동수사단이 꾸려진 후 2015. 1. 수사 받던 예비역 해군 소장이 한강에 투신자살한 사실을 예로 들 수 있다.

19) 연합뉴스, 기사, "법무부, '해결사 검사' 해임 결정", 2014. 5. 8.자

20) 법률신문, 판결브리핑, "'에** 해결사' 검사 2심도 징역형", 2014. 10. 16, 10면.

21) YTN, 뉴스, "'성추문 검사' 징역형 확정…'성관계도 뇌물'", 2014. 1. 29. 16:59.

22) 한겨레신문, 기사, "스폰서 검사' 폭로했던 건설업자 구속", 2013. 10. 16.자; 머니투데이, 기사, "'스폰서 검사' 전 부산지검장 항소심도 복직불가", 2011. 12. 29.자

23) 한국일보, 기사, "황** "특검 수사 통해 사실무근 규명된 사안"… 법조계 "내사종결… 돈 안 받았다는 뜻 아니다"", 2013. 10. 5.자

24) 연합뉴스, 기사, "검찰 "홍 전검사, 가혹행위 사실상 지시"", 2002. 11. 6.자; 한겨레신문, 기획연재, "표창원의 죄와 벌–검찰의 고문방법 '눈 찌르고 낭심 때리고…'", 2013. 6. 14.자

25) 서울서부지방법원 2014. 2. 7, 선고 2013고합269 판결; 연합뉴스, 기사, "'여대생 청부살인' 남편 **제분 회장에 징역 2년", 2014. 2. 7.자

간은 무혐의, 차관 사퇴)',[27] '**혼외자 총장**(총장퇴임 후에도 법무부와 대검찰청이 계속 확인한 사실 공표, 공표결과는 혼외자 맞다고 판명)',[28] '**항명파동 검찰**(한** 검찰총장이 대검 중수부 폐지 포함한 고강도 자체 개혁안 제시 후 항명 당하여 자중지란의 책임지고 사퇴)',[29] '**국정감사 외압 폭로 지청장**(서울중앙지검장은 사임 후 변호사 개업, 특별수사팀장이자 폭로한 지청장은 정직 1개월 처분)',[30] '**간첩 위조 파문 검찰**(국정원 과장급 1인은 구속기소, 1인은 강압수사 주장하며 자살기도, 2차장 사퇴, 국정원장 및 검찰총장, 대통령 사과 발표, 단, 공안검사 2인은 위조사실 부지로 결론)',[31] '**경찰의 구속영장 신청서 찢고 폭언한 검사**(대검 감찰 착수, 공용서류손상죄로 벌금형 선고, 별도 징계청구)'[32] 등은 모두 언론을 떠들썩하게 했던 실제 전·현직 검사들의 비위사실 또는 부적절한 처신과 관련된 기사이다.[33] 이후 검찰은 자정의지를 강하게 내비치고 있지만, 권한을 통제할 때가 왔다는 견해가 유력하다.[34]

6. 약식명령 불복사례

가. 약식명령의 의의 및 장점

경미사건처리의 신속한 절차라는 원리에 비추어 볼 때 사법경찰관의 불구속 기소의견 사건 중 극히 경미한 범죄에 대하여 검사가 약식명령을 청구할 수 있고 법원이 타당하다고 인정할 경우 바로 약식명령을 발령하는 것이 반드시 피고인에게 불리하다고 볼 수 없다. 장기간의 형사사법절차에서 조속히 해방될 수 있고 변호사 선임 등 적극적 경제적 손실을 막을 수 있거나 사회생활에 전념할 수 있어

---

26) 서울고등법원 2014. 10. 30, 선고 2014노616 판결; 헤럴드경제, 기사, "여대생 청부살해 주치의 감형, 류** **제분 회장은?", 2014. 10. 30.자; 법률신문, 판결브리핑, 2014. 11. 6.자 10면(서울고등법원 2형사부는 "윤씨에게 **부당한 형집행정지가 내려진 건** 의료기록을 제대로 검토하지 않은 **검사의 과실**"이라며 "수감생활의 기준이 구체적으로 마련되지 않은 상황에서 의사에게 모든 책임을 지우는 건 부당하다"는 점을 의사에 대한 형 감경사유로 설시하였다).

27) 연합뉴스, 기사, "김** 前차관 등 유력인사 성접대 사실 확인", 2013. 7. 18.자; 동아일보, 기사, "김** 前 법무차관 성접대 의혹 8개월만에 무혐의", 2013. 11. 12.자

28) 조선일보, 기사, "'해당 아동'이라더니...검찰 "채** 혼외자 맞다"", 2014. 5. 7.자

29) KBS, 뉴스, "[취재현장] 검찰 집단 항명…내일 총장 사퇴", 2012. 11. 29. 23:45.

30) 조선일보, 기사, "윤** 정직 1개월, 국정원 수사 항명 징계…윤 지청장 "할 말 없다"", 2013. 12. 19.자

31) YTN, 뉴스, "유** 간첩 사건·증거 조작 정리", 2014. 4. 15. 10:05.

32) 연합뉴스, 기사, "대검, '경찰 영장 찢은 검사' 약식기소·징계청구", 2014. 4. 11.자; KBS, 뉴스, "경찰 구속영장 신청서 찢은 현직 검사 벌금형", 2014. 5. 5. 10:09.

33) 법률신문, 기사, "[2012년 법조계 결산] 법무부·검찰", 2012. 12. 24.자; 법률신문, 기사, "[2013년 법조계 결산] 법무·검찰", 2013. 12. 24.자 참조.

34) 한상훈, "검찰·경찰 수사권 조정의 경과와 전망", 「형사정책연구소식」 제125호, 형사정책연구원, 2013, 22-25면; 표창원, "경찰수사권 독립이 인권보장의 첩경", 「형사정책」 제15권 제1호, 한국형사정책학회, 2003, 38-77면.

소극적 경제적 손실을 막을 수 있기 때문이다. 또한 구공판기소[35](정식재판청구사건) 될 경우 반드시 벌금형이 선고 된다고만은 볼 수 없으므로 피고인 입장에서는 경죄처벌확정으로 인한 심리적 부담감 해소의 장점도 있다.

나. 불복이유

위와 같은 신속한 처리의 장점에도 불구하고 이에 불복하여 정식재판을 청구하는 피고인은 크게 두 분류(작게는 세 부류)로 나뉜다.

첫째, 사실을 인정할 수 없다는 경우이다.

통상 명예훼손죄, 모욕죄, 경미 폭행 또는 상해죄, 업무방해죄로 약식 기소된 피고인 중 정식재판을 청구하는 사람이 많다. 사실을 인정할 수 없고, 잘못된 수사로 인한 처벌에 승복할 수 없다는 주장이다. 무죄를 주장하는 구체적 내용으로는, "범죄사실과 같은 내용으로 명예를 훼손한 적이 없다"거나, "때린 적이 없으므로 고소인이 낸 진단서는 허위"라거나, "단순히 항의하고 있었을 뿐 범죄사실과 같은 위력행사가 없어 업무 방해한 적이 없다"거나, 간혹 "정당방위"를 주장하는 경우를 들 수 있다.

이 유형의 사건처리에 있어서는, 벌금형 사건이라 하여 변론준비가 미흡할 수도 없고, 최선을 다해주어 벌금형 감경이 된다 하더라도 고마워하지 않고 즉각 항소하는 경우가 많으므로 변호인으로서는 마음을 비우고 최선을 다해 범행경위를 조명해 주는 것이 필요하다. 당시 상황이 과장되었다는 사실 또는 왜곡되었다는 주장을 하여야 할 것인데, 통상은 CCTV나 피고인에게 유리한 목격자가 있을 리 없다. 있었다면 애초 기소되지 않았을 것이기 때문이다. 그렇다면 증인신문을 통한 반대심증형성이 불가능한 경우가 많다고 보고, 기록 전반을 살펴 피고인에게 범행동기가 없다는 점, 피해자에게 이미 상처가 있었다는 점, 범행 전 이미 피해자가 피고인에게 안 좋은 감정을 갖고 수시로 음해한 사실이 있어 고소 동기나 진술내용이 순수하지 않아 신빙성이 없다는 점, 피해자의 진술과 참고인의 진술이 일치하지 않거나 변하고 있어 신빙성이 없다는 점, 사건 직후 피해자가 거액의 합의금을 수시로 요구하면서 처벌 경고를 반복하였다는 점을 모두 조명하면서 결국은 신빙성 또는 증명력을 탄핵·감쇄할 수밖에 없다.

둘째, 벌금형이 지나치게 많다는 주장이다.

---

35) 정식재판청구사건에 대한 종전 명칭이다. 검찰문서에서 2007년 상반기까지 사용되었고, 현재는 정식명칭은 아니지만 실무상으로는 이 용어를 그대로 사용하고 있다.

벌금 500만원을 선고받은 피고인은 정식재판을 청구할 경우 벌금이 200 내지 300만원으로 충분히 떨어질 수 있다고 생각한다. 양형부당을 주장할 기회가 충분히 없었기 때문에 법관에 대해 범행이 일방적인 것이 아니라 피해자의 기여가 있었다는 점, 피고인의 행위는 우발적이란 점, 경제사정이 좋지 않고 벌금형 납부가 현실로 어렵다는 점을 주장하고 싶은 것이다. 감경 처분되는 사례도 실제 다수 있다.

셋째, 벌금형도 유죄판결이 맞기 때문에 전과사실이 실효될 수 있도록 벌금형의 선고유예를 구하는 경우이다.

벌금형 선고 후 2년이 경과하면 애초에 선고가 없었던 효과로 돌아가기 때문에 학생이고 초범인 경우 이러한 결과를 위해 정식재판을 청구한다.

다. 불복사례

정식재판을 구한 사례로서, 아래에서는 (1) 무죄를 구한 사건, (2) 유죄를 인정하나 선고유예를 구한 사건의 실 사례를 통해 단순 벌금형인데도 마치 자신의 모든 것을 건 듯 형사재판에 매달리는 피고인의 입장을 헤아려볼 필요가 있다.

(1) 무죄를 구한 사건

(가) 사 건

피고인은 미국인 영어강사로, 새벽 시간대 자신의 주거 바로 앞에서 술에 취해 소란을 피우는 한국 여성에게 조용히 해 달라고 하였으나 피해자가 삿대질과 더불어 몸으로 부딪쳐 와 이를 피하고자 밀어내는 과정에서 피해자가 넘어져 다쳤고(제1행위), 이후 한국 경찰에 신고하는 방법을 몰라 집에서 200미터 떨어진 미군캠프에 자신이 폭행당한 사실을 신고하기 위해 캠프로 가던 도중 같은 피해자가 계속 따라오며 피고인을 향해 욕설하며 몸으로 부딪쳐 와 이를 피하고자 다시 1회 몸으로 밀어 넘어지게 하여 다시 다친 행위(제2행위)에 대하여 약식 기소되자, 피고인이 정식재판을 청구하였고, 1심에서도 상해죄 유죄 판결이 선고되자, 불복하여 항소하였고 항소심에서 필자가 변호인이 되어 무죄변론한 사례이다(대구지방법원 2012노 ****호).

(나) 변 론

변론의 요지는, 무죄주장으로서, 제1행위는 피해자의 유발된 귀책으로 피고인이 자신의 평화로운 사생활권 및 주거권 보장을 위해 부득이 집 밖으로 나가 항의하였던 것일 뿐인데도, 피해자가 피고인을 먼저 폭행하였고 이에 대해 피고인이 바로 대응치 않고 돌아서 다시 집으로 들어오려 하는 순간 피해자가 피고인을 따라오며 재차 폭행하는지라 이를 제지하기 위해 몸을 밀치는 방법으로 뿌리친 것이어서 상해의사가 없거나 정당방위 또는 정당행위라는 점, 제2행위 역시 미군 헌병에게 신고하러 가기 위해 미군 캠프로 가고 있었을 뿐인데 앙심을 품은 피해자가 역시 피고인을 따라오며 종전과 같은 방법으로 피고인에게 반복적으로 폭행하여 이를 피하기 위해 소극적으로 몸을 밀친 것으로 역시 상해의사가 없거나 정당방위 또는 정당행위에 해당하여 무죄라는 점이었다.

증거조사와 관련해서는, 피고인신문 및 증인신문을 통하여 피해자의 귀책, 범행의 소극성 또는 부득이성, 미국에서는 주거권을 보호하기 위하여 침입자에 대한 방어행위가 상당한 정도에 이르러도 흔히 무죄판결이 된다는 피고인과 증인의 법문화적 인식상태, 피해결과의 미약성 등을 입증하였고, 피고인이 미국 내 아무런 전과 없이 살아왔다는 사실에 대해 FBI 발행 전과조회서를 제출하였다.

(다) 결　과

방어의사보다는 공격의사가 포함된 것으로 밖에 볼 수 없다고 보아 **유죄를 인정하되,**[36] 변호인의 변론 중 사건경위에 참작할 점이 있고, 초범인 점, 피해결과가

---

36) 우리나라의 경우 이론 교과서와는 달리 실무상으로는 정당방위가 상당히 제한된 범위에서 예외적으로 인정되고 있다. 이 사건에서 법원의 판단도 그러하고, 아쉽다. 정당방위는 소극적 원리가 아닌데도, 본 건에서 **법원은 피해자의 계속된 가해행위를 인정하면서도 피고인에게 정당방위도 정당행위도 모두 인정하지 아니하였다.**

판결이유 일부를 본다. 「…(전략) 나. 피고인의 사실오인 내지 법리오해 주장에 관한 판단 1) 위 인정사실에 의하면 결국 피고인이 손으로 피해자를 2회 밀어 넘어지게 한 사실이 인정된다. 비록 피해자가 먼저 피고인의 몸을 손으로 치고 몸으로 밀치는 행위를 하였기 때문에 피고인이 위와 같이 피해자를 밀친 것이라 하여도 **단지 피고인이 피해자의 팔을 쳐내는데서 나아가 적극적으로 손을 뻗어 피해자의 몸을 밀친 이상**, 피고인의 이러한 행위는 피해자의 신체에 대한 유형력의 행사에 해당한다. 따라서 상해의 고의가 없었다는 피고인의 주장은 이유 없다. 2) 피고인은 설령 피고인의 행위가 외형상 상해를 가하는 행위에 해당한다 하더라도 이는 정당방위 또는 정당행위에 해당하므로 무죄라고 주장한다. …(중략) 이와 같은 법리에 비추어 이 사건에 관하여 살피건대, 앞서 인정된 사실에 다음과 같은 사정을 더하여 종합하여 보면 피고인의 이 사건 행위가 피고인에 대한 현재의 부당한 침해를 방어하기 위한 상당성이 있는 행위(정당방위)에 해당하거나, 그 행위의 수단이나 방법이 상당하고 긴급성, 보충성이 충족되어 사회통념상 허용될 만한 행위(정당행위)에 해당한다고 보기 어렵다. 피고인의 이 부분 주장도 이유 없다. ① **피고인은 남성**이고 **피해자는** 피고인에 비하여 상대적으로 **체격이 왜소한 여성**이었다. **피해자가 피고인에 대하여 행사한 유형력은 손을 피고인을 향해 뻗거나 때리고 말다툼을 하는 과정에서 계속적으로 피고인에게 가까이 다가서는 정도였음**에 비하여 **피해자는 피고인이 손으로 민 것으로 인하여 쓰러졌고 그로 인하여 상해를 입었다.** ② 피고인은 피해자가 당시 술에 많이 취한 상태였음을 알고 있었고 더군다나 첫 번째 피해자를 밀었을 때 피해자가 바닥에 쓰러진 것을 보았음에도 이후 다시 피해자를 손으로 밀어 쓰러지게 하였다. ③ 이 사건 당시 피해자는 술에 많이 취한 상태였고 그 일행이 피해자를 말리기까지 하는 상황이었으므로 피고인의 입장에서는 피해자를 어렵지 않게 피할 수도 있었던 것으로 보인다. 피고인이 피해자를 뒤로 하고 캠프 워커에 신고하러 갈 때도 **피해자가 계속 피고인을 따라가면서 손으로 피고인을 친 것은 인정되지만 피고인이 단순히 피해자의 손을 막거나 잡는 방법을 취하지 아니하고 피해자의 몸을 손으로 밀었다.**」

미약한 점 등에 대한 점들을 수용하여 형의 **선고유예를 선고**함으로써 벌금형 원심을 파기하였다.[37)]

이 판결에 대하여 한국인이었다면 항소심의 충분한 고민과 선처에 대해 감사해할 수 있었다. 그러나 미국인인 피고인은 당연히 미국이었다면 무죄가 선고되어야 할 사건으로 innocent 하다며 억울해 하였다. **정당방위의 법리에 대해 지나치게 엄격한 이 사건과 같은 하급심 판결을 보면, 과연 실제에서 정당방위는 부정대 정의 관계로서 필요성의 원칙에 따라 법익균형성이 요구되지 않거나 적어도 엄격히 요구되지는 않는다는 법리가 제대로 적용되고 있는지 아쉬움이 남는다.**

(2) 선고유예를 구한 사건

(가) 사 건

강제추행죄로 유죄 인정되어 검사의 약식명령 청구로 법원이 약식명령을 발령하자, 피고인이 정식재판을 청구한 사건(대구지방법원 2013고정 ****호 준강제추행)이다.

(나) 진행경과

이 사건에서, 재판장은 다음과 같은 이유로 정식재판청구 취하를 종용하였다. "약식으로 인한 벌금형 확정의 경우라면 이수명령과 신상정보공개를 피할 수 있으나, 정식재판 결과 벌금형 아닌 판결이 선고될 경우 이수명령과 신상정보공개가 부과되니 정식재판을 취하하는 게 어떠한가"라는 내용이었다. 이어 재판장은 "다른 사건에서도 이와 같이 권고하고 있다"고 보충까지 하였다.

이에 대하여 변호인은 "선고유예의 판결을 받게 될 경우 그 같은 효력을 피할 수 있으므로 정식재판을 유지하여 판단 받고 싶다"는 변론을 하였다.

재판장은 벌금형 사건에 대해 선고유예를 구하는 직접적 변론 자체에 당황해 하였고, 차회 기일까지 정식재판청구를 유지할지 의견서를 제출해 달라고 하며 1회 공판기일을 종료하였다.[38)]

---

37) 이 판결의 양형에 관한 판단은 구체적 정의를 꾀하기 위해 노력하였다. 「피고인은 앞서 본 바와 같이 상해의 범의를 부인하고 자신의 행위가 정당한 것이라는 취지로 주장하고 있기는 하다. 그러나 피고인은 사실관계에 대하여는 대체로 이를 인정하고 있는 점, 피해자가 입은 상해의 정도가 중하지는 않은 점, 이 사건의 발단이 피해자가 술에 취하여 새벽 시간대에 주택가에서 수면에 지장을 줄 정도의 소음을 일으킨 것이었던 점, 피해자가 술에 취하여 계속하여 피고인에게 유형력을 행사함으로써 이 사건을 유발한 측면이 있는 점, 피고인의 이 사건 행위가 우리나라와 미국의 사회·문화적인 환경의 차이에서 기인한 것으로 볼 여지도 있는 점, 피고인은 범죄 전력이 없는 점 등은 피고인에게 유리한 정상이다. 위와 같은 정상 관계와 그 밖에 피고인의 연령, 직업, 환경 등 기록과 변론에 나타난 여러 사정을 종합하여 보면 원심이 선고한 형은 다소 무거워서 부당하다고 판단된다(**선고유예**).」

38) 사정이 위와 같음에도 이 사건 제1회 공판조서(2013. 7. 23.자)에는 다음과 같이 기재되어 있다.

그러나 결론적으로 재판장의 권고는 타당하지 않다. 선고유예를 선고할 경우 이수명령은 무조건 피할 수 있고, 신상정보공개는 피할 수 있는 길이 법문 상 열려 있기 때문이다. 또한 신상정보의 공개여부를 떠나 선고가 장래를 향하여 실효되는 것이 사회생활과 결혼생활을 염려하는 대학생의 속마음에도 부합하기 때문이다. 최근 성범죄에서 피고인의 내심 중 가장 중심을 차지하고 있는 신상정보공개제도에 대해 간략히 보면 다음과 같다.

(다) 신상정보공개제도 일반론

아래에서는 신상정보공개제도의 요건과 집행순서에 대해 아직 법 실무적으로도 생소하므로, 그 내용을 본 후 이 사건에서 위와 같은 **재판부의 권고가 피고인의 정식재판청구권을 침해하는 것은 아닌지, 그리고 불이익변경금지원칙**[39]**이 규정된 형사소송법 규정**(제368조, 457조의2)[40][41]**에 비추어 위험한 것은 아닌지 검토해본다.**

「변론 연기(변호인의 피해자와 합의시도 및 피고인 측과 사건 재검토를 위한 요청으로).」 재판장의 취하종용의 말은 어디에도 없다. 변호인은 사건 재검토를 위해 변론연기를 구한 적이 일체 없었다. 재판장이 선고유예의 법적 효과가 무엇인지 변호인에게 물은 점이 공판조서에 기재되어 있지 않음은 물론이다. 이와 같이 허위로 기재한 배경에는 통상 변호인들이 최초 선임계 제출 후 증거기록 복사에는 열을 올리는 반면, 공판조서 및 증인신문조서의 열람·등사는 게을리 한 점을 악용하여 부실기재하여 두는 것으로 보인다. 부실기재 또는 허위기재를 통해 재판부는 약점을 감출 수 있고, 변호인은 그 점을 확인하지 않고 판결등본을 교부받은 후 이후 심급에서 활동하지 않는 경우가 많고, 장래 상급심 진행 중에도 기록 전체를 꼼꼼히 살피는 피고인은 거의 없으며, 살펴 이상한 점을 알았다 한들 이미 공판조서의 절대적 증명력에 의해 이를 수정할 수 없다.

39) 불이익변경금지원칙은 피고인의 상소권을 보장하기 위한 제도이다. 따라서 피고인만 항소(또는 피고인이 정식재판청구)한 사건에서 원심보다 중한 형을 선고하지 못한다. 그러나 검사와 피고인이 함께 항소한 사건에서는 얼마든지 원심보다 중한 형을 선고할 수 있다. 검사만이 항소한 사건에서도 중한 형을 선고할 수 있음은 당연하다.

40) **제368조(불이익변경의 금지)** 피고인이 항소한 사건과 피고인을 위하여 항소한 사건에 대하여는 원심판결의 형보다 중한 형을 선고하지 못한다.

제457조의2(불이익변경의 금지) 피고인이 정식재판을 청구한 사건에 대하여는 약식명령의 형보다 중한 형을 선고하지 못한다.

제439조(불이익변경의 금지) 재심에는 원판결의 형보다 중한 형을 선고하지 못한다.

41) 다만 약식명령에 불복하는 사례 중 대법원이 적절히 지적하는 바와 같이 정식재판 청구시 불이익변경금지칙이 작동되므로, 예컨대, 식품위생법 위반으로 영업정지처분과 함께 벌금형을 선고받은 경우 대법원까지 상고하여 경미한 벌금확정에 2년 4개월을 소요시킴으로써 판결 미확정으로 인해 영업정지 처분의 효력을 정지시킨 경우, 기결수들이 다른 교도소로 이감을 가기 위해 서로 사건을 조작하거나 허위 고소해 정식재판을 청구하는 경우와 같이 **불이익변경금지칙 제도를 악용하는 경우가 있을 수 있다.** 약식명령에 불복하여 정식재판이 청구된 사건은 1996년 1.8%에 불과하다가 2012년에는 14.1%까지 올라갔고, 2014년에는 11.7%를 차지했으며, 지난 6년간 1심 판결에 불복해 항소한 것은 25.1%, 2심 판결에 불복해 상고한 것은 40.7%에 달하는 등 **약식명령에 대한 불복률과 약식사건의 정식재판화 후 불복비율도 상당히 높다**는 것을 알 수 있다(법률신문, 기사, "'논란' 많은 약식사건에서 '불이익변경금지 원칙'", 2015. 4. 27, 6면 참조).

그러나 그것으로 인하여 사법예산이 낭비된다고 단정할 수 없고, 장차 약식사건에서 **불이익변경금지 규정을 폐지하는 것은** 빈대잡기 위해 초가삼간을 태우는 것이어서 대법원의 일부 견해에는 신상정보의 공개는 두 가지가 있다.

하나는, 수사기관이 유죄확정 전에 하는 것이다. 검사와 사법경찰관은 성폭력범죄의 피의자가 죄를 범하였다고 믿을 만한 충분한 증거가 있고, 국민의 알권리 보장, 피의자의 재범 방지 및 범죄예방 등 오로지 공공의 이익을 위하여 필요할 때에는 얼굴, 성명 및 나이 등 피의자의 신상에 관한 정보를 공개할 수 있으나(성폭법 제25조 제1항 본문), 다만 피의자가 청소년에 해당하는 경우에는 공개하지 않는다(동법 제25조 제1항 단서).

다른 하나는, 일정 범죄[42]로 유죄판결이 확정된 사람 또는 신상정보공개명령이 확정된 사람에 대한 것이다. 피고인 중 일부는 유죄판결 확정 등에 의해 신상정보등록 대상자가 되며(성폭법 제42조 제1항 본문), 신상정보등록대상자는 판결이 확정된 날부터 30일 이내에 신상정보[43]를 자신의 주소지를 관할하는 경찰관서의 장

찬성할 수 없다. 불복이 뻔히 보이는 사건의 경우 검찰은 약식기소 대신 정식의 재판청구권을 보장하고 상세한 실체심리를 통해 혐의를 입증하기 위해 처음부터 구공판기소를 하는 것이 타당할 것이다. 법원에 대하여 사건의 심리부담을 주는 것은 약식에 불복하는 피고인들이 아니라 수사기관의 수사미진과 수사미진을 미봉적으로 해소하기 위한 검찰의 약식명령청구가 원인이 된다고 보아야 한다; 대한변협신문, 쓴소리 바른소리(김선수 변호사), "퇴임 대법관의 변호사 개업 문제", 2015. 4. 13, 10면.

42) 신상정보 등록대상범죄는 다음과 같다.
① 「형법」상의 성폭력범죄로서, 강간죄와 그 미수(형법 제297조 및 제300조), 유사강간죄와 그 미수(형법 제297조의2 및 제300조), 강제추행죄와 그 미수(형법 제298조 및 제300조), 준강간, 준강제추행죄와 그 미수(형법 제299조 및 제300조), 강간 등 상해·치상죄(형법 제301조), 강간 등 살인·치사죄(형법 제301조의2), 미성년자 등에 대한 간음죄(형법 제302조), 업무상 위력 등에 의한 간음죄(형법 제303조),
② 「성폭법」상의 성폭력범죄로서, 특수강도강간 등의 죄와 그 미수(동법 제3조 및 제15조), 특수강간 등의 죄와 그 미수(동법 제4조 및 제15조), 친족관계에 의한 강간 등의 죄와 그 미수(동법 제5조 및 제15조), 장애인에 대한 강간·강제추행 등의 죄와 그 미수(동법 제6조 및 제15조), 13세 미만의 미성년자에 대한 강간, 강제추행 등의 죄와 그 미수(동법 제7조 및 제15조), 강간 등 상해·치상의 죄와 그 미수(동법 제8조 및 제15조), 강간 등 살인·치사의 죄와 그 미수(동법 제9조 및 제15조), 업무상 위력 등에 의한 추행죄(동법 제10조), 공중 밀집 장소에서의 추행죄(동법 제11조), 성적 목적을 위한 공공장소 침입행위죄(동법 제12조), 통신매체를 이용한 음란행위죄(동법 제13조), 카메라 등을 이용한 촬영죄와 그 미수(동법 제14조 및 제15조),
③ 「아청법」상 아동·청소년대상 성범죄로서, 아동·청소년에 대한 강간·강제추행 등의 죄(동법 제7조), 장애인인 아동·청소년에 대한 간음 등의 죄(동법 제8조), 아동·청소년에 대한 강간 등 상해·치상의 죄(동법 제9조), 아동·청소년에 대한 강간 등 살인·치사의 죄(동법 제10조), 아동·청소년이용음란물의 제작·배포 등의 죄(동법 제11조), 아동·청소년 매매행위의 죄(동법 제12조), 아동·청소년의 성을 사는 행위 등의 죄(동법 제13조), 아동·청소년에 대한 강요행위 등의 죄(동법 제14조), 알선영업행위 등의 죄(제15조), 아동·청소년에 대한 위의 형법상 성폭력범죄와 형법 제339조의 강도강간의 죄 및 아동복지법상 금지행위(음란한 행위를 시키거나 이를 매개하는 행위 또는 아동에게 성적 수치심을 주는 성희롱 등의 성적 학대행위)위반의 죄이다.

43) 성명, 주민등록번호, 주소 및 실제거주지, 직업 및 직장 등의 소재지, 신체정보(키, 몸무게), 소유차량의 등록번호.

에게 제출하면(성폭법 제43조 제1항 본문), 법무부장관(法務部長官)은 신상정보등록대상자 정보[44]를 등록(登錄)해야 한다(성폭법 제44조 제1항 본문).

법원(法院)은 ㉠ 아동·청소년대상 성폭력범죄를 저지른 사람, ㉡「성폭법」 제2조 제1항 제3호·제4호, 제2조 제2항(성폭법 제2조 제1항 제3호·4호에 한정함), 제3조부터 제15조까지의 범죄를 저지른 사람, ㉢ 13세 미만의 아동·청소년을 대상으로 아동·청소년대상 성범죄를 저지른 사람으로서 13세 미만의 아동·청소년을 대상으로 아동·청소년대상 **성범죄를 다시 범할 위험성이 있다고 인정되는 사람,**[45][46] ㉠ 내지

---

44) 성명, 주민등록번호, 주소 및 실제거주지, 직업 및 직장 등의 소재지, 신체정보(키, 몸무게), 소유차량의 등록번호, 등록대상 성범죄 경력정보, 성범죄 전과사실(죄명, 횟수), 전자장치 부착 여부.

45) 성폭력범죄자의 재범위험성 평가에 있어서는 현재 전자감시 대상자를 판정할 때 사용하는 성폭력범죄자 위험성 평가기준인 K-SORAS(Korea Sex Offenders Risk Assessment)를 적용하고 있다. 이에 의하면 총 15개의 요인을 바탕으로 재범위험성을 판단하고 있는데, 구체적으로는 피의자 연령, 피의자 혼인관계, 최초 경찰입건 연령, 성폭력범죄의 유형, 성폭력범죄의 횟수, 다른 폭력범죄의 횟수, 총 시설 수용기간, 수용기간 동안의 문제행동여부, 피해자 유형, 피해자의 나이, 피해자의 성별, 피해자의 수, 피해자와의 연령차이, 현저한 폭력사용여부, 범행에 대한 책임 등이다(박찬걸, "성충동 약물치료제도의 시행과 향후 과제", 「형사정책연구」 24권 1호(통권 제93호), 한국형사정책연구원, 2013, 275-276면).

46) 재범의 위험성에 대한 하급심 변론사례를 통해 구체적 사건에서 재범위험성을 판단한 기준을 본다.
대구고등법원 2013노*** 사건에서, 원심인 대구지방법원 김천지원 2013고합 **호, 2013전고**(병합) 부착명령 사건에서, 원심이 성폭력범죄의처벌등에관한특례법위반(친족관계에의한강제추행) 범죄에 대하여 징역 2년 6월에 집행유예 3년, 100시간의 성폭력 치료프로그램 이수명령, 2년간 신상정보공개 및 고지명령을 내리면서 부착명령청구는 기각하자, 검사는 양형부당 및 전자장치부착청구 부분에 대하여 불복 항소하였다.
이에 변호인인 필자가 ① 피고인과 피해자 및 피해자 부와의 평소 관계, ② 피고인의 반성과 다짐, ③ 원만한 합의 및 처벌불원, ④ 가정환경, ⑤ 범죄 전력, ⑥ 기타 정상, ⑦ 재범의 위험성과 관련한 일련의 내용들을 변론하였고, 대구고등법원은 변호인의 변론을 참작하여 다음과 같이 판결하였다.「이 사건 강제추행 범행은 13세 남짓의 어린 조카를 대상으로 한 것으로 피고인의 죄책이 결코 가볍다고는 할 수 없다. 그러나 피고인은 이 사건 범행 이전에는 식품위생법위반죄로 벌금형을 1회 받은 외에는 달리 범행을 저지른 적이 없는 점, 피고인이 진지하게 잘못을 뉘우치고 향후 성실히 생활해 나갈 것을 다짐하고 있는 점, 피해자 측이 피고인을 용서하여 피고인에 대한 처벌을 원하지 않는 점 등 정상에 참작할 사정도 있다. …(중략) 원심이 들고 있는 위와 같은 사정들과 피고인이 장기간에 걸쳐 지속적으로 성폭력 범행을 저지른 것은 아닌 점, 피고인이 비교적 공고한 가정적·사회적 유대관계를 형성하고 있는 것으로 보이는 점, 특정 범죄자에 대한 보호관찰 및 전자장치 부착 등에 관한 법률 제9조 제4항 제4호에 의하면 특정범죄사건에 대하여 보호관찰의 부과를 명하지 않는 집행유예를 선고하는 때에는 부착명령청구를 기각하여야 하는 점, 그 밖에 이 사건 범행이 이루어진 경위, 범행 후의 정황 등을 종합하여 보면, 피고인에게 성폭력범죄를 다시 범할 위험성이 있다고 단정하기 어렵다고 본 원심의 판단은 정당하고, 거기에 검사가 주장하는 바와 같은 재범의 위험성 판단의 기초가 되는 사실을 오인하거나 법리를 오해한 위법이 없다.」
참고로 이 사건은 검찰단계에서, 검찰의 의뢰로 대구보호관찰소 서부지소가 실시한 성폭력사범 재범위험성 평가척도(K-SORAS) 평가 결과는 당초 '낮음' 수준이었으나, 피고인의 진술거부로 1개 항목을 확인할 수 없어 평가를 미실시하였고 미실시된 1개 항목으로 인해 결과는 최대 7점으로 평가되어 재범위험성이 '중간' 수준으로 다소 상향된 적이 있었다(직접적 성범죄로 3점, 피해자가 만 13세로 1점, 친족관계로 1점, 피해자와의 나이차이가 현저하여 1점, 일부 사항 미실시로 1점의 합계 7점. 미실시 항목은 본 범행의 책임수용 여부에 대한 조사임).

㉡의 죄를 범하였으나 형법 제10조 제1항에 따라 처벌할 수 없는 사람으로서 같은 죄를 다시 범할 위험성이 있다고 인정되는 사람에 대하여 판결로 위 등록된 공개정보를 20년 동안 정보통신망을 이용하여 공개[47]하도록 하는 명령(公開命令)을 등록대상 사건의 판결과 동시에 **선고**해야 한다(성폭법 제47조 제1항 및 아청법 제49조 제1항).

등록정보의 공개기간은 판결이 확정된 때부터 기산하고, 신상정보공개대상자가 실형 또는 치료감호를 선고받은 경우에는 그 형 또는 치료감호의 전부 또는 일부의 집행을 종료하거나 집행이 면제된 때부터 기산한다. 단, 3년을 초과하는 징역·금고의 경우 10년을, 3년 이하의 징역·금고는 5년, 벌금은 2년의 기간을 초과하지 않는다(성폭법 제47조 제1항, 형의 실효 등에 관한 법률 제7조, 아청법 제49조 제2항).

공개명령의 집행은 여성가족부(女性家族部)가 담당하며, 정보통신망인 여성가족부 성범죄자 알림e 서비스(www.sexoffender.go.kr)를 이용하여 집행(執行)한다.[48]

구체적으로 보면, 법원(法院)은 공개명령의 판결이 확정되면 판결문 등본을 판결이 확정된 날부터 14일 이내에 법무부장관에게 송달하여야 하며, 법무부장관(法務部長官)은 아청법 제49조 제2항에 따른 공개기간 동안 공개명령이 집행될 수 있도록 최초등록 및 변경등록시 공개대상자, 공개기간 및 같은 조 제3항 각 호에 규정된 공개정보를 지체 없이 여성가족부장관에게 송부하고, 여성가족부장관(女性家族部長官)이 공개명령을 최종적으로 집행하게 된다(성폭법 제47조 제1항 및 아청법 제52조 제1항, 제2항, 아청법 시행령 제19조, 제20조).

또한 법원은 공개대상자 중 판결로 공개명령 기간 동안 고지정보를 고지대상자가 거주하는 읍·면·동의 아동·청소년의 친권자 또는 법정대리인이 있는 가구, 어린이집의 원장, 유치원의 장, 학교의 장, 읍·면사무소와 동 주민자치센터의 장, 학교교과교습학원의 장과 지역아동센터 및 청소년수련시설의 장에게 고지하도록 하는 명령('고지명령')을 등록대상 성범죄 사건의 판결과 동시에 선고해야 한다(성폭법 제49조 제1항 및 아청법 제50조 제1항, 제5항). 고지명령의 집행은 우편송부를 통하거나 정보통신망인 여성가족부 성범죄자 알림e 사이트를 통해 이루어진다(성폭법 제49조 제1

47) 공개명령을 통해 공개하도록 제공되는 등록정보는, 성명, 나이, 주소 및 실제거주지(「도로명주소법」 제2조 제5호의 도로명 및 제2조 제7호의 건물번호까지로 함), 신체정보(키, 몸무게), 사진, 등록대상 성범죄 요지(판결일자, 죄명, 선고형량을 포함), 성범죄 전과사실(죄명, 횟수), 전자장치 부착 여부이다(성폭법 제47조 제1항 및 아청법 제49조 제3항).

48) 개정 성폭법과 개정 아청법 전에는 아동·청소년 대상 성범죄자의 신상공개는 아청법에 따라 여성부가, 성인 대상 성범죄자의 신상공개는 성폭법에 따라 법무부가 따로 집행하였고, 양 부처는 서로의 범죄자 데이터베이스를 공유하지 않고 공개 대상과 기준이 제각각이라는 점이 큰 문제로 지적되었었다(법률신문, 기사, "성범죄자 신상 관리 제각각", 2012. 8. 16, 6면).

항, 아청법 제51조 제4항 및 동법 시행규칙 제7조 제1항).

위와 같은 신상정보등록, 공개, 고지 등과 관련하여 형사법관 중에서는 신상정보공개와 이수명령에 대해서는 법관이 재량껏 결정할 수 있는데, 유독 신상정보등록 그 자체는 피고인에게 상당히 오랫동안 불이익이 되는 것인데도 의무적으로 시행하고 있는 것은 과잉이 아닌가 하는 의문을 갖고 있는 분도 있다.[49]

(라) 변 론

1) 범행 자체에 대해서는 인정하나, 다만 공소사실 중 피해자의 옷 속으로 손을 넣었다는 공소사실은 사실과 다르므로 범행경위에서 참작을 구하고(부합하는 피해자 진술 적시 포함), 일반 양형사유를 함께 주장하였다.

2) 나아가 이 건 정식재판을 유지할 실익(定式裁判 維持 實益)에 대해서는, 우선 **선고유예 판결이 선고될 경우 이수명령 병과가 불가**하므로 재판장의 권고와는 달리 정식재판청구를 그대로 유지하겠다는 주장을 계속하였다.

그리고, 정식재판청구권(법 제453조 제1항), 불이익변경금지원칙(법 제368조, 제457조의2)규정, 불이익변경금지원칙을 설시한 대법원 1966. 4. 6, 선고 65도1261 판결,[50] 대법원 2012. 9. 27, 선고 2012도8736 판결[51]에 따를 때 약식명령의 벌금형을 정

---

49) 서울중앙지방법원의 장일혁 부장판사는 성범죄에 대한 엄한 처벌을 요망하는 최근의 사회적 합의에 따라 성범죄에 관하여 이수명령의 고지, 신상정보등록의 등록 고지, 공개명령 등 부수처분이 많이 추가되었는바, 신상정보공개명령은 재범의 위험성 등 여러 가지 사정을 고려하여 엄격하게 적용되고, 이수명령의 경우에도 특별한 사정이 있는 경우 면제가 가능한데, 신상정보의 등록은 유죄판결이 확정되면 성폭력범죄의 처벌 등에 관한 특례법에 의하여 피고인은 신상정보등록대상자가 되고, 관할 관서에 신상정보제출의무가 있고 그 예외가 없는 점, 제출의무의 효과는 유죄판결이 확정되면 법률에 의하여 효력이 발생하는 것으로 법관에게는 오직 피고인에게 이러한 등록의무가 있음을 고지하고, 판결 등본을 법무부장관에게 송달하는 것 외에 아무런 재량이 없는 점, 신상등록의무자는 이름과 주민등록번호, 주소, 직장, 키와 몸무게, 소유차량의 등록번호를 제출하여야 하고, 최초 등록한 날부터 1년마다 관할 경찰서에 가서 자신의 정면·좌측·우측상반신 및 전신 컬러사진을 촬영하여야 하고, 신상정보의 보관은 20년간 하여야 하기 때문에 등록의무자는 20년간 매년 관할 경찰서에 가서 이러한 촬영을 하여야 하는 과잉적 권리제한인 점, 일반적으로 형사범이 20년 형을 선고받은 경우는 매우 중한 범죄를 범한 때이고, 공소시효나 형의 시효도 사형을 제외하고는 20년을 넘지 않는데, 유독 동법 상의 신상정보등록제도는 대상 범죄가 공중밀집장소에서의 추행 등 매우 거의 모든 성범죄를 포괄하고 있고, 초범이고 벌금형을 선고받더라도 그 대상이 되며, 피고인이 20세 때 지하철에서 추행을 단 한 번 저지른 경우라도 그가 40세가 될 때까지 신상정보등록의무를 이행하여야 하는 점을 고려할 때 비록 이 의무가 형벌은 아니지만, 법익침해 정도가 가볍지 않은 점을 감안하여 장래에는 저지른 범죄가 중대한 것이 아니라면 재범이거나, 재범의 우려 등을 판단하여 신상등록의무 대상자를 다소 제한하는 방향으로 법 개정을 하는 것이 옳을 것이라는 제안을 하였다(법률신문, 목요일언, "신상정보등록", 2015. 7. 2, 14면 참조).

50) 징역형에 대한 선고유예를 벌금형으로 하는 것은 불이익하여 금지된다는 판시.
따라서 벌금형 자체에 대해 선고유예까지 붙이는 것은 이 판결에 비추어 볼 때 피고인에게 전혀 불이익하지 않다.

51) 약식명령에 대해 피고인이 정식재판을 청구하여 제1심이 동일한 벌금형을 선고한 데 대하여 피고

식재판에서 선고유예 하는 것은 전혀 불이익하지 않고, **우리 사건의 경우 정식재판청구권을 보장하면서 불이익변경금지원칙을 따라야 하므로 정식재판 시 당초 약식명령에 있지도 않았던 이수명령을 붙이는 것은 대법원의 태도에 비추어 볼 때 실질적으로 불리하여 금지**된다는 점, 이 사건은 아청법 제21조 제2항과 같은 **아동·청소년대상 성범죄 사건이 아니어서**[52] **이수명령의 필수적 병과사건이 아니고**(아청법 제21조 제2항 반대해석), 성폭법에서도 선고유예의 경우에는 수강명령과 이수명령 병과를 하지 못하도록 규정하고 있어(성폭법 제16조 제2항) 결국 재판장의 권고와 같은 불이익한 판결은 불가능하므로 정식재판청구의 실익이 있다는 주장을 하였다.

3) 다음으로, 신상정보공개에 대해서는 다음과 같은 점을 주장하며 공개하지 않아도 될 사정을 변론하였다. 이 사건과 같은 강제추행의 경우 신상정보등록 및 공개명령이 사건의 판결과 동시에 부수처분으로 선고되어야 할 사건이긴 하나,[53] **아청법 제49조 제1항 단서**를 보면, "그 밖에 신상정보를 **공개하여서는 아니 될 특별한 사정**이 있다고 판단되는 경우에는 그러하지 아니하다"는 내용에 주목하여, 이 사건의 여러 정상들[54]을 고려하면, 피고인에게 신상정보공개명령은 범죄에 비해 과도한 처벌이 되므로 피고인의 장래를 위해 재고될 필요가 있어 신상정보를 공개하지 아니할 특별한 사정이 있다는 주장이었다. 따라서 재판장의 권고의견과 같이 무조건 신상정보공개의 부수처분이 붙을 사건이 아니라는 내용이었다.[55]

위와 같은 주장을 통해 정식재판청구취하를 종용하였던 재판부에 반대의견을 제시하며 충분한 시간을 확보하였으나, 선고유예 및 신상정보공개명령부착 여부는 재판장의 주관적 의견대로 처리될 은혜적 조치였으므로[56] 변호인은 **동시에 합의전**

인만이 항소한 사안에서, 원심이 제1심과 동일한 벌금형을 선고하면서 성폭력 치료프로그램 이수명령을 병과한 것은 **전체적·실질적으로 볼 때 피고인에게 불이익하게 변경한 것**이어서 허용되지 않는다는 등의 이유로 원심판결을 파기한 사례.

결국 우리 사건의 경우에도 정식재판청구권을 보장하면서 불이익변경금지원칙을 따라야 하므로 정식재판에서 당초 약식명령에 있지도 않았던 이수명령을 붙이는 것은 실질적으로 불이익하여 금지된다고 보아야 하는 것이다.

52) 피해자는 성년 여성이었다.

53) 아청법 제49조 제1항 제2호.

54) 피고인이 대학생이며 전과사실이 없는 점, 피해가 경미한 점, 피고인이 공소사실에 대해 깊이 반성하고 있으며 재범가능성이 희박한 점, 군에 입대할 예정으로 국가와 사회에 헌신할 점, 갓 성년이 되어 사회경험이 전무하나 향후 건전한 사회인으로 거듭날 수 있는 점, 기타 범행동기 및 방법 등.

55) 참고로, 이 사건 이후 당해 법관은 필자가 변론한 모든 성범죄 사건에서 신상정보공개를 하지 않았다. 심지어 실형선고 성범죄 사건에서도 신상정보공개 만큼은 배제하였다.

56) 아청법 제49조 제1항 단서의 '공개하지 않을 특별한 사정'에 대해서 충분히 변론하였더라도 이미 재판장과 대립 각을 세웠으므로 변호인의 주장을 배척할 가능성도 있었다. '공개하지 않을 특별한 사정'이 있는지, 없는지에 대한 판단은 법관의 사실인정의 전권사항이기 때문이다.

략을 구상하기 시작했다. 이 사건은 친고죄 폐지의 내용을 담은 신법이 시행되기 전의 사건이었으므로 충분히 구법에 따라 공소기각판결을 받을 수 있었고, 결국 어렵사리 합의되었다.

(마) 결 과

위와 같은 내용의 변론을 통해 재판장의 정식재판청구취하 권고가 현행법과 대법원 태도에 비추어 어떤 점에서 부당하며, 피고인과 변호인으로서는 왜 정식재판청구를 유지하면서 선고유예의 판결을 구할 수밖에 없었는지 잘 알 수 있었다. 결국 3회 공판기일까지 합의노력을 기울였고, 3회 공판기일 전 제출된 합의서를 토대로 재판장은 검사에게 공소취소를 권고하였으며, 검사가 이에 응하여 그 자리에서 공소취소 진술을 함으로써 결국 **공소기각결정**(公訴棄却決定)을 선고받았다.

비록 변론전략이 효과적이었고 천운과 같은 합의의 기회도 얻어 의외 결과를 도출하였지만, 이 사건의 재판장이 정식재판을 청구한 성범죄 피고인들에게 "취하하지 않고 판결에서 유죄 선고되면, 이수명령이 붙고 신상정보도 공개되니 정식재판청구를 취하하라"고 권고하고, 많은 피고인들이 그에 따랐다는 점은 씁쓸하기 짝이 없다. **이 사건의 변론전략과 같이 효과적인 변론을 통해 '이수명령은 붙을 수 없고, 주형은 선고유예 선고를 바라고, 부수처분으로서의 신상정보공개는 붙이지 아니할 특별한 사정이 있다'고 상세히 변론한다면 얼마든지 다른 결과를 지향**할 수 있기 때문이다. 이 건 재판부의 권고는 한마디로 정식재판청구권을 침해한 것이며, 불이익변경금지원칙조차 옳게 이해하지 못한 것이며, 특별법의 세부규정을 꼼꼼히 뜯어보지 않은 처사로서, 형사단독에도 최근 경륜 있는 부장판사를 앉히는 경향을 반증하는 사례라 할 것이다.[57][58]

57) 2015년 2월 23일 시행된 새 사무분담을 통해 서울중앙지방법원 형사부는 2014년보다 2명 늘어난 8명의 부장판사를 형사단독재판부와 영장전담재판부에 배치하였다(법률신문, 기사, "1심 단독·항소심 재판부 대폭 강화", 2015. 2. 23, 2면).

58) 참고로 최근 대법원 사실심 충실화 사법제도개선위원회는 2015. 6. 18. 형사재판 업무만을 담당하는 법관을 두어 재판의 전문성과 효율성을 높이는 내용의 형사전문법관제 도입을 대법원장에게 건의하였다. 이에 대해 참여연대 사법감시센터(소장 경희대 서보학 교수)는 6. 29. 형사전문법관제가 도입되면 권력형 범죄나 시국 사건 등에 대한 법원의 판단이 권력으로부터 자유롭지 못할 것이라는 우려가 커질 것이고, 또 형사전문법관으로 오래 근무 하다보면 검사와 심리적 유착감이 생길 수밖에 없어 그만큼 유죄율이 높아질 가능성이 있는 만큼 검사의 기소에 대해 합리적 의심을 할 수 있는 새로운 시각을 가진 법관의 유입이 계속 이루어져야 하므로 이에 반대한다는 의사를 표명하였다(법률신문, 기사, "참여연대 '형사전문법관제 도입 반대'", 2015. 6. 29.자 참조).

7. 심리미진 재판사례

가. 사건 및 사실관계[59)]

{대구지방법원 2014고단****호 강제추행, 폭처법위반(집단 · 흉기등폭행), 폭행}

피고인은 식당을 사실상 운영하는 자로서 군입대를 앞둔 종업원의 기분을 달래 주기 위하여 종업원과 그를 찾아온 여자 친구 2명에게 음식과 술을 대접하였다.

준비한 술을 다 먹고, 종업원이 다시 술을 더 사와 그마저도 다 마신 후 추가로 종업원이 술을 사러 가겠다고 하여 피고인이 술은 그만 먹자고 하였더니, 종업원과 여자 친구 1명이 편의점에 나가서 아이스크림과 담배를 사왔다.

기다리는 동안 피고인은 맞은 편에 앉아서 스마트폰을 만지고 있던 종업원의 다른 여자 친구 1명에게 다가가 뭐 재미있는 거 보냐며 말을 걸었으나, 자리로 돌아가라는 말을 듣고 무안하여 제자리로 돌아와 앉았다.

편의점에서 친구들이 돌아왔으나, 가게에 남아 있던 여자 친구는 피고인의 행동에 대해 아무런 항의가 없었고, 사온 아이스크림을 태연히 먹었다.

손으로 턱을 괴고, 자다 깨다 한 피고인이 피곤해서 그만 가라고 하여도 일행이 가지 않자, 피고인이 테이블에 놓여 있던 술병 하나를 자신의 뒤로 던져 깨졌고, 피고인은 자러 들어가기 위해 자리에서 일어나다가 테이블에 부딪쳐 다른 술병 하나가 테이블에서 떨어져 역시 깨졌다.

피고인을 부축하며 내실(창고)로 데리고 들어가던 남자 종업원과 피고인은 창고로 들어간 후 서로 술이 취하여 얽혀 넘어졌다. 이를 본 여자 친구 중 1명이 욕을 하며 피고인을 폭행하였고, 남자 종업원도 이에 가세하여 피고인을 폭행하였다.

집단폭행에서 벗어나고자 피고인은 미친 듯이 건물주인 집으로 뛰어 올라갔고, 살려달라며 경찰에 신고해 달라고 부탁하였다. 이 즈음 종업원의 여자 친구 1인도 경찰에 신고하여 주취자가 난동부린다고 하였다.

건물주인이 레스토랑에 내려 와보니 경찰이 출동해 있었고, 남자 종업원은 경찰이 보는 앞에서도 피고인을 죽인다며 때리려 하였고, 탁자를 뒤집었다.

이후 남자 종업원과 여자 친구들은 경찰에서 피고인이 2회에 걸쳐 여자 친구들을 각기 추행하여 이를 제지하다가 싸움이 난 것이며, 자신들의 행위는 정당방위라고 주장하였고, 경찰은 이를 받아들여 피고인을 강제추행과 폭처법위반으로,

---

59) 아래 사실관계는 공소사실 그 자체와는 상이하다. 변론내용과 증거조사결과 중 일부에서 드러난 사실관계이다. 다만, 법정장면을 묘사한 내용은 객관적인 서술이다.

타방 당사자들을 정당방위(죄 안됨)로 수사하였는데, 검사는 이를 받아들여 처분하였다.

피고인은 법정에서 자신의 혐의를 부인하며 억울함을 호소하였고, 변호인은 피해자들의 진술의 신빙성을 탄핵함과 동시에 당시 식당 1인용 팔걸이 의자에 피고인이 피해자와 함께 앉아 추행할 수 있을 것인지 범행방법에 대한 증거조사신청을 하였다. 그러나 현장검증신청은 받아들여지지 않았고, 대역과의 재연사진을 제출해 달라는 재판부의 요청대로 재연 여성과 동석할 수 없는 점이 확인되는 재연사진을 제출하였다.

남자 종업원에 대한 증인신문과정에서 범행방법에 대해 탄핵하였고, 의문을 느낀 재판장은 증인에게 법정 의자에 여자 피해자와 함께 앉아볼 것을 지휘하였다. 남자 종업원은 범행 장소의 의자 사진을 볼 때는 물론이고, 재판장의 재연지시로 몹시 흥분하여 머리를 쥐어뜯으며 시선이 불안정해졌다.

재연한 결과 남자 종업원과 여성 피해자가 함께 앉을 수 있었다.

그러나 범행현장의 의자와 재연에 사용된 법정 대기석 의자는 구조상 본질적으로 차이가 있었고, 착석방식을 문제 삼지 않을 수 없어 변호인이 그 점을 다시 변론하였다.

나. 변 론[60)]

> **변 호 인 의 견 서**
>
> 위 피고인에 대한 2014. 11. 25. 공판기일 중 변호인 측 증인 장백*에 대한 변호인에 의한 증인신문 중 장백*는 피해자들이 경찰에서 조사받을 당시 피해자 간 대리진술한 사실이 있고 3인이 속삭여가며 조사를 받다가 조사경찰관으로부터 지적받았다고 증언하여, 각기 개별적으로 조사를 받았다고 한 피해자들의 진술과는 상반된 사실이 확인되었습니다. 이러한 장백*의 진술에 따를 경우 경찰의 피해자 진술은 진술획득의 방법이 일부 법에 위반되거나 가사 위법수집증거까지는 되지 아니하더라도 진술이 특히 신빙할 만한 것이 되지 못한다고 할 것입니다.
>
> 그러나 공판검사는 수사기관에서의 대질조사과정을 보아 알고 있다는 장백*에 대한 증인신문내용과 관련하여, 피해자가 진정성립을 인정한 조서에 대해 왜 증거능력

60) 아래 사용된 변론문서는 실제 제출된 문서를 거의 그대로 하되, 일부 문장을 다듬거나 오타를 수정하였다.

을 문제 삼는지 변호인에게 석명을 구하였는바, 다음과 같은 점에서 부당하므로 답변하는 바입니다.

다 음

첫째, 진정성립 인정은 전문법칙 예외요건을 충족한 것에 불과하고, 그나마 형사소송법 제312조 제4항 단서의 진술 특신성을 고려하면 여전히 증인의 수사기관 진술을 탄핵할 필요가 있습니다.

둘째, 전문법칙과 위법수집증거배제법칙은 다르므로, 설사 수사기관에서 진술한 피해자가 증인으로 나와 진정성립을 인정했더라도 조서의 작성방법을 위배했다든지, 여러 명의 피해자가 통모하여 피해진술하거나 대리진술한 경우 위법수집증거배제법칙에 의해 증거가 배척될 필요성이 있습니다.

셋째, 나아가 전문법칙과 위법수집증거배제법칙을 통과한 증거라도 예컨대, 수사기관의 유도신문에 의해 간략히 답변한 것을 구체적으로 답변한 것으로 조서를 정리했다든지, 피해자 A가 진술하여야 할 것을 피해자 B가 대신 진술하였다든지, 혹은 여러 명의 피해자가 통모하여 진술한 경우[61] 증명력 감쇄를 위해 폭넓은 증인신문을 할 필요성이 있습니다.

넷째, 피고인의 방어권 행사를 위해 보장된 반대신문권 행사의 실제적 제약은 다음과 같은 점을 고려하지 못하여 부당합니다.

즉 그것은 증인의 수사기관 진술을 짧은 공판기일 중 증인신문절차 만으로 탄핵해야 하는 피고인의 불리한 입장을 감안하지 못한 것이며, 증인의 수사기관 진술 내용, 진술의 경위, 진술의 모순[62]을 충분히 탄핵할 수 있어야만 형사소송법 제312조 제

61) 대법원은 범인식별절차에서 피해자들을 한 곳에 모아놓고 범인의 식별진술을 듣거나 식별시킨 경우, 신빙성이 없거나 식별절차를 위배하여 획득한 진술로 보아 위법하여 무죄라고 반복 판시해 왔습니다.

62) 실제 앞서 실시된 피해자들 증인신문절차에서, ① 유**은 강**의 남자 친구가 아니고 단순히 이성친구라고 답변(신문 9.항, 21.항)한 후 다음 질문에서는 피고인에게 결혼할 여자 친구라고 소개하였다고 답변(신문 10.항)하여 스스로의 진술에 어긋나고, 강**에 대한 증인신문에서 강**도 유**의 여자 친구가 아니라고 답변하였으나(신문 7.항), 권**은 유**이 강**을 피고인에게 결혼할 사이로 소개한 것이 맞다고 답변하여(신문 7.항) 피해자들의 진술이 일치하지 않고(강**이 유**의 여자 친구 또는 결혼할 사이가 맞다면 유**은 심야에 피고인 밖에 없는 술집에 강**을 피고인과 놔두고 권**과 마트에 간 것인데 이는 경험칙에 반하고, 피고인의 기억으로는 그간 권**과 남겨졌다고 주장해 왔던 중요한 부분이었음), ② 유**은 신문 10.항에서 당시 강**의 머리가 단발이 아니라 묶을 수 있는 긴 머리였다고 증언한 반면, 강**과 권**은 당시 강**의 머리가 단발머리가 맞다고 답변(각 신문 8.항)하여 유**과 여자 피해자들 2명의 진술은 서로 어긋나며, ③ 피해자들 모두 피고인이 둘만 있는 자리에서 강**을 성추행하였다고 하면서도 아이스크림을 사온 유**과

4항 단서의 진술의 특신성을 확인할 수 있기 때문입니다. 그와 같은 최상의 노력을 기울이고 재판부에서 폭넓게 증인신문을 허락해 주셔도 실상에 있어서 통상 변호인은 재판부에 합리적 의심을 제기하는 정도의 노력을 다한 것만으로 만족해야 하는 경우가 많고, 그래서 우리 대법원은 입증의 주체를 검사에게 돌리고, 합리적 의심 없는 정도의 충분한 증명이 되었을 때를 유죄 선고할 수 있는 경우로 제한하고 있습니다.

다섯째, 본 사건은 피해자들의 진술증거에 전적으로 의존하였다 하여도 과언이 아닌 사건으로 피해자들 진술탄핵이 절실히 필요한 사건이었습니다. 또한 공정한 추가 수사를 하지 않고 수사가 종결되려 하여 수사검사에게 객관적 시각에서 추가 수사를 하여 달라고 요청하였으나 이행되지 못하고 공소제기 된 사건으로 참작할 사정이 많습니다. 워낙 피해자와 피의자 간 진술이 대립하고 객관적 증거가 부족하여 수사검사는 객관의무의 마지막 노력을 위해 이례적으로 수사기관에 변호인이 제출한 모든 의견서와 참고자료를 증거기록에 첨부하여 제출하였던 것입니다.

최 후 변 론

1. 무죄 주장

가. 강제추행의 점

(1) 피고인은 가게 종업원 유**이 군 입대를 앞두고 있어 피고인이 유**의 기분을 풀어주기 위해 술자리를 마련하였고, 이 사건 장소인 피고인의 가게는 불특정 다수인이 언제든지 출입이 가능하며, 건장한 청년과 맨 정신의 여자 2명이 함께 있는 자리에서 더구나 유**이 결혼할 여자 친구로 강**을 피고인에게 소개하였기 때문에 피고인이 유**의 여자 친구를 상대로 성추행을 한다는 것은 일반인의 상식에 반하는 등 피고인의 이 사건 **범행동기가 불분명합니다.**

권**이 돌아왔을 때 즉각 문제 삼지 않고 태연히 아이스크림을 먹은 후 냉장고에 넣어두었고(유** 19.항, 20.항, 강** 22.항, 권** 16.항), 강**의 경찰신고내용 역시 성추행사실에 대한 신고가 아니었다는 점(112신고사건 처리 내역서)은 경험칙에 반하며, ④ 또한 권**은 수사기관 대질 시 따로 조사받았다고 증언하였으나(신문 58번), 사실상 (신뢰관계자) 동석한 장백*는 모두 동석한 채로 함께 대질조사를 받았다고 하여 피해자와 피고인의 누나 간 진술이 일치하지 않고, ⑤ 강**과 권**은 현장에서 나가면서 "더러워서 여기 다시는 안 오면 되지"라고 말한 사실이 없다고 답변하였으나(강**은 신문 57번, 권**은 신문 49번), 범죄현장의 위층 할머니인 우**은 분명히 여자애들 둘이 그 같은 말을 하면서 가게를 나갔다고 증언하여 피해자들과 객관적 제3자의 증언이 서로 어긋나고(신문 10.항), ⑥ 증인신문과정에서 보여준 유**의 범행에 사용된 의자 사진을 보고 시선을 돌리며 적대감을 보이거나(신문 12.항 이하) 재판부의 재연지시에 극도의 흥분감을 보인 것은 범행의자에 강**과 피고인이 함께 끼어 앉을 수 없는 점을 반영하고 있어(참고자료 13 내지 15, 21 내지 24 각 사진 함께 참조) 결국 피해자들 진술은 전반적으로 믿기 어려운 점.

(2) **범행대상에 대하여,** 유**은 자신이 강**의 남자 친구가 아니라고 증언한 후 후속 신문에서는 강**을 결혼할 여자 친구라고 피고인에게 소개한 사실이 있다며 스스로의 직전 진술에 반하여 모순된 증언을 하였고(**유** 증인신문조서 4쪽**), 강**은 유**이 남자 친구가 아니라고 증언하였으나(**강** 증인신문조서 5쪽**), 권**은 당시 유**이 강**을 결혼할 사이라고 피고인에게 소개한 것이 맞다고 증언하여(**권** 증인신문조서 3쪽**), **유**과 강**의 관계에 대하여 증인 간에 서로 증언이 어긋나며,** 또 강**과 권**은 피고인 주장과 같이 당시 강**의 머리가 단발머리가 맞다고 증언하였으나(**강** 증인신문조서 5쪽, 권** 증인신문조서 3쪽**), 유**은 강**이 단발머리가 아니고 머리를 묶고 있을 만큼 긴 머리였다고 증언하여(**유** 증인신문조서 4쪽 내지 5쪽**) **강**의 외모에 대하여 서로 증언이 어긋**나고 있어 피해자들의 증언은 서로 모순되어 취신하기 어려운 점이 있다고 할 것입니다.

(3) 강**이 유**의 여자 친구가 맞다면, 유**은 심야에 피고인 밖에 없는 가게에 강**을 피고인과 놔두고 권**과 편의점에 간 것인데 이는 경험칙에 반하고, 따라서 당시 가게에 남아있던 사람은 피고인의 주장처럼 권** 이었을 가능성이 높다고 할 것입니다.

(4) **범행방법과 관련하여서도,** 실제 이 사건 당시 강**이 앉았던 의자(앞쪽 폭이 46cm, 뒤쪽 폭이 36cm)는 법정 재연 의자(폭이 48cm)보다 의자의 폭이 작고, 팔걸이 앞쪽에 철재로 된 지지대가 있어 강**이 45도 가량 몸을 비틀어 앉을 수 없을 뿐만 아니라, 유**의 체구는 피고인보다 작은 점 등을 감안하면(**참고자료 13의 7 내지 8, 참고자료 21 내지 24, 2014. 10. 30.자 공판조서**), **실제로 피고인이 강**이 먼저 앉아 있던 의자에 끼어 앉는 것은 불가능하다고 할 것입니다.**

(5) **법정에서 증인신문 중 유**과 강**이 법원 대기석 의자에 둘이 앉아보는 상황을 재연하였고, 강**의 의도적인 몸을 돌려주는 협조와 유**이 엉덩이 일부를 끼워 앉으면서 왼쪽 다리를 오른쪽 다리에 얹어 꼬아 앉는 방식으로 두 사람 동석이 가능함을 재연한 것과 관련하여서는,** 범행에 사용된 의자와 재연에 사용된 법정 의자는 폭이 2cm 차이가 나고 팔걸이의 형태가 법원의자는 강**이 양쪽 무릎을 모아 오른쪽으로 비트는 방법으로 유**에게 비켜주어 유**이 함께 끼어 앉을 수 있도록 **설계**되었고, 당시 유**은 실제로 강**의 앞에 앉는 방법으로 다리를 꼬아 앉음으로써 오른쪽 엉덩이는 착석시켰으나 왼쪽 엉덩이는 그 부피를 최소화하는 **착석방식**을 사용하였으며, 유**과 강**은 의도적으로 엉덩이 일부만을 의자에 걸치게 하는 방식으로 뒤쪽 공간을 전혀 사용하지 않아도 앉을 수 있는 **변칙적 보여주기 식 착석방식을 택한 관계로 일시적**

동석은 성공했으나, 이러한 형태의 착석방식으로는 불편하고 균형을 잡기 어려워 공소사실 또는 피해자들의 일관된 수사기관 진술과 같이 수 분 이상 착석을 유지할 수 없으며, 따라서 유**은 법정 재연 시 다리를 꼬고 엉덩이 일부만을 걸친 상태에서 강**의 어깨에 손을 올려 몸을 지지하여 균형을 잡고 앉은 양상이었습니다.

결국 설계방식 및 구조적 측면에서, 범행에 사용된 의자는 무릎 바로 위에서부터 하늘을 향해 직선으로 쇠로 된 지지대(팔걸이의 연장)가 있는 모양이었던 반면, 법정에서 재연에 사용한 법정대기석 의자는 무릎과 허벅지 부위가 지지대에 걸리지 아니하게 한 뼘 이상의 공간이 있게 설계되어 있어 강**은 유**을 위해 두 다리를 모아 오른쪽으로 돌려주는 방식으로 유**에게 공간을 만들어 줄 수 있었고, 유**은 그 빈 공간을 이용하되 엉덩이 및 오른쪽 허벅지 일부가 의자에 들어갈 수 있게 왼쪽 지지대의 설계를 이용하여 착석하였고, **이러한 점에 비추어 볼 때 범행에 사용된 의자는 법정 의자와는 달리 추행하고자 하는 자와 그 의도를 알아채고 싫은 기색을 한 피해자가 결코 동석하여 앉을 수 없고, 법정에서 재연에 사용한 의자는 의사 합치하여 함께 앉기로 한 피해자들이 위와 같은 의자 설계상의 특성과 순간의 기지를 발휘하여 겨우 앉을 수 있었던 점을 볼 때 확연히 다른 결과가 나올 수 있다고 보아야 하는 것이 타당하다**고 할 것입니다.

(6) **범행 후 정황**과 관련하여서도, 피해자들 모두 피고인이 둘만 있는 자리에서 강**을 성추행하였다고 주장하면서도, 또 유**과 권**이 돌아온 후 이 추행장면을 목격하였다고 하면서도 **아이스크림을 사온 유**과 권**이 돌아왔을 때 즉각 이를 문제 삼지 않고 태연히 아이스크림을 먹은 후 냉장고에 넣어 두었던 점(유** 증인신문조서 6쪽, 강** 증인신문조서 6쪽, 권** 증인신문조서 5쪽),**

(7) 강**의 경찰신고내용은 주취자가 행패 부린다는 내용(**증거기록 78정**)으로 역시 성추행에 대한 신고는 아니어서 **최초 피해진술은 이 건 공소사실에 부합하지 않는 점 (강** 증인신문조서 9쪽 내지 10쪽),**

(8) 유**가 증인신문과정에서 당시 범행의자 사진을 보고 둘이 과연 앉는 것이 가능한지를 묻는 과정 및 재판장의 법정의자에의 재연 지시에 극도의 흥분감과 적대적 시선회피 등의 태도를 보인 것은 강**과 피고인이 함께 끼어 앉을 수 없음을 알고 **자신의 허위 진술에 가책을 받은 것으로 볼 여지가 높다고 할 것입니다.**

(9) 기상청 기후자료에 의하면, 이 사건 당시 대구 기온이 영하 7.5도, 구미는 7.9도로 2월 중 가장 추웠고(**참고자료 16의 4. 내지 5. 재연 사진, 기상청 기후자료 – 대구 및 구미 기온**), 강**은 이 사건 당시 날씨가 추웠다고 증언한 반면, 유**은 많이 춥지 않았

다고 진술하였고, 강**은 권**이 점퍼를 입고 있었다고 증언하였으나, 유**은 권**이 처음에는 오리털점퍼를 입고 있었지만 사건 당시 입고 있었는지는 모르며, 권**은 자신이 편의점에 다녀온 후 벗고 있었던 것 같다고 증언하여(**유** 증인신문조서 8쪽 내지 9쪽, 강** 증인신문조서 7쪽, 권** 증인신문조서 4쪽**) **객관적 사실에 대해 서로 진술이 어긋나고 있어 피해자들은 그때그때 자신들에게 유리하게 즉흥적으로 증언하는 등 피해자들 증언은 믿기 어려운 점** 등을 고려하면 피해자들의 성추행 부분 주장은 경험칙에 반하고 일관성이 없어 믿기 어렵고 그 진술 동기가 의심스럽다고 할 것입니다.

나. 폭력행위등처벌에관한법률위반의 점

(1) **이 사건 당시 출동한 경찰관이 찍은 사진**에 의하면 맥주병은 왼쪽 창가 쪽 의자 밑에 파편이 흩어져 있지 않은 채로 깨져 있었던 점(**증거기록 15정**),

(2) **증인 장백*의 증언**에 따르면, "맥주병은 피고인이 앉은 자리 바로 밑에 그대로 깨져 있었고, 소주병은 피고인이 앉은 자리 뒤쪽에 일(一)자 형태로 깨져 있었으며, 맥주병과 소주병의 깨진 파편들이 흩어져 있지 않았고, 벽에 부딪혀 깨진 흔적은 없었다"고 증언하여(**장백* 증인신문조서 3쪽 및 7쪽, 참고자료 17의 1. 내지 4. 피고인 및 피해자들이 앉은 자리 및 병이 깨진 위치 사진**) 피고인의 주장과 부합하는 점,

(3) 강**은 피고인이 자신의 대각선 쪽에 앉아 있었는데, 피고인이 한 병은 증인 뒤를 향해서 던졌고, 한 병은 대각선 방향으로 증인을 향해 던져서 벽에 맞았기 때문에 테이블 바로 밑에 파편이 있었다고 증언하였지만(**강** 증인신문조서 8쪽**), 벽에 맞아 병이 깨진 것이라면 적어도 **파편**이 사방으로 튀어야 함에도 맥주병 파편이 깨진 자리에 고스란히 있어 강**의 진술은 신빙성이 없고, 벽쪽이라는 것이, 강**의 위치를 감안하면 유리창 쪽으로 던졌다는 것인데 아무리 술에 취하여도 자신이 운영하는 가게의 큰 창문이 깨져도 좋다는 용인의사로 병을 던질 사람은 없다는 점을 감안하면, 피고인이 소주병과 맥주병을 사람을 향해 던진 사실이 없음을 짐작할 수 있는 점,

(4) **법정에서 재판부의 직권 증인신문 중** 강**에게 참고자료 17의 1. 사진을 제시하고 피고인과 강**이 앉은 자리를 묻자, 증인은 참고자료 17의 1.을 가리키며 당시 술병을 던질 때 피고인이라고 쓰여 있는 자리에 강**이 앉고, 권**이라고 쓰여 있는 자리에 피고인이 앉았다고 진술하면서 피고인이 병 2개를 차례로 던졌다고 하였으나, **강**의 법정 증언대로라면 강**의 바로 왼쪽으로는 창문이 있고 벽이 없으며, 강**의 뒤쪽에는 벽이 없고 뒤에는 또 다른 테이블이 있었는데, 그렇다면 피고인이 강**을 향해 두 차례 병을 던졌다면 창문이 깨지거나 뒤쪽 테이블을 건너서 날아가 멀리 있는**

뒤편에 맞아 파편도 멀리 떨어져 있어야 하나, 실제 소주병과 맥주병의 파편은 테이블 바로 밑에 있거나 피고인의 뒤쪽에 있어 강의 진술은 경험칙에 반하고 증거에도 반한다고 할 것입니다.**

나아가 강**은 참고자료 17의 1. 사진을 제시받기 전에는 자신의 바로 뒤에 벽이 있고 그 벽을 향해 피고인이 병을 던져 그 병은 벽에 맞아 깨어져 테이블 바로 아래 깨어져 있었다고 증언하였는데, 사진을 제시받고 지목한 강**의 자리 바로 뒤에는 벽이 없고 테이블이 있으며 바로 왼쪽에는 창문이 있어 강**은 스스로의 직전 진술과도 어긋나 수시로 진술을 바꾸고 있는 등 취신하기 어렵다고 할 것입니다.

(5) **강**과 권**은** 모두 피고인이 한 병은 강** 뒤쪽으로 던졌고, 한 병은 강** 쪽으로 던졌다고 증언하여 가사 강**과 권**의 진술이 사실이라고 하더라도 피고인이 두 개의 병을 모두 강**을 겨냥해 던진 사실은 없음이 분명하다고 할 것입니다.

다. 폭행의 점

(1) 유**은 피고인이 목을 조르기에 주먹으로 피고인의 얼굴을 때렸다고 증언하였으나(**유** 증인신문조서 10쪽**), 권**은 피고인이 유**의 목을 조르고 있어 피고인을 밀쳐냈다고 증언하여(**권** 증인신문조서 5쪽**) 유**이 피고인을 때린 사실은 언급하지 않고 사실관계를 축소하여 증언한 점,

(2) 만일 주먹으로 피고인의 얼굴을 유**이 때리고 있었다는 유**의 증언이 사실이라면, 권**은 폭행당하고 있는 피고인을 밀쳐낼 이유가 없고, 권**의 증언대로 권**이 피고인을 떼어낸 것이라면 일어난 유**은 피고인 밑에 깔린 상태에서 피고인을 폭행한 것이 아니라 일어나서 무방비 상태의 피고인의 얼굴과 몸을 웅크리는 피고인의 뒤통수를 무자비하게 가격하였음을 유추할 수 있으며, **따라서 피고인이 유**의 목을 조르고 있었기에 권**이 피고인을 밀쳐내었다는 유**과 권**의 증언은 위와 같은 점에서 믿기 어려운 점,**

(3) 피고인은 피해자들로부터 집단폭행 당하여 2주 상해진단을 받았고 사진 상으로는 더욱 심각한 얼굴과 전신 외상이 있었으며, 이러한 사실을 뒷받침하는 객관적인 증거가 있음에도 불구하고(**참고자료 10의 1 내지 2 우** 사실확인서, 참고자료 11 내지 12 상해진단서 및 응급실차트, 참고자료 18의 1 내지 12 피고인의 상처 사진 및 핏자국 사진, 장백* 증인신문조서 2쪽 내지 5쪽**) 피해자들은 자신들의 집단폭행 행위에 대해서는 그런 사실이 없다고 주장하고, 권**은 발버둥치는 과정에서 피고인의 얼굴을 발로 찼을 수는 있으나 자신이 피고인의 얼굴을 때렸는지는 알 수 없다고 진술하는 등 자신들의 폭행

사실은 없거나 축소하여 진술하여 사실을 왜곡하고 있는 점(**증거기록 51정 피의자신문조서, 대질**),

(4) 유**은 스스로 피고인의 얼굴을 때렸다고 증언하였고(**유** 증인신문조서 10쪽**), 또 출동 경찰관 앞에서 피고인을 때린다고 식탁을 뒤엎은 사실이 있다고 증언하였으며(**유** 증인신문조서 11쪽**), 유**은 경찰조사시 경찰에게 정당방위가 아니냐고 물어본 사실이 있고 경찰관이 정당방위의 조건을 말해주었다고 증언한 사실(**유** 증인신문조서 14쪽**)에 비추어 보면, 유**의 정당방위 주장은 믿을 수 없고, 경찰이 유**의 주장을 그대로 받아들이고 피고인의 주장은 간과하여 유**의 정당방위 주장을 그대로 수용한 점,

(5) **객관적 제3자인 우** 할머니**는, 유**(종업원)이 계속 피고인을 때리러 창고에 들어가려 하고 난동을 부리자, 경찰이 "너 자꾸 이러면 연행한다"고 들은 사실을 증언하였고, 그로 인하여 유**이 행패와 폭행 시도를 잠시 중단한 점을 볼 때 경찰이 출동하기 전에도 유**을 주축으로 피해자들이 피고인을 집단폭행하고 있었음을 충분히 알 수 있고, 또 우**은 여자애들이 식당에서 나갈 때 "더러워서 여기 다시는 안 오면 되지"라고 말한 사실이 있다고 진술 및 증언하였으나(**참고자료 10의 2, 우** 사실확인서, 우**의 증인신문조서 3쪽**), 강**, 권**은 이 같은 말을 한 적이 없다고 증언하여(**강** 증인신문조서 10쪽, 권** 증인신문조서 6쪽**) **피해자들은 전반적으로 상황에 대해 거짓진술·증언하였을 가능성이 높은 점**,

(6) 강**, 권**이 이와 같은 말을 한 것은 피해자들이 술자리를 더 하고 싶었지만 피고인의 만류로 그렇게 하지 못한 것에 불만을 품고 있었고, 그러한 상황에서 피해자들이 피고인을 집단폭행 하였을 개연성이 충분한 점 등을 감안하면, **피고인이 유**에게 목을 조르는 등의 폭행을 가한 사실이 없고, 권**의 머리채를 잡은 것은 창고 안에서가 아니라 피고인이 유**의 무차별 폭행으로부터 겨우 벗어나 도주하던 중 길을 막고 있는 권**의 머리채를 잡았다는 피고인의 주장에 일리가 있으며, 오히려 피고인이 피해자들로부터 집단폭행 당하고 특히 유**으로부터 뒤통수를 수 십 차례 가격당하는 폭행을 당하였던 것임을 알 수 있습니다.** 또 우**의 진술·증언으로도 피고인이 살려달라며 경찰에 신고해줄 것을 부탁한 사정이 있으므로 이 점이 간과되어서는 아니 될 것입니다.

라. 그 밖의 정황에 대하여

(1) 2014. 3. 29. **경찰서 대질조사시 사실상 신뢰관계자로 동석한 장백*는 피해자들 모두 함께 조사받았고 쉬는 시간마다 함께 나간 후 서로 얘기를 나누면서 함께

들어왔다고 증언하였고(**장백* 증인신문조서 5쪽**), 증거기록상 2014. 3. 29. 작성 피의자 신문조서(대질)에 의하면 대기 중인 피해자들을 차례로 신문한 사실을 알 수 있어 당시 피해자들이 함께 동석하여 조사받았고 서로 진술내용을 상의하였음을 짐작할 수 있는 점, (2) 이러한 객관적 증거와는 달리 권**은 따로따로 조사를 받았다고 증언하여 권**의 증언이 허위일 가능성이 농후한 점, (3) 장백*는 2014. 2. 4. 이 사건 당일 유**이 "제가 군대를 가야 해서 돈도 쓰고 싶었고, 어제는 제 정신이 아니었나 봐요" 라고 말한 사실이 있다고 구체적으로 진술 및 증언하여(**장백* 사실확인서 1쪽, 장백* 증인신문조서 4쪽, 8쪽 내지 9쪽**) 당시 유**가 이 같은 말을 하였을 가능성이 높고, 유**은 자신에게 불리한 질문에 대하여는 거짓증언으로 일관하고 있는 것으로 보여, 결국 유**은 처음부터 돈을 노리고 이 사건에 이른 것임을 짐작할 수도 있는 점, (4) 장백*의 진술 및 증언에 의하면, 유**이 2014. 2. 6. 합의 자리에서 "합의 안보면 벌금에 신상공개에요", "성추행 2건에 그전 동종의 사건이 있으면 전자발찌 차요."라고 말한 사실이 있고(**참고자료 9. 장백* 사실확인서 2쪽 내지 3쪽, 장백* 증인신문조서 4쪽**), 권**, 강**의 진술에 의하더라도 위와 같은 말을 한 사실이 있다고 증언하였음에도(**강** 증인신문조서 11쪽, 권** 증인신문조서 6쪽**) 불구하고, 유**은 그러한 말을 한 사실이 없다고 증언하는 등 유**은 그때그때 자신에게 유리하게 사실과 다른 증언을 하는 것으로 보여, 따라서 유**의 증언은 믿기 어렵고 합의 과정에서 유**가 이 같은 말을 한 것은 금전을 노린 측면이 있다고 할 것입니다.

마. 소 결

이 사건 피해자들은 공소사실과 관련하여 수사 시 등장한 문답에 대하여는 모두 말을 맞춘 듯 일치진술을 하면서도, 그 외 강**과 유**의 관계, 강**의 헤어스타일, 권**의 외투착용 여부, 합의자리에서 유**이 꺼낸 성범죄 피고인이 받게 될 구체적인 재판결과에 대한 전문적 지식을 이용한 유**의 협박 내용 등에 대하여 증언이 전혀 일치하지 않는 등 미리 말을 맞춘 것으로 볼 수 없는 기습적 증인신문에는 피해자들 간 진술이 서로 다릅니다.

결과적으로 본 건 공소사실에 대한 피해 진술만이 사전 상의된 것이고, 그 이외에는 진술이 각기 상이하거나 그때그때 유리한 진술을 하기 위하여 즉답을 피하거나, 진술 중 감정동요를 일으키거나, 제시된 사진에서 눈을 돌리거나, 머리를 쥐어뜯는 등(유**에 한정) 진실과는 대단히 거리가 먼 진술을 하고 있는 느낌을 지울 수 없으므로 결국 피해자들의 수사기관 진술은 믿기 어렵고, 법정 진술도 가장 기초적인 것에서 상이한 진술을 하여 배치되는 점을 볼 때 공소사실과 관련한 3명의 피해자들 진술이 일치하는 점이 있다 하더라도 그 역시 믿기 어려운 증언으로 보이고, 이와 같이 피해자들 진술 이외에는 객관적 증거가 없는 사건에서는 피해자들의 각 진술의 상이성과 태도로 볼 때 그 신빙성이 높이 평가되어서는 아니 된다고 할 것입니다.

2. 피고인이 주장해 온 사실관계(참고자료 26. 피고인 주장 정리 표 참조)

피고인은 군 입대를 앞둔 유**의 기분이 좋지 않은 것 같아 유**의 기분을 풀어주기 위해 이 사건 당일 술자리를 마련하였고, 사건 당일 22:00경 유**의 여자 친구인 강**과 권**이 와서 4명이 미리 사온 소주 4병과 맥주 10병을 다 마셨고, 이후 추가로 소주 2병을 더 사와 이마저도 다 마시고, 유**이 술을 더 사오려고 하자 피고인이 그만 사오라고 하였는데, 이후 23:10경 유**이 아이스크림을 사온다며 강**(단발머리를 하였으며 유**이 결혼할 여자 친구라고 피고인에게 소개함)과 함께 아이스크림과 안주를 사러 나갔습니다.

당시 가게에 남겨진 권**이 스마트폰을 만지고 있어 피고인이 "뭐 재미있는 것 보는데?, 나도 같이 보자."라고 말하자, 권**이 갑자기 화를 내며 "자리로 가세요!"라고 말하였습니다. 그래서 피고인은 바로 일어나서 맞은편 자리로 돌아왔습니다. 이후에도 권**이 계속 스마트폰을 만지는 일에만 열중하였고, 피고인은 술이 많이 취하여 할 말도 별로 없어 손으로 턱을 괴고 꾸벅꾸벅 졸고 있었습니다.

얼마 후 23:20경에 유**이 강**과 아이스크림을 사서 돌아온 후 아무런 싸움이나 항의 한마디 없이 있던 중 유**은 피고인에게 권하였지만 맛이 없어 피고인은 먹지 않았고, 유**과 피해자들은 아이스크림을 함께 먹었습니다. 그런 후 피고인은 술이 많이 취하였고 너무 피곤하기도 하여 턱을 괴고 이야기를 들으면서 자다 깨다를 반복하였습니다.

그러다가 피고인은 너무 피곤하고 잠이 와서 자리에서 일어서는데 테이블에 있던 맥주병이 바닥에 떨어져 깨졌고, 피고인이 "나 들어가 자야 된다. 이제 늦었으니 너희들도 집에 가라!"고 말하였습니다. 그런데 유**과 여자 친구들은 일어날 생각도 하지 않았습니다. 그래서 피고인은 화가 나서 "제발 자러 가자고!, 제발 좀 가자고!"라며 고함을 치며 테이블에 있던 소주병을 피고인이 앉아 있던 자리 뒤쪽으로 던졌던 것입니다(**증거기록 167정**).

그리고는 유**가 "쉐프님 술 많이 취했다, 창고에 재워야 된다"고 말하며 피고인을 부축해 창고 안에 들어가면서 유**과 피고인이 비틀거리면서 넘어졌는데(유**도 만취상태여서 일어난 일로 사료됨), 피고인이 유** 위에 엎어지게 되었고 유**도 만취한 상태에서 흥분하여 "쉐프님! 쉐프님!"라고 소리쳤고, 그래서 피고인이 유**을 바라보니 이번에는 유**도 만취하여 넘어져 잠시 정신이 없는지라 유**의 어깨를 흔들며 "정신 차려라! 정신 차려라!"라며 말하고 있었는데, 갑자기 뒤에서 강**과 권**이 피고인의 머리카락과 옷을 잡아당겼고, 피고인의 얼굴을 발로 찼으며 피고인이 엎드려 있는 상황에서 피해자들이 피고인의 몸을 발로 밟고 찼습니다(**증거기록 43정, 44정, 166정, 167정**). 그러던 중 유**이 일어나서 피고인의 피가 묻어 있는 자신의 셔츠를 벗으면서 "너희들 나가 있어, 이제 내가 할게, 여기서 일 더 커지면 경찰에 신고해!"라고 말하면서 엎드려 있는 피고인의 머리를 주먹으로 계속 내려쳤습니다(**증거기록 44정, 167정**).

그래서 당시 피고인은 너무도 공포스러웠고 이런 식으로 계속 맞다가는 죽을 수도 있겠다는 생각이 들어 무조건 도망가야 된다는 생각으로 창고를 뛰쳐나와 식당 입구 쪽으로 갔는데, 권**이 입구에서 막고 있어 "비켜라 비켜!"라고 소리치면서 팔을 휘두르다가 권**의 머리카락이 잡혔고, 권**이 입구에서 비켜서자 피고인은 가게 입구를 뛰어나와 다급한 마음에 건물주인인 할머니가 거주하는 3층으로 올라갔고, 할머니가 나오자 피고인이 "할머니 빨리 신고 좀 해주세요, 나 맞아 죽어요!"라고 말하였으며 할머니는 전화기를 가지러 다시 올라갔습니다(**증거기록 167정**). 그때서야 피고인은 안심이 되어 2층 가게로 들어와서 창고 안으로 들어가 앉아 있었는데, 얼마 후 경찰이 가게로 출동하였고, 당시 유**은 출동 경찰관의 제지에도 불구하고 피고인을 때리러 창고 안으로 들어오려고 하였으며 흥분하여 식탁을 뒤엎었습니다. 이후 피고인이 119를 불러달라고 한 후 119구급차가 와서 피고인은 **성모병원으로 후송되었던 것입니다.

이후 2014. 2. 4. 화요일 저녁 10시 즈음에 피고인의 누나 장백*가 전날 가게에서 있었던 이 사건에 대해 물어보기 위해 유**을 만났는데, 장백*가 "어제 어떻게 된 일이냐?"라고 유**에게 묻자, 유**은 "제가 군대를 가야 해서 돈도 쓰고 싶었고, 어제는 제 정신이 아니었나 봐요" 라고 말한 사실이 있습니다(**참고자료 9. 장백*의 사실확인서 참조**). 또 이 사건 발생 3일 후인 2014. 2. 6. 피고인의 누나 장백*는 유**, 강**, 권**, 유**의 어머니와 함께 합의 문제를 의논하기 위해 커피숍에서 만났는데, 당시 유**의 어머니는 성의껏 합의금을 달라고 요구하였고, 피고인의 누나가 요즘 형편이 좀 어렵다고 하자, 유**은 "합의 안보면 벌금에 신상공개에요", "성추행 2건에 그전 동종의 사건이 있으면 전자발찌 차요."라고 말하였고, 그리고 권**이 "합의하면 기소유예에요" 라고 말한 사실이 있습니다(**참고자료 9. 장백*의 사실확인서 참조**).

이후 피해자들은 경찰조사에서 피고인을 때린 적이 없다고 진술하다가 이후 피고인에게 목을 졸려 정당방위로 손을 휘두르거나 발을 휘두르다가 피고인이 다친 것으로 주장하였고, 당심 증언으로는 유**이 주먹으로 피고인의 얼굴을 가격한 것으로 두 차례 변경 진술되었습니다(유** 증언 참조).

3. 정 상

(1) 이 사건 당시 피고인은 자신의 주량(소주 1병 반)보다 많은 소주 2~3병 가량을 마신 후 거의 정신을 잃은 상태에서 이 사건이 발생하였던 점을 고려하면 피고인에게 성추행의 고의가 없었던 사실을 미루어 짐작할 수 있습니다. (2) 피고인은 지금까지 살아오면서 교통사고처리특례법위반 및 음주운전으로 각 벌금형 1회, 도로교통법위반으로 집행유예 1회 선고받은 적이 있으나, 이 사건 외 지금까지 성범죄 및 폭행범죄를 저지르거나 이로 인해 수사기관에서 조사받은 적이 단 한 번도 없습니다. (3), (4), (5), (6) 피고인은 너무나 억울한 심정에 무죄주장을 하고 있으나, 피해자들이 입은 피해가 있다고 하므로 양형을 고려하여 이 사건으로 인해 피해자들이 입었을 정신적, 물질적 피해를 보상하기 위해 피해자 1인당 각 300만 원, 총 900만 원 상당의 피해 변제금을 공탁하였고(**참고자료 20의 1. 내지 3. 금전공탁서 및 공탁금납부영수증 각 참조**), 금번에 추가로 피해변제를 위해 강**에게 700만 원, 권**에게 300만 원, 유**에게 100만 원, 총 1,100만원을 공탁하였습니다(**참고자료 25의 1 내지 3. 금전공탁서 각 참조**).

※ 공탁과 관련해서는 결론적으로 2천만 원을 2회에 걸쳐 3인의 피해자에게 유 400만 원, 강** 1,000만 원, 권** 600만 원을 공탁하였습니다.**

4. 결 어

위에서 살펴본 바와 같이 피고인은 강**, 권**을 추행하거나 폭행한 사실이 없으며, 유**을 폭행한 사실도 없습니다. 이 사건 피해자들의 진술은 과장되거나 경험칙에 반하여 납득하기 어렵고, 다른 목격자가 없음을 악용하고 있을 가능성도 농후한 반면, 피고인의 진술은 당시 목격자인 위층 할머니, 피고인 누나의 진술 및 증언과 당시 상황에 대한 일련의 과정을 살펴보면 오히려 피고인의 진술이 객관적이고 수긍이 가는 측면이 있다고 할 것입니다.

특히 의자에 피고인이 동석하여 추행하였다는 범행방법과 범행 후 정황에 대해 보면, 피해자들 스스로 편의점에서 돌아와 보니 피고인이 강**의 옆에 끼어 앉아 어깨동무를 하고 가슴을 만지려 하였다고 진술하면서도, 즉각 항의한 사실이 없고 (피해자들 모두) 태연히 아이스크림을 먹은 것을 보더라도 이후 피해자들 주장처럼 피고인이 갑자기 피해자를 향해 병을 던질 리도 없고, 피해자들도 갑자기 성추행 건으로 흥분하여 가라앉은 감정을 불러내어 피고인을 폭행할 이유도 없습니다. 따라서 본건은 피고인이 성추행에 성공하지 못하자 병을 던진 것도 아니고, 병을 던졌기에 피해자들과 시비가 된 것도 아닙니다.

오히려 피고인이 스마트폰을 만지는 피해자에게 "뭘 보느냐"고 하며 가까이 가서 "나도 보자"라고 말하자 피해자(강** 또는 권**)가 유** 등에게 과장하여 '추근거린다'고 카카오톡 메시지를 보내고, 편의점에서 돌아온 유**과 강**의 눈앞에는 아무런 추행 없이 피고인과 권**이 서로 테이블을 마주하여 앉아 있었다고 봄이 타당합니다.

그런데 아이스크림을 먹고 나서도 피해자들이 돌아가지 아니하여 피고인이 이제 그만 자러 가자고 하며 병을 피고인의 뒤로 던져 깨지게 되자, 유**이 피고인을 재우고 더 남은 술을 마시기 위하여 피고인을 식당 창고로 데려가다가 함께 넘어지게 되었는데, 이것을 본 여자 피해자들이 피고인이 유**을 목 조르는 것으로 오해하고 피고인을 폭행하기 시작하였고, 유**은 이미 시작된 폭행에 합세하여 피고인을 폭행한 것으로, 폭행치상·상해의 공동정범 죄책을 지게 될 것을 우려한 피해자들이 사건 발생 직후 입을 맞추어 마치 사건의 발단이 피고인의 일관된 성추행 시도에서 시작된 것으로 무고하여 시작된 것으로 봄이 타당하다고 할 것입니다.

결국 본건은 강**의 장난으로 권**과 유**에게 보낸 카카오톡 메시지가 유**, 권**에게 **제1의 오해**를 가져왔고, 술 취한 피고인을 유**이 식당창고로 부축하여 가다가 함께 넘어져 있는 것을 본 강**, 권**이 이 장면을 피고인이 유**을 폭행하는 것으로 오해한 것이 **제2의 오해**이고, 오해로 인해 촉발된 피해자들이 피고인에 대한 집단폭행 죄책을 모면하기 위해 수사기관에서 입을 맞추어 처벌을 촉구한 것이 수사기관 및 법관으로 하여금 **제3의 오해**를 하게 하여 진실을 미궁에 빠트린 것으로 보아야만 할 것입니다.

따라서 본건 공소사실에 대하여 일관되게 다투어 온 피고인의 주장 및 변호인의 주장에 귀 기울여 편향된 수사로 제출된 신빙하기 어려운 증거를 배척하고 억울한 피고인에게 무죄를 선고하여 주시기 바랍니다.

참 고 자 료

참고자료 25의 1. 내지 3. 금전공탁서 3통

참고자료 26. 피고인 주장 정리 표

다. 「위 재판 진행 및 판결에 대한 소고 – 일종의 평석」

(1) 이 사건 제1심 판결은 다음과 같은 **절차상**(節次上) **문제점**(問題點)이 있었다.

(가) 변호인은 피해자들이 주장한 범행방법과 같이 팔걸이가 있는 식당 **1인용 의자**에 피고인이 피해자와 함께 앉아 강제추행 할 수 있는지를 확인하기 위하여 현장검증신청을 하였으나, 법관은 사정상 어렵다고 하며 사진으로 두 사람이 앉을 수 있는지 찍어 제출해 달라고 하였다. 변호인은 각기 다른 여성 대역 3인과 피고인을 다양한 노력으로 함께 앉혀 보려 한 후 앉을 수 없다는 점을 사진으로 제출하였다(**원천적 증거조사 기피의 문제점**). 이후 증인신문과정에서 피해자 중 진술을 주도해온 한 명은 제시된 증거기록 상의 의자를 보고 시선을 돌리고 몹시 흥분하여 그간의 진술이 허위일 수 있다는 의심을 불러 일으켰다. 이에 재판장이 피해자 두 사람(남자 1인, 여자 1인)이 함께 법원 1인용 의자에 앉아 볼 것을 재연지시 하였고, 피해자들은 (범행현장의 의자와 구조적으로 다른 비교적 넓은 틈을 이용하고 피해자 2인이 협조하며 다리를 꼬아 껴 앉는 방식으로) 겨우 앉을 수 있었다. 추가입증을 위해 변호인은 당회 공판 직후 법원의자를 줄자로 폭과 너비를 재어 보았으며, 범행현장 의자와의 구조적 차이를 입증하기 시작하였다. 법정의자는 팔걸이와 연결된 쇠 지지대가 의자 안쪽 깊숙한 곳에서부터 시작되어 사선에 가깝게 위를 향해 있어 쇠 지지대의 각도상 사람의 허벅지가 바깥쪽으로 여유 있게 앉을 수 있었고 또 범행현장의 의자보다 너비가 커서 범행현장의 의자와는 전혀 다르다는 주장을 펼쳤고, 반면 범행현장의 1인용 의자에는 피고인과 피해자가 동석할 수 없다는 점에 관하여 두 의자의 사진을 비교하여 제출하였다. 범행현장의자를 법정에 갖고 와 법정에서 재연해 볼 것을 요청한 점은 이미 법관이 받아들이지 않았다(**심리미진의 문제점**). 결국 판결문에서는 피해자들의 주장만을 받아들였다. 피해진술에 대한 각종 모순을 지적하여 보았으나, **법관은 원천적 반증이 될 수 있었던 현장검증을 하지 않고 다른 방식으로 대체시도를 한 후 범행방법에 대해 별도로 판시하지 않음으로써 피고인의 방어권은 제한 또는 침해되었고, 법관의 사실인정 과정이 신중하지 못하여 오류에 도달할 수 있었을 것이란 의문**을 지울 수 없었다.

(나) 증인신문 과정에서 필자는 범행동기, 범행방법, 피해진술과 관련한 경찰조사의 부적법성과 진술경위와 관련한 신빙성을 탄핵하였는데, 법관에 의해 수시로 차단당하였다("종전 증인에게 물어본 것이니 이 증인에게는 묻지 말라", "다른 증인에게 물으면 되니 이 증인에게 묻지 말라", "경찰조사에서 피해자들이 서로 대신 진술해 주는 것이 말이 되느냐"며

그런 의문은 제기하지 말라고 하는 방식 또는 "그 질문을 꼭 해야겠느냐"는 방식으로 **증인에 대한 반대신문권 행사를 현저히 제한**하여 실질적인 탄핵이 될 수 없었다). 이러한 진행방식은 **유죄예단에서 나오는 자의적 소송지휘권**으로 볼 수밖에 없으며 무죄추정의 원칙에 반하며, 참고인진술조서의 증거능력과 관련하여서도 조서작성방식에 위배된 **위법수집증거인지에 대한 심리미진 및 특신상태에 대한 심리미진**의 결과를 초래하였다. 헌법 제27조 제4항, 형사소송법 제275조의2의 무죄추정원칙은 단순한 이념적 선언규정이 아니고 형사절차의 실천원리이므로 수사절차에서 공판절차에 이르기까지의 절차 전 과정을 지배하는 지도 원리이며, 무죄추정원리의 형사소송법상 구현모습으로는 인신구속의 제한, 충분한 증명(합리적 의심 없는 증명)이 없을 경우 피고인에게 이익, 불이익처우의 금지의 내용을 포함하고 있는 점을 일선 형사법관들은 반드시 유념해야만 한다. **법원은 국민의 기본권 보장의 최후의 보루이기 때문이고, 국가처벌권 행사를 위한 대관에 그치는 기관이 아니다.**

(2) 나아가 이 사건은 **결과(結果)에 있어서도 문제(問題)**가 있었다.

(가) 해당 판결은 피고인의 주장을 배척함과 동시에 「**유죄의 증거**」로 **피해자**의 각 법정진술, **피해자**의 각 경찰진술, **피해자**의 각 진술서, 각 사진,[63] 각 수사보고[64]만을 들고 있어 대단히 이례적[65]이고, 이는 심리 중 보여준 **유죄예단**에서 기

---

63) **강제추행과 관련한 피해사진이 아니다.** 추행과 관련한 외형상의 신체적 피해는 전혀 없었고 추행의 증거로 제출된 직접적 사진도 없었으며, 술 취한 피고인과 술 취한 피해자들이 어떠한 이유로 엉켜 몸싸움을 하여 생긴 멍 또는 긁힌 사진과 의자 밑에 깨진 병조각(사람에게 맞아 깨진 것이 아닌) 등의 사진이었다.

64) 「112신고사건 처리 내역서 첨부에 대한, 대질신문시 상황에 대한, 현장출동 경찰관 상대 진술 청취, 피해자의 휴대폰에 저장된 카톡문자메시지에 대한, 피해자 진술청취 및 녹음에 대한 각 수사보고」.

65) **결국 피해자 진술만으로 유죄 판단한 것과 별반 다르지 않아 일반적 판결과 대조해볼 때 이례적이다.** 피해자진술 이외의 증거인 **수사보고**와 관련하여서는, ① 「**112신고사건 처리 내역서 첨부에 대한 수사보고**」에는 주취자가 난동 부린다는 내용만이 기재되어 있고 신고사실에 성추행 신고내용은 없으며, 수사보고에 배치되는 내용(오히려 피고인이 집단폭행 당하여 맞아죽는다며 신고해 달라며 건물주에게 부탁한 증인의 증언 및 건물주 진술서)을 변호인이 입증하였으며, ② 「**대질신문시 상황에 대한 수사보고**」는 당시 양쪽 팔걸이가 없는 검찰청 철제의자에 피해자 2인이 함께 앉아본 재연상황을 기재한 것이나, 이는 법정에서 변호인의 피해자들에 대한 증인신문 결과 현출된 증언에 의하면 팔걸이가 없는 1인용 의자에 함께 앉은 것을 기재한 것이 드러났으므로 결국 범행현장 의자와 다른 의자에 재연한 것으로 입증되었고, ③ 「**현장출동 경찰관 상대 진술 청취 수사보고**」에는 오히려 피해자 1인이 피고인을 폭행하다가 손을 다쳤다는 점이 기재되어 있고, 사후 목격자인 건물주의 진술을 들었다는 경찰의 진술은 건물주가 추후 그와 같이 진술한 적이 없다는 것을 사실확인서로 제출한 후 증언까지 하였으므로 유죄 입증 증거로 삼기에 타당하지 아니하였고, ④ 그 외 「**피해자들에 대한 진술청취 및 녹음 수사보고**」는 피해자의 수사기관 진술과 같은 것으로 전혀 다를 바 없으므로, 결국 피해자 진술에 터 잡은 유죄판결이 성립된 것이었다. **딱 한 가지 신빙성 있는 증거는 피해자 휴대폰에 저장된 카카오톡 문자메시지였다. 물론 메시지 작성경위는**

인한 감정적 처리였음을 확인할 수 있었다. 「**양형의 이유**」에서도 피해자들을 위해 상당한 금액의 공탁이 있었긴 하나 부인하면서 **반성하지 않고 있어 이를 피고인에게 유리한 양형사유로 온전히 고려하기는 어렵다**는 내용을 설시하면서 실형선고와 동시에 법정구속하여, 이는 일반적 판례에 반하고 대법원의 **양형기준에도 반하였다.** 자백하는지 여부와 공탁 등 피해변제는 별도의 양형요소가 분명하며, 특별(가중)양형인자도 전혀 없었으므로 **본 건은 상당한 금원의 공탁을 반드시 고려하고 또 구체적 무죄주장에 대해 상급심에서 다툴 수 있는 실질적 방어권을 보장하는 것이 옳았다.**

(나) 1심 법관은 징역 1년의 실형으로 **법정구속**을 시킨 바, 이는 항소심에서 다투기 위하여 상당 금원을 공탁한 점과 1심 증거조사 결과 피해자 진술의 신빙성이 낮다는 구체적 내용을 주장하는 등[66] 구체적 이유를 갖고 무죄주장을 한 변론을 완전히 무시한 감정적 처리였음이 분명하였다. **1심 선고 후 법정구속을 자제해야 한다는 동지(同旨)의 견해**를 갖고 계신 법원장 출신의 명망 있는 법조인 한 분은,[67] "요사이 수사단계에서는 '불구속 재판의 원칙'에 따라 신중하게 영장발부가 이루어지고 있지만, **법정구속은 아무런 통제 없이 이루어지는데, 법정구속도 구속이므로 구속의 요건이 엄격히 심사되어야 한다"며 1심 선고 후 법정구속 관행에 대해 강력히 비판하고 있다.**

또 이 견해는, "형사법원의 심리절차에서 피고인의 범죄혐의가 소명되었고 증거도 확보되어 증거인멸의 우려도 없게 된 상황에서 법정구속에는 '도주우려'의 요건이 중요한데, 실형을 선고받은 피고인이 형 집행을 면하기 위하여 도주할 우려가 있다는 추정만으로는 부족하고, **특히 무죄를 다투는 피고인**은 상급심에서 심사를 받아야 하기 때문에 유죄의 실형을 받고 **즉시 도망할 우려가 있다고 보기 어렵고, 법정구속이 되면 상급심에서의 방어권 행사에 많은 지장이 초래되는데도, 법관들은 '방어권 행사'를 '증거인멸의 우려'라고 오해하는 경우가 있는 것 같고, 피고인이 무죄를 다투는 경우 유죄가 되면 반성이 없다고 하여 형을 가중하거나 법정구속하는 경우도 있는데, 이는 '무죄추정'이나 '피고인의 권리'를 무시하는 발상"**이

피해자와 피고인의 주장이 서로 다르다.

66) 피해자들의 초동진술이 담긴 경찰의 수사보고(출동보고), 사후 목격자에 대한 초기 수사보고(진술청취), 피해자들 경찰단계 진술조서, 피해자들 증인신문조서, 피고인의 수사기관 진술 및 이에 부합하는 피고인 측 증인 2명의 증인신문조서와 수사기관 제출 사실확인서, 피고인 제출 현장사진 및 범행재연사진, 기타 객관적 증거(당일 실외온도 등)를 총정리하여, 표로써 피해자들 진술의 모순을 탄핵한 사정.

67) 김대휘 변호사님.

라는 견해를 표명한 바, 이러한 주장은 필자가 경험한 바로 이 사건에 정확히 들어맞는다.

나아가 "형 선고의 판결이 최종 확정된 후 그 형의 집행은 검사의 직무인데 법관이 법정구속으로 검사의 일을 대신해 주는 것이 되므로 이는 바람직하지 않고, 법정구속은 수사기관에서의 구속과 달리 아무런 예고가 없어 불의타가 되고, 그 후 구속의 적부를 심사하는 제도도 없어 특히 **1심에서의 법정구속은 하급심 법관의 자만일 수 있고 상급심의 판단을 선취하거나 제약하는 측면이 있으므로 신중해야 한다**"고 까지 강하게 비판한 점과, "법정구속이 사법의 권위를 세우는 것인지 몰라도 오히려 그 후의 무죄판결이 있을 경우 사법의 신뢰가 훼손당하는 것이 되는 점에서 걱정스러운 점이 있으며, 법정구속의 경우 사법적 권위뿐만 아니라 법관의 도덕적 판단이 암묵적으로 작용하고 피고인의 법정태도 등이 고려된다는 느낌을 지울 수 없는데, 법관은 '도덕 교사'가 아니라 실정법에 따른 사법적 판단을 구체화하는 임무를 가지므로, 사람을 즉각 가두는 것이 정의로운 법의 응징이 아니고, 반대로 보석이나 집행유예로 신병을 풀어주는 것이 법관의 시혜가 아니다"고 우려와 따끔한 일침을 가하고 있는 점[68]은 지극히 공감할 만하다.

(3) 위 1심 판결에 대해 필자는 위에서 적시한 절차상, 실체적 문제점으로 인해 상급심에서 얼마든지 파기당할 가능성이 있었다고 생각하나, 실제 상급심은 필자의 위와 같은 주장을 항소이유로 삼아 판단할 수 없게 되어 아쉬움으로 남는다. 법정구속 즉시 의뢰인은 다른 법무법인을 선임하였고, 해당 로펌은 피고인 및 선임권자인 가족에게 무조건 (자백하고) 빌고 들어가야 하며, 별도로 진행 중이던 재정신청사건도 취하하여야 한다고 조언하였기 때문이다.

2심 변호인의 그와 같은 법적 조언 끝에 피고인 및 변호인은 양형부당만을 주장하였으므로 항소심에서 얼마든지 집행유예로 전환할 수는 있었지만(이미 1심에서 상당 금액의 공탁을 하여 둔 점 감안), **원심의 절차상, 실체 판단상의 과오를 바로잡을 수 없게 되었다.** 2심 담당 로펌은 그간 피고인이 일관되게 주장해 온 무죄변론의 방향을 순식간에 유죄자백으로 바꾸고, 합의완료 후 보석을 통해 불구속 재판을 진행하여 최종적으로는 집행유예를 확정시켰다.

특히 해당 사건은 2심 재판장이 제1회 공판기일에서 "피고인, 재조사 받기를 원하는가?"라고 하여, 이례적으로 1심 증거조사를 보충·정정할 기회를 주었으므로

---

68) 법률신문, 오피니언, "법정구속", 2014. 12. 22.자 14면.

응당 2심 변호인은 1심 재판장이 신청 기각했던 범행 장소에서의 '범행에 제공된 의자'에 대한 현장검증신청을 주장하여야 했고, 원심에서 상세하게 탄핵한 내용들을 토대로 추가로 피해자 진술의 신빙성을 탄핵하면서 양형부당을 별도로 주장하여야 했겠으나, 아쉽게도 2심 변호인은 1심에서의 무죄변론을 2심에서는 단순의 양형변론으로 변화시킨 후 신병석방에만 주력하였다.

(4) **법관의 사실인정의 오류, 오류의 원인된 심리미진, 채증법칙 위반, 유죄예단 등 불공정 재판, 합리적 이유 없는 양형기준 위배에 대해 상급심 판결을 통한 시정이 불가하다면 원심 법관의 자의는 계속될 것이다.**

단순히 변호사협회가 시행 중인 법관평가제로는 그 같은 문제점을 시정하는데 한계가 있다. 그것은 구체적 결론(특히 유·무죄 판단 및 양형 또는 법정구속에 대한)이나 증거조사의 위법성을 거론하는 데는 적절치 않고, 법관의 태도에 대한 평가이기 때문이며, 강제력이 없고, 법원으로서는 변호사의 일방적 주장으로 치부하는 경향이 있다.

여기서 판례평석의 중요성이 등장한다. 조금 더 욕심을 내자면, **재판심리 자체를 겪고 목도한 경험을 토대로 한 실무가의 평석이야말로 더욱 의미 있는 비판이자 사법개혁의 중요한 동력이 될 것으로 내다본다.**

[부 록]

형사 실무상 문제점

(수사)

1. 소환 방식의 통일성과 소환 회수의 기준 마련이 필요.

1. 조서작성 시 피의자의 진술을 그대로 담는 것이 아니라, 답변내용을 수사관이 임의로 정리(整理)하는 방식. **조작(造作)의 위험**이 항상 존재한다. 이러한 조작, 편집의 위험은 참고인 진술을 전화로 청취한 후 축약 기재한 수사보고서에도 그대로 적용된다.

1. 피의자 1인과 피해자 3인 대질시 피해자 3인을 한 자리에 동석시켜, 각인의 진술을 서로 듣고 참작하며 진술토록 하는 것은 실체진실발견에 저해되고, **통모(通謀) 진술**을 가능케 하므로 금지되어야 함.
   이 같은 조사방식은, 범인식별절차에서 피해자들을 한 자리에 모아놓고 범인을 지목하게 하는 것이 범인식별절차를 위배했고 피해진술의 신빙성에 문제가 있다고 보아 무죄로 판시해 온 대법원의 일관된 태도에 비추어 바람직하지 않음.

1. 피의자신문(被疑者訊問) 시 변호인 입회를 꺼리고, 변호인의 진술 조언과 이의에 대해 퇴정을 경고하던 과거 고질적 문제. 나아가 간략한 메모 등의 허부에 대해 담당수사관이 임의로 정해왔던 과거 고질적 문제.
   이러한 문제점을 적극적으로 개선한 조직은 경찰이다. 심지어 경찰은 자유로운 입회에 그치지 않고, 피의자에게 자기변호노트 작성을 허락했다.

1. **상당수 경찰이 "변호인 선임하느니 합의하라"**면서 변호인 선임을 힐난(詰難)하는 문제. **방어권을 정면으로 침해**하는 헌법위반행위가 됨.
   경찰(警察)의 최대 단점은 법리가 낮아 수사작용의 본질을 이해하지 못하는 경우가 많고, 인권을 경시하며, 그들 간 상호 유리한 참고인이 되어주어 범법의 죄증을 감추는 유대감이다.

반면 검찰(檢察)의 최대 단점은 오만하며, 실적주의와 승진에 취해 있으며, 증거와 법리 장난에 능하다는 점이다.

따라서 **앞으로 수사업무를 맡길 사람의 자질**로, 현재의 검찰과 같은 높은 법리 능력, 현재의 경찰과 같은 빠른 증거수집·분석·복원능력을 모두 갖추었으되 **인권을 중시하는지가** 기준이 돼야 한다. 진실을 밝히는 과정에서 사심을 발휘하거나 억울한 사람을 양산하는 것을 국가는 반드시 막아야 한다. 이 것 하나만 성공해도 세상은 매우 공정해지며, 크게 발전하게 된다.

1. 긴급·현행범체포 후 조서작성 끝에 곧바로 석방하는 사안이 많아 **무영장체포 제도의 남용(濫用)**이 우려된다. 결국 수갑 차고 구속을 예감한 피의자로부터 자백진술만 받은 것. 따라서 이 상태에서 작성된 조서는 의도적으로 증명력을 낮추어 보아야 한다. 피의자의 신체는 수사 편의를 위한 수단이 결코 아니다.

1. **고소사건** 처리시한 위배 및 과도한 **지연(遲延)** 문제. 향후 '2개월 경과의 정당한 사유'를 고소인에게도 통보해 주는 것이 **수사진행 상황에 대한 국민적 신뢰를 얻는 방법**이 될 것임. 해결책으로 대법원 사건검색란과 같이 **상세한 수사경과를 공개하는 것을 제안함.**

   한편 일본처럼 점차 민사적 영역으로 치부하거나, 경제사건, 사이버범죄, 명예훼손사건 수사를 등한시(等閒視)하는 것은 또 다른 큰 문제.

1. 검사실 외 별도 조사과에서 고소사건을 지나치게 오랫동안 잡고서 **반복 소환조사**하여 의혹을 제기시키는 문제.

1. **경제범죄, 장물범죄, 명예훼손범죄** 등 수사관의 수사업무가 난이도를 가질 경우 **고소인에게 입증책임을 부과함**으로써 손쉽게 수사하려는 **사실상의 직무유기(職務遺棄)** 문제.

1. 참고인 조사 시 **고소인에게 무혐의 예단(豫斷)을 함부로 내비치는 문제.** 사실상 고소를 취하하도록 유도하는 것이라면 사법기관과 피의자와의 모종의 관계를 암시하고 **장래의 불공정(不公正) 수사가 예상**되는 큰 문제점.

1. 고소이유에서 밝힌 '수사의 필요성' 중 상당수 필요했던 수사를 누락(漏落)하여 수사미진(捜査未盡)이 자주 발생하는 문제. 또 고소 범죄사실 및 죄명 중 판단 자체를 누락하는 판단유탈(判斷遺脫)은 더 큰 문제점. 어떤 식으로건 법적 판단을 경솔(輕率)히 누락하는 것은 임무방기임.

   법리를 오해하는 경우는 잘 없는 것에 비해 **수사미진과 판단유탈**이 나타나는 이유는 단순히 검사의 실력부족이 아님. 수사자세의 문제임.

1. **불기소이유서가 지나치게 도식적이고 짧은 것**도 문제. 수사종결 후 수사기록 전부에 대한 열람·등사를 불허하면서[1] 불기소이유서마저 무성의(無誠意)하면 고소인은 수사기관을 불신하게 되고, 그의 불복 등 권리구제는 더욱 요원해짐.

1. 검사 처분인데도 경찰 의견을 그대로 원용(援用)하는 것은 경찰 수사권 독립의 명분에 부합하고, 검사의 역할과 관련해 의문이 제기되는 관행이었음. 시민은 자신이 낸 세금만큼 정확한 사법서비스를 받고 싶어 하지, 지나가는 그저 그런 사건으로 취급되는 것을 원하지 않음.

1. 반대로 다수 죄에 대해 혐의가 있다고 보고 사경의 참고인 조사, 검·경의 영장 압수·수색, 사경의 피의자신문이 있었음에도 경찰이 일부 죄만 송치하고 일부 죄는 송치하지 않은 경우, 검사는 송치받은 일부 죄만 공소사실로 정리하고 미송치 범죄는 명시적 불기소 처분을 하지 않는 경우가 있다(대구지검 2018년 형제52816호, 대구지검 2018년 압제2079호).
   사경이 써둔 불기소 이유가 없으므로 원용할 자료가 없고, 검사 자신이 인지한 범죄가 아니었으므로 별도의 불기소 주문을 내지 않은 것인데, 이는 직무유기로 인한 판단유탈이 되며, 피의자로 하여금 불안정한 지위에 놓이게 하여 위법·부당하다.
   한편 결과와 이유서를 발급해 주어야 하는 민원공무원은 전산에 뜨지 않으니 발급이 불가하다며 극도의 짜증을 부릴 뿐 처분의 문제점을 파악해 고지하려는 노력조차 하지 않아 '벽보고 말하기'가 된다.

1. 검사의 **수사지휘** 사항이 재빨리 이행되지 못하여 보완수사 후 재송치가 늦어지는 문제.

1. 검찰과 경찰의 이원적 구성 문제. 한 부로 통일시킴이 옳지 않을지(예컨대 치안은 행안부, 사법경찰의 수사업무는 법무부).
   아니면 검찰은 공소제기와 공소유지에만 집중하고, 경찰은 수사를 독점하되 전문성을 강화하고 변호사 특채를 통해 자질향상을 꾀함도 미래에는 한 방안.
   → 위 내용이 저자의 「수사와 변호」 책에 2015년 기술된 것과 별도로 현재 청와대 국정방향이기도 하다.

1. 지나치게 높은 **항고 기각율. 항고 절차의 투명성(透明性)** 부족 문제. 그리고 **항고 수사의 열의(熱意) 부족 문제.**

---

1) 同旨 매일신문, 기사, "내부지침 근거로 사건기록 열람 거부하는 검찰에 법원이 제동," 2019. 3. 11.자.

1. **항고 기각 사유가 지나치게 짧은 문제**. 항고가 왜 이유 없는지, 어떤 내용의 수사를 더 하였는지에 대해 아무런 언급이 없어 재정신청이나 재항고를 하려 해도 답답하고, **사법불신(司法不信)을 조장함**.

1. **항고심사위원회, 상고심의위원회** 활성화 필요 및 위원회의 민주적 구성 문제.

1. **재정신청** 결정 기한을 준수하지 않고 지나치게 **장기화**하는 문제 및 **심리비공개**로 인해 도대체 무슨 심리 중인지(심리 중이긴 한 것인지) 전혀 알 수 없는 문제.

1. 항고 기각 및 재정신청 기각 결정 후 어떤 경우에도 수사기록을 비공개하는 문제.
   특히 재정신청 기각 결정 후에는 재항고권의 실질적 보장을 위해 수사기록 공개가 매우 필요하나, 대법원조차도 재정신청의 등장 배경과 재항고 제도의 존재 의의를 제대로 이해하지 못하고 있어 수사기록열람·등사처분을 불허하는데 동조함.

1. 변호인과 피의자가 수사기관에 제출하는 변호인의견서 및 각종 자료들을 기소시 상당부분 제외하고, 유죄의 증거 또는 가중적 양형요소만 묶어 기소하는 **객관의무(客觀義務) 위배 문제**.[2)]
   나아가 피의자로부터 임의제출받은 전자파일 등 **자료를 삭제한 후 전자기기를 반환**하는 해괴한 수사방식. 타인소유 물건에 대한 손괴가 된다.

1. 피해자 진단서라도 제출되면 그 외 유죄증거가 부족한데도, 막상막하의 피의자 진술 및 피의자에게 유리한 (간접, 정황)증거는 모두 무시하고 기소하는 **기소재량의 남용(濫用) 문제**. 기소 직전 피의자에게 "솔직히 잘 모르겠으니, 판사 앞에서 가려보라"고 하고 기소하는 **책임감(責任感) 문제**.

1. 특수사건의 경우 영장이 기각되어도 무리하게 영장 청구를 반복해서 구속시키려는 문제.[3)4)5)] 도주우려를 앞세우지만, 실제로는 **구속을 통한 자백획득의**

---

2) 이 문제는 현재 개선의 모습이 보인다.

3) 조선일보, 기사, "['사법致死' 고리 끊자][中] 구속에 목메는 검찰, 영장 기각되면 법원에 삿대질", 2015. 5. 15.자의 내용을 보면, 검찰은 횡령·배임·도박 등 혐의로 청구한 장** 동국** 회장에 대한 사전구속영장이 기각되자, "유전(有錢) 불구속, 무전(無錢) 구속"이라며 법원을 비난한 후 기각 사흘 만에 다시 12억원대 횡령과 6억원대 배임수재 혐의를 추가해 결국 영장을 발부받았고, 2014. 4. 신** 롯데** 전 대표에 대한 1차 구속영장이 기각되자 두 달 뒤 혐의를 추가해 구속했으며, 2006년에는 외환은행 헐값 매각 의혹 사건과 관련해 ***코리아 유** 대표에 대한 영장이 기각되자 이후 3차례나 더 청구했다가 기각당한 사실이 있다(심지어 두 번째로 기각됐을 때에는 한 글자도 고치지 않고 재청구). 이러한 문제는 검찰 내부에서 **구속을 '골인'으로 표현하면서 마치 수사의 성공으로 여기는 분위기가 팽배해 빚어진 문제다.**

4) 조선일보, 기사, "['사법致死' 고리 끊자][中] '윗선 뜻' 따른 표적 수사, 성과 보이려 먼지털이

유혹(誘惑)에서 기인함.

1. 영장 변론준비가 항상 촉박한데도 기록 열람이 불가능하거나 매우 제한되는 문제. 이는 **구속을 앞둔 피의자의 방어권을 형해화(形骸化)**시킨다. 심지어 불과 얼마 전까지만 하더라도 영장청구서 등본을 교부받는 것조차 쉽지 않았고, 토요일 잡힌 영장심사를 앞에 두고 금요일 저녁과 토요일 아침 시간까지 법원의 비협조로 영장청구서를 교부받지 못한 사례도 있음.

1. 미체포 피의자라면 영장심문기일을 충분한 여유를 두고 지정하는 것이 방어권 보장에 바람직한데, **영장심문기일은 매우 촉박(促迫)**하게 잡힘. 모름지기 **체포는 신속히 하고, 구속은 신중히 해야 함**.

1. 영장심사에서 중형선고가 예상된다는 이유로 도주우려를 강조하여 판사 성향에 따라 무조건 구속시키는 것은 큰 문제. 본안을 미리 과신(過信)하여 예단(豫斷)하는 문제가 되므로, **향후 구속사유에 대한 상세한 입법이 필요**할 것으로 사료됨.
   영장심사 법관은 검사의 수사 조력자가 아니란 점을 명심해야 함.

1. 영장심사에서 변호인 의견 진술이 길 경우 인상을 찌푸리고 짧게 종결해 줄 것을 강요하는 문제.
   중요 사건 또는 중요 피의자의 경우와 법원 전관 변호사가 들어온 영장재판 사건에 비해 경시하는 태도를 보이면 안 됨. **공정한 재판, 신중한 재판을 기치(旗幟)로 한 대법원의 기조와는 심각한 차이** 있음.

1. 영장기각 시 검사는 영장청구서에 메모된 법관의 기각 이유를 보고 재청구를 도모하게 되는 반면, 변호인은 **영장 기각 사유**가 기재된 영장청구서 등본 또

式 악습 되풀이", 2015. 5. 14.자에서는, 검찰 인사와의 인터뷰를 통해 "MB정부 시절에도 공기업 비리 수사 지시가 떨어졌는데, 검사 별로 공기업 3~4개씩을 할당받아 '무조건 찾아내라'는 지시가 내려오기도 했다"며 "그럴 때는 실적을 채워야 하는 부담과 더 큰 건을 만들려는 욕심 때문에 100% 무리한 수사를 하게 된다"는 점을 밝히면서, **무리한 수사는 특수부 등에서 진행하는 인지수사 부서에서 자주 일어난다**고 보았다. 인지수사는 장시간 꼼꼼한 내사를 거쳐 혐의 입증에 자신이 있을 때 수사 개시를 하는 것이 일반적인데, 하명(下命) 수사의 경우 단기간에 가시적인 결과를 내야 하는 부담 때문에 감사원, 국세청 등에서 제보, 신고, 첩보 자료 등을 제공받아 시작하는 경우가 많고, 설익은 자료로 수사하다 보면 증거보다는 자백에 의존하게 되고, 자백받기가 쉽지 않으면 광범위한 압수수색·가족 등 주변인들 조사, 별건 수사 등으로 이어지며, 특히 검사들 사이에 '인지수사=구속'이라는 인식이 있어 불구속한 사건은 실패로 보는 경향이 있어서, 기업 수사는 당초 예상했던 성과가 나오지 않으면 분식회계를 밝혀 사기로, 경영주의 가지급금을 문제 삼아 업무상 횡령과 배임으로 처벌하는 것이 공식이라는 것이다.

5) 언론에 등장하는 대형 사건에서 이러한 과잉수사가 발견되는 것과는 대조적으로, **민생 사건에서는 책임감 있는 공정·신속한 수사를 하지 않는 경우가 종종 보인다**는 우려의 견해로는, 대한변협신문, 법조단상, "책임감", 2015. 7. 20, 15면.

는 사본을 받아볼 수 없는 것은 큰 문제다. 애초 **구속영장결정문을 쓰고, 등본을 교부하도록 해야 한다.**

반대로 구속영장을 발부하면서 체크되거나 메모된 영장 발부 사유를 변호인은 알 수 없거나 매우 늦게 통보받게 되므로, 구속적부심사청구와 관련해 피의자와 빠른 상의를 할 수 없어 문제다.

이처럼 **법원과 검찰의 밀착관계, 검찰에 유리하고 피고인에게 불리한 형사절차**가 형사소송법뿐만 아니라 규칙, 예규, 지침 등에 매우 광범위하게 자리잡고 있는데도 변호사협회의 광범위한 대응이 부족해 독소조항과 불법관행은 더욱 광범위하게 번져왔다. 과거 군사정권 시절에는 군홧발로 국민을 짓밟았지만, 현재 형식적 민주주의 시대에는 **배운 자의 펜 끝에 국민의 기본권이 속절없이 침해**되는 사례가 너무 많다. **정치적 통제가 반드시 요구된다(입법적 통제를 말함).** 그래야만 실질적 민주주의가 구현된다.

1. 피해변제 등 사정변경이 없는 한 **구속적부심**을 기각시키는 문제. 피의자보석을 사문화(死文化)시키는 문제.

1. 형사조정위원들의 자질 및 사건 파악 부족으로 인한 전문성 결여 문제. 한편 처분결과에 대한 예단 암시도 문제.

(재판 - 1심)

1. 공소권남용론 주장이 실무에서 받아들여지지 않는 문제.[6] 따라서 검사는 자의적 차별기소를 감행할 수 있다. 형사소송법 제247조의 기소편의주의를 삭제하고 기소법정주의를 도입해야 하고, 법정요건 충족에 의문이 드는 사건은 기소배심제를 통해 민주적 통제를 받게 해야 한다.

---

6) 검사는 피의자의 연령·성행·지능과 환경, 피해자에 대한 관계, 범행의 동기·수단과 결과, 범행후의 정황 등의 사항을 참작하여 공소를 제기할 것인지의 여부를 결정할 수 있는 것으로서(형사소송법 제247조 제1항), 똑같은 범죄구성요건에 해당하는 행위라고 하더라도 그 행위자 또는 그 행위 당시의 상황에 따라서 위법성이 조각되거나 책임이 조각되는 경우도 있을 수 있는 것이므로, 자신의 행위가 범죄구성요건에 해당된다는 이유로 공소가 제기된 사람은 단순히 자신과 동일한 범죄구성요건에 해당하는 행위를 하였음에도 불구하고 공소가 제기되지 아니한 다른 사람이 있다는 사유만으로는 평등권이 침해되었다고 주장할 수는 없는 것일 뿐만 아니라, 현재까지 국가보안법이 그대로 시행되고 있는 우리나라에서 반국가단체나 그 구성원 또는 그 지령을 받은 자와 접촉하는 등의 일체의 행위에 대하여 국가보안법을 적용하지 아니하기로 하는 내용의 법집행의 관행은 있지 아니함은 물론 있을 수도 없다고 할 것인바, 피고인들에 대한 이 사건 공소사실의 내용에 비추어 볼 때, 이 사건 공소의 제기가 피고인들의 평등권을 침해하였다고 볼 수는 없으므로, 이와 같은 취지에서 검사가 공소권을 남용하여 이 사건 공소를 제기한 것이 아니라고 본 원심의 판단은 정당하고 논지는 이유가 없다(대법원 1990. 6. 8, 선고 90도646 판결).

1. 약식명령에 대해 무조건 불복하고 보는 문제. 이는 정식재판이나 항소심에서 감경 관례가 많기 때문인데, 해결방안으로는, 다툴 것이 명백한 사건의 경우 애초부터 정식기소하는 방안, 불이익변경금지칙을 삭제하는 방안, 정식재판에서 형감경을 남용하지 않는 방안이 거론될 수 있으나, 두 번째 방안은 고려해서는 아니 될 것임.[7] 그런데도 2017. 12. 19. 국회는 형사소송법을 개정해 불이익변경금지원칙을 훼손했다. 제457조의2 규정에 따라 중한 종류의 형 선고는 금지되나, 같은 종류의 형인 한 형량 가중이 가능하게 됐기 때문이다.

1. 성범죄에 대한 정식재판청구 시 벌금형이 신상정보공개 및 이수명령에서 유리하다며 취하를 요구하는 것은 정식재판청구권을 침해하고, 불이익변경금지원칙에 대한 이해가 부족한 자세임.

1. 공소제기 후 공소장일본주의로 인해 유죄 취지의 공소장만이 판사에게 제출되므로 법관이 사건에 대한 이해가 부족하여 변호인의 증거신청 취지를 제대로 이해하지 못하는 의외의 부작용이 있음. **유죄예단을 막기 위한 장치가 오히려 무죄 입증 노력을 저해(沮害)**하는 형국이 됨.

1. **피고인신문제도**는 임의적으로 운영되어서는 안 되고, 현재의 공소장일본주의하의 형사재판에서는 오히려 재판 **초기**에 실시하는 것이 바람직하며, **의무적**으로 실시하는 것이 피고인의 방어권에 유리함.

1. **증인신문** 과정에서 **재판장의 직권 개입(介入)과 차단(遮斷)이 매우 심**하여 '사또재판'과 비슷하고, 이는 법관의 예단(豫斷)과 관련이 되어 판결이 나오기 전부터 불공정성(不公正性)이 의심됨.
   때로 피고인신문과 변호인의 최후변론을 반복 차단하여 형해화시키는 초법적 법관도 있음.

1. 증인신문 시 수사기록상 진술을 물어보는 것은 **공판중심주의**와 **실질적 반대신문권**을 위해 필수적인데도, 상당수 재판장은 그 같은 진술을 묻지 못하게 함. 공판중심주의와 실질적 반대신문권 보장의 필요성은 **대법원(大法院)이 설계한 이론인데, 하급심(下級審) 법관에 의해 실제 재판에서는 마구 무시(無視)됨.**

1. 증거신청 기각과 증인신문 중간 차단에 대해 이의해도 그대로 재판이 강행(強行)될 수 있고, 그것이 상소이유가 될 수 있더라도 이미 가장 중요한 1심 재판이 망쳐졌으므로 피고인에게는 매우 억울한 상황이 됨.

---

7) 同旨 대한변협신문, 쓴소리 바른소리(김선수 변호사), "퇴임 대법관의 변호사 개업 문제", 2015. 4. 13, 10면.

증거 및 소송지휘권의 기준을 전국적으로 통일(統一)하고, 이의 시 상급심의 판단이 속히 내려져야 함.

1. 한편 재판장의 자의적 소송지휘권에 대해 이의한 후 그것이 받아들여져 증인에 대한 추가 탄핵에 성공하더라도 **결국은 자유심증주의(自由心證主義)에 따라 자의(恣意)적 판결서**를 작성하게 될 것이므로, 실익이 의심스러워 함부로 이의하지 못하는 형국이 됨.
   형사소송법과 민사소송법 상의 자유심증주의를 삭제(削除)해야 함. 21세기에 자유대로 재판한다는 것이 가능한지, 그것은 법관의 양심과 인격을 전적으로 믿으라는 말이 되고 그를 **신격화하는 것에 다름 아니므로 제도적(制度的)으로 통제(統制)해야 함.** 수십 년간의 노력으로 **양형통제**가 가능해진 것처럼 **소송지휘권의 통제, 증거채부권의 통제, 자의적 판결의 통제**가 당해 심급에서 곧바로 이루어져야 함. 상급심에 의한 통제를 믿는 만큼 어리석고 비효율적인 것이 없음.
   하필 대법원도 수년 전부터 사실심 충실화 정책을 강조하고 있었으니, **충실화와 자유 간에 얼마나 큰 차이가 있는지 재판 현실을 면밀히 파악하여 국민을 위한 재판 정책을 마련**해야 함.
   만약 그것이 실패로 돌아가면 미국처럼 전면적 배심원(陪審員) 제도로 가야 함.

1. 증거 부동의가 곧 참고인 소환으로 이어지므로 많은 증거에 대해 부동의할 경우 법관이 벼르고 있다는 인상을 풍기는 문제.
   반면, 피고인 측 증인은 대폭 제한하는 문제. 유죄예단에서 기인함.
   검사는 수사단계에서 유죄입증을 위해 상당한 참고인을 수사하고 갖가지 수사를 한 반면, 피고인은 자신의 요구가 받아들여지지 않고 편파수사를 당한 후 재판에서도 법관이 중요 주장 및 중요 증인에 눈 감아버릴 경우 매우 억울하게 됨. **형사 절차 전체를 감안하면 무기 대등에도 어긋남**.
   변호인은 검찰 증거를 탄핵하는 소극적 제도가 아니고, 적극적으로 공판에서 무죄 입증을 실질적으로 할 수 있어야 하므로(형사소송법상의 검사의 입증책임원칙을 고려한 제안은 아님. 이론과 실제의 차이 속에서 변호인의 실제적 역할을 강조한 것임), 그러한 제반 여건이 마련되어야 할 것임.

1. 증거(증인)신청 시 지나치게 입증취지를 완벽히 요구하거나, 증인의 수를 일단 제한하고 보는 문제. 또 직접 필요한 입증방법인지를 거듭 물어 **입증의 어려움을 가중시키는 문제.**
   대법원조차 고의 부정 시 간접증거와 정황증거로 판단한다고 하는데, 피고인 및 변호인은 직접증거만 신청하고 채택받을 수 있다면 **입증방법이 지나치게 제한(制限)되고 방어권이 위축(萎縮)됨**.

반면, 검찰 증거 중 참고인들은 피고인의 증거 부동의시 자동으로 증인으로 채택되므로, 신청되고 심리되는 증거의 수만 놓고 보더라도 **공성(攻城)과 수성(守城)의 차이**처럼 일방만 매우 불리해지는 문제. **무기대등의 실현을 위해 형사소송법 전반을 개정해야 함.**

1. 앞서 언급된 증거신청의 문제 중에서 특히 피고인의 (사실)조회**신청** 중 상당수를 **제한**하는 문제. 그러함에도 **사실상 1심에서의 불복방법이 없는 문제**. 그리고도 1심에서 채택하지 않았던 입증방법은 특별한 사정이 없는 한 2심에서도 기각시키는 문제. 그러면서도 사실심 강화의 필요성만큼은 법원도 천명하는 문제. **지행합일(知行合一)을 해야 함.**

1. 증거동의를 하되 증명력만 다투겠다고 할 경우, **증거능력과 증명력을** 이원화해서 보지 않고 **사실상 일원화**해 보려는 법관의 태도 문제.

1. 위증 요소가 드러나더라도 증언 중 이어진 번복 진술에 대해 취신하고, 조금 전의 위증 문제에 대해 적극적으로 해당 재판부가 나서지 않는 문제. 결국 대체로 믿을만하다고 하며 위증한 증인의 진술을 증거로 사용하고, 그것을 믿는 문제. 이 역시 자유심증주의 때문에 발생하는 문제이다. 그런데도 대법원은 명문규정이 있다는 이유로 사실심 또는 하급심의 전권사항이라며 손을 놓고 **수수방관(袖手傍觀)**함(상당수의 상고심 판결이유에서 언급).

1. 바로 전항의 문제(거짓 고소, 허위 증언으로 억울한 사건)에서, 결국 피고인의 재판 중 피해자에 대한 무고 유죄판결이 있어야만 피고인이 무죄를 받을 수 있다는 것인데, 당해 피고인의 재판이 진행되는 한 고소인에 대한 무고 수사는 진행되지 않고(수사는 멈춤 상태), 또 당해 피고인의 재판이 유죄로 선고되는 한 무고 고소는 무혐의로 돌아가므로, **피고인의 재판장은 위증한 피해자의 수사기관 진술 및 법정 증언의 신빙성에 대해 깊이 숙고하고, 의심을 가져야 함**. 피해자의 허위 진술에 속아 넘어간 법관이 얼마든지 많을 수 있는데도 법관들은 자신을 과신(過信)한 나머지 그러한 사실을 일체 인정하지 않음.

   법관 등 공무원의 신분보장은 국가기능의 최대화와 그로 인한 국민 수혜의 목적으로만 이루어져야 하고, 그것이 복지부동의 원인이 되어서는 안 됨. 애초 직업공무원제도를 도입한 헌법정신에 어긋나고, 재판의 독립을 보장한 헌법정신을 현실에서 남용하는 사례가 됨.

1. **공판조서** 작성 시 진술 및 변론 내용, 소송지휘 내용을 완전히 빼거나 이상하

게 기록하는 방식. 그러함에도 반증이 불가능한 절대적 증명력을 갖고 있으므로, 매우 기이한 결과가 된다. **법원 무오류성을 보여주는 독소(毒素)**적 조항이 명문 법률에 너무 많다.

1. 증인신문조서도 위와 같은 문제가 계속되었고, 이를 개선하기 위해 나온 것이 증인신문 시 녹음(錄音)제도이다. 증인신문조서 대신에 증인신문녹취서가 들어왔듯이 공판조서 대신에 **공판녹취서가 도입(導入)되어야 하고,** 나아가 수사단계에도 피의자신문조서 대신에 **피의자신문녹취서가 도입(導入)될 필요가 있다.**

1. **증인신문조서 및 공판조서 열람·등사**신청 시 제때 복사가 되는 일이 거의 없다. 이는 **조서에 대한 이의권을 형해화시키고, 차회 공판준비에 결정적 차질을 준다.** 형사소송 전자기록화를 안 하려야 안 할 수가 없다. 정책 추진을 가속시켜야 한다.

1. **법관·검사와 일반직 공무원이 지휘·감독·순응·협력하지 않고 별도로 움직이는 문제**는 반드시 시정되어야 함. 법원·검찰 직원의 직무유기, 불친절 사례를 수집하면 매우 많을 것이고, 그것들은 100% 법에 어긋난 행위들이다.

1. **정당방위**를 받아주지 않는 문제. 정당방위는 정당행위와 달리 소극적 제도가 아닌 점에 유의해야 한다.

1. 음주 명정을 대부분 불인정하는 문제. 책임 문제는 범죄 성립 여부 및 양형에서 너무나 중요한 문제임에도.
   음주운전을 제외한 대부분의 범죄에서 피고인의 음주 명정은 당시의 음주량을 확인할 남아 있는 방법이 없다는 점에서 **폭넓게 간접증거·정황증거를 허용해 주어야 함.**

1. **유죄의 이유(理由)**가 매우 빈약하여 상소권 및 상급심 방어권의 침해를 가져올 가능성이 높다. 따라서 법관은 판결문을 간소하게 작성하기 위해 노력하거나 반대로 유명 사건의 판결문은 상세히 작성하는 등 인위적 조절을 하지 말고, 모든 사건을 공평하게 취급할 것이며 전(全) 사건을 **매우 상세(詳細)하게 판시해야 한다.** 변호인의 무죄 입증 노력에 비하면 법관은 대체로 소송 과정을 관찰하고 일부 관여하였을 뿐이므로,[8)] 그의 **실력과 노력을 보일 유일한**

8) 이 점에서 필자의 주장은 대법원의 성공보수 무효 기획 판결의 판시 이유와 정면으로 배치된다. 대법원은 당시 변호인의 노력이 판결에 미치는 영향은 매우 미미하며, 검사와 법관이 좌지우지한다는 괴이한 주장을 했다. 그러한 판결이 나오게 된 이유는 대법원에 의해 저질러진 사법농단 수사에서 밝혀졌고, 상고법원 도입에 부정적이던 대한변협을 길들이기 위한 목적이었음을 알고는 전국의 변호사들은 몹시 허탈했고 법원에 대한 존경심이 완전히 사라졌다.

순간이 판결서 작성 단계이다. 그러므로 법관은 모든 사건에서 유죄의 이유를 상세히 밝혀야 하고, 앞으로 판결서 작성 강도를 오히려 높일 필요가 있다. 이것이 **형식적 재판에서 실질적 재판으로 거듭나는 길이다.** 만약 사건이 많아 체력적으로 힘들다면 법관을 대거 충원하면 된다. **국민은 자신의 세금으로 훌륭한 치료(治療)를 받을 권리가 있듯 상세하고 우수한 판결(判決)을 받을 권리가 있다. 그것이 의무와 권리의 동반관계이며, 국민주권적 해석이다.**

1. 피해자의 모순 진술, 무고, 수사 내용에 대한 의심이 분명히 존재하는데도 대체로는 사실이므로 유죄 판결하고, 이유에도 기재하지 않는 상술한 문제는 **판결문 작성방법이 지나치게 형식화(形式化)되어 사실인정의 자의를 감출 수 있기 때문에 발생하는 문제이다.**

1. 범행동기와 경위가 다르게 나타났는데도, 범죄사실로 그대로 수용한 후 양형에서만 고려하는 것은 **실체진실에 의하지 않은 처벌**이 되어 문제다.
   때로는 간접적 수정 방법으로 공소사실 중 범행동기 또는 경위 일부를 삭제하고 양형의 이유에서 설시하기도 하나, 이 경우도 공소장변경을 하지 않는 것이 피고인의 방어권 침해로 작동될 소지가 있다.
   공소장변경의 대상으로 삼아야 할 것이 객관적이고 주된 범죄사실에 국한되는지, 범행동기와 범행경위도 포함하는 것으로 폭넓게 이해해야 할지 생각해 볼 문제.

1. **부인 사건**의 경우 공탁 불문하고, **실형선고 후 법정구속**하는 것은 문제.
   상급심 방어권을 형해화시키고, 유죄 예단의 필벌주의가 발현된 것으로 무죄추정 원칙의 헌법정신을 훼손(毁損)시킨다. 헌법은 판결확정 전까지는 피고인의 무죄를 추정하도록 명령하고 있다.
   나아가 공탁 등 피해 변제라는 양형요소를 온전히 반영하지 않고, 부인하므로 무시하는 것은 피해회복적 사법정신에 위배되고, 예측가능성을 저해한다. 법관마다 공탁을 양형에 반영하기도 하고, 안하기도 하는 등 차이를 둔다면 결국은 법적 안정성이 침해된다. 법관에게 양형권을 주지 말고, 시민으로 구성된 배심원단이 형을 정하는 것도 이제는 고려해야 한다.

1. 위 부인 사례의 경우 선고시 **법정구속**하는 것은 중요한 문제다.

요컨대 변호의 성질을 언제든 불법에 이를 수 있다고 단정 짓는 것은 불법 판결에 다름 아니어서 변호사단체는 지속적인 입법 활동으로 변호사 성공보수를 부활시켜야 한다. 다만 상한을 두어 폭리를 막을 필요가 있는데, 이 경우 종전 대법원 판결들이 설시한 보수 산정기준을 참고할 수 있다.

법정구속을 면하는 사례는 기껏해야 임산부, 병원 치료가 절대적으로 필요한 경우, 기업회생개시결정이 있은 후 피고인이 관리인으로 선임된 관계로 회생 절차에 지장을 줄 염려가 있는 경우, 변제의사를 거듭 밝히고 있어 추가변제 유도가 가능한 경우 등에 불과한데, **구속사유가 도주 우려, 증거인멸 우려임에도 불구하고 구속 실무가 다른 각도로 운용**되고 있다는 말이 된다.

향후 실형 선고가 있을 경우 판결문에 법정구속을 요하는 사유와 불요하는 사유를 의무적으로 기재하게 하여 항소심에서 보석 판단에 참고가 되도록 해야 한다. 법정구속의 자의도 막아야 한다.

1. 지나치게 합의나 변제를 강요하는 문제. 겁을 주며 속행을 강요.
   반면, 변제의사를 밝히기라도 할 경우 속절없이 반복 속행하고, 선고기일을 잡고서도 수시로 변론 재개하며 또다시 선고기일을 재지정하는 문제.
   향후 민·형사 불문하고 결심 후 예정된 선고기일에 선고하지 않은 사건의 통계수치를 확보하고, 재판권 행사의 자의를 통제할 필요 있음.
   사법부에 대한 대국민 신뢰는 전자소송을 도입하거나 전자등기제도를 마련하는 등 국민편익을 제공한다고 형성되는 것이 아니라 **각 절차가 공정하게 진행된다는 기본적 신뢰가 쌓여 집적되었을 때 자연스럽게 가능**한 문제임.

1. 피해자 탄원서에 지나치게 의존하여 법관이 필벌의지를 불태우는 문제. 형사법관 이외에도 대부분의 법관들이 법원에 제출되는 탄원서에 크게 좌우되는 문제.

1. 양형조사 시 피해자의 필벌 탄원과 그간의 미합의만 보고받는 방식은 문제. 법원 조사관으로, 형사에서는 양형조사관, 이혼에서는 가사조사관, 도산에서는 관리위원 및 조사위원이 있으나, 상당수 **권한을 남용하는 비전문가(非專門家)**들이 있을 수 있음. 법원의 지속적 관리 강화와 여론 수렴 절차 필요.

1. 피해자 공탁(供託)을 위해서는 인적사항을 공개해야 하는데, 비협조 문제. **형사소송법 또는 공탁법을 반드시 개선해야 한다.**

1. 피해변제 등 사정변경이 없는 한 **보석을 기각**시키는 문제. 필요적 보석이 원칙인데도 **임의적으로 운영된다는 인상**을 지울 수 없는 문제.

1. 보석청구 시 본안 진행 경과를 감안 내지 예측해 미리 결정하는 관행이 자리잡혀야 함에도, 본안 판단과 함께 하겠다는 말을 한 후 결심 때까지도 아무런 결정을 하지 않는 방법을 취함. 이후 유죄 선고와 동시에 보석을 기각시켜(또는 불판단) 재판 중 불구속 상태에서 다툴 수 있었던 **방어권을 함부로 침해하는** 문제.

1. 법정 내에서의 판사, 검사, 변호인의 호칭 문제.
   형사법정은 대등한 자격자 2인이 실체진실발견을 위해 피고인을 사이에 두고 겨루는 곳으로 봐야 하고(당사자주의), 재판장은 질서유지와 심판자 역할을 하는 것으로 봄이 타당(보충적 직권주의). 따라서 변호사의 자격을 가진 변호인을 '변호인'이라고 격하(格下)해 부르게 할 필요가 없고, 재판장 상당수의 언행 태도도 그 같은 호칭을 사용하며 변호사에 대한 무시와 독선을 보이는 경우가 많은 점을 유념.

1. **공판검사의 자질과 예의** 문제. 그리고 이를 효과적으로 제지하지 못하는 법관.
   피고인 측 증인을 조롱하는 것이 적법한 탄핵방법이 아닐진대, 무례한 태도와 강경한 눈빛, 반복신문으로 **부당하게 증인을 제압(制壓)하려 하는 경우가 많음.**
   한편 피해자 또는 검찰 측 증인에 대해서는 답변이 쉽도록 유도신문을 쓰는 등 위법한 신문기법을 사용하는 경우가 많아 매우 대비됨.
   이러한 문제를 목격하더라도 법관은 변호인의 신문 때와는 달리 검사에게 우호적 태도를 취하거나 방임하는 경우가 많아 검사·법관의 유착관계에 대해 적지 않은 의심(疑心)이 발생됨. 검사와 법관은 한 법정에서 계속 대면하는 관계로 자주 보게 되어 있으나, 친해져서는 안 되는 사이임. 만약 법관이 검사의 공소유지와 입증에 도움을 주는 역할을 하고 말았다면 그는 이미 공정한 심판자의 자격을 상실한 사람임.

1. 공판검사 중 **필벌의식(必罰意識)**이 지나치게 강해 강경함을 보이는 사람, 직접 수사를 한 사람이 아닌데도 수사 불법성을 인정하지 않을 뿐만 아니라 이러한 주장을 하는 변호인에게 공공연한 적대감과 무례를 보이는 **오만(傲慢)**한 사람, 소송경과 중 피고인에게 명백히 유리한 증거가 현출되어도 이를 일부러 무시하고 터무니없는 공소장변경을 시도하는 등 객관의무를 전혀 고려하지 않는 검사가 많은 점은 매우 우려됨.
   검찰은 자신들이 객관적 관청이어서 경찰을 지휘해야 하고 영장청구권을 독점해야 한다고 주장하나, 위와 같은 반인권적 속성을 볼 때 **수사자와 기소자(공소유지자)를 반드시 분리(分離)**해야 한다. 그리하여 검사는 경찰의 위법수사를 기소 과정에서 통제하는 역할만 수행해야 하며, 애초 **검사는 수사능력을 가진 수사관이 아니라 법률을 공부한 법조인이므로 본연(本然)의 역할(役割)로 돌아와야 함.**

1. 법관[9] 및 검사 중 위와 같은 혈기 또는 오만함을 보이는 사람 중 상당수는 군

---

9) 형사단독법관이 아닌 민사부, 파산부 배석 신분에서 심문기일 또는 조정기일에서 수명법관이

법무관을 갓 마친 사람이 드물지 않게 발견됨. 법무연수원에서 **법정예절** 지도 필요.

1. 법관 중 유죄예단을 강하게 풍기고 신사적 진행을 하지 않는 사람 중 검사 출신 판사가 종종 발견됨. 또 진행과정에서 풍겨진 **예단(豫斷)**대로 실제 판결하는 경우가 상당함.
   피고인은 공정한 법관으로부터 재판받을 헌법상 기본권이 있음. 따라서 **법관은 전직(前職) 경험을 고려해서는 안 됨.** 법관 윤리교육을 강화할 필요.

1. 국선변호인의 성의 문제 및 재판부에의 예속 문제.

1. 집행유예 배제요건을 규정한 형법 제62조 제1항 단서를 분명하게 개정해야 한다. 지금은 이중적으로 해석될 수 있다.

1. 후발 기소 예정인 사건과의 사건 병합을 위해 언제까지 기다려줄 수 있는지 재판부마다 재량 판단. 하나의 형을 받을 피고인의 이익이 예측 불가능해지는 문제.

1. 사건 이송신청 시 서로 사건을 내주지 않으려고 하거나(상당 부분 심리가 된 경우), 서로 사건을 안 하겠다고 하는 문제. 고등법원에서도 사물관할을 달리하는 판사들에게 전화하여 입장을 듣고는 판단이 애매하다며 결정을 내려주지 않는 문제.

(재판 - 2심)

1. 1심에서 증거인부한 것을 항소심에서 번복 불가능한 것은 큰 문제.[10] 소송경제보다 실체진실발견을 더 중시해야 하므로 문제가 된다.

1. **신규 증거 제출을 최소화하라는 소송지휘 문제**. 그리고 정상(情狀)증인은 다시 부르지 말라는 지휘 문제.

1. **항소심에서 피고인신문을 꺼리는 문제.**

1. **대법원의 판시[11]에 따라 원심 파기가 매우 어려워진 문제.** 실질적 3심제가

된 사람을 지칭하고 있음.

10) 증거조사 완료 후에는 예외적으로 증거배제결정을 받지 않는 한 원칙적으로 증거의견을 번복할 수 없다(대법원 2008. 7. 10, 선고 2007도7760 판결; 대법원 2007. 7. 26, 선고 2007도3906 판결; 대법원 2004. 6. 25, 선고 2004도2611 판결; 대법원 1994. 7. 29, 선고 93도955 판결; 대법원 1991. 1. 11, 선고 90도2525 판결; 대법원 1990. 2. 13, 선고 89도2366 판결; 대법원 1988. 11. 8, 선고 88도1628 판결; 대법원 1983. 4. 26, 선고 83도267 판결).

보장되어야 하나, 이것이 판결의 형식을 빌린 대법원의 지침에 의해 침해되는 문제 발생.

1. **재정신청을 기각하는 이유**로, "이 사건 기록과 신청인이 제출한 모든 자료를 (면밀히) 살펴보면, 검사의 불기소처분을 수긍할 수 있고, 달리 검사의 불기소처분이 부당하다고 인정할 만한 자료가 부족하다."는 **부동문자**로 결정서를 쓰고 있는 바, 항고 검사의 부실한 항고 기각 결정문에 이어 고등법원의 재정신청 기각 결정문도 이 같이 부실하고, 나아가 재항고 기각 결정문도 아래와 같이 부실할 경우 충실한 답변을 기대하는 재판절차진술권의 보유 주체인 고소인의 권리를 실질적으로 침해하는 문제.[12)]

1. 비록 형사소송법 제262조의2(재정신청사건 기록의 열람·등사 제한)에서 "재정신청사건의 심리 중에는 관련 서류 및 증거물을 열람 또는 등사할 수 없다. 다만, 법원은 제262조 제2항 후단의 증거조사과정에서 작성된 서류의 전부 또는 일부의 열람 또는 등사를 허가할 수 있다."라는 규정이 있으나,[13)] 일단 **재정신청 기각 결정이 나온 후에도 열람·등사를 전면적으로 불허**하는 것은 위 규정을 확대 해석해보아도 법에 어긋나는 잘못된 결정이며, 동법 제262조 제4항, 동법 제415조의 재항고(즉시항고)를 제기할 수 있는 재항고 신청인의 권리를 제약하는 결과가 되므로 큰 문제임.

(재판 - 3심)

1. 상고 또는 재항고 이유에 대한 상세한 판단 없이 "상고이유로 주장하는 사유를 관련 법리 및 기록에 비추어 살펴보아도, 원심의 판단에 재판에 영향을 미

---

11) 최근 대법원(대법원 2015. 7. 23, 선고 2015도3260 판결)은 항소심의 사후심적 성격을 강조하며, 1심과 비교해 양형 조건에 변화가 없고 1심의 양형이 합리적인 범위를 벗어나지 않는 경우에는 이를 존중함이 타당하고, 1심의 형량이 합리적인 범위 내에 있음에도 항소심의 견해와 다소 다르다는 이유만으로 1심 판결을 파기해 1심과 별로 차이 없는 형을 선고하는 것은 자제하는 것이 바람직하다고 판단했다. 다만 항소심이 이러한 바람직한 판단방법을 따르지 않는다고 하더라도 이를 두고 양형심리 및 양형판단 방법이 위법하다고까지 할 수는 없다고 보았다.

12) **배척사유가 상세하지 않다는 점을 상고사유로 삼더라도 대법원은 다음과 같이 판단할 것이다.** ▶「동 제2점을 보건대, 원심이 소론과 같이 변호인의 사실 오인의 점에 대한 항소이유를 일괄하여 이유 없다고 판시하였다 하더라도 원심의 배척한 판단이 있는 것이므로, 이를 들어 위법이라 할 수 없고, …」(대법원 1969. 3. 11, 선고 69도161 판결)

13) 2019. 4. 23. 국가인권위원회는 "동 조항이 재정신청인의 재판청구권과 알 권리를 침해하고 있으므로, 개정이 필요하다"는 의견을 국회의장에게 전달했다. 원칙적 허용이 바람직하다는 의견이다(법률신문, 기사, "재정신청 사건 관련 서류·증거물 열람·복사 허용돼야", 2019. 4. 25. 자. 참조).

친 헌법·법률·명령 또는 규칙의 위반이 없어 기각한다."[14]는 형식적 답변만 하는 것은 충실한 재판을 요구하는 국민의 입장에서 문제이고, 이는 형사소송법 제398조(재판서의 기재방식)의 "재판서에는 상고의 이유에 관한 판단을 기재해야 한다."는 규정을 형식적으로만 해석하여 판결문·결정문을 쓰는 나쁜 관행임.

반면 대법원은 상고인에게는 형사소송법 제379조 제2항에 따라 상고이유서에 소송기록과 원심의 증거조사에 표현된 사실을 인용하여 이유를 명시할 것까지 요구하면서, 단순히 항소이유를 원용하는 것을 금지해 왔다.[15] 특히 형사소송법 제384조(심판범위)에 따라 원칙적으로 상고법원은 상고이유서에 포함된 사유에 관하여만 심판하므로, 상고이유서에 구체적이고도 명시적인 이유를 설시하지 않을 경우 그 즉시 상고를 기각시켜 왔다.[16]

한편 상고심이 요구하는 바를 성실히 준비하여 상고이유 속에 원심의 법리오해를 상세히 담았더라도 형사소송법 제391조, 제383조 제1호에 의해 원심의 위법이 판결(결과)에 영향을 미친 경우에만 파기하므로, **(대)법원은 타인(他人)에게 엄격하고 자신(自身)에게 매우 관대함**을 알 수 있다.

장래에는 형사소송법 제398조(재판서의 기재방식)의 "재판서에는 상고의

---

14) **이 같은 기각 이유는** 상고이유로 주장하는 사유가 아예 존재하지 않는다는 것인지, 아니면 상고 또는 재항고 이유로 주장하는 원심의 위법이 존재하지만 그러한 위법이 판결 결과에 영향을 미친 정도가 아니므로 기각한다는 것인지 **도무지 알 도리가 없어 매우 큰 문제이다.** 국가는 국민에게 명백한 답을 해줄 의무가 있다.

15) 대법원 1983. 9. 13, 선고 83도375 판결.

16) ▶ 「…(전략) 2. 무죄 부분에 관한 판단
상고법원은 상고이유에 의하여 불복신청한 한도 내에서만 조사·판단할 수 있으므로, 상고이유서에는 상고이유를 특정하여 원심판결의 어떤 점이 법령에 어떻게 위반되었는지에 관하여 구체적이고도 명시적인 이유의 설시가 있어야 할 것이고, 상고인이 제출한 상고이유서에 위와 같은 구체적이고도 명시적인 이유의 설시가 없이 상고이유로 단순히 원심판결에 사실오인 내지 법리오해의 위배가 있다고만 기재함에 그치고만 경우는 어느 증거에 관한 취사조치가 채증법칙에 위배되었다는 것인지, 또 어떠한 법령적용의 잘못이 있고 어떠한 점이 부당하다는 것인지 전혀 구체적 사유를 주장하지 아니한 것이어서 적법한 상고이유가 제출된 것이라고 볼 수 없다.
기록에 의하면, 검사는 상고를 제기하면서 상고의 범위 란에 '전부', 상고의 이유 란에 '채증법칙 위배 및 법리오해로 판결에 영향을 미친 위법이 있음'이라고만 간단히 기재한 상고장을 제출한 다음, 상고이유서에는 무죄 부분에 관한 상고이유를 기재하지 않고 있는바, 위 법리에 비추어 볼 때, 무죄 부분에 대하여는 적법한 상고이유가 제출된 것으로 보기 어려우므로, 검사의 이 부분 상고는 이유 없다.」(대법원 2009. 4. 9, 선고 2008도5634 판결; 대법원 2010. 12. 9, 선고 2010도11015 판결; 대법원 2000. 4. 21, 선고 99도5513 판결; 대법원 1983. 5. 24, 선고 83도887 판결)

이유에 관한 판단을 기재해야 한다."는 규정을 **다음과 같이 개정해야 한다.** "재판서에는 상고의 이유에 관한 판단을 **상세하게** 기재해야 한다."

1. 국민의 기본권을 직접 제약하는 내용을 담은 대법원규칙은 바람직하지 않다. 국민의 대표인 국회가 제정하는 형식적 법률의 형식을 띠어야 민주적 통제가 가능하다. 따라서 대법원규칙제정권의 범위를 매우 제한해야 한다.

(변호)

1. "집행유예를 도과한 후 재판받도록 무조건 도주해야 한다"고 범인도피를 교사하는 행위.[17)]

17) 집행유예 기간 중 집행유예가 원칙적으로 허용되지 않으므로 본문과 같은 변호인이 하여서는 안 되는 조언을 하는 변호사가 있고, 형식은 정상적이나 실질은 이상한 항소이유·상고이유로 상소권을 남용하는 변호사도 존재한다.
▶ 「2. 피고인 1의 상고이유에 대하여,
피고인은 1984. 8. 22. 서울지방법원 동부지원에서 절도미수죄로 징역 1년에 2년간 집행유예의 선고를 받아 그 집행유예기간 중에 있기 때문에 위 집행유예기간을 넘기기 위하여 이 사건 상고에 이르렀다는 것인바, 이와 같은 사유는 적법한 상고이유가 되지 못한다.」(대법원 1986. 9. 9, 선고 86도1273 판결)

⌘ 주요 참고문헌 ⌘

강동욱/황문규/이성기/최병호, 형사소송법 강의, 오래, 2013

권오걸, "수사절차로서의 내사에 대한 고찰", 「형사법연구」 제15호, 한국형사법학회, 2001. 6

권오걸, "수사절차에서의 변호권의 확대방안", 「법학연구」 제18집, 한국법학회, 2005. 6

김재환, 형사소송법, 법문사, 2013

노명선/이완규, 형사소송법, 성균관대학교 출판부, 2009

대한변호사협회, 2011 인권보고서, 2012

대한변호사협회, 2012 인권보고서, 2013

대한변호사협회, 2013 인권보고서, 2014

대한변호사협회, 2014 인권보고서, 2015

박상기, 형법학, 집현재, 2013

배종대/이상돈/정승환/이주원, 신형사소송법, 제5판, 홍문사, 2013

백형구, 형사소송법, 법원사, 2012

법무부, 개정 형사소송법, 2007

법무부, 범죄피해자를 위한 안내서, 2010

법무부, 범죄피해자 보호·지원에 관한 기본계획(2007~2011), 2006. 12

법무부, 법률조력인 업무 매뉴얼, 2012

법무부, "우리나라 형사사법제도 이렇게 바뀝니다(선진형사사법제도 입법관련 Q&A).", 2010. 10

법원행정처, 새로운 형사재판의 이해, 2008

법원행정처, 형사소송법 개정법률 해설, 2007

사법연수원, 변호사실무(형사), 성문인쇄사, 2008

사법연수원, 수사절차론, 성문인쇄사, 2007

三井誠/酒巻匡, 신동운(譯), 입문 일본 형사수속법, 법문사, 2003

손동권/신이철, 새로운 형사소송법, 세창출판사, 2013

신동운, 간추린 신형사소송법, 제5판, 법문사, 2013

신동운, 신형사소송법, 법문사, 2008

안성수, 형사소송법－쟁점과 미래－, 박영사, 2009

이재상, 신형사소송법, 제2판, 박영사, 2009

이재상, 신형사소송법연습, 제3판, 박영사, 2008

이재상, 형사소송법, 제9판, 박영사, 2013

임동규, 형사소송법, 제9판, 법문사, 2013

차용석/최용성, 형사소송법, 제4판, 21세기사, 2013

천주현, 수사단계의 변호권 강화방안, 경북대학교 박사학위논문, 2014

최영승, 형사소송법, 제2판, 피앤씨미디어, 2013

⌘ 찾아보기 ⌘

(ㅇ)

저자 약력

천 주 현(千周鉉)

학　　력

경희대학교 법과대학 졸업
경북대학교 법학석사(刑事法)
경북대학교 법학박사(刑事法)

경　　력

제48회 사법시험 합격
사법연수원 제38기(刑事法 專攻)
대한변호사협회 형사법 전문변호사
대한변호사협회 피의자신문시변호인참여권개선 TF 위원
대한변호사협회 피의자신문시 변호인참여권 개선을 위한 공청회 주제발표자
대구지방변호사회 제20회 인권세미나(검경 수사권 조정) 주제발표자
대구지방변호사회 신입회원 간담회 형사법 전문연수 강사
경북지방경찰청 교통사고민간심의위원회 위원
대구광역시 성과평가위원회 위원
북대구세무서 및 서대구세무서 국세심사위원
법무부 창조경제혁신센터 법률지원단 자문변호사
경북대학교 테크노파크 기업경영자문단 자문위원
경북대학교 최고경영자과정 총동창회 감사
경북대학교 법학전문대학원 형법 외래교수
계명대학교 정책대학원 형사법 특강 강사
변호사 천주현 법률사무소 대표
(www.brotherlaw.co.kr)

저　　서

시민과 형법, 박영사, 2019

논　　문

"공소장일본주의와 실제사례분석", 경북대학교, 법학석사학위논문, 2011
"수사단계의 변호권 강화방안", 경북대학교, 법학박사학위논문, 2014
"영상녹화물의 증거법상 의미와 기능", 「형평과 정의」 제26집, 대구지방변호사회, 2011
"위법소득에 대한 과세", 「형평과 정의」 제27집, 대구지방변호사회, 2012
"불심검문의 적법요건", 「형평과 정의」 제28집, 대구지방변호사회, 2013
"명의신탁과세제도에 대한 법적 검토", 대구세법판례연구회 학술발표논문, 2013. 10. 31.
"피해자 변호권 강화방안", 「형평과 정의」 제29집, 대구지방변호사회, 2014
"공동피고인의 증인적격", 「형평과 정의」 제30집, 대구지방변호사회, 2015
"피의자신문시 변호인참여권 강화방안", 「형평과 정의」 제31집, 대구지방변호사회, 2016
"구속제도 연구－실무운용상 문제점과 해법을 중심으로－", 「형평과 정의」 제32집, 대구지방변호사회, 2017
"수사권 조정안에 대한 각계 입장 연구", 「형평과 정의」 제33집, 대구지방변호사회, 2018

칼　　럼

영남일보 「변호인 리포트」, 2017~2019

대한변협신문 「형사법 전문분야 이야기」, 2017~2018

기　　타

대구일보, '법의 날' 기념 특별기고, 「법춘(法春)」, 2012. 4. 24.

「대구지방변호사회보」 통권 제96호, 인터뷰, 「형사전문변호사, '수사와 변호' 저자」, 2018. 7.

「월간 로스쿨」 통권 제4호, 특별기고, 「SPECIAL REPORT(수사와 변호: 변호사가 알아야 할 수사기법과 조력자로서의 역할)」, 2018. 9.

언론 인터뷰

KBS, MBC, SBS, TBC, tbs, 영남일보, 매일신문, 동아일보, 서울신문, 한겨레신문, 법률신문, 뉴시스 등 (선거법 수사 및 재판, 국가보안법, 수사권 조정, 함정수사, 성폭력처벌법, 미투 운동, 아동학대, 소년범죄, 윤창호법, 간병살인, 살인죄, 낙태죄, 사기죄, 공무집행방해죄, 강제집행면탈죄, 댓글, 청와대 국민청원, 재판독립, 형사재판과 증거, 법정구속, 사후적 경합범, 검찰 정보공개, 형사보상 등)

수사와 변호

초판발행 2015년 10월 25일
중판발행 2019년 8월 5일

지은이 천주현
펴낸이 안종만 · 안상준

편 집 배우리
기획/마케팅 정병조
표지디자인 김문정
제 작 우인도 · 고철민

펴낸곳 (주) 박영사
서울특별시 종로구 새문안로3길 36, 1601
등록 1959. 3. 11. 제300-1959-1호(倫)
전 화 02)733-6771
f a x 02)736-4818
e-mail pys@pybook.co.kr
homepage www.pybook.co.kr
ISBN 979-11-303-2773-0 93360

정 가 45,000원